Weltentwicklungsbericht 1985

Weltbank
Washington, D.C., USA

Copyright © 1985 Internationale Bank
für Wiederaufbau und Entwicklung/Weltbank
1818 H Street, N. W., Washington, D. C. 20433 USA

Erste Auflage, August 1985

Alle Rechte vorbehalten. Diese Publikation darf ohne vorherige Genehmigung der Weltbank weder vollständig noch auszugsweise reproduziert, auf Datenträgern erfaßt oder in jeglicher Form oder Art übertragen werden, sei es elektronisch, mechanisch, durch Fotokopie, Tonbandaufzeichnung oder auf andere Weise.

Mit den Bezeichnungen, Gruppierungen, Grenzen und Farben, die in den Karten des *Weltentwicklungsberichts* verwendet werden, verbinden die Weltbank und ihre Tochterinstitute keinerlei Urteil über den rechtlichen oder sonstigen Status irgendwelcher Territorien und ebensowenig irgendeine Bekräftigung oder Anerkennung jeglicher Grenzen.

ISBN 3-7819-0342-7
ISSN 0271 — 1745

Die Kongreßbücherei (USA) hat die englische Ausgabe dieser Veröffentlichungsreihe wie folgt katalogisiert:

World development report. 1978 —
[New York] Oxford University Press.
v. 27 cm. annual.
Published for The World Bank.
1. Underdeveloped areas-Periodicals. 2. Economic development-
Periodicals. I. International Bank for Reconstruction
and Development.

| HC59.7.W659 | 330.9'172'4 | 78-67086 |

Gesamtherstellung: Kern & Birner
Werrastraße 4
D-6000 Frankfurt 90

Für die Weltbank vertrieben von

UNO-Verlag	Verlag Fritz Knapp	Gerold & Co.	Librairie Payot
Simrockstraße 23	Postfach 11 11 51	Graben 31	6, rue Grenus
D-5300 Bonn 1	D-6000 Frankfurt 1	A-1011 Wien	CH 1211 Genève 11

Vorwort

Dies ist der achte *Weltentwicklungsbericht*. Sein Thema ist der Beitrag des Auslandskapitals zur wirtschaftlichen Entwicklung — eine Frage, die angesichts der internationalen Bedeutung des Verschuldungsproblems in den letzten Jahren von aktuellem Interesse ist. Der vorliegende Bericht widmet zwar den Ereignissen der jüngsten Vergangenheit besondere Aufmerksamkeit, doch wird die Verwendung von Auslandskapital zugleich auch in einer übergreifenden und langfristigen Perspektive dargestellt.

Mit dieser Blickrichtung zeigt der Bericht, wie Länder auf verschiedenen Stufen der Entwicklung Auslandsmittel produktiv eingesetzt haben, wie die institutionellen und wirtschaftspolitischen Rahmenbedingungen Umfang und Zusammensetzung der Kapitalströme in die Entwicklungsländer beeinflussen und wie die internationale Gemeinschaft Finanzkrisen bewältigte.

Die finanziellen Beziehungen zwischen Industrie- und Entwicklungsländern sind zu einem ebenso unverzichtbaren Bestandteil der Weltwirtschaft geworden wie der Außenhandel. Diese zunehmende Interdependenz stellt eine Entwicklung von grundsätzlicher Bedeutung dar. So wie die Regierungen sich der internationalen Auswirkungen ihrer Handelspolitik bewußt sind, beginnen sie nun zu realisieren, daß auch ihre Maßnahmen im finanziellen Bereich über die Grenzen ihrer Länder hinauswirken. Ihre Finanz- und Geldpolitik, ihre Eingriffe in den Kapitalverkehr und ihre Haltung gegenüber dem Auslandskapital sind nicht bloß Teil der heimischen Wirtschaftspolitik, sondern bestimmen auch darüber, mit welcher Effizienz das Sparaufkommen weltweit genutzt wird.

Nichts könnte diese neue Interdependenz besser illustrieren als die Erfahrung der jüngsten Vergangenheit. Die Ausweitung der internationalen Finanzströme half den Entwicklungsländern, ein hohes Investitionsniveau durchzuhalten und ermöglichte ihnen die Glättung struktureller Anpassungsprozesse. Als Schwierigkeiten auftraten, haben die einzelnen Regierungen, die Zentralbanken, die internationalen Institutionen und die Geschäftsbanken zur Stabilisierung des internationalen Finanzsystems beigetragen. Dabei ging man pragmatisch vor und entwickelte jeweils Lösungen, die auf die Probleme des betreffenden Landes zugeschnitten waren. Diese Bemühungen wurden durch die von den Schuldnerländern durchgeführten sehr schmerzhaften Anpassungsmaßnahmen vervollständigt. So wurde mehr erreicht, als viele Beobachter auf dem Tiefpunkt der Rezession für möglich halten wollten.

Wir befinden uns gegenwärtig in einer Übergangsperiode — einer notwendigen Zwischenphase vor der Wiederherstellung eines dauerhaften Wirtschaftswachstums und normaler Geschäftsbeziehungen zwischen Schuldnern und Gläubigern. Für einen erfolgreichen Übergang sind kontinuierliche Bemühungen seitens der Regierungen, der internationalen Institutionen und der Geschäftsbanken notwendig. Alle an den Umschuldungen der letzten drei Jahre Beteiligten werden weiterhin Geduld und Einfallsreichtum aufbringen müssen, um die Häufung von Kreditfälligkeiten in den nächsten fünf Jahren zu entzerren, in deren Verlauf etwa zwei Drittel aller Schulden der Entwicklungsländer fällig werden, und die Schulden auf eine solide langfristige Grundlage zu stellen.

Stabiles und inflationsfreies Wachstum in den Industrieländern ist für den Erfolg der Übergangsphase unentbehrlich. Eine Wirtschaftspolitik, die zu sinkenden Zinssätzen führt und den Protektionismus zurückdrängt, würde die Erholung des Wachstums in den Entwicklungsländern erleichtern und die Wiederherstellung ihrer Kreditwürdigkeit fördern, ohne die sie das zusätzliche Auslandskapital, das sie zum Vorantreiben ihres Entwicklungsprozesses benötigen, nicht erhalten können.

Der Umfang des Kapitalzuflusses wird hauptsächlich von ihrem Erfolg bei der Wiedergewinnung der Kreditwürdigkeit abhängen, über den wiederum die von ihnen eingeschlagene Politik entscheidet. Im vorliegenden Bericht wird immer wieder darauf verwiesen, daß es sich bei den Ländern mit Schuldenproblemen nicht notwendigerweise um jene handelt, die am höchsten verschuldet sind oder den heftigsten außenwirtschaftlichen Schocks ausgesetzt waren. Über die Kreditwürdigkeit eines Landes und seine Schuldendienstfähigkeit entscheiden vor allem die Qualität und Flexibilität seiner Wirtschaftspolitik, seine Fähigkeit, solide Investitionsprojekte auszuwählen und durchzuführen, und die Qualität seines Schuldenmanagements. Auslandsgeld ergänzt die eigenen Anstrengungen, kann sie aber nicht ersetzen.

Diese Handlungsanweisungen gelten grundsätzlich für jedes Land in gleicher Weise. Der vorliegende Bericht unterstreicht allerdings die besonderen Zwänge, mit denen die Länder Afrikas südlich der Sahara konfrontiert sind. Für die absehbare Zukunft werden die meisten afrikanischen Länder den ganz überwiegenden Teil ihres externen Finanzbedarfs weiterhin durch konzessionäre Mittel der Entwicklungshilfe decken müssen. Ihr Bedarf ist bereits groß und nimmt laufend zu. Verbunden mit wirtschaftspolitischer Anpassung könnten zusätzliche Entwicklungshilfeleistungen insbesondere in den ärmsten Ländern dem weiteren Absinken des Lebensstandards Einhalt gebieten.

Der vorliegende Bericht gelangt zu dem Schluß, daß die Entwicklungsländer auch in Zukunft Auslandsgelder benötigen werden. Es wird gezeigt, daß viele der wirtschaftspolitischen Maßnahmen, die zur Beschaffung externer Mittel und zur Förderung des Wachstums notwendig sind, bereits durchgeführt oder in Angriff genommen werden. Von keiner Regierung — sei es die eines Industrielandes oder eines Entwicklungslandes — wird erwartet, daß sie ihren eigenen langfristigen Interessen zuwiderhandelt. Wenn jedes Land dem hier umrissenen Kurs folgt, dann können und werden alle von einer prosperierenden und stabilen Weltwirtschaft profitieren. So lautet die vorsichtig optimistische Schlußfolgerung dieses Berichtes.

Wie seine Vorgänger ist auch der diesjährige *Weltentwicklungsbericht* eine Untersuchung des Mitarbeiterstabs der Weltbank; die hier vertretenen Ansichten brauchen nicht mit den Auffassungen unseres Exekutivdirektoriums oder der von ihm vertretenen Regierungen übereinzustimmen.

A. W. Clausen
Präsident der Weltbank

24. Mai 1985

Dieser Bericht wurde unter Leitung von Francis Colaço von einer Arbeitsgruppe verfaßt, der Alexander Fleming, James Hanson, Chandra Hardy, Keith Jay, John Johnson, Andrew Steer, Sweder van Wijnbergen und K. Tanju Yürükoğlu angehörten, denen Oliver Adler, Nadeem Burney, Sandra Gain, Shahrzad Gohari, Tina Jacobsen, Tani Maher, Hossein Ali Partoazam, Kesavan Pushpangadan und James Rosen zuarbeiteten. Die Abteilung für Wirtschaftsanalysen und Prognosen, unter Leitung von Jean Baneth, lieferte Daten für den Bericht. Enzo Grilli und Peter Miovic koordinierten die Prognosearbeiten der Abteilung für Wirtschaftsanalyse und Prognosen. Ramesh Chander, assistiert von David Cieslikowski, überwachte die Erstellung der Kennzahlen der Weltentwicklung; Shaida Badiee war für die Systementwicklung verantwortlich. Die Autoren möchten an dieser Stelle auch Mitarbeitern aus verschiedenen anderen Bereichen der Weltbank danken, ebenso für Beiträge und kritische Stellungnahmen von außerhalb. Auch dem Produktionspersonal, insbesondere Joyce Eisen, die den Umschlag entwarf, Pensri Kimpitak und Carol Cole Rosen gebührt Dank. Besonderer Dank gilt auch den technischen Mitarbeitern unter Leitung von Rhoda Blade-Charest, zu denen Banjonglak Duangrat, Jaunianne Fawkes, Pamela Holmes, Carlina Jones und Patricia Smith gehörten. Die Arbeit wurde unter der allgemeinen Leitung von Anne O. Krueger und Costas Michalopoulos durchgeführt, mit Rupert Pennant-Rea als Chefredakteur.

Inhaltsübersicht

Definitionen und statistische Anmerkungen IX

Teil I Überblick und geschichtliche Perspektive

1 Überblick *1*
   Der historische Zusammenhang *2*
   Die Wirtschaftspolitik der Industrieländer *6*
   Die Wirtschaftspolitik der Entwicklungsländer *7*
   Finanzierungsmechanismen *10*
   Aussichten und Optionen *11*

2 Eine geschichtliche Perspektive *14*
   Die Zeit vor 1945 *14*
   Die Zeit nach 1945 *18*
   Schlußfolgerungen *33*

Teil II Die Bedeutung der Wirtschaftspolitik

3 Die Wirtschafts- und Handelspolitik der Industrieländer:
   Die Sicht der Entwicklungsländer *36*
   Gesamtwirtschaftliche Hemmnisse und Wirkungen auf den Kapitalverkehr *37*
   Protektionismus *44*
   Schlußfolgerungen *48*

4 Auslandsverschuldung und Wirtschaftspolitik der Entwicklungsländer *51*
   Ländererfahrungen im Verlauf von zwei Jahrzehnten *51*
   Kapitalzuflüsse und Investitionen *56*
   Kapitalzuflüsse und wirtschaftliche Anpassung *65*
   Schlußfolgerungen *81*

5 Steuerung der Auslandsfinanzierung *83*
   Steuerung der Höhe des Kapitalimports *83*
   Steuerung der Zusammensetzung von Kapitalzuflüssen *89*
   Das Management der Währungsreserven *97*
   Der Informationsbedarf *98*

Teil III Die Mechanismen internationaler Finanzierung

6 Das internationale Finanzsystem und die Dritte Welt *100*
   Funktionen und Inanspruchnahme des Finanzsystems *100*
   Die Herausbildung der institutionellen Struktur *101*
   Bewertung der institutionellen Struktur *107*

7 Öffentliche Entwicklungshilfeleistungen *110*
   Gewandelte Auffassungen vom Entwicklungsprozeß *114*
   Prinzipien der öffentlichen Entwicklungshilfe *116*
   Ziele der Geber *119*
   Fördert Entwicklungshilfe den Entwicklungsprozeß? *120*
   Verbesserung der Effektivität der Entwicklungshilfe *125*

8 Internationale Bankkredite und Wertpapiermärkte *130*
    Die Beziehungen zu den Banken *130*
    Weltwirtschaftliche Ungleichgewichte und Anlageentscheidungen *132*
    Das Angebot der Banken *135*
    Probleme zwischen Banken und Entwicklungsländern *137*
    Umschuldung und die Banken *139*
    Zugang zu den Wertpapiermärkten *142*
    Fazit *146*

9 Direkt- und Portfolioinvestitionen *148*
    Merkmale und Bedeutung der Direktinvestitionen *148*
    Verbesserung der Rahmenbedingungen für Direktinvestitionen *153*
    Ausländische Portfolioinvestitionen *157*
    Fazit *160*

Teil IV Aussichten und künftige Politik

10 Ausblick und wirtschaftspolitische Agenda *161*
    Die nächsten zehn Jahre *161*
    Eine Zeit des Übergangs, 1985 bis 1990 *163*
    Wirtschaftspolitische Prioritäten *171*
    Die Rolle der Weltbank *172*

Statistischer Anhang *174*

Anmerkungen zu den verwendeten Quellen *182*

Kennzahlen der Weltentwicklung *189*

Text-Tabellen

1.1 Struktur und Konditionen der Kapitalzuflüsse zu den Entwicklungsländern, ausgewählte Zeiträume *5*
2.1 Leistungsbilanzsaldo in Prozent des BSP für ausgewählte Ländergruppen und Jahre, 1960 bis 1984 *20*
2.2 Leistungsbilanz und ihre Finanzierung in ausgewählten Jahren, 1970 bis 1984 *22/23*
2.3 Netto-Mittelaufkommen der Entwicklungsländer aus allen Kapitalquellen in ausgewählten Jahren, 1970 bis 1983 *25*
2.4 Variabel verzinsliche Kredite in Prozent der öffentlichen Schulden; ausgewählte Jahre, 1974 bis 1983 *25*
2.5 Währungsstruktur langfristiger öffentlicher Schulden, 1974 bis 1983 *26*
2.6 Schuldenkennzahlen der Entwicklungsländer in ausgewählten Jahren, 1970 bis 1984 *28*
3.1 Leistungsbilanzsalden der Industrie- und der Entwicklungsländer, 1970 bis 1984 *38*
3.2 Öffentlicher Haushaltssaldo, inflationsbereinigt, in Prozent des Volkseinkommens in ausgewählten Ländern, 1965 bis 1984 *42*
3.3 Anteil der Importe der Industrieländer, der nichttarifären Handelshemmnissen unterliegt, 1983 *46*
4.1 Preisverzerrungen, Umschuldungen und Exportwachstum in ausgewählten Entwicklungsländern *64*
4.2 Wirkung außenwirtschaftlicher Schocks auf die Leistungsbilanz ausgewählter Entwicklungsländer *66*
4.3 Kreditkennziffern ausgewählter Entwicklungsländer, 1972, 1979 und 1982 *70*
4.4 Kapitalflucht und Brutto-Kapitalimporte in ausgewählten Ländern, 1979 bis 1982 *75*
5.1 Eine Übersicht über die Kontrollen der Auslandsverschuldung *86*
5.2 Instrumente zur Beeinflussung der privaten Auslandsverschuldung in ausgewählten Entwicklungsländern *87*
5.3 Kennzahlen der „Verwundbarkeit" durch steigende Zinsen *92*
8.1 Internationale Anleiheemissionen und -plazierungen, 1965, 1970 und 1975 bis 1984 *144*
9.1 Ausländische Direktinvestitionen in ausgewählten Ländergruppen, 1965 bis 1983 *149*
9.2 Renditen von Investitionen auf den neuen Märkten, 1976 bis 1983 *159*
10.1 Durchschnittsergebnisse für Industrie- und Entwicklungsländer, 1960 bis 1995 *162*
10.2 Wachstum des Pro-Kopf-BIP, 1960 bis 1995 *162*
10.3 Durchschnittsergebnisse für Industrie- und Entwicklungsländer, 1980 bis 1990 *164*
10.4 Wachstum des Handels der Entwicklungsländer, 1980 bis 1990 *165*
10.5 Leistungsbilanzen der Entwicklungsländer und ihre Finanzierung, 1984 und 1990 *167*
10.6 Netto-Mittelzuflüsse zu den Entwicklungsländern in ausgewählten Jahren, 1980 bis 1990 *170*

Statistischer Anhang

A.1 Bevölkerungswachstum, 1965 bis 1984 und Projektion bis zum Jahr 2000 *174*
A.2 Bevölkerung und BSP pro Kopf (1980) und Wachstumsraten, 1965 bis 1984 *174*
A.3 BIP (1980) und Wachstumsraten, 1965 bis 1984 *175*
A.4 Bevölkerung und Zusammensetzung des BIP in ausgewählten Jahren, 1965 bis 1984 *175*
A.5 Produktionsstruktur des BIP in ausgewählten Jahren, 1965 bis 1982 *176*
A.6 Wachstumsraten einzelner Wirtschaftssektoren, 1965 bis 1982 *176*
A.7 Kennzahlen für Verbrauch, Ersparnis und Investitionen in ausgewählten Jahren, 1965 bis 1983 *177*
A.8 Exportwachstum, 1965 bis 1984 *178*
A.9 Veränderung der Exportpreise und der Terms of Trade, 1965 bis 1984 *179*
A.10 Wachstum der langfristigen Schulden der Entwicklungsländer, 1970 bis 1984 *179*
A.11 Ersparnis, Investionen und Leistungsbilanzsaldo, 1965 bis 1983 *180*
A.12 Zusammensetzung der ausstehenden Schulden, 1970 bis 1983 *181*

Schaubilder

1.1 Netto-Kapitalzuflüsse und Schulden, 1970 bis 1984 *2*
1.2 Entwicklung ausgewählter Verschuldungskennzahlen, 1970 bis 1984 *3*
1.3 Multilaterale Umschuldungen, 1975 bis 1984 *4*
1.4 Langfristige Zinssätze in den Vereinigten Staaten, 1965 bis 1984 *5*
2.1 Zusammensetzung der Netto-Mittelzuflüsse zu den Entwicklungsländern, 1960, 1970, 1980 und 1983 *24*
2.2 Zinssätze neu zugesagter Kredite an öffentliche Schuldner, 1975 bis 1983 *24*
3.1 Inflationsraten in den Vereinigten Staaten, der Bundesrepublik Deutschland und Frankreich, 1965 bis 1984 *39*
3.2 Differenz zwischen lang- und kurzfristigen Zinssätzen in den Vereinigten Staaten und in Deutschland, 1965 bis 1983 *40*
3.3 Körperschaftssteuer in Prozent der Unternehmensgewinne in den Vereinigten Staaten, 1950 bis 1989 *40*
3.4 Staatsausgaben in Prozent des Volkseinkommens in Europa, den Vereinigten Staaten und Japan, 1965 bis 1984 *42*
3.5 Veränderungen der Leistungsbilanzen zwischen 1981 und 1984 *43*
3.6 Indizes der realen Rohstoffpreise, 1965 bis 1984 *45*
4.1 Die Stufenleiter der Schulden *52*
4.2 Einkommensniveau und Zugang zu öffentlichen und privaten Kreditquellen *54*
4.3 Investition, Ersparnis und Leistungsbilanzsaldo in ausgewählten Ländergruppen, 1960 bis 1983 *57*
4.4 Verschuldung und Investitionen in ausgewählten Entwicklungsländern, 1965 bis 1983 *58*
4.5 Verschuldung und Wachstum in ausgewählten Entwicklungsländern, 1965 bis 1983 *59*
4.6 Veränderung der Investitionen, Ersparnis und Terms of Trade in ausgewählten Ländern, 1965 bis 1983 *69*
4.7 Struktur des Kreditvolumens in zehn Ländern, 1972, 1978 und 1982 *71*
4.8 Anstieg der Schulden und der staatlichen Haushaltsdefizite in ausgewählten Entwicklungsländern, 1972 bis 1982 *72*
4.9 Defizit des öffentlichen Sektors und Leistungsbilanzdefizit in drei Ländern, 1970 bis 1983 *73*
5.1 Kurzfristige Schulden, ausgedrückt in Monatseinfuhren der Entwicklungsländer, 1978 bis 1983 *95*
5.2 Kurzfristige Verschuldung ausgewählter lateinamerikanischer Länder, ausgedrückt in Monatseinfuhren, 1978 bis 1983 *95*
5.3 Währungsreserven ausgewählter Länder und Ländergruppen, ausgedrückt in Monatseinfuhren 1965 bis 1983 *97*
6.1 Private Kapitalzuflüsse zu Industrie- und Entwicklungsländern, Jahresdurchschnitte 1978 bis 1983 *101*
6.2 Nettokapitalzuflüsse zu den Entwicklungsländern in ausgewählten Jahren, 1970 bis 1983 *101*
6.3 Brutto-Auszahlungen mittel- und langfristiger Darlehen aus öffentlichen und privaten Quellen nach Ländergruppen in ausgewählten Jahren, 1970 bis 1983 *103*
7.1 Netto-Zuflüsse öffentlicher Entwicklungshilfe nach Herkunft, 1970 bis 1983 *113*
7.2 Volumen und Wachstum der Auszahlungen von ÖEH nach Geberländern, 1983 *119*
8.1 Nettoposition der Entwicklungsländer gegenüber Geschäftsbanken, 1974, 1979 und 1983 *131*
8.2 Internationale Bankkredite, 1973 bis 1984 *132*
8.3 Ausstehende Forderungen der Banken gegenüber Entwicklungsländern, 1978 bis 1983 *135*
8.4 Eigenkapitalquoten der Banken in wichtigen Finanzzentren, 1977 bis 1983 *137*
8.5 Netto-Geldanlage und -Kreditaufnahme bei Banken durch ausgewählte Ländergruppen, 1979 bis 1983 *142*

9.1 Ausländische Direktinvestitionen in Prozent der Auslandsverbindlichkeiten von sieben Hauptschuldnerländern, 1983 *149*
9.2 Sektorale Zusammensetzung der Direktinvestionen in Entwicklungsländern, nach vier Herkunftsländern, 1980 *152*
10.1 Leistungsbilanz, Kapitalzuflüsse und Schulden der Entwicklungsländer, Günstige und Ungünstige Projektion für 1990 *169*
10.2 Netto-Mittelzuflüsse zu den Entwicklungsländern, Günstige und Ungünstige Projektion für 1990 *169*

Sonderbeiträge

2.1 Die Konferenz von Bretton Woods und ihre beiden Institutionen *18*
2.2 Auslandsverbindlichkeiten der Entwicklungsländer *26*
2.3 Wie die Inflation die Tilgung von Krediten beeinflußt *29*
2.4 Umschuldungsverhandlungen im Wandel *31*
2.5 Neuere Vorschläge für die Behandlung von Schuldendienstproblemen *34*
3.1 Rohstoffpreise, Konjunkturzyklen und der reale Wechselkurs des Dollars *37*
3.2 Zinsschwankungen, Risikoverlagerung und variabel verzinsliche Schulden *39*
3.3 Die Berechnung des Staatsdefizits *41*
3.4 Die Kosten protektionistischer Maßnahmen bei Zucker und Rindfleisch *47*
3.5 Veränderungen der Zinssätze, der Terms of Trade und des Wachstums in den Industrieländern und ihre Konsequenzen für die Entwicklungsländer *49*
4.1 Die Schuldenzyklus-Hypothese *55/56*
4.2 Vorsichtige Kreditaufnahme und Risikovermeidung: Der Fall Indien *60*
4.3 Kreditaufnahmen im Ausland und Wirtschaftlichkeit von Investitionen auf den Philippinen, in Argentinien und Marokko *61*
4.4 Leitlinien der Kreditaufnahme *62*
4.5 Zufallsgewinne und Auslandsverschuldung *66/67*
4.6 Kapitalflucht in den Ländern der Südspitze Lateinamerikas *76*
4.7 Stabilisierung und Anpassung *77*
4.8 Anpassungsdarlehen der Weltbank *78*
4.9 Kreditaufnahmen zur Anpassung: Der Fall Korea *80*
5.1 Kreditaufnahmeregeln: Der Fall der Philippinen *84*
5.2 Integriertes Schuldenmanagement — Der Fall Thailand *85*
5.3 Die Bewertung des Zuschußelements *91*
5.4 Drei neue Finanzierungsinstrumente und ihre Nutzung durch die Entwicklungsländer *93*
5.5 Währungs- und Zinssatzswaps *94*
5.6 Automatisierte Schuldenmanagement-Systeme *96*
6.1 Wachstum und Verteilung der Weltbankausleihungen *102*
6.2 Die Anlage der OPEC-Überschüsse *105*
6.3 Der internationale Interbankenmarkt *107*
6.4 Das staatliche Risiko und seine Konsequenzen für das internationale Kreditgeschäft *108*
7.1 Eine kurze Chronik der öffentlichen Entwicklungshilfeleistungen *110*
7.2 Exportkredite *112*
7.3 Nichtstaatliche Organisationen *114*
7.4 Wirtschaftliche Unterstützung durch die OPEC *118*
7.5 Mischfinanzierungen *121*
7.6 Die Kreditgewährung des IWF, ihre Rolle und ihr Volumen *124*
7.7 IDA *126*
7.8 Koordinierung der Entwicklungshilfe *128*
8.1 Banken der Entwicklungsländer *131*
8.2 Arabische Banken und das internationale Geschäft *133*
8.3 Die Entstehung der Euromärkte *134*
8.4 Die Bankenaufsicht und ihr Einfluß auf die Kreditgewährung an Entwicklungsländer *136*
8.5 Liberalisierung der japanischen Finanzmärkte: einige Konsequenzen für die Entwicklungsländer *139*
8.6 Aufstieg und Niedergang des Konsortialkredits *140*
8.7 Größere Flexibilität im Kreditgeschäft der Banken *143*
8.8 Variabel verzinsliche Anleihen *144*
8.9 Kofinanzierung der Weltbank *145*
9.1 Ausländische Direktinvestitionen in Brasilien *150*
9.2 Ausländische Direktinvestitionen in Indien *151*
9.3 Japanische Direktinvestitionen in der Verarbeitenden Industrie *153*
9.4 Die Saatgutproduktion in der Türkei *154*
9.5 Eine multilaterale Investitionsgarantie-Agentur *156*
9.6 Die IFC und ausländische Portfolioinvestitionen: Das Beispiel Korea *158*

Definitionen und statistische Anmerkungen

Kapitalbewegungen

- *Arten von Kapitalbewegungen.* Internationale Kapitalströme können entweder aus offiziellen oder aus privaten Quellen stammen. Offizielle Quellen sind (a) Regierungen und öffentliche Stellen (auch *bilaterale Geldgeber* genannt) und (b) internationale Organisationen (*multilaterale Geldgeber*). Zu den privaten Quellen gehören: (a) kommerzielle Lieferanten und Hersteller, die Exportkredite zum Ankauf ihrer Güter anbieten, (b) Geschäftsbanken, die Exportkredite oder Barkredite gewähren, (c) andere private Anleger, die in ausländischen Unternehmen mit dem Ziel einer dauerhaften Beteiligung investieren (Direktinvestition) oder Aktien und Anleihen kaufen, die von ausländischen Gesellschaften oder Regierungen emittiert werden (Portfolioinvestition) sowie (d) Wohltätigkeitsorganisationen, die finanzielle Mittel, Güter und Dienstleistungen als Zuschüsse zur Verfügung stellen.
- *Beteiligungsfinanzierung.* Eine Investition, durch die ein Unternehmen ganz oder teilweise erworben und der Investor am Gewinn des Unternehmens beteiligt wird. Internationale Beteiligungsfinanzierungen können entweder zu den ausländischen Direktinvestitionen oder den Portfolioinvestitionen gehören.
- *Direktinvestition im Ausland.* Eine Investition, durch die der Investor eine dauerhafte Beteiligung an einem Unternehmen erwirbt, das in einem anderen Land tätig ist, wobei der Investor einen maßgeblichen Einfluß auf die Geschäftsführung nehmen will.
- *Exportkredite.* Finanzierungen, die von Geldgebern eines bestimmten Landes im Zusammenhang mit Exporten von Gütern oder Diensten zur Verfügung gestellt werden. Üblicherweise unterscheidet man zwischen privaten und öffentlichen Exportkrediten. Zu den *privaten Exportkrediten* gehören (a) Lieferantenkredite, die vom Exporteur an den ausländischen Käufer gewährt werden, und (b) Bestellerkredite, die von einer Geschäftsbank des Exporteurlandes im Auftrag des Exporteurs gewährt werden. *Öffentliche Exportkredite* werden von einer öffentlichen Stelle des Exporteurlandes gewährt.
- *Konzessionäre Mittel.* Auslandskredite, die der Kreditnehmer zu günstigeren Konditionen erhält, als sie am Markt üblich sind. Von konzessionären Mitteln wird hier dann gesprochen, wenn Kredite ein Zuschußelement von mindestens 25 Prozent enthalten.
- *Netto-Kreditgewährung.* Mittelauszahlungen abzüglich der geleisteten Rückzahlungen.
- *Nichtkonzessionäre Mittel.* Kredite, die zu den Konditionen der privaten Kapitalmärkte oder in Anlehnung an diese Konditionen vergeben werden.
- *Öffentliche Entwicklungshilfe.* Zuschüsse und konzessionäre Kredite, die von öffentlichen Stellen vergeben werden, um die wirtschaftliche Entwicklung zu fördern und den Lebensstandard zu heben. Hierzu rechnet auch der Wert der technischen Zusammenarbeit und Hilfe.
- *Öffentliche und öffentlich garantierte Schulden.* Öffentliche Schulden sind Auslandsverbindlichkeiten der öffentlichen Hand, d. h. der Regierung, ihrer Einrichtungen und der selbständigen Sondervermögen. Öffentlich garantierte Schulden sind Auslandsverbindlichkeiten privater Schuldner, deren Rückzahlung von einer öffentlichen Stelle des Schuldnerlandes garantiert wird.
- *Private nichtgarantierte Schulden.* Auslandsverbindlichkeiten privater Schuldner, deren Rückzahlung nicht von einer öffentlichen Stelle des Schuldnerlandes garantiert wird.
- *Zuschuß.* Eine laufende Übertragung von Kapital, Gütern oder Dienstleistungen auf ein anderes Land, die weder eine gegenwärtige noch eine zukünftige Verpflichtung zu einem entsprechenden Rücktransfer vom Empfängerland auf den Geber zur Folge hat.
- *Zuschußelement.* Der Umfang, in dem ein Kredit einen Zuschuß darstellt, wird durch das Zuschußelement bestimmt — das ist die Differenz

zwischen dem Nennbetrag des Kredits und dem abgezinsten Gegenwartswert des Schuldendienstes, ausgedrückt als Prozentsatz des Kreditbetrages. Ein echter Zuschuß weist somit ein Zuschußelement von 100 Prozent auf. Bei der Berechnung wird üblicherweise ein Rechnungszins von 10 Prozent angewendet. Das Zuschußelement dient dazu, das Ausmaß der Konzessionalität von Entwicklungshilfegeldern zu vergleichen, die zu unterschiedlichen Laufzeiten und Konditionen vergeben werden.

Außenhandel und Finanzierung

- *Auslandsschulden.* Die gegenüber Gebietsansässigen anderer Länder bestehenden Schulden. Soweit nicht anders angegeben, erfassen die Daten der Weltbank Auslandsschulden mit einer ursprünglichen oder verlängerten Laufzeit von einem Jahr oder mehr, die in Devisen, Gütern oder Dienstleistungen zurückzuzahlen sind. Verbindlichkeiten gegenüber dem Internationalen Währungsfonds werden nicht berücksichtigt (ausgenommen Darlehen aus dem Treuhandfonds). Innerhalb der mittel- und langfristigen Schulden wird zwischen *privaten nichtgarantierten* und *öffentlichen und öffentlich garantierten Schulden* unterschieden.
- *Handelsbilanz.* Der Saldo zwischen Warenausfuhr (fob) und Wareneinfuhr (fob).
- *Kreditvermittlung.* Die Hereinnahme von Geldern durch eine private oder öffentliche Finanzinstitution und die Weiterleitung dieser Gelder an Kreditnehmer.
- *Laufzeit.* Bei einem Kredit die Zeit bis zur letzten Tilgungszahlung. *Kurzfristige Kredite* weisen eine ursprüngliche Laufzeit von bis zu einem Jahr auf; *mittel- und langfristige Kredite* weisen eine ursprüngliche oder verlängerte Laufzeit von mehr als einem Jahr auf.
- *Leistungsbilanzsaldo.* Eine Zusammenfassung der Transaktionen, die das Netto-Auslandsvermögen eines Landes verändern. Der Saldo ergibt sich als Summe der Netto-Exporte von Gütern und Dienstleistungen (ohne Faktoreinkommen) zuzüglich des Saldos der Faktoreinkommen und der Netto-Übertragungen. Öffentliche Kapitalübertragungen werden dabei ausgeschlossen.
- *Neuordnung der Schulden.* Jede Veränderung der Zahlungsbedingungen für bestehende Schulden, die zwischen Schuldner und Gläubiger vereinbart wird. Bei einer *Refinanzierung der Schulden* werden neue Kredite zur Finanzierung des Schuldendienstes auf die bestehenden Schulden gewährt. Bei einer *Umschuldung* werden Vereinbarungen getroffen, durch die Tilgungs- oder Zinszahlungen aufgeschoben bzw. Tilgung oder Verzinsung anderweitig abgeändert werden.
- *Ressourcensaldo.* Der Saldo zwischen den Exporten von Gütern und Dienstleistungen (ohne Faktoreinkommen) und den Importen von Gütern und Dienstleistungen (ohne Faktoreinkommen).
- *Schuldendienst.* Die Summe der Zins- und Tilgungszahlungen auf die Auslandsschulden. Die *Schuldendienstquote* ist die Verhältniszahl, die durch Division des gesamten Schuldendienstes durch den Export von Gütern und Dienstleistungen gebildet wird.
- *Terms of Trade.* Ein Maß für die Preisrelation zwischen Exporten und Importen. Als Quotient aus den Ausfuhrdurchschnittswerten und den Einfuhrdurchschnittswerten eines Landes berechnet, geben die Terms of Trade an, wie sich die Exportpreise, ausgedrückt in Prozent der Importpreise, gegenüber einem Basisjahr verändert haben.
- *Währungsreserven.* Zu den Währungsreserven eines Landes gehören: der offizielle Goldbestand und der Bestand an Sonderziehungsrechten; die Reserveposition im Internationalen Währungsfonds; der offizielle Devisenbestand; sowie vorhandene Forderungen gegen das Ausland, auf die die Währungsbehörden zurückgreifen können. Die Währungsreserven werden auch als Vielfaches der monatlichen Importe von Gütern und Dienstleistungen ausgedrückt, die mit den Reserven bezahlt werden könnten.
- *Zahlungsbilanz.* Die systematische Aufzeichnung aller Transaktionen zwischen den Gebietsansässigen eines Landes und Gebietsfremden während einer bestimmten Periode, üblicherweise eines Kalender- oder Fiskaljahres. Sie enthält die grenzüberschreitenden Bewegungen von realen Ressourcen (einschließlich der Faktorleistungen wie der Dienstleistungen der Faktoren Arbeit und Kapital), die Veränderungen von Auslandsforderungen und -verbindlichkeiten durch wirtschaftliche Transaktionen sowie die unentgeltlichen Übertragungen zwischen dem Inland und dem Rest der Welt. Die Konten der Zahlungsbilanz lassen sich in zwei große Gruppen einteilen: einerseits die Leistungsbilanz, die den Außenhandel, die Faktoreinkommen und sonstigen Dienstleistungen sowie die erhaltenen und geleisteten Übertragungen erfaßt, andererseits die Kapitalbilanz, in der die Veränderungen der Forderungen und Verbindlichkeiten gegenüber dem Ausland erfaßt werden.

• *Zinssätze.* Der *nominale Zinssatz* eines bestimmten Kredites ist der im Kreditvertrag vereinbarte Zins, der entweder als *Festzins,* d. h. als während der Laufzeit des Kredites unveränderlicher Zinssatz, ausgedrückt ist oder als *variabler* bzw. *gleitender Zins,* der in regelmäßigen Abständen (etwa alle sechs Monate) neu bestimmt wird. Variable Zinssätze setzen sich zusammen aus einem Referenzzins (wie dem Angebotssatz für Sechsmonatsgeld am Londoner Interbankenmarkt) zuzüglich einer Marge oder Zinsspanne. Die *Marktzinssätze* sind die jeweils auf den privaten Kapitalmärkten geltenden Konditionen; dabei wird üblicherweise unterschieden zwischen *langfristigen Zinssätzen* — die im jeweiligen Zeitpunkt für Finanzierungen mit einer Laufzeit von mehr als einem Jahr, wie etwa für Anleihen, zu zahlen sind — und *kurzfristigen Zinssätzen* — die für Finanzierungen mit einer Laufzeit bis zu einem Jahr gelten. Der *reale Zinssatz* ergibt sich, wenn der nominale Zinssatz um die Veränderung des Preisniveaus bereinigt wird.

• *Zinsspanne.* Die Differenz zwischen einem Referenzzins, der zur Zinsfestsetzung verwendet wird, und dem Zins, zu dem Gelder an Endkreditnehmer ausgeliehen werden. Als Referenzzins wird häufig der Angebotssatz am Londoner Interbankenmarkt (London interbank offered rate, LIBOR) verwendet; zu diesem Zinssatz sind die Banken am Londoner Markt bereit, Gelder an erstklassige andere Banken auszuleihen. Ein anderer Referenzzins ist der Zinssatz für erste Adressen (prime rate) in den Vereinigten Staaten.

Volkswirtschaftliche Gesamtrechnung

• *Bruttoinlandsprodukt.* Die gesamte Endproduktion von Gütern und Dienstleistungen, die in einer Volkswirtschaft erbracht wird — und zwar durch Inländer und Ausländer, unabhängig von der Zurechnung der Einkommensansprüche auf Inländer oder Ausländer. Abschreibungen werden dabei nicht abgezogen.

• *Bruttosozialprodukt.* Das im Inland oder Ausland erstellte Gesamtprodukt, auf das Inländer Anspruch haben. Es entspricht dem Bruttoinlandsprodukt, bereinigt um den Saldo der Faktoreinkommen zwischen In- und Ausland. Zum Faktoreinkommen gehören die Einkünfte, die Inländer für Faktorleistungen (Arbeit, Investitionen und Zinsen) aus dem Ausland beziehen, abzüglich der entsprechenden Zahlungen an Ausländer. Abschreibungen werden dabei nicht abgezogen.

• *Ersparnis.* Die Bruttoinlandsersparnis ist definiert als Differenz zwischen dem Bruttoinlandsprodukt und dem gesamten Konsum; die Bruttoersparnis der Inländer ergibt sich durch Addition des Saldos der Faktoreinkommen zwischen In- und Ausland und der Netto-Übertragungen zur Bruttoinlandsersparnis.

• *Investitionen.* Die Summe der inländischen Bruttoanlageinvestitionen und der Veränderung der Lagerbestände. Die Bruttoinlandsinvestitionen umfassen alle Aufwendungen des privaten und des öffentlichen Sektors für die Aufstockung des Anlagenbestandes der Volkswirtschaft sowie den Wert der Lagerveränderung.

Ländergruppen

• Die *Entwicklungsländer* werden untergliedert in *Volkswirtschaften mit niedrigem Einkommen* mit einem Bruttosozialprodukt (BSP) pro Kopf im Jahre 1983 von weniger als 400 Dollar und in *Volkswirtschaften mit mittlerem Einkommen* mit einem BSP pro Kopf von 400 Dollar oder mehr. Die Länder mit mittlerem Einkommen werden darüber hinaus, wie nachfolgend aufgeführt, in *Ölexporteure* und *Ölimporteure* unterteilt.

• Zu den *Ölexporteuren mit mittlerem Einkommen* gehören Ägypten, Algerien, Angola, Ecuador, Gabun, Indonesien, Irak, Iran, Kamerun, Kongo, Malaysia, Mexiko, Nigeria, Peru, Syrien, Trinidad und Tobago, Tunesien und Venezuela.

• Zu den *Ölimporteuren mit mittlerem Einkommen* zählen alle übrigen Entwicklungsländer mit mittlerem Einkommen, die nicht als Ölexporteure erfaßt werden. Eine Untergruppe — die *Hauptexporteure von Industrieprodukten* — enthält Argentinien, Brasilien, Griechenland, Hongkong, Israel, Jugoslawien, die Republik Korea, die Philippinen, Portugal, Singapur, Südafrika und Thailand.

• Die *Ölexporteure mit hohem Einkommen* (die hier nicht zu den Entwicklungsländern rechnen) umfassen Bahrain, Brunei, Katar, Kuwait, Libyen, Oman, Saudi-Arabien und die Vereinigten Arabischen Emirate.

• *Marktwirtschaftliche Industrieländer* sind die Mitglieder der Organisation für wirtschaftliche Zusammenarbeit und Entwicklung (OECD) ohne Griechenland, Portugal und die Türkei, die zu den Entwicklungsländern mit mittlerem Einkommen zählen. Diese Ländergruppe wird im Text normalerweise als Industrieländer oder industrialisierte Volkswirtschaften bezeichnet.

- Zu den *osteuropäischen Staatshandelsländern* gehören Albanien, Bulgarien, Deutsche Demokratische Republik, Polen, Rumänien, Tschechoslowakei, Ungarn und die UdSSR. Diese Gruppe wird manchmal auch als *Planwirtschaften* bezeichnet.
- *Afrika südlich der Sahara* umfaßt alle neununddreißig Entwicklungsländer Afrikas südlich der Sahara, ohne die Republik Südafrika, wie im einzelnen ausgewiesen in *Toward Sustained Development in Sub-Saharan Africa: A Joint Program of Action* (Weltbank, 1984).
- Der *Nahe Osten und Nordafrika* umfaßt Afghanistan, Ägypten, Algerien, Iran, Irak, Israel, Arabische Republik Jemen, Jemen (VR), Jordanien, Kuwait, Libanon, Libyen, Marokko, Oman, Saudi-Arabien, Syrien, Tunesien, die Türkei und die Vereinigten Arabischen Emirate.
- Zu *Ostasien* gehören alle Länder mit niedrigem und mittlerem Einkommen Ost- und Südostasiens und des Pazifik, die östlich von Birma, China und der Mongolischen VR liegen, einschließlich dieser drei Länder.
- Zu *Südasien* gehören Bangladesch, Butan, Indien, Nepal, Pakistan und Sri Lanka.
- *Lateinamerika und Karibik* umfassen alle amerikanischen und karibischen Länder südlich der Vereinigten Staaten.
- *Hauptschuldnerländer* sind die Länder, deren ausgezahlte und ausstehende Schulden per Ende 1983 auf mehr als 15 Mrd Dollar geschätzt werden; hierzu gehören Ägypten, Argentinien, Brasilien, Chile, Indien, Indonesien, Israel, Jugoslawien, Mexiko, die Republik Korea, die Türkei und Venezuela.

Kurzwörter und Abkürzungen

BIE Bruttoinlandsersparnis.

BII Bruttoinlandsinvestition.

BIP Bruttoinlandsprodukt.

BIZ Bank für Internationalen Zahlungsausgleich.

BSE Bruttoersparnis der Inländer (Teil des BSP).

BSP Bruttosozialprodukt.

DAC Der Ausschuß für Entwicklungshilfe (Development Assistance Committee) der OECD (siehe unten) umfaßt Australien, Belgien, Dänemark, die Bundesrepublik Deutschland, Finnland, Frankreich, Großbritannien, Italien, Japan, Kanada, Neuseeland, die Niederlande, Norwegen, Österreich, Schweden, die Schweiz, die Vereinigten Staaten und die Kommission der Europäischen Gemeinschaften.

EG Die Europäischen Gemeinschaften umfassen Belgien, Dänemark, die Bundesrepublik Deutschland, Frankreich, Griechenland, Großbritannien, Irland, Italien, Luxemburg und die Niederlande.

FAO Organisation für Ernährung und Landwirtschaft der Vereinten Nationen (Food and Agriculture Organization).

GATT Das Allgemeine Zoll- und Handelsabkommen (General Agreement on Tariffs and Trade).

IBRD Internationale Bank für Wiederaufbau und Entwicklung (International Bank for Reconstruction and Development).

IDA Internationale Entwicklungsorganisation (International Development Association).

IFC Internationale Finanz-Corporation (International Finance Corporation).

ILO Internationales Arbeitsamt (International Labour Office).

IWF Internationaler Währungsfonds.

LIBOR Londoner Interbanken-Angebotssatz (London interbank offered rate).

NSO Nichtstaatliche Organisation.

OECD Mitgliedsländer der Organisation für wirtschaftliche Zusammenarbeit und Entwicklung (Organisation for Economic Co-operation and Development) sind Australien, Belgien, Dänemark, die Bundesrepublik Deutschland, Finnland, Frankreich, Griechenland, Großbritannien, Irland, Island, Italien, Japan, Kanada, Luxemburg, Neuseeland, die Niederlande, Norwegen, Österreich, Portugal, Schweden, die Schweiz, Spanien, die Türkei und die Vereinigten Staaten.

ÖEH Öffentliche Entwicklungshilfe.

OPEC Die Organisation erdölexportierender Länder (Organization of Petroleum Exporting Countries) setzt sich zusammen aus Algerien, Ecuador, Gabun, Indonesien, Irak, Iran, Katar, Kuwait, Libyen, Nigeria, Saudi-Arabien, Venezuela und den Vereinigten Arabischen Emiraten.

SZR Sonderziehungsrecht.

UNCTAD Welthandels- und Entwicklungskonferenz der Vereinten Nationen (United Nations Conference on Trade and Development).

UNDP Entwicklungsprogramm der Vereinten Nationen (United Nations Development Programme).

UNESCO Organisation der Vereinten Nationen für Erziehung, Wissenschaft und Kultur (United Nations Educational, Scientific, and Cultural Organization).

UNICEF Weltkinderhilfswerk der Vereinten Nationen (United Nations Children's Fund).

VN Vereinte Nationen.

Statistische Anmerkungen

Tonnen-Angaben beziehen sich auf metrische Tonnen (t) gleich 1000 Kilogramm (kg) oder 2 204,06 Pfund.

Zuwachsraten beruhen, soweit nichts anderes erwähnt, auf realen Größen. Die Zuwachsraten für mehrjährige Zeitabschnitte in den Tabellen beziehen sich auf den Zeitraum, der mit dem Ausgangsjahr beginnt und bis zum Ende des letzten angegebenen Jahres reicht.

Dollar sind US-Dollar zu jeweiligen Preisen, sofern nichts anderes angegeben.

Das Zeichen .. in Tabellen bedeutet, daß keine Daten verfügbar sind.

Allen Tabellen und Schaubildern liegen Weltbank-Daten zugrunde, soweit nichts anderes angemerkt wird. Die Weltbank-Daten über Auslandsschulden beziehen sich durchweg, falls nichts anderes angemerkt wird, auf mittel- und langfristige öffentliche und öffentlich garantierte sowie private nichtgarantierte, ausstehende und ausgezahlte Schulden. Angaben über die kurzfristigen Schulden wurden vom Stab der Weltbank auf Grundlage der veröffentlichten halbjährlichen Statistik der Bank für Internationalen Zahlungsausgleich über die Fälligkeitsverteilung der internationalen Bankausleihungen geschätzt; dabei wurden die langfristig umgeschuldeten Beträge — soweit bekannt — aus den Daten der BIZ ausgeschaltet. Für die Kennzahlen der Weltentwicklung am Ende dieses Bandes werden die obigen Ländergruppierungen verwendet, doch werden nur Länder mit einer Bevölkerung von mindestens 1 Million berücksichtigt.

Angaben aus dritten Quellen liegen nicht immer bis einschließlich 1983 vor. Die Zahlen, die im vorliegenden *Weltentwicklungsbericht* für Vergangenheitswerte ausgewiesen werden, können von den Angaben in früheren Berichten abweichen, da sie, sobald bessere Daten verfügbar sind, laufend aktualisiert werden und bestimmte Angaben für eine Auswahl von neunzig Ländern neu zusammengestellt wurden. Letzteres war erforderlich, um die Neugruppierung von Ländern, auf denen die Projektionen beruhen, flexibler durchführen zu können.

Teil I Überblick und geschichtliche Perspektive

1 Überblick

Die wirtschaftlichen Turbulenzen der letzten Jahre haben sich gelegt. Die Erholung in den Industriestaaten in den Jahren 1983/84, wirtschaftspolitische Anpassungsmaßnahmen in vielen Entwicklungsländern und die flexible Behandlung der Schuldendienstprobleme durch die Geschäftsbanken trugen gleichermaßen zur Beruhigung der krisenhaften Stimmung bei. Dies bedeutet jedoch nicht, daß die Weltwirtschaft die Dynamik der sechziger Jahre zurückgewonnen hat oder die wirtschaftliche Entwicklung wieder schnell voranschreitet. In den meisten Entwicklungsländern, die sich mit Schuldendienstproblemen konfrontiert sahen, und auch in vielen anderen Ländern der Dritten Welt hat sich das Wachstum verlangsamt. Das durchschnittliche Realeinkommen pro Kopf der Bevölkerung ist im größten Teil Afrikas nicht höher als im Jahr 1970; in vielen Ländern Lateinamerikas ist es auf das Niveau von Mitte der siebziger Jahre zurückgefallen. Dutzende von Staaten haben ein Jahrzehnt ihrer Entwicklung — oder gar mehr — verloren.

Die Erfahrungen der letzten Jahre haben viele Fragen zur Rolle des Auslandskapitals in der wirtschaftlichen Entwicklung aufgeworfen. Vor nur wenigen Jahren bestand noch eine generelle Übereinstimmung darüber, daß die weiter fortgeschrittenen Entwicklungsländer mehr kommerzielle Mittel im Ausland aufnehmen könnten und sollten. Dieser Konsens ist verlorengegangen. Einerseits wird die Auffassung vertreten, daß sich durch das fallweise Herangehen an die Verschuldungsprobleme auf Dauer ein Gleichgewicht zwischen Wirtschaftswachstum und Schuldendienst herstellen läßt, wodurch mit der Zeit auch wieder eine höhere Kreditgewährung, insbesondere seitens der Banken, stimuliert würde. Andere halten neue Ansätze für notwendig, wenn die Entwicklungsländer ihre Schulden bedienen und die wirtschaftliche Expansion wieder aufnehmen sollen. Wie so häufig bei einem Umschwung in der „herrschenden Lehre" erscheinen sowohl die neuen als auch die alten Argumente oftmals stark vereinfacht und überpointiert. Wichtig ist, daß die Grundlagen der internationalen Finanzbeziehungen nicht aus den Augen verloren werden.

Seit langem fließt Kapital von den reicheren zu den ärmeren Ländern. Dies geschieht, weil Kapital in den Volkswirtschaften, die sich in einem weniger fortgeschrittenen Entwicklungsstadium befinden, relativ knapper ist und dort die erwarteten Renditen tendenziell entsprechend höher sind. Zu diskutieren ist die Art der Kapitalbewegungen, ihre Bedingungen und die Verwendung der Gelder. Diese Fragen waren bereits im neunzehnten Jahrhundert von Bedeutung, und sie sind es bis heute geblieben.

Der vorliegende Bericht enthält einen umfassenden und langfristigen Überblick über die Rolle des Auslandskapitals im Entwicklungsprozeß. Er betont, daß internationale Kapitalströme die Effizienz der Weltwirtschaft steigern und Defizitländer in die Lage versetzen können, zwischen dem Abbau ihrer Defizite und deren Finanzierung das richtige Gleichgewicht zu finden. Die Verfügbarkeit von Auslandsgeld bringt jedoch auch Risiken mit sich: Zum einen kann sie die für die Anpassung erforderlichen wirtschaftspolitischen Reformen verzögern, zum anderen können sich Länder zu hoch verschulden, wenn sie die künftige Wirtschaftsentwicklung im Ausland falsch einschätzen.

Nutzen wie Kosten können anhand der jüngsten Erfahrungen illustriert werden. Auf der Aktivseite steht, daß die meisten Entwicklungsländer im Verlaufe der vergangenen zwanzig Jahre beträchtliche wirtschaftliche Fortschritte gemacht haben: Ihr Bruttoinlandsprodukt wuchs im Zeitraum 1960 bis 1980 um durchschnittlich 6,0 Prozent pro Jahr. Die Lebenserwartung ihrer Bevölkerung stieg von durchschnittlich zweiundvierzig Lebensjahren in 1960 auf neunundfünfzig Jahre in 1982, während sich die Kindersterblichkeit halbierte und die Einschulungsquote an Grundschulen von 50 auf 94 Prozent zunahm. Diese Fortschritte spiegeln hauptsächlich die eigenen Anstrengungen der Entwicklungsländer wider. Es gibt jedoch deutliche Anzeichen dafür, daß auch Kapitalzuflüsse, oftmals begleitet von technischem „Know-how", eine Rolle gespielt haben.

Ausländisches Kapital hat in den einzelnen Ländern auch dazu beigetragen, wirtschaftliche „Schocks" abzufangen — seien es interne Schocks (wie Mißernten) oder externe, wie starke Bewegungen der Rohstoffpreise oder Rezessionen in den Industriestaaten. Ausländisches Kapital kann dabei als Stoßdämpfer wirken, da es den Ländern eine allmähliche Anpassung ihrer Ausgaben sowie eine Umverteilung ihrer Ressourcen entsprechend den veränderten Rahmendaten ermöglicht. In den siebziger Jahren waren viele Entwicklungsländer zunächst in der Lage, das verteuerte Erdöl zu bezahlen, indem sie mehr Kredite aufnahmen. Diejenigen Länder, in denen die Verschuldung mit einer wirtschaftspolitischen Anpassung einherging, konnten wieder auf den Wachstumspfad zurückkehren und Schuldendienstprobleme vermeiden. In anderen Fällen diente die Kreditaufnahme dazu, den notwendigen Anpassungsmaßnahmen aus dem Wege zu gehen. Viele dieser Länder gerieten später mit ihrem Schuldendienst in Schwierigkeiten und mußten sich noch drastischeren und kostspieligeren Anpassungen unterziehen.

Diese gegensätzlichen Erfahrungen unterstreichen, daß die Auslandsverschuldung keine schmerz- oder risikolose Alternative zur Anpassungspolitik darstellt. Die Anhäufung von Schulden läßt ein Land für Schwankungen an den internationalen Finanzmärkten anfälliger werden, wie der Umschwung von negativen Realzinssätzen zu beispiellos hohen positiven Zinsen nur allzu deutlich machte. Eine schnelle Anpassung wurde dadurch um so notwendiger. Kreditnehmer und Kreditgeber versäumen es oft, den institutionellen, sozialen und politischen Starrheiten, die die Fähigkeit eines Landes zur Anpassung begrenzen, voll Rechnung zu tragen.

Der historische Zusammenhang

Das Jahrzehnt von 1973 bis 1982 brachte ein starkes Wachstum der Auslandskredite an Entwicklungsländer. Als Ergebnis stiegen sowohl die Brutto- als auch die Nettoschulden der Entwicklungsländer steil an. Zwischen 1970 und 1984 haben sich ihre mittel- und langfristigen Schulden beinahe verzehnfacht, und zwar auf 686 Mrd Dollar (vgl. Schaubild 1.1), ungeachtet des Rückgangs der Kapitalzuflüsse seit 1981. Das auffallendste Merkmal dieses Wachstums war die sprunghafte Zunahme der Kreditgewährung durch Geschäftsbanken; ihr Anteil an den gesamten Kapitalimporten der Entwicklungsländer stieg von 15 Prozent im Jahr 1970 auf 36 Prozent im Jahr 1983.

Allen Kennziffern zufolge hat sich die Fähigkeit der Entwicklungsländer, ihren Schuldendienstverpflichtungen nachzukommen, mit zunehmender Schuldenhöhe, insbesondere seit 1974, verschlechtert. Die Relation zwischen Schulden und BSP hat sich mehr als verdoppelt, und zwar von 14 Prozent 1970 auf nahezu 34 Prozent im Jahr 1984. Die Relation zwischen Schuldendienst und Ausfuhren stieg von 14,7 Prozent 1970 auf einen Höchststand von 20,5 Prozent im Jahr 1982, ging dann auf 19,7 Prozent in 1984 zurück. Die Zinszahlungen auf die Schulden erhöhten sich von 0,5 Prozent des BSP im Jahre 1970 auf 2,8 Prozent 1984, womit sie mehr als der Hälfte der gesamten Schuldendienstzahlungen in diesem Jahr entsprachen. Diese Durchschnittszahlen verdecken beträchtliche Unterschiede zwischen Regionen und Ländern.

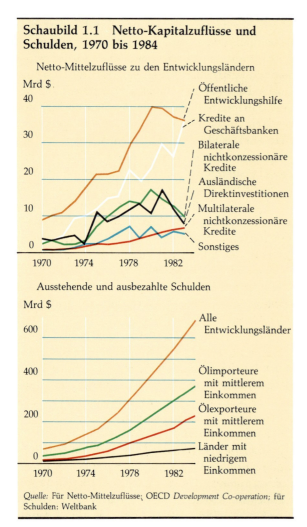

Schaubild 1.1 Netto-Kapitalzuflüsse und Schulden, 1970 bis 1984

Quelle: Für Netto-Mittelzuflüsse: OECD Development Co-operation; für Schulden: Weltbank

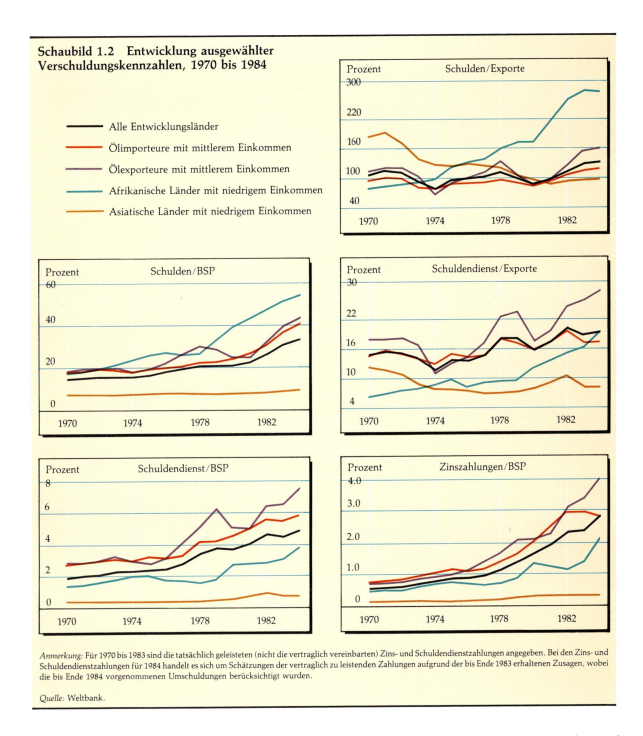

Schaubild 1.2 Entwicklung ausgewählter Verschuldungskennzahlen, 1970 bis 1984

— Alle Entwicklungsländer
— Ölimporteure mit mittlerem Einkommen
— Ölexporteure mit mittlerem Einkommen
— Afrikanische Länder mit niedrigem Einkommen
— Asiatische Länder mit niedrigem Einkommen

Anmerkung: Für 1970 bis 1983 sind die tatsächlich geleisteten (nicht die vertraglich vereinbarten) Zins- und Schuldendienstzahlungen angegeben. Bei den Zins- und Schuldendienstzahlungen für 1984 handelt es sich um Schätzungen der vertraglich zu leistenden Zahlungen aufgrund der bis Ende 1983 erhaltenen Zusagen, wobei die bis Ende 1984 vorgenommenen Umschuldungen berücksichtigt wurden.

Quelle: Weltbank.

So dramatisch das jüngste Wachstum der Kreditaufnahme im Ausland auch verlief, beispiellos war es nicht. Im Kapitel 2 wird gezeigt:

• Relativ gesehen haben die internationalen Kapitalströme oftmals einen größeren Umfang gehabt als in den siebziger Jahren. Großbritannien investierte zwischen 1870 und 1913 durchschnittlich 5 Prozent seines BSP im Ausland; unmittelbar vor dem Ersten Weltkrieg stieg dieser Anteil auf fast 10 Prozent. Für Frankreich und Deutschland lagen die Zahlen bei 2 bis 3 Prozent des BSP. Auch als Anteil am BSP des Empfängerlandes gemessen waren die Kapitalimporte in früheren Perioden häufig umfangreicher. Beispielsweise betrugen die Kapitalimporte Kanadas zwischen 1870 und 1910 durchschnittlich 7,5 Prozent des BSP und entsprachen 30 bis 50 Prozent der inländischen Investitionen. Während des Investitionsbooms in Argentinien und Australien machte das Auslandskapital etwa die Hälfte der gesamten inländischen Bruttoinvestitionen aus. Demgegenüber beliefen sich die Nettokapitalimporte aller Entwicklungsländer zwischen 1960 und 1973 im Durchschnitt auf 2 bis 3 Prozent des BSP, womit sie 10 bis 12 Prozent der Bruttoinvestitionen dieser Länder finanzierten; seitdem betrugen sie zwischen 3 und 6 Prozent des BSP und finanzierten 10 bis 20 Prozent der Bruttoinvestitionen.

• Die Struktur der Finanzierungsströme in die Entwicklungsländer hat sich wiederholt geändert. In den Jahren vor dem ersten Weltkrieg waren die privaten Anleihemärkte die wichtigste Kapitalquelle. In den dreißiger Jahren kam im Gefolge der großen Depression und der verbreiteten Zahlungseinstellung von Kreditnehmern in Industrie- wie Entwicklungsländern die private Kreditgewährung praktisch zum Stillstand. Sie wurde nach dem Zweiten Weltkrieg durch eine Ausweitung der öffentlichen Kapitalströme, hauptsächlich zu konzessionären Bedingungen, ersetzt; der größte Teil entfiel auf bilaterale Hilfe, jedoch wurde ein Teil auch über die neugeschaffenen multilateralen Einrichtungen geleitet, wie die Weltbank und später die Internationale Entwicklungsorganisation (IDA). Bis zum Ende der sechziger Jahre, als die Geschäftsbanken begannen, eine führende Rolle zu spielen, bildeten öffentliche Finanzierungen — neben privaten Direktinvestitionen und Lieferantenkrediten — die hauptsächliche Quelle von Auslandskapital für die Entwicklungsländer.

• Schuldendienstprobleme waren nicht ungewöhnlich; in der Regel wurden sie durch das Zusammentreffen wirtschaftspolitischer Fehlleistungen in den jeweiligen Ländern mit einer Verschlechterung des weltwirtschaftlichen Umfelds verursacht. In den fünfzig Jahren vor dem Ersten Weltkrieg haben verschiedene Regierungen die Erfüllung der bestehenden Staatsschulden verweigert, so etwa Peru und die Türkei in den siebziger Jahren, sowie Argentinien und Brasilien in den achtziger und neunziger Jahren des vorigen Jahrhunderts. Die Fälle von Zahlungseinstellungen beschränkten sich jedoch nicht auf Entwicklungsländer; zum Beispiel stellten in diesen Jahren einige Kreditnehmer in den Vereinigten Staaten die Zahlungen ein. In den dreißiger Jahren dieses Jahrhunderts waren Zahlungsschwierigkeiten, angefangen mit Deutschland im Jahr 1932, weit verbreitet. Als einziges Land Lateinamerikas bediente Argentinien in diesen Jahren seine Schulden vereinbarungsgemäß. Sieht man von den dreißiger Jahren ab, so waren die Schuldner nach einer Anpassung ihrer Wirtschaftspolitik durchaus in der Lage, neue Kredite aufzunehmen (wenn auch zu ungünstigeren Konditionen).

An historischen Maßstäben gemessen, erscheinen die Schuldendienstprobleme der sechziger und siebziger Jahre nicht übermäßig schwerwiegend. Zwischen 1955 und 1970 waren sieben Entwicklungsländer (Argentinien, Brasilien, Chile, Ghana, Indonesien, Peru und die Türkei) an siebzehn Umschuldungsaktionen beteiligt. Zwar gab es auch für Entwicklungsländer mit niedrigem Einkommen, insbesondere für Indien, einige Umschuldungsmaßnahmen, diese hatten jedoch zum Ziel, zusätzliche Mittel zur Verfügung zu stellen, als öffentliche Kreditgeber nicht in der Lage waren, ihre Kreditgewährung zu steigern. In den siebziger Jahren führten im Durchschnitt pro Jahr drei Entwicklungsländer Umschuldungsmaßnahmen durch — ungeachtet des scharfen Rückgangs ihrer Terms of Trade in den Jahren 1973/74.

Erst in den achtziger Jahren haben sich die Schuldenprobleme vervielfacht. Die Zahl der Umschuldungen stieg von dreizehn im Jahre 1981 auf einunddreißig (bei einundzwanzig beteiligten Ländern) im Jahre 1983 und erreichte 1984 eine ähnliche Größenordnung (vgl. Schaubild 1.3). Im Zusammenhang mit Vereinbarungen über wirtschaftspolitische Reformen haben diese Länder die Fälligkeiten ihrer Schulden umstrukturiert, manch-

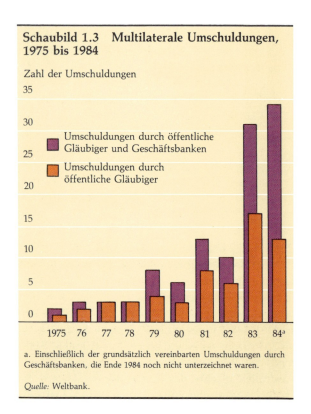

Schaubild 1.3 Multilaterale Umschuldungen, 1975 bis 1984

a. Einschließlich der grundsätzlich vereinbarten Umschuldungen durch Geschäftsbanken, die Ende 1984 noch nicht unterzeichnet waren.

Quelle: Weltbank.

mal für mehrere Jahre gleichzeitig. Entwicklungsländer mit niedrigem Einkommen, insbesondere in Afrika, konnten bisher jedoch mehrjährige Umschuldungsabkommen, wie sie einige Großschuldner ausgehandelt haben, noch nicht erreichen.

Die Ähnlichkeit mit Entwicklungen in der Vergangenheit sollte allerdings nicht über einige Unterschiede hinwegtäuschen. Die Entwicklungsländer sind aus drei miteinander verbundenen Gründen für Schuldendienstprobleme anfälliger geworden. Zum ersten hat die Finanzierung durch Kredite die Beteiligungsfinanzierung weit hinter sich gelassen. Zum zweiten erhöhte sich der Anteil der variabel verzinslichen Schulden dramatisch, so daß die Kreditnehmer von steigenden Zinssätzen direkt betroffen werden. Zum dritten haben sich die Laufzeiten — großenteils wegen des sinkenden Anteils der öffentlichen Kapitalströme und der öffentlichen Schulden — beträchtlich verkürzt, und zwar noch stärker, als aus Tabelle 1.1 ersichtlich, wenn man nämlich in Rechnung stellt, wie höhere Inflationsraten und Zinssätze effektiv zu einer zeitlichen Vorverlagerung der Tilgung führten.

Für die gegenwärtige Situation ist aber auch der — besorgniserregende — Umstand charakteristisch, daß viele Staaten mit Schuldendienstproblemen zur Gruppe der Entwicklungsländer mit niedrigem Einkommen gehören. Dies hängt zum Teil damit zusammen, daß ihnen die Entwicklungshilfegelder unregelmäßig zufließen. Der Dollarwert der Nettozuflüsse an öffentlicher Entwicklungshilfe (ÖEH) erreichte 1975 bei den Entwicklungsländern insgesamt das Zweieinhalbfache des Betrages von 1970, stagnierte dann zwischen 1975 und 1977, stieg darauf von 1977 bis 1980 nahezu auf das Doppelte und ist seitdem wieder gesunken. Auch real betrachtet ergibt sich — freilich mit weniger ausge-

Schaubild 1.4 Langfristige Zinssätze in den Vereinigten Staaten, 1965 bis 1984

Anmerkung: Durchschnitte aus vierteljährlichen Angaben.

Quelle: OECD *Financial Statistics* und *National Accounts;* statistische Mitteilungen des Federal Reserve Board.

prägten Schwankungen — ein ähnliches Verlaufsmuster. Es erklärt sich jeweils durch die Schwankungen der bilateralen ÖEH, besonders der Kapitalströme aus OPEC-Ländern, während die multilaterale ÖEH von 1973 bis 1980 ständig gestiegen ist und seither nur leicht rückläufig war. Zahlreiche Entwicklungsländer mit niedrigem Einkommen und solche im unteren Bereich der mittleren Einkommensgruppe nahmen kommerzielle Kredite auf und häuften große Schuldenbeträge an. In früheren Jahren dagegen erhielten die ärmsten Länder praktisch ihr gesamtes Auslandskapital entweder durch Direktinvestitionen — insbesondere im Exportsektor — oder in Form öffentlicher Gelder zu nichtkonzessionären Bedingungen.

Der historische Überblick zeigt einige allgemeine Charakteristika der Schuldendienstproblematik. Auf die Finanzbeziehungen zwischen Industriestaaten und Entwicklungsländern wirken drei Faktoren ein: (a) die Wirtschaftspolitik der Industrieländer, (b) die Wirtschaftspolitik der Entwicklungsländer und (c) die finanziellen Mechanismen, durch die Kapital in die Entwicklungsländer fließt. Keine Analyse der internationalen Finanzprobleme kann vollständig sein, solange sie nicht alle diese Faktoren berücksichtigt. Auf diese Weise wird das volle Spektrum der Erfahrungen verschiedener Länder sichtbar und es wird deutlich, warum einige Staaten sich verschuldet haben und mit Schuldendienstproblemen konfrontiert wurden, andere aber nicht. Damit wird auch augenfällig, daß die wirtschaftlichen Probleme zu Anfang der achtziger Jahre das

TABELLE 1
Struktur und Konditionen der Kapitalzuflüsse zu den Entwicklungsländern, ausgewählte Zeiträume

Komponente/Konditionen	1960-65	1975-80	1980-83
Direktinvestitionen des Auslands in Prozent der gesamten Netto-Kapitalzuflüsse	19,8	15,5	12,9
Variabel verzinsliche Kredite in Prozent der gesamten mittel- und langfristigen öffentlichen Schulden	. .	26,5	37,9
Durchschnittliche Laufzeit neu aufgenommener Kredite der öffentlichen Hand, in Jahren	18,0	15,0	14,0

Quelle: Für Direktinvestitionen: OECD *Development Co-operation,* für Konditionen: Weltbank.

Ergebnis individueller wirtschaftspolitischer Entscheidungen waren, die — als sie getroffen wurden — rational schienen.

Die Wirtschaftspolitik der Industrieländer

Wie Kapitel 3 zeigt, bestimmt die Finanz-, Geld- und Handelspolitik der Industriestaaten weitgehend das außenwirtschaftliche Klima für die Entwicklungsländer. Der Zusammenhang besteht jedoch nicht einfach darin, daß ein schnelles Wirtschaftswachstum in der industrialisierten Welt das Wachstum der Entwicklungsländer „hochzieht", wenngleich es sicher dazu beiträgt. Auch geht es nicht bloß darum, daß anhaltende Konjunkturschwäche und wachsender Protektionismus in den Industriestaaten für die Entwicklungsländer Schwierigkeiten mit sich bringen. Die Übertragungsmechanismen sind in wachsendem Maße finanzieller Art, nämlich Schwankungen im Kreditangebot sowie Zins- und Wechselkursbewegungen.

Dies wurde beispielsweise 1979/80 deutlich, als die Geldpolitik in den Vereinigten Staaten von Zinssätzen als Zielgröße zu Geldmengenzielen überging. Dies zog starke Zinsschwankungen nach sich. Die Länder Lateinamerikas, bei denen ein größerer Teil der Schulden mit variabler Verzinsung ausgestattet ist, wurden von diesem Verfahrenswechsel mehr betroffen als die Staaten Ostasiens oder Afrikas. Das Ergebnis waren abrupt steigende Schuldendienstzahlungen. Entwicklungsländern fällt es aber schwer, von heute auf morgen bedeutend höhere Schuldendienstzahlungen zu leisten. Der auf vielen Ländern lastende Druck wurde zu Anfang der achtziger Jahre durch die Rezession in den Industrieländern noch verschärft, die das Exportvolumen und die Rohstoffpreise zu einer Zeit sinken ließ, als die realen Zinssätze stiegen (vgl. Schaubild 1.4 und Kapitel 3, Schaubild 3.6). Es ist nicht überraschend, daß das Zusammenwirken dieser Einflüsse zahlreichen Ländern die Bedienung ihrer Schulden sehr erschwerte.

Die Erholung in den Industriestaaten hat dazu beigetragen, die Liquiditätsanspannung der Entwicklungsländer etwas zu lockern. Der Welthandel expandierte 1984 um etwa 8,5 Prozent und die Weltproduktion nahm um 4,2 Prozent zu. Das BSP der Entwicklungsländer wuchs um 4,1 Prozent, wobei ihr Ausfuhrvolumen um schätzungsweise 8,9 Prozent stieg, verglichen mit weniger als 4 Prozent p. a. in den Jahren 1981 und 1982. Die Realzinsen sind leicht gesunken, bleiben aber auf einem historisch hohen Niveau. Allerdings brachte die Erholung der Weltkonjunktur in den Jahren 1983/84 nicht den normalen zyklischen Anstieg der Rohstoffpreise auf Dollar-Basis. Dies war teilweise auf die anhaltende Aufwertung des US-Dollars zurückzuführen, hing aber auch mit technischen und sonstigen Faktoren zusammen, die die Nachfrage nach Rohstoffen beeinflussen. So wurden Länder, die Nettoexporteure von Rohstoffen sind (wie Brasilien), weniger begünstigt als Nettoimporteure solcher Güter (wie Korea). Außerdem werden alle Entwicklungsländer weiterhin durch protektionistische Maßnahmen in den Industrieländern in Mitleidenschaft gezogen.

Die wirtschaftlichen Impulse, die von Industrieländern auf die Entwicklungsländer ausgehen, werden in Zukunft hauptsächlich von der Entwicklung in zwei wirtschaftspolitischen Bereichen abhängen: bei den Realzinsen und auf dem Gebiet des Protektionismus. Die Zinsentwicklung wird im Kapitel 3 detailliert erörtert. Die dortige Analyse kommt zu dem Schluß, daß umfangreiche Budgetdefizite in den Industrieländern ein Hindernis auf dem Weg zu niedrigeren Zinsen bilden. Als Anteil am Volkseinkommen gemessen, ist von 1979 bis 1984 das Gesamtdefizit der öffentlichen Hand in neun größeren Industriestaaten beträchtlich gestiegen — die Bundesrepublik Deutschland und Japan ausgenommen. Im Jahr 1984 belief sich das aggregierte Defizit, bereinigt um die eingetretene Geldentwertung, auf 2,3 Prozent des Volkseinkommens dieser Industrieländer. In den Vereinigten Staaten nahm das Defizit während der letzten fünf Jahre am schnellsten zu. Überzeugende Maßnahmen sind in diesen Ländern erforderlich, um die Inanspruchnahme der inländischen und ausländischen Ersparnis durch die öffentliche Hand zu verringern; dies könnte die Zinsen senken und das Wachstum stimulieren. Die Vereinigten Staaten haben in jüngster Zeit Schritte angekündigt, die, falls sie in die Tat umgesetzt werden, eine beträchtliche Verringerung ihrer Haushaltsdefizite in den nächsten Jahren ermöglichen könnten. Um rezessive Anstoßwirkungen einer solchen Kursänderung zu vermeiden, wird eine sorgfältige Koordinierung mit der monetären Politik in den USA sowie mit der Geld- und Finanzpolitik der übrigen großen Industrieländer erforderlich sein.

Der zweite Problembereich von vitaler Bedeutung für die Entwicklungsländer ist der Protektionismus. Um ihre Auslandsschulden bedienen zu können, müssen die größten Schuldnerländer in den nächsten Jahren hohe Handelsbilanzüberschüsse erzielen. Viele Einfuhrbeschränkungen — etwa für Stahl, Zucker und Rindfleisch — haben aber hauptsächlich die Großschuldner, darunter Argentinien, Brasilien, Korea und Mexiko, getroffen. Andere Restriktionen, wie das Multifaserabkommen, tangieren einen weiteren Kreis von Ländern. Je schwerer es den großen Schuldnerländern fällt, ihre Schulden zu bedienen, desto größer sind die Belastungen für das internationale Bankensystem.

Wenn die Entwicklungsländer keine Devisen zur Ausweitung ihrer Einfuhren verdienen können, werden auch die Exporteure der Industrieländer in Mitleidenschaft gezogen. Um ein Beispiel anzuführen: Dies war ein wichtiger Grund, warum die Ausfuhren der USA von Industrieprodukten in die größeren Schuldnerländer zwischen 1980/81 und 1983/84 um 40 Prozent fielen. Zu solchen Einbußen kommt es ganz allgemein, da die Industriestaaten im Austausch von Industrieerzeugnissen mit der Dritten Welt einen Überschuß erwirtschaften. Protektionismus wirkt zudem als Bremse für den Anpassungsprozeß und das Wirtschaftswachstum, das die Industriestaaten selbst so dringend benötigen.

Längerfristig betrachtet, können protektionistische Schranken in der industrialisierten Welt die Entwicklungsstrategie auf fundamentale Weise beeinflussen. Bei den Regierungen der Entwicklungsländer erwecken sie den Eindruck, daß eine exportorientierte Wachstumsstrategie sehr risikoreich ist, und verführen dazu, zur binnenwirtschaftlich orientierten Politik früherer Jahre zurückzukehren. Es gibt eine Fülle von Beweisen dafür, daß solche wirtschaftspolitischen Strategien Wachstum und Beschäftigung in den Entwicklungsländern beeinträchtigen und auch in den Industrieländern den Spielraum für Produktivitätsfortschritte in den eigenen Volkswirtschaften einengen.

Die Wirtschaftspolitik der Entwicklungsländer

Wie im Kapitel 4 erörtert wird, haben die Erfahrungen der vergangenen zwölf Jahre die zentrale Bedeutung der nationalen Politik für den wirtschaftlichen Erfolg der Entwicklungsländer unterstrichen; dies gilt ganz besonders für die Verwendung ausländischer Gelder. Auslandskapital kann das Wirtschaftswachstum durch höhere Investitionen und den Transfer von Technologie fördern. Es ermöglicht den Ländern eine allmähliche Anpassung an veränderte weltwirtschaftliche Bedingungen. Aber es kann auch falsch eingesetzt werden, so daß Entwicklungsländer schließlich mit höherer Verschuldung dastehen, ohne daß ihre Fähigkeit, die Schulden bedienen zu können, entsprechend gewachsen ist.

In den siebziger Jahren, bei niedrigen oder gar negativen Realzinsen, war die Kreditaufnahme für die Entwicklungsländer sinnvoll — aber nur, wenn sie eine angemessene Wirtschaftspolitik verfolgten und die Mittel in ökonomisch gerechtfertigte Projekte investierten. Eine vorsichtige Definition der Verschuldungsgrenze war angebracht. Es war aber ein Fehler anzunehmen, daß niedrige Zinsen von Dauer sein würden, und es ist immer kostspielig, Investitionsentscheidungen zu revidieren. Solche Fehlentscheidungen werden schnell offenkundig, wenn sich das weltwirtschaftliche Umfeld verschlechtert, wie dies zu Anfang der achtziger Jahre der Fall war.

Die Entwicklungsländer wurden in den Jahren 1979 bis 1984 vom gleichzeitigen Auftreten höherer Erdölpreise, historisch hoher Realzinssätze, einer langanhaltenden Rezession in den Industriestaaten und wachsenden Handelsschranken schwer getroffen. Gleichwohl setzten nicht weniger als 100 Länder die Bedienung ihrer Auslandsschulden ohne Unterbrechung fort. Einige mußten nur leichte Schocks hinnehmen (wie beispielsweise die Ölexporteure) oder sie konnten von Gastarbeiterüberweisungen profitieren (beispielsweise bestimmte Länder in Asien oder im Nahen Osten). Einige hatten in den siebziger Jahren nur wenige Kredite aufgenommen oder sich hauptsächlich zu konzessionären Bedingungen verschuldet (etwa China, Indien und Kolumbien). Andere nahmen zwar Kredite auf, leiteten aber wirtschaftspolitische Reformen ein, die ihnen die Bedienung der Schulden erleichterten (etwa Indonesien und Korea).

Bei den Ländern, die mit ihrem Schuldendienst in Schwierigkeiten gerieten, handelte es sich jedoch nicht notwendigerweise um jene, die den stärksten Schocks ausgesetzt waren. Diese Entwicklungsländer hatten Kredite aufgenommen, es dann aber unterlassen, Anpassungsmaßnahmen durchzuführen, oder hatten die neuen Probleme nicht entschlossen genug in Angriff genommen. Zu diesem Kreis gehörten die afrikanischen Länder mit niedrigem Einkommen, deren Entwicklung in einem langfristigen, durch schwache Institutionen, niedrigen Ausbildungsstand und oft auch (wie in den vergangenen zehn Jahren) durch Naturkatastrophen behinderten Prozeß abläuft. Diese Länder haben traditionell konzessionäres Auslandskapital eingesetzt, um den Großteil ihrer Investitionen zu finanzieren. In den siebziger Jahren wurden sie mit höheren Importrechnungen konfrontiert. Zahlreiche afrikanische Rohstoffexporteure konnten sich angesichts der steigenden Rohstoffpreise zu Marktbedingungen verschulden, als die Zinsen niedrig waren. Die Auslandsgelder flossen zum Teil in den Konsum oder wurden für Investitionen in staatliche Großprojekte verwendet, von denen viele nur wenig zum Wirtschaftswachstum und zu der für die Bedienung der Schulden notwendigen Exportsteigerung beitrugen. Kapitalimporte ermöglichten es einigen Ländern, wirtschaftspolitische Reformen hinauszuschieben. Schuldendienstprobleme konnten dann erwartet werden und traten auch ein. Im Endergebnis kam es zu einem weiteren Rückschlag in der wirtschaftlichen Entwicklung.

Zur zweiten Gruppe der Länder mit Schuldendienstproblemen gehören viele Staaten Lateinamerikas und einige Großschuldner. Ihre finanziellen Probleme sind auf komplexere Ursachen zurückzuführen, doch weisen sie drei gemeinsame Merkmale auf: (a) Finanz- und Geldpolitik waren für ein dauerhaftes außenwirtschaftliches Gleichgewicht zu expansiv angelegt; (b) überbewertete Währungen ließen die Exportproduktion auf den Weltmärkten nicht zum Zuge kommen und förderten die Kapitalflucht und (c) verstärkten inländischen Sparanstrengungen stand eine noch stärkere Ausweitung der Investitionen gegenüber. Einige Länder, wie Chile und Uruguay, versuchten umfassende Wirtschaftsreformen einzuleiten, ihre Programme waren aber teilweise falsch angelegt, und die zeitliche Abstimmung der Einzelmaßnahmen ließ zu wünschen übrig. Andere verschuldeten sich in großem Umfang und modifizierten ihre Wirtschaftspolitik teilweise (zum Beispiel Brasilien, die Elfenbeinküste und die Philippinen). Sie unterschätzten jedoch Dauer und Tiefe der Rezession sowie den starken Zinsanstieg zu Beginn der achtziger Jahre. Viele dieser Länder sind jetzt dabei, ihre Wirtschaftspolitik zu reformieren und haben damit bislang ermutigende Ergebnisse erzielt.

Aus den unterschiedlichen Erfahrungen der Entwicklungsländer lassen sich einige grundsätzliche Erkenntnisse zur wirtschaftspolitischen Strategie gewinnen. Eine Erkenntnis betrifft, kurz zusammengefaßt, die Notwendigkeit der Flexibilität. Es ist ein Charakteristikum der Auslandsfinanzierung, daß sie Kreditnehmer und -geber zwingt, unerwartete Entwicklungen in Rechnung zu stellen. Dies geschieht am besten dadurch, daß man in der Lage bleibt, flexibel auf Änderungen des außenwirtschaftlichen Umfelds zu reagieren. So unterschiedliche Staaten wie Indien, Indonesien, Korea und die Türkei haben ihre Wirtschaftspolitik den gewandelten Umständen angepaßt. Kurzfristig gesehen, sind vor allem die Möglichkeiten zum Abbau des Staatsdefizits und zur Anpassung des realen Wechselkurses sowie der realen Zinssätze entscheidend. Falls Entwicklungsländer aus politischen oder anderen Gründen ihre Wirtschaftspolitik nicht rasch anpassen können, sollten sie eine bewußt konservative Verschuldungspolitik verfolgen.

Zweitens zeigt sich, daß die zur bestmöglichen Nutzung von Auslandskapital erforderliche Wirtschaftspolitik weitgehend identisch ist mit einer Politik, die auch die inländischen Ressourcen am besten nutzt. Ein Land muß aus seinen Investitionen Erträge erwirtschaften, die höher sind als die Kosten der dabei eingesetzten Ressourcen. Falls es sich im Ausland verschuldet, muß ein Land jedoch auch genügend Devisen erlösen, um die Zinszahlungen sowie die Überweisungen von Dividenden und Gewinnen an das Ausland leisten zu können. Diese Fähigkeit wird von drei Bereichen der Wirtschaftspolitik entscheidend beeinflußt:

- Preise mit volkswirtschaftlicher Lenkungsfunktion müssen an den Opportunitätskosten ausgerichtet werden. Dies fördert wirtschaftliche Aktivitäten, bei denen das jeweilige Land einen komparativen Kostenvorteil besitzt und erhöht auch die Flexibilität der Produktionsstrukturen. Eventuelle Subventionen sollten sorgfältig auf die jeweilige Zielgruppe, etwa die ärmsten Gesellschaftsschichten, ausgerichtet werden. Als die Erdölpreise in den Jahren 1973/74 stiegen, schoben viele Länder — und zwar sowohl Ölimporteure als auch Ölexporteure — die Erhöhung ihrer inländischen Energiepreise auf, wodurch sie ihre Zahlungsbilanzen zusätzlich belasteten. Zahlreiche andere Länder vermieden diese Belastungen dadurch, daß sie die Energiepreise früher anhoben. Außerdem hat die Preisstruktur, einschließlich des Zinsniveaus, Auswirkungen auf die Investitionsentscheidungen. Regierungen sollten ihre eigenen Investitionsprogramme sorgfältig evaluieren sowie ein System von Investitionsanreizen schaffen, das zu einer möglichst effizienten Ressourcenallokation durch die privaten Investoren führt. In Ländern wie Brasilien, Ecuador, der Elfenbeinküste, Nigeria, Peru und der Türkei gingen negative Realzinssätze mit allzu ehrgeizigen oder unwirtschaftlichen Investitionsprogrammen einher. Kolumbien und Malaysia dagegen wiesen ein angemesseneres Zinsniveau und zielgerechtere Investitionsanreize auf.
- Wechselkurse und Außenhandelspolitik spie-

len ebenfalls eine gewichtige Rolle. In den siebziger Jahren und zu Anfang der achtziger Jahre ließen viele Länder — insbesondere Argentinien, Chile, Mexiko, sowohl Nigeria, die Philippinen, die Türkei und Uruguay eine Überbewertung ihrer Währungen als auch Verzerrungen in ihrer Handelspolitik zu. Dies führte zu einer einseitigen Ausrichtung der Produktion auf den Binnenmarkt, stimulierte den Import und forderte zur Kapitalflucht heraus. Umfassende Außenhandels- und Preisreformen in der Türkei, die im Anschluß an die Ende der siebziger Jahre aufgetretenen Schwierigkeiten durchgeführt wurden, zeitigten gute Ergebnisse.

• Ungeachtet der Verfügbarkeit von Auslandskapital sollten verstärkte Anstrengungen zur Steigerung der inländischen Ersparnis unternommen werden. Richtig gesehen, besteht die Rolle der Auslandsfinanzierung darin, die inländische Ersparnis zu ergänzen, nicht sie zu ersetzen. Die Gefahr eines ungenügenden Sparaufkommens wurde von vielen Regierungen richtig erkannt. Zahlreichen Entwicklungsländern gelang in den siebziger Jahren tatsächlich eine bemerkenswerte Ersparnisbildung; innerhalb einer Auswahl von vierundvierzig Staaten konnten immerhin zwei Drittel ihre inländische Sparquote erhöhen. Diese Gruppe umfaßte so verschiedenartige Volkswirtschaften wie Indien, Kamerun, Korea, Malawi, Malaysia und Tunesien. In anderen Fällen — etwa in Argentinien, Marokko, Nigeria und Portugal — trugen unzureichende Sparanstrengungen zur überhöhten Kreditaufnahme bei. Eine Steigerung der Ersparnis erfordert Maßnahmen im öffentlichen und im privaten Sektor einer Volkswirtschaft. Im öffentlichen Sektor sind steuerliche Maßnahmen, eine realistische Preisgestaltung für öffentliche Güter und Dienstleistungen und Ausgabenkürzungen erforderlich, um die Haushaltsdefizite abzubauen und die staatliche Ersparnis zu erhöhen. Werden höhere Staatsausgaben durch eine vermehrte Kreditaufnahme im Ausland anstatt durch steigende Steuereinnahmen finanziert, so belastet dies in zunehmendem Maße den Haushalt (da der Staat Schuldzinsen zahlen muß) und die Zahlungsbilanz. Die Vorgänge in Mexiko in den Jahren 1981/82 legten den Keim für seine Schuldenkrise von 1982; wegen des wachsenden Staatsverbrauchs hatte sich damals das Budgetdefizit im Verhältnis zum BSP mehr als verdoppelt und wurde zum Teil mit Auslandskapital finanziert. Was die private Ersparnis betrifft, so schmälern niedrig gehaltene Inlandszinssätze die Ersparnisbildung, tragen zur Kapitalflucht bei, führen zur Kreditrationierung und zwingen zunehmend zur Kreditaufnahme im Ausland. Werden die Wechselkurse langsamer angepaßt als es der heimischen Inflationsrate entspräche und wird die Auslandsverschuldung subventioniert, so kommt es — in heimischer Währung gerechnet — zu einer künstlichen Verbilligung der Kreditaufnahme im Ausland, was Kapitalimporte auslöst. Dies war in Argentinien, Chile und Uruguay der Fall.

Steuerung der Auslandsverschuldung und der Auslandsschulden

Wirtschaftspolitische Maßnahmen, die das Niveau von Ersparnis und Investition im Inland bestimmen, entscheiden damit zugleich über den Bedarf an Auslandskapital; deswegen sollte die Steuerung der Kapitalströme ein integrierter Teil der gesamten Wirtschaftspolitik sein. Bestimmte Aspekte der Schuldenpolitik, die im Kapitel 5 erörtert werden, verdienen besondere Aufmerksamkeit.

Es geht zunächst darum, ob und wie der Staat die Kreditaufnahme im Ausland bzw. die Kreditgewährung an das Ausland seitens privater und staatlicher Unternehmen regeln soll. Die Antwort hängt grundsätzlich von der gesamtwirtschaftlichen Politik der Regierung sowie den staatlichen Wirtschaftsanreizen ab; im allgemeinen gilt, daß staatliche Eingriffe um so weniger erforderlich sind, je besser Preise, Zinssätze und Wechselkurse die Opportunitätskosten wiedergeben. Zwar haben einige Länder im Bereich des Kapitalverkehrs komplizierte Kontrollmechanismen geschaffen, doch zeigt die Erfahrung deutlich, daß solche Eingriffe eine vernünftige makroökonomische Politik nicht ersetzen können. Gleichwohl haben sich manchmal bestimmte Maßnahmen zur Steuerung der Kapitalströme — wie eine Genehmigungspflicht für Kreditaufnahmen, Vorschriften über Mindestlaufzeiten, Bardepot-Regelungen oder Quellensteuern — als hilfreiche Ergänzung von finanz-, geld- und handelspolitischen Maßnahmen erwiesen.

Der zweite große Problemkreis betrifft die Zusammensetzung der Kapitalströme und der Schulden. Hier geht es um Entscheidungen über: (a) die Konditionen der Auslandsverschuldung — Zinssatz, Laufzeit und Zeitprofil des Zahlungsstromes, (b) die Währungen, in denen die Verbindlichkeiten eingegangen werden, (c) das Verhältnis zwischen fest- und variabel verzinslichen Schulden, (d) die Art der Risikoverteilung zwischen Geldgebern und -nehmern (einschließlich des Verhältnisses zwischen Kredit- und Beteiligungsfinanzierung) und (e) die Höhe und Zusammensetzung der Währungsreserven eines Landes. Präzise Handlungsanweisungen für die Schuldenpolitik, die für alle Länder anwendbar sind, lassen sich nicht aufstellen. Die Erfahrung der letzten Jahre spricht jedoch dafür, daß Entwicklungsländer bei der Entscheidung über den Umfang und die Zusammensetzung ihrer Auslandsschulden Umsicht und Vorsicht walten lassen sowie ausreichende Währungsreserven vorhalten, um bei binnen- oder weltwirtschaftlichen Störungen über Zeit zur Anpassung zu verfügen, so daß der Wachstumsprozeß nicht aufs Spiel gesetzt wird. Wird die Verschuldungsfähigkeit im Ausland nicht bis an die Grenze ausgenutzt, bleibt ein Polster für besondere Notzeiten erhalten.

In vielen Ländern fehlt es an einer wirksamen Steuerung der Kapitalströme — sei es wegen unzulänglicher Daten, mangelnder Kenntnis der verschiedenen Finanzierungsmöglichkeiten oder mangels institutioneller Vorkehrungen zur Einbeziehung des Schuldenmanagements in die gesamtwirtschaftliche Entscheidungsfindung. Auf allen diesen Gebieten ist die Entwicklung der Institutionen von erstrangiger Bedeutung.

Finanzierungsmechanismen

Auf die Entwicklungsländer entfällt nur ein geringer Anteil der weltweiten Kapitalströme, so daß ihr Einfluß auf das internationale Finanzsystem begrenzt ist. Dieses System verändert sich seinerseits in Abhängigkeit von drei wichtigen Einflußfaktoren. Der erste Faktor ist das äußere Umfeld. Beispielsweise führten veränderte Vorschriften, finanzielle Innovationen sowie hohe und stark schwankende Inflationsraten in den siebziger Jahren dazu, daß Anleger eher zu variablen als zu festen Konditionen Geld ausliehen. Den zweiten Faktor bildet die Nachfrage nach den Dienstleistungen der Finanzmärkte und Finanzinstitutionen, die von weltweiten Zahlungsbilanzungleichgewichten stark beeinflußt wird. So bevorzugten die OPEC-Länder in den siebziger und frühen achtziger Jahren zunächst hochliquide Anlageformen für ihre Überschüsse, so daß die Einlagen und das Kreditgeschäft der Geschäftsbanken expandierten. In neuerer Zeit gewannen durch die hohen Leistungsbilanzdefizite der Vereinigten Staaten, denen Überschüsse von Japan und anderen Industrieländern gegenüberstehen, die internationalen Wertpapiermärkte stark an Bedeutung. Als dritter Faktor ist die Geschäftspolitik der Finanzinstitutionen zu nennen. In den siebziger Jahren wandten sich beispielsweise die Geschäftsbanken verstärkt dem internationalen Kreditgeschäft zu, um ihre eigenen Ziele hinsichtlich Portfoliostruktur und Rentabilität zu verwirklichen (vgl. Kapitel 8).

Kurzfristig betrachtet ist es Sache der Entwicklungsländer, aus den Möglichkeiten, die ihnen das internationale Finanzsystem bietet, das Beste zu machen. In einer längerfristigen Sicht stellen sich die folgenden wirtschaftspolitisch entscheidenden Fragen: Wie kann die Stetigkeit der internationalen Kapitalströme gefördert und die Bereitschaft der Banken zur Kreditgewährung wiederhergestellt werden? Welche Vorkehrungen können hinsichtlich der künftigen Kapitalimporte getroffen werden, wozu auch ein Angebot an Finanzhilfen zu konzessionären Bedingungen gehört, das dem Bedarf der Länder mit niedrigem Einkommen gerecht wird?

Die Lösungen finden sich in fünf Bereichen:

- *Längere Laufzeiten.* Entwicklungsländer können sich langfristig verschulden, allerdings nur selten direkt am Markt; sie sind nahezu ausschließlich auf die Kreditvermittlung durch die Weltbank und die regionalen Entwicklungsbanken angewiesen. Diese Institutionen werden in den nächsten Jahren die wichtigste Quelle von langfristigem Kapital für die Entwicklungsländer bleiben. Sie müssen in der Lage sein, für die Dritte Welt mehr Finanzmittel bereitzustellen, da die Aussichten auf eine Expansion der privaten Kreditgewährung nicht günstig sind. Finanzielle Innovationen, die den für Entwicklungsländer verfügbaren Laufzeitenbereich ausweiten, würden ihnen das Schuldenmanagement erleichtern und die Refinanzierungsrisiken verringern helfen.

- *Absicherung der Risiken.* Die in den siebziger Jahren gebräuchlichen Finanzierungsinstrumente bürdeten den Schuldnerländern die Risiken ungünstiger weltwirtschaftlicher Entwicklungen auf. Eine der zentralen Aufgaben jedes Finanzsystems — die wirksame Risikoverteilung — wurde nicht voll erfüllt. Instrumente zur Absicherung von Risiken existieren bereits auf vielen Finanzmärkten: Es wäre wünschenswert, wenn davon bei der Kreditgewährung an Entwicklungsländer mehr Gebrauch gemacht würde.

- *Teilhabe am wirtschaftlichen Risiko.* Während herkömmliche Bankdarlehen nicht mit einer Teilhabe am Unternehmensrisiko einhergehen, ist dies bei ausländischen Direkt- und Portfolioinvestitionen der Fall (vgl. Kapitel 9). Bei der Einführung von Beteiligungspapieren in die Finanzierung von Entwicklungsländern könnten ebenfalls noch Fortschritte erzielt werden.

• *Sekundärmärkte.* Da die private Kreditgewährung an Entwicklungsländer in den siebziger Jahren zumeist durch die Banken erfolgte, kam es durch die Konzentration der Forderungen bei einer einzigen Gläubigergruppe tendenziell zu steigenden Risiken. Wachsende Sekundärmärkte für bestimmte Arten von Verbindlichkeiten der Entwicklungsländer könnten den Kreis der Gläubiger vergrößern und damit zur Verstetigung der Kreditgewährung beitragen. Eine solche — durchaus wünschenswerte — Entwicklung sollte jedoch ein schrittweiser und gesteuerter Prozeß sein. Längerfristig betrachtet könnten Sekundärmärkte auch einen zusätzlichen Indikator für die Kreditwürdigkeit von Schuldnerländern liefern und den Geldgebern die Diversifikation ihrer Risiken erleichtern.

• *Umfang und Effektivität der Entwicklungshilfe.* Die Länder mit niedrigem Einkommen benötigen in beträchtlichem Umfang Entwicklungshilfe — mehr als gegenwärtig verfügbar ist. Sie müssen die Entwicklungshilfe aber auch nutzbringend verwenden (vgl. Kapitel 7). Die Geber ihrerseits können die Wirksamkeit ihrer Hilfe verbessern, wenn sie ihre Leistungen primär an den entwicklungspolitischen Zielen orientieren und durch Programme, die mit den Empfängerländern abgestimmt sind, ihre Bemühungen untereinander koordinieren.

Aussichten und Optionen

In welchem Umfang und in welcher Form werden die Entwicklungsländer in den kommenden Jahren Auslandskapital benötigen? Diese Frage kann nur durch eine Analyse der weltwirtschaftlichen Perspektiven für Wachstum, Außenhandel, Zinsen usw. beantwortet werden. Der *Weltentwicklungsbericht* legt traditionell alternative Szenarien für die Zukunft vor. Dies sind — das muß betont werden — keine Voraussagen; die tatsächlichen Ergebnisse hängen von der Wirtschaftspolitik der Industrie- und der Entwicklungsländer ab. Auch können die Szenarien exogenen weltwirtschaftlichen Schocks nicht Rechnung tragen. Der Bericht des vergangenen Jahres enthielt Szenarien bis zum Jahr 1995. Die Diskussion im Kapitel 10 des diesjährigen Berichts geht von den Szenarien des letzten Jahres aus, doch wird den kommenden fünf Jahren größere Aufmerksamkeit gewidmet.

Die nächsten fünf Jahre sind eine Periode des Übergangs. In diesem Zeitraum sind über zwei Drittel der Schulden der Entwicklungsländer durch neue Kredite abzulösen oder zu tilgen. Die konstruktive Zusammenarbeit der letzten Jahre zwischen Schuldnern, Gläubigern und internationalen Einrichtungen muß weiter fortgeführt werden. Das Ziel ist, die Wiederherstellung der Kreditwürdigkeit solcher Länder zu beschleunigen, die eine solide Wirtschaftspolitik verfolgen, jedoch beträchtliche kurz- bis mittelfristige Schuldendienstverpflichtungen aufweisen. Es ist besonders notwendig, auch Länder in diese Zusammenarbeit einzubeziehen, in denen Schulden- und Entwicklungsprobleme eng miteinander verknüpft sind — so in verschiedenen rohstoffexportierenden Ländern mit mittlerem Einkommen und vielen afrikanischen Ländern mit niedrigem Einkommen. Es muß auch überlegt werden, inwieweit mehrjährige Umschuldungen für öffentliche Kredite und andere Vereinbarungen von Fall zu Fall und im Rahmen umfassender Finanzierungspakete zur Unterstützung von Stabilisierungs- und Anpassungsmaßnahmen in Frage kommen; dies betrifft insbesondere Länder mit niedrigem Einkommen südlich der Sahara, die zu einer energischen Anpassung bereit sind. Darüber hinaus wird viel davon abhängen, ob Industrie- und Entwicklungsländer eine erfolgreiche Politik der Strukturanpassung betreiben.

Im Laufe der letzten Jahre machten zahlreiche Entwicklungsländer Fortschritte in der Bewältigung ihrer finanziellen Probleme. Die wirtschaftliche Lage blieb jedoch weiterhin in vielen Ländern labil. Das Wachstum des Bruttoinlandsprodukts im Zeitraum 1980/85 war nach gegenwärtigen Schätzungen nur wenig mehr als halb so hoch wie von 1973 bis 1980. Die Exporte stiegen um fast 6 Prozent pro Jahr, aber die Belastung durch die anhaltend hohen Zinszahlungen hatte zur Folge, daß die Importe um kaum mehr als 1 Prozent pro Jahr zunehmen konnten. Beträchtliche Handelsbilanzüberschüsse, wie sie viele Entwicklungsländer erzielten, wurden zur Bezahlung des stark gestiegenen Zinsaufwands verwendet. Das hohe Niveau der Realzinsen bildet daher eine kritische Größe, deren Verlauf die tatsächliche Entwicklung in den nächsten fünf Jahren beeinflussen wird. Wenn die wichtigsten Verschuldungskennziffern auf ein tragbares Niveau zurückfinden sollen, müssen die Exporterlöse der Entwicklungsländer mit einer den Zinssatz übersteigenden Rate wachsen, und zwar auch dann, wenn die Leistungsbilanz — ohne Zinszahlungen gerechnet — ausgeglichen ist. Dies wird nicht nur von ihrer eigenen Wirtschaftspolitik abhängen, sondern aber auch von der Wachstumsrate in den Industrieländern und davon, ob protektionistische Handelsschranken abgebaut werden.

Zwei Szenarien — ein „ungünstiges" und ein „günstiges" — wurden für den Zeitraum 1985 bis 1990 erstellt; sie werden im einzelnen im Kapitel 10 erörtert. Beide Simulationsrechnungen unterstellen, daß die Entwicklungsländer ihren gegenwärtigen wirtschaftspolitischen Kurs fortsetzen, was in vielen Fällen (beispielsweise für einige asiatische Volkswirtschaften mit niedrigem Einkommen) substantielle Reformen und Anpassungsmaßnahmen beinhaltet. Wirtschaftspolitische Fortschritte soll es auf drei Hauptgebieten geben: bei den Preisen mit volkswirtschaftlicher Lenkungsfunktion, bei der Handelspolitik sowie bei der inländischen Ersparnis. Diese Verbesserungen tragen zur Effizienz in der Ressourcenverwendung und zur Konkurrenzfähigkeit im Export bei. Was die Industrieländer betrifft, so wird in der ungünstigen Version angenommen, daß die Wirtschaftspolitik dieser Ländergruppe den aktuellen Problemen zu wenig Aufmerksamkeit schenkt und damit zu zusätzlichen Problemen führt, während die günstige Version wirtschaftspolitische Kursänderungen mit größeren Anpassungserfolgen beinhaltet. Die ungünstige Simulationsrechnung beruht auf drei Grundannahmen: Der Abbau der Haushaltsdefizite macht keine Fortschritte und die unausgewogene Rollenverteilung zwischen Geldpolitik und Finanzpolitik wird nicht verbessert, so daß das Realzinsniveau hoch bleibt; die Rigiditäten des Arbeitsmarktes werden nicht in Angriff genommen, so daß die Arbeitslosigkeit auf hohem Stand verharrt und die realen Lohnkosten weiter steigen; schließlich nimmt der Protektionismus beträchtlich zu. Im Gegensatz dazu unterstellt die günstige Variante niedrigere Haushaltsdefizite als in der ersten Version, wodurch eine ausgewogenere Kombination von Geld- und Finanzpolitik ermöglicht wird, die zu einem Rückgang der Realzinsen führt; Rigiditäten auf dem Arbeitsmarkt werden in dieser Variante abgebaut, so daß sich die Arbeitslosigkeit verringert und die realen Lohnkosten langsamer steigen; wachsende Erfolge bei Anpassungsmaßnahmen führen zu einem stetigen Rückzug des Protektionismus.

Für die Entwicklungsländer haben diese Annahmen weitreichende Konsequenzen. Im günstigen Szenario wächst ihre Produktion um ansehnliche 5,5 Prozent pro Jahr (oder um 3,7 Prozent pro Kopf), und alle wichtigen Verschuldungskennziffern verbessern sich. Die ungünstigere Variante führt zu einem anderen, problematischeren Ergebnis. Das jährliche Wachstum verlangsamt sich auf 4,1 Prozent (oder 2,3 Prozent pro Kopf); noch bemerkenswerter als dieser Verlust an wirtschaftlicher Dynamik sind aber die Auswirkungen auf den Schuldendienst. Die Kombination hoher Realzinsen und protektionistischer Maßnahmen macht es erheblich schwieriger, den Schuldendienst zu leisten. Die wichtigsten Verschuldungskennziffern verschlechtern sich; bei einer großen Zahl von Ländern steigen die Schuldendienstquoten auf ein hohes Niveau. Der Umfang der konzessionären Entwicklungshilfe geht als Folge des langsameren Wachstums in den Industrieländern zurück, und angesichts der verminderten Kreditwürdigkeit bleibt weiterhin eine „unfreiwillige" Kreditvergabe notwendig.

Die zwei Simulationsrechnungen zeichnen für viele afrikanische Länder mit niedrigem Einkommen eine weiterhin trübe Perspektive. In der günstigen Version stagnieren ihre durchschnittlichen Pro-Kopf-Einkommen auf dem gegenwärtigen gedrückten Niveau; in der ungünstigen Simulationsrechnung dauert die Periode sinkender Pro-Kopf-Einkommen weiter an. Im Hinblick auf diese Aussichten, sind daher besondere Anstrengungen erforderlich. Zusätzliche ausländische Entwicklungshilfe bildet als solche nicht die Lösung der Probleme Afrikas. Sie muß wichtige Änderungen bei den afrikanischen Entwicklungsprogrammen und der dort betriebenen Wirtschaftspolitik zur Grundlage haben. Gleichwohl ist es unwahrscheinlich, daß solche Reformen ohne ausländische Hilfe, die über das hinausgeht, was im günstigen Szenario vorausgeschätzt wird, durchgehalten werden können.

Es ist die Herausforderung der kommenden fünf Jahre, weltweit die Bedingungen für die Verwirklichung des günstigen Szenarios zu schaffen. Wie dies zu erreichen wäre, wird in vielen Kapiteln dieses Berichts indirekt angesprochen und im Kapitel 10 aufgezeigt. Ohne Zweifel wird dem Auslandskapitel bei der Bewältigung dieser Aufgabe eine wichtige Rolle zukommen; es ist aber auch möglich, daß die finanzielle Erblast der vergangenen zehn Jahre als Wachstumsbremse wirkt, wenn sich Gläubiger, Schuldner und die internationale Gemeinschaft nicht weiterhin bemühen, den Druck der Schulden zu erleichtern.

Durch ihren Beitrag zur Belebung der Wachstumskräfte und zur Wiederherstellung der Kreditwürdigkeit der Entwicklungsländer nimmt sich die Weltbank jener Problemfelder im Bereich der Investitionen und der institutionellen Entwicklung an, denen für die Aufrechterhaltung eines längerfristigen Fortschritts entscheidende Bedeutung zukommt. Vor dem Hintergrund einer zunehmenden Festigung der inländischen Institutionen in den Schuldnerländern und einer viel größeren Knappheit an finanziellen Ressourcen als in den sechziger und siebziger Jahren, unterstützt die Weltbank die Regierungen dabei, das richtige Gleichgewicht zwischen Erweiterungs- und Ersatzinvestitionen zu finden, eine bessere Auslese und höhere Effektivität der öffentlichen Investitionen zu erreichen und wirtschaftspolitische sowie institutionelle Rahmenbedingungen zu schaffen, die das Wachstum der Aktivitäten im privatwirtschaftlichen Sektor fördern.

Die finanziellen Mittel, die von der Bank selbst zur Verfügung gestellt werden, tragen wesentlich dazu bei, die Dynamik des Wachstums und der Entwicklung zurückzugewinnen; sie können aber niemals mehr sein als ein Bruchteil dessen, was an Mitteln erforderlich ist. Die Weltbank verstärkt daher ihre Funktion als „Katalysator", insbesondere bei der Koordinierung der Entwicklungshilfe für Afrika südlich der Sahara, bei der Kofinanzierung mit Geschäftsbanken und Exportkrediteinrichtungen und bei der Förderung der privaten Investitionen. Neben ihrer direkten Kreditvergabe wird auch die Aufgabe, die aus anderen Quellen stammenden Kapitalströme zu ergänzen und — im Rahmen des Möglichen — das Aufkommen dieser Mittel konstruktiv zu beeinflussen, einen gestaltenden Faktor für die künftige Rolle der Bank bilden.

Bei der Erörterung all dieser Fragen beginnt der Bericht mit einem geschichtlichen Überblick über die Rolle der internationalen Finanzierung im Entwicklungsprozeß (Kapitel 2). Es folgt eine Würdigung der Wirtschaftspolitik der Industrienationen aus der Sicht der Entwicklungsländer (Kapitel 3). Mit der Bedeutung der Wirtschaftspolitik der Entwicklungsländer für die erfolgreiche Nutzung des Auslandskapitals befaßt sich Kapitel 4; Probleme der Steuerung der Kapitalströme werden in Kapitel 5 erörtert. Der Bericht diskutiert dann die wichtigsten Mechanismen der Übertragung von Auslandskapital auf die Entwicklungsländer. Kapitel 6 gibt einen Überblick über das internationale Finanzsystem und seine Beziehungen zur Dritten Welt. In Kapitel 7 werden die Probleme der öffentlichen Entwicklungsfinanzierung untersucht. Kapitel 8 skizziert die im Fluß befindliche Beziehung zwischen den Entwicklungsländern und den internationalen Kapitalmärkten und Kapitel 9 untersucht die Möglichkeiten einer verstärkten Rolle von Direktinvestitionen und Portfolioinvestitionen in der Dritten Welt. Der Bericht schließt mit einem Blick auf die Zukunftsperspektiven und auf die zur Beschleunigung des Wachstums notwendige Wirtschaftspolitik.

2 Eine geschichtliche Perspektive

Die Geschichte des internationalen Finanzwesens bietet eine Fülle von Beispielen für dessen produktive Beiträge zur wirtschaftlichen Entwicklung. In einer Reihe von Staaten traten jedoch gelegentlich auch Finanzkrisen sowie — wesentlich häufiger — Schuldendienstprobleme auf. Dieses Kapitel untersucht zunächst die Bedeutung des internationalen Kapitals seit dem späten neunzehnten Jahrhundert. Ohne eine detaillierte Beschreibung des geschichtlichen Ablaufs zu geben, sollen relevante Erfahrungen herausgearbeitet werden, die zur Analyse der Entwicklung in den siebziger und achtziger Jahren beitragen können. Das Kapitel beschäftigt sich dann näher mit der Nachkriegsperiode und insbesondere den letzten zwei Jahrzehnten.

Die Zeit vor 1945

Die Jahre vor 1945 lassen sich zweckmäßigerweise in zwei Zeiträume einteilen, nämlich in die Jahre 1870 bis 1914 und in die Zwischenkriegszeit, wobei jede Periode ihre eigenen charakteristischen Merkmale aufweist.

Von 1870 bis 1914

In dieser Periode spielte der Londoner Finanzmarkt als wichtigste Kapitalquelle für andere Länder eine dominierende Rolle. Europas industrielle Revolution ging mit einer starken Nachfrage nach Nahrungsmitteln und Rohstoffen einher, die nur durch Investitionen in anderen Teilen der Welt befriedigt werden konnte. Die Ausweitung des Eisenbahnnetzes und andere Infrastrukturmaßnahmen wurden mit Auslandsgeld finanziert, und die ausländischen Investoren wurden später aus den erzielten Exporterlösen bezahlt. Einige der Länder, in denen diese Investitionen vorgenommen wurden — wie Argentinien, Australien, Kanada und die Vereinigten Staaten —, waren dadurch in der Lage, Importe von Industrieerzeugnissen aus den höher industrialisierten Staaten Europas zu kaufen. Damals wie heute wurde die wachsende wirtschaftliche Interdependenz durch die internationalen Finanzströme erleichtert.

Einzigartig an der Entwicklung in den Jahren 1870 bis 1914 war der Umfang der internationalen Finanzströme. Großbritannien investierte innerhalb dieses gesamten Zeitraums 5 Prozent seines BSP im Ausland, wobei mit einem Anteil von 10 Prozent der Höhepunkt unmittelbar vor dem Ersten Weltkrieg erreicht wurde. Seine Nettoeinkünfte aus ausländischen Kapitalerträgen bewegten sich in einer Spanne zwischen 5 und 8 Prozent des BSP, was bedeutet, daß die Neuanlagen im Ausland etwas hinter den Zins- und Dividendeneinnahmen aus dem Ausland zurückblieben. Die Kapitalexporte betrugen zwischen 25 und 40 Prozent der britischen Gesamtersparnis. Auch Frankreich und Deutschland investierten beträchtlich im Ausland, wenngleich nicht so stark wie Großbritannien. Ende des neunzehnten Jahrhunderts beliefen sich die französischen sowie die deutschen Bruttokapitalexporte auf durchschnittlich 2 bis 3 Prozent des BSP.

Der Charakter der Kapitalströme variierte in der Periode von 1870 bis 1914 beträchtlich. Die bedeutendste Einzelkategorie bildeten die am Markt orientierten Investitionen, die vornehmlich von Großbritannien in den an Ressourcen reichen Ländern Nordamerikas, Lateinamerikas und Ozeaniens getätigt wurden. Im Jahre 1914 entfielen hierauf 70 Prozent der gesamten Auslandsinvestitionen und mehr als die Hälfte des gesamten Bruttoauslandsvermögens Großbritanniens. Zu einer zweiten Kategorie, die ein Viertel der Auslandsinvestitionen ausmachte, gehörten Investitionen in Rußland und anderen osteuropäischen Ländern sowie in Skandinavien; hier waren Frankreich und Deutschland die bedeutendsten Kapitalgeber. Eine dritte Kategorie bildeten die im wesentlichen politisch motivierten Investitionen in China, Ägypten, Indien, der Türkei und in einigen afrikanischen Kolonien. Diesen drei Ländergruppen flossen die Finanzmittel zu unterschiedlichen Zeitpunkten zu, so daß die finanzielle Integration neuer Regionen in die Weltwirtschaft nur schrittweise voranging.

Für die großen Schuldnerländer des neunzehnten Jahrhunderts hatten die Kapitalzuflüsse, gesamtwirtschaftlich gesehen, nur ein bescheidenes Gewicht. In den meisten Jahrzehnten betrugen die Kapitalimporte in die Vereinigten Staaten nur rund 1 Prozent des BSP und gingen nie über 6 Prozent der inländischen Investitionen hinaus. Bei den kleineren Schuldnerländern waren die Mittelzuflüsse, als Anteil am BSP gemessen, jedoch umfangreicher, als sie heutzutage bei vielen Entwicklungsländern sind. Kanadas Kapitalimporte betrugen im Durchschnitt 7,5 Prozent des BSP und beliefen sich von 1870 bis 1910 damit auf 30 bis 50 Prozent der jährlichen Investitionen. Ähnliche Relationen galten für Australien und die skandinavischen Länder. Der bemerkenswerteste Fall war Argentinien, wo die Mittelzuflüsse aus dem Ausland während der ersten zwei Jahrzehnte des zwanzigsten Jahrhunderts durchschnittlich zwischen 12 und 15 Prozent des BSP betrugen und über 40 Prozent der gesamten Investitionen finanzierten. Im Gegensatz dazu beliefen sich zwischen 1960 und 1973 die Kapitalzuflüsse in alle Entwicklungsländer durchschnittlich auf 2 bis 3 Prozent des BIP. Seit 1973 übertrafen sie zu keiner Zeit 6 Prozent des BIP und finanzierten zwischen 12 und 20 Prozent der Bruttoinvestitionen.

Die Unterschiede beschränken sich gegenüber den heutigen Verhältnissen nicht auf die Zielländer oder den relativen Umfang der Kapitalströme. In den Jahren 1870 bis 1914
- stammte nahezu die gesamte Mittelvergabe aus privaten Quellen, und zwar in Form von Aktien- und Anleiheemissionen;
- waren die Kreditvergaben langfristiger Natur: Laufzeiten von bis zu neunundneunzig Jahren waren nicht unüblich;
- wurden nahezu zwei Drittel des Auslandskapitals zur Finanzierung von Eisenbahnen und öffentlichen Versorgungsbetrieben verwendet;
- floß ein großer Teil des Kapitals in Länder mit damals vergleichsweise hohem Einkommen. Nordamerika, Lateinamerika und Australien empfingen mehr als die Hälfte der gesamten Mittel. Ärmeren Ländern verschaffte der internationale Kapitalmarkt des neunzehnten Jahrhunderts keinen Zugang zu Auslandskapital — er war dafür auch nicht bestimmt. So konnte selbst Indien — trotz seiner bevorzugten Stellung auf den britischen Kapitalmärkten — sehr wenig Auslandsinvestitionen an sich ziehen. Das Kapital floß in Investitionsvorhaben, die höhere Erträge brachten, als in der heimischen Wirtschaft zu erzielen waren. So wirkte es selektiv und kam den Schuldnern mit hohem Einkommen zugute; zwar gab es durchaus einige politisch motivierte Investitionen mit nur marginalen wirtschaftlichen Erträgen, doch schlugen diese Kapitalbewegungen quantitativ kaum zu Buche.

Neben solchen Unterschieden gab es jedoch auch einige Parallelen zu Entwicklungen der jüngsten Vergangenheit, nämlich die periodisch aufgetretenen Schuldendienstprobleme und eine frühe Version dessen, was gegenwärtig als Konditionalität bekannt ist. Kreditgeber und -nehmer agierten vor dem Hintergrund ausgeprägter konjunktureller Schwankungen der Weltwirtschaft, die durch Aufstände und Kriege verschärft wurden. Hin und wieder gerieten Schuldner in Zahlungsverzug, wobei man im großen und ganzen zwischen zwei Kategorien unterscheiden kann. Zum einen erlitten Länder wie Argentinien und Brasilien, deren Volkswirtschaften durch das Auslandskapital in eine expandierende Weltwirtschaft integriert wurden, konjunkturelle Rückschläge durch abrupte Rückgänge ihrer Deviseneinnahmen. Auslandskredite wurden dazu verwendet, um im Zusammenwirken mit binnenwirtschaftlichen Maßnahmen die Liquiditätskrise solange zu mildern, bis der Export sich wieder erholt hatte. In einigen Fällen wurden die ausländischen Gläubiger in Angelegenheiten der heimischen Wirtschaftspolitik verwickelt. In der Brasilienkrise der neunziger Jahre beispielsweise verpfändete die Regierung ihre gesamten Zolleinnahmen und verpflichtete sich, keinerlei neue Schulden (im Inland oder im Ausland) einzugehen.

Schuldenkrisen der zweiten Kategorie waren das Ergebnis stagnierender inländischer Staatseinnahmen und wachsender Budgetdefizite. Zu den Ländern dieser Gruppe zählen zum Beispiel Ägypten, Peru und die Türkei in den siebziger sowie Griechenland in den neunziger Jahren des vorigen Jahrhunderts. Die Kapitalimporte konnten die Defizite nicht auf Dauer finanzieren und wurden zunehmend kostspieliger. Der Zahlungsverzug wurde dann dadurch ausgelöst, daß sich das Exportwachstum dieser Länder beträchtlich abschwächte. In diesen Fällen intervenierten die Kreditgeber nicht erst zum Zeitpunkt des Zahlungsverzuges, sondern manchmal schon viel früher. Während der Türkeikrise beispielsweise wurde in London eine Auslandsanleihe (die erste einer ganzen Serie) mit

Unterstützung der britischen Regierung aufgelegt. Eine Anleihebedingung war, daß Beauftragte der Gläubiger die Verausgabung der Mittel vor Ort überwachen sollten.

Ungeachtet solcher Schwierigkeiten zeigt die Entwicklung bis zum Jahre 1914, daß Auslandsinvestitionen für die Anleger in Großbritannien und auf dem europäischen Kontinent vorteilhaft waren. Auslandsanlagen erzielten Renditen, die Berechnungen zufolge 1,6 bis 3,9 Prozentpunkte höher waren als die inländischer Kapitalanlagen. Innerhalb dieser Spanne waren Investitionen in Eisenbahnprojekten in den Vereinigten Staaten — ungeachtet mehrerer Fälle von Zahlungseinstellungen — am gewinnbringendsten. Wenngleich sich die lukrativen Renditen dieser Investitionen nicht verallgemeinern lassen, so trugen sie doch dazu bei, ein für ausländische Kapitalanlagen generell günstiges Marktklima zu schaffen. In die gleiche Richtung wirkte, daß die Darlehensmittel für den Kauf britischer Exportgüter verwendet wurden, Finanz- und Güterströme sich also ergänzten. Wenn Schuldner in Schwierigkeiten gerieten, stellten sie fest, daß der Londoner Kapitalmarkt kein unnachgiebiger Zuchtmeister war.

Die Zwischenkriegszeit

In den Jahren zwischen den Weltkriegen änderte sich die Struktur der internationalen Kapitalströme dramatisch. Die Vereinigten Staaten traten nun nicht nur als Nettogläubigerland in Erscheinung, sie wurden sogar zum wichtigsten Kapitalexporteur. In gewisser Hinsicht spielten sie eine ähnliche Rolle wie früher Großbritannien. Sie finanzierten zahlreiche langfristige Anleiheemissionen: Von den 1700 Dollaremissionen, die in den Vereinigten Staaten in den zwanziger Jahren aufgelegt wurden, war nahezu die Hälfte mit einer durchschnittlichen Laufzeit von zwanzig Jahren ausgestattet. Etwa 4 Prozent besaßen eine durchschnittliche Laufzeit von vierzig Jahren und 1 Prozent von über fünfzig Jahren. Mindestens dreiundvierzig Regierungen nahmen in den zwanziger Jahren Kredite auf und keine von ihnen geriet in Zahlungsverzug. Auf dem Höhepunkt der Emissionstätigkeit, nämlich von 1924 bis 1928, wiesen neu aufgelegte Auslandsanleihen einen Zinsvorteil von 1,7 bis 1,9 Prozentpunkten auf. Die Vereinigten Staaten tätigten auch in erheblichem Umfang Direktinvestitionen, und zwar hauptsächlich in Kanada und Lateinamerika; ihre Direktinvestitionen stiegen im Laufe der zwanziger Jahre um fast 4 Mrd Dollar, wovon zwei Drittel in Länder der westlichen Hemisphäre gingen.

Die zwanziger Jahre unterschieden sich jedoch von früheren Jahrzehnten in mehreren entscheidenden Aspekten. Zum einen war der Umfang der öffentlichen Mittelaufnahme und -vergabe ungleich größer. Auf die Kreditaufnahme von Regierungen entfiel nahezu die Hälfte der ausländischen Dollaremissionen in den Vereinigten Staaten. Von nicht geringerer Bedeutung war der Umstand, daß der Erste Weltkrieg eine Erblast öffentlicher Schulden hinterlassen hatte. Nahezu die gesamten Schulden, die zwischen den Alliierten aufgelaufen waren — insgesamt über 16 Mrd Dollar — waren Verpflichtungen gegenüber den USA. Zusätzlich besaßen die Verbündeten hohe Reparationsansprüche gegenüber Deutschland.

Zum anderen war das Auslandskapital nicht mehr Teil eines Integrationsprozesses der Weltwirtschaft. Um die Mitte der zwanziger Jahre fielen die Rohstoffpreise, und einige Länder nahmen zur Finanzierung wachsender Lagerbestände von unverkäuflichen Rohstoffen Kredite auf. Brasilien beispielsweise finanzierte so in den zwanziger Jahren seine Kaffeevorräte. Die Rohstofflager nahmen Mitte der zwanziger Jahre um 75 Prozent zu; sie waren indirekt durch Auslandskapital finanziert worden.

Der dritte Unterschied gegenüber der Zeit vor dem Ersten Weltkrieg bestand in der Außenhandelspolitik des wichtigsten Gläubigerlandes. Die britische Freihandelspolitik hatte den Schuldnerländern einen Absatzmarkt für ihre Erzeugnisse garantiert. Die Vereinigten Staaten waren dagegen mehr protektionistisch orientiert und ihr Außenhandel machte nur einen relativ geringen Teil ihres BIP aus. Nach der Rezession von 1920/21 erhöhten sie die Zölle wieder auf das Niveau, das vor der Liberalisierung von 1913 bestanden hatte. Da die Schuldnerländer keine Exportüberschüsse erwirtschaften konnten, benötigten sie weitere Kapitalimporte, um die vorhandenen Schulden bedienen zu können. So stiegen ihre Schulden unausweichlich weiter an.

Die große Depression von 1929 bis 1932 ließ aus einer drohenden Gefahr eine Katastrophe werden. Zwischen 1929 und 1932 fiel die Produktion der Industriestaaten um 17 Prozent und der reale Welthandel schrumpfte um über ein Viertel. Das internationale Währungssystem zerfiel. Es gab keinen „Lender of Last Resort", der Liquidität bereitgestellt hätte — eine Funktion, die das Vereinigte Königreich früher wahrgenommen hatte. Das liberale Handelssystem der Vorkriegszeit verschwand praktisch von der Szene. Die meisten Länder erhöhten die Zölle und führten Importkontingentierungen und Devisenkontrollen ein. Devisenmangel trug zur Schrumpfung des internationalen Handels bei, wodurch Devisen noch knapper wurden.

Mehrere Industrieländer gerieten mit ihren Schuldendienst- und Reparationszahlungen in Verzug. Deutschland, das sich mit rückläufiger Produktion, sinkender Ausfuhr und fallenden Preisen konfrontiert sah, wurde 1931 zunächst ein einjähriges Moratorium eingeräumt; 1932 stellte es dann die Zahlungen auf seine gesamten Auslandsschulden ein. Auch Entwicklungsländer waren nicht in der Lage, ihren Schuldendienst zu leisten. Bolivien geriet 1931 mit der Bedienung seiner Dollar-Verbindlichkeiten in Verzug und bald folgten ihm die meisten übrigen lateinamerikanischen Staaten. Ende 1933 hielt Argentinien als einziges Land Lateinamerikas die Bedienung seiner Auslandsschulden in voller Höhe aufrecht. Bis zum Ende der sechziger Jahre waren die Entwicklungsländer praktisch von den privaten Kreditmärkten ausgeschlossen.

Zwar bildete die Verschlechterung der allgemeinen Wirtschaftslage den unmittelbaren Anlaß für die Zahlungseinstellungen der Zwischenkriegszeit, doch war dies nicht der einzige Grund. Andere Faktoren waren eine exzessive Verschuldung — insbesondere in den Jahren 1925 bis 1929; eine allzu unbekümmerte Kreditvergabe; eine sich ausbreitende Panikstimmung und das plötzliche Ausbleiben von Krediten unmittelbar vor dem Eintritt der Zahlungseinstellung. Im allgemeinen waren die finanziellen Konsequenzen der Zahlungseinstellung in den dreißiger Jahren relativ unerheblich. Es gab die Präzedenzfälle öffentlicher Schuldner, die ihre Zahlungen eingestellt hatten, und die in Verzug geratenen privaten Kreditnehmer waren zu zahlreich, um Sanktionen gegen sie einleiten zu können. Die Kosten der binnenwirtschaftlichen Anpassung konnten jedoch hoch sein. Bei den größeren lateinamerikanischen Ländern bewegten sich die maximalen Produktionsverluste in den Jahren von 1929 bis 1938, gemessen vom oberen zum unteren Wendepunkt, zwischen 7 Prozent im Falle Brasiliens und 26 Prozent im Falle von Peru.

Einige historische Erkenntnisse

Aus den Erfahrungen der internationalen Finanzbeziehungen zwischen 1870 und 1939 lassen sich drei allgemeine Erkenntnisse gewinnen.

- Kapital sucht gewinnbringende Anlagen: Im allgemeinen wurden die höchsten Renditen bei Investitionen erzielt, die direkt oder indirekt natürliche Ressourcen ausbeuteten. Auch technische Neuerungen — wie der Ausbau des Eisenbahnnetzes im neunzehnten Jahrhundert — absorbierten in hohem Maße Kapital, insbesondere Auslandskapital. Wenn die Investitionen zu wachsenden Exporten führten (wie dies generell vor 1914 der Fall war), war die Chance der Rückzahlung größer, als wenn die Exportfähigkeit (wie in der Zwischenkriegszeit) durch protektionistische Maßnahmen der kapitalexportierenden Länder eingeschränkt wurde. Politische Risiken wurden dadurch minimiert, daß man in Kolonien oder in Ländern investierte, die durch Handels- oder Finanzbeziehungen mit den Kapitalgeberländern eng verbunden waren.

- Umfang und Struktur der Finanzbeziehungen wandeln sich im Gefolge von Strukturverschiebungen der Weltwirtschaft. Vor dem ersten Weltkrieg waren die privaten Kapitalmärkte dominierend; in der Zwischenkriegszeit erlangte die öffentliche Kreditgewährung und Verschuldung eine wesentlich größere Bedeutung. Finanzielle Innovationen spielen ebenfalls eine Rolle: Im neunzehnten Jahrhundert entstanden beispielsweise die Investmentfonds, die die Funktion der Verwaltung des Wertpapiervermögens vom Eigentum trennten und zu einer breiteren Risikostreuung beitrugen.

- Umschuldung und Zahlungseinstellungen waren das Ergebnis unzulänglicher wirtschaftspolitischer Reaktionen der Schuldnerländer auf Verschlechterungen der Terms of Trade. In der Regel wurden Zahlungseinstellungen in Verhandlungen mit einem Ausschuß der Anleihegläubiger beigelegt, wobei selten mehr als ein Bruchteil des ursprünglichen Kapitalbetrages gerettet werden konnte. Bei den Verhandlungen wurde die Fähigkeit des Schuldners zur Durchführung wirtschaftspolitischer Reformen explizit abgeschätzt; diese „Rückzahlungskapazität" bildete die Grundlage für die Entscheidung über die Höhe des Schuldennachlasses. In den meisten Fällen wurde die bestehende Schuld konsolidiert und die Laufzeit verlängert, wobei die ursprüngliche Kapitalsumme und die Zinsen beträchtlich herabgesetzt wurden; auf ausstehende Zinszahlungen verzichtete man oft völlig. Ausländische Interventionen, auch militärischer Art, kamen häufig dann vor, wenn Kredite aus politischen Erwägungen vergeben worden waren. Falls ein Land in eine Liquiditätskrise geriet, war es bei einer Änderung seines wirtschaftspolitischen Kurses durchaus in der Lage, sich weiter zu verschulden, um die Zeit bis zur Erholung seiner Exporterlöse zu überbrücken.

Die Zeit nach 1945

Die Bretton-Woods-Konferenz vom Juli 1944 (siehe Sonderbeitrag 2.1) schuf die Grundlagen für das Weltwirtschaftssystem der Nachkriegszeit und führte zur Errichtung des Internationalen Währungsfonds und der Internationalen Bank für Wiederaufbau und Entwicklung. Für die folgenden Ausführungen wird die Nachkriegszeit in zwei Perioden unterteilt: 1945 bis 1972 und 1973 bis 1984.

Wiederaufbau der vom Krieg verwüsteten europäischen Länder dienen sollte. Von 1948 bis 1951 stellte das Programm Westeuropa über 11 Mrd Dollar zur Verfügung und weitere 2,6 Mrd Dollar von 1951 bis Mitte 1953. Die Hilfsleistungen umfaßten hauptsächlich unentgeltliche Warenlieferungen. Die Gegenwerte für die empfangenen Hilfen wurden zur Finanzierung von Investitionen verwendet. Dies trug dazu bei, daß Europa einen dramatischen Wiederaufschwung erlebte: Die vom Marshallplan begünstigten Länder steigerten von 1948 bis 1952 ihre Industrieproduktion um 39 Prozent.

Die Beendigung der Marshallplanhilfe hatte in der US-Zahlungsbilanz keinen großen Umschwung zur Folge. Vielmehr stiegen die Auslandsanlagen

---

Sonderbeitrag 2.1 Die Konferenz von Bretton Woods und ihre beiden Institutionen

Die Internationale Währungs- und Finanzkonferenz der Vereinten und Assoziierten Nationen wurde am 1. Juli 1944 in Bretton Woods, New Hampshire, einberufen. Bis zur Beendigung der Konferenz am 22. Juli 1944 wurden — auf der Grundlage umfangreicher Vorarbeiten — die Grundzüge der Weltwirtschaftsordnung der Nachkriegszeit festgelegt. Die Konferenz führte auch zur Gründung des Internationalen Währungsfonds (IWF) und der Internationalen Bank für Wiederaufbau und Entwicklung (IBRD oder Weltbank) — der „Zwillinge von Bretton Woods".

Die Weltbank sollte den Wiederaufbau und die wirtschaftliche Entwicklung dadurch unterstützen, daß sie die Aufnahme und Verwendung von Kapital für produktive Zwecke förderte. Der Internationale Währungsfonds sollte ein ausgeglichenes Wachstum des internationalen Handels fördern und dadurch dazu beitragen, daß Beschäftigung und Realeinkommen ein hohes Niveau erreichen und beibehalten. In Bretton Woods wurden auch Pläne zur Gründung einer Internationalen Handelsorganisation (ITO) diskutiert. Diese Institution wurde zwar nicht verwirklicht, aber einige der für sie vorgesehenen Funktionen werden durch das Allgemeine Zoll- und Handelsabkommen (GATT) erfüllt, das 1947 abgeschlossen wurde.

Die Diskussionen in Bretton Woods fanden vor dem Hintergrund der in der Zwischenkriegszeit gemachten Erfahrungen statt. In den dreißiger Jahren hatte jedes größere Land nach Auswegen gesucht, um dem von außen kommenden Deflationsdruck zu entgehen — einige versuchten es durch die Abwertung ihrer Währungen, andere durch die Freigabe ihres Wechselkurses oder die Einführung multipler Kurse und wieder andere durch direkte Kontrollen der Importe und sonstiger internationaler Transaktionen. Die katastrophalen Folgen dieser Politik — wirtschaftliche Depression, verbunden mit sehr hoher Arbeitslosigkeit — sind bekannt. Die Teilnehmer der Bretton-Woods-Konferenz waren entschlossen, eine Weltwirtschaftsordnung zu entwerfen, in der eine „Politik zu Lasten des Nachbarn", wie sie für das internationale Wirtschaftssystem am Vorabend des Zweiten Weltkriegs charakteristisch gewesen war, sich nicht mehr wiederholen sollte. Weitverbreitet war auch die Furcht, daß auf die Beendigung des Zweiten Weltkriegs ein wirtschaftlicher Einbruch folgen würde, wie es nach dem Ersten Weltkrieg der Fall gewesen war.

Die wichtigsten Elemente der in Bretton Woods umrissenen Weltwirtschaftsordnung waren somit die Herstellung der Währungskonvertibilität, die Einführung fester, aber anpassungsfähiger Wechselkurse und die Förderung der internationalen Kapitalströme zur Finanzierung produktiver Investitionen. Der IWF und die Weltbank sollten dazu beitragen, diese Ziele zu erreichen. Die wirtschaftlichen Erfolge der Nachkriegszeit sind zum Teil das Ergebnis der Effektivität dieser Institutionen.

Von 1945 bis 1972

Nach dem Zweiten Weltkrieg blieben die Vereinigten Staaten das Hauptgläubigerland, und der Dollar wurde zur wichtigsten Reservewährung. Im Jahr 1947 verkündeten die USA das Hilfsprogramm für Europa (auch Marshallplan genannt), das dem

der USA weiter an, wobei die Attraktivität von Auslandsinvestitionen für amerikanische Banken und Unternehmen ebenso eine Rolle spielte, wie die 1949 erfolgte massive Abwertung der europäischen Währungen gegenüber dem Dollar und die starke militärische Präsenz der USA in Europa. Die Vereinigten Staaten erhöhten auch ihre Kredite und

Zuschüsse an Entwicklungsländer, und die privaten Direktinvestitionen in Lateinamerika wurden kräftig ausgeweitet. Die gesamte Zahlungsbilanz der USA geriet 1950 ins Minus und blieb für viele Jahre defizitär. In den fünfziger Jahren erweckte dies keine große Besorgnis. Es war eine weitverbreitete Ansicht, daß eine „Dollarknappheit" bestände und daß solche Defizite für das größte Gläubigerland der Welt angemessen seien.

Die Zahlungsbilanzen der europäischen Länder verbesserten sich 1958 beträchtlich, so daß ihre Währungsreserven zunahmen. Die meisten europäischen Staaten erklärten Ende 1958 ihre Währungen für konvertibel (Japan erst 1964). Die Kapitalmärkte in Europa und den USA integrierten sich zunehmend, und die privaten Kapitalbewegungen wurden von der Zinsentwicklung abhängig. Gegen Ende der fünfziger Jahre begannen die europäischen Banken vor allem in London und in der Schweiz mit Dollargeschäften. Dies bedeutete den Beginn der sogenannten Euromärkte (die in Kapitel 8, Sonderbeitrag 8.8, beschrieben werden). Das Jahrzehnt hatte mit öffentlichen Kapitalströmen begonnen, die zur Förderung des Wirtschaftswachstums und der Außenhandelsexpansion beigetragen hatten, und endete mit wachsenden privaten Kapitalbewegungen zwischen den Industrieländern.

Die Nachkriegszeit war auch durch den Prozeß einer zunehmenden Entkolonialisierung der Entwicklungsländer geprägt. Die Vereinigten Staaten und später auch andere Industriestaaten legten ihre ersten offiziellen Entwicklungshilfeprogramme auf. In den frühen fünfziger Jahren verlagerte die Weltbank den Schwerpunkt ihrer Tätigkeit von der Förderung des Wiederaufbaus auf die Entwicklungshilfe, auch wenn sie während der fünfziger und sechziger Jahre weiterhin Kredite an Industrieländer, wie beispielsweise an Japan, gewährte. Im Jahr 1956 wurde die Internationale Finanz-Corporation (IFC) gegründet, um die Privatwirtschaft in den Entwicklungsländern durch Kredite und Kapitalbeteiligungen zu fördern. Als multilaterale Finanzierungsquelle für konzessionäre Kredite an Länder mit niedrigem Einkommen wurde 1960 von den Regierungen die Internationale Entwicklungsorganisation (IDA) geschaffen. In diesen Jahren erfolgte auch die Gründung verschiedener regionaler Entwicklungsbanken, so zum Beispiel der Interamerikanischen Entwicklungsbank (1959), der Afrikanischen Entwicklungsbank (1964) und der Asiatischen Entwicklungsbank (1966).

Während des größten Teils der sechziger Jahre erfreute sich die Weltwirtschaft einer Periode weitgehend ungestörten Wachstums. Die Volkswirtschaften der Industrieländer expandierten mit durchschnittlich 5 Prozent pro Jahr, bei nur geringen jährlichen Schwankungen der Wachstumsraten. Der Welthandel wuchs mit einer durchschnittlichen Zuwachsrate von 8,4 Prozent sogar noch stärker, gefördert durch die fortschreitende Liberalisierung des Außenhandels, die im Rahmen des GATT verfolgt wurde. Die durchschnittliche Inflationsrate in den Industrieländern bewegte sich zwischen 2 und 4 Prozent jährlich, wenngleich es in einzelnen Ländern zeitweise auch zu stärkeren Preissteigerungen kam. Das Realzinsniveau, d.h. das um den Preisanstieg bereinigte nominale Zinsniveau, lag in der Regel zwischen 2 und 3 Prozent.

Die Entwicklungsländer profitierten von diesen weltwirtschaftlichen Rahmenbedingungen. Ihre gesamte Produktion stieg jährlich um über 5 Prozent. Einige Länder der Dritten Welt wuchsen beträchtlich schneller als andere, so daß sich die Einkommensunterschiede akzentuierten. Leistungsbilanzdefizite wurden hauptsächlich durch öffentliche Mittel (in Form von Krediten oder Zuschüssen), durch private Direktinvestitionen und durch Handelskredite finanziert. Die öffentliche Entwicklungshilfe stieg im Zeitraum 1950 bis 1965 — real betrachtet — um etwa 3 Prozent pro Jahr. Auch die Direktinvestitionen expandierten kräftig, da multinationale Unternehmen sich neue Rohstoffquellen in den Entwicklungsländern erschlossen. Exportkredite gewannen als Finanzierungsquelle für Entwicklungsländer wieder an Bedeutung — was nicht unbedingt von Vorteil war, da ihre relativ kurzen Laufzeiten zu den Schuldendienstproblemen vieler Länder mit beitrugen.

Verschiedene Entwicklungsländer gerieten in den fünfziger und sechziger Jahren in Schuldenprobleme. Zwischen 1956 und 1970 gab es insgesamt siebzehn Fälle von Umschuldungen, an denen sieben Länder — jeweils mehrmals — beteiligt waren (Argentinien, Brasilien, Chile, Ghana, Indonesien, Peru und die Türkei). Hinter ihren Schwierigkeiten standen unterschiedliche Ursachen. Argentinien, Brasilien, Chile, Peru und die Türkei litten unter einigen gemeinsamen Problemen: große Haushaltsdefizite; starke Inflation und verzögerte Anpassung der Wechselkurse; Verschlechterung der Terms of Trade; rückläufige Exporterlöse und ein wachsender Berg kurzfristiger Auslandsschulden. Ghana und Indonesien litten ebenfalls unter diesen Problemen — doch waren sie hier akuter, weil diese Länder langfristige Großprojekte in Angriff nahmen, die sie mit kurzfristigen Geldern finanzierten und obendrein ineffizient abwickelten. In mehreren anderen Fällen, so im Falle Indiens, diente die Umschuldung zur Bereitstellung von zusätzlichem Kapital für Länder mit niedrigem Einkommen, wenn die Vergabe konzessionärer Mittel durch die Industrieländer nicht ausgeweitet werden konnte.

Von den Gläubigern wurden Umschuldungen im Rahmen fallweise zusammentretender multilateraler Gremien, wie etwa im Pariser Klub, vorgenommen. Auch der Internationale Währungsfonds beteiligte sich mit der Bereitstellung zusätzlichen Kapitals zur Unterstützung wirtschaftspolitischer Reformen. Im allgemeinen erlitten die Gläubiger keine Kapitalverluste; die Laufzeiten wurden zwar verlängert, die Zinszahlungen erfolgten aber nach den ursprünglichen Vereinbarungen. Die Schuldnerländer paßten ihre Wirtschaftspolitik an, um ihre Zahlungsbilanzen besser ins Gleichgewicht zu bringen und die Wachstumsgrundlagen zu festigen.

Ungeachtet des raschen Wachstums von Weltproduktion und Welthandel in den sechziger Jahren, begannen sich internationale Währungsprobleme abzuzeichnen. Die Vereinigten Staaten unternahmen Anstrengungen zur Eindämmung des Kapitalexports. Viele Länder konnten ihre Wechselkurse nur unter Schwierigkeiten aufrechterhalten, insbesondere Großbritannien Mitte der sechziger Jahre und Frankreich wenige Jahre später. Bereits 1963 hatte man die Notwendigkeit einer Reform des internationalen Währungssystems offiziell anerkannt.

Gegen Ende der sechziger Jahre schwächte sich das Wirtschaftswachstum in den Industrieländern ab und der Inflationsdruck nahm zu (vgl. Kapitel 3). Anhaltenden Zahlungsbilanzdefiziten der USA standen Überschüsse in Europa und Japan gegenüber. Der Wechselkurs des Dollars geriet allmählich unter Druck. Im August 1971 hoben die Vereinigten Staaten vorübergehend die Goldkonvertibilität des Dollars auf. Im Dezember 1971 werteten sie den Dollar im Rahmen einer allgemeinen Neuordnung der Wechselkurse ab. Anhaltende Ungleichgewich-

TABELLE 2.1
Leistungsbilanzsaldo in Prozent des BSP für ausgewählte Ländergruppen und Jahre, 1960 bis 1984

Datenbasis und Ländergruppe	1960[a]	1965[a]	1970	1971	1972	1973	1974	1975	1976	1977	1978	1979	1980	1981	1982	1983	1984
Auf Basis der volkswirtschaftlichen Gesamtrechnungen																	
Entwicklungsländer mit niedrigem Einkommen	−1,6	−1,8	−1,1	−1,6	−1,0	−0,9	−1,7	−2,1	−0,9	−0,7	−1,2	−1,4	−2,2	−1,4	−0,9	−1,0	−1,3
Asien	−1,4	−1,6	−0,9	−1,0	−0,5	−0,6	−1,1	−1,2	−0,1	0,4	−0,1	−0,6	−1,4	−0,5	0,2	−0,2	−0,6
Afrika	−3,3	−4,1	−3,4	−7,3	−5,6	−4,4	−7,8	−10,2	−7,3	−7,6	−8,3	−7,7	−9,8	−10,5	−12,0	−10,0	−9,4
Ölimporteure mit mittlerem Einkommen	−2,9	−2,0	−3,2	−3,6	−1,2	−0,8	−4,8	−5,3	−2,9	−2,3	−2,2	−3,2	−4,1	−5,2	−4,7	−4,4	−2,7
Hauptexporteure von Industrieprodukten	−2,7	−2,0	−3,2	−3,5	−0,9	−0,9	−5,7	−5,5	−2,8	−1,6	−1,7	−3,1	−3,6	−4,2	−4,0	−3,1	−1,3
Sonstige	−3,5	−2,0	−3,0	−4,0	−2,2	−0,2	−1,8	−4,5	−3,4	−4,5	−3,9	−3,7	−5,9	−8,3	−7,3	−8,6	−7,4
Ölexporteure mit mittlerem Einkommen	−1,6	−2,4	−3,0	−3,0	−2,4	−1,1	3,3	−3,4	−2,4	−3,6	−5,1	−0,2	0,8	−3,8	−4,4	−2,1	−0,7
Alle Entwicklungsländer	−2,2	−2,0	−2,3	−2,7	−1,4	−0,9	−1,9	−3,9	−2,2	−2,2	−2,6	−2,0	−2,3	−3,9	−3,7	−2,8	−1,8
Ölimportierende Entwicklungsländer	−2,3	−1,9	−2,2	−2,7	−1,1	−0,8	−3,5	−4,0	−2,2	−1,7	−1,8	−2,6	−3,4	−3,9	−3,4	−3,1	−2,1
Ölexporteure mit hohem Einkommen	9,7	20,9	15,7	26,2	22,5	21,2	51,5	40,2	35,0	26,3	15,5	21,2	31,4	32,2	20,1	−4,7	..
Industrieländer	1,0	0,9	0,8	1,0	0,9	0,7	−0,2	0,6	0,1	0,1	0,7	0,0	−0,5	0,0	0,0	0,3	−0,4
Auf Basis der Zahlungsbilanz[b]																	
Alle Entwicklungsländer	..	..	−2,6	−3,0	−1,7	−1,3	−2,3	−4,2	−2,8	−2,6	−3,3	−2,9	−3,3	−4,9	−4,8	−2,8	−1,8
Ölimportierende Entwicklungsländer	..	..	−2,5	−3,0	−1,5	−1,1	−3,9	−4,3	−2,6	−2,1	−2,5	−3,4	−4,6	−5,1	−4,2	−3,1	−2,1

[a] Daten für 1960 und 1965 ohne private Nettoübertragungen. [b] Ohne öffentliche Übertragungen.
Quelle: Weltbank.

te an den Devisenmärkten führten 1973 zur generellen Freigabe der Wechselkurse, dem Floating. Im gleichen Jahr ereignete sich der erste Ölpreisschock. Die Welt hatte sich gewandelt.

Von 1973 bis 1984

Die Ölpreissteigerungen konfrontierten das internationale Finanzsystem mit wichtigen Veränderungen im weltweiten Leistungsbilanzgefüge. Die Industrieländer gerieten 1974 ins Defizit, konnten jedoch 1975 wieder einen Überschuß erzielen. Die ölimportierenden Entwicklungsländer hatten in den sechziger Jahren Leistungsbilanzdefizite von durchschnittlich gut 2 Prozent des BSP aufgewiesen, die 1973 auf einen Tiefstand von 0,8 Prozent des BSP gesunken waren. Im Jahr 1974 erreichten diese Defizite 3,5 Prozent des BSP und stiegen 1975 sogar auf 4,0 Prozent an (vgl. Tabelle 2.1, Volkswirtschaftliche Gesamtrechnungen). Erst in den Jahren 1976/78, als die Entwicklungsländer vom Aufschwung in den Industrieländern und ihrer eigenen wirtschaftspolitischen Anpassung profitierten, gingen ihre Leistungsbilanzdefizite wieder auf das frühere Niveau zurück.

In den Jahren von 1979 bis 1983 wurden die Entwicklungsländer von einer zweiten Serie größerer externer Schocks getroffen. Die Ölpreise stiegen 1979/80 abrupt an. Die Realzinsen erhöhten sich 1980/81 drastisch (vgl. Schaubild 1.4) und erreichten historisch hohe Niveaus. In den Industrieländern kam es 1981 bis 1983 zu einer langanhaltenden Rezession. 1984 trat ein konjunktureller Aufschwung ein; das Wachstum in den Industrieländern betrug in diesem Jahr 4,8 Prozent und in den Entwicklungsländern 4,1 Prozent. Am stärksten war die Wachstumsdynamik in Ost- und Südasien; demgegenüber setzte sich in den afrikanischen Ländern südlich der Sahara der Abschwung fort. Das zusammengefaßte Leistungsbilanzdefizit aller ölimportierenden Entwicklungsländer erreichte 1981 mit 78 Mrd Dollar bzw. mehr als 5 Prozent ihres BSP einen Höchststand — verglichen mit einem Defizit von 33 Mrd Dollar bzw. von 4,3 Prozent des BSP im Jahre 1975 (vgl. Tabelle 2.1, Zahlungsbilanzen). Das Gesamtdefizit aller Entwicklungsländer belief sich 1981 auf 105 Mrd Dollar oder 4,9 Prozent ihres BSP (Tabelle 2.2).

Die Finanzierung dieser beträchtlichen Defizite erfolgte ohne besondere Schwierigkeiten, bis im Jahr 1982 die Schuldendienstprobleme Mexikos zu einem abrupten Rückgang der Bankkredite führten. Die Entwicklungsländer waren nun gezwungen, ihre Leistungsbilanzdefizite abzubauen, was in der Regel durch Einschränkung der Importe geschah. Im Jahr 1984 stiegen jedoch die Exporte der Entwicklungsländer wieder um 8,9 Prozent, und zahlreiche Länder erzielten Handelsbilanzüberschüsse. Die Leistungsbilanzdefizite haben sich, gemessen als Anteil am BSP, seit 1981 kontinuierlich verringert. Für die Entwicklungsländer als Gruppe betrug im Jahr 1984 der Passivsaldo der Leistungsbilanz 1,8 Prozent ihres BIP. Die Zinszahlungen aller Länder der Dritten Welt beliefen sich 1984 jedoch auf 58 Mrd Dollar, womit sie das aggregierte Leistungsbilanzdefizit von 36 Mrd Dollar übertrafen (Tabelle 2.2).

Die veränderte Struktur des Kapitals

In den vergangenen zwei Jahrzehnten ergaben sich bei den internationalen Kapitalströmen zwei bedeutsame Gewichtsverlagerungen: Von der Beteiligungsfinanzierung zur Kreditfinanzierung und von der öffentlichen zur privaten Kreditgewährung (vgl. Schaubild 2.1). Den fortgeschritteneren Entwicklungsländern floß offensichtlich der Großteil des kommerziellen Kapitals zu. Aber sogar in den Ländern mit niedrigem Einkommen erhöhte sich der Anteil der privaten Kapitalzuflüsse (einschließlich der Handelskredite). In den afrikanischen Ländern mit niedrigem Einkommen geschah dies Mitte der siebziger Jahre, in den asiatischen Ländern mit niedrigem Einkommen dagegen erst nach 1979.

Im Jahr 1970 machte das von öffentlichen Geldern — zu konzessionären wie nichtkonzessionären Bedingungen — bereitgestellte Auslandskapital 50 Prozent des gesamten Kapitalimports der Entwicklungsländer aus; in den Ländern mit niedrigem Einkommen belief sich der Anteil dieser Mittel auf 78 Prozent. Bis 1983 sind diese Quoten auf 46 bzw. 45 Prozent zurückgegangen (vgl. Tabelle 2.3). Die öffentlichen Entwicklungshilfeleistungen sind seit 1980 sogar nominal gesunken; demgegenüber waren sie nach dem ersten Ölpreisschock kräftig gestiegen, nämlich von 1973 bis 1976 um fast 80 Prozent (oder jährlich 21 Prozent). Der Anteil der bilateralen ÖEH an den gesamten Kapitalimporten hat in den siebziger Jahren bei allen Gruppen von Entwicklungsländern abgenommen — am deutlichsten bei den Ländern mit niedrigem Einkommen. Der rückläufige Anteil der bilateralen Hilfe wurde teilweise — insbesondere bei den Ländern mit niedrigem Einkommen — durch zusätzliche multi-

TABELLE 2.2

Leistungsbilanz und ihre Finanzierung in ausgewählten Jahren, 1970 bis 1984
(in Mio $)

Ländergruppe und Position	1970	1973	1980	1981	1982	1983[a]	1984[b]
Asiatische Länder mit niedrigem Einkommen							
Netto-Exporte von Gütern und Dienstleistungen							
(ohne Faktoreinkommen)	−1.358	−879	−15.755	−11.498	−6.831	−7.246	−8.688
Netto-Faktoreinkommen	−390	−427	78	−212	−983	−522	−604
Zinszahlungen auf mittel-							
und langfristige Kredite	286	375	1.363	1.560	1.515	1.598	1.833
Leistungsbilanzsaldo	−1.551	−972	−9.685	−6.166	−1.363	−1.001	−3.083
Finanzierung							
Öffentliche Übertragungen	370	569	1.952	2.084	1.885	2.011	1.953
Mittel- und langfristige Kredite	987	1.145	4.878	3.227	3.957	4.199	6.541
Öffentlich	971	1.189	3.410	3.452	3.883	3.542	4.222
Privat	16	−44	1.468	−225	74	657	2.319
Netto-Direktinvestitionen	29	−16	159	422	488	546	643
Veränderung der Währungsreserven (Zunahme:-)	−28	1	1.152	882	−4.127	−4.224	−3.184
Afrikanische Länder mit niedrigem Einkommen							
Netto-Exporte von Gütern und Dienstleistungen							
(ohne Faktoreinkommen)	−381	−607	−5.385	−5.901	−4.590	−4.359	−3,78
Netto-Faktoreinkommen	−161	−274	−901	−1.098	−1.004	−1.029	−1.291
Zinszahlungen auf mittel-							
und langfristige Kredite	80	143	698	643	567	662	1.000
Leistungsbilanzsaldo	−679	−998	−5.837	−6.419	−5.432	−4.900	−4.594
Finanzierung							
Öffentliche Übertragungen	377	649	2.109	1.813	1.515	2.008	1.925
Mittel- und langfristige Kredite	277	911	3.349	2.863	2.198	1.910	2.025
Öffentlich	247	412	2.366	2.249	1.858	1.922	2.231
Privat	30	499	983	614	340	−12	−206
Netto-Direktinvestitionen	173	164	236	221	223	211	86
Veränderung der Währungsreserven (Zunahme:-)	−38	−381	781	555	945	171	607
Ölimporteure mit mittlerem Einkommen							
Netto-Exporte von Gütern und Dienstleistungen							
(ohne Faktoreinkommen)	−7.064	−6.572	−47.071	−50.500	−35.135	−12.234	−9.972
Netto-Faktoreinkommen	−2.728	−4.364	−22.246	−31.510	−38.583	−42.035	−49.049
Zinszahlungen auf mittel-							
und langfristige Kredite	1.565	3.272	19.337	25.055	29.272	26.872	33.841
Leistungsbilanzsaldo	−7.423	−4.508	−53.823	−65.758	−57.894	−39.712	−24.367
Finanzierung							
Öffentliche Übertragungen	1.085	2.237	5.569	5.829	5.840	5.833	6.273
Mittel- und langfristige Kredite	5.337	8.882	33.190	42.027	36.917	24.535	28.272

(Fortsetzung)

laterale Kapitalzuflüsse kompensiert. In den achtziger Jahren führte dann die Kürzung der Investitionsprogramme in der Dritten Welt zu geringeren Auszahlungen an multilateraler Entwicklungshilfe.

In den siebziger Jahren gewann die Auslandsverschuldung im Rahmen des Kapitalimports eine besondere Bedeutung. Für die gesamten Entwicklungsländer beliefen sich in diesem Jahrzehnt die mittel- und langfristigen Kreditaufnahmen auf durchschnittlich 4,4 Prozent des BSP, wobei sie stetig von 3,1 Prozent im Jahr 1970 auf 5,7 Prozent in 1979 stiegen. Diese Mittel finanzierten damals zwischen 10 und 21 Prozent der inländischen Bruttoinvestitionen. Es gab jedoch beträchtliche Unterschiede zwischen den einzelnen Ländergruppen. Bei den asiatischen Ländern mit niedrigem Einkommen beliefen sich die schuldenwirksamen Kapitalzuflüsse im Durchschnitt auf etwas über 1 Prozent des BSP und 4 Prozent der inländischen Bruttoinvestitionen. In den afrikanischen Ländern mit niedrigem Einkommen, die wesentlich stärker

TABELLE 2.2 *(Fortsetzung)*

Ländergruppe und Position	1970	1973	1980	1981	1982	1983[a]	1984[b]
Ölimporteure mit mittlerem Einkommen (Fortsetzung)							
Öffentlich	1.667	2.939	10.996	11.258	10.732	11.685	12.959
Privat	3.670	5.943	22.194	30.769	26.185	12.850	15.314
Netto-Direktinvestitionen	1.225	2.976	6.009	7.981	7.244	5.868	5.732
Veränderung der Währungsreserven (Zunahme:-)	−1.160	−7.547	488	126	13.547	7.372	−9.092
Ölexporteure mit mittlerem Einkommen							
Netto-Exporte von Gütern und Dienstleistungen (ohne Faktoreinkommen)	−915	1.286	−14.628	−10.713	−13.701	7.854	16.666
Netto-Faktoreinkommen	−2.207	−4.313	−16.186	−19.008	−23.982	−22.631	−24.692
Zinszahlungen auf mittel- und langfristige Kredite	693	1.296	11.454	13.903	16.660	17.463	21.252
Leistungsbilanzsaldo	−2.930	−2.652	1.501	−27.302	−35.683	−11.052	−3.543
Finanzierung							
Öffentliche Übertragungen	595	1.213	2.008	2.483	1.919	1.918	1.809
Mittel- und langfristige Kredite	1.643	5.396	16.998	23.559	20.503	18.133	13.323
Öffentlich	762	1.433	4.800	4.706	5.314	3.660	6.194
Privat	881	3.963	12.198	18.853	15.190	14.473	7.129
Netto-Direktinvestitionen	890	1.312	4.192	6.369	5.283	3.717	2.922
Veränderung der Währungsreserven (Zunahme:-)	−309	−2.884	−15.602	4.730	17.542	3.549	−7.339
Alle Entwicklungsländer							
Netto-Exporte von Gütern und Dienstleistungen (ohne Faktoreinkommen)	−9.717	−6.772	−53.582	−78.612	−60.256	−15.966	−14.168
Netto-Faktoreinkommen	−5.486	−9.378	−39.255	−51.828	−64.553	−66.238	−75.640
Zinszahlungen auf mittel- und langfristige Kredite	2.624	5.086	32.851	41.161	48.014	46.596	57.925
Leistungsbilanzsaldo	−12.583	−9.130	−67.844	−105.645	−100.373	−56.665	−35.588
Finanzierung							
Öffentliche Übertragungen	2.427	4.668	11.638	12.208	11.159	11.768	11.960
Mittel- und langfristige Kredite	8.243	16.333	58.414	71.675	63.575	48.778	50.162
Öffentlich	3.646	5.972	21.572	21.665	21.786	20.810	25.606
Privat	4.596	10.361	36.842	50.011	11.788	27.969	24.556
Netto-Direktinvestitionen	2.317	4.426	10.595	14.992	13.237	10.342	9.383
Veränderung der Währungsreserven (Zunahme:-)	−1.534	−10.811	−13.180	6.292	27.907	6.868	−19.008

Anmerkung: Berechnungen beruhen auf einer Auswahl von neunzig Entwicklungsländern. Leistungsbilanzen ohne öffentliche Übertragungen.
a. Vorläufig.
b. Geschätzt.
Quelle: Weltbank.

auf Auslandskapital angewiesen sind, betrugen diese Quoten 5 beziehungsweise 30 Prozent. In der Gruppe der Länder mit mittlerem Einkommen finanzierten die bedeutenden Fertigwarenexporteure weniger als 20 Prozent ihrer Investitionen mit derartigen Mitteln. Bei den übrigen Ölimporteuren mit mittlerem Einkommen betrug dieser Anteil 25 Prozent und stieg zu Anfang der achtziger Jahre auf über 35 Prozent.

Die zunehmende Kreditgewährung durch Geschäftsbanken war die Hauptursache für den dramatischen Anstieg der Auslandsfinanzierung. Entsprechend ging der Anteil der privaten Direktinvestitionen am gesamten Kapitalimport von 20 Prozent im Jahr 1970 auf weniger als 9 Prozent 1983 zurück, obwohl die Direktinvestitionen, nominal betrachtet, kontinuierlich zunahmen. Die Ausweitung der Kreditvergabe durch Geschäftsbanken ging einher mit einer beträchtlichen Zunahme der Exportkredite, die ihren Anteil an der gesamten Auslandsfinanzierung zwischen 1970 und 1980 halten konnten. In den frühen achtziger Jahren fielen

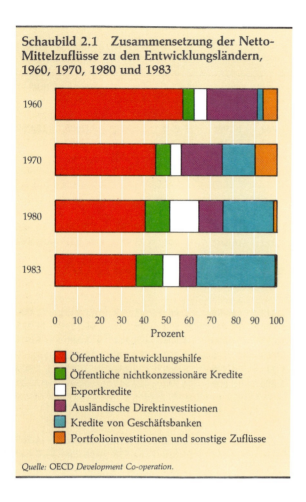

Schaubild 2.1 Zusammensetzung der Netto-Mittelzuflüsse zu den Entwicklungsländern, 1960, 1970, 1980 und 1983

- Öffentliche Entwicklungshilfe
- Öffentliche nichtkonzessionäre Kredite
- Exportkredite
- Ausländische Direktinvestitionen
- Kredite von Geschäftsbanken
- Portfolioinvestitionen und sonstige Zuflüsse

Quelle: OECD Development Co-operation.

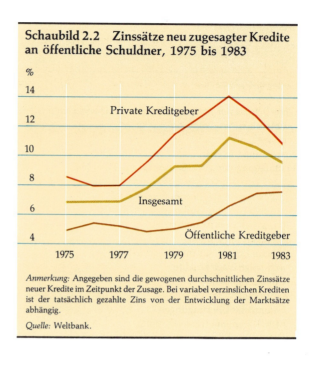

Schaubild 2.2 Zinssätze neu zugesagter Kredite an öffentliche Schuldner, 1975 bis 1983

Anmerkung: Angegeben sind die gewogenen durchschnittlichen Zinssätze neuer Kredite im Zeitpunkt der Zusage. Bei variabel verzinslichen Krediten ist der tatsächlich gezahlte Zins von der Entwicklung der Marktsätze abhängig.

Quelle: Weltbank.

die Exportkredite jedoch deutlich zurück.

Die wachsende Kreditaufnahme während der vergangenen zehn bis fünfzehn Jahre hatte einen entsprechenden Anstieg der Auslandsschulden zur Folge. Von 1970 bis 1984 stiegen die mittel- und langfristigen Schulden der Entwicklungsländer, dem Schuldenberichtssystem der Weltbank (Debtor Reporting System, DRS) zufolge, von 68 Mrd Dollar auf 686 Mrd Dollar, was einer durchschnittlichen jährlichen Zunahme um 16,7 Prozent entspricht. In der Zahl für 1984 sind kurzfristige Verbindlichkeiten in Höhe von schätzungsweise 25 Mrd Dollar enthalten, die durch Umschuldungen langfristig konsolidiert worden sind. Einschließlich der im DRS nicht erfaßten Länder sowie der kurzfristigen Verschuldung und der Kredite vom Internationalen Währungsfonds erreichten die gesamten Auslandsverbindlichkeiten aller Entwicklungsländer im Jahre 1984 fast 900 Mrd Dollar (siehe Sonderbeitrag 2.2).

Die Schuldendienstzahlungen stiegen von 9,3 Mrd Dollar im Jahr 1970 auf 100 Mrd Dollar in 1984. Die Zinszahlungen, die 1970 etwa ein Drittel des gesamten Schuldendienstes ausmachten, beliefen sich 1984 auf über die Hälfte. Die Zunahme resultiert sowohl aus den höheren Gesamtschulden als auch aus dem gestiegenen Zinsniveau.

Die Konditionen, zu denen die Entwicklungsländer mittel- und langfristige Finanzierungsmittel erhielten, haben sich im Laufe der siebziger Jahre beträchtlich verändert. Die mittlere Laufzeit ihrer gesamten öffentlichen Schulden verkürzte sich von 20,4 Jahren in 1970 auf 14,2 Jahre 1982, weil die Kredite aus privaten Quellen (die am stärksten wachsende Komponente) kürzere Laufzeiten aufwiesen — 1983 betrugen sie durchschnittlich 8,2 Jahre. Die tilgungsfreien Zeiten verkürzten sich nicht so dramatisch; sie gingen von durchschnittlich 5,5 Jahren 1970 auf 3,9 Jahre 1983 zurück. Im Jahr 1983 wiesen die neu gewährten Kredite an Entwicklungsländer die kürzesten Durchschnittslaufzeiten und die geringste Zahl von Freijahren auf, die je verzeichnet wurden.

Zu den bedeutsamen Strukturänderungen in der Auslandsverschuldung der Entwicklungsländer gehörten die zunehmende Verbreitung variabel verzinslicher Kredite sowie des Dollars als Kreditwährung.

• Der Anteil der variabel verzinslichen Schulden an den ausstehenden öffentlichen Gesamtschulden stieg von 16 Prozent im Jahr 1973 auf 43 Prozent in 1983. Die Zunahme konzentrierte sich auf die Länder mit mittlerem Einkommen, besonders in

TABELLE 2.3

Netto-Mittelaufkommen der Entwicklungsländer aus allen Kapitalquellen in ausgewählten Jahren, 1970 bis 1983
(in Mrd $)

Aufkommensart	1970	1975	1980	1981	1982	1983
Öffentliche Entwicklungshilfe	8,1	20,1	37,5	37,3	34,7	33,6
Bilateral	7,0	16,2	29,7	29,4	27,2	26,1
Multilateral	1,1	3,9	7,8	7,9	7,5	7,5
Zuschüsse privater Hilfsorganisationen	0,9	1,3	2,3	2,0	2,3	2,2
Nichtkonzessionäre Mittel	10,9	34,3	59,4	70,5	60,4	63,9
Öffentliche oder öffentlich geförderte Mittel	3,9	10,5	24,5	22,2	22,0	19,6
Private Exportkredite	2,1	4,4	11,1	11,3	7,1	5,5
Öffentliche Exportkredite	0,6	1,2	2,5	2,0	2,7	2,1
Multilaterale Mittel	0,7	2,5	4,9	5,7	6,6	7,0
Sonstige öffentliche und private Mittel	0,2	0,8	2,2	2,0	2,6	3,0
Finanzhilfen sonstiger Geberländer	0,3	1,6	3,8	1,2	3,0	2,0
Private Mittel	7,0	23,8	34,9	48,3	38,4	44,3
Direktinvestitionen	3,7	11,4	10,5	17,2	11,9	7,8
Bankkredite[a]	3,0	12,0	23,0	30,0	26,0	36,0
Anleihefinanzierungen	0,3	0,4	1,4	1,1	0,5	0,5
Insgesamt	19,9	55,7	99,2	109,8	97,4	99,7
Nachrichtlich:						
Kurzfristige Bankkredite	..	..	26,0	22,0	15,0	—2,0
IWF-Kreditgewährung (netto)	0,3	3,2	2,6	6,2	6,4	12,4

a. Ohne Anleihefinanzierungen und ohne von Banken gewährte Exportkredite, die in den privaten Exportkrediten enthalten sind.
Quelle: OECD 1984.

TABELLE 2.4

Variabel verzinsliche Kredite in Prozent der öffentlichen Schulden; ausgewählte Jahre, 1974 bis 1983

Ländergruppe	1974	1976	1978	1979	1980	1981	1982	1983
Asiatische Länder mit niedrigem Einkommen	0,0	0,0	0,4	0,6	1,8	2,9	3,7	3,9
Afrikanische Länder mit niedrigem Einkommen	8,5	8,1	6,7	6,8	7,0	9,4	9,1	7,6
Länder mit mittlerem Einkommen								
Ölimporteure	18,5	26,6	30,3	35,2	36,5	40,2	41,4	43,7
Ölexporteure	23,9	30,4	34,9	40,1	41,7	45,2	48,3	54,6
Entwicklungsländer insgesamt	16,2	23,0	27,3	31,8	33,2	36,7	38,7	42,7
Nachrichtlich:								
Großschuldner	18,4	26,8	32,5	39,0	40,5	45,0	46,7	51,2

Anmerkung: Angaben beziehen sich auf die ausstehenden und ausgezahlten öffentlichen Schulden.
Quelle: Weltbank.

Lateinamerika, die umfangreiche Mittel aus privaten Quellen aufgenommen hatten. Bei den Ländern mit niedrigem Einkommen erhöhte sich der Anteil der variabel verzinslichen Schulden kaum (vgl. Tabelle 2.4). Die Zinssätze für langfristige Kredite an öffentliche Schuldner, die zwischen 1974 und 1976 bei durchschnittlich 7,0 Prozent lagen, stiegen in den Jahren 1980 bis 1982 auf 10,5 Prozent, bevor sie 1983 wieder geringfügig unter 10 Prozent sanken (vgl. Schaubild 2.2).

• Der Anteil der dollar-denominierten langfristigen öffentlichen und öffentlich garantierten Schulden stieg von 65 Prozent im Jahr 1974 auf 76 Prozent in 1983 (vgl. Tabelle 2.5). Auch hier gab es regionale Unterschiede: Im Jahr 1983 erreichte dieser Anteil in Lateinamerika fast 90 Prozent, in

Sonderbeitrag 2.2 Auslandsverbindlichkeiten der Entwicklungsländer

Das Datenmaterial über die internationalen Finanzbeziehungen ist in den letzten Jahren quantitativ wie qualitativ beträchtlich verbessert worden. Die wichtigsten Informationsquellen sind:

- *Das Schuldenberichtssystem der Weltbank (DRS).* Das DRS ist eine umfassende Datensammlung über Schulden mit einer Laufzeit von mehr als einem Jahr, sowie jährlicher Angaben über Kreditzusagen, Auszahlungen, Tilgungen und Zinszahlungen. Publikation: *World Debt Tables* (erscheint jährlich).

Die Regierungen der Entwicklungsländer melden öffentliche und öffentlich garantierte Schulden auf Basis der einzelnen Kredite. Die Angaben über private nicht-garantierte Schulden sind unvollständig, so daß sie durch Schätzungen der Weltbank ergänzt werden. Nach üblicher Abgrenzung werden vom DRS IWF-Kredite nicht berücksichtigt, die als „Transaktionen der Währungsbehörden" und nicht als mittelfristige Darlehen gelten. Bei einigen Ländern mit niedrigem Einkommen bilden jedoch die Verbindlichkeiten gegenüber dem IWF einen erheblichen Teil ihrer nichtkonzessionären Auslandsschulden.

- *IWF-Zahlungsbilanzstatistiken.* Umfassende Zahlungsbilanzdaten werden entsprechend den Regeln des Balance of Payments Manual des IWF zusammengestellt und dem IWF periodisch übermittelt. Dazu gehören international vergleichbare Daten über private und öffentliche unentgeltliche Leistungen sowie über sämtliche Kapitalströme, wie Direktinvestitionen, langfristige Kredite, kurzfristige Kredite und Reservebewegungen. Publikation: *International Financial Statistics, Supplement on Balance of Payments* (früher: *Balance of Payments Yearbook*; erscheint jährlich).

Sowohl die Daten des DRS als auch die des IWF sind von den Fähigkeiten des statistischen Personals in den Entwicklungsländern abhängig. Jedoch haben in jüngster Zeit beide statistische Quellen an Aussagefähigkeit gewonnen, wozu auch die den Mitgliedsländern gewährte intensive technische Unterstützung durch den IWF und die Weltbank beigetragen hat.

Informationen über Schuldnerländer können durch Angaben über Gläubigerländer und über Bankkredite sinnvoll ergänzt werden. Solche Angaben stammen hauptsächlich aus folgenden Quellen:

- *OECD-Jahresprüfung der Entwicklungshilfe und Gläubiger-Berichtsystem.* Die jährlichen Entwicklungshilfe-Memoranden der siebzehn Mitgliedsländer des Ausschusses für Entwicklungshilfe (Development Assistance Committee, DAC) enthalten Angaben über die jährlichen Auszahlungen und Rückflüsse öffentlicher unentgeltlicher Leistungen und Kredite an jedes Entwicklungsland. Das Gläubiger-Berichtsystem stellt Einzelangaben über alle öffentlichen langfristigen Kredite sowie Globalinformationen über Exportkredite zur Verfügung. Auf Grundlage der DRS-Daten schätzt die OECD die Mittelzuflüsse aus OPEC- und Staatshandelsländern. Schließlich werden Schätzungen der Gesamtverschuldung der Entwicklungsländer erstellt. Publikationen: *Development Co-operation* und *External Debt of Developing Countries* (erscheinen jeweils jährlich).

Die OECD-Angaben über langfristige zwischenstaatliche Kredite stellen eine wertvolle Kontrolle der DRS-Daten dar. Jedoch enthalten die Angaben über öffentlich verbürgte Exportkredite in manchen Fällen erst in Zukunft fällig werdende Zinsen und schließen Exportkredite aus, die nicht im Gläubigerland verbürgt worden sind. Ein mehr genereller Nachteil besteht darin, daß die OECD-Primärstatistik die Daten nicht auf weltweiter Basis erfaßt, wenn auch die DAC-Länder für die Entwicklungsländer die wichtigste Quelle internationaler Kapitalströme bilden.

- *Bankenstatistik der BIZ.* Die Bank für Internationalen Zahlungsausgleich stellt Angaben über die Forderungen der Banken in fünfzehn Ländern zusammen. Eine vierteljährliche Statistik beruht auf einer Klassifizierung der Banken nach dem Residenzprinzip, eine halbjährliche nach dem Nationalitätsprinzip (das heißt, als „Kredite der Vereinigten Staaten" gelten die Kredite der heimischen Zentralen der US-Banken sowie ihrer Offshore-Filialen). Die Halbjahresstatistik schlüsselt die Bankkredite nach der Laufzeit auf und liefert damit die wichtigsten Schätzangaben für die kurzfristige Verschuldung der Entwicklungsländer. Unglücklicherweise

TABELLE 2.5
Währungsstruktur langfristiger öffentlicher Schulden, 1974 bis 1983
(Prozent)

Währung	1974	1975	1976	1977	1978	1979	1980	1981	1982	1983
US-Dollar[a]	65,1	69,0	70,3	67,8	64,8	66,8	68,1	71,8	73,4	76,3
Deutsche Mark	8,8	7,3	7,6	8,2	9,2	8,6	7,3	6,3	6,0	4,8
Japanischer Yen	3,8	3,8	4,1	5,4	7,2	5,9	6,9	6,2	6,0	6,0
Französischer Franc	4,3	4,3	4,1	4,4	4,8	4,9	4,6	3,8	3,6	2,9
Pfund Sterling	5,6	4,3	3,3	3,1	2,7	2,5	2,3	1,9	1,6	1,5
Schweizer Franken	0,8	0,7	0,8	1,1	1,6	1,5	1,3	1,4	1,3	1,0
Kanadischer Dollar	1,5	1,5	1,5	1,3	1,1	1,1	1,1	1,1	1,0	0,9
Sonstige	10,1	8,9	8,4	8,6	8,7	8,8	8,4	7,6	7,2	6,5
Insgesamt	100,0	100,0	100,0	100,0	100,0	100,0	100,0	100,0	100,0	100,0

Anmerkung: Die Angaben beziehen sich auf Denominationswährungen, nicht auf die Währungen, in denen die Rückzahlung erfolgt.
a. Der Dollaranteil umfaßt auch Kredite mit „Währungsoption", die hauptsächlich auf Dollar lauten, variabel verzinslich sind und im Zeitraum 1974 bis 1983 einen Anteil von 8 bis 10 Prozent an der Auslandsschuld aufwiesen. Der auf den US-Dollar entfallende Anteil liegt daher an der oberen Grenze, was aber den Trend nicht beeinflußt, wonach der Dollaranteil in einem Jahrzehnt um elf Prozentpunkte gestiegen ist.
Quelle: Weltbank.

wird das Zahlenmaterial nach der Restlaufzeit erhoben, so daß es nicht mit den DRS- und OECD-Statistiken vergleichbar ist, welche die Kredite nach der ursprünglichen Laufzeit erfassen. Publikationen: *International Banking Developments* (erscheint vierteljährlich); *Maturity Distribution of International Bank Lending* (erscheint halbjährlich).

• *IWF-Bankenstatistik.* Diese stellt Forderungen und Verbindlichkeiten des internationalen Bankensystems zusammen. Sie ist mit der Statistik der BIZ vergleichbar, soll aber letztlich einen größeren Kreis von Bankplätzen erfassen. Die Daten wurden 1984 zum erstenmal veröffentlicht, als erste Stufe eines Projektes, das alle Daten über die Auslandsverschuldung der Entwicklungsländer zusammenfassen soll. Publikation: *International Financial Statistics* (erscheint monatlich).

• *Gemeinsames OECD/BIZ-Projekt über die Auslandsverschuldung.* Dieses Projekt soll die Daten über a) öffentlich verbürgte Handelskredite der Banken nach der OECD-Statistik und b) die Verschuldung der Entwicklungsländer gegenüber den Geschäftsbanken zusammenführen. Ein Ergebnis des Projekts ist, daß die Doppelzählung der öffentlich garantierten und von Banken herausgelegten Exportkredite, die in beiden Statistiken erfaßt werden, beseitigt wurde. Publikation: OECD, *Development Co-operation (1984 Review).*

Die Zusammenfassung all dieser statistischen Quellen gibt eine brauchbare Schätzung der Auslandsverbindlichkeiten der Entwicklungsländer (Tabelle 2.2A).

TABELLE 2.2A
Auslandsverbindlichkeiten der Entwicklungsländer, 1980 bis 1984
(Mrd Dollar, falls nicht anders angegeben)

Ländergruppe	1980	1981	1982	1983[a]	1984[b]
DRS-Berichtsländer[c]	540	629	699	761[e]	810[f]
Mittel- und langfristige Verschuldung[d]	412	470	525	598[e]	655[f]
Öffentliche Kredite	160	174	191	209	225
Private Kredite	252	296	334	388[e]	430[f]
Kurzfristige Verschuldung[g]	119	145	155	134[e]	122[f]
IWF-Kredite[h]	9	14	19	29	33
Andere Entwicklungsländer	70	73	76	82	85
Mittel- und langfristige Verschuldung[d]	59	58	57	60	62
Öffentliche Kredite	17	18	19	20	20
Private Kredite	42	40	38	40	42
Kurzfristige Verschuldung[g]	11	15	16	20	20
IWF-Kredite[h]	0	0	3	2	3
Insgesamt	610	702	775	843	895
Nachrichtlich					
Zunahme der Gesamtverbindlichkeiten (Prozent)	..	15,1	10,4	8,8	6,2

a. Vorläufig.
b. Geschätzt.
c. Angaben für 104 Entwicklungsländer, die im Rahmen des Schuldenberichtssystems der Weltbank (DRS) regulär und vollständig berichten.
d. Schulden mit ursprünglicher Laufzeit von über einem Jahr.
e. Beeinflußt durch die 1983 erfolgte Umschuldung von 22 Mrd Dollar kurzfristiger Bankverbindlichkeiten in langfristige Schulden.
f. Beeinflußt durch die 1984 erfolgte Umschuldung von 25 Mrd Dollar kurzfristiger Bankverbindlichkeiten in langfristige Schulden.
g. Schulden mit ursprünglicher Laufzeit bis zu einem Jahr (einschließlich). Geschätzt aufgrund der von der BIZ erfaßten Bankforderungen an Entwicklungsländer, ergänzt durch Angaben einzelner Entwicklungsländer über ihre kurzfristige Verschuldung.
h. Ohne Darlehen aus dem Treuhandfonds des IWF; diese sind in der mittel- und langfristigen Verschuldung enthalten.
i. Umfaßt Angaben für Entwicklungsländer, die nicht im Rahmen des DRS berichten, sowie für solche Länder, die im Rahmen des DRS entweder unvollständig berichten oder in einer Form, die eine Publikation in den Standardtabellen ausschließt. Ohne Verschuldung der Ölexporteure mit hohem Einkommen, aber einschließlich geschätzter Angaben für Entwicklungsländer, die nicht Mitglied der Weltbank sind, in der weltwirtschaftlichen Analyse des *Weltentwicklungsberichts* jedoch enthalten sind.

Ostasien betrug er 68 Prozent und bei den afrikanischen Ländern südlich der Sahara nur 54 Prozent. In vielen Ländern nahm durch die Dollarstärke die reale, in inländischen Gütern gemessene Belastung durch den Schuldendienst zu. Die Zweckmäßigkeit einer Diversifikation der Währungsstruktur von Kreditaufnahmen und Schulden der Entwicklungsländer wird in Kapitel 5 erörtert.

Außenhandels- und Schuldenkennzahlen

Insgesamt gesehen konnten Länder der Dritten Welt in den siebziger Jahren ihre Exporte beträchtlich ausweiten, nämlich von rund 13 Prozent ihres BIP im Jahr 1970 auf über 23 Prozent in 1983. In den afrikanischen Ländern mit niedrigem Einkommen fiel jedoch der Exportanteil am BIP scharf ab. Die weltweite Rezession der Jahre 1981/82 führte dann zu sinkenden Rohstoffpreisen und verlangsamte das Wachstum des Exportvolumens der Entwicklungsländer. Die Erdölausfuhren gingen ebenso wie die Ölpreise zurück, was die Ölexporteure mit mittlerem Einkommen belastete. Die wirtschaftliche Erholung seit 1983 hat zwar das Ausfuhrwachstum wieder beschleunigt, doch haben sich die Terms of Trade der Entwicklungsländer seit 1980 verschlechtert (nähere Angaben zum Außenhandel enthalten die Tabellen A.8 und A.9 des Statistischen Anhangs).

Auch die Exportstruktur der Entwicklungsländer

TABELLE 2.6
Schuldenkennzahlen der Entwicklungsländer in ausgewählten Jahren, 1970 bis 1984
(Kennzahlen in %; Beträge in Mrd Dollar)

Ländergruppe und Kennzahl	1970	1974	1976	1978	1980	1981	1982	1983	1984
Asiatische Länder mit niedrigem Einkommen									
Verhältnis Schulden zu BSP	7,0	7,2	8,2	7,8	7,8	8,1	8,8	9,0	9,7
Verhältnis Schulden zu Ausfuhren	183,6	128,4	131,6	123,1	96,7	89,5	95,1	98,9	100,0
Schuldendienstquote	12,4	7,8	7,7	7,2	8,0	9,3	10,9	8,3	8,4
Verhältnis Zinsdienst zu BSP	0,2	0,1	0,2	0,2	0,3	0,3	0,3	0,3	0,3
Insgesamt ausstehende und ausgezahlte Schulden	12,0	18,0	22,0	29,0	38,0	40,0	43,0	46,0	53,0
Private Schulden in % der Gesamtschulden	6,9	5,4	4,1	5,6	17,3	14,7	13,6	13,9	16,7
Afrikanische Länder mit niedrigem Einkommen									
Verhältnis Schulden zu BSP	17,5	23,8	27,7	26,9	39,8	43,4	47,7	52,0	54,5
Verhältnis Schulden zu Ausfuhren	75,2	99,5	135,3	162,3	175,8	216,5	260,6	279,5	278,1
Schuldendienstquote	6,1	8,6	8,5	9,6	12,5	13,8	15,7	16,5	19,9
Verhältnis Zinsdienst zu BSP	0,5	0,7	0,6	0,7	1,3	1,2	1,1	1,4	2,1
Insgesamt ausstehende und ausgezahlte Schulden	3,0	7,0	10,0	15,0	21,0	23,0	25,0	25,0	27,0
Private Schulden in % der Gesamtschulden	33,5	39,3	36,6	38,9	29,8	29,3	26,9	22,4	18,4
Bedeutende Fertigwarenexporteure									
Verhältnis Schulden zu BSP	16,2	18,0	20,1	22,1	22,8	24,7	27,9	34,4	37,6
Verhältnis Schulden zu Ausfuhren	91,5	76,0	90,9	92,4	77,3	81,7	97,1	105,2	109,1
Schuldendienstquote	15,1	13,7	14,2	17,7	16,1	17,1	19,3	16,2	16,0
Verhältnis Zinsdienst zu BSP	0,7	1,1	1,1	1,4	2,0	2,5	2,9	2,9	3,6
Insgesamt ausstehende und ausgezahlte Schulden	24,0	57,0	82,0	124,0	167,0	191,0	216,0	242,0	267,0
Private Schulden in % der Gesamtschulden	73,2	75,5	75,9	76,7	77,0	77,8	78,6	78,5	76,9
Sonstige Ölimporteure mit mittlerem Einkommen									
Verhältnis Schulden zu BSP	21,4	20,3	21,1	24,9	29,7	33,4	40,2	47,5	53,0
Verhältnis Schulden zu Ausfuhren	111,0	88,7	98,3	122,7	120,7	136,4	155,4	175,5	183,9
Schuldendienstquote	13,6	11,4	14,8	20,9	17,2	20,8	22,7	23,1	24,9
Verhältnis Zinsdienst zu BSP	0,8	0,9	1,0	1,3	1,9	2,4	3,1	3,3	3,9
Insgesamt ausstehende und ausgezahlte Schulden	12,0	21,0	27,0	43,0	68,0	79,0	89,0	98,0	108,0
Private Schulden in % der Gesamtschulden	42,9	42,1	43,8	47,8	51,0	51,6	51,5	49,6	49,3
Ölexporteure mit mittlerem Einkommen									
Verhältnis Schulden zu BSP	18,4	18,0	22,4	30,1	24,7	24,9	32,0	39,9	43,8
Verhältnis Schulden zu Ausfuhren	115,3	67,2	102,1	136,0	87,4	98,5	123,7	157,8	164,2
Schuldendienstquote	18,1	11,0	14,5	22,9	17,8	19,8	25,0	26,1	28,1
Verhältnis Zinsdienst zu BSP	0,7	0,9	1,1	1,6	2,1	2,2	3,1	3,3	4,0
Insgesamt ausstehende und ausgezahlte Schulden	18,0	38,0	63,0	103,0	136,0	155,0	174,0	208,0	232,0
Private Schulden in % der Gesamtschulden	57,2	63,3	66,5	67,7	69,4	71,2	71,8	75,3	75,1
Entwicklungsländer insgesamt									
Verhältnis Schulden zu BSP	14,1	15,4	18,1	21,0	20,9	22,4	26,3	31,3	33,8
Verhältnis Schulden zu Ausfuhren	108,9	80,0	100,2	113,1	89,8	96,8	115,0	130,8	135,4
Schuldendienstquote	14,7	11,8	13,6	18,4	16,0	17,6	20,5	19,0	19,7
Verhältnis Zinsdienst zu BSP	0,5	0,8	0,8	1,1	1,6	1,9	2,3	2,2	2,8
Insgesamt ausstehende und ausgezahlte Schulden	68,0	141,0	204,0	313,0	430,0	488,0	546,0	620,0	686,0
Private Schulden in % der Gesamtschulden	50,9	56,5	59,0	61,5	62,9	64,1	64,6	65,3	65,0

Anmerkung: Bei Zinszahlungen und Schuldendienst für die Jahre 1970 bis 1983 handelt es sich um effektiv geleistete (nicht vertragliche) Zahlungen in dieser Periode. Bei Zinszahlungen und Schuldendienst für 1984 handelt es sich um Schätzungen aufgrund der bis Ende 1983 erhaltenen Zusagen, wobei bis Ende 1984 erfolgte Umschuldungen berücksichtigt wurden.
Quelle: Weltbank.

hat sich im Verlauf der letzten zwei Jahrzehnte beträchtlich verändert. Der Anteil der Industrieerzeugnisse an den Gesamtausfuhren stieg von 15 Prozent zu Anfang der sechziger Jahre auf fast 50 Prozent zu Anfang der achtziger Jahre, während die Rohstoffe durchweg an relativer Bedeutung einbüßten. Wenngleich diese größere Vielfalt ihrer Exporte die Entwicklungsländer gegenüber Weltrezessionen weniger empfindlich macht, so bedeutet der höhere Anteil der Industrieprodukte doch auch eine größe-

Sonderbeitrag 2.3 Wie die Inflation die Tilgung von Krediten beeinflußt

In den vergangenen Jahren wiesen die Inflationsraten und die Zinssätze beträchtliche Schwankungen auf. Inflationsraten und Zinssätze beeinflussen die Verschuldungskennzahlen, die üblicherweise zur Beurteilung der Kreditwürdigkeit von Schuldnerländern herangezogen werden. Erstens muß der Nominalwert der Verschuldung mit Hilfe eines Preisindikators deflationiert werden, um ihren Realwert realistisch einschätzen zu können. Zweitens kommt es zu einem realen Ressourcentransfer, falls die Preissteigerungsrate den Anstieg der Nominalzinssätze übertrifft oder hinter diesem zurückbleibt — ein Transfer zugunsten des Schuldners im ersteren Fall und zugunsten des Gläubigers im letzteren. Schließlich wird die reale Schuldenlast durch die Inflation nicht verändert, wenn die Nominalzinssätze gerade im Ausmaß der Inflation steigen. In diesem Fall wird der tatsächliche Kredit gleichwohl schneller getilgt, als durch die ursprünglichen Kreditbedingungen angezeigt wird.

Wenn die Inflation sich beschleunigt, und die Nominalzinssätze in gleichem Ausmaß steigen, enthalten die Zinszahlungen eine Komponente, die den *realen* Wertverlust eines Kredits für den Kreditgeber kompensiert. Obgleich dieser Effekt den Realwert aller Tilgungszahlungen nicht verändert, beschleunigt er doch die *reale* Tilgung: Die Inflationskomponente des Nominalzinssatzes kommt zu der regulären nominalen Tilgungszahlung hinzu. So steigern bei einer gegebenen Kreditlaufzeit höhere Inflationsraten die reale Schuldentilgung in der Anfangsphase und verringern die reale Schuldenrückzahlung gegen Ende des Tilgungszeitraums. Die reale Tilgungslast wird um so mehr nach vorne verlagert (Frontloading), je länger die ursprüngliche Laufzeit eines Kredits ist.

Die Tabelle 2.3A zeigt, wie sich die verschiedenen Komponenten des gesamten Schuldendienstes im Zeitverlauf entwickelt haben. Für diese Berechnungen könnten unterschiedliche Preisindizes herangezogen werden. Hier werden die Exportpreise der Entwicklungsländer (Warenhandel, ohne Öl, fob) verwendet. Dies bedeutet, daß der Wert der Schuldendienstleistungen in heimischen Gütern, die zur Bedienung der Schulden exportiert werden müssen, ausgedrückt wird. Die Schuldendienstquote weist von Jahr zu Jahr nur sehr geringe Schwankungen auf, aber die gesamten Tilgungszahlungen verändern sich wegen der Inflationskomponente in den Zinszahlungen beträchtlich. Der Anteil des Schuldendienstes an den Exporterlösen sank im Zeitraum 1971 bis 1973, die inflationsbereinigten Tilgungszahlungen erreichten jedoch 1973 ihren Höchststand. Ähnlich erhöhte sich in der Periode 1980 bis 1982 die Schuldendienstquote, während der Anteil der inflationsbereinigten Tilgungszahlungen einen deutlichen Rückgang aufwies.

TABELLE 2.3A
Einfluß der Inflation auf den Schuldendienst
(Prozent)

Jahr	Schuldendienst/ Exporte	=	Inflationsbereinigte Tilgung/Exporte			+	Inflationsbereinigte Zinszahlungen/ Exporte
			Planmäßige Tilgung	+ Inflationsbedingte Tilgung	= Gesamttilgung		
1970	14,7		10,6	3,0	13,6		1,2
1971	15,6		11,2	−4,2	7,0		8,6
1972	15,2		10,9	5,9	16,8		−1,6
1973	14,1		9,9	32,4	42,3		−28,1
1974	11,8		7,9	19,1	27,0		−15,1
1975	13,9		9,0	−8,6	0,4		13,5
1976	13,6		8,9	8,2	17,2		−3,5
1977	14,8		9,7	10,0	19,7		−5,0
1978	18,4		12,3	6,0	18,3		0,1
1979	18,4		11,7	13,5	25,2		−6,8
1980	16,0		9,2	12,5	21,7		−5,6
1981	17,6		9,4	−6,8	2,6		15,0
1982	20,5		10,4	−7,4	3,0		17,5
1983	19,0		9,1	0,5	9,6		9,3
1984	19,7		8,2	−0,4	7,8		11,9

Anmerkung: Die Zerlegung der Schuldendienstquote in inflationsbereinigte Zinszahlungen und inflationsbereinigte Tilgungen basiert auf folgenden Identitätsgleichungen:

$$SD = Z + T$$
$$Z = (i - p) \cdot S + p \cdot S$$

hierbei bezeichnet SD den Schuldendienst, Z die Zinszahlungen, T die Tilgung, i den Nominalzins, berechnet als Verhältnis der Zinszahlungen der laufenden Periode (Z) zur ausstehenden und ausgezahlten Verschuldung der vergangenen Periode (S); p ist die jährliche Inflationsrate auf Basis des Preisindex für Außenhandelsgüter ohne Öl (fob).

$$SD = (i - p) \cdot S + p \cdot S + T$$

wobei $(i - p) S$ die inflationsbereinigte Zinsbelastung angibt und $p \cdot S + T$ die inflationsbereinigte Tilgung. Differenzen in den Summen durch Runden der Zahlen.
Quelle: Weltbank.

re Verwundbarkeit durch den Protektionismus in den Industrieländern, der hauptsächlich industrielle Fertigerzeugnisse betrifft.

Trotz dieses kräftigen Exportanstiegs führte die rasch wachsende Verschuldung, zusammen mit starken Zinssteigerungen, zu einer Verschlechterung der wichtigsten Schuldenkennzahlen (vgl. Tabelle 2.6). Im Durchschnitt aller Entwicklungsländer erhöhte sich das Verhältnis der Schuldendienstzahlungen zu den Exporten von 15 Prozent im Jahr 1970 auf 21 Prozent in 1982 und ging dann leicht auf 20 Prozent im Jahr 1984 zurück; die Relation der Schulden zum BSP stieg von 14 Prozent im Jahr 1970 auf 34 Prozent in 1984 (vgl. Sonderbeitrag 2.3). Auch die Relation der Schulden zu den Exporten nahm zu, und zwar von 109 Prozent (1970) auf 135 Prozent (1984). Das Verhältnis der Zinszahlungen zum BSP hat sich mehr als verfünffacht, nämlich von 0,5 Prozent im Jahr 1970 auf 2,8 Prozent in 1984.

Zwischen den Entwicklungsländern gab es jedoch im einzelnen große Unterschiede. Mit Ausnahme der asiatischen Länder mit niedrigem Einkommen nahm die Relation Schulden/BSP in allen Ländergruppen beträchtlich zu. Am stärksten erhöhte sie sich in den afrikanischen Ländern mit niedrigem Einkommen, wo sie von 18 Prozent im Jahr 1970 auf 55 Prozent in 1984 stieg. Obgleich die Verschuldung der afrikanischen Länder absolut gesehen — mit 27 Mrd Dollar im Jahr 1984 — gering ist, weisen diese Länder relativ zu ihrem Einkommen und ihren Exporten die höchste Verschuldung aller Entwicklungsländer auf.

Umschuldungen

Zwar haben in den achtziger Jahren etwa einhundert Entwicklungsländer akute Schuldendienstprobleme bislang vermeiden können, gleichwohl ging die Verschlechterung der Schuldenkennzahlen mit einer Flut von Umschuldungsaktionen einher. Die Zahl der formellen Umschuldungen von Mitgliedsländern der Weltbank stieg von durchschnittlich fünf pro Jahr im Zeitraum 1975 bis 1980 auf dreizehn in 1981 und einunddreißig (mit einundzwanzig betroffenen Ländern) im Jahr 1983. Mindestens ebenso viele Umschuldungsverhandlungen fanden 1984 statt, jedoch wurden bis Ende des Jahres nur in einundzwanzig Fällen formelle Vereinbarungen erreicht, die sechzehn Länder mit einer Schuldensumme von gut 11 Mrd Dollar betrafen. Im Laufe des Jahres 1984 wurde zwar über die Umschuldung von insgesamt 115 Mrd Dollar verhandelt, doch entfielen allein 93 Mrd Dollar bzw. vier Fünftel der Gesamtsumme auf drei Länder, nämlich Argentinien, Mexiko und Venezuela.

Die Gläubigerländer haben die Strategie verfolgt, die Schuldenprobleme „von Fall zu Fall" zu lösen, wobei im wesentlichen bewährte Verfahrensweisen zur Anwendung gelangten (vgl. Sonderbeitrag 2.4). Die Umschuldungsmodalitäten waren im Jahr 1984 meistens großzügiger als 1982 und 1983. Die Laufzeiten und die tilgungsfreien Jahre waren länger; die Zinsaufschläge auf die Londoner Interbankrate (LIBOR) betrugen 1982 und 1983 für umgeschuldete Kredite zwischen 1⅞ und 2½ Prozentpunkte, gingen jedoch 1984 auf 1⅛ bis 2 Punkte zurück. Auch die für Umschuldungsaktionen in Rechnung gestellten Gebühren sind gesunken.

Vor allem in Reaktion auf Besorgnisse der Geschäftsbanken, die Garantien für die Solidität der Wirtschaftspolitik der Schuldnerländer verlangten, hat sich die Behandlung der Umschuldungsfälle gewandelt. Internationale Organisationen — insbesondere der IWF — haben an der Ausarbeitung von Sanierungsprogrammen mitgewirkt, die wirtschaftspolitische Reformen, Schuldenumstrukturierung und die Zuführung neuer Mittel beinhalteten. Auch Zentralbanken haben wichtige Beiträge geleistet, sei es indirekt durch die Bank für Internationalen Zahlungsausgleich (BIZ), sei es auf direktem Wege wie der Federal Reserve Board. Diese Vorgehensweise kam besonders den lateinamerikanischen Schuldnerländern zugute. Wegbereitend war ein — im wesentlichen 1984 abgeschlossenes — mehrjähriges Umschuldungsprogramm für Bankschulden Mexikos in Höhe von 49 Mrd Dollar; diesem folgte ein mehrjähriges Umschuldungsprogramm für Venezuela über ein Kreditvolumen von fast 21 Mrd Dollar. Ende 1984 war eine mehrjährige Umschuldungsaktion für Brasilien in der Diskussion, wodurch ein Volumen von etwa 50 Mrd Dollar konsolidiert werden soll. Durch diese und andere Abkommen konnten die von der Verschuldung herrührenden Wachstumsbeschränkungen für einige Hauptschuldnerländer gelockert werden. Gleichwohl wurde vereinzelt die Auffassung vertreten, daß eine radikalere Lösung der Schuldenprobleme notwendig sei (vgl. Sonderbeitrag 2.5).

Von den Fällen weniger Großschuldner abgesehen, wurden jeweils nur die Fälligkeiten eines Jahres umgeschuldet. In unterschiedlichem Umfang waren dabei neben den privaten Krediten auch öffentliche Kredite aus bilateralen Quellen (einschließlich

Sonderbeitrag 2.4 Umschuldungsverhandlungen im Wandel

Verhandlungen über Schuldenerleichterungen werden hauptsächlich im Rahmen folgender zwei Einrichtungen durchgeführt: des Pariser Klubs für Schulden gegenüber Regierungen oder für von Regierungen verbürgte Kredite sowie der Ad-hoc-Konsortien von Geschäftsbanken (manchmal auch Londoner Klub genannt) für nichtversicherte Schulden gegenüber Finanzinstituten.

Der Pariser Klub
Der Pariser Klub entstand 1956, als eine Gruppe von Gläubigerländern in Paris zusammentrat, um über die Schulden Argentiniens gegenüber Exportkreditinstituten zu verhandeln, die private Kreditgeber entschädigt hatten, nachdem Argentinien mit der Bedienung seiner Schulden in Verzug geraten war. Zwar besitzt der Klub keine geschriebene Satzung, doch hat sich auf der Grundlage von Erfahrung und Präzedenzfällen ein standardisiertes Verfahren herausgebildet, um eine Gleichbehandlung aller Gläubigerländer zu gewährleisten.

Die Verhandlungen über Schuldenerleichterungen erstrecken sich auf alle bilateralen öffentlichen Darlehen, einschließlich der konzessionären Kredite und der öffentlich verbürgten Exportkredite. Die Konsolidierungsperiode beträgt in der Regel ein Jahr, häufig gibt es aber auch aufeinanderfolgende Vereinbarungen: Schuldenerleichterungen für Liberia, Senegal, den Sudan, Togo und Zaire wurden in den letzten zehn Jahren mehr oder weniger kontinuierlich erneuert. Bereits zuvor umgeschuldete Kredite sind, falls erforderlich, ebenfalls konsolidiert worden.

Schuldenerleichterungen sind in der Regel auf die laufenden Fälligkeiten beschränkt, wobei in der Regel zwischen 80 und 100 Prozent der Fälligkeiten umgeschuldet werden. Dieser konsolidierte Anteil ist nach einer tilgungsfreien Zeit von vier bis fünf Jahren innerhalb von acht bis zehn Jahren zu tilgen. Für Länder mit schwerwiegenden Zahlungsbilanzproblemen kann der nicht konsolidierte Teil der Fälligkeiten in der tilgungsfreien Zeit amortisiert werden, in diesen Fällen erstreckt sich die Umschuldung auf 100 Prozent der in Frage kommenden Fälligkeiten. Zahlungsrückstände werden gelegentlich umgeschuldet, in der Regel sind sie aber rascher zurückzuzahlen.

Die Vereinbarungen des Pariser Klubs tragen dazu bei, die normale Außenhandels- und Projektfinanzierung in Schuldnerländern aufrechtzuerhalten. Wenn Schuldnerländer unter schwerwiegenden internationalen Liquiditätsproblemen leiden, die eine Folge des Zusammenbruchs der Beziehungen zu ihren Gläubigern sind, dann bildet eine Vereinbarung mit dem Pariser Klub den Rahmen für Verhandlungen mit öffentlichen Gläubigern über die Umschuldung von Zahlungsrückständen, wodurch der Weg für neue Direktkredite oder verbürgte Darlehen bereitet wird. Daraufhin erfolgen bilaterale Verhandlungen mit jedem Mitgliedsland im Rahmen der vereinbarten Gesamtlösung. Nachdem diese bilateralen Übereinkommen abgeschlossen worden sind (ein oftmals langwieriger Prozeß), nimmt jede betroffene Behörde den Versicherungsschutz für Exportkredite an die umgeschuldeten Länder wieder auf. Natürlich können Schuldnerländer an den Pariser Klub auch herantreten, bevor sie in Liquiditätsprobleme geraten, die zu einer Störung der Außenhandelsfinanzierung führen; im Idealfall sollten sie dies auch tun. Der Pariser Klub fordert von den Schuldnerländern schnelle und ernsthafte Anstrengungen, um die grundlegenden Wirtschaftsprobleme in Angriff zu nehmen; ein vom IWF unterstütztes wirtschaftspolitisches Anpassungsprogramm, das dem Land Ziehungen im Rahmen der höheren Kredittranchen ermöglicht, ist eine typische Vorbedingung für eine Übereinkunft mit dem Pariser Klub. Obgleich der Pariser Klub Schuldenerleichterungen immer noch hauptsächlich unter dem Aspekt kurzfristiger Liquiditätsengpässe behandelt, hat er doch bei Schuldendienstproblemen von Entwicklungsländern, die ernsthafte Schritte unternehmen, um ihre Probleme zu meistern, eine grundsätzlich flexible Haltung bewiesen.

Der Pariser Klub war besonders erfolgreich bei Ländern, wo die aktuellen Liquiditätsprobleme primär durch die zeitliche Akkumulierung von Schuldendienstzahlungen entstanden sind. Er war jedoch weniger erfolgreich, wenn es um die Lösung der Probleme derjenigen Länder ging, bei denen — wie in den afrikanischen Staaten südlich der Sahara — die Schuldendienstprobleme auf strukturelle Ursachen zurückzuführen sind. Wenn die Aussichten für die Wiederaufnahme des normalen Schuldendienstes über Jahre hinaus ungünstig sind, haben aufeinanderfolgende jährliche Umschuldungen über ein Jahrzehnt hin die Probleme oft nur zeitlich verschoben. Die flexible Haltung, die der Pariser Klub in der Vergangenheit bewiesen hat, gibt Grund zu der Annahme, daß er seine Tätigkeit weiterhin flexibel ausübt, um auch diese Probleme in den Griff zu bekommen.

Kommerzielle Bankschulden
Im Gegensatz zum Pariser Klub haben sich Umschuldungsverhandlungen mit Geschäftsbanken erst gegen Ende der siebziger Jahre entwickelt (vgl. Schaubild 2.4A). Da der Großteil dieser Schulden aus Konsortialkrediten und nichtversicherten Außenhandels- oder Projektfinanzierungen besteht, und die Zahl der Gläubigerbanken in die Hunderte gehen kann, werden die Banken durch einen „Lenkungsausschuß" vertreten, der mit der Regierung des Schuldnerlandes Verhandlungen aufnimmt. Wenn ein Übereinkommen erzielt wird, muß es von jeder einzelnen Gläubigerbank gebilligt werden. Das Vorgehen ist im Laufe der siebziger Jahre rationell weiterentwickelt worden, wobei kleine Lenkungsausschüsse nun die Regel sind und koordinierte Maßnahmen ergriffen werden, um eine schnelle Vereinbarung mit allen beteiligten Banken herbeiführen zu können.

Geschäftsbanken schulden hauptsächlich die laufenden Fälligkeiten langfristiger Kredite um, gelegentlich auch Tilgungsrückstände. Zinsen werden nicht umgeschuldet; die Zinsrückstände müssen beglichen sein, bevor Umschuldungsvereinbarungen in Kraft treten können. Einige Verträge erstreckten sich auch auf die Konsolidierung kurzfristiger Schulden. Bei vielen Umschuldungen sind in jüngerer Zeit neue langfristige Kredite und Handelskreditfazilitäten als Teil eines Umschuldungspakets eingeräumt worden, womit im Endergebnis die Zinszahlungen kompensiert wurden. Die Verhandlungen sind flexibel geführt worden; einige führten zu einem Zahlungsaufschub von einem Jahr auf das andere, während umfassende langfristige Übereinkommen noch diskutiert wurden. Die Tilgung konsolidierter Schulden erstreckt sich in der Regel über sechs bis neun Jahre, wovon zwei bis vier tilgungsfrei sind. Der Zinsaufschlag gegenüber

(Fortsetzung)

Schaubild 2.4A Multilaterale Umschuldungsverhandlungen, 1975 bis 1984
(Mio $)

Land	1975	1976	1977	1978	1979	1980	1981	1982	1983	1984
Argentinien		970								23,241
Bolivien							444			536
Brasilien									4,532	5,350
									3,478	
Zentralafrikan. Rep.							55		13	
Chile	216								3,400	
Costa Rica									97	
									1,240	
Dominikanische Rep.									497	
Ecuador									200	4,475
									1,835	590
Gabun				105[a]						
Guyana					29			14		24
Honduras										148
Indien	157	169	110							
Elfenbeinküste										153
										306
Jamaika					126		103		106	
										148
Liberia						30	25	27	18	17
										71
Madagaskar							142	103	195	
									120	
Malawi								24	30	
									59	
Mexiko									1,550[b]	48,725[c]
									23,625	
Marokko									1,225	530
Mosambik										200
Nicaragua					582	188	102			
Niger									33	22
										28
Nigeria									1,920	
Pakistan							263			
Peru				478					450	1,000
					821				380	1,415
Philippinen										4,904
										685
Rumänien								234	195[d]	
								1,598	567	
Senegal							77	84	64	97
Sierra Leone			27			41				25
										88
Sudan					373		638	174	502	245
Togo					170		92		114	55
						68			74	
Türkei					2,640		3,100			
				1,223	873	2,600				
Uganda							56	22		
Uruguay									815	
Venezuela										20,750
Jugoslawien									988[b]	500[b]
									1,586	1,246
Zaire		211	236		1,147	402	574		1,317	
Sambia									285	150
										75
Insgesamt	373	1,350	373	1,806	6,179	3,723	5,757	2,382	51,089	116,220

Schlüssel:
- ■ Umschuldung durch Geschäftsbanken (blau)
- ■ Umschuldung im Pariser Klub (orange)
- ■ Umschuldung durch Entwicklungshilfekonsortium (rot)
- □ Grundsätzlich vereinbart

Anmerkung: Kursiv gesetzte Zahlen sind Schätzwerte. Reihenfolge der Länder entspricht der englischen Schreibweise. a. Vereinbarung durch besondere Arbeitsgruppe. b. Vereinbarung eines Gläubigertreffens, nicht im Rahmen des Pariser Klubs. c. Einschließlich Schulden in Höhe von 23 625 Mio Dollar, die bereits 1983 umgeschuldet worden waren. d. Vorgesehen.

Quelle: Weltbank.

LIBOR liegt zwischen 1⅞ und 2½ Prozentpunkten. Die Umschuldung der Kredite kostet in der Regel eine Gebühr von 1¼ bis 1½ Prozent.

Durch die jährlichen Umschuldungen wurden die unmittelbaren Schuldendienstprobleme erfolgreich überwunden, doch blieb die Unsicherheit über die zukünftige Position des Schuldners bestehen, was die Rückkehr zu einer normalen Finanzierung zu Marktbedingungen verhindern kann. Im Falle Mexikos unterzeichneten die Geschäftsbanken im März 1985 ein Abkommen zur Konsolidierung der in den Jahren 1985 bis 1990 fälligen Staatsschulden, in dem die Banken eine Tilgungsstreckung über vierzehn Jahre akzeptierten, geringere Zinsmargen in den ersten Tilgungsjahren vereinbarten und auf Gebühren für die Umschuldung verzichteten. In jüngster Zeit wurde mit Ecuador ein mehrjähriges Umschuldungsabkommen abgeschlossen. Über ein ähnliches Abkommen wurde gegen Ende 1984 mit Venezuela grundsätzliche Übereinstimmung erzielt, und eine Vereinbarung mit Brasilien befindet sich im fortgeschrittenen Verhandlungsstadium. Diese mehrjährigen Abkommen sind mit Ländern abgeschlossen worden, die substantielle Fortschritte bei der Anpassung ihrer Zahlungsbilanzen erreicht haben und glaubwürdige Strategien für ihre zukünftige Wirtschaftspolitik vorweisen können.

Jährliche Umschuldungen, ob von öffentlichen Schulden oder von kommerziellen Bankschulden, sind hinsichtlich des Zeitaufwands, den sie den leitenden Verhandlungsführern in Entwicklungsländern und den Instituten der Gläubiger abverlangen, sehr aufwendig. Sie führen auch dazu, daß das Hauptaugenmerk auf die finanziellen Probleme gelenkt wird, zum Nachteil der wirtschaftspolitischen Reformen. Mehrjährige Vereinbarungen auf Basis fallweiser Entscheidungen, die wirtschaftspolitische Reformen unterstützen, sind daher eine bevorzugte Verfahrensweise.

---

garantierter Exportkredite) betroffen. Öffentliche Kredite wurden im Rahmen des Pariser Klubs umgeschuldet, oft zusammen mit kommerziellen Krediten. Dieses Vorgehen garantierte die annähernde Gleichbehandlung der Gläubiger. Es war auch am besten dazu geeignet, auftretende Liquiditätsprobleme in den Griff zu bekommen und die ordnungsgemäße Bedienung der Schulden wiederherzustellen, wenn davon ausgegangen werden konnte, daß sich die Exporte eines Schuldnerlandes wieder erholen würden.

Jährliche Umschuldungen werfen jedoch auch gewisse Probleme auf. Allein in den Jahren 1983/84 haben fünfundzwanzig Länder (einschließlich Kuba und Polen) umgeschuldet — und zwar hauptsächlich die von staatlichen Stellen garantierten oder versicherten Exportkredite, die ursprünglich von privaten Kreditgebern gewährt worden waren. Diese Umschuldungsaktionen bedeuteten eine große Belastung für die finanziellen Reserven und die Zahlungsfähigkeit der Exportkredit- und Exportversicherungsgesellschaften in den Gläubigerländern. Außerdem haben zahlreiche afrikanische Länder Umschuldungen durchgeführt. Ihre Schwierigkeiten resultieren häufig aus strukturellen Problemen, die durch kurzfristige Liquiditätsengpässe verschärft werden. Für diese Länder sowie für Länder mit mittlerem Einkommen, die in starkem Maße vom Rohstoffexport abhängen, brachten die Umschuldungen nicht die Vorteile, die einige lateinamerikanische Staaten daraus ziehen konnten. Nur im Falle Sudans haben Gläubiger- und Geberländer, auf einer von der Weltbank und vom IWF organisierten Konferenz, den langfristigen Finanzierungsbedarf des Landes in Rechnung gestellt. Später gewährten die Länder des Pariser Klubs einen längerfristigen Schuldenaufschub. Dem war jedoch kein Erfolg beschieden, da der Umfang der Umschuldung unzureichend und das Land nicht in der Lage war, den geforderten wirtschaftspolitischen Kurs einzuhalten.

Schlußfolgerungen

In Zeiten international stabiler Wirtschaftsverhältnisse, wie in den fünfziger und sechziger Jahren, hat Auslandskapital beträchtlich zur wirtschaftlichen Expansion beigetragen. In Perioden, die durch heftige Schwankungen der Wirtschaftsaktivität gekennzeichnet waren, so in den vergangenen fünfzehn Jahren, spielte es eine ambivalente Rolle. Einerseits half es den Entwicklungsländern bei der Anpassung an externe Schocks, etwa in der Rezession 1974/75. Andererseits — so in der Rezession von 1981 bis 1983 — war es ein zusätzliches Medium der Übertragung von außen kommender Schocks.

Im Rahmen des gesamten Kapitalimports der Entwicklungsländer konnten vielleicht die Gewichtsverlagerungen von der Beteiligungsfinanzierung zur Kreditfinanzierung und von öffentlichen zu privaten Kapitalquellen erwartet werden. Mit der wirtschaftlichen Expansion der Entwicklungsländer und der Veränderung ihrer Strukturen wurden ihre Beziehungen zur Weltwirtschaft zuneh-

Sonderbeitrag 2.5 Neuere Vorschläge für die Behandlung von Schuldendienstproblemen

Zahlreiche Lösungen sind für die Schuldenkrise bereits angeboten worden. Die Vorschläge spiegeln die Meinungsvielfalt über die Art der Schuldendienstprobleme und die adäquate Antwort darauf wider. Sie erstrecken sich auf finanzielle Ad-hoc-Vereinbarungen, fallweise Umschuldungen, die Kapitalisierung von Zinsen, offizielle Versicherungssysteme, Stabilisierungsfonds, die Schaffung neuer Instrumente, wie der Erwerb von Kapitalanteilen an öffentlichen Unternehmen in Schuldnerländern oder Swap-Geschäfte mit ausstehenden Schulden, sowie umfassende Umstrukturierungen der Schulden, einschließlich der Abschreibung von Auslandsforderungen. Ziel dieser Lösungsvorschläge ist es, die Rückkehr auf den Wachstumspfad zu ermöglichen, die Kreditwürdigkeit der Entwicklungsländer wiederherzustellen und die ,,spontane" Kreditgewährung durch Geschäftsbanken wieder in Gang zu setzen. Es wird hier nicht die Absicht verfolgt, die einzelnen Vorschläge zu erörtern. Die vorgeschlagenen Lösungen lassen sich am besten beurteilen, indem vier Gesichtspunkte, die für die Beziehungen zwischen Schuldnern und Gläubigern fundamentale Bedeutung haben, in Betracht gezogen werden.

• *Die Unterscheidung zwischen den kollektiven und den individuellen Interessen der Gläubiger.* Wenn den Gläubigern der volle Schuldendienst nicht geleistet werden kann, liegt es in ihrem kollektiven Interesse, die Zahlungen aufzuschieben — vielleicht sogar auf Teile der Zahlungen zu verzichten — statt ein Moratorium oder eine Zahlungsverweigerung des Schuldners zu provozieren. Einzelne Gläubiger haben jedoch ein Interesse daran, auf Zahlung zu bestehen, um letztlich von den anderen Beteiligten abgefunden zu werden. Jeder Reformvorschlag zur Schuldenkrise muß eine Antwort auf dieses Problem der ,,Trittbrettfahrer" finden. Einige der Vorschläge befürworten eine einmalige und endgültige Umwandlung der Schulden der Dritten Welt in langfristige, niedrigverzinsliche Kredite. Meistens wird dafür eingetreten, daß die Schulden von einer neuen internationalen Organisation übernommen werden sollen, womit sich die Frage stellt, ob für diesen Zweck zusätzliche öffentliche Mittel verfügbar sind.

• *Die Grenzen des Schuldendienstes.* Die Schuldnerländer haben nunmehr unter Beweis gestellt, daß sie in der Lage sind, hohe Handelsbilanzüberschüsse für die Bedienung ihrer Schulden zu erwirtschaften. Für einige Länder mag es bei ihrem gegenwärtigen Entwicklungsstand schwierig sein, auf Dauer Exportüberschüsse zu erzielen, die zur Bezahlung ihrer gesamten Zinsen ausreichen, besonders dann, wenn die Zinssätze stiegen. Ein durchführbarer Reformplan muß somit nicht nur die Umschuldung der gesamten offenstehenden Verbindlichkeiten beinhalten; in einigen Fällen muß er wohl auch eine Verringerung der laufenden Zinslast vorsehen.

Um die bestehenden Verbindlichkeiten umzuschulden, wird meist vorgeschlagen, die Bankkredite in andere langfristige Forderungen, insbesondere in langfristige Anleihekredite umzuwandeln. Um die Last der Zinszahlungen abzubauen, wird vorgeschlagen, daß die bezahlten Zinsen von den Banken wieder ausgeliehen werden; andere Vorschläge sehen eine automatische Kreditierung der Zinsen durch deren Kapitalisierung vor. Vereinzelt werden neue Kreditinstrumente befürwortet — wie die Umwandlung feststehender Forderungen gegenüber einem Land in Anteile an dessen Deviseneinnahmen oder am Kapital öffentlicher Unternehmen.

• *Anhaltende Unsicherheit.* Jeder Plan zur Lösung des Schuldenproblems ,,auf einen Schlag" muß entweder die voraussichtliche Schuldenlast der Länder so weit verringern, daß ein zweiter Rettungsversuch nicht notwendig wird, oder er stellt künftige Eventualitäten, wie eine Weltrezession oder höhere Zinssätze, in Rechnung. Er muß zudem Anreize für die Banken bieten, die Kreditvergabe auch in Zukunft fortzusetzen.

Verschiedene Projekte beinhalten Maßnahmen zur Bewältigung des Unsicherheitsproblems; sie reichen von Stabilisierungsfonds bei Schwankungen der Ölpreise oder Zinssätze bis zur Errichtung eines formellen Versicherungssystems zur Abwehr einer weiteren Krise. Es ist weniger gut ersichtlich, wie diese Vorschläge die zukünftige Kreditgewährung durch Banken sicherstellen; der dabei eingeschlagene Weg hat erhebliche Konsequenzen für die Verteilung der Lasten und den zukünftigen Zugang zu den internationalen Kapitalmärkten.

• *Aufrechterhaltung der Solvenz des Bankensystems.* Große Banken halten Forderungen gegen Entwicklungsländer, die einem Mehrfachen ihres Eigenkapitals entsprechen. Jeder Plan, der darauf hinausläuft, daß die Schulden in großem Umfang abgeschrieben werden, muß das Fortbestehen dieser Banken sicherstellen. Die meisten Vorschläge versuchen, die Abschreibungen möglichst gering zu halten, so daß die Banken zahlungsfähig bleiben. Andere Pläne sehen auch den teilweisen Ankauf der Forderungen gegenüber Entwicklungsländern mit öffentlichen Geldern vor.

Das gegenwärtige Vorgehen, das die Umstrukturierung des Schuldendienstes mit wirtschaftspolitischen Anpassungsmaßnahmen der Schuldnerländer kombiniert, hat eine Antwort für jedes dieser Probleme. Von wichtigen Details einmal abgesehen, wird die Frage der ,,Trittbrettfahrer" durch gelegentlichen Druck auf die Banken sowie durch gütliches Zureden gelöst; wird die Zinslast durch erneute Kreditvergabe im Rahmen konventioneller Umschuldungsaktionen reduziert; wird das Problem der Unsicherheit bewältigt, indem die Banken nicht aus ihrer Mitverantwortung entlassen werden und es damit weiterhin möglich bleibt, von den Gläubigern zusätzliche Kredite zu erhalten, und schließlich wird das Problem der Zahlungsunfähigkeit umgangen, indem man einen hohen Abschreibungsbedarf vermeidet. Eine stärkere Anwendung von mehrjährigen Schuldenumstrukturierungen auf fallweiser Basis, als Teil eines umfassenden finanziellen Maßnahmenbündels zur Förderung von Stabilität und Anpassung, vor allem in den afrikanischen Ländern südlich der Sahara, wird jedoch dazu beitragen, die Schuldendienstprobleme zu mildern. Bislang hat diese Methode besser funktioniert, als viele erwartet hatten.

mend denen der Industriestaaten ähnlich. Mit einem abnehmenden Anteil der Infrastrukturprojekte an den Investitionen, mit wachsender Industrialisierung, mit der Veränderung der Exportstruktur — von Rohstoffen hin zu Fertigerzeugnissen — und mit dem Ausbau des inländischen Finanzsystems wächst auch die Fähigkeit der Entwicklungsländer, die auf den internationalen Finanzmärkten gebotenen Chancen zu nutzen.

Der Zufluß privaten Auslandskapitals zu den Entwicklungsländern stieg jedoch nicht allmählich, parallel zu ihrem wirtschaftlichen Fortschritt. In den siebziger Jahren kam es zu einer plötzlichen Expansion des Kapitalimports, die von beispiellosen Ungleichgewichten im internationalen Zahlungsbilanzgefüge begleitet wurde. Das für die Ausweitung der Investitionen zur Verfügung stehende Auslandskapital wurde deshalb durch den unmittelbaren Finanzbedarf für die Bezahlung des teurer gewordenen Öls begrenzt.

Ungeachtet der wirtschaftlichen Erschütterungen in den letzten zwölf Jahren haben einige Länder der Dritten Welt ausreichende Fortschritte erzielt, um unter ,,normalen" Bedingungen verstärkt Mittel an den internationalen Finanzmärkten aufnehmen zu können. Länder, denen es gelungen war, zu Anfang der achtziger Jahre eine Schuldenkrise zu vermeiden, erfüllten weitgehend die wichtigsten Vorbedingungen für eine kommerzielle Kreditaufnahme. Sie durchliefen vor dem Gang zu den Kreditmärkten eine ausgedehnte Wachstumsphase, hatten ihren Außenhandelssektor erweitert und ihre Exporte diversifiziert. Obgleich sie sich in den siebziger Jahren beträchtlich verschuldet hatten, konnten sie dem beispiellosen Anstieg der Realzinssätze, der Weltrezession und den starken Wechselkursschwankungen zu Anfang der achtziger Jahre relativ erfolgreich standhalten. Im Zentrum der historischen Erfahrungen sowie des Ausblicks auf die Zukunft steht deshalb die Wirtschaftspolitik sowohl der Industrie- als auch der Entwicklungsländer. Die Rolle der Wirtschaftspolitik wird in den zwei folgenden Kapiteln behandelt.

Teil II Die Bedeutung der Wirtschaftspolitik

3 Die Wirtschafts- und Handelspolitik der Industrieländer: Die Sicht der Entwicklungsländer

Der internationale Handel und der internationale Kapitalverkehr bilden die wichtigsten ökonomischen Bindeglieder zwischen Industrie- und Entwicklungsländern. Die Wirtschaftspolitik der Industrieländer — ihre Finanz-, Geld- und Außenhandelspolitik — bestimmt weitgehend das weltwirtschaftliche Umfeld der Entwicklungsländer. Diese Zusammenhänge sind zumeist bekannt. Das Tempo der wirtschaftlichen Expansion in den Industrieländern beeinflußt ebenso den Export der Entwicklungsländer wie das Ausmaß des Protektionismus; die Zinssätze und Wechselkurse in den Industrieländern bestimmen die Kosten der Verschuldung für viele Entwicklungsländer — diese Aufzählung ließe sich weiter fortsetzen.

Weniger bekannt ist das Ausmaß, in dem die Industrieländer vom Geschehen in der Dritten Welt beeinflußt werden. Etwa 30 Prozent ihrer gesamten Exporte gingen 1983 in die Entwicklungsländer. Der Rückgang der Exporte der Vereinigten Staaten in die fünf großen lateinamerikanischen Schuldnerländer um 48 Prozent im Zeitraum 1981 bis 1983 trug maßgeblich zur damaligen Verschlechterung der amerikanischen Handelsbilanz bei. In den letzten Jahren, als die Schuldnerländer der Dritten Welt mit der Bedienung ihrer Schulden in Schwierigkeiten gerieten, sind auch die Risiken für das Bankensystem der Industrieländer deutlich sichtbar geworden. Wie vielen Klischees, so liegen auch dem Schlagwort von der „weltwirtschaftlichen Interdependenz" handfeste Fakten zugrunde.

Die jüngsten wirtschaftlichen Tendenzen haben dies erneut bestätigt. Die kräftige Erholung in den Vereinigten Staaten war die Hauptursache für die Expansion des Welthandels. Das Welthandelsvolumen war 1982, parallel zur Abschwächung der amerikanischen Wirtschaft, um 2,5 Prozent zurückgegangen, erholte sich aber kräftig und erreichte 1984 eine Zuwachsrate von schätzungsweise 8,5 Prozent. Die Entwicklungsländer profitierten hiervon: Ihre Exporte stiegen 1984 um schätzungsweise 9 Prozent, nach nur 1,7 Prozent im Jahr 1982. Zwar erhöhten die meisten großen Schuldnerländer ihr Exportangebot, indem sie die Inlandsnachfrage drosselten und ihr Außenhandelssystem reformierten, doch spielte auch die Expansion der Auslandsnachfrage eine wichtige Rolle. Dies zeigt sich daran, daß die Exportpreise der Entwicklungsländer stärker stiegen als die Außenhandelspreise insgesamt.

Die wirtschaftliche Erholung in den Industrieländern verlief jedoch in mancher Hinsicht atypisch, was dazu führte, daß sich ihr Nutzen für die übrige Welt in Grenzen hielt. Beunruhigend an ihr sind das außergewöhnlich hohe Niveau der Realzinssätze, vor allem in den Vereinigten Staaten, und die starke Aufwertung des US-Dollars. Hohe Realzinssätze steigern die Schuldendienstlast der Schuldnerländer. Der hohe reale Wechselkurs des Dollars hat dazu beigetragen, daß die Rohstoffpreise relativ zu den Preisen von Importgütern aus den Vereinigten Staaten unter Druck gerieten, wodurch Netto-Exporteure von Rohstoffen, die wie Brasilien in erheblichem Umfang aus den Vereinigten Staaten importieren, vom Konjunkturaufschwung in den Industrieländern weniger profitierten, als üblicherweise in diesem Stadium des Konjunkturzyklus (vgl. Sonderbeitrag 3.1). Gleichwohl dürfte der Wechselkurs des Dollars die hohen US-Handelsbilanzdefizite mitverursacht haben, die in verschiedenen Entwicklungsländern zu einem raschen Wachstum des Exportvolumens führten.

Dieses Kapitel beschreibt zunächst in großen Zügen die gesamtwirtschaftliche Entwicklung der Industrieländer in den vergangenen fünfzehn Jahren, um die strukturellen Wandlungen des Kapitalverkehrs zwischen Industrie- und Entwicklungsländern zu beleuchten. Anschließend werden wirtschaftspolitische Fragen untersucht; das besondere Augenmerk gilt dabei dem Einfluß der Wirtschaftspolitik auf das internationale Zinsniveau, die Wechselkurse und das Angebot von Finanzmitteln für die Entwicklungsländer sowie den Auswirkungen des Protektionismus auf den Außenhandel und die Fähigkeit der wichtigen Schuldnerländer, ihren Schuldendienst zu leisten.

Sonderbeitrag 3.1 Rohstoffpreise, Konjunkturzyklen und der reale Wechselkurs des Dollars

Die Rohstoffpreise wurden immer stark durch die Konjunktur in den Industrieländern beeinflußt. Ökonometrische Berechnungen kommen zu dem Ergebnis, daß ein Anstieg der Arbeitslosenquote in den OECD-Ländern um einen Prozentpunkt mit einem Rückgang der realen Rohstoffpreise um 15 Prozent einhergeht. Dieser Zusammenhang scheint sich jedoch im gegenwärtigen Konjunkturaufschwung verändert zu haben. Real gerechnet — was hier bedeutet, daß die jeweiligen Preise mit dem Preisindex des BIP der Vereinigten Staaten deflationiert wurden — fielen die Rohstoffpreise von 1979 bis 1982 um 44 Prozent, ungeachtet der wirtschaftlichen Erholung sind sie aber seit Mitte 1984, nach einem Anstieg im Jahr 1983, ständig weiter zurückgegangen.

Zum Teil ist die Erklärung für den scharfen Fall im Zeitraum 1980 bis 1982 und für den atypischen Rückgang seit Mitte 1984 in der starken realen Aufwertung des Dollars seit 1980 zu suchen. Ein Anstieg des realen Außenwerts des Dollars gegenüber anderen Industrieländern verteuert die amerikanischen Produkte, gemessen an den Gütern dieser anderen Länder. Bei gegebenen Rohstoffpreisen wird die Nachfrage nach Rohstoffen in den Vereinigten Staaten steigen, da ihre Preise relativ zu denen amerikanischer Güter gefallen sind. Dies wird einen Teil der Rohstoffexporte von den anderen Industrieländern in die Vereinigten Staaten umlenken und auch ein gewisses zusätzliches Angebot hervorbringen. Per saldo werden die Rohstoffpreise — in amerikanischen Gütern gemessen — fallen, während sie — gemessen in Gütern anderer Industrieländer — steigen. Wenn die Vereinigten Staaten am gesamten Welthandel stärker partizipieren als an den Rohstoffimporten der OECD-Länder, werden nach einer Aufwertung des Dollars die Rohstoffpreise — gemessen an den gesamten Außenhandelsgütern — zurückgehen. Empirische Untersuchungen zeigen, daß eine reale Aufwertung des Dollars um 10 Prozent die realen Rohstoffpreise — gemessen in amerikanischen Gütern — um 6 Prozent drückt.

Dieser Zusammenhang hat für Länder wie Brasilien offensichtliche Konsequenzen: Brasilien ist ein Nettoexporteur von Rohstoffen, aber ein großer Teil seiner Importe stammt aus den Vereinigten Staaten. Für Länder wie Brasilien lief in den Jahren 1981/82 vieles gleichzeitig falsch. Die Zinsen stiegen, während die Rezession die Rohstoffpreise drückte; die Dollaraufwertung führte zu einem zusätzlichen Druck auf die Rohstoffpreise und verteuerte die Importe. Nettoimporteure von Grundstoffen wie Korea profitierten zumindest von den billigeren Einfuhren. Das Schaubild 3.1A zeigt dies für Korea und Brasilien anhand der an den Exportpreisen gemessenen Realzinsen — d. h. des Libor-Satzes abzüglich der Steigerungsrate der Exportpreise in Dollar.

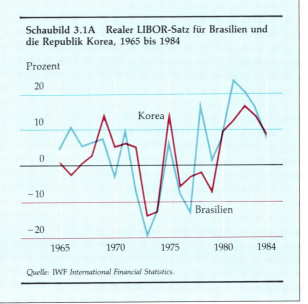

Schaubild 3.1A Realer LIBOR-Satz für Brasilien und die Republik Korea, 1965 bis 1984

Quelle: IWF *International Financial Statistics.*

Gesamtwirtschaftliche Hemmnisse und Wirkungen auf den Kapitalverkehr

Die Strukturbrüche der Jahre 1969 bis 1973 hatten gravierende Ungleichgewichte im internationalen Leistungsbilanzgefüge zur Folge. Höhere Ölpreise führten zu einem Einkommenstransfer von Ländern mit mäßiger oder niedriger gesamtwirtschaftlicher Ersparnis (Industrie- und Entwicklungsländern) zu den ölexportierenden Ländern mit (damals) hoher Ersparnis. Daraus ergab sich ein weltweites Überangebot an Sparkapital, das die Weltproduktion und das internationale Zinsniveau unter Druck setzte. Real betrachtet stellten sich für mehrere Jahre negative Zinssätze ein, offenkundig eine Situation, die zur Fehlleitung von Ressourcen führte und nicht aufrechterhalten werden konnte.

Obgleich im Nachhinein die Entwicklung der Leistungsbilanzen zur Mitte der siebziger Jahre unschwer zu erklären ist, trat sie damals unerwartet ein. Die erste Überraschung war, daß das „Recycling" der OPEC-Überschüsse so leicht vor sich ging, wozu vor allem das Wachstum des Eurodollar-Marktes beitrug (vgl. Kapitel 6); die zweite Überraschung war die sich herausbildende Struktur der Leistungsbilanzdefizite.

Man erwartete, daß die Industrieländer — als größte Ölimporteure — Defizite aufweisen würden, welche die OPEC-Überschüsse ausglichen, während die Entwicklungsländer beim Recycling nur eine Nebenrolle spielen sollten. Die meisten Beobachter waren der Ansicht, daß ein finanzieller Apparat, wie er für die Rückschleusung der Überschüsse zu den Entwicklungsländern benötigt wür-

TABELLE 3.1

Leistungsbilanzsalden der Industrie- und der Entwicklungsländer, 1970 bis 1984
(Mrd Dollar)

Ländergruppe	1970—72[a]	1973	1974	1975—78[a]	1979	1980	1981	1982	1983	1984
Industrieländer	7,0	10,3	—14,6	12,1	—5,6	—38,8	3,1	1,2	2,2	—34,2
Vereinigte Staaten	0,4	9,1	7,6	1,2	2,6	6,6	10,7	—3,8	—35,5	—93,4
Sechs übrige große Industrieländer	9,3	0,6	—10,4	19,0	4,6	—18,7	8,8	17,7	39,0	53,2
Ölexporteure im Nahen Osten	2,0	6,5	55,9	33,8	61,9	99,6	56,3	3,3	—11,1	—6,0
Entwicklungsländer	—12,8	—9,1	—21,0	—39,5	—51,7	—68,0	—105,1	—99,2	—56,7	—35,6

Anmerkung: Wegen Ermittlungsfehlern und unvollständiger Erfassung weicht die Summe der Einzelsalden von Null ab.
a. Jahresdurchschnitt.
b. Auf Basis einer Auswahl von neunzig Entwicklungsländern.
Quelle: IWF und Weltbank.

de, einfach nicht existiere. Die Tabelle 3.1. zeigt, wie sich die Dinge tatsächlich entwickelten. Die sieben größten Industrieländer kehrten alsbald wieder zu der vor 1973 bestehenden Leistungsbilanzsituation zurück. Im Jahr 1974 wiesen sie ein Defizit in Höhe von 2,8 Mrd Dollar auf, danach erzielten sie im Zeitraum 1975 bis 1978 wieder einen Überschuß von durchschnittlich 20 Mrd Dollar pro Jahr, verglichen mit 9,7 Mrd Dollar im Jahr 1973. Zwar wiesen einige kleinere Industrieländer Defizite auf, insgesamt erreichte die Ländergruppe aber in den Jahren 1975 bis 1978 Überschüsse von durchschnittlich 12 Mrd Dollar pro Jahr. Demgegenüber gerieten die ölimportierenden Entwicklungsländer 1974 und 1975 in eine beträchtliche Defizitposition. Verglichen mit dem Stand von 1973 blieben ihre Leistungsbilanzdefizite in den Jahren 1976 bis 1978 hoch, auch wenn sie relativ zum BSP dieser Ländergruppe geringfügig zurückgingen.

Die OPEC-Überschüsse wurden daher weitgehend in die Dritte Welt und nicht in die Industrieländer zurückgeschleust. Dies wurde durch eine wichtige strukturelle Veränderung des Kapitalverkehrs zwischen Industrie- und Entwicklungsländer möglich, in dem die Geschäftsbanken nun eine wesentlich größere Bedeutung erlangten als zuvor. Zwar nahmen die öffentlichen Kredite und unentgeltlichen Leistungen der Industrieländer in den Jahren 1974/75 beträchtlich zu, doch stellte das Wachstum der Bankkredite an Entwicklungsländer die bedeutendste Veränderung dar. Die internationalen Kapitalmärkte wurden damit zu einem wichtigen Transmissionsmechanismus, der die Effekte wirtschaftspolitischer Maßnahmen in den Industrieländern auf die Entwicklungsländer übertrug.

Die Industrieländer reduzierten in den siebziger Jahren ihre Spar- und Investitionsquoten. Wie Kapitel 4 zeigt, erhöhten sich jedoch die Sparquoten in den meisten Entwicklungsländern — die afrikanischen Länder südlich der Sahara bilden hierbei die Ausnahme. Ein großer Teil der von den Entwicklungsländern zusätzlich erhaltenen Mittel wurde somit zur Ausweitung der Investitionen verwendet. Dies ermöglichte es ihnen, die Wachstumsraten ihres BIP aufrechtzuerhalten oder sogar zu steigern. Ohne diese expansive Wirtschaftspolitik in den Ländern der Dritten Welt und die daraus resultierende Zunahme ihrer Importnachfrage wäre die Rezession in den Industrieländern noch gravierender ausgefallen. Durch ihre stark gestiegenen Schulden und den höheren Anteil variabel verzinslicher Mittel waren diese Länder aber in eine stärkere Abhängigkeit von den finanz- und geldpolitischen Maßnahmen der industrialisierten Welt geraten. Die Bedeutung dieser Abhängigkeit trat Anfang der achtziger Jahre klar zu Tage.

Anfang 1980 standen die Industrieländer in einer sich vertiefenden Rezession. In vielen Ländern waren die Haushaltsdefizite bereits so umfangreich, daß eine finanzpolitische Nachfragestimulierung als Ausweg aus der Rezession für undurchführbar gehalten wurde. Zur gleichen Zeit entschlossen sich die Regierungen der Industrieländer zu einer restriktiven Geldpolitik, um die Inflation zu bekämpfen. Die geldpolitische Kehrtwende war in den Vereinigten Staaten am ausgeprägtesten. 1979 ging der Federal Reserve Board von der Steuerung der Zinsen zur Steuerung der Geldmengenaggregate über. Die veränderte Steuerungstechnik, die mit einer stärkeren geldpolitischen Restriktion einherging, führte sowohl zu höheren als auch zu unstetigeren Zinssätzen; dies hatte erhebliche Konsequenzen für Länder, die einen beträchtlichen Teil ihrer Schulden zu variablen Zinsen aufgenommen hatten oder die einen Refinanzierungsbedarf aufwiesen. Durch die zunehmende Verbreitung der

Sonderbeitrag 3.2 Zinsschwankungen, Risikoverlagerung und variabel verzinsliche Schulden

Den Schuldnerländern der Dritten Welt könnte es scheinen, als ob bei einem Wechsel von festverzinslichen Krediten zu variabel verzinslichen alle Risiken auf sie übergingen. Dies ist nicht notwendigerweise der Fall. Eine solche Umschichtung beeinflußt den realen Zinssatz überhaupt nicht, wenn die Bewegungen der Realzinsen mit Schwankungen der Inflationsraten zusammenhängen. Falls sich jedoch die Realzinsen aufgrund von Schwankungen der Nominalzinsen verändern, trägt bei festen Zinssätzen der Gläubiger alle Risiken, während sie bei variablen Sätzen der Schuldner trägt.

Weder fest noch variabel verzinsliche Kredite gewähren einen vollkommenen Schutz vor Schwankungen der Realzinsen. Diese Absicherung kann durch Kredite erreicht werden, deren Verzinsung an die Inflationsrate gebunden ist. Solche Kreditinstrumente gibt es auf den internationalen Kapitalmärkten oder den heimischen Kapitalmärkten der meisten größeren Industrieländer praktisch nicht (eine Ausnahme bildet Großbritannien, wo ein Teil der Staatsverschuldung indexiert ist). Aber sogar bei Indexierung kann der Schuldner dem Zinsrisiko ausgesetzt sein, wenn der Kredit kurzfristig ist und häufig zu eventuell höheren Zinsen refinanziert werden muß.

Bei der Einschätzung ihrer Finanzierungsmöglichkeiten müssen Schuldner auch einen naheliegenden, gleichwohl manchmal übersehenen Gesichtspunkt beachten: Der Kredit wird teurer, wenn der Kreditgeber das Zinsrisiko teilweise oder ganz übernimmt. Die Lage ist ähnlich wie etwa bei einer Haus- oder Autoversicherung: Um das Risiko vollständig abzudecken, muß eine Prämie gezahlt werden.

Außerdem sollte sich ein Land nicht nur über die Schwankungen der Zinszahlungen auf seine Auslandsschulden Gedanken machen, sondern auch über die Fluktuationen des Volkseinkommens, von dem die Zinszahlungen nur ein (negativer) Teilbetrag sind. Manchmal kompensieren sich diese Effekte gegenseitig. Als Beispiel kann ein Rohstoffexporteur mit hohen Auslandsschulden dienen.

Wenn die weltwirtschaftliche Instabilität vor allem durch Schwankungen der Gesamtnachfrage ausgelöst wird, dann werden die Zinsen zusammen mit den Rohstoffpreisen steigen und fallen. Unter diesen Umständen könnte eine Verschuldung zu variablen Realzinssätzen für einen Rohstoffexporteur attraktiv sein: Wenn die Devisenerlöse im Export wegen der niedrigen Rohstoffpreise sinken, dann werden wahrscheinlich auch die Realzinssätze niedrig sein; dies verringert die Schuldendienstbelastung des Landes und trägt dazu bei, das Volkseinkommen gegenüber Schwankungen der Exporterlöse abzuschirmen.

Dieses Beispiel zeigt, daß die Verminderung der Schwankungen einer Komponente des Volkseinkommens (in diesem Fall der realen Zinszahlungen auf die Auslandsschulden) tatsächlich die Fluktuationen des Volkseinkommens selbst verstärken kann, wenn die auf die einzelnen Komponenten einwirkenden Faktoren miteinander korreliert sind. Ob indexierte Kredite für ein Schuldnerland vorteilhaft sind, hängt daher von den Ursachen der weltwirtschaftlichen Störungen und der Außenhandelsstruktur des Landes ab.

---

variabel verzinslichen Kredite wurde das Zinsrisiko voll auf die Schuldnerländer verlagert (vgl. Sonderbeitrag 3.2).

Der zweite große Ölpreisschock in den Jahren 1979/80 konnte den Anstieg der Realzinsen nicht bremsen: die OPEC-Überschüsse waren nur von kurzer Dauer und die Geldpolitik in den großen Industrieländern war wesentlich restriktiver. Die Entwicklungsländer hatten somit gerade dann höhere Zinsen für ihre Auslandsschulden aufzubringen, als die Nachfrage auf ihren Hauptexportmärkten zurückging.

Wirtschaftspolitik, Zinsen und Wechselkurse

Bis zum Sommer 1982 führte die Wirtschaftspolitik in den Industrieländern zu vorhersehbaren Ergebnissen. Ein zeitweise hohes Realzinsniveau war eine unvermeidliche Begleiterscheinung der geldpolitischen Inflationsbekämpfung. Am ausgeprägtesten war die restriktive Geldpolitik in den Vereinigten Staaten. Dies trug sowohl zur Aufwertung des Dollars bei als auch zu dem Umstand, daß der Konjunktureinbruch in den Vereinigten Staaten stärker ausfiel als in den anderen größeren Industrieländern, obwohl die Finanzpolitik in den meisten europäischen Staaten und in Japan restriktiver war. Außerdem legte die expansive Finanzpolitik, die 1981 in den Vereinigten Staaten Gestalt

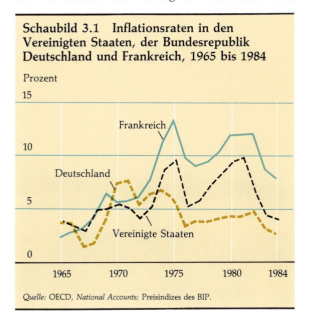

Schaubild 3.1 Inflationsraten in den Vereinigten Staaten, der Bundesrepublik Deutschland und Frankreich, 1965 bis 1984

Quelle: OECD, *National Accounts*; Preisindizes des BIP.

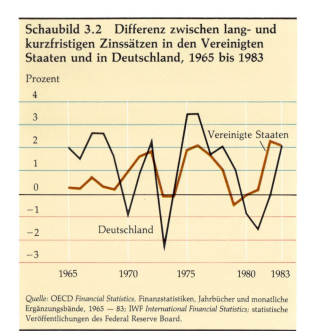

Schaubild 3.2 Differenz zwischen lang- und kurzfristigen Zinssätzen in den Vereinigten Staaten und in Deutschland, 1965 bis 1983

Quelle: OECD *Financial Statistics*, Finanzstatistiken, Jahrbücher und monatliche Ergänzungsbände, 1965 — 83; IWF *International Financial Statistics*; statistische Veröffentlichungen des Federal Reserve Board.

annahm, eindeutig die Grundlagen für die konjunkturelle Erholung, da sie sowohl die persönlichen verfügbaren Einkommen als auch die Netto-Rendite auf Unternehmensinvestitionen verbesserte.

Seit Mitte 1982 nahm die Entwicklung in den Industrieländern einen weniger voraussehbaren Verlauf. In den Vereinigten Staaten hatten veränderte Bankengesetze starke erratische Schwankungen der Geldnachfrage zur Folge, die von der amerikanischen Notenbank akkomodiert wurden. Zur gleichen Zeit begann sich die vorausgegangene Restriktionspolitik auszuzahlen: Im Laufe des Jahres 1982 ging die Inflationsrate zurück und verharrte seitdem bei etwa 4 bis 5 Prozent (vgl. Schaubild 3.1). Die Nominalzinsen sanken jedoch nicht im Einklang mit der Inflationsrate; real gerechnet (d. h. nach Abzug der tatsächlichen Inflationsrate) stiegen sie daher weiter an (vgl. Schaubild 1.4). Außerdem erhöhten sich die langfristigen Zinssätze stärker als die Zinsen am kurzen Ende des Marktes (vgl. Schaubild 3.2). Dieser steilere Anstieg der Zinsstruktur ist für die Entwicklungsländer von erheblicher Relevanz: Da die langfristigen Zinsen die Erwartungen über die künftige Entwicklung der kurzfristigen Zinsen widerspiegeln, bedeuten hohe langfristige Zinssätze, daß die Schuldnerländer mit anhaltend hohen Schuldendienstverpflichtungen rechnen müssen.

Zumindest vier Bestimmungsfaktoren sind zur Erklärung der höheren Realzinsen in den Vereinigten Staaten herangezogen worden.

• *Restriktive Geldpolitik.* Die Politik des knappen Geldes hilft, die Entwicklung bis einschließlich 1982 zu erklären. Wie bei einer solchen Politik zu erwarten ist, gingen die Inflationsrate und die Produktion zurück, fielen die Aktienkurse und stiegen die Realzinsen. Die Geldpolitik war in den Vereinigten Staaten restriktiver als im Ausland, so daß sie zur realen Aufwertung des Dollars beitrug. Solche Effekte sind jedoch vorübergehender Natur und sollten daher die kurzfristigen Zinssätze zunächst nach oben treiben, bevor sie wieder an Wirkung verlieren. Dementsprechend sollten bei einer Geldverknappung die kurzfristigen Sätze stärker steigen als die langfristigen. Tatsächlich aber stiegen die kurzfristigen Sätze weniger als die langfristigen. Deshalb müssen auch andere Faktoren zur Erklärung der anhaltend hohen Realzinssätze nach 1982 herangezogen werden.

• *Hohe Inflationserwartungen.* Wenn erwartet wird, daß die künftige Inflationsrate sehr viel höher ausfällt als die gegenwärtige, sind die langfristigen Zinssätze zwar nominal gesehen hoch, nicht jedoch real betrachtet. Ein solches Argument läßt sich nicht mit dem hohen realen Wechselkurs des Dollars vereinbaren; eine hohe erwartete Inflationsrate sollte — unter sonst gleichen Bedingungen — zu einer Abwertung des Dollar führen, nicht aber zu der tatsächlich eingetretenen Aufwertung. Daher können die Erwartungen allein den Anstieg des amerikanischen Zinsniveaus nicht erklären.

• *Ein steuerlich induzierter Investitionsboom.* Im Jahr 1981 traten in den Vereinigten Staaten veränderte Steuergesetze in Kraft, die die Investitionen begünstigten. Diese Reform hatte zur Folge: a) eine kräftige Erholung der amerikanischen Aktienmärk-

Schaubild 3.3 Körperschaftssteuer in Prozent der Unternehmensgewinne in den Vereinigten Staaten, 1950 bis 1989

Quelle: Congressional Budget Office 1984.

Sonderbeitrag 3.3 Die Berechnung des Staatsdefizits

Die Berechnung des Staatsdefizits wirft sowohl statistische Abgrenzungsprobleme als auch Fragen der ökonomischen Analyse auf.

• *Statistische Fragen.* Die meisten Staaten weisen verschiedene Ebenen staatlicher Aktivität auf — die nationale, die einzelstaatliche und die kommunale. Die relative Bedeutung der nationalen Regierungsebene ist von Land zu Land, entsprechend dem jeweiligen Umfang ihrer Funktionen, verschieden. In die Berechnung des Defizits der öffentlichen Hand sollten die Haushalte aller Ebenen einbezogen werden, da das Gesamtdefizit finanziert werden muß.

Abgrenzungsprobleme treten auch bei der Berücksichtigung der Inflation auf. Wenn zum Beispiel die Preise um jährlich 10 Prozent steigen, wird eine Schuld in Höhe von 100 Dollar nach einem Jahr nur noch einen realen Wert von 90 Dollar haben. Die Inflation wirkt wie eine versteckte Kapitalabgabe auf die ausstehende Schuld. In Kenntnis dieser Tatsache verlangen die Kreditgeber einen Ausgleich in Form höherer Zinsen. Ein Teil der staatlichen Zinslast stellt daher eigentlich eine Rückzahlung von Schulden dar und nicht realen Aufwand für die Staatsschuld. Die übliche Berechnung des Staatsdefizits erfaßt jedoch die gesamten Zinszahlungen für die Staatsschulden bei den laufenden Staatsausgaben. Sie überschätzt daher die realen Kosten der Bedienung der Staatsschulden. Im inflationsbereinigten Defizit (von dem in diesem Kapitel die Rede ist) werden nur die realen Zinskosten der Staatsschuld als Teil der laufenden Ausgaben der öffentlichen Hand berücksichtigt.

Das Schaubild 3.3A zeigt beide Konzepte im Falle Großbritanniens. Die Differenz zwischen dem unkorrigierten Defizit und dem inflationsbereinigten Saldo verringert sich in den achtziger Jahren beträchtlich — ein Reflex der sinkenden Inflationsrate. Es erscheint bemerkenswert, daß Großbritannien während der siebziger Jahre und der frühen achtziger Jahre tatsächlich zumeist Haushaltsüberschüsse aufwies.

• *Analytische Fragen.* Jede Analyse der ökonomischen Wirkungen von Haushaltsdefiziten muß zunächst die Ursachen ihrer Entstehung herausfinden. So wirkt sich eine Kürzung der Arbeitgeberbeiträge zur Sozialversicherung (durch die im Prinzip die Lohnsumme besteuert wird) anders auf die Gesamtwirtschaft aus als eine Steigerung der Verteidigungsausgaben, auch wenn beide den gleichen Anstieg des Defizits nach sich ziehen. Mit einem einzigen Maßstab lassen sich nicht alle relevanten Merkmale der komplexen Ausgaben- und Einnahmestrukturen erfassen, aus denen sich die Finanzpolitik zusammensetzt.

Ein zweites Problem betrifft die Konjunkturbereinigung des Defizits. Der Staatshaushalt wird von der konjunkturellen Lage der Wirtschaft beeinflußt, und zwar führt steigende

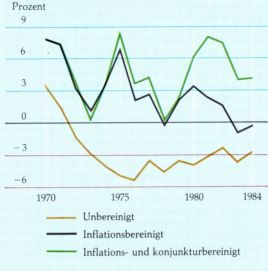

Schaubild 3.3A Finanzierungssaldo der öffentlichen Hand in Großbritannien in Prozent des Volkseinkommens, 1970 bis 1984

— Unbereinigt
— Inflationsbereinigt
— Inflations- und konjunkturbereinigt

Quelle: OECD, *National Accounts*; nationale Quellen.

Arbeitslosigkeit zu einem wachsenden Defizit, weil die Steuereinnahmen zurückgehen, während die Ausgaben für die Arbeitslosenunterstützung zunehmen. Um die Grundrichtung der Finanzpolitik festzustellen, werden bei haushaltspolitischen Analysen solche konjunkturellen Einflüsse häufig ausgeschaltet. Das Schaubild zeigt, daß sich in Großbritannien die Lücke zwischen dem inflations- aber nicht konjunkturbereinigten Defizit und dem zusätzlich konjunkturbereinigten Defizit im Zuge steigender Arbeitslosigkeit nach 1979/80 dramatisch vergrößert hat.

Das Konzept eines konjunkturbereinigten Defizits versucht, den Teil des Defizits zu eliminieren, der durch andere Faktoren als durch Änderungen der Finanzpolitik entstanden ist. Jedoch müssen auch die durch andere Faktoren entstandenen Defizite finanziert werden, und zwar durch eine ausgleichende Bewegung entweder der privaten oder ausländischen Ersparnis oder der Investitionen. Geht es daher um die Auswirkungen eines veränderten Staatsdefizits auf das Gleichgewicht zwischen Ersparnis und Investition und somit auf das Zinsniveau, aber nicht um den Kurs der Finanzpolitik selbst, so ist das Konzept des konjunkturbereinigten Defizits weniger nützlich.

---

te in den Jahren 1983/84 und b) einen starken Anstieg der Investitionen, der trotz hoher Realzinsen ausgeprägter war als sonst im frühen Stadium eines Konjunkturzyklus. Wie Schaubild 3.3 zeigt, ist in der Tat die durchschnittliche Steuerbelastung der Unternehmensgewinne beträchtlich gesunken. Der Rückgang der effektiven Gewinnbelastung um 7 Prozent kann jedoch, auf Basis aktueller Schätzungen über die Grenzproduktivität des Kapitals, nur einen Anstieg des langfristigen Zinssatzes um weniger als einen Prozentpunkt erklären. Darüber hinaus wäre zu erwarten, daß sich die niedrigere Steuerbelastung im Zeitablauf immer weniger auf die Kapitalverzinsung auswirkt, weil zusätzliche Investitionen — als Folge der gestiegenen Nettogewinne — die Rentabilität des Kapitaleinsatzes wie-

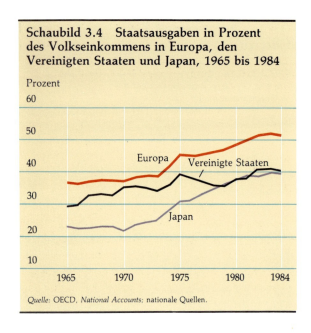

Schaubild 3.4 Staatsausgaben in Prozent des Volkseinkommens in Europa, den Vereinigten Staaten und Japan, 1965 bis 1984

Quelle: OECD, *National Accounts*; nationale Quellen.

der sinken lassen. Dies müßte sich in einer Abflachung der Zinsstruktur niederschlagen — das heißt, die langfristigen Zinssätze würden weniger steigen als die kurzfristigen; dazu kam es aber nicht. Zudem war — gemessen an früheren Jahren — die Investitionsquote nicht besonders hoch: 1983 betrug sie 14,7 Prozent des BSP der Vereinigten Staaten, verglichen mit 15,5 Prozent im Durchschnitt der Jahre 1970 bis 1979. Deshalb scheinen auch die Steueränderungen nur zu einem Teil zum Anstieg der Realzinsen beigetragen zu haben.

• *Haushaltsdefizite.* Der Meinungsstreit über die Rolle der öffentlichen Defizite beginnt bereits mit ihrer Definition (diskutiert im Sonderbeitrag 3.3).

Unstrittig ist jedoch, daß es starke Kräfte gibt, die auf ein Anwachsen der Defizite hinwirken; in allen Industrieländern sind die öffentlichen Ausgaben ständig gestiegen (vgl. Schaubild 3.4), während sich die Steuern und Sozialabgaben sehr viel weniger erhöht haben. In den Vereinigten Staaten gingen die staatlichen Nettoeinnahmen (d.h. die gesamten Staatseinnahmen abzüglich der Ausgaben für die Sozialversicherung) tatsächlich von 23,7 Prozent des Volkseinkommens im Jahre 1965 auf 23 Prozent in 1984 zurück. Die staatlichen Ausgaben für Güter und Dienste (einschließlich der Zinszahlungen aber ohne Ausgaben für die Sozialversicherung) stiegen dagegen von 23,3 Prozent des Volkseinkommens im Jahr 1965 und 23,9 Prozent im Jahr 1979 auf 27,4 Prozent im Jahr 1984.

Die Haushaltsdefizite haben in allen größeren Industriestaaten zugenommen (vgl. Tabelle 3.2, die einen Überblick über die inflationsbereinigten Defizite des Gesamtstaates gibt). Nur Deutschland und Japan gelang es, im Zeitraum 1979 bis 1984 ihr inflationsbereinigtes Defizit abzubauen. Der größte Umschwung trat in den Vereinigten Staaten ein, nämlich von einem inflationsbereinigten Überschuß in Höhe von 3,6 Prozent des Volkseinkommens im Jahr 1979 auf ein Defizit von 2,7 Prozent in 1984. Mit weiterhin hohen Defiziten ist zu rechnen, wenn die gegenwärtige Wirtschaftspolitik fortgeführt wird.

Bei der Beurteilung der Frage, ob die Ausweitung der Haushaltsdefizite zum Anstieg der realen Zinssätze beigetragen hat, kann die Analyse nicht damit enden, daß gezeigt wird, wie hoch die staatlichen Defizite in Prozent des Volkseinkommens sind. Da die Weltersparnis den Weltinvestitionen entspricht,

TABELLE 3.2

Öffentlicher Haushaltssaldo, inflationsbereinigt, in Prozent des Volkseinkommens in ausgewählten Ländern, 1965 bis 1984

| | | | | | | | Neun große Industrieländer | |
Jahr	Großbritannien	Deutschland	Italien	Frankreich	Japan	Vereinigte Staaten	einschließlich Vereinigte Staaten	ohne Vereinigte Staaten
1965—73	3,8	1,0	−3,6	1,8	1,8	1,6	1,5	1,4
1974—78	2,7	−2,4	0,3	0,5	2,4	1,0	0,1	−0,6
1979	2,1	−1,9	−0,7	0,8	−4,4	3,6	0,7	−1,3
1980	3,4	−2,1	4,5	2,2	−3,6	2,0	0,7	−0,2
1981	2,2	−2,5	2,0	0,5	−3,3	2,4	0,6	−0,8
1982	1,5	−1,9	−0,3	−0,4	−2,8	−2,0	−1,6	−1,3
1983	−1,1	−1,7	−0,4	−1,5	−3,4	−3,0	−2,7	−2,4
1984	−0,3	−0,4	−4,7	−1,9	−1,7	−2,7	−2,3	−1,9

Anmerkung: Negatives Vorzeichen bedeutet Defizit.
Quelle: OECD, *National Accounts*; nationale Quellen.

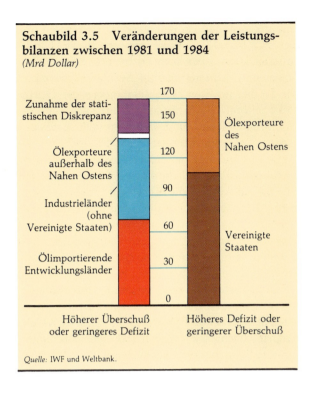

Schaubild 3.5 Veränderungen der Leistungsbilanzen zwischen 1981 und 1984
(Mrd Dollar)

Quelle: IWF und Weltbank.

kann ein steigendes Staatsdefizit auf zwei Wegen ausgeglichen werden: entweder durch sinkende Investitionen oder durch eine steigende Ersparnis im In- und Ausland. Eine verbreitete Theorie behauptet, daß eine Senkung der Steuereinnahmen vollumfänglich durch eine Zunahme der privaten Ersparnis ausgeglichen wird, so daß sich eine Anpassung der Investitionen, der Leistungsbilanz oder des internationalen Zinsniveaus erübrigt. Diese Hypothese wird von der Erfahrung nicht gestützt. Die private Ersparnis ist in den Vereinigten Staaten seit Mitte der sechziger Jahre ständig zurückgegangen, und nahm erstmals nach 1982 wieder zu, als die Wirtschaft die Rezession durchschritten hatte. Das Haushaltsdefizit in Höhe von 2,7 Prozent des Volkseinkommens entspricht mehr als der Hälfte der privaten Nettosparquote (von Unternehmen und Haushalten), und zwar inflationsbereinigt betrachtet (vgl. Sonderbeitrag 3.3). Auch wurde der Umschwung des inflationsbereinigten Haushaltsdefizits — um 6,3 Prozentpunkte des Volkseinkommens zwischen 1979 und 1984 — durch den Anstieg der privaten Sparquote um zwei Prozentpunkte seit 1979 bei weitem nicht ausgeglichen. Außerdem haben die Steueränderungen des Jahres 1981 den negativen Einfluß der hohen Realzinsen auf die Kapitalkosten kompensiert, so daß die Investitionen seit 1979 kaum zurückgegangen sind. Das Ergebnis ist, daß die Vereinigten Staaten in beträchtlichem Umfang Ersparnisse aus anderen Teilen der Welt an sich ziehen. Das Leistungsbilanzdefizit der USA war 1984 mehr als zweimal so groß wie das aller Entwicklungsländer zusammengenommen.

Von einer solchen Entwicklung ist zu erwarten, daß das internationale Zinsniveau in die Höhe getrieben wird, damit sich wieder ein Gleichgewicht zwischen der weltweiten Ersparnis und den Investitionen einstellt. Höhere Zinsen lockten ausländische Ersparnisse in die Vereinigten Staaten. Der stark verschlechterten außenwirtschaftlichen Position der Vereinigten Staaten und — in geringerem Ausmaß — der Ölexporteure des Nahen Ostens standen dramatisch verbesserte Leistungsbilanzen der ölimportierenden Entwicklungsländer und der anderen Industrieländer gegenüber (vgl. Schaubild 3.5).

Zwischen 1979 und 1984 erhöhte sich das amerikanische Haushaltsdefizit, inflationsbereinigt betrachtet, um 162 Mrd Dollar (vgl. Sonderbeitrag 3.3); dieser Umschwung war weitaus größer als beispielsweise die gleichzeitige Verschlechterung der Leistungsbilanzen der ölexportierenden Länder um 70 Mrd Dollar. Um dies in die richtige Relation zu stellen: Die Brutto-Ersparnis der gesamten Welt wird für 1979 auf 2060 Mrd Dollar geschätzt, so daß die Zunahme des Defizits um 162 Mrd Dollar 8 Prozent der Weltersparnis im Jahr 1979 entspricht. Budgetveränderungen solcher Größenordnung können den Anstieg der Realzinsen zu einem beträchtlichen Teil erklären. Mit den Finanzierungsdefiziten der öffentlichen Hand kann auch die steiler gewordene Zinsstruktur begründet werden. Da man erwartet, daß das amerikanische Haushaltsdefizit hoch bleibt, wird für die Zukunft mit anhaltend hohen kurzfristigen Zinsen gerechnet — eine Erwartung, die mit dem gegenwärtigen Niveau der langfristigen Zinsen in Einklang steht.

Um das reale Zinsniveau nachhaltig zu senken, ist es daher wünschenswert, daß die Haushaltspolitik in den Vereinigten Staaten eine glaubwürdige Wende vollzieht. Der hohe Wechselkurs des Dollars hat die Ausfuhren in die Vereinigten Staaten stimuliert und damit zur Produktionssteigerung in anderen Ländern beigetragen. Damit bei einem Kurswechsel der amerikanischen Haushaltspolitik nachteilige Wirkungen auf die Weltkonjunktur vermieden werden, ist eine sorgfältige Koordinierung mit der dortigen Geldpolitik und ebenso mit der Geld- und Finanzpolitik anderer Industriestaaten erforderlich. Sollte eine solche Wende jedoch nicht eintreten, würden hohe Realzinsen und ein anhaltend starker

Dollar auf längere Sicht das Wachstum in den Industrieländern tendenziell verlangsamen und weiterhin die Weltersparnis an den Entwicklungsländern vorbeilenken. Darüber hinaus werden fortdauernde Ungleichgewichte im Außenhandel und Wechselkursverzerrungen in den Industrieländern zu wachsendem protektionistischen Druck führen. Unter solchen Umständen würde es für die Entwicklungsländer immer schwieriger werden, ihre Exporte zu steigern und ihre Schulden zu bedienen.

Protektionismus

Wachsende protektionistische Barrieren der Industrieländer gegenüber den Ausfuhren von Entwicklungsländern schmälern die Exporterlöse, die von den Ländern der Dritten Welt sonst erzielt werden könnten. Dies beeinträchtigt ihre Importkapazität und ihre Fähigkeit, den Schuldendienst aufzubringen. Der Protektionismus ist daher eine Gefahr für einen reibungslosen Ablauf des Wachstumsprozesses und eine zufriedenstellende Lösung der Schuldenprobleme, vor denen viele Entwicklungsländer stehen.

Insgesamt betrachtet sind die realen Ausfuhren der ölimportierenden Entwicklungsländer seit 1974 allerdings schneller gestiegen als das Welthandelsvolumen. Hätte es weniger Protektionismus gegeben, wären sie noch stärker expandiert. Außerdem sind die Exportpreise der Entwicklungsländer seit 1974 schwächer gestiegen (um fast einen Prozentpunkt pro Jahr) als die Durchschnittswerte im Außenhandel insgesamt.

Welche wirtschaftlichen Nachteile sich die Industrieländer durch ihre protektionistischen Maßnahmen selbst zufügten, ist gut belegt. Die Verluste, die dadurch den Entwicklungsländern entstehen, können ebenfalls beträchtlich sein. Wachsender Protektionismus in Industrieländern würde das Exportvolumen der Entwicklungsländer verringern und deren Terms of Trade verschlechtern. Um dies an einem Beispiel zu illustrieren: Eine durch zunehmenden Protektionismus herbeigeführte Verschlechterung der Terms of Trade Lateinamerikas um 10 Prozent würde diese Region ebenso viel kosten wie der reale Zinsaufwand für ihre gesamten Auslandsschulden.[1]

Gegenwärtig richten sich fast alle der gravierendsten Handelseingriffe der Industrieländer vis-à-vis Entwicklungsländern primär gegen die Hauptschuldnerländer (das Multifaserabkommen bildet eine Ausnahme). Abwehrmaßnahmen gegen Stahlimporte in Japan, in den Vereinigten Staaten und der EG beeinflussen die Exporte dieser Länder untereinander, aber auch die Exporte Koreas, Brasiliens und — in geringerem Ausmaß — Mexikos, die zu den größten Schuldnerländern der Dritten Welt gehören. Beschränkungen des Zuckerimports in Europa, Japan und den Vereinigten Staaten treffen Lateinamerika und die Philippinen, ein weiteres Land mit Schuldendienstproblemen. Importrestriktionen bei Rindfleisch in Japan und der EG verschlechtern die Terms of Trade Argentiniens. Die Liste ist lang und wird immer länger.

In den nächsten Jahren werden die großen Schuldnerländer — ohne eine nennenswerte Ausweitung ihrer Kapitalimporte — beträchtliche Überschüsse im Außenhandel erwirtschaften müssen. Dies erfordert eine Steigerung ihrer inländischen Ersparnis. Die höhere Ersparnis muß jedoch auch in wachsende Exporterlöse umgesetzt werden können: technisch ausgedrückt, der „geplante" Handelsbilanzüberschuß muß mit dem „geplanten" Überschuß der Inlandsproduktion über die Ausgaben übereinstimmen. Wenn die Industriestaaten höhere Handelsschranken gegen die Exporte der Entwicklungsländer errichten, macht dies eine viel stärkere reale Abwertung der Währungen erforderlich — oder eine viel höhere Arbeitslosigkeit. Ein niedrigeres Niveau des Außenhandels ist daher mit höheren sozialen Kosten der Anpassungsprogramme der Entwicklungsländer verbunden. Dies wiederum stellt die weitere Durchführung solcher Programme ernsthaft in Frage und gefährdet ganz generell die Kreditwürdigkeit dieser Länder sowie die Stabilität des internationalen Finanzsystems, wenn die Fähigkeit der größeren Schuldnerländer zur Rückzahlung ihrer Schulden zu sehr belastet wird.

Die Wurzeln des Protektionismus

Der zunehmende protektionistische Druck in den vergangenen fünfzehn Jahren hängt eng zusammen

---

[1] Die Rechnung lautet folgendermaßen: 1983 entsprachen die Auslandsschulden (einschließlich der kurzfristigen Schulden) 54,8 Prozent des BIP Lateinamerikas. Unter der Annahme, daß der erwartete Realzins auf lange Sicht 3,5 Prozent beträgt (vgl. Kapitel 10), führt ein derartiges Verhältnis von Schulden zu BIP zu realen Zinszahlungen von jährlich 1,9 Prozent des BIP. Die Exporte betrugen 19 Prozent des BIP, so daß eine dauerhafte Verschlechterung der Terms of Trade um 10 Prozent ebenfalls einem jährlichen Verlust von 1,9 Prozent des BIP gleichkäme. Ein Anstieg des Protektionismus in den industrialisierten Volkswirtschaften, das das reale Austauschverhältnis für Lateinamerika auf Dauer um 10 Prozent verschlechtern würde, entzöge damit dieser Region einen Einkommensbetrag, dessen Wert (abgezinst) ebenso hoch ist wie ihre gesamten Auslandsschulden.

mit der veränderten Struktur der weltwirtschaftlichen Störungen, die in dieser Zeit auftraten. Ein Beispiel ist der veränderte konjunkturelle Ablauf der Preisbewegung. Der Konjunkturzyklus 1970-1973-1975 (oberer Wendepunkt — unterer Wendepunkt — oberer Wendepunkt) ist der einzige wichtigere Zyklus in der amerikanischen Wirtschaftsgeschichte, in dem die Preise während der Rezessionsphase stärker stiegen als im Aufschwung, und zwar um 8,4 Prozentpunkte stärker. Bis dahin war die Inflation von Nachfrageschwankungen bestimmt worden: Ein Anstieg der Gesamtnachfrage führte zu höherer Produktion, aber auch (nach einiger Zeit) zu höheren Preisen. Schocks auf der Angebotsseite, wie eine Verteuerung der Rohstoffe, ließen jedoch sowohl die Produktion sinken als auch die Preise steigen. Die gesamtwirtschaftliche Nachfragesteuerung kann mit dem einen oder dem anderen Problem fertig werden, jedoch nicht mit beiden gleichzeitig. Um das Wirtschaftswachstum wieder in Gang zu setzen, wäre eine raschere strukturelle Anpassung erforderlich gewesen, die jedoch nur selten erzielt wurde. Das Resultat war eine Verlangsamung des Wirtschaftswachstums.

Viele Kommentatoren und Regierungen haben diese nachlassende Dynamik dem starken Ölpreisanstieg in den Jahren 1973/74 zugeschrieben. Das ist jedoch nicht die ganze Wahrheit. Die Schwierigkeiten waren schon früher entstanden. In den Vereinigten Staaten lösten Ende der sechziger Jahre große Haushaltsdefizite eine Hochkonjunktur und beschleunigte Preissteigerungen aus. In den europäischen Ländern begannen die Reallöhne schneller zu steigen als die Arbeitsproduktivität. Die Strukturen der Arbeitsmärkte verhärteten sich zunehmend. Die Gewinne gerieten unter Druck und die Investitionstätigkeit ließ nach. Die Hausse der Rohstoffpreise setzte 1972 ein, gefördert durch die nahezu gleichzeitige Expansion in den Industrieländern (vgl. Schaubild 3.6). Die Endphase bildete der sprunghafte Anstieg der Ölpreise in den Jahren 1973/74. Da die Reallöhne sich nicht ausreichend anpaßten, sanken die Gewinne abrupt. Die Investitionen gingen daher zurück, obgleich die höheren Ölpreise einen großen Teil des bestehenden Kapitalstocks obsolet werden ließen. Als Teil eines strukturellen Anpassungsprozesses wären mehr Investitionen, nicht weniger nötig gewesen. Die wachsende ökonomische Überalterung des Kapitalstocks bedeutete, daß die Schwächen auf der Angebotsseite in die Zukunft projiziert wurden, da die Struktur des Kapitalstocks immer weniger mit den neuen Faktorpreisen übereinstimmte.

Die Zusammenhänge zwischen Schocks auf der Angebotsseite, steigender Arbeitslosigkeit und zunehmender Überalterung des Kapitalbestandes tragen dazu bei, das Wiederaufleben protektionistischer Neigungen zu erklären. Als die Volkswirtschaften stark expandierten, konnte man die zunehmenden Exporte aus den Entwicklungsländern leicht aufnehmen. Für notwendige Veränderungen der Allokation des Kapitalstocks boten die Bruttoinvestitionen einen Spielraum; im Zeichen der Vollbeschäftigung leisteten die Gewerkschaften nur begrenzten Widerstand gegen Strukturänderungen, und so weiter. Angesichts der Notwendigkeit, eine langfristige Umstrukturierung bei nachlassendem Wachstum und zunehmender Inflation durchzuführen, wurden jedoch steigende Einfuhren als eine zusätzliche Belastung empfunden. Sie boten eine bequeme Entschuldigung für wirtschaftspolitische Versäumnisse, vor allem, wenn zur Aufnahme der Einfuhren eine zusätzliche Strukturanpassung erforderlich geworden wäre (der Stahlbereich ist ein gutes Beispiel).

Außerdem gibt es eine Fülle von Belegen dafür, daß Einfuhrrestriktionen keine Arbeitsplätze erhalten, die Handelsbilanzsalden nicht verbessern und den realen Außenwert zusätzlich unter Druck bringen. Dies illustriert den Widersinn des Protektionismus. Er ist nicht nur in einer fehlenden Anpassungsbereitschaft begründet, sondern er trägt auch selbst noch dazu bei, diese Haltung zu verfestigen.

Japan und die Vereinigten Staaten bieten gute Beispiele dafür, was bei zunehmendem Protektio-

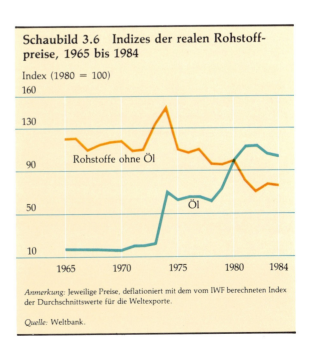

Schaubild 3.6 Indizes der realen Rohstoffpreise, 1965 bis 1984

Anmerkung: Jeweilige Preise, deflationiert mit dem vom IWF berechneten Index der Durchschnittswerte für die Weltexporte.

Quelle: Weltbank.

nismus geschehen kann. Beide Länder sollen nach den derzeitigen Prognosen 1985 ihre natürliche Arbeitslosenquote erreichen. Die Definition der natürlichen Arbeitslosenquote ist selbstverständlich mit großen Schwierigkeiten verbunden. Hier wird sie als jenes Niveau der Arbeitslosigkeit definiert, bei dessen Unterschreitung die Lohn-Preis-Spirale wieder in Gang kommt, weil zusätzliche Arbeitsplätze nicht ohne Abwerbung von Beschäftigten aus anderen Bereichen der Wirtschaft geschaffen werden können. Wenn daher die Einfuhren beschränkt werden, bedeutet daher jeder Arbeitsplatz, der in importkonkurrierenden Branchen erhalten wird, den Verlust eines Arbeitsplatzes in der Exportindustrie. Der Protektionismus mag Arbeitsplätze beispielsweise in der Stahlindustrie retten, aber er vermag sie nicht in der Gesamtwirtschaft zu erhalten, da das Lohnniveau höher gehalten wird, als es sonst der Fall wäre. Kapital, das in hochtechnologische Industriezweige oder in die Landwirtschaft geflossen wäre, wird statt dessen in die geschützten Sektoren gelenkt. Werden den importkonkurrierenden Branchen Schutzmaßnahmen gewährt, so ist dies gleichbedeutend mit einem Entzug von Unterstützung für die Exportindustrie. Importrestriktionen haben daher eine ähnliche Wirkung wie eine Exportsteuer: Sie drosseln Importe *und* Exporte, nicht nur die Importe allein. Aus dem gleichen Grund können Eingriffe in den Außenhandel die Handelsbilanz eines Landes nicht verbessern, da die Exporte im gleichen Ausmaß wie die Importe sinken werden. Entwicklungsländer, denen beispielsweise der Zugang zu den Märkten der Vereinigten Staaten verwehrt wird — den sie brauchen, um Devisen für den Kauf amerikanischer Erzeugnisse zu erlösen — werden ihre entsprechenden Einfuhren kürzen.

In Europa ist die Vollbeschäftigung natürlich bei weitem noch nicht erreicht. Dies bedeutet jedoch nicht, daß hier ein zunehmender Protektionismus Arbeitsplätze erhalten würde. Die Reallöhne sind im Verhältnis zu den Preisen aller Konsumgüter starr. Schutzmaßnahmen, die ausländische Güter verteuern, schmälern die Kaufkraft der Löhne, gemessen in Importgütern. Um das Reallohnniveau, bzw. die Kaufkraft an Konsumgütern generell zu erhalten, müssen deshalb die Löhne relativ zu den Preisen der Inlandserzeugnisse steigen. So dürfte es sogar zu einem Rückgang der Beschäftigung kommen. Soweit es dabei nur zu vorübergehenden Beschäftigungsverlusten kommt, bis sich die Löhne angepaßt haben, wird der Protektionismus zudem einen zeitweiligen Einkommensrückgang bewirken. Dies könnte zu einer Verschlechterung der Leistungsbilanz führen, da die Verbraucher bei einem vorübergehenden Einkommensrückgang ihre Ausgaben nicht im Verhältnis eins zu eins einschränken werden.

Der neue Protektionismus

Die nach dem zweiten Weltkrieg durchgeführten Zollsenkungen fanden ihre Fortsetzung in den Verhandlungen der Tokio-Runde, die die Zölle auf ein in diesem Jahrhundert noch nicht verzeichnetes Niveau senkten. Zwar wurden die Zollsenkungen aufgrund des Prinzips der Meistbegünstigung auch den Entwicklungsländern gewährt, doch hat man die Zölle auf Erzeugnisse, die für Entwicklungsländer von besonderem Interesse sind, nur unterdurchschnittlich gesenkt. Ferner bedeutet der Umstand, daß die Zollbelastung mit zunehmendem Verarbeitungsgrad der Grundstoffe steigt, daß das bestehende Handelssystem für die weiterverarbeitende Industrie in den Entwicklungsländern abträglich ist.

Eine noch ernsthaftere Gefahr für die Exporte der Länder der Dritten Welt bildet die wachsende Anwendung nichttarifärer Handelshemmnisse (NTH). Gemessen am Anteil der hiervon betroffenen Einfuhren, hat sich der Umfang der NTH von 1980 bis 1983 in den Vereinigten Staaten verdoppelt und in der EG um 38 Prozent erhöht. Die Einfuhren der Industrieländer aus Entwicklungsländern werden von den NTH anteilmäßig viel stärker belastet als die Importe aus anderen Industrieländern (vgl. Tabelle 3.3). Von derartigen Prozentsätzen wird die Verschärfung bereits bestehender NTH nicht erfaßt

TABELLE 3.3
Anteil der Importe der Industrieländer, der nichttarifären Handelshemmnissen unterliegt, 1983

Import-markt	Prozent der Importe aus:		
	Industrie-ländern	allen Entwicklungs-ländern	Haupt-schuldner-ländern
EG	10,2	21,8	24,9
Japan	9,3	10,5	9,6
Vereinigte Staaten	7,7	12,9	14,5
Industrieländer insgesamt	10,5	19,8	21,9

Anmerkung: Die Angaben basieren auf gewogenen Durchschnitten für den gesamten Welthandel in allen Produkten außer Brennstoffen, 1981.
Quelle: Weltbank.

Sonderbeitrag 3.4 Die Kosten protektionistischer Maßnahmen bei Zucker und Rindfleisch

Im Agrarbereich sind Zucker und Rindfleisch die am stärksten von Handelsbarrieren der Industrieländer betroffenen Erzeugnisse. Auf sie entfällt etwa die Hälfte der Einnahmeverluste im Export der Entwicklungsländer, die durch Eingriffe in den Agrarhandel entstanden. Die Tabellen 3.4A und 3.4B zeigen Schätzungen der einschlägigen Kosten, die von einer Studie errechnet wurden.

Unter Wohlfahrtsverlusten versteht man denjenigen Geldbetrag, der einem Exporteur zufließen müßte, damit er sich bei den gegebenen protektionistischen Maßnahmen der Industrieländer ebenso gut stellt wie ohne diese Maßnahmen. Diese Verluste wurden anhand von Modellen des Weltmarktes für Zucker (roh und raffiniert) und des Weltmarktes für Rindfleisch abgeleitet. Die Untersuchung berücksichtigte siebzehn Industrie- und achtundfünfzig Entwicklungsländer. Sie unterschied zwischen verschiedenen Formen von Handelsbeschränkungen und berücksichtigte die Präferenzabkommen, die zwischen der EG und verschiedenen Gruppen von Entwicklungsländern bestehen.

Für die Zuckerexporteure in den Entwicklungsländern addierten sich die Devisenverluste aufgrund dieser Handelsbeschränkungen im Jahr 1983 auf fast 7,4 Mrd Dollar (zu Preisen und Wechselkursen von 1980). Zum Vergleich: Die Entwicklungshilfeprogramme aller Industrieländer beliefen

TABELLE 3.4A
Geschätzte Auswirkungen von Handelsschranken auf die Zuckerexporteure
(in Mio Dollar von 1980)

Effekt/Exporteur	Jahresdurchschnitte 1979 bis 1981	1983
Wohlfahrtsverluste		
Lateinamerika	670,4	1 111,0
Afrika	76,7	130,9
Andere Entwicklungsländer	507,3	886,2
Insgesamt	1 254,4	2 128,1
Einnahmeverluste im Export		
Lateinamerika	2 224,2	3 391,0
Afrika	269,2	421,9
Andere Entwicklungsländer	2 614,9	3 578,1
Insgesamt	5 108,3	7 391,0

Quelle: Zietz und Valdez (Hintergrundpapier).

TABELLE 3.4B
Geschätzte Auswirkungen von Handelsschranken auf die Exporteure von Rind- und Kalbfleisch
(in Mio Dollar von 1980)

Effekt/Exporteur	Jahresdurchschnitte 1979 bis 1981
Wohlfahrtsverluste	
Lateinamerika	506,4
Afrika (südlich der Sahara)	7,6
Andere Entwicklungsländer	21,7
Insgesamt	535,7
Einnahmeverluste im Export	
Lateinamerika	4.692,6
Afrika (südlich der Sahara)	99,0
Andere Entwicklungsländer	303,5
Insgesamt	5.095,1

Quelle: Zietz und Valdez (Hintergrundpapier).

sich 1983 auf insgesamt 22,5 Mrd Dollar (ebenfalls zu Preisen und Wechselkursen von 1980).

Die Wohlfahrtsverluste und die Einnahmeverluste im Export konzentrieren sich vor allem auf Lateinamerika (insbesondere auf Argentinien, Brasilien, die Dominikanische Republik und Mexiko) sowie auf die Philippinen und Indien. Alle diese Länder gehören zum Kreis der großen Schuldnerländer. Die afrikanischen Länder südlich der Sahara, wenngleich auch Nettoverlierer, sind nicht so stark betroffen wie Lateinamerika — zum einen, weil sich unter ihnen kein bedeutender Zuckererzeuger befindet, und zum anderen, weil vielen afrikanischen Staaten auf den EG-Märkten eine Vorzugsbehandlung eingeräumt wurde.

Die Handelsschranken gegenüber Exporteuren von Rind- und Kalbfleisch hatten für die Entwicklungsländer ebenfalls beträchtliche Wohlfahrtsverluste und Einnahmeverluste im Export zur Folge (vgl. Tabelle 3.4B). Diese Verluste entstanden außerdem nahezu vollständig bei Rindfleischerzeugern in Lateinamerika, vor allem in Argentinien und — in geringerem Ausmaß — in Brasilien.

Wiederum gehören die vom Protektionismus der Industrieländer am schwersten geschädigten Entwicklungsländer zugleich zu den Staaten, denen gegenwärtig ihre Auslandsschulden zu schaffen machen.

und damit ihre steigende Anwendung wohl unterschätzt. Ein Beispiel ist die fortschreitende Verschärfung des Multifaserabkommens mit jeder Neuverhandlung des Abkommens. Welche Warengruppe man auch betrachtet, überall richten die NTH beträchtlichen Schaden an:

• *Landwirtschaft.* Den Handelsbarrieren, die gegen die Fertigwarenexporte der Entwicklungsländer errichtet wurden, wird zwar große Aufmerksamkeit geschenkt, doch sind sie tatsächlich weniger weit verbreitet als die Handelshemmnisse im Agrarbereich. Im Jahr 1983 waren die Agrarexporte der Entwicklungsländer in die Industriestaaten zu 29 Prozent von NTH betroffen, bei den Exporten von Industrieprodukten betrug dieser Anteil 18 Prozent. Der fortgesetzte Protektionismus der größeren Industrieländer hat zu Überschüssen geführt, die oft zu Dumpingpreisen auf den Weltmärkten verkauft werden. Dies behindert die eigene Produktion in den Entwicklungsländern, auch wenn diese oftmals kostengünstiger wäre als die Erzeugung in den Industrieländern. Die Zölle und NTH, die zum Schutz der Zuckerproduzenten in den Industrieländern angewendet werden, führen bei den Zuckerexporteuren der Entwicklungsländer zu Einkommensverlusten, die etwa 10 Prozent der gesamten Entwicklungshilfe der Industrieländer für *alle* Länder der Dritten Welt entsprechen. Der Verlust an Devisenerlösen wird sogar auf fast 30 Prozent der gesamten Entwicklungshilfe geschätzt (vgl. Sonderbeitrag 3.4).

• *Stahl.* Das Volumen des Stahlimports in die Vereinigten Staaten fiel im Zeitraum 1971 bis 1973 um jährlich 3,3 Prozent, nachdem der Import kontingentiert worden war. Nach Anhebung der Kontingente stieg es dann Mitte der siebziger Jahre mit einer Jahresrate von 8,3 Prozent. Als aber 1977 das System der Preisschwellen eingeführt wurde, verlangsamte sich der Anstieg auf jährlich 2,6 Prozent.

• *Schuhwaren.* Die koreanischen Exporte von Schuhwaren nach Großbritannien stiegen von 1973 bis 1979 dem Volumen nach um jährlich 57,5 Prozent, fielen jedoch nach Einführung nichttarifärer Handelshemmnisse im Zeitraum 1979/80 um jährlich 19,1 Prozent.

Nichttarifäre Handelshemmnisse verzerren die Wettbewerbsstruktur eines Marktes sehr viel mehr als Zölle. Sobald die Kontingente voll ausgeschöpft sind, bleibt der Markt zusätzlichen ausländischen Anbietern verschlossen — so wird die Monopolmacht der inländischen Firmen gestärkt. Zölle verdrängen dagegen die zusätzlichen ausländischen Anbieter nicht, sondern belasten sie nur mit höheren Kosten. Vom Standpunkt der Exporteure aus betrachtet, sind Exportselbstbeschränkungsabkommen (ESA) den von den Importeuren verwalteten Kontingenten vorzuziehen; unter einem ESA kann der Exporteur seine Produkte wenigstens zu den Marktpreisen des Importlandes statt zu den niedrigeren Weltmarktpreisen verkaufen. Langfristig gesehen richten die ESA aber wahrscheinlich einen höheren Schaden an als die von Importeuren angewendeten Kontingente: Der bestehende Kreis von Anbietern wird nach außen geschlossen und potentielle neue Anbieter, die zu niedrigeren Kosten produzieren, werden ferngehalten. Nimmt man einmal das Multifaserabkommen auf dem Textilsektor als Beispiel für ein ESA, so mögen Korea und Hongkong dadurch nicht allzu viel einbüßen — sicherlich aber Newcomer wie China oder Sri Lanka.

Noch nachteiliger als die direkten Kosten von Handelsbeschränkungen könnte die Botschaft sein, die sie den Entwicklungsländern bezüglich der Vor- und Nachteile einer exportorientierten Wirtschaftspolitik vermitteln. Eine weitere Ausbreitung der nichttarifären Handelshemmnisse könnte sehr wohl (und zu Recht) den Exportpessimismus wiederaufleben lassen, der in den dreißiger und vierziger Jahren in vielen Ländern der Dritten Welt verbreitet war. Es gibt jedoch unumstößliche empirische Beweise dafür, daß der Außenhandel das Wachstum fördert. Zu einer Zeit, da immer mehr Regierungen in der Dritten Welt diesen Zusammenhang akzeptieren, gehört der zunehmende Protektionismus in den Industrieländern zu den wichtigsten Wachstumsrisiken.

Schlußfolgerungen

Die Bindungen zwischen Industrie- und Entwicklungsländern, die sich mit dem Wachstum des Außenhandels in den letzten vierzig Jahren herausgebildet haben, wurden durch die rasch zunehmenden Kapitalimporte weiter gefestigt. In der Dritten Welt macht man sich zu Recht Gedanken über den Protektionismus und das Niveau der wirtschaftlichen Aktivität in den Industrieländern, denn davon werden die Exporte und die Terms of Trade beeinflußt. Solche Sorgen bleiben bestehen, zusätzlich aber sind durch die wachsende Verflechtung der Entwicklungsländer mit den Weltfinanzmärkten weitere wichtige Kanäle entstanden, durch die gesamtwirtschaftliche Entwicklungen in den Industrieländern auf die Länder der Dritten Welt übertragen werden.

Die Bedeutung dieser Situation wurde in den letzten Jahren offensichtlich. Die gesamtwirtschaftliche und die Handelspolitik der Industriestaaten beeinflussen unmittelbar die Kosten des Schuldendienstes, das Volumen der Kapitalimporte und die Fähigkeit der Entwicklungsländer, Devisen zu erlösen. Hohe Realzinsen haben die Schuldendienstlast der Länder der Dritten Welt dramatisch erhöht, die Aufwertung des Dollars hat die Rohstoffpreise gedrückt — und so fort. Strukturelle Anpassung, eine solide Finanzpolitik und eine stetige und koordinierte Politik des knappen Geldes in den Industrieländern, welche die Realzinsen senken und angemessenere Wechselkursrelationen herstellen, sind von allergrößter Bedeutung, wenn die Anpas-

Sonderbeitrag 3.5 Veränderungen der Zinssätze, der Terms of Trade und des Wachstums in den Industrieländern und ihre Konsequenzen für die Entwicklungsländer

Die Leistungsbilanzen der Dritten Welt werden von der Wirtschaftsentwicklung in den Industrieländern beeinflußt. In Tabelle 3.5A wird versucht, diese Einflüsse zu quantifizieren. Es werden dabei nur die „Primäreffekte" berücksichtigt, d. h. eine wirtschaftspolitische Reaktion der Entwicklungsländer wird außer acht gelassen („Sekundäreffekte" werden im Kapitel 10 untersucht). Dies ist ein geeignetes Maß für die Wohlfahrtsverluste, denn, falls die Entwicklungsländer Mittel in Höhe dieser Primäreffekte erhielten, wären sie in der Tat in der Lage, ihre bisherige Politik fortzusetzen und würden sich damit ebenso gut stellen, wie bei einem Ausbleiben solcher Entwicklungen in den Industrieländern.

• *Zinssätze.* Höhere Zinsen führen unmittelbar zu einer höheren Zinsbelastung für die variabel verzinslichen Schulden, hierauf entfielen Anfang 1984 37 Prozent der gesamten Schulden der Entwicklungsländer, einschließlich der noch nicht ausgezahlten Kredite. Da außerdem festverzinsliche Kredite laufend getilgt und refinanziert werden müssen, wird die Zinslast auf diese Schulden ebenfalls steigen. Dies gilt ebenso für die Neuverschuldung. Daher beläuft sich die zusätzliche Belastung der Dritten Welt zunächst nur auf 2,3 Mrd Dollar, steigt aber bis 1990 auf 8 Mrd Dollar.

• *Die Terms of Trade.* Eine Verbesserung der Terms of Trade der Entwicklungsländer gegenüber den Industrieländern um einen Prozentpunkt hätte ihnen im Jahr 1984 Mehreinnahmen in Höhe von 2,2 Mrd Dollar gebracht. Mit zunehmendem Außenhandel wird dieser Vorteil im Jahr 1990 auf 4,8 Mrd Dollar steigen.

• *Wachstum.* Ein rascheres Wachstum der Industrieländer wird das Exportvolumen der Entwicklungsländer erhöhen und ihre Terms of Trade verbessern. Die Auswirkungen der günstigeren Terms of Trade werden für das wirtschaftliche Wohl der Dritten Welt das größte Gewicht haben, es sei denn, das zusätzliche Exportvolumen wird mit Ressourcen erstellt, die sonst brachliegen würden. Dies ist in der letzten Zeit nicht der Fall gewesen, da die Steigerung der Ausfuhren weitgehend zu Lasten der inländischen Verwendung ging. Im Mittelpunkt stehen daher die Terms-of-Trade-Effekte, die von Angebot und Nachfrage auf dem Weltmarkt sowie in besonderem Maße von der Wechselkursentwicklung des Dollars abhängen. Wenn der Dollar sich aufwertet, dürften die Entwicklungsländer nur eine geringe oder gar keine Verbesserung ihrer Terms of Trade erzielen, da die Preise ihrer Rohstoffexporte sinken (vgl. Sonderbeitrag 3.1), die Preise ihrer in Dollar fakturierten Importe dagegen steigen würden. Die zweite Version der Schätzung unterstellt eine Dollaraufwertung, die ausreicht, einen realen Anstieg der Rohstoffpreise zu verhindern — wie dies während des Aufschwungs der Jahre 1983 bis 1985 geschah. Ohne einen realen Anstieg der Rohstoffpreise geht die Leistungsbilanzverbesserung im Jahr 1990 von 7,7 Mrd Dollar auf nur noch 2,9 Mrd Dollar zurück.

TABELLE 3.5A
Geschätzte Auswirkungen weltwirtschaftlicher Datenänderungen auf die Leistungsbilanz aller Entwicklungsländer
(in Mrd Dollar von 1984)

Art der Veränderung	1984	1990
Zinserhöhung um einen Prozentpunkt		
Bestehende variabel verzinsliche Schulden	−2,3	−2,3
Bestehende festverzinsliche Schulden, die zu höheren Zinsen refinanziert werden	0,0	−1,6
Neuverschuldung	0,0	−4,1
Insgesamt	−2,3	−8,0
Verbesserung der Terms of Trade um einen Prozentpunkt	2,2	4,8
Steigerung des BSP-Wachstums der Industrieländer um einen Prozentpunkt		
A. Ohne Dollaraufwertung		
Terms-of-Trade-Effekt höherer Rohstoffpreise	2,2	4,8
Direkter Terms-of-Trade-Effekt	1,3	2,9
Insgesamt	3,5	7,7
B. Mit Dollaraufwertung		
Terms-of-Trade-Effekt höherer Rohstoffpreise	0,0	0,0
Direkter Terms-of-Trade-Effekt	1,3	2,9
Insgesamt	1,3	2,9

Quelle: van Wijnbergen (Hintergrundpapier).

sungsmaßnahmen der Entwicklungsländer das Wachstum wieder in Gang setzen und die Kreditwürdigkeit erneuern sollen (vgl. Sonderbeitrag 3.5).

Es gibt jedoch neuen Grund zur Besorgnis über die aufkommenden protektionistischen Tendenzen in den Industriestaaten. Die Kosten einer solchen Politik für die Verbraucher in den Industrieländern und die Exporteure der Entwicklungsländer sind hinreichend belegt. Die jüngsten Schuldendienstprobleme haben solchen Befürchtungen eine neue Dimension verliehen. Kapitalimporte ermöglichen eine wirkungsvollere Nutzung der internationalen Ersparnis, wenn die Schuldnerländer eine vernünftige Wirtschaftspolitik verfolgen. Die Bedienung der daraus resultierenden Auslandsschulden würde jedoch gravierend behindert, sollte wachsender Protektionismus seitens der Industrieländer für die Entwicklungsländer den Zugang zu deren Märkten versperren. Dies wiederum würde die Funktionsfähigkeit des internationalen Finanzsystems gefährden.

Eine Wirtschaftspolitik der Industrieländer, wie sie als vorteilhaft für die Entwicklungsländer herausgearbeitet wurde, würde auch ein stetiges und inflationsfreies Wachstum in den Industrieländern selbst fördern und eine liberalere Außenhandelsordnung schaffen. Die Industrieländer würden also von dieser Politik nicht weniger profitieren als die Entwicklungsländer.

4 Auslandsverschuldung und Wirtschaftspolitik der Entwicklungsländer

Die Kreditaufnahme im Ausland hat für ein Entwicklungsland zwei potentielle Vorteile. Zum einen kann sie das Wachstum fördern und zum anderen kann sie dazu beitragen, die Wirtschaft an interne oder externe Schocks anzupassen. Die jüngste Entwicklung hat jedoch anschaulich klargemacht, daß eine Kreditaufnahme auch potentielle Nachteile in sich birgt. Sie kann für unproduktive Investitionen fehlgeleitet werden. Sie kann es einer Regierung ermöglichen, substantielle wirtschaftliche Reformen zu verzögern. Und schließlich kann eine übermäßige Verschuldung eine Volkswirtschaft für von der Weltwirtschaft ausgehende finanzielle Störungen verwundbarer machen.

Wie kann ein Entwicklungsland die Vorteile von Kapitalimporten in Anspruch nehmen und zugleich angemessene Vorkehrungen treffen, um Schuldendienstprobleme zu vermeiden? Dieses Kapitel greift auf die Erfahrungen der vergangenen zwei Jahrzehnte zurück, um die Erfolgskriterien für die Inanspruchnahme ausländischen Kapitals zu ergründen. Das Kapital befaßt sich hauptsächlich mit der Kreditfinanzierung; die Fragen der Beteiligungsfinanzierung werden in den Kapiteln 5 und 9 erörtert. Die Hauptaussage dieses Kapitels lautet, daß die Wirtschaftspolitik der Entwicklungsländer die entscheidende Bestimmungsgröße ist für das Niveau der Kapitalimporte, die Effektivität ihrer Verwendung und die Kapazität eines Landes zur Bedienung seiner Schulden.

Dies soll jedoch nicht besagen, daß allein wirtschaftspolitische Fehlentscheidungen die jüngsten Schuldendienstprobleme verursacht haben. Noch soll unterstellt werden, daß eine solide Wirtschaftspolitik und eine geringere Kreditaufnahme diese Probleme hätten vermeiden können. In Kapitel 3 wurde gezeigt, daß das Zusammenwirken der Weltrezession und der steigenden Realzinsen zu Anfang der achtziger Jahre außergewöhnlich und schwerwiegend waren; es ist nicht eindeutig, ob Entwicklungsländer versuchen sollten, sich gegen alle Risiken völlig abzusichern, auch gegen solche, die nur mit geringer Wahrscheinlichkeit einmal eintreten werden. Jedoch kann mit Hilfe einer flexiblen Wirtschaftspolitik und durch flexible Wirtschaftsstrukturen der Einfluß außenwirtschaftlicher Schocks gedämpft werden, wie schwer sie auch sein mögen.

Es gibt selbstverständlich nicht nur ein einziges wirtschaftspolitisches Maßnahmenbündel, das für jedes Land das geeignete ist. Der Umfang, in dem sich ein Entwicklungsland im Ausland verschulden sollte, hängt ab von seinem außenwirtschaftlichen Umfeld, mit dem es im Welthandel und auf den Kapitalmärkten konfrontiert ist, von seinen natürlichen und menschlichen Ressourcen sowie von seinen wirtschaftlichen und politischen Strukturen. Im Hinblick darauf beginnt dieses Kapitel mit einer kurzen Beschreibung der vielfältigen Erfahrungen der einzelnen Länder mit Auslandskapital im Verlauf der letzten zwanzig Jahre, basierend auf einer Auswahl von vierundvierzig Entwicklungsländern (ein Verzeichnis dieser Länder findet sich im Statistischen Anhang, Tabelle A.11).

Daran schließt sich eine Erörterung über die zwei Hauptverwendungsarten von Auslandsmitteln an. Einmal können sie gezielt dazu verwendet werden, die Investitionen und das Wirtschaftswachstum auf ein höheres Niveau zu heben, als es aus der inländischen Ersparnis heraus zu finanzieren wäre. Zum anderen können sie zur Finanzierung der Zahlungsbilanzungleichgewichte verwendet werden, die entweder durch ungeeignete binnenwirtschaftliche Maßnahmen oder durch externe oder interne Schocks entstanden sind. Diese Diskussion untersucht die Frage, wann eine Kreditaufnahme zum Zwecke der Zahlungsbilanzfinanzierung angebracht ist und wie sich die Regierungen verschulden sollen, um die Anpassung zu erleichtern, statt sie zu verzögern.

Ländererfahrungen im Verlauf von zwei Jahrzehnten

Wie mannigfaltig die Erfahrungen der Entwicklungsländer mit Auslandskapital sind, wird in

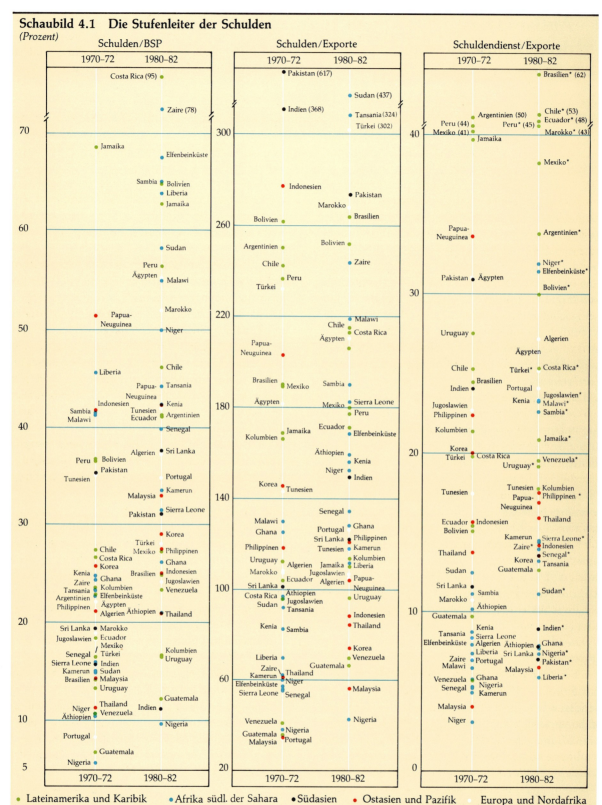

Schaubild 4.1 Die Stufenleiter der Schulden
(Prozent)

• Lateinamerika und Karibik   • Afrika südl. der Sahara   • Südasien   • Ostasien und Pazifik   • Europa und Nordafrika

Anmerkung: Die Schulden sind definiert als der ausstehende und ausgezahlte Betrag der öffentlichen und öffentlich garantierten mittel- und langfristigen Schulden zuzüglich der nichtgarantierten privaten Schulden. Kurzfristige Schulden sind nicht berücksichtigt. Bei den Hauptschuldnerländern würde die Berücksichtigung der kurzfristigen Schulden die für 1980 bis 1982 angegebenen Auslandsschulden um etwa 30 Prozent steigen lassen. Die Schuldendienstzahlen beziehen sich auf die tatsächlichen (nicht auf die vertraglich vereinbarten) Schuldendienstzahlungen in der jeweiligen Periode. Exporte umfassen Güter und Dienstleistungen. Ein Stern (*) bedeutet, daß das Land zwischen 1975 und 1984 seine Verbindlichkeiten umschuldete.

Quelle: Weltbank.

Schaubild 4.1 dargestellt. Die Rangordnung der Länder ist je nach dem gewählten Indikator unterschiedlich. Zum Beispiel können Länder mit ähnlichen Relationen von Schulden zu BSP stark voneinander abweichende Schulden/Export-Relationen oder Schuldendienstquoten aufweisen. Diese Differenzen erklären sich zum einen durch das unterschiedliche Ausmaß der außenwirtschaftlichen Verflechtung der Volkswirtschaften und zum anderen durch die Struktur ihrer Schulden. In den Jahren 1980 bis 1982 hatten beispielsweise Länder mit relativ „geschlossenen" Volkswirtschaften — große Teile Lateinamerikas, aber auch andere Länder wie Jugoslawien oder Pakistan — vergleichsweise niedrige Relationen von Schulden zu BSP, aber hohe Relationen von Schulden zu Exporten. Länder mit einem hohen Exportanteil — einige ostasiatische Staaten (Korea, Malaysia und Thailand), Öl- und Gasexporteure (wie Algerien, Indonesien und Venezuela) und wichtige Rohstoffexporteure in Afrika (Elfenbeinküste) — wiesen tendenziell vergleichsweise niedrige Relationen von Schulden zu Exporten auf.

Eine hohe Relation von Schulden zu BSP oder Schulden zu Exporten muß jedoch nicht notwendigerweise auch eine hohe Schuldendienstquote bedeuten. Länder mit niedrigem Einkommen wie Indien, Sri Lanka, Sudan und Tansania, ebenso Länder wie Ägypten, erhalten tendenziell einen Großteil ihrer Kapitalimporte in Form von niedrigverzinslichen langfristigen Krediten (vgl. Kennzahlen der Weltentwicklung, Tabelle 17). Demgegenüber sind Länder im oberen Bereich der mittleren Einkommensgruppe — zum Beispiel Algerien, Portugal und Venezuela — gewöhnlich weniger in der Lage, hohe Verschuldungskennzahlen durchzuhalten, weil die Kosten für die Bedienung ihrer Schulden hoch sind.

Die Schuldendienstquote wird üblicherweise als guter Indikator für ein Schuldenproblem eines Landes angesehen. Wie jedoch die Stufenleiter der Schulden im Schaubild 4.1 zeigt, besteht keine eindeutige Verbindung zwischen hohen Schuldendienstquoten und Ländern, die Umschuldungen durchführen mußten. Die Erfahrung hat bewiesen, daß hohe Schuldendienstquoten um so weniger ein Grund zur Beunruhigung sind, je flexibler die Wirtschaftspolitik und die Wirtschaftsstrukturen auf veränderte Anforderungen reagieren können. Eine inflexible Volkswirtschaft mit einer niedrigen Schuldendienstquote dürfte eher einer Krise ausgesetzt sein als eine mit höherer Quote, deren Regierung aber rasch Gegenmaßnahmen einleitet, wenn Wachstum und Exporte bedroht sind.

Dieser Punkt kann durch einen Vergleich der beiden Hauptgruppen von Umschuldungsländern, die in den Kapiteln 1 und 2 beschrieben sind, verdeutlicht werden. Im allgemeinen hatten die afrikanischen Länder mit niedrigem Einkommen niedrigere Schuldendienstquoten als die lateinamerikanischen Länder mit mittlerem Einkommen. Dies könnte zu der Annahme verleiten, die afrikanischen Länder hätten weniger ernste Probleme. Tatsächlich ist jedoch das genaue Gegenteil richtig. Zwar war die Wirtschaftspolitik in beiden Ländergruppen während der siebziger und zu Anfang der achtziger Jahre nicht hinreichend flexibel, doch hätten die lateinamerikanischen Länder die notwendigen Anpassungen an die externen Schwierigkeiten leichter vollziehen können. Ihre höheren Einkommen bieten einen größeren Spielraum für die Steigerung der Ersparnis; ihre besser entwickelten Volkswirtschaften können schneller auf Preisveränderungen und Änderungen der Marktchancen reagieren. Die afrikanischen Länder mit niedrigem Einkommen, die über unzureichende institutionelle Strukturen und begrenzte menschliche und natürliche Ressourcen verfügen, sehen sich viel beängstigenderen Problemen gegenüber.

Drei Hauptfaktoren haben das Schuldenwachstum in den letzten Jahren bestimmt. Alle stehen in Beziehung zur Wirtschaftspolitik der Entwicklungsländer.

• *Verschuldungsstrategie.* Einige Regierungen haben den Weg der Auslandsverschuldung gewählt, um die Investitionen zu steigern und das inländische Wachstum zu fördern. So erhöhten Brasilien und Korea ihre Kreditaufnahme in den sechziger Jahren; beide wiesen anfänglich hohe Schuldenkennzahlen auf. Beide Länder expandierten und verschuldeten sich auch in den siebziger Jahren kräftig, wobei sie von den niedrigen oder negativen realen Zinssätzen profitierten. Ihre Schuldenkennzahlen entwickelten sich jedoch entgegengesetzt, da Korea hinsichtlich des Produktions- und Exportwachstums Brasilien überflügelte. Andere Länder entschieden sich für eine relativ geringe Kreditaufnahme und zogen es vor, sich auf die inländische Ersparnis und andere Mittelzuflüsse zu stützen, die nicht schuldenwirksam sind (wie beispielsweise Gastarbeiterüberweisungen). Indien war hierfür in den siebziger Jahren ein Beispiel. Auch Thailand nahm während des größten Teils dieser Periode nur wenig kommerzielle Mittel auf. Kolumbien, das während der sechziger und zu Anfang der siebziger Jahre ein bedeutendes Empfängerland von Entwicklungshilfe war,

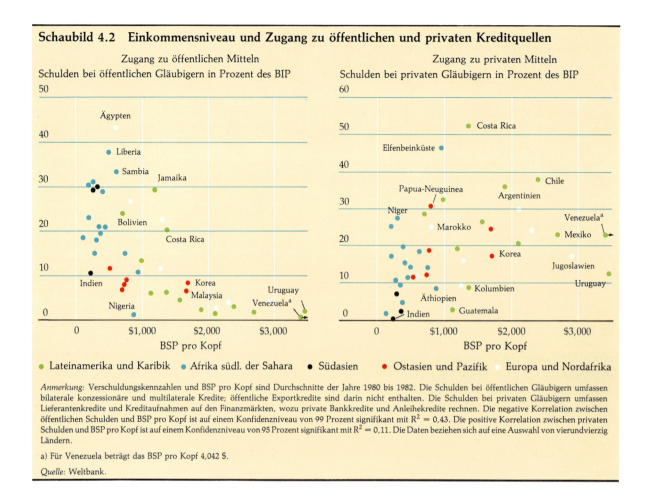

verzichtete 1974 auf weitere Hilfe zu konzessionären Bedingungen. Es stützte sich in den siebziger Jahren nur in begrenztem Umfang auf Auslandskredite, obwohl ihm rasch steigende Erlöse in nichttraditionellen Exportbereichen zugute kamen.

• *Verfügbarkeit von Auslandsgeldern.* Offensichtlich haben nicht alle Entwicklungsländer zu allen Formen des Auslandskapitals Zugang. Dies beeinflußte ihre Verschuldungspraxis und die gegenwärtige Höhe und Zusammensetzung ihrer Schulden. Die Möglichkeiten eines Landes zu kommerziellen Kreditaufnahmen nehmen tendenziell mit seinem wirtschaftlichen Fortschritt zu: Höhere Pro-Kopf-Einkommen gehen in der Regel Hand in Hand mit einer ,,Höherqualifizierung" — weg von konzessionären Mitteln und hin zu einem erweiterten Zugang von privaten Finanzquellen (vgl. Schaubild 4.2 und Statistischer Anhang, Tabelle A.12). Aber auch andere Faktoren als die Einkommenshöhe sind wichtige Bestimmungsgründe für den Zugang eines Landes zu kommerziellen Finanzierungen. Während des Rohstoffbooms in den siebziger Jahren war es vielen Ländern mit mittlerem Einkommen — und sogar Ländern mit niedrigem Einkommen wie Niger und dem Sudan — möglich, bei ausländischen Banken Mittel aufzunehmen, obgleich die Kredite zur wirtschaftlichen Rentabilität der finanzierten Projekte oft nur einen marginalen Bezug hatten. Als diese Projekte in Schwierigkeiten gerieten und die Rohstoffpreise fielen, stoppten die Banken die Kreditvergabe.

• *Gesamtwirtschaftliche Ungleichgewichte.* Die Verschuldung im Ausland ist oft die unbeabsichtigte Folge der sonstigen Wirtschaftspolitik. Hohe Haushaltsdefizite, eine überbewertete Währung und Maßnahmen, die das inländische Sparaufkommen schwächen, beeinflussen die Wirtschaft in einer Weise, die auf eine Inanspruchnahme von Auslandskapital hinausläuft. Solche Fehlentwicklungen waren in einigen Ländern an der Spitze der Stufenleiter der Schulden verbreitet — beispielsweise in Argentinien, Peru und der Türkei. Demgegenüber haben Malaysia und verschiedene andere Länder in Ostasien große Finanzierungsdefizite der öffentlichen Hand sowie Preis- und Wechselkursverzerrungen bewußt vermieden; sie befinden sich

Sonderbeitrag 4.1 Die Schuldenzyklus-Hypothese

Im Zuge des Entwicklungsprozesses ist zu erwarten, daß Veränderungen des Inlandseinkommens, der Sparquoten, der Kapitalakkumulation und der Investionserträge Ausmaß und Richtung der internationalen Kapitalbewegungen ändern. Dies hat zur Formulierung der Schuldenzyklus-Hypothese geführt: Die Länder durchlaufen typische Zahlungsbilanz- und Schuldenstadien, wie sie im Schaubild 4.1 A dargestellt sind. Die einzelnen Stadien lassen sich wie folgt charakterisieren:

I. Stadium:
Junges Schuldnerland

- Handelsbilanzdefizit.
- Netto-Abfluß von Zinszahlungen.
- Netto-Kapitalzufluß.
- Wachsende Schulden.

II. Stadium:
Reifes Schuldnerland

- Rückläufiges Handelsbilanzdefizit und Übergang zu Überschüssen.
- Netto-Abfluß von Zinszahlungen.
- Abnehmender Netto-Kapitalimport.
- Langsamerer Anstieg der Schulden.

III. Stadium:
Schuldentilgendes Land

- Steigender Handelsbilanzüberschuß.
- Abnehmender Netto-Abfluß von Zinszahlungen.
- Netto-Kapitalabfluß.
- Sinkende Netto-Auslandsschuld.

IV. Stadium:
Junges Gläubigerland

- Abnehmender Handelsbilanzüberschuß und Übergang zu Defiziten.
- Netto-Abfluß von Zinszahlungen, dann Zufluß.
- Abnehmender Kapitalabfluß.
- Aufbau von Netto-Auslandsforderungen.

V. Stadium:
Reifes Gläubigerland

- Handelsbilanzdefizit.
- Netto-Zufluß von Zinszahlungen.
- Abnehmende Netto-Kapitalbewegungen.
- Mäßig wachsende oder konstante Netto-Auslandsforderungen.

Alle Länder zusammengenommen können natürlich weder eine Schuldner- noch eine Gläubigerposition aufweisen. Deshalb dürfte die relative Höhe der Gläubigerpositionen tendenziell abnehmen, je mehr Länder sich auf das Stadium des reifen Gläubigers zubewegen. Die Tatsache, daß die zusammengefaßte Netto-Forderungsposition der Industrieländer im Verhältnis zu ihrem BSP relativ gering ist, obwohl die Brutto-Kapitalbewegungen sehr groß sind, stimmt mit der Schuldenzyklus-Hypothese gut überein. Dies gilt auch für das Verlaufsmuster der strukturellen Zahlungsbilanzentwicklung in Großbritannien und in den Vereinigten Staaten während der vergangenen 150 Jahre. Bis in die allerjüngste Zeit entwickelten sich die Zahlungsbilanzen dieser beiden Länder weitgehend gemäß den fünf Stadien.

Bei den Entwicklungsländern sind diese Zusammenhänge nicht so eindeutig: Während der Kolonialzeit wiesen viele Länder, insbesondere Rohstoffexporteure, Leistungsbilanzüberschüsse auf und entwickelten sich im Endeffekt zu Kapitalexporteuren. Eine kleine Gruppe fortgeschrittener Entwicklungsländer bewegte sich zwischen 1950 und 1975 vom Stadium des jungen Schuldnerlandes zu dem eines reifen Schuldnerlandes, aber die meisten ölimportierenden Länder verharrten bis vor kurzem im ersten Stadium. Einige wenige, wie etwa China, blieben während der gesamten oder der meisten Zeit dieser Periode Netto-Gläubiger.

Mit dem Schuldenzyklus-Modell lassen sich keine verläßlichen Voraussagen ableiten, wie lange ein Land in einem bestimmten Stadium des Schuldenzyklus bleiben dürfte. In dem hypothetischen Beispiel der Tabelle 4.1A wird ein Entwicklungsland dargestellt, das vom ersten zum zweiten Stadium des Zyklus übergeht und dort längere Zeit verharrt. Die Handelsbilanz und die Kapitalertragsbilanz weisen anhaltende Defizite auf. Die Ertragrate der Investitionen (näherungsweise gleichgesetzt mit dem Kehrwert des marginalen Kapitalkoeffizienten) ist höher als in Überschußländern und gewährleistet einen für beide Seiten vorteilhaften Ersparnistransfer zu den Entwicklungsländern. Im ersten Jahrzehnt ist die reale Zuwachsrate der Exporte niedriger als der reale Zinssatz, was rasch steigende Leistungsbilanzdefi-

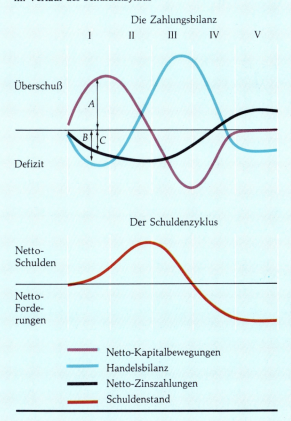

Schaubild 4.1A Zahlungsbilanzsalden und Schuldenstand im Verlauf des Schuldenzyklus

Sonderbeitrag 4.1 *(Fortsetzung)*

zite und Auslandsschulden zur Folge hat; letztere steigen von 0 im ersten Jahr auf 100 Mio Dollar nach zehn Jahren. Wenn die Relation des Schuldendienstes und der Schulden zum BIP das als maximal tragbar angesehene Niveau von 30 bzw. 40 Prozent erreichen, ist ein Ausfuhrschub erforderlich, um Zinszahlungen und Tilgungen zu finanzieren. Im fünfzehnten Jahr spielen sich die Wachstumsraten von Exporten und BIP sowie die Schuldenrelationen auf ihre langfristig stabilen Werte ein. Das Exportwachstum ist auf 6 Prozent gestiegen, was ausreicht, fortgesetzte Leistungsbilanzdefizite und ständig wachsende Auslandsschulden aufrechtzuerhalten.

Plötzliche Veränderungen wichtiger Wirtschaftsdaten, wie sie im vergangenen Jahrzehnt mit besonderer Heftigkeit aufgetreten sind, haben häufig größere Abweichungen vom prognostizierten Entwicklungspfad zur Folge. Während der zweiten Hälfte der siebziger Jahre sind viele Entwicklungsländer, die als reife Schuldnerländer galten, zum Stadium eines jungen Schuldnerlandes zurückgekehrt; sie importierten Kapital und wiesen zunehmende Handelsbilanzdefizite auf. In den achtziger Jahren sind viele der gleichen Länder in das dritte Stadium, das eines jungen Gläubigerlandes, eingetreten, da sie durch hohe Handelsbilanzüberschüsse ihre Netto-Auslandsschulden zurückführten. Diese Entwicklung ist natürlich das Spiegelbild dessen, was in einigen Industrieländern geschehen ist. So sind die Vereinigten Staaten unlängst — in den Kategorien der Schuldenzyklus-Hypothese gesehen — in das Stadium eines jungen Gläubigerlandes zurückgekehrt, dessen zunehmende Handelsbilanzdefizite zu einem beschleunigten Anstieg der Auslandsschulden führt. Die komplexen Ursachen solcher Verschiebungen werden in diesem Bericht erläutert.

TABELLE 4.1A
Tragbares Schuldenwachstum: Ein hypothetischer Fall
(Jahresdurchschnitt in Prozent, sofern nichts anderes angegeben)

Variable	1. bis 5. Jahr	6. bis 10. Jahr	11. bis 15. Jahr	16. bis 20. Jahr	21. bis 30. Jahr
Zinssatz	3,75	3,75	3,75	3,75	3,75
Exportwachstum	3,0	3,0	14,1	6,0	6,0
BIP-Wachstum	6,2	7,4	6,4	6,0	6,0
Leistungsbilanzdefizit/BIP	2,1	6,4	3,9	2,4	2,4
Schuldendienst/Exporte	2,1	17,5	32,0	31,0	31,0
Schulden/BIP	4,6	24,0	42,0	42,0	42,0
Schulden am Ende des Zeitraums (Mio Dollar)	16,5	103,0	210,0	280,0	530,0

Anmerkung: Die Berechnungen basieren auf einem Simulationsmodell, das von folgenden Annahmen ausgeht: marginaler Kapitalkoeffizient = 3,5; Verbrauchsquote = 80 Prozent des BIP; Einfuhrelastizität = 1,0; Fristigkeit der Schulden = 12 Jahre. Bei Wachstumsraten und Zinssätzen handelt es sich um reale Größen.

---

am unteren Ende der Stufenleiter. Gesamtwirtschaftliche Ungleichgewichte sind auch durch starke Veränderungen der Terms of Trade verursacht worden. Viele Länder griffen in den siebziger Jahren auf Auslandskredite zurück, um große außenwirtschaftliche Defizite, die sie für vorübergehend hielten, zu finanzieren.

Kapitalzuflüsse und Investitionen

Das Auslandskapital versetzt ein Land in die Lage, mehr zu investieren, als es ihm möglich wäre, wenn es ausschließlich auf die nationale Ersparnis zurückgreifen könnte. Im frühen Entwicklungsstadium, wenn der Kapitalstock eines Landes noch niedrig ist, sind die Erträge der Investitionen im allgemeinen höher als in Industrieländern. Hierin besteht für ein Entwicklungsland die grundlegende wirtschaftliche Rechtfertigung von Kapitalimporten aus dem Ausland; dieser Tatbestand liegt auch dem sogenannten „Schuldenzyklus" zugrunde (vgl. Sonderbeitrag 4.1). Im Zeitraum 1960 bis 1983 finanzierte die Inlandsersparnis ungefähr 90 Prozent der Investitionen in den Entwicklungsländern, in den Industrieländern dagegen übertraf die Ersparnis den inländischen Investitionsbedarf um etwa 3 Prozent.

Die Verlaufsmuster von Sparen und Investieren in den einzelnen Ländergruppen begannen sich jedoch nach 1973 merklich zu verändern, wie das Schaubild 4.3 zeigt.

- Der in den Industrieländern üblicherweise vorhandene Ersparnisüberschuß verringerte sich, wobei 1974 und 1979 sogar zwei kurze Defizitperioden zu verzeichnen waren.
- Dies fiel mit der wachsenden Nachfrage der ölimportierenden Entwicklungsländer nach Aus-

landskapital zusammen, mit dem zunächst zusätzliche Investitionen finanziert wurden und später der Rückgang der inländischen Ersparnis kompensiert wurde. Die lateinamerikanischen Staaten zeigen dieses Verlaufsmuster am deutlichsten.
- In Afrika war der langfristige Rückgang der inländischen Ersparnis stärker ausgeprägt.
- Die ölexportierenden Entwicklungsländer mit mittlerem Einkommen begannen ihre Investitionen Anfang der sechziger Jahre zu steigern; die Bemühungen um eine Erhöhung der inländischen Ersparnis machten Ende der sechziger Jahre Fortschritte. Diese Länder waren während kurzer Perioden nach den zwei Ölpreissteigerungen sogar Netto-Kreditgeber für die übrige Welt, ansonsten aber verschuldeten sie sich beträchtlich. In den Jahren 1981/82 führte der Rückgang der vom Ölsektor abhängigen Einkommen zu einem verringerten Sparaufkom-

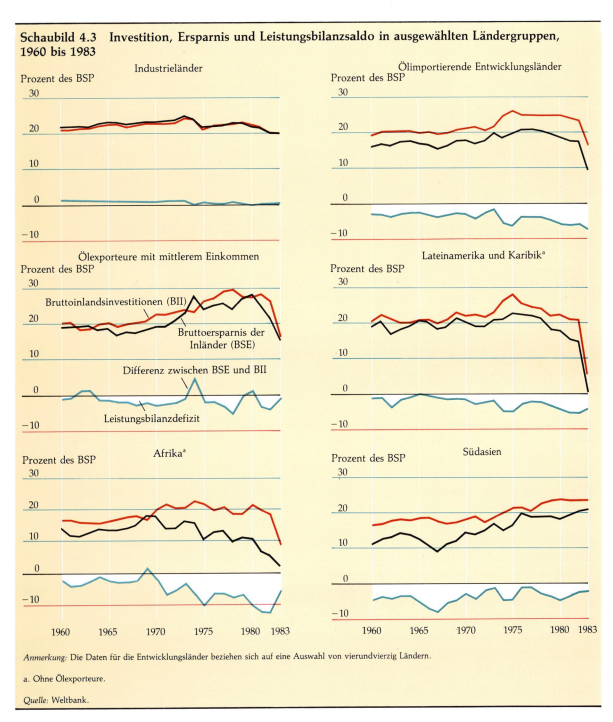

Schaubild 4.3 Investition, Ersparnis und Leistungsbilanzsaldo in ausgewählten Ländergruppen, 1960 bis 1983

Anmerkung: Die Daten für die Entwicklungsländer beziehen sich auf eine Auswahl von vierundvierzig Ländern.

a. Ohne Ölexporteure.

Quelle: Weltbank.

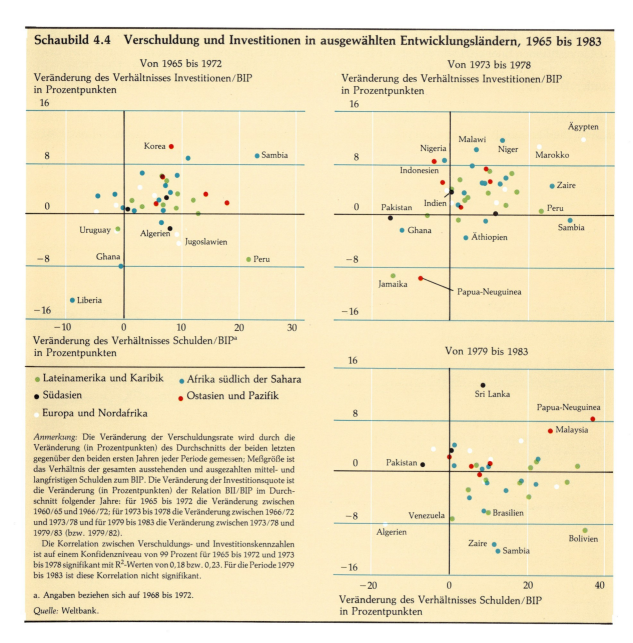

Schaubild 4.4 Verschuldung und Investitionen in ausgewählten Entwicklungsländern, 1965 bis 1983

men im Inland sowie zu einem geringeren Zufluß ausländischen Sparkapitals, der zusätzliche umfangreiche Korrekturen der Investitionen erforderlich machte.

• Demgegenüber waren die südasiatischen Länder mit niedrigem Einkommen in der Lage, seit Ende der sechziger Jahre ihre inländische Ersparnis zur Finanzierung höherer Investitionen zu steigern, womit sie die Inanspruchnahme von Auslandskapital, relativ gesehen, verringern konnten (Tabelle A.11 des Statistischen Anhangs zeigt weitere Einzelheiten für vierundvierzig Entwicklungsländer).

Schaubild 4.4 legt den Schluß nahe, daß bis in die jüngste Zeit die Länder, die sich verschuldeten, ihre Investitionsquoten tendenziell erhöhen konnten.

Die positive Korrelation zwischen Verschuldung und Investitionen ist für die Zeiträume 1965 bis 1972 und 1973 bis 1978 statistisch signifikant, nicht jedoch für die Jahre 1979 bis 1983. Die Zusammenhänge zwischen Verschuldung und Wirtschaftswachstum sind komplexerer Natur. Wie Schaubild 4.5 zeigt, war die Korrelation zwischen den Veränderungen der Relation von Schulden zu BIP und dem Wirtschaftswachstum in den Zeiträumen 1965 bis 1972 und 1973 bis 1978 zwar positiv, aber nicht signifikant. Im letzteren Zeitraum weisen einige Länder, die sich stark verschuldeten, nur ein schwaches oder überhaupt kein Wachstum auf. In einigen Fällen — so in Peru und Sambia — ging ein langsames Wachstum mit einer stagnierenden Inve-

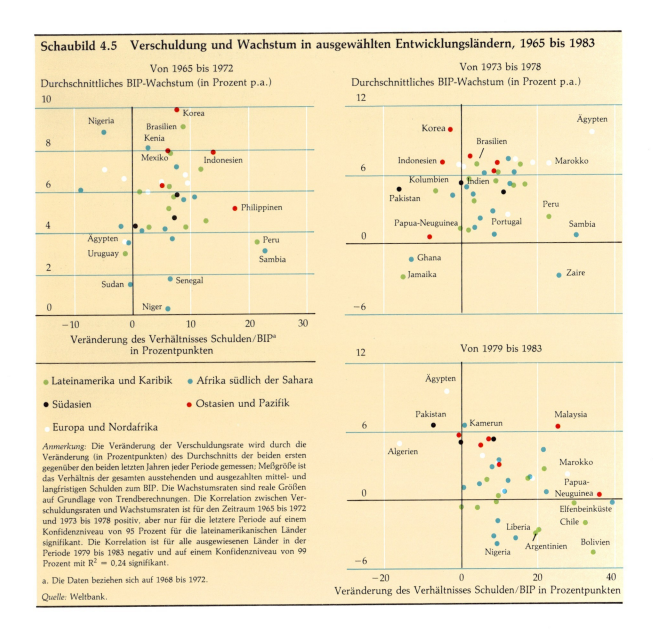

stitionsquote einher; das Auslandskapital wurde zur Finanzierung von Zahlungsbilanzdefiziten eingesetzt, die durch eine unhaltbare Wirtschaftspolitik und fallende Rohstoffpreise verursacht worden waren. In anderen Ländern — hauptsächlich in Afrika — trugen beträchtliche Kapitalimporte zum Anstieg der Investitionsquoten bei, doch die Investitionen selbst waren oft unproduktiv. Gleichwohl erzielten Länder wie Indien (vgl. Sonderbeitrag 4.2), Indonesien und Korea mittlere oder sogar sehr hohe Wachstumsraten, ohne sich verstärkt zu verschulden. In den Jahren 1979 bis 1983 war schließlich die Korrelation zwischen den Veränderungen der Relation Schulden zu BIP und dem Wachstum des BIP sogar negativ. In einem durch steigende reale Zinssätze und weltweit sinkende Produktion gekennzeichneten Umfeld wurde eine wachsende Verschuldung nicht mehr in höheres Wachstum umgesetzt. Abermals jedoch verlief die Entwicklung nicht in allen Ländern einheitlich. Malaysia zum Beispiel verschuldete sich beträchtlich, konnte aber auch ein beeindruckendes Wachstum erzielen.

Die unterschiedlichen Erfahrungen der einzelnen Länder bezüglich Verschuldung, Investitionen und Wachstum unterstreichen die Forderung nach einer effizienten Verwendung der gesamten Kapitalimporte. Investitionen der öffentlichen Hand setzen eine sorgfältige Analyse voraus, wobei den negativen Risiken ausreichend Rechnung getragen werden

Sonderbeitrag 4.2 Vorsichtige Kreditaufnahme und Risikovermeidung: Der Fall Indien

Während der sechziger und siebziger Jahre kontrollierte Indien durchweg den Zufluß ausländischen Kapitals. Wann immer es zu ernsten Zahlungsbilanzproblemen kam, schränkte die Regierung die Importe ein, und zwar kurzfristig durch eine restriktive Finanz- und Geldpolitik, durch die Genehmigungspflicht von Investitionen sowie durch direkte Kontrollen und langfristig durch eine Politik der selektiven Importsubstitution. Soweit Auslandsmittel aufgenommen wurden, geschah dies hauptsächlich zu konzessionären Bedingungen.

Die erste Runde der Ölpreiserhöhungen in den Jahren 1973/74 verschlechterte Indiens bereits anfällige Leistungsbilanz und verschärfte die Inflation. Obwohl sich die Wirtschaft bereits in einer Rezession befand, entschied sich die Regierung gegen eine Auslandsverschuldung zur Bewältigung des neuen Schocks. Stattdessen wurde durch die Anhebung von Steuern und Zinsen, die Kürzung öffentlicher Ausgaben und eine Straffung der Geldpolitik die inländische Ersparnis kräftig von 14 Prozent des BIP (im Zeitraum 1965 bis 1972) auf 19 Prozent (im Zeitraum 1973 bis 1978) gesteigert. Auch die inländischen Energiepreise wurden rasch auf das neue Weltmarktniveau angehoben. Die Rezession verschärfte sich, wodurch das Handelsbilanzdefizit beträchtlich schrumpfte. Außerdem stiegen die Einnahmen aus Gastarbeiterüberweisungen von 200 Mio Dollar im Jahre 1974 auf fast 1 Mrd Dollar in 1977, da viele Inder während des Booms in der Bauwirtschaft des Nahen Ostens beschäftigt waren.

1978 hatte Indien die außenwirtschaftliche Anpassung vollständig erreicht. Das Land war sogar zu einem Netto-Kreditgeber für den Rest der Welt geworden, wies einen kleinen Handels- und Leistungsbilanzüberschuß auf, eine vergleichsweise niedrige Schuldenquote im Verhältnis zum BIP (etwa 15 Prozent) und hohe Währungsreserven (8,3 Mrd Dollar im Jahr 1978, was dem Gegenwert von fast elf Monatsimporten entsprach). Stabilisierung und Anpassung waren in einem Maß betont worden, daß das Wachstum der Wirtschaft gebremst worden war.

Mit dem Ziel, die Leistungsfähigkeit der Wirtschaft zu steigern und das Wachstum zu beschleunigen, lockerte Indien in den frühen achtziger Jahren stufenweise die Importkontrollen, verstärkte die Anreize für Investitionen und nahm vermehrt Kredite im Ausland auf, um die Effizienz zu steigern. Zwar wurden die meisten Kredite weiterhin zu konzessionären Bedingungen hereingenommen, doch nahmen die aus kommerziellen Quellen stammenden Auslandskredite allmählich zu, und zwar von 3 Prozent der öffentlichen Auslandsschuld im Jahre 1979 auf etwa 8 Prozent im Jahre 1983. Die inländische Ersparnis stieg ebenfalls weiter und erreichte im Durchschnitt der Jahre 1976 bis 1983 23 Prozent des BIP — ein deutlich höheres Niveau als früher.

Trotz weiterer Ölpreissteigerungen und einer schlimmen Dürreperiode hat sich Indiens Wachstum beschleunigt. Im Durchschnitt der Jahre 1979 bis 1984 betrug die Wachstumsrate 5,1 Prozent, verglichen mit jährlich 3,6 Prozent in den Jahren 1950 bis 1979. Zwar wird die Schuldendienstquote in den nächsten Jahren vermutlich etwas steigen, doch hat Indien sich durch seine verminderte Einfuhrabhängigkeit bei Nahrungsmitteln und Energie, zusammen mit seinen guten Aussichten für ein stärkeres Exportwachstum, gegenüber früheren Jahren eine größere Flexibilität bei der Steuerung seiner Auslandsverschuldung und der Zahlungsbilanz verschafft.

muß. Investitionsvorhaben im privatwirtschaftlichen Bereich erfordern ein Rahmenwerk von Leistungsanreizen — positiven und negativen — zur Förderung produktiver Investitionen. Versäumnisse in diesen beiden Bereichen waren eine Hauptursache für das langsame Wachstum einiger Länder im vergangenen Jahrzehnt (vgl. Sonderbeitrag 4.3).

Wo Auslandskapital aufgenommen wurde, kann für die Entwicklungsländer ein „Transformationsproblem" entstehen — das heißt, die Investitionen erbringen (oder ersparen) nicht genug Devisen, um die Auslandsschulden zu bedienen. Dies kann aus mehreren Gründen passieren. Zum einen mag die Fälligkeitsstruktur der Kredite nicht auf die Ausreifungszeit der Projekte abgestimmt sein — ein Problem der Steuerung der Auslandsschulden, das im folgenden Kapitel erörtert wird. Andererseits mögen bestimmte Projekte zu keiner Zeit in ausreichendem Umfang Devisen erbringen oder einsparen. In einer Volkswirtschaft ohne strukturelle Verwerfungen durch überhöhte Wechselkurse, starken Protektionismus und Subventionierung des Verbrauchs oder der Investitionen würde dies keine Rolle spielen. Ob mit Hilfe der Investitionen handelbare Güter (für den Export oder zur Importsubstitution) erzeugt werden oder aber Güter, die nicht international handelbar sind, wie Leistungen des Erziehungswesens, der Elektrizitäts- oder Wasserversorgung, wäre irrelevant: Wenn die Renditen höher sind als die Kosten für die aufgenommenen Mittel, würden Produktion und Ersparnis steigen und einen zusätzlichen Überschuß für den Export ergeben, der zur Rückzahlung der Schulden ausreichen würde.

Wenn jedoch wirtschaftspolitische Maßnahmen, wie in vielen Entwicklungsländern, die Preisstruktur verzerren, dann ist nicht garantiert, daß genug Devisen erbracht werden. In Jamaika, Peru und der Türkei war die Anfälligkeit für Schuldendienst-

Sonderbeitrag 4.3 Kreditaufnahmen im Ausland und Wirtschaftlichkeit von Investitionen auf den Philippinen, in Argentinien und Marokko

Der Schaden, den unwirtschaftliche Investitionen anrichten, läßt sich gut anhand von drei ansonsten verschiedenartigen Ländern zeigen.

• *Die Philippinen.* Die Philippinen verfolgten in den sechziger und siebziger Jahren eine investitionsorientierte Strategie des raschen Wachstums, die auf der Importsubstitution basierte. Ihre Wirtschaft wuchs rasch, aber ihre Investitionen waren weniger produktiv als in vielen benachbarten Entwicklungsländern. Viele der Investitionen flossen in Sektoren, die durch hohe und ungleiche Einfuhrschranken geschützt waren. Die Währung war überbewertet, die Zinsen wurden durch Markteingriffe niedrig gehalten und Kredite häufig nach politischen, statt nach kommerziellen Gesichtspunkten vergeben.

In den frühen siebziger Jahren verstärkten die öffentlichen Unternehmen ihre Investitionen beträchtlich. Wegen fehlender Selbstfinanzierung wurden viele Unternehmen von der Unterstützung durch die Regierung und von ausländischen Krediten abhängig. Der Verwaltungsapparat zur Projektbewertung und -beaufsichtigung blieb unzulänglich. Die Investitionen konzentrierten sich auf Infrastrukturprojekte mit langen Ausreifungszeiten. Demzufolge führte der starke Anstieg der Auslandsverschuldung nicht zu einer entsprechenden Zunahme der Schuldendienstkapazität. Der marginale Kapitalkoeffizient (MKK — die Investition je zusätzlicher Produktionseinheit) hat sich in den Jahren 1978 bis 1982 mehr als verdoppelt. Die Regierung ist nun bemüht, ihre Methoden der Auswahl und Bewertung von Investitionen zu verbessern und reformiert einige Bereiche, von denen wichtige Anreize für eine rationale Investitionstätigkeit ausgehen.

• *Argentinien.* Bis vor kurzem wies Argentinien mit durchschnittlich rund 22 Prozent des BIP eine der höchsten Investitionsquoten in Lateinamerika auf. Nahezu zwei Drittel dieser Investitionen fanden im privaten Sektor statt. Ein Großteil war jedoch unwirtschaftlich — das Ergebnis einer unsteten und oft inkonsistenten Wirtschaftspolitik, einer Industrialisierung mit dem Ziel der Importsubstitution sowie hoher und stark schwankender Inflationsraten. Der gesamtwirtschaftliche MKK stieg von 4,4 (im Zeitraum 1963 bis 1972) auf rund 11 (im Zeitraum 1973 bis 1981). Dieser Koeffizient war bei weitem der höchste von allen großen lateinamerikanischen Volkswirtschaften. Von den in den Jahren 1976 bis 1982 im Ausland aufgenommenen Krediten in Höhe von 35 Mrd Dollar wurden nur wenige, wenn überhaupt, zur Finanzierung zusätzlicher Investitionen verwendet. Dieser Umstand erklärt weitgehend die Größenordnungen von Argentiniens gegenwärtiger Schuldenproblematik.

• *Marokko.* In Marokko hat eine hohe Auslandsverschuldung während der siebziger Jahre dazu beigetragen, die Investitionen auf einem Niveau von 25 Prozent des BIP zu halten, was nahezu doppelt so hoch war wie in den sechziger Jahren. Eine zunehmende Abschirmung der inländischen Wirtschaft gegenüber der Auslandskonkurrenz — verbunden mit einer inflationären Wirtschaftspolitik, Subventionen und Preiskontrollen — verzerrten die Investitionsanreize. Der gesamtwirtschaftliche MKK stieg von 2,6 (im Zeitraum 1965 bis 1972) auf 6,7 (im Zeitraum 1979 bis 1982). Der öffentliche Sektor, auf den der Großteil der neuen Investitionen entfiel, erzielte bei Projekten im Bewässerungs-, Verkehrs- und Erziehungswesen geringe und manchmal sogar negative Erträge. Die öffentlichen Investitionen je neu geschaffenem Arbeitsplatz waren etwa dreißigmal höher als im Durchschnitt des Landes, während die Produktionskosten einiger staatlich erzeugter Produkte, wie etwa von raffiniertem Zucker, dem 2,6fachen des Weltmarktpreises entsprachen.

---

probleme besonders in den siebziger Jahren hoch, weil wirtschaftspolitisch bedingte Verzerrungen zu einem niedrigeren Exportwachstum als in den meisten anderen Ländern mit mittlerem Einkommen führten. Offensichtlich läßt sich dieses Problem am besten dadurch lösen, daß die Verzerrungen beseitigt werden. Die Türkei revidierte Anfang der achtziger Jahre ihre Wirtschaftspolitik, woraufhin sich das Exportwachstum eindrucksvoll beschleunigte. Länder, denen es aus politischen oder anderen Gründen nicht möglich ist, die Verzerrungen zu beseitigen, wären gut beraten, sich bei der Aufnahme von Auslandsgeld zurückzuhalten. Auch wenn keine erheblichen Verzerrungen bestehen, kann bei einigen Ländern im frühesten Stadium ihrer Entwicklung ein Transformationsproblem auftreten, weil ihre Kapazität zur Steigerung der Produktion international handelbarer Güter eng begrenzt sein kann. Wie in Kapitel 7 erörtert wird, benötigen Länder dieser Kategorie im allgemeinen Entwicklungshilfe zu konzessionären Bedingungen.

Das tragbare Schuldenniveau ist zwar von Land zu Land unterschiedlich, doch kann eine Verschuldung nur dann erfolgversprechend sein, wenn die Rendite der gesamten Investitionen die Kosten für die aufgenommenen Mittel übersteigt. Außerdem müssen ausreichende Deviseneinerlöse erwirtschaftet werden, um die Schulden bedienen zu können. Wenn Leistungsbilanzdefizite im Zuge von Entwicklungsprogrammen auftreten, muß die Wachstumsrate der Produktion und des Exports auf lange Sicht höher sein als der Zinssatz auf die Schulden, damit das Schuldenniveau nicht untragbar wird (vgl. Sonderbeitrag 4.4).

Sonderbeitrag 4.4 Leitlinien der Kreditaufnahme

Kreditaufnahmen zur Finanzierung von Importüberschüssen sowie von Zinszahlungen auf die ausstehenden Schulden lassen die Auslandsverschuldung wachsen. Länder mit einer Ressourcenlücke müssen sich mit der Entwicklung und dem Zusammenspiel einer Reihe entscheidender schuldenbezogener Größen befassen, nämlich der Wachstumsrate der Verschuldung, der Wachstumsrate von Exporten und Einkommen, dem Umfang der Ressourcenlücke im Verhältnis zu Einkommen oder den Schulden, dem Zinssatz, zu dem Kredite aufgenommen werden. Insbesondere haben sie sicherzustellen, daß weder der Zinssatz noch die Zuwachsrate der Schulden die Wachstumsrate der Exporte oder des Einkommens nachhaltig übersteigt.

Werden diese Leitlinien mißachtet, können Schulden und Schuldenrelationen durchaus explosiv wachsen.[1] Das Beispiel 1 im Schaubild 4.4 A zeigt ein hypothetisches Land, das sich an diese Leitlinien hält. Sowohl der Export als auch das BIP wachsen rasch genug, so daß das Leistungsbilanzdefizit schließlich abnimmt — und damit auch die Schulden und die Schuldenrelationen. Das Beispiel 2 zeigt ein Land, das beide Leitlinien verletzt. Die Zunahme der Schulden geht über das Wachstum von Exporten und Einkommen hinaus, und ebenso übersteigt der Zinssatz die Wachstumsraten des BIP wie der Exporte. Die Kapitalzuflüsse nehmen ständig zu; die Schulden und die Schuldenrelationen wachsen in einer explosiven, unhaltbaren Weise. Beispiel 3 zeigt einen dazwischen liegenden Fall. Während die Verschuldungsquoten kontinuierlich zunehmen, flacht sich ihr Wachstum ab, und die Schuldenquoten bewegen sich auf ein stabiles Niveau zu. Ein solches Land dürfte daher in der Lage sein, sowohl seine Liquidität als auch seine Zahlungsfähigkeit zu erhalten. Jenseits dieser Leitlinien, die sich auf gesamtwirtschaftliche Größen beziehen, wird ein Kreditnehmer natürlich sicherzustellen haben, daß eine einfache Regel vorsichtiger Mittelaufnahmen befolgt wird: Die Kosten eines zusätzlichen Kredites sollten nicht über den Ertrag der zusätzlichen Investition hinausgehen.

---

1. Die Richtlinien können mathematisch wie folgt abgeleitet werden:

$$\Delta S = H + z \cdot S$$
$$h = H/S$$
$$\Delta S/S = \dot{S} = h + z$$

dabei bezeichnet S die ausstehenden Schulden; H den Saldo der Handels- und Dienstleistungsbilanz ohne Netto-Faktoreinkommen; h die Ressourcen-Lücke als Bruchteil der Schulden und z den Zinssatz auf die Schulden. Punkte bedeuten Wachstumsraten. Danach ist

$$(S/Y) = \dot{S} - \dot{Y} = h + (z - \dot{Y})$$
$$(S/X) = \dot{S} - \dot{X} = h + (z - \dot{X})$$

dabei steht Y für das BIP und X für die Exporte.

Schaubild 4.4A Hypothetische Entwicklungen der Verschuldung

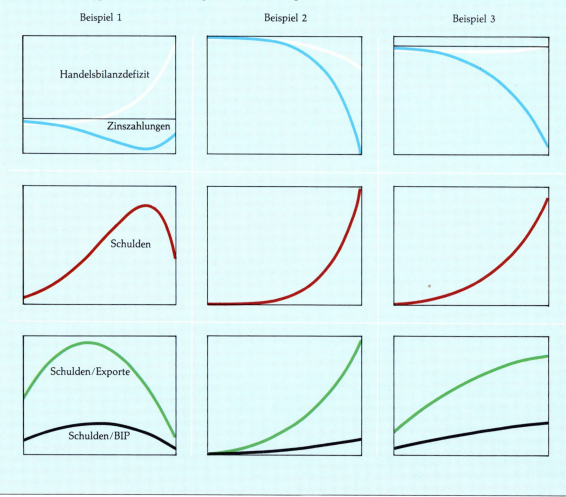

Die Beurteilung öffentlicher Investitionen

Die Wirtschaftlichkeit im öffentlichen Sektor ist von entscheidender Bedeutung, weil auf die öffentlichen Investitionen ein großer Teil der gesamten inländischen Investitionen der Entwicklungsländer entfällt. In vielen Ländern ging das rasche Wachstum der öffentlichen Investitionen in der zweiten Hälfte der siebziger Jahre den späteren Schuldendienstproblemen voraus.

Bei der Beurteilung öffentlicher Investitionen haben viele Regierungen nicht zwischen der finanziellen Rentabilität und der wirtschaftlichen Produktivität unterschieden. Investitionen öffentlicher Unternehmen können finanziell betrachtet deshalb profitabel scheinen, weil die Industriezweige durch Zölle oder staatliche Vorschriften geschützt sind, oder weil sie von der Regierung durch niedrigverzinsliche Kredite oder Barzuschüsse subventioniert werden. Wirtschaftlich gesehen mag das Projekt jedoch unproduktiv sein und wenig oder gar nichts zum Wirtschaftswachstum beitragen. Die Diskrepanz zwischen der finanziellen und der volkswirtschaftlichen Bewertung kann überwunden werden, wenn in verstärktem Maß Verfahren wie die Schattenpreistechnik zur Beurteilung von Projekten herangezogen werden und wenn — was noch wichtiger ist — wirtschaftspolitische Reformen wie eine Liberalisierung der Importe, die Freigabe von Preisen und ein Abbau von Subventionen durchgeführt werden, welche die Kluft zwischen den Erträgen in finanzieller und in volkswirtschaftlicher Sicht verringern.

Das Problem einer unzureichenden Projektbeurteilung stellt sich in den meisten Entwicklungsländern, besonders ausgeprägt aber in Afrika. Ein vor kurzem erschienener Bericht der Weltbank, *Toward Sustained Development in Sub-Saharan Africa*, gelangt bei der Erörterung der umfangreichen kommerziellen Kreditaufnahmen der siebziger Jahre zu folgendem Schluß:

Zwar wurde ein Teil dieser Kreditaufnahmen zur Aufrechterhaltung des Konsums verwendet, als die Rohstoffpreise fielen (wie in Sambia), überwiegend aber dienten sie zur Finanzierung umfangreicher öffentlicher Investitionen, von denen viele zum Wirtschaftswachstum oder zum Erwerb von Devisen für die Bedienung der Schulden nur wenig beitrugen. Diese Projekte betrafen ein breites Spektrum von Sektoren und Ländern. Zu den Beispielen gehören Projekte wie große Konferenzzentren, Verwaltungsgebäude, Universitäten, Hotels und Schnellstraßen und ebenso Projekte im industriellen Bereich wie Öl- und Zuckerraffinerien, Stahlwerke, Textil- und Zementfabriken. Sie finden sich in Ländern mit niedrigem Einkommen ebenso wie in solchen mit mittlerem Einkommen und in den meisten ölexportierenden Ländern. Sicherlich sind Investitionen in der sozialen, wirtschaftlichen und politischen Infrastruktur notwendig, ebenso wie industrielle Investitionen und Investitionen im Dienstleistungssektor (beispielsweise Hotels). Die Erfahrung zeigt jedoch, daß zu viele Investitionen in Projekten vorgenommen wurden, die nicht zu einer deutlichen Steigerung der Produktion führten. Wirkliche Fehler und Mißgeschicke können die außergewöhnlich große Zahl der „weißen Elefanten" nicht erklären. Zu viele Projekte sind entweder des politischen Prestiges wegen ausgewählt worden oder weil ihrer wahrscheinlichen volkswirtschaftlichen und finanziellen Rendite nicht genügend Beachtung geschenkt wurde (Weltbank 1984, S. 24).

Demgegenüber haben die meisten ostasiatischen Länder in den vergangenen zehn Jahren öffentliche Gelder recht wirtschaftlich investiert. Der staatliche Unternehmensbereich blieb relativ klein und beschränkt sich in vielen Fällen weitgehend auf die Energiewirtschaft. Große Investitionen in der inländischen Energieerzeugung — Erdwärme-, Kohle- und Wasserkraftwerke auf den Philippinen; Atomkraftwerke in Korea; Erdgas-, Braunkohle- und Wasserkraftwerke in Thailand — waren im allgemeinen mit Energiepreisen verbunden, die zur Energieeinsparung anregten. Fehler wurden gleichwohl gemacht. In einigen Fällen lagen der Auswahl der Investitionen eher politische als wirtschaftliche Kriterien zugrunde; manchmal waren die Erwartungen über zukünftige Preisentwicklungen unzutreffend. Der Aufbau einer Stahlindustrie in Indonesien Mitte der siebziger Jahre und umfangreiche, von der Regierung finanzierte Investitionen in der koreanischen Schwerindustrie gegen Ende der siebziger Jahre sind Fälle, wo die wirtschaftliche Bewertung der Projekte mit einer größeren Sorgfalt und Umsicht hätte erfolgen können.

Anreize für produktive Investitionen

Die Wirtschaftspolitik der Regierung hat einen profunden Einfluß auf Art und Umfang der privaten Investitionen in den Entwicklungsländern. Mit dem Ziel, die heimische verarbeitende Industrie zu fördern, schützen viele Regierungen sie durch Importschranken und subventionieren sie durch künstlich niedrig gehaltene Zinssätze und überbewertete Währungen. Diese Maßnahmen werden manchmal durch Preiskontrollen und Subventionen ergänzt, die zwar die Armen unterstützen sollen, von denen aber hauptsächlich jene profitieren, die mehr zahlen könnten. Der Haupteffekt dieser Maßnahmen ist eine Stimulierung des Verbrauchs, welche die heimischen Anbieter dazu ermuntert, sich auf den Inlandsmarkt zu konzentrieren. Sie vernachlässigen daher den Export und schmälern damit zusätzlich die Devisenerlöse, die für die Bedienung der Schulden benötigt werden.

DIE ROLLE DER PREISE. Frühere *Weltentwicklungsberichte* haben auf den Zusammenhang zwischen Preisverzerrungen und Wirtschaftswachstum hingewiesen. Der Bericht von 1983 enthielt Indizes der Preisverzerrungen in einunddreißig Ländern, denen Maßzahlen für die Verzerrungen von Wechselkursen, Faktorpreisen und Produktpreisen zugrunde lagen. Es wurde gezeigt, daß in den siebziger Jahren die Länder, deren Preisstrukturen aufgrund von staatlichen Eingriffen verzerrt waren, ein langsameres Wachstum aufwiesen. Tabelle 4.1 zeigt anhand der gleichen Klassifizierung, daß starke Verzerrungen auch ein langsameres Exportwachstum und eine höhere Wahrscheinlichkeit von Schuldendienstproblemen zur Folge haben. Die meisten Länder mit gravierenden Verzerrungen des Preisgefüges waren gezwungen umzuschulden. Falls dies nicht geschah, wie bei Bangladesch, Ghana und Tansania, war die kommerzielle Verschuldung sehr gering. Demgegenüber haben die meisten Länder mit nur schwachen Preisverzerrungen eine Umschuldung vermieden. Eine bemerkenswerte Ausnahme bildet Malawi. Seine Schuldendienstprobleme rührten nicht von Preisverzerrungen her, sondern waren vor allem das Resultat von Kreditaufnahmen mit dem Ziel, eine finanzpolitische Anpassung aufzuschieben, sowie das Ergebnis einer überhöhten kommerziellen Verschuldung.

DIE BEDEUTUNG DER HANDELS- UND WECHSELKURSPOLITIK. Während die meisten Entwicklungsländer die Schocks von Mitte der siebziger Jahre überraschend gut überstanden, gelang dies Ländern nicht, die — wie Argentinien, Peru und die Türkei — im allgemeinen eine ineffiziente Importsubstitutionspolitik verfolgten und ein kapitalintensives industrielles Wachstum förderten. Sie hatten eine Überbewertung ihrer Währungen zugelassen und besaßen hohe Zollmauern gegen Importe von Fertigerzeugnissen und niedrige Zölle für Inve-

TABELLE 4.1
Preisverzerrungen, Umschuldungen und Exportwachstum in ausgewählten Entwicklungsländern

			Exportwachstum 1970—80[a]	
	Land	Umschuldung 1975—1984	Jeweiliges Land	Durchschnitt der Ländergruppe
Zunehmende Preisverzerrungen ↓	Malawi	ja	4,8	
	Thailand	nein	8,1	
	Kamerun	nein	3,1	
	Korea	nein	23,0	
	Malaysia	nein	8,3	7,1
	Philippinen	ja	6,4	
	Tunesien	nein	7,3	
	Kenia	nein	0,9	
	Jugoslawien	ja	3,8	
	Kolumbien	nein	5,6	
	Äthiopien	nein	−1,8	
	Indonesien	nein	9,3	
	Indien	ja	8,4	
	Sri Lanka	nein	−1,8	
	Brasilien	ja	7,9	
	Mexiko	ja	7,9	5,2
	Elfenbeinküste	ja	5,0	
	Ägypten	nein	6,9	
	Türkei	ja	4,3	
	Senegal	ja	6,3	
	Pakistan	ja	−0,9	
	Jamaika	ja	−2,5	
	Uruguay	ja	9,6	
	Bolivien	ja	3,0	
	Peru	ja	−0,4	
	Argentinien	ja	7,1	1,9
	Chile	ja	11,6	
	Tansania	nein	−4,8	
	Bangladesch	nein	2,7	
	Nigeria	ja	3,3	
	Ghana	nein	−8,0	

Anmerkung: Die Analyse der Preisverzerrungen basiert auf den Devisenkursen, den Faktorpreisen und den Produktpreisen im Durchschnitt der siebziger Jahre. Aufgrund der unterschiedlichen Wirtschaftspolitik der einzelnen Länder in den letzten Jahren kann eine auf neueren Daten basierende Rangordnung von der hier angegebenen beträchtlich abweichen.
a. Durchschnittliche Jahresrate des Wachstumstrends der realen Exporte von Gütern und Dienstleistungen (ohne Faktoreinkommen) in konstanten US-Dollar.
Quelle: Für Preisverzerrungen: Weltbank, *Weltentwicklungsbericht 1983*, S. 62; für Exportwachstum: Weltbank; für Umschuldung: Weltbank, *World Debt Tables*, Ausgabe 1984/85, Tabelle 2, S. XVI.

stitionsgüter. Diese Maßnahmen förderten eine besonders kapitalintensive Produktion, wodurch die Produktivität der Investitionen zurückging. Alle drei Länder verzeichneten während der siebziger Jahre eine markante Verschlechterung des Verhältnisses zwischen zusätzlichem Kapitalaufwand und zusätzlicher Produktion.

Die Schwierigkeiten, denen sich viele lateinamerikanische Länder zu Anfang der achtziger Jahre gegenübersahen, kontrastieren zu den Erfolgen der ostasiatischen Länder. Zwar setzte ihre weltmarktorientierte Politik diese asiatischen Staaten den externen Schocks stärker aus, doch ermöglichte sie es ihnen, aus dem internationalen Handel größeren Nutzen zu ziehen, so daß sie schneller wuchsen. In einer Studie wurde festgestellt, daß die am Weltmarkt orientierten Entwicklungsländer im Zeitraum 1976 bis 1979 eine durchschnittliche Wachstumsrate von 6,2 Prozent pro Jahr erzielten, verglichen mit 2,4 Prozent bei den binnenwirtschaftlich orientierten Ländern. In den Rezessionsjahren 1979 bis 1982 betrugen die entsprechenden Zuwachsraten 1,0 und 0,2 Prozent.

Die Erfahrungen der Entwicklungsländer Ostasiens deuten darauf hin, daß die Aufrechterhaltung realistischer Wechselkurse und die Vermeidung einer überzogenen Importsubstitution die sichersten Mittel sind, um die Finanzierung von Investitionen geringer Produktivität mit Auslandskapital zu verhindern. Eine solche Politik ermöglicht es den Investoren, die echten wirtschaftlichen Kosten und Erträge alternativer Investitionsprojekte zu beurteilen, besonders wenn eine Kreditaufnahme im Ausland vorgesehen ist.

Kapitalzuflüsse und wirtschaftliche Anpassung

Frühere *Weltentwicklungsberichte* haben beschrieben, wie die Entwicklungsländer auf die drastischen Veränderungen des weltwirtschaftlichen Umfelds in den siebziger Jahren reagierten. In den Jahren 1981/82 traten erneut weltwirtschaftliche Probleme auf. Die nominalen Zinssätze stiegen; die realen Zinssätze (gemessen an der Inflation in den Industrieländern) sogar noch stärker. Die Zinsverpflichtungen für die Auslandsschulden erhöhten sich bei einigen der Hauptschuldnerländer um nicht weniger als 5 Prozent des BIP (der Prozentsatz hing ab vom Verhältnis der konzessionären zu den nichtkonzessionären Schulden und dem Verhältnis der langfristigen, festverzinslichen Schulden zu den kurzfristigen oder variabel verzinslichen). Gleichzeitig verschlechterten sich die Terms of Trade der Rohstoffexporteure weiter, wodurch die effektive reale Zinsbelastung zusätzlich stieg. Als Folge der Rezession sanken auch die Exportvolumina, und der Protektionismus gewann sowohl in den Industrieländern als auch in der Dritten Welt an Boden.

Die Auswirkungen dieser Schocks waren gewaltig, insbesondere für die Länder mit den höchsten kommerziellen Schulden. Brasiliens Netto-Zinszahlungen waren 1981 um 60 Prozent und 1982 um 80 Prozent höher, als sie bei Konstanz der realen Zinssätze gewesen wären. Diese Zunahme entsprach 15 bzw. 25 Prozent der Exporte im jeweiligen Jahr. Gleichzeitig fielen die Terms of Trade Brasiliens um 25 Prozent unter das Niveau, das einer vorsichtigen Schätzung im Jahr 1980 entsprochen hätte. Außerdem erlitt Brasilien auf seinen wichtigen Exportmärkten in anderen Entwicklungsländern Absatzeinbußen, als diese ihre Importe drosselten, und es mußte die von ihm angebotenen Exportkredite kürzen. Im allgemeinen beeinträchtigte das Zusammentreffen hoher Zinssätze mit der Rezession in den Jahren 1981 und 1982 die Fähigkeit der Entwicklungsländer, ihr Wachstum aufrechtzuerhalten und Schuldendienstprobleme zu umgehen, weitaus stärker als die beiden Ölpreisschocks gegen Mitte und Ende der siebziger Jahre (vgl. Tabelle 4.2).

Die Länder mit Schuldendienstproblemen waren jedoch nicht notwendigerweise auch diejenigen, die den stärksten wirtschaftlichen Schocks ausgesetzt waren. Am härtesten wurden die Länder getroffen, die bei früheren Schwierigkeiten eine Anpassung ihrer Wirtschaft versäumt hatten oder es unterließen, die neuen Probleme mit der nötigen Energie anzupacken. Ölimportierende Entwicklungsländer die umschulden mußten, wurden im allgemeinen von keinen gravierenderen Schocks getroffen als Länder, die Umschuldungen vermeiden konnten. Einige Ölexporteure, obgleich durch höhere Ölpreise begünstigt, fanden sich sogar in ebenso großen Schwierigkeiten wie die ölimportierenden Länder. Korea beispielsweise war in allen Perioden, die in Tabelle 4.2 gezeigt werden, starken negativen Schocks ausgesetzt, während Nigeria durchweg davon profitieren konnte. Anders als Nigeria hatte Korea jedoch keine ernsthaften Schuldendienstprobleme und sein BIP wuchs im Zeitraum 1973 bis 1983 real um durchschnittlich 8 Prozent pro Jahr.

Die Bedeutung außenwirtschaftlicher Störungen als Ursache von Schuldendienstproblemen wird daher möglicherweise überschätzt. In den meisten Fällen hatten Länder, die in Schwierigkeiten gerieten, Anpassungsmaßnahmen unterlassen, da sie in drei wichtigen Bereichen von falschen Erwartungen ausgegangen waren:

• Viele Ölimporteure, welche die erste Ölverteuerung dank steigender Rohstoffpreise und reichlich fließender Auslandsgelder relativ leicht überwunden hatten, glaubten, den zweiten Ölpreisschock in der gleichen Weise bewältigen zu können. Sie kümmerten sich nicht in ausreichendem Maß um ernsthafte wirtschaftspolitische Reformen.

- Viele Länder unterschätzten die Tiefe und Dauer der Rezession der Jahre 1980 bis 1983. Sie verschuldeten sich stark im Vertrauen darauf, daß sie die Rezession durchstehen und ihre Wirtschaft in eine günstige Ausgangsposition bringen würden, um von dem für 1982 erwarteten Konjunkturaufschwung zu profitieren.
- Exporteure bestimmter Rohstoffe — Öl, Uran, Kaffee, Kakao — die in den siebziger Jahren von hohen Zufallsgewinnen begünstigt worden waren, hielten die folgenden Preisrückgänge für vorübergehend und verschuldeten sich, um ehrgeizige Investitionsprogramme zu vollenden, die sie in einer Phase reichlicher Deviseneinnahmen geplant hatten (vgl. Sonderbeitrag 4.5).

Wenn sich die Leistungsbilanz eines Landes verschlechtert, wie dies bei vielen Ländern in den Jahren 1981/82 der Fall war, kann das Land auf drei verschiedene Weisen reagieren. Erstens kann es das Wirtschaftswachstum bremsen und damit die Importnachfrage kürzen. Dies ist für Länder mit knappen Devisenreserven oft unumgänglich. Zweitens kann es sein Wachstum beibehalten, indem es

TABELLE 4.2
Wirkung außenwirtschaftlicher Schocks auf die Leistungsbilanz ausgewählter Entwicklungsländer
(in Prozentpunkten des BSP pro Jahr)

Land	1974/75	1979/80	1981/82
Umschuldende Länder[a]			
Argentinien	− 0,6	− 1,9	− 6,4
Brasilien	− 3,7	− 2,8	− 8,6
Chile	− 4,7	− 1,2	−13,3
Indien	− 2,6	− 1,6	− 4,2
Elfenbeinküste	0,5	− 5,6	−18,9
Jamaika	− 9,6	−13,3	−29,4
Mexiko	− 1,0	− 0,2	1,0
Peru	− 4,5	− 1,5	− 5,6
Nigeria	16,7	5,8	3,8
Marokko	0,2	− 4,0	− 9,7
Philippinen	− 6,2	− 2,4	−10,1
Jugoslawien	− 6,7	− 2,0	−10,0
Länder ohne Umschuldung			
Kolumbien	− 1,4	− 3,6	− 8,3
Kenia	− 8,1	− 8,7	−19,0
Ägypten	− 8,7	− 0,8	− 1,2
Tunesien	− 2,1	2,7	1,9
Korea	− 9,5	− 8,1	−21,7
Indonesien	12,0	5,6	5,4
Tansania	− 9,3	− 6,0	−14,3
Thailand	− 3,7	− 2,3	−10,1

Anmerkung: Als außenwirtschaftliche Schocks werden die Wirkungen folgender Faktoren auf die Leistungsbilanz definiert: (a) eine Veränderung der Terms of Trade; (b) ein Rückgang der Wachstumsrate der weltweiten Nachfrage nach den Exporten eines Landes; (c) ein Anstieg der Zinssätze. Die Angaben für 1974/75 zeigen die Veränderungen gegenüber den Jahren 1971/73; die Daten für 1979/80 und 1981/82 zeigen die Veränderungen gegenüber den Jahren 1976/78.
a. Länder, die bis Ende 1984 umschuldeten.
Quelle: Balassa 1981; Balassa und McCarthy 1984.

Sonderbeitrag 4.5 Zufallsgewinne und Auslandsverschuldung

Während der siebziger Jahre haben zahlreiche Länder durch steigende Rohstoffpreise große Zufallsgewinne erzielt. Viele von ihnen sind später in Schuldenprobleme geraten. Dieser Umschwung hing teilweise mit den seit Ende der siebziger Jahre wieder sinkenden Rohstoffpreisen zusammen, spiegelt aber auch die Verwendung der Zufallsgewinne wider.

Regelmäßig waren die Länder zunächst nicht in der Lage, ihre Zufallsgewinne auszugeben und stockten deshalb ihre Währungsreserven auf. Nach ein oder zwei Jahren erhöhten die Regierungen die öffentlichen Ausgaben und begannen, im Vorgriff auf künftige Exporteinnahmen, Auslandskredite aufzunehmen. Bevor ihre Ausgabenprogramme abgeschlossen waren, fielen die Rohstoffpreise. In der Annahme, daß der Preisverfall nur temporär wäre, verschuldeten sich die Regierungen noch mehr, um den Verlust an Export- und Staatseinnahmen auszugleichen. Innerhalb weniger Jahre hatten sie sich einen Schuldenberg aufgebürdet, der sie niederdrückte und eine sofortige und schmerzliche Anpassung erforderlich machte. Dieser Verlauf kann durch verschiedene Beispiele illustriert werden (vgl. Schaubild 4.5A).

- Nigeria profitierte von der Vervierfachung der Ölpreise in den Jahren 1973/74. Bis 1976 hatte das Land die öffentlichen Investitionen real gesehen fast verdreifacht, und die Leistungsbilanz war wieder im Defizit. Kostenüberschreitungen bei den Investitionsprojekten und eine überbordende Einfuhrnachfrage trafen 1977/78 mit rückläufigen Öleinnahmen zusammen. Die Regierung strich die öffentlichen Ausgaben zusammen, beschränkte das Kreditangebot und verschärfte die Einfuhrkontrollen. Diese deflationären Maßnahmen führten 1978 zu einem scharfen Rückgang von Investitionen und Produktion. Nigeria geriet mit seinen Importverbindlichkeiten fast in Zahlungsverzug, als 1979 die Ölpreise verdoppelt wurden. Die Regierung schob dann die Anpassung bis Ende 1983 hinaus; zu diesem Zeitpunkt hatte das Land nahezu sämtliche Währungsreserven verloren, sein BIP war drei Jahre lang zurückgegangen und Zahlungsrückstände von 6 Mrd Dollar waren bei der Einfuhr aufgelaufen.

- Niger, ein Land mit niedrigem Einkommen, verschuldete sich in den späten siebziger Jahren stark im Ausland, um in die Uranproduktion und die Infrastruktur zu investieren. Zu dieser Zeit sagten internationale Experten voraus, daß sich die Exportpreise für Uran mindestens so stark erhöhen würden wie die Öl- und Erdgaspreise. Bis 1980 wurde der größte Teil der zusätzlichen öffentlichen Investitionen noch aus inländischen Einnahmen finanziert, und das öffentliche Investitionsprogramm war einigermaßen wirtschaftlich. Von 1975 bis 1979 stiegen jedoch die nichtgarantierten Verbindlichkeiten der privaten Banken und der Urangesellschaften von praktisch Null auf das Anderthalbfache der Staatsschuld. Diese nicht registrierte Verschuldung sollte bei

seine Importe durch Verschuldung im Ausland oder Rückgriff auf die Devisenreserven bezahlt. Drittens kann es aber auch Maßnahmen ergreifen, welche die Wirtschaft in Richtung auf eine höhere Exportproduktion und stärkere Importsubstitution umstrukturieren. Letzteres braucht Zeit. Das Endziel einer solchen Politik ist die Wiederherstellung des Produktionspotentials eines Landes und die Verbesserung der Leistungsbilanz durch höhere Produktion und steigende Exporte. Der Unterschied zwischen der zweiten und dritten Option vermag weitgehend das wirtschaftliche Schicksal der einzelnen Entwicklungsländer in der jüngsten Vergangenheit zu erklären.

der Schuldenkrise des Niger eine Schlüsselrolle spielen.

Als sich 1980 die Weltmärkte für Uran abschwächten, nahm die Regierung vermehrt Kredite im Ausland auf, um ihre Investitionen aufrechtzuerhalten. Dadurch stieg die Relation der öffentlichen Schulden zum BIP bis 1983 auf 49 Prozent. Die Urankapazitäten waren über die Nachfrage hinaus ausgeweitet worden, obwohl nach dem Preisverfall des Jahres 1981 einige große Projekte aufgegeben worden waren. Die privaten nichtgarantierten Schulden nahmen nach 1981 ab, aber die kürzeren Laufzeiten dieser Verbindlichkeiten haben die Schuldendienstbelastung des Landes beträchtlich verschärft. Etwa 70 Prozent der nach 1975 entstandenen Auslandsschulden stammten aus kommerziellen Quellen. 1983 entsprach die Gesamtverschuldung 60 Prozent des BIP und 219 Prozent der Exporte, verglichen mit 13 Prozent beziehungsweise 51 Prozent im Jahr 1973. Niger führt nun ein Stabilisierungsprogramm durch.

• Die Elfenbeinküste erlebte 1976/77 einen Kaffee- und Kakaoboom. Von 1976 bis 1978 stiegen die öffentlichen Investitionen von 15 Prozent des BIP auf 25 Prozent. Ein großer Teil dieser Investitionen wurde durch Auslandskredite finanziert und floß in Großprojekte mit hohen Kosten und geringen volkswirtschaftlichen Erträgen. Die Produktivität der öffentlichen Investitionen ging um annähernd 40 Prozent zurück. In den Jahren 1977/78 fielen die Kaffeepreise um 31 Prozent und die Kakaopreise um 10 Prozent, während die Importpreise stiegen. So verschlechterten sich die Terms of Trade von 1977 bis 1980 um 29 Prozent und bis 1983 um über 40 Prozent. Das Land ringt nun um Anpassung und hat 1984 seine Verbindlichkeiten umgeschuldet.

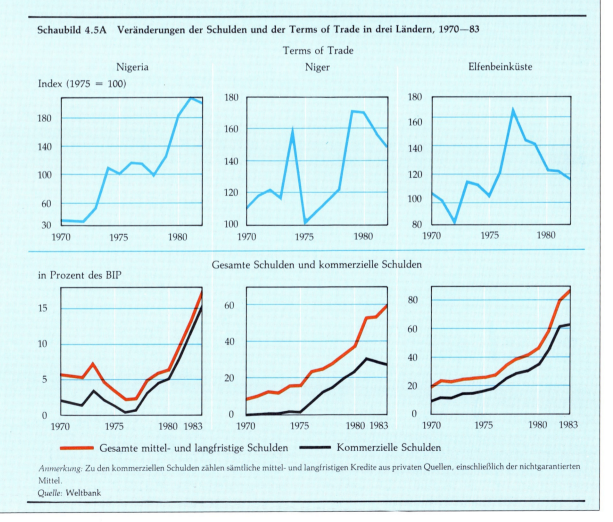

Schaubild 4.5A   Veränderungen der Schulden und der Terms of Trade in drei Ländern, 1970—83

Anmerkung: Zu den kommerziellen Schulden zählen sämtliche mittel- und langfristigen Kredite aus privaten Quellen, einschließlich der nichtgarantierten Mittel.
Quelle: Weltbank

Kreditaufnahme zur Verzögerung der Anpassung

Ein Land, das von einem (internen oder externen) Schock getroffen wird, der für vorübergehend und reversibel gehalten wird, kann sich zu Recht zur Zahlungsbilanzfinanzierung im Ausland verschulden. Unter diesen Umständen sind keine Maßnahmen zur Umstrukturierung der Wirtschaft notwendig. Praktisch ist es jedoch oft schwierig, im voraus zwischen vorübergehenden und dauerhaften Störungen zu unterscheiden. Wegen der offensichtlichen politischen und sozialen Kosten der Anpassung können Politiker zu einer allzu optimistischen Sicht der Dinge neigen. Wenn dies der Fall ist, wird später eine um so schmerzhaftere Anpassung der Preis dafür sein. Eine Verschuldung zu Zahlungsbilanzzwecken ist eine von Natur aus riskante Politik.

Die Art der späteren Anpassung hängt davon ab, wie die aufgenommenen Gelder verwendet werden. Wenn sie zur Steigerung der Investitionen dienen, schaffen sie Kapazitäten für eine zusätzliche Produktion, mit der die Schulden künftig bedient werden können. Wird die Kreditaufnahme dagegen zur Aufrechterhaltung oder Steigerung des Verbrauchs verwendet, erhöht sie das Produktionspotential der Wirtschaft nicht, wohl aber die Schuldendienstverpflichtungen.

Welches waren in den siebziger und frühen achtziger Jahren die wichtigsten Symptome einer verspäteten Anpassung? In diesem Abschnitt werden drei miteinander in Zusammenhang stehende Problembereiche erörtert: die inländische Ersparnis, das Defizit der öffentlichen Hand und die Kapitalflucht.

AUSLANDSKAPITAL UND INLÄNDISCHE ERSPARNIS. Die richtige Funktion des Auslandskapitals besteht darin, die inländische Ersparnis zu ergänzen; dabei ist wesentlich, daß es diese nicht ersetzt. In vielen Ländern war die Auslandsverschuldung in den letzten fünfzehn Jahren jedoch eine attraktive Alternative zu einer Steigerung der Ersparnis. Wie das Schaubild 4.6 zeigt, stieg in einer Auswahl von vierundvierzig Entwicklungsländern bei drei Viertel der Länder in den Jahren 1965 bis 1972 und 1973 bis 1978 das Verhältnis der Investitionen zum BIP, während zwei Drittel dieser Länder ihre Sparquote erhöhten. Aber nur in einem Viertel der ausgewählten Länder stiegen die Sparquoten mehr, beziehungsweise sanken sie weniger als die Investitionsquoten. Angesichts der in den siebziger Jahren niedrigen — teilweise sogar negativen — realen Kosten einer Auslandsverschuldung war dies verständlich. Aber diese Strategie wurde — wenn auch indirekt — zu einer wichtigen Ursache für die Schuldendienstprobleme der achtziger Jahre und erzwang eine um so stärkere Kürzung der Investitionen.

Eine Regierung kann die inländische Ersparnis hauptsächlich auf zwei Arten steigern: Erstens kann sie die private Ersparnis fördern, insbesondere durch eine verbesserte Funktionsweise der heimischen Finanzmärkte. Zweitens kann sie die Ersparnis der öffentlichen Hand durch Steuern, kostendeckende Gebühren und durch Kürzung der Staatsausgaben erhöhen.

Die geringe Inanspruchnahme der inländischen Ersparnis während der siebziger Jahre traf in vielen Ländern mit einer verlangsamten Expansion der heimischen Finanzmärkte zusammen. Obwohl das Kreditvolumen in vielen Entwicklungsländern schneller zunahm als das BIP, ließ man eine Stagnation der heimischen Finanzmärkte zu; die zusätzliche Auslandsverschuldung bildete die Hauptquelle für neue Kredite. In der Gruppe der vierundzwanzig Länder von Tabelle 4.3 machten die Auslandsmittel im Jahr 1972 zwischen 18 und 81 Prozent des gesamten Kreditvolumens aus; im Durchschnitt lag der Anteil bei 47 Prozent. Bis 1979 war der Anteil der Auslandskredite in vierzehn der vierundzwanzig Länder um fünf oder mehr Prozentpunkte gestiegen und der durchschnittliche Anteil lag bei 54 Prozent. Bis 1982 hatte der Anteil der Auslandskredite noch mehr zugenommen, und zwar auf durchschnittlich 56 Prozent. Von den Hauptschuldnern kommerzieller Mittel hatte nur Korea die Inanspruchnahme von Auslandskrediten relativ zurückgeführt. In acht der zehn Hauptschuldnerländer stieg seit 1979 der Anteil der Auslandskredite an den Gesamtkrediten um fünf oder mehr Prozentpunkte.

Die Unterschiede zwischen den Ländern können zu einem großen Teil mit dem unterschiedlichen Rückgriff der öffentlichen Hand auf Auslandskredite erklärt werden. Gliedert man die Angaben über die Kredite nach der Aufkommens- und der Verwendungsseite, so ergeben sich fünf charakteristische Strukturen (Beispiele zeigt Schaubild 4.7):

• Ein paar Länder, etwa Indonesien, griffen nach 1972 in geringerem Umfang auf Auslandskredite zurück und schränkten die öffentliche Verschuldung ein, womit sie einen größeren Teil der Finanzmittel dem privaten Sektor überließen.

• Länder wie Korea und Thailand nahmen während des größten Teils dieser Periode Kredite aller Kategorien weiterhin in etwa gleichem Verhältnis

Schaubild 4.6 Veränderung der Investitionen, der Ersparnis und der Terms of Trade in ausgewählten Ländern, 1965—83

Veränderung zwischen den Periodendurchschnitten 1965 bis 1972 und 1973 bis 1978

	BIE/BIP konstant oder gesunken		BIE/BIP gestiegen		
BII/BIP konstant oder gesunken	*Sri Lanka (0,0) *Chile (−1, −2) *Pakistan (−1, −3) *Sierra Leone (−1, −5)	*Sambia (−1, −11) Ghana (−2,0) Äthiopien (−4, −3) Jamaika (−9, −12)	Kolumbien (0,3) *Papua-Neuguinea^a (−10,16)		
BII/BIP gestiegen	Peru (1, −3) Portugal (2, −5) Tansania (2, −6) Uruguay (2, −1) *Jugoslawien (2, −1)	Brasilien (3,0) *Türkei (4,0) Sudan (5, −1) Zaire (5, −10) *Liberia (8, −8)	BII/BIP gestiegen	*Costa Rica (4,2) *Kenia (4,1) *Senegal (5,2) *Guatemala (6,4) Venezuela (7,4)	Marokko (11,1) *Niger (12,6) Ägypten (12,3) Algerien (19,13)
			BII/BIP weniger als BIE/BIP gestiegen	*Thailand (1,3) *Indien (3,6) *Korea (5,11) Malaysia (5,7)	*Ecuador (7,10) Indonesien (8,15) Nigeria (8,13)
			BII/BIP und BIE/BIP etwa gleich stark gestiegen	Mexiko (2,1) *Argentinien (4,5) Bolivien (4,5) Tunesien (4,4)	Elfenbeinküste (5,5) Kamerun (6,6) *Philippinen (7,6) Malawi (10,11)

Veränderung zwischen den Periodendurchschnitten 1973 bis 1978 und 1979 bis 1981

	BIE/BIP konstant oder gesunken			BIE/BIP gestiegen		
BII/BIP konstant oder gesunken	*Äthiopien (0, −4) *Argentinien (−1, −5) *Guatemala (−1, −3) *Nigeria (−1, −3) *Sudan (−1, −6) *Türkei (−1, −1)	*Liberia (−2, −7) *Malawi (−2, −4) *Marokko (−2, −4) *Senegal (−2, −11) *Jamaika (−3, −1) Bolivien (−6, −8)	*Brasilien (−6, −5) Ghana (−6, −6) Venezuela (−7, −6) *Sambia (−11, −14)	Ecuador (0,2) Peru (−1,7)	Algerien (−7,2) Zaire (−11,3)	
BII/BIP gestiegen	*Kolumbien (1, −1) *Pakistan (1, −2) *Sierra Leone (1, −3) *Tansania (1, −1) *Thailand (2,0)	Elfenbeinküste (3, −3) *Kenia (3, −3) *Uruguay (3,0)	*Chile (5,0) *Papua-Neuguinea (6, −4) Sri Lanka (13,0)	BII/BIP stärker gestiegen als BIE/BIP	*Indien (3,1) *Korea (3,1) *Philippinen (3,1) Kamerun (4,2)	Ägypten (4,2) Malaysia (5,2) *Portugal (5,3)
				BII/BIP weniger als BIE/BIP gestiegen	Indonesien (2,5) *Niger (3,7)	*Jugoslawien (4,6)
				BII/BIP und BIE/BIP gleich stark gestiegen	*Costa Rica (3,3) Tunesien (3,3)	Mexiko (5,5)

Veränderung zwischen den Periodendurchschnitten 1979 bis 1981 und 1982 bis 1983

	BIE/BIP konstant oder gesunken			BIE/BIP gestiegen	
BII/BIP konstant oder gesunken	*Ghana (0, −4) *Pakistan (0, 0) *Portugal (0, −1) *Sri Lanka (0, 0) *Sudan (0, −6) Algerien (−2, −2)	*Peru (−2, −6) *Philippinen (−3, −3) *Sambia (−3, −7) *Guatemala (−4, −3) *Sierra Leone (−4, −2) *Ecuador (−5, −2)	*Kenia (−5, 0) *Korea (−5, 0) *Thailand (−5, −3) *Bolivien (−7, −7) *Chile (−11, −5)	*Indien (0, 2) *Senegal (−1, 4) *Costa Rica (−5, 5)	Malawi (−5, 2) Uruguay (−5, 1) *Mexiko (−8, 2)
BII/BIP gestiegen	*Äthiopien (1, −2) Tunesien (1, −3) Indonesien (2, −7)	*Jamaika (3, −5) *Malaysia (4, −5) *Papua-Neuguinea (7, −5)			

Anmerkung: Die in Klammern gesetzten Zahlen geben die absolute Veränderung in Prozentpunkten zwischen den beiden Perioden an: die erste Zahl ist die Veränderung des Verhältnisses BII/BIP, die zweite die Veränderung des Verhältnisses BIE/BIP; gemessen in jeweiligen Dollars. Ein Stern kennzeichnet ein Land mit einer Verschlechterung der Terms of Trade.

Quelle: Weltbank.

TABELLE 4.3
Kreditkennziffern ausgewählter Entwicklungsländer, 1972, 1979 und 1982
(in %)

Land	Gesamtes Kreditvolumen/BIP[a]			Auslandskredite/Gesamtes Kreditvolumen[a]		
	1972	1979	1982	1972	1979	1982
*Argentinien	33,0	40,6	53,0[b]	32,6	41,7	51,7[b]
Bangladesch	43,8[c]	42,4	61,2	65,0[c]	60,5	68,7
*Brasilien	34,9	43,7	38,5	43,5	66,9	76,9
*Chile	32,9	58,6	71,3[b]	43,8	69,6	73,0[b]
Kolumbien	36,4[d]	28,4	40,6	56,4[d]	67,6	64,8
Ecuador	54,7	57,9	63,1	65,5	72,7	68,3
Indien	44,2	49,9	57,8	36,7	22,7	22,4
*Indonesien	51,6	39,1	40,3	81,2	71,8	64,7
Elfenbeinküste	42,5	68,1	131,1	51,7	60,0	81,5
Kenia	20,3	54,6	84,4	—	53,8	66,4
*Korea	86,7	59,6	83,8	65,6	50,9	59,4
*Mexiko	61,8[e]	53,6	93,7	—	51,8	70,0
Marokko	58,2	78,2	112,1	50,9	51,9	70,8
Nigeria	25,7	26,5	44,5[b]	39,9	22,5	22,7[b]
Pakistan	105,7	79,5	77,2	58,0	48,7	50,5
Peru	69,7	66,3	71,0	71,4	89,4	83,8
Philippinen	50,6	56,7	79,7	64,3	72,3	77,9
Portugal	104,1[f]	115,7	145,2	21,2[f]	38,3	56,9
Sri Lanka	42,2	57,1	80,2	48,6	66,1	63,1
Thailand	40,4	55,9	73,7	32,2	38,9	41,1
Türkei	42,1	40,8	62,7	41,4	47,5	66,9
*Venezuela	27,8	67,0	81,3	39,9	69,7	60,3
*Jugoslawien	99,6[e]	99,5	86,3[b]	18,4[e]	20,5	36,4[b]
Zaire	44,8	91,5	106,3[b]	61,3	83,3	92,4[b]

Anmerkung: Durch einen Stern werden Länder gekennzeichnet, die unter den Entwicklungsländern zu den zehn größten kommerziellen Kreditnehmern auf den internationalen Finanzmärkten gehören; gemessen in US-Dollar, Stand Ende 1982.
a) Das gesamte Kreditvolumen umfaßt das inländische Netto-Kreditvolumen zuzüglich der Kredite aus ausländischen Quellen. Das inländische Kreditvolumen gliedert sich in Netto-Forderungen von Währungsbehörden und inländischen Geschäftsbanken gegenüber der öffentlichen Hand (der Zentralregierung) und gegenüber dem Privatsektor. Das inländische Netto-Kreditvolumen ist definiert als das inländische Kreditvolumen abzüglich der Verbindlichkeiten der Währungsbehörden und der inländischen Geschäftsbanken gegenüber dem Ausland. Diese Auslandsverbindlichkeiten, die sowohl die langfristige Auslandsverschuldung des öffentlichen und privaten Sektors als auch die kurzfristigen Verbindlichkeiten des inländischen Bankensystems umfassen, wurden zu Wechselkursen des jeweiligen Jahresendes in Inlandswährung umgerechnet und als Kredite aus ausländischen Quellen definiert.
b. 1981.
c. 1978.
d. 1973.
e. 1977.
f. 1976.
Quelle: IWF *International Financial Statistics;* Morgan Guaranty Bank; Weltbank.

auf; dies bedeutete eine starke Expansion des inländischen Mittelaufkommens, um mit der steigenden Relation der Auslandsschulden zum BIP Schritt halten zu können. (Einige dieser Länder haben jedoch neuerdings ihre kurzfristigen Auslandsschulden stärker erhöht als andere Formen der Kreditaufnahme.)

• Bei Ländern wie Argentinien, Portugal und der Türkei erhöhte sich die Abhängigkeit von Auslandskrediten zu verschiedenen Zeitpunkten der Periode 1972 bis 1978. Da sie einen Rückgang des Kreditangebots für den privaten Sektor — relativ zum BIP — zuließen, veranlaßten sie private Kreditnehmer zur Aufnahme von Auslandskrediten.

• Die meisten Regierungen der Entwicklungsländer griffen in den Jahren 1972 bis 1982 verstärkt auf öffentliche und öffentlich garantierte Auslandskredite zurück, während der öffentliche Sektor die inländischen Finanzmärkte weniger beanspruchte. Brasilien ist ein Beispiel für diese Vorgehensweise, die eine Ausweitung der öffentlichen Verschuldung ermöglichte, ohne daß es zu einer entsprechenden Verdrängung des privaten Sektors kam.

• Einige Regierungen, vornehmlich von ölexportierenden Ländern, verwendeten ihre Auslandskredite sogar zu einem Aufbau von Guthaben bei inländischen Banken, der über ihre heimische Neuverschuldung hinausging. Dies führte dazu, daß die

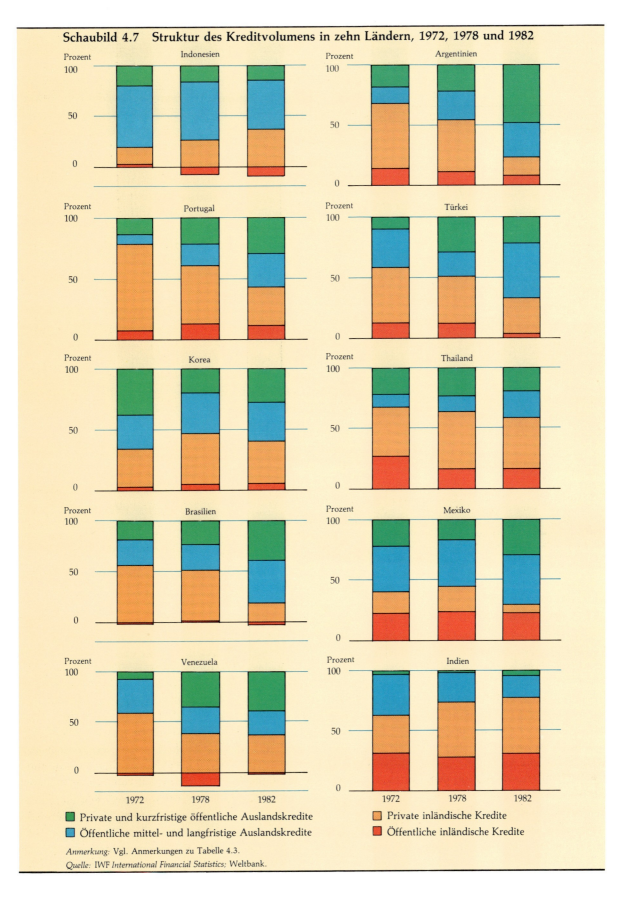

Schaubild 4.7 Struktur des Kreditvolumens in zehn Ländern, 1972, 1978 und 1982

- ■ Private und kurzfristige öffentliche Auslandskredite
- ■ Öffentliche mittel- und langfristige Auslandskredite
- ■ Private inländische Kredite
- ■ Öffentliche inländische Kredite

Anmerkung: Vgl. Anmerkungen zu Tabelle 4.3.
Quelle: IWF *International Financial Statistics;* Weltbank.

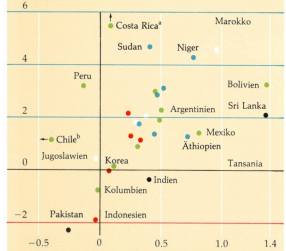

Schaubild 4.8 Anstieg der Schulden und der staatlichen Haushaltsdefizite in ausgewählten Entwicklungsländern, 1972 bis 1982

Anmerkung: Die Veränderungen in Prozentpunkten der Verhältniszahlen Schulden/BIP und Haushaltsdefizit/BIP sind jährliche Durchschnittswerte auf Grundlage von Trendberechnungen. Angaben über die Haushaltsdefizite sind nicht für alle Länder für jedes Jahr der oben ausgewiesenen Periode verfügbar. Die positive Korrelation zwischen dem Anstieg der Haushaltsdefizite und der Schulden ist auf einem Konfidenzniveau von 99 Prozent für eine Auswahl von fünfundzwanzig Ländern mit $R^2 = 0,51$ signifikant.

a. Die Veränderung des Verhältnisses Schulden/BIP für Costa Rica beträgt 7,0 Prozentpunkte.

b. Die Veränderung des Verhältnisses Haushaltsdefizit/BIP für Chile beträgt −1,3 Prozentpunkte.

Quelle: IWF *Government Finance Statistics* 1984; Weltbank.

öffentliche Hand auf den inländischen Märkten effektiv zum Kreditgeber wurde, wie das in Venezuela der Fall war. Dadurch wurde eine rasche Ausweitung der Kredite an den privaten Sektor möglich (beispielsweise in Indien). Das erlaubte diesen Regierungen aber auch, das von ihnen subventionierte und gesteuerte Kreditvolumen beträchtlich auszuweiten. Oft stieg auf diese Weise die Inanspruchnahme kurzfristiger Auslandsgelder sowohl durch den öffentlichen wie auch durch den privaten Sektor. In letzter Zeit traten bei einigen dieser Länder Zahlungsbilanzprobleme auf, und sie waren gezwungen, die Expansion der Kredite an den privaten Sektor zu drosseln.

Zu einem gewissen Umfang spiegelt der steigende Anteil der Auslandsverschuldung einfach die Tatsache wider, daß diese in den siebziger Jahren relativ preiswert war. Vielfach war er aber auch das Ergebnis wirtschaftspolitischer Maßnahmen, die zu Lasten der inländischen Finanzmärkte gingen. Einige Länder — wie Ekuador, Nigeria, Peru und die Türkei — hielten im allgemeinen die inländischen Einlagenzinsen auf einem Niveau, das negativ war. Für heimische Finanzinstitute war es oft wenig attraktiv, inländische Ersparnisse für ihre Kreditvergabe zu verwenden, denn die Zinsspannen von Krediten in Inlandswährung unterlagen staatlicher Kontrolle, während im Ausland refinanzierte Kredite frei kalkulierbar waren. Das führte zu dem Ergebnis, daß potentielle Anleger in vielen Ländern ihre Gelder ins Ausland schickten. Zugleich erhielten inländische Unternehmen und Finanzinstitute oftmals verbilligte Zentralbankkredite oder subventionierte Garantien für ihre Auslandsverschuldung.

Das Versäumnis, die heimischen Finanzmärkte in den siebziger Jahren zu entwickeln und zu vertiefen, hatte gravierende Konsequenzen, als sich zu Beginn der achtziger Jahre das internationale Zinsniveau erhöhte und die Kapitalimporte plötzlich ausblieben. Viele Regierungen konnten ihre Haushaltsdefizite nicht schnell genug abbauen, andererseits erwiesen sich die inländischen Kreditmärkte als zu wenig ergiebig, um zusätzlich Schuldtitel in größerem Umfang zu absorbieren. Diese Regierungen mußten auf eine inflationäre Finanzierung ausweichen; insoweit wie sie sich bei inländischen Kreditgebern verschuldeten, verdrängten sie den privaten Sektor.

ÖFFENTLICHE DEFIZITE UND ÜBERHÖHTE VERSCHULDUNG. Die Erfahrung zeigt, daß Länder, die einen vorsichtigen finanzpolitischen Kurs verfolgen, nur selten in länger anhaltende externe Zahlungsschwierigkeiten geraten. Praktisch jeder größeren Zahlungsbilanzkrise in den siebziger und achtziger Jahren gingen hohe und wachsende Haushaltsdefizite voraus. In einigen Fällen waren außenwirtschaftliche Schocks die unmittelbare Ursache sowohl der Zahlungsbilanz- als auch der Finanzprobleme. In anderen Fällen entstanden die Defizite jedoch im Zuge einer bewußten Politik der Stimulierung, um die Wirtschaft aus einer Rezession herauszuführen, oder aber weil die Regierung die Kontrolle über den Haushalt verloren hatte. Wie Schaubild 4.8 zeigt, besteht zwischen steigenden Staatsdefiziten und wachsenden Auslandsschulden ein signifikanter positiver Zusammenhang.

Defizite werden durch jeden einzelnen oder alle der folgenden Faktoren verursacht: (a) durch überhöhte Investitionen des öffentlichen Sektors; (b) durch steigenden Staatsverbrauch, oft in der Form von Subventionen an öffentliche Unternehmen zur Abdeckung von Betriebsverlusten, die das Ergebnis verzögerter Preisanpassungen sind und (c) durch die Abneigung gegen Steuererhöhungen bei steigenden Ausgaben. Hohe öffentliche Defizite sind nicht nur auf Dauer untragbar, sie führen häufig auch zu einem ineffizienten Einsatz der Ressourcen.

Außerdem erfolgt eine rasche Ausweitung der Staatsausgaben nur in seltenen Fällen auf rationelle und sinnvolle Weise. In der Türkei beispielsweise stieg die Zahl der öffentlichen Investitionsvorhaben von 3000 im Jahr 1976 auf fast 9000 im Jahr 1980. In Peru übernahm die Regierung die meisten industriellen und landwirtschaftlichen Großbetriebe des Landes, investierte beträchtlich in Wirtschaftszweigen, die Importsubstitute produzieren, und ließ eine Öl-Pipeline verlegen, deren Kapazität größer war als die von Perus Ölfeldern. In der Elfenbeinküste stieg der Anteil der öffentlichen Investitionen am BIP von 15 Prozent im Jahr 1976 auf 25 Prozent im Jahr 1978. Ein großer Teil der landwirtschaftlichen Investitionen erfolgte in Zuckerfabriken, deren Betriebskosten je Produkteinheit sich auf das Zwei- bis Dreifache der Weltmarktpreise beliefen. Die Investitionen im Erziehungssektor gingen hauptsächlich in weiterführende Bildungseinrichtungen, die den Bedürfnissen des Landes nicht entsprachen. Die Produktivität der öffentlichen Investitionen sank Mitte der siebziger Jahre um etwa 40 Prozent.

Die Erfahrungen Argentiniens, Mexikos und Marokkos verdeutlichen den Zusammenhang, der zwischen Haushaltsdefiziten und Mittelzuflüssen aus dem Ausland besteht (vgl. Schaubild 4.9). Es ist im folgenden zu beachten, daß die Zahlen über die Auslandsschulden kurz- und langfristige Verbindlichkeiten umfassen.

• *Argentinien.* Die öffentlichen Ausgaben stiegen von 30 Prozent des BIP im Jahr 1969 auf 49 Prozent im Jahr 1983, während sich das Haushaltsdefizit des öffentlichen Sektors von 1 Prozent des BIP auf 16 Prozent erhöhte. Das Defizit begann Anfang der siebziger Jahre vor allem deshalb zuzunehmen, weil die Preise der öffentlichen Unternehmen zu spät angepaßt wurden, bestimmte zeitlich befristete Steuern ausliefen, eine Amnestie für Steuerhinterziehung erlassen wurde und weil die steigende Inflation zu einer Erosion der realen Steuereinnahmen führte. Im Jahr 1973 versuchte eine neue Regierung, die Einkommen umzuverteilen und den allgemeinen Lebensstandard durch eine massive Erhöhung der öffentlichen Transferzahlungen, der

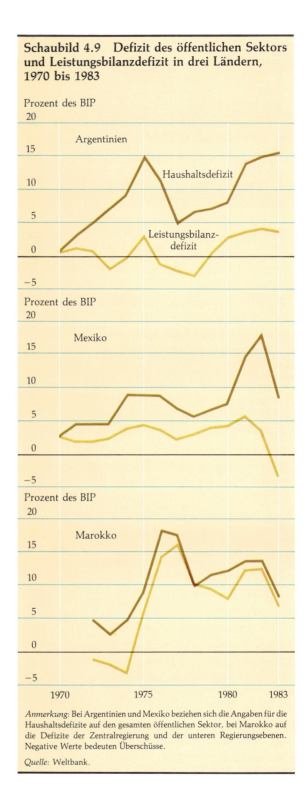

Schaubild 4.9 **Defizit des öffentlichen Sektors und Leistungsbilanzdefizit in drei Ländern, 1970 bis 1983**

Anmerkung: Bei Argentinien und Mexiko beziehen sich die Angaben für die Haushaltsdefizite auf den gesamten öffentlichen Sektor, bei Marokko auf die Defizite der Zentralregierung und der unteren Regierungsebenen. Negative Werte bedeuten Überschüsse.

Quelle: Weltbank.

Subventionen sowie der Reallöhne anzuheben. Gleichzeitig wurden nur vorübergehende und unzureichende Maßnahmen zur Steuererhöhung getroffen. In drei Jahren stieg das Defizit von 5 Prozent des BIP auf 15 Prozent, und die Wirtschaft stand am Rande einer galoppierenden Inflation und des

Zusammenbruchs. Nach einem Rückgang Mitte der siebziger Jahre begannen die Defizite ab 1977 wieder zuzunehmen, um im Jahr 1983 mit 16 Prozent des BIP einen Höchststand zu erreichen.

Staatsunternehmen, öffentliche Banken und die Regierung verschuldeten sich massiv im Ausland. Die öffentlichen Auslandsschulden stiegen von 1975 bis 1983 jährlich um über 30 Prozent — mehr als doppelt so stark wie im Durchschnitt irgend eines anderen Zeitraums in Argentiniens Nachkriegsgeschichte. Von 1969 bis 1983 erhöhten sich die öffentlichen Auslandsschulden (ohne die nicht garantierten Verbindlichkeiten, die 1983 in öffentliche Schulden umgewandelt wurden) auf das Siebzehnfache, nämlich auf rund 30 Mrd Dollar; sie stiegen so von 7 Prozent des BIP auf 45 Prozent.

• *Mexiko.* Hier ging die Regierung mit bescheidenen Haushaltsdefiziten in die siebziger Jahre. Dann begann eine neue Administration, die Subventionierung des privaten Verbrauchs, die Transfers an die staatlichen Unternehmen und die öffentlichen Investitionen auszuweiten. Die Staatsausgaben stiegen von 17,6 Prozent des BIP in den Jahren 1968 bis 1970 auf fast 26 Prozent im Zeitraum 1974 bis 1976. Das Finanzierungsdefizit der öffentlichen Hand wuchs stetig von 3 Prozent des BIP auf 10 Prozent. Sein Wachstum blieb angesichts der unergiebigen inländischen Kapitalmärkte hinter dem rapiden Anstieg der öffentlichen Auslandsverschuldung zurück: Die Schulden verfünffachten sich beinahe in sechs Jahren, und zwar auf 20 Mrd Dollar im Jahr 1976. Dies löste 1976 eine Vertrauenskrise aus und veranlaßte die neue Regierung, das Haushaltsdefizit deutlich abzubauen und den Peso abzuwerten. Die Zahlungsbilanz stabilisierte sich daraufhin.

Als Mexiko seine Ölförderung in den späten siebziger Jahren außerordentlich steigerte, revidierten die ausländischen Geldgeber ihre Kreditlinien. Die Regierung gab ihre Sparpolitik auf. Die öffentlichen Ausgaben schossen in die Höhe — von 30 Prozent des BIP im Jahr 1978 auf 35 Prozent 1980 und 48 Prozent im Jahr 1982. Sogar das schnelle Wachstum der Öleinnahmen konnte damit nicht Schritt halten. Das Haushaltsdefizit stieg von 8 Prozent des BIP im Jahr 1980 auf 15 Prozent 1981 und 18 Prozent im Jahr 1982. Die Auslandsverschuldung wuchs im Gleichschritt. Von 1970 bis 1982 erhöhten sich die öffentlichen und öffentlich garantierten Schulden um 1 400 Prozent auf 59 Mrd Dollar; dies entsprach 32 Prozent des BIP.

• *Marokko.* Ausgehend von geringen Haushaltsdefiziten und niedrigen Auslandsschulden in den frühen siebziger Jahren, erhöhte Marokko die öffentlichen Investitionen von 5 Prozent des BIP im Jahr 1973 auf 20 Prozent im Jahr 1977, um umfangreiche Investitionen in der Landwirtschaft, der Energiewirtschaft, dem Verkehrswesen, der Erziehung und der Schwerindustrie zu finanzieren. Auch die Verteidigungsausgaben stiegen kräftig. Das Land geriet 1978 in gravierende Zahlungsprobleme, worauf die Regierung mit gewissen Einsparungen reagierte. Soziale Unruhen im Jahr 1979 veranlaßten sie jedoch, die Lohnrichtlinien für den öffentlichen Dienst aufzugeben und höhere Verbrauchersubventionen für importierte Lebensmittel und Öl zu gewähren. Das Staatsdefizit wuchs, 1982 erreichte es 14 Prozent des BIP. Die Auslandsschulden des öffentlichen Sektors stiegen von 1 Mrd Dollar im Jahr 1973 auf über 12 Mrd Dollar im Jahr 1983. Dies entsprach 90 Prozent des BIP und 400 Prozent der Exporte — eine der höchsten Verschuldungsquoten der Welt. Als dieser Punkt erreicht war, hatte Marokko seine Währungsreserven erschöpft und erhielt keine neuen Kredite mehr. Mit Hilfe einer kürzlich erfolgten Umschuldungsvereinbarung und eines IWF-Kredits konnte Marokko seine Haushaltsdefizite beträchtlich verringern.

KAPITALFLUCHT UND WECHSELKURSE. Massive Kapitalflucht war Anfang der achtziger Jahre ein bedeutsamer Faktor für die Zahlungsbilanzschwierigkeiten verschiedener Länder. Kapitalflucht findet dann statt, wenn bei der Geldanlage im Ausland die erwarteten Erträge höher oder sicherer sind als im Inland. In der Regel stehen mehrere Faktoren im Hintergrund der Kapitalflucht: Überhöhte Wechselkurse, die den Erwerb ausländischer Aktiva billig erscheinen lassen, aber auch Befürchtungen einer Abwertung hervorrufen; hohe und schwankende Inflationsraten, die Unsicherheit erzeugen und zu sinkenden realen Zinssätzen führen; staatliche Eingriffe in die Finanzmärkte, welche die realen Zinssätze in Zeiten einer starken Inflation im negativen Bereich halten, und ein ausgeprägter Protektionismus im Inland, der die Bedienung der Auslandsschulden erschwert.

Eine überbewertete Währung — und die Erwartung einer scharfen Wechselkurskorrektur — ist die häufigste und wichtigste Ursache. Ab einem bestimmten Punkt erscheint eine reale Abwertung unausweichlich; dies fördert spekulative Kapitalabflüsse, die den Wechselkurs zusätzlich unter Druck setzen. Oft werden die Devisenkontrollen verstärkt, um die Abflüsse zum Stillstand zu bringen, doch in der Regel mit geringem Erfolg. Durch eine

Verschiebung der Zahlungstermine bei kommerziellen Auslandszahlungen kehrt sich der normale Zufluß von Handels- und sonstigen Krediten um, da die ausländischen Exporteure auf schnelle Zahlung dringen, während die heimischen Importeure Vorauszahlungen auf ausländische Importgüter leisten. Durch Unterfakturierung der Exporte und Überfakturierung der Importe exportieren die Inländer Kapital auf illegalem Weg.

Die Attraktivität der Auslandsverschuldung wird gesteigert, wenn die Regierung eine Verschuldung im Ausland garantiert oder Kapitalverluste infolge einer Abwertung ersetzt (wie dies in der Regel bei staatlichen Unternehmen geschah). In einigen Fällen, so in den Jahren 1980 und 1981 in Mexiko und Chile, wurden auch private Unternehmen zur Kreditaufnahme im Ausland veranlaßt. Die Schuldner spekulierten darauf (zu Recht, wie sich herausstellte), daß die Regierung weiterhin relativ billige Devisen für die Bedienung der Schulden bereitstellen würde, selbst nach einer Abwertung. In anderen Fällen, so in Argentinien und Uruguay, bot die Regierung günstige Termingeschäfte zur Deckung des Währungsrisikos an.

All diese Probleme kumulierten sich in der jüngsten Tendenz der Umschuldungsverhandlungen, auch die nicht garantierten Schulden als Teil der Verbindlichkeiten der Regierung in die Umschuldung mit einzubeziehen. Der öffentliche Sektor übernimmt das Transferrisiko, das mit der Bedienung der vom privaten Sektor aufgenommenen Auslandskredite verbunden ist, obwohl die mit diesen Schulden erworbenen Aktiva in der Regel im Ausland gehalten werden, wo sie der heimischen Wirtschaft kaum Nutzen bringen. Maßnahmen zur Förderung der Auslandsverschuldung verschlimmern das schließlich eintretende Schuldenproblem eines Landes in der Regel noch zusätzlich: Nachdem die umfangreichen Kapitalimporte die Überbewertung der Währung verstärkt haben, ist eine noch größere Anpassung nötig, um die zusätzlichen Schulden bedienen zu können.

Die Kapitalflucht kann nicht direkt ermittelt, sondern nur ungefähr als Restgröße geschätzt werden. Wie die Schätzungen in Tabelle 4.4 zeigen, war sie in Argentinien, Mexiko und Venezuela massiv. Im Effekt wurde ein großer Teil der im Ausland aufgenommenen Gelder umgehend wieder zurückgeschleust, ohne Erträge für die Bedienung der Schulden zu erwirtschaften. In solchen Fällen war die Auslandsverschuldung ein Patentrezept für die Katastrophe.

Absolut gesehen war kein Land stärker als Mexiko von der Kapitalflucht betroffen. Mexiko hielt seit langem einen festen Wechselkurs aufrecht, bis es 1976 zur Abwertung kam. Ende der siebziger Jahre schürte das schnelle Wachstum der öffentlichen Ausgaben und Defizite die zunehmende Inflation. Als offenkundig wurde, daß die Regierung ihren expansiven Kurs nicht schnell ändern würde, geriet der Wechselkurs unter starken Druck. Der kräftige Anstieg der öffentlichen Verschuldung in den Jahren 1980/81 trug dazu bei, den Kurs eine Zeitlang zu verteidigen, doch standen diesem Mittelzufluß immer neue Wellen der Kapitalflucht entgegen. Im August 1982 war Mexiko gezwungen, die Schuldendienstzahlungen einzustellen, umzuschulden und kräftig abzuwerten. Verschiedene andere lateinamerikanische Länder gerieten — auf etwas anderen Wegen — in ähnliche Wechselkursprobleme (vgl. Sonderbeitrag 4.6).

Die Kapitalflucht beschränkte sich nicht auf Lateinamerika. Die Regierung der Philippinen erhöhte die Auslandsverschuldung 1981 beträchtlich, da sie davon ausging, daß die Exporte sich bald erholen und die Zinssätze sinken würden. Der erwartete Aufschwung der Weltwirtschaft trat nicht ein. Politische Unsicherheit und verzögerte wirtschaftspolitische Anpassung lösten die Kapitalflucht aus. Die Regierung mußte schließlich abwerten und umschulden. In Nigeria war die Regierung in den Jahren 1981 bis 1983 bei einer Inflationsrate von 20 Prozent pro Jahr nicht zur Abwertung bereit; dies hielt das Ausland von Direktinvestitio-

TABELLE 4.4
Kapitalflucht und Brutto-Kapitalimporte in ausgewählten Ländern, 1979 bis 1982

Land	Kapitalflucht (Mrd Dollar)[a]	Brutto-Kapitalimporte (Mrd Dollar)[b]	Kapitalflucht in Prozent der Brutto-Kapitalimporte
Venezuela	22,0	16,1	136,6
Argentinien	19,2	29,5	65,1
Mexiko	26,5	55,4	47,8
Uruguay	0,6	2,2	27,3
Portugal	1,8	8,6	20,9
Brasilien	3,5	43,9	8,0
Türkei	0,4	7,9	5,1
Korea	0,9	18,7	4,8

a. Angaben geschätzt. Kapitalflucht ist definiert als die Summe der Brutto-Kapitalimporte und des Leistungsbilanzdefizits, abzüglich der Zunahme der offiziellen Währungsreserven. Für einige Länder (besonders Argentinien und Venezuela) kann diese Schätzung den Umfang der Kapitalflucht insoweit überzeichnen, wie nicht erfaßte Importe und normale Portfolioinvestitionen im Ausland eingeschlossen sind.
b. Definiert als Veränderung der Brutto-Auslandsschulden (öffentliche und private) zuzüglich der Netto-Direktinvestitionen des Auslands.
Quelle: Weltbank.

> **Sonderbeitrag 4.6 Kapitalflucht in den Ländern der Südspitze Lateinamerikas**
>
> Mitte der siebziger Jahre leiteten die Länder an der Südspitze Lateinamerikas — Argentinien, Chile und Uruguay — größere Reformen ein, durch die sie aus dem chronisch schwachen Wachstum, der starken Inflation und den häufigen Zahlungsbilanzkrisen ausbrechen wollten. Bis 1978 hatten alle drei Länder ihre außenwirtschaftliche Lage verbessert und die Inflation gebremst. Uruguay und Chile erzielten auch ein rascheres Wachstum.
>
> Trotz dieser Erfolge bewegten sich die Inflationsraten in allen drei Ländern noch deutlich oberhalb des historischen Durchschnitts. Deshalb entschieden sich die drei Regierungen in den Jahren 1978/79 für das wirtschaftspolitische Experiment eines festen Wechselkurses, der in vorbestimmten, allmählich kleiner werdenden Schritten abgewertet werden sollte. Von dieser Strategie, die mit einem Abbau des Importschutzes und einer Öffnung der Finanzmärkte verbunden war, erhoffte man, daß sie die Inflation rasch brechen, die Wirtschaftlichkeit der Industrie verbessern und das Zinsniveau senken würde.
>
> Tatsächlich ging die Inflation aber langsamer als erwartet zurück, so daß sich die realen Wechselkurse erheblich aufwerteten. Die Unsicherheit über den wirtschaftspolitischen Kurs dauerte an und hielt das inländische Zinsniveau hoch. Von den hohen Erträgen auf dollar-denominierte Aktiva angezogen, strömte ausländisches Kapital in großem Umfang in die drei Länder. Diese Kapitalimporte wurden zunächst nicht als bedenklich angesehen, da man allgemein erwartete, daß Auslandskredite weiterhin billig bleiben und reichlich zur Verfügung stehen würden.
>
> Mit zunehmender Überbewertung der Wechselkurse mehrten sich die Zweifel, ob diese Wechselkurspolitik auf Dauer fortgesetzt werden konnte. Diese Zweifel wurden in Argentinien und Uruguay durch wachsende Haushaltsdefizite, in Chile durch rasch zunehmende Reallöhne bei schrumpfenden Gewinnmargen verstärkt. In allen drei Ländern arbeiteten viele Unternehmen mit Verlust, während nachlässige Kreditvergabepraktiken zum Zusammenbruch verschiedener großer Banken führten. Die Regierungen versuchten durch das Angebot von Wechselkursgarantien die Abwertungsbefürchtungen zu dämpfen, aber dies bot lediglich der Wechselkursspekulation zusätzliche Gewinnmöglichkeiten. Die Importe wuchsen in einem Rekordtempo, während die Exporteinnahmen weit dahinter zurückblieben.
>
> Die drei Länder konnten ihre Wechselkurse nur durch eine steigende Auslandsverschuldung aufrecht erhalten. Als sich in den Jahren 1981/82 der Kapitalzufluß wegen der restriktiveren Geldpolitik in den Industrieländern und wachsender Zweifel an der Wirtschaftspolitik der drei Länder abschwächte, erzwangen bald umfangreiche Kapitalabflüsse starke Abwertungen. Die Haupthinterlassenschaft des Wechselkursexperiments waren hohe Auslandsschulden.

nen ab, förderte eine beträchtliche Kapitalflucht und regte die Firmen an, große Vorräte an Importgütern anzulegen. Nachdem die Währungsreserven und die Kreditlinien erschöpft waren, ließ Nigeria bis Ende 1983 Zahlungsrückstände bei Handelskrediten von 6 Mrd Dollar auflaufen.

Verschuldung zur Erleichterung der Anpassung

Während viele Regierungen sich im Ausland verschuldeten, um notwendige Anpassungen im Inland aufzuschieben, verschuldeten sich andere, um eine wirksamere Anpassung durchführen zu können. Diese Regierungen haben Auslandskapital dazu verwendet, die Durchführung wirtschaftspolitischer Reformen zu erleichtern und spezielle Importe für die Umstrukturierung der Wirtschaft zu tätigen.

WIRTSCHAFTSPOLITISCHE REFORMEN. Gegen Ende der siebziger Jahre waren in vielen Entwicklungsländern wirtschaftspolitische Änderungen in zwei wichtigen Bereichen angezeigt. Zum einen mußten die Inlandsausgaben gedrosselt und die Devisenerlöse gesteigert werden, um die wachsenden Auslandsschulden bedienen zu können. Zum anderen war es nötig, die Anreize zur Steigerung der Produktivität und der Produktionsausweitung zu verstärken, um die langfristigen Wachstumsperspektiven zu verbessern. Selbstverständlich ergänzen sich beide Reformen. Maßnahmen zur Förderung des langfristigen Wirtschaftswachstums scheitern in der Regel, wenn es an der Stabilität der Zahlungsbilanz fehlt; diese Stabilität bringt aber nur kurzfristig Nutzen, wenn nicht zugleich die volkswirtschaftliche Produktivität verbessert wird (vgl. Sonderbeitrag 4.7).

Auslandskapital kann dadurch einen wertvollen Beitrag leisten, daß es die Zeit bis zum Wirksamwerden von Reformen überbrückt. Manche Maßnahmen zur Förderung des langfristigen Wachstums können zunächst zu einer Verschlechterung der Leistungsbilanz eines Landes führen. So ist die Liberalisierung des Außenhandels eine entscheidende Voraussetzung für die Steigerung der Produktivität, die Erhöhung des Ersatzteilangebots und die Verbesserung der Wettbewerbsfähigkeit im Export; doch steigen die Importe in der Regel früher als die Exporte. Durch eine Kreditaufnahme im Ausland kann die Regierung eine Deflationspolitik zur Abwehr dieses Effekts vermeiden. Sie kann daher

Sonderbeitrag 4.7 Stabilisierung und Anpassung

Maßnahmen zur kurzfristigen Stabilisierung und zur längerfristigen Anpassung ergänzen sich oft. Die kurzfristigen Probleme sind jedoch manchmal so dringend, daß die Politiker der längerfristigen Umstrukturierung keine Beachtung schenken. Im Falle Argentiniens beispielsweise bestand die Reaktion auf die Schuldenkrise des Jahres 1982 in einer Rückführung des Einfuhrvolumens um 40 Prozent, wodurch die Handelsbilanzdefizite rasch von beträchtlichen Überschüssen abgelöst wurden. In Anbetracht einer jährlichen Inflationsrate, die weiterhin 600 Prozent übersteigt, und eines Haushaltsdefizits, das immer noch über 10 Prozent des BIP hinausgeht, hat die innere Stabilisierung jedoch kaum begonnen. Ein stärkeres und stabileres Wirtschaftswachstum erfordert neben anderem verschiedene strukturelle Reformen, insbesondere eine wesentlich verbesserte Kontrolle der öffentlichen Investitionen und anderer Staatsausgaben, die Schaffung einer rationellen Steuerstruktur, eine Reform des Finanzsystems und den Abbau von Handelsbeschränkungen.

In anderen Ländern sind Strukturreformen durch kurzfristige Störungen unterbrochen oder verzögert worden. In den Jahren 1979 bis 1981 ergriff Rumänien Maßnahmen, die darauf abzielten, (a) die Eigenverantwortung der staatlichen Betriebe bei der Kostenkontrolle, der Produktions- und der Investitionsplanung zu stärken; (b) die Produktionsanreize zu verbessern und (c) die Übernachfrage einzudämmen. Die Regierung lockerte die Preiskontrollen bei Energie und anderen Produkten und vereinheitlichte das Wechselkurssystem. Die hohen Auslandsschulden Rumäniens — im Verein mit einer zunehmenden Besorgnis über die Kreditwürdigkeit Osteuropas im allgemeinen — veranlaßten jedoch die ausländischen Kreditgeber, Ende 1981 die Kreditgewährung weitgehend einzustellen. Die Regierung ging umgehend daran, die Verbindlichkeiten in konvertiblen Währungen umzuschulden und strenge Einfuhr- und Investitionskontrollen einzuführen. Diese Maßnahmen führten zu einer dramatischen Verbesserung der Leistungsbilanz in konvertiblen Währungen, und die Regierung hat gute Aussichten, ihr Ziel einer Halbierung der Auslandsschulden bis 1986 zu erreichen. Die Strenge ihres Sparprogramms hat aber auch die Einführung neuer Verfahren in wichtigen Exportbereichen verzögert, wodurch das langfristige Leistungspotential der Wirtschaft beeinträchtigt wird.

Eine dritte Gruppe von Ländern hat ihre Reaktion auf die Zahlungsbilanzprobleme erfolgreich mit Maßnahmen zur längerfristigen Anpassung und Förderung des Wachstums verbunden. Indonesien, ein bedeutender Exporteur von Öl und Erdgas, zögerte die Anpassung der inländischen Ölpreise hinaus, was in den Jahren 1979 bis 1981 zu einer starken Ausweitung der Ölsubventionen führte. Das Land setzte auch ein umfangreiches neues Investitionsprogramm in Gang. Dies mußte jedoch aufgegeben werden, als die weltweite Rezession, niedrigere Ölpreise und eine umfangreiche Kapitalflucht das außenwirtschaftliche Gleichgewicht bedrohten. Anfang 1983 kürzte die Regierung die Subventionen drastisch, strich oder verschob nahezu fünfzig importintensive Investitionsprojekte, wertete die *Rupia* ab und ging zu einem gleitenden Wechselkurssystem über. In weniger als zwei Jahren konnte das Leistungsbilanzdefizit halbiert und der Saldo der Zahlungsbilanz von einem Defizit in Höhe von 3,2 Mrd Dollar in einen Überschuß von 2 Mrd Dollar umgewandelt werden. Diese Verbesserung wurde von einer Liberalisierung der Zinssätze und der Abschaffung von Kreditbegrenzungen durch die indonesische Regierung begleitet. In den Jahren 1983/84 gewann die Wirtschaft wieder an Schwung und wuchs um jährlich rund 5 Prozent.

Ungarn nahm Ende der siebziger Jahre die Durchführung eines Programmes zur wirtschaftlichen Liberalisierung wieder auf, das zehn Jahren zuvor eingeleitet worden war. Marktorientierte Produktionsanreize wurden gestärkt, Subventionen abgebaut und die Selbständigkeit der Unternehmen erweitert. Als sich das weltwirtschaftliche Umfeld in den Jahren 1979/82 verschlechterte, beendete Ungarn die Liberalisierung nicht, sondern erreichte vielmehr durch Stabilisierungsmaßnahmen wie Abwertungen, Investitionskürzungen und kräftige Anhebungen der inländischen Energiepreise eine Umkehr der negativen Zahlungsbilanzentwicklung. Das Stabilisierungsprogramm hatte eine zeitweilige Abschwächung des Wirtschaftswachstums von 5 Prozent in den siebziger Jahren auf 2 Prozent in den Jahren 1980/83 zur Folge, doch bestehen nunmehr gute Aussichten für die Wiederherstellung eines moderaten dauerhaften Wachstums. Mittlerweile hat Ungarn seine markt- und außenwirtschaftsorientierte Entwicklungsstrategie weiter ausgebaut, die entscheidend dazu beitrug, daß das Land in den letzten Jahren Umschuldungsschwierigkeiten vermeiden konnte.

---

auf eine breite Unterstützung ihrer Reformpolitik bauen, die sie anderenfalls verlieren könnte, wenn die Gesamtwirtschaft eine Rezession durchlaufen müßte.

Die Reformfortschritte fielen sehr unterschiedlich aus. Einige Länder haben wirtschaftspolitische Reformen in Angriff genommen, die sie frühzeitig wieder aufgaben; andere hielten sie durch. Die Beispiele von Kenia und der Türkei — der zwei ersten Länder, die von der Weltbank ein Strukturanpassungsdarlehen (SAD) erhielten (vgl. Sonderbeitrag 4.8) — verdeutlichen diese Unterschiede.

Kenia leitete 1975 ein umfassendes Reformprogramm ein. Der starke Anstieg der Kaffeepreise in den Jahren 1976 und 1977 löste jedoch einen Boom aus, der das Programm weniger dringlich erscheinen ließ; nur wenige der geplanten Maßnahmen wurden durchgeführt. Im Jahr 1980, nach dem zweiten Ölpreisschock, beschloß die Regierung wiederum ein Reformprogramm, das durch einen Bereitschaftskredit des IWF und ein SAD unterstützt wurde. Die Maßnahmen beinhalteten eine stärker marktorientierte Preispolitik, einen Abbau des Außenschutzes der heimischen Industrie, eine aktivere Wechselkurspolitik, höhere Leistungsanforderungen an die Staatsunternehmen, ein verbessertes Schuldenmanagement und eine restriktivere Finanz- und Geldpolitik. Gemessen an den Stabilisierungserfolgen waren die Ergebnisse gut; die Haushalts- und Leistungsbilanzdefizite wurden beträchtlich verringert. Aber die Fortschritte in Richtung auf eine Verbesserung der längerfristigen Produktivität waren gering. Vor allem hatte die Regierung es versäumt, die meisten ihrer Außenhandelsreformen zu Ende zu bringen, so daß die dringend notwendige Exportsteigerung ausblieb.

Auch die Türkei vermied in den siebziger Jahren die Anpassung. Sie finanzierte ihre Leistungsbilanzdefizite durch eine starke Verschuldung und hielt den Schutz ihrer heimischen Industrie durch hohe Importschranken aufrecht. Dies förderte ein überhöhtes Kostenniveau und eine unwirtschaftliche Industriestruktur; innerhalb eines Jahrzehnts verdreifachte sich in der Verarbeitenden Industrie das

---

Sonderbeitrag 4.8 Anpassungsdarlehen der Weltbank

Die Weltbank hat zur Unterstützung der wirtschaftlichen Umstrukturierung verschiedene neue Darlehensmechanismen eingeführt. Die wichtigsten sind die 1980 eingeführten Strukturanpassungsdarlehen und das Anfang 1983 begonnene Sonderaktionsprogramm.

Strukturanpassungsdarlehen (SAD) sollen Ländern mit fundamentalen Zahlungsbilanzproblemen helfen, ihre Wirtschaftspolitik umzustellen. Anders als die traditionellen Weltbankdarlehen, dienen die SAD nicht zur Finanzierung spezieller Projekte. Mit ihnen werden Devisen zur Verfügung gestellt, um einen Beitrag zu den vorübergehenden Kosten von Umstrukturierung und wirtschaftspolitischer Reform zu leisten. SAD können auch als Katalysator für andere Zuflüsse von Auslandskapital dienen. Da die Umstrukturierung der Wirtschaft normalerweise mehrere Jahre in Anspruch nimmt, sind die SAD auf fünf oder mehr Jahre ausgelegt und schließen bis zu fünf einzelne Darlehen ein.

Das erste SAD-Programm wurde im März 1980 aufgelegt. Bis Juni 1984 wurden neunundzwanzig Darlehen über insgesamt 4,5 Mrd Dollar zur Unterstützung wirtschaftspolitischer Reformen in sechzehn Ländern zugesagt (siehe Tabelle 4.8A). Wenn auch die Anpassungsgeschwindigkeit im einzelnen sehr unterschiedlich war, leisten die SAD in den meisten dieser Länder nunmehr einen erheblichen Beitrag zur wirtschaftlichen Gesundung. Wieviele SAD einem Land gewährt werden, ist sowohl von seinem Bedarf als auch von seinem Fortschritt beim Erreichen der wirtschaftspolitischen Zielsetzungen abhängig. So hat beispielsweise die Türkei bereits fünf Darlehen erhalten, andere Länder dagegen erst eines.

Strukturanpassungsdarlehen sind nur für Länder geeignet, die umfassenden und nachhaltigen Reformen der Wirtschaftspolitik und der Institutionen hohe Priorität einräumen und die eine vernünftige Chance haben, ihre Programme zu verwirklichen. In anderen Ländern fördert die Weltbank die Anpassung durch die Konzentration ihrer Darlehensvergabe auf bestimmte Wirtschaftssektoren. Wirtschaftspolitisch orientierte Sektordarlehen haben in den letzten Jahren ebenfalls an Volumen und an Bedeutung zugenommen, insbesondere die Sektoranpassungsdarlehen.

Das Sonderaktionsprogramm beinhaltet finanzielle Maßnahmen und wirtschaftspolitische Beratung, um Ländern bei der Durchführung von Anpassungsmaßnahmen zu helfen, die zur Wiederherstellung des Wirtschaftswachstums und der Kreditwürdigkeit erforderlich sind. Die Hauptelemente des Programmes sind (a) eine erweiterte Darlehensgewährung für besonders vorrangige Aktivitäten zur Unterstützung der Reformpolitik, (b) Maßnahmen zur Beschleunigung der Auszahlungen für bestehende oder neue, besonders vorrangige Projekte und (c) die Beratung von Regierungen bei der Neuordnung der Prioritäten von Investitionen und der Verbesserung des Managements der Auslandsschulden.

Bis Dezember 1984 haben vierundvierzig Länder von diesem Programm profitiert. Im Rahmen des Programms wurden vierzehn neue Darlehen, davon zwei SAD und zwölf Sektoranpassungsdarlehen, zur Verfügung gestellt. Bereits laufende Projekte wurden abgeändert, um die Kostenbeteiligung zu erhöhen, revolvierende Finanzierungsfonds einzurichten, den Entwurf und die Ausführung von Projekten umzugestalten, zusätzliche Mittel für Betriebskapital und laufende Kosten aufzubringen und ergänzende Darlehen in Anspruch zu nehmen. Durch die unmittelbare finanzielle Entlastung haben diese Maßnahmen die Weiterführung von 267 Projekten im Gesamtwert von rund 13 Mrd Dollar ermöglicht. Insgesamt gesehen werden durch das Sonderaktionsprogramm der Weltbank die Auszahlungen in den Fiskaljahren 1984/86 um rund 4,4 Mrd Dollar über das Niveau steigen, das sonst erreicht worden wäre. Das Programm wurde nun offiziell beendet, aber die Instrumente, die während seiner Durchführung eingeführt worden sind, werden im Rahmen der allgemeinen Geschäftstätigkeit der Weltbank, je nach Bedarf, weiterhin genutzt werden.

TABELLE 4.8A
Strukturanpassungsdarlehen (SAD) der Weltbank, Geschäftsjahre 1980 bis 1984

Position	1980	1981	1982	1983	1984
Zahl der SAD	3	7	6	7	6
Betrag der SAD (Mio Dollar)	305,0	717,0	1.070,7	1.284,7	1.081,9
SAD in Prozent der gesamten Weltbank-Darlehen	2,7	5,8	6,2	8,9	7,0
Kumulative Zahl der Empfängerländer	3	8	13	15	16

Quelle: Weltbank.

Verhältnis zwischen zusätzlichem Kapitalaufwand und zusätzlicher Produktion. Um das Wachstum zu sichern, verfolgte die Regierung eine expansive Geld- und Finanzpolitik. Gleichwohl sank das Wachstum des BSP von etwa 6 Prozent pro Jahr in den Jahren 1967 bis 1972 und 1973 bis 1976 auf 2 Prozent im Zeitraum 1976 bis 1980. Ende der siebziger Jahre war die Inflationsrate auf 100 Prozent pro Jahr gestiegen und die Schuldendienstverpflichtungen (einschließlich der kurzfristigen Schulden) beliefen sich auf das Dreifache des Exportwerts. Von 1978 bis 1980 schuldete die Türkei über 9 Mrd Dollar oder etwa 80 Prozent ihrer Auslandsverbindlichkeiten um.

Im Januar 1980 kündigte die Regierung eine wirtschaftspolitische Wende in Richtung auf eine stärker außenwirtschaftlich orientierte Entwicklungsstrategie an, bei der mehr auf die Marktkräfte vertraut werden sollte. Die erste Phase des Programms umfaßte eine massive Abwertung der Währung und den Übergang zu laufenden Wechselkursanpassungen, eine restriktive Geldpolitik, die Freigabe der Zinssätze, einen schrittweisen Abbau der Subventionierung des privaten Verbrauchs, eine Rationalisierung der öffentlichen Investitionsprogramme und höhere Preise der staatlichen Unternehmen. Innerhalb von zwei Jahren traten die Erfolge deutlich zutage. Das BSP wuchs in den Jahren 1980 bis 1983 mit fast 4 Prozent pro Jahr, die Inflationsrate sank um zwei Drittel, die Warenausfuhr verdoppelte sich trotz der Weltrezession, das Leistungsbilanzdefizit ging von über 5 Prozent des BIP auf 3 Prozent zurück und die Kreditwürdigkeit des Landes wurde wiederhergestellt.

Nach der Bewältigung der unmittelbaren Krisensituation ist die türkische Regierung in der Lage, ihre Reformen auszubauen. Sie verringert allmählich die Einfuhrkontingente und senkt die Zölle, verbessert das Management und die Finanzierung der Staatsbetriebe, strafft die Verwaltung der Auslandsschulden und die Aufsicht über das heimische Bankwesen, festigt das Steuersystem und führt die Energie- und Agrarpreise näher an das internationale Preisniveau heran. Zwar wurde schon viel erreicht, doch hat sich in neuerer Zeit der Anpassungsprozeß wieder verlangsamt, was daran zu erkennen ist, daß die Inflation und das Haushaltsdefizit in den Jahren 1983/84 wieder zu steigen begannen. Gleichwohl ist der in der Türkei seit 1980 insgesamt erreichte Erfolg eines der eindrucksvollsten Beispiele für eine wirtschaftliche Wende, das bei Entwicklungsländern seit langem zu verzeichnen war.

VERSCHULDUNG UND UMSTRUKTURIERUNG. Die strukturelle Anpassung wird nur selten schon dadurch erreicht, daß man „richtige Preise" herstellt, auch wenn dies unumgänglich ist. Ist ein Land zur Ausweitung seiner Importe nicht in der Lage, kann es passieren, daß seinen Landwirten und Geschäftsleuten die wichtigsten Mittel — Brennstoffe, Düngemittel, Ersatzteile, Maschinen — fehlen, die zur Exportsteigerung und Belebung des Wirtschaftswachstums notwendig sind. Sie können daher auch die Vorteile der richtigen Preise nicht nutzen. Unter diesen Umständen kann die Auslandsverschuldung einen wichtigen Beitrag leisten, wie Korea gezeigt hat. Angesichts der Ölpreissteigerungen in den Jahren 1973/74 entschied sich die Regierung Koreas, das Wirtschaftswachstum nicht zu drosseln. Statt dessen wertete sie die Währung ab und verschuldete sich stark, um die Exportkapazität auszubauen (vgl. Sonderbeitrag 4.9).

In den letzten Jahren hat die Weltbank vermehrt Darlehen zur Förderung der Handelsliberalisierung und der Exportsteigerung gewährt, wenn auch ihre Rolle weitgehend die eines Katalysators ist. Brasilien beispielsweise hat Mittel aufgenommen, um die Liberalisierung seines Einfuhrzoll-Rückvergütungssystems zu finanzieren, wodurch die Kosten in der Exportproduktion gesenkt werden. Mexiko und Ägypten nahmen Darlehen auf, um die verfügbaren Mittel ihrer Export-Entwicklungsbanken und anderer Finanzinstitute zu erhöhen, welche die Exportindustrien finanzieren. Ghana richtete ein Exportförderungsprogramm ein, durch das die technische Unterstützung und die Ausbildung von Führungskräften im rohstoffexportierenden Sektor intensiviert werden sollen.

In vielen Ländern war die wirtschaftliche Umstrukturierung mit beträchtlichen Investitionen in der Energiewirtschaft verbunden. Diese Projekte erfordern oft erhebliche ausländische Mittel. Viel kann jedoch dadurch erreicht werden, daß die Inlandspreise auf das Niveau des Weltmarkts angehoben werden. Dies hat den doppelten Effekt, daß die Energieeinsparung gefördert und die inländische Energieerzeugung lohnender wird. Außerdem profitieren die Energieerzeuger von den höheren Preisen, so daß sie in Anlagen und Ausrüstungen investieren können, ohne sich verschulden zu müssen. Allerdings werden dadurch Devisen nur allmählich eingespart, wenn auch einige Länder in jüngster Zeit beträchtliche Fortschritte machen konnten. Thailand hat erfolgreich damit begonnen, das importierte Erdöl durch Erdgas aus inländischer Förderung zu ersetzen. Auch Brasilien verringerte

Sonderbeitrag 4.9   Kreditaufnahmen zur Anpassung: Der Fall Korea

Bis 1960 betrieb Korea eine auf Importsubstitution ausgerichtete Industrialisierung. Danach ging es zur Exportförderung über. Seit 1960 hat das Wachstum des BIP durchschnittlich 9 Prozent im Jahr betragen, das Pro-Kopf-Einkommen hat sich mehr als verdreifacht, und die Zahl der Einkommensbezieher unterhalb der Armutsgrenze ist von 40 Prozent auf 15 Prozent der Bevölkerung gefallen. Die inländische Ersparnis ist seit Mitte der sechziger Jahre ständig bis auf rund 27 Prozent des BIP im Jahre 1984 gestiegen. Der Anteil der Investitionen nahm noch stärker zu, nämlich auf 29 Prozent des BIP.

Um dieses rasche Wachstum der Investitionen zu erreichen, förderte die Wirtschaftspolitik die Auslandsverschuldung. Die kommerziellen Auslandsverbindlichkeiten des Landes (einschließlich der kurzfristigen Schulden) stiegen von 22 Mio Dollar im Jahr 1960 (1 Prozent des BIP) auf über 33 Mrd Dollar im Jahr 1983 (44 Prozent des BIP). In koreanischen und ausländischen Untersuchungen wurde geschätzt, daß die Zuflüsse ausländischen Kapitals die jährliche Wachstumsrate Koreas während der sechziger Jahre um vier Prozentpunkte und in den Jahren 1972 bis 1982 um nahezu zwei Prozentpunkte erhöhten. Diese Mittelzuflüsse, hauptsächlich in der Form kommerzieller Kredite, wurden fast gänzlich produktiven Investitionen zugeführt. In den meisten Fällen wurde das Kapital effizient genutzt. Der marginale Kapitalkoeffizient — der zusätzliche Kapitalaufwand, der je zusätzlicher Produktionseinheit erforderlich ist — lag im Durchschnitt bei 3 und war damit einer der niedrigsten der Dritten Welt.

Korea gehörte zu den Entwicklungsländern, die den stärksten außenwirtschaftlichen Schocks ausgesetzt waren. Als 1973/74 die Ölpreise in die Höhe gingen, führte die Verschlechterung der Terms of Trade in Korea zu einem Einkommensverlust, der rund 10 Prozent des BIP entsprach. Um den Schock abzufedern, verschuldete sich das Land im Ausland und wertete seine Währung um 22 Prozent ab. Zusammen mit der seit längerem verfolgten Politik der Exportförderung bereitete diese Abwertung den Boden für eine eindrucksvolle Expansion der Ausfuhr von Industrieprodukten. Außerdem waren koreanische Firmen bei der Hereinnahme von Bauaufträgen aus dem Ausland erfolgreich; bis 1978 summierten sich diese auf mehr als 15 Mrd Dollar. Der Investitionsboom führte jedoch in den späten siebziger Jahren zu einer starken Überexpansion der Schwerindustrie, einer hohen Inflationsrate und einem steigenden realen Wechselkurs, der die Exportdynamik bremste.

Die Schocks der Jahre 1979/80 waren ähnlich kostspielig, denn sie führten zu einer Einkommensschmälerung aufgrund von Terms of Trade-Verlusten sowie höheren Zinszahlungen im Ausmaß von 8 Prozent des BIP. Die weltwirtschaftlichen Aussichten waren jedoch weniger günstig als Mitte der siebziger Jahre. Auslandsgeld stand nicht mehr zu den günstigen Bedingungen früherer Jahre zur Verfügung. Wegen des zunehmenden internationalen Protektionismus und der sich verstärkenden Weltrezession war ein so rasches Wachstum der Ausfuhren wie Mitte der siebziger Jahre unwahrscheinlich. Auch befand sich Korea selbst in einer weniger günstigen Verfassung. Zum Problem der Inflation, der überbewerteten Währung und der Fehlinvestitionen kamen 1979 eine katastrophale Ernte und politische Unruhen, die auf die Ermordung seines Präsidenten folgten.

Die Regierung entschied sich daher für einen anderen Weg der Anpassung. Wie in den Jahren 1974/75 erhöhte sie die Verschuldung im Ausland (1978 bis 1981 um 25 Prozent pro Jahr) und wertete die Währung ab. Anders als 1974/75 wurden jedoch Investitionen und Wachstum scharf beschnitten, und zwar durch eine Verknappung des Kreditangebots für nicht-exportierende Unternehmen, einen Abbau der Reallöhne, eine Kürzung der öffentlichen Investitionen sowie durch eine rasche Anhebung der inländischen Energiepreise.

Dies waren starke Mittel. In den Jahren 1979/80 stagnierte die Wirtschaft. Nachdem 1981 wieder ein rasches Exportwachstum in Gang gekommen war, wurde die Kreditpolitik gelockert, die restriktive Finanz- und Lohnpolitik jedoch fortgesetzt. Das BIP Koreas wuchs 1981/82 um 6 Prozent, und 1983/84 nahm es, gestützt durch den Aufschwung in den Vereinigten Staaten und Japan, um 9 Prozent zu; die Inflationsrate ging von nahezu 40 Prozent im Jahr 1980 auf 3 Prozent im Jahr 1983 zurück; das Wachstum des Exportvolumens beschleunigte sich auf über 10 Prozent; das Defizit in der Leistungsbilanz wurde um zwei Drittel zurückgeführt, und der Anstieg der Auslandsschulden verlangsamte sich von 5 Mrd Dollar auf 2 Mrd Dollar jährlich. Die Schuldendienstquote (einschließlich der Rückzahlung kurzfristiger Auslandsschulden) beläuft sich nun auf moderate 20 Prozent der Exporterlöse, und die ausländischen Finanzmärkte stehen Korea zu normalen Bedingungen offen. Um jedoch den Anstieg der Schulden weiter zu verringern, ist die Regierung darum bemüht, die inländische Ersparnis im Laufe der nächsten Jahre durch Reformen im Finanzwesen und eine verstärkte Exportförderung um 4 Prozent des BIP zu steigern.

---

seine Abhängigkeit von Ölimporten von 83 Prozent im Jahr 1977 auf 50 Prozent im Jahr 1984, und zwar durch verstärkte Einsparungsbemühungen, gesteigerte inländische Ölförderung, beschleunigten Ausbau der Wasserkraftwerke und durch ein Programm zur Umwandlung von Bioalkohol in Treibstoffe.

Verwendung der Auslandskredite

Ausgehend von den unterschiedlichen Erfahrungen der einzelnen Länder können einige allgemeine Feststellungen über die Verwendung von Auslandsgeldern getroffen werden. Vier Perioden lassen sich unterscheiden:

- Von Mitte der sechziger bis Anfang der siebziger Jahre überwog die Finanzierung bestimmter Investitionsvorhaben aus öffentlichen Quellen. Das Wirtschaftswachstum beschleunigte sich und die Fähigkeit zur Bedienung der Schulden blieb erhalten oder wurde verbessert. Eine Verschuldung aus Zahlungsbilanzgründen erfolgte nur in begrenztem Umfang, weil die Entwicklungsländer zu kommerziellen Bankkrediten kaum Zugang hatten.

- Von 1973 bis 1978 floß weiterhin ein großer Teil der aufgenommenen Mittel in die Investitionen. Viele Volkswirtschaften wuchsen rasch. Um sich jedoch an die höheren Energiepreise anzupassen und die Wachstumsdynamik beizubehalten, verlagerten die Entwicklungsländer den Schwerpunkt ihrer Investitionen auf energiewirtschaftliche Großprojekte und Projekte im Bereich der Schwerindustrie und der Infrastruktur. Niedrige reale Zinssätze auf den internationalen Märkten und die inländische Wirtschaftspolitik hatten in vielen Fällen Investitionen mit geringen Erträgen zur Folge, insbesondere in Afrika und Lateinamerika. Die Verfügbarkeit billiger Auslandsmittel führte auch dazu, daß ein Teil der Gelder zur Finanzierung von Leistungsbilanz- und Haushaltsdefiziten verwendet wurde, obgleich die projektbezogene Finanzierung vorherrschend blieb. Die möglichen Vorteile der Auslandsverschuldung wurden in vielen Fällen jedoch dadurch geschmälert, daß sich die Qualität der Wirtschaftspolitik und der Investitionssteuerung verschlechterten.

- In den Jahren 1979 bis 1982 nahm die Nachfrage nach Zahlungsbilanz- und Haushaltsfinanzierungen stark zu. In vielen Entwicklungsländern außerhalb Asiens diente die Auslandsverschuldung primär dazu, strukturelle Anpassungen hinauszuschieben, statt dadurch Zeit für die Anpassung zu gewinnen. Deshalb war der Wachstumsbeitrag gering, falls er überhaupt vorhanden war.

- Seit 1982 hat sich der Netto-Zufluß von Auslandsgeldern beträchtlich verringert. Soweit Finanzierungen verfügbar waren, standen sie in vielen Fällen mit Schuldendienst- und Zahlungsbilanzproblemen in Zusammenhang. Die Finanzierung ist stärker an Programme zur strukturellen Anpassung gebunden, und ihr Beitrag zur Wiederherstellung der Wachstumsgrundlagen ist im großen und ganzen positiv, vor allem bei den größten Schuldnerländern. Neue kommerzielle Kredite sind überwiegend zur Außenhandelsfinanzierung und für projektbezogene Zwecke bestimmt und werden auch nur einer kleinen Gruppe von Entwicklungsländern gewährt, die eine hohe Kreditwürdigkeit aufrechterhalten konnten.

Schlußfolgerungen

Die Teilnahme an der Weltwirtschaft bietet beträchtliche Vorteile. Sie bringt aber auch einige Risiken mit sich. Je mehr ein Entwicklungsland mit dem Rest der Welt im wirtschaftlichen Austausch steht, um so mehr kann es davon profitieren — um so verwundbarer ist es aber auch gegenüber außenwirtschaftlichen Schocks, wenn es eine falsche Politik verfolgt. Einige Beobachter stellen die Risiken in den Mittelpunkt ihrer Überlegungen und meinen, die jüngste Erfahrung massiver Schocks und eines weltweit schwächeren Wachstums beweise, daß die Entwicklungsländer eine am Weltmarkt orientierte Wirtschaftspolitik vermeiden und auch die Inanspruchnahme von Auslandskapital reduzieren sollten.

Der erste Teil des Arguments beruht auf einer extrem kurzfristigen Betrachtungsweise und ist selbst unter diesem Blickwinkel unangebracht. Es ist richtig, daß binnenwirtschaftlich orientierte Entwicklungsländer Anfang der achtziger Jahre, absolut gesehen, geringere Wachstumseinbußen hinnehmen mußten. Aber sie wuchsen gleichwohl langsamer als weltwirtschaftlich orientierte Volkswirtschaften — und über eine längere Periode betrachtet sogar erheblich langsamer. Was den zweiten Teil des Arguments betrifft, so läßt sich der Umfang der Auslandsverschuldung, der für ein Land angemessen wäre, nicht generell festlegen. Dieses Kapitel hat gezeigt, daß viele Faktoren die Entscheidung über die Auslandsverschuldung beeinflussen.

Vieles hängt von der Fähigkeit eines Entwicklungslandes ab, sich angesichts externer Schocks rasch anzupassen. Je größer diese Fähigkeit ist, um so stärker kann es sich im Ausland verschulden. Die Schlüsselfrage ist die Effektivität der Regierung und ihre politische Stärke, den Interessengruppen Widerstand zu leisten, die eine Änderung der Politik bekämpfen. Die Regierungen sollten sich ein Urteil bilden, inwieweit sie willens und fähig sind, Sparmaßnahmen einzuleiten oder der Wirtschaftsentwicklung eine neue Richtung zu geben, falls sich die Umstände plötzlich ändern sollten. Sinkende Sparquoten, chronische Haushaltsdefizite oder überhöhte Wechselkurse sind eindeutige Warnsignale dafür, daß die aufgenommenen Mittel zur Verzögerung statt zur Unterstützung der Anpassung verwendet worden sind.

Die Anpassungsfähigkeit einer Volkswirtschaft wird auch durch ihre Struktur beeinflußt. Eine starke Abhängigkeit von den Deviseneinlösen aus einigen wenigen Rohstoffexporten erschwert eine flexible Anpassung an einen plötzlichen Preisverfall. Demgegenüber kann eine Volkswirtschaft, die zu einem großen Teil diversifizierte und international handelbare Güter und Dienstleistungen produziert, Schuldendienstprobleme leichter vermeiden, obwohl sie ebenfalls für Verschlechterungen der Terms of Trade anfällig ist. Dies ist deshalb der Fall, weil Anpassungsmaßnahmen zur Beeinflussung der Ausgabenstruktur, wie etwa eine Abwertung, eine breitere Wirkungsgrundlage aufweisen. Ähnlich verbessern gutausgebildete, mobile Arbeitskräfte, ein leistungsfähiges Finanzsystem und funktionierende Vertriebswege ganz wesentlich die Fähigkeit einer Wirtschaft, schnell auf veränderte Bedingungen zu reagieren.

Diese Erfahrungen sind in den letzten schwierigen Jahren immer wieder gemacht worden. Viele Entwicklungsländer reformieren nun ihre Wirtschaftspolitik. Sofern sie damit frühzeitig begonnen und diese Politik durchgehalten haben, kommen ihnen bereits schon die Vorteile eines schnelleren und dauerhafteren Wirtschaftswachstums zugute. In anderen Ländern gehen die Reformen jedoch zu langsam voran. Der Preis einer versäumten Anpassung an die rauhe Wirklichkeit der achtziger Jahre ist hoch: Für einige Länder heißt er langsames Wachstum, für andere zunehmende Armut.

5 Steuerung der Auslandsfinanzierung

Das vorhergehende Kapitel hat gezeigt, daß bei vernünftiger Wirtschaftspolitik Auslandskreditaufnahmen die erwarteten Erträge bringen können. Außerdem sind Länder mit einer anpassungsfähigen Wirtschaftspolitik und flexiblen wirtschaftlichen Strukturen in der Lage, die mit der Auslandsfinanzierung verbundenen Risiken zu vermindern. In diesem Kapitel verschiebt sich die Blickrichtung von den Maßnahmen, die Höhe und Wirksamkeit der Kapitalimporte bestimmen, auf die Steuerung der Zuflüsse selbst. Dabei geht es um die technischen und institutionellen Fragen der Disposition von Auslandsverbindlichkeiten und -forderungen eines Landes; das Ziel dieser Steuerung besteht darin, die bestmögliche Kombination von Risiko und Ertrag zu erreichen, die mit den Angebotsbedingungen in den Kapitalüberschußländern vereinbar ist.

Eine wirksame Steuerung der Auslandsverschuldung ist kein Ersatz für eine gesunde Wirtschaftspolitik, sondern deren unverzichtbarer Bestandteil. Entscheidungen über Kreditgewährung und Kreditaufnahme können nicht unabhängig von den gesamtwirtschaftlichen Maßnahmen gefällt werden. Die Schuldenmanager benötigen klare Vorstellungen über die erwarteten gesamtwirtschaftlichen Entwicklungen, während die Wirtschaftspolitiker wiederum den künftigen Kreditbedarf und die anfallenden Schuldendienstleistungen überblicken müssen. Obwohl diese Grundsätze einleuchtend erscheinen, leiden doch viele Länder unter einem Kommunikationsdefizit zwischen den Schuldenmanagern (üblicherweise im Finanzministerium), den für die Währungsreserven Verantwortlichen (üblicherweise in der Zentralbank) und den gesamtwirtschaftlichen Planern (häufig im Planungsministerium). Vielfach haben die Regierungen den Umfang des Kapitalimports als eine Restgröße behandelt und ihre Finanz- und Geldpolitik unabhängig von deren Auswirkungen auf Höhe und Struktur der Verschuldung gestaltet. Eine unlängst vom IWF vorgenommene Untersuchung von 20 Ländern fand heraus, daß nur ein Fünftel der Entwicklungsländer erklärtermaßen ihre Verschuldung systematisch steuern. Einige Länder sind gerade dabei, das Schuldenmanagement in den Gesamtprozeß der ökonomischen Entscheidungsfindung zu integrieren.

Dieses Kapitel erörtert zwei Arten von Problemen. Erstens: In welchem Maße sollten Regierungen, außer durch eine gesunde Wirtschaftspolitik, den Zufluß von Auslandskapital zu regulieren suchen? Zweitens: Welches ist die angemessene Zusammensetzung von Kapitalzuflüssen und Verschuldung?

Steuerung der Höhe des Kapitalimports

In einer Welt, in der alle Entscheidungen allein den Marktkräften überlassen blieben, bräuchten sich die Regierungen nicht mit dem Umfang der Kreditaufnahme im Ausland zu befassen. In der Realität kommen sie an dieser Frage nicht vorbei, und zwar aus zwei wichtigen Gründen. Erstens ist in den meisten Ländern der öffentliche Sektor selbst der größte Kreditnehmer. Zweitens können die für die privaten Unternehmen relevanten Preise durch Regierungsmaßnahmen verzerrt sein, so daß der private Sektor verleitet wird, zu viel oder zu wenig Kredit aufzunehmen. Während private Unternehmen versuchen werden sicherzustellen, daß ihre Investitionen genügend heimische Währung zur Rückzahlung der Kredite erwirtschaften, ist die Verfügbarkeit ausreichender Devisenbestände Sache der Währungsbehörden.

Wieviel Mittel aufnehmen?

Jede einzelne Kreditaufnahme muß für sich genommen berechtigt sein. Erfahrungsgemäß muß aber auch das Gesamtniveau der Mittelzuflüsse und der Verschuldung beachtet werden. Die dauerhaft tragbare Verschuldungsquote hängt von der Wachstumsrate des Volkseinkommens und ganz besonders der Exporte eines Landes ab. Sofern die Zuwachsrate des Einkommens auf lange Sicht höher ist als der Zinssatz, bleibt das Land zahlungsfähig. Um Liquiditätsprobleme soweit wie möglich auszuschließen, muß die Wachstumsrate der Exporte das Zinsniveau übersteigen; damit wird verhindert, daß ein laufend steigender Teil der Exporteinnahmen für den Schuldendienst abzuzweigen ist (vgl. Sonderbeitrag 4.4).

Für die Steuerung des Gesamtniveaus der Verschuldung sind eine Reihe von Faustregeln — etwa die Begrenzung der gesamten Schuldendienstquote auf 20 Prozent — vorgeschlagen worden, doch dabei ist Vorsicht am Platze. Es gibt keine einfache Regel, die unter allen Umständen angemessen wäre. Die Fähigkeit eines Landes, eine bestimmte Schuldenquote durchzuhalten, hängt von einer Vielzahl von Faktoren ab, insbesondere von seinen Exportaussichten, den Erwartungen bezüglich der Terms of Trade und der Zinssätze sowie von seiner Flexibilität, sich bei Bedarf rasch anzupassen. So kann ein Land mit einer erwiesenen Fähigkeit, bei Schwierigkeiten die notwendigen Maßnahmen zu ergreifen, in der Lage sein, eine Schuldendienstquote von 30 Prozent durchzuhalten, während ein weniger flexibles Land schon bei einer Quote unter 20 Prozent in Schwierigkeiten geraten kann.

In einigen Entwicklungsländern gibt es gesetzliche Bestimmungen über die Höhe der Kreditaufnahme des öffentlichen Sektors und des Landes insgesamt; Korea ist ein Beispiel dafür. In rund einem Drittel aller Entwicklungsländer — die Zahl nimmt freilich ab — fehlen klare Verschuldungsrichtlinien; diese Länder beurteilen letztlich jede Investition nach dem eigenen wirtschaftspolitischen, kommerziellen und politischen Nutzen des Projekts sowie danach, ob ausländische Mittel verfügbar sind. Die meisten Länder verfolgen Strategien, die zwischen diesen beiden Extremen liegen; üblicherweise werden generelle Richtlinien entweder durch Festlegung der jährlichen Neuverschuldung oder in Form von Verschuldungs- oder Schuldendienstquoten bekanntgegeben. Vielfach werden zu Beginn des Jahres von der Regierung oder dem Parlament Obergrenzen der öffentlichen Schuld genehmigt, die jedoch in vielen Fällen nicht eingehalten werden. Gewöhnlich werden die nichtverbürgten Verpflichtungen von den Richtlinien nicht erfaßt.

Sonderbeitrag 5.1 Kreditaufnahmeregeln: Der Fall der Philippinen

Die philippinische Regierung versucht, die Auslandsverschuldung durch die Bestimmung zu begrenzen, daß die Schuldendienstzahlungen in einem bestimmten Jahr 20 Prozent der Deviseneinnahmen (einschließlich der Kapitalzuflüsse) des vorangegangenen Jahres nicht überschreiten dürfen. Diese Regel ist Teil eines Rahmenwerks für das Schuldenmanagement, das seit der Zahlungsbilanzkrise von 1969/70 betrieben wird.

Die Einhaltung der 20-Prozent-Grenze erfordert umfassende Angaben über die Schulden. Die für das Management der Auslandsschulden und der Auslandsanlagen zuständige Abteilung der Zentralbank verfügt über ein monatliches Berichtssystem, das sämtliche Kreditnehmer zu detaillierten Meldungen über ihre Schulden verpflichtet. Diese Abteilung stellt auch Richtlinien für die Verwendung und die Konditionen von Auslandskrediten auf. Zu ihren weiteren Funktionen gehören die Unterrichtung der Zentralbank über den Bedarf öffentlicher und privater Stellen an Auslandskrediten und die Kontrolle einer Warteliste für sämtliche mittel- und langfristige Darlehensaufnahmen.

Zwei andere Besonderheiten des philippinischen Schuldenmanagement-Systems sind das Konsolidierte Auslandskredit-Programm (Consolidated Foreign Borrowing Program, CFBP) und der Investitions-Koordinierungsausschuß (Investment Coordination Committee, ICC). Im Rahmen des CFBP werden große Beträge im Ausland aufgenommen und an Banken weitergeleitet, die damit Entwicklungsprojekte finanzieren oder bestehende Verbindlichkeiten ablösen. Der im Jahre 1978 eingesetzte ICC ist für die Genehmigung von Projekten und die Festlegung von Prioritäten im Rahmen des nationalen Entwicklungsplans verantwortlich.

Dieser institutionelle Rahmen des Schuldenmanagement hat während des größten Teils der siebziger Jahre gut funktioniert, aber die vergangenen fünf Jahre haben drei Schwachstellen offenbart: (a) eine unzureichende Überwachung der kurzfristigen Verbindlichkeiten und der Bankenverschuldung; (b) eine mangelhafte Integration des Schuldenmanagements in die gesamte Wirtschaftspolitik und (c) eine einseitige Ausrichtung auf das laufende Jahr unter Vernachlässigung künftiger Jahre. Außerdem ist die Definition der 20-Prozent-Grenze mehrmals geändert worden, um die Schuldendienstzahlungen innerhalb des gesetzlichen Rahmens zu halten. Es ließe sich sogar behaupten, daß die gesetzlich festgelegte Quote ein falsches Sicherheitsgefühl vermittelte und so eine rechtzeitige Krisenwarnung unterblieb, als Präventivmaßnahmen noch möglich gewesen wären. Angesichts dieser Nachteile hat die Regierung während der vergangenen zwei Jahre die gesetzliche Schuldendienstquote durch andere Kontrollinstrumente zu ergänzen versucht. Beispielsweise werden die kurzfristigen Schulden nun viel strenger überwacht, und für die Aufnahme kurzfristiger Kredite wurde ein Genehmigungsverfahren eingeführt.

Sonderbeitrag 5.2   Integriertes Schuldenmanagement — Der Fall Thailand

Die thailändische Regierung verfolgt bei der Aufnahme von Auslandskrediten seit langem einen vorsichtigen Kurs. Unter den Ländern mit mittlerem Einkommen weist Thailand eine der niedrigsten Schuldendienstquoten auf. Für die Richtlinien über die Auslandsverschuldung öffentlicher Stellen ist ein Auslandsschuldenkomitee unter dem Vorsitz des Finanzministers zuständig.

Im Jahre 1984 entschied die thailändische Regierung — teilweise durch die Schuldendienstprobleme der Philippinen veranlaßt —, die Rolle des Auslandsschuldenkomitees aufzuwerten und das Schuldenmanagement in den gesamtwirtschaftlichen Entscheidungsprozeß zu integrieren. Insbesondere wurde bestimmt, daß die öffentliche Auslandsverschuldung nicht länger unabhängig von der privaten Kreditaufnahme und der öffentlichen Inlandsverschuldung betrachtet werden sollten. Diese Veränderungen spiegelt auch die Umbenennung des Komitees wider, das nun Komitee für Nationale Schuldenpolitik heißt. Es steht unter dem Vorsitz des Finanzministers und setzt sich aus leitenden Mitarbeitern der Bank von Thailand, des National Rates für wirtschaftliche und soziale Entwicklung und des Haushaltsbüros zusammen. Sein Sekretariat befindet sich im Finanzministerium. Der Arbeit des Komitees wird ein verbessertes System zur Datenerfassung und -verwaltung zugute kommen, das gegenwärtig im Finanzministerium eingerichtet wird, — insbesondere, wenn die Ausbildung der Mitarbeiter intensiviert ist.

Zu den Aufgaben des Komitees gehört die gründliche Prüfung sämtlicher Darlehenswünsche (einschließlich militärischer Kredite) von Regierungsstellen und öffentlichen Unternehmen im Hinblick auf die Schuldendienstkapazität des Landes. Außerdem werden mögliche Richtlinien für die Auslandsverschuldung erwogen: (a) Betriebsverluste sollen nicht durch Auslandskredite finanziert werden; (b) jegliche Subventionen an öffentliche Unternehmen müssen im Haushalt der Zentralregierung ausgewiesen werden und (c) die Preispolitik öffentlicher Unternehmen soll bezüglich ihrer Auswirkungen auf die finanzielle Gesundheit der Unternehmen und deren Fähigkeit zur Bedienung der Auslandsschulden untersucht werden. Eine abschließende Festlegung der Richtlinien ist jedoch noch nicht erfolgt.

Das Komitee ist auch für die Überwachung und Berichterstattung über die zahlungsmäßige Abwicklung von auslandsfinanzierten Projekten verantwortlich, sowie für die Steuerung der Struktur der Auslandsschuld und für eine regelmäßige viermonatliche Berichterstattung an das Wirtschaftskabinett. Es schlägt Obergrenzen für die öffentliche Verschuldung des kommenden Jahres vor und macht auf eventuelle Widersprüche zwischen der Haushaltspolitik der Regierung und diesen Grenzen aufmerksam.

Förmliche Verschuldungsregeln sind keine Garantie dafür, daß Schuldendienstprobleme vermieden werden. Die Philippinen besitzen eines der systematischsten Verfahren, das in erster Linie auf einer gesetzlichen Obergrenze von 20 Prozent für die öffentliche Schuldendienstquote beruht (vgl. Sonderbeitrag 5.1). Obwohl diese Kontrolle während des größten Teils der siebziger Jahre von Nutzen war, verhinderte sie nicht das Schuldendienstmoratorium des Jahres 1983. Dies war teils darauf zurückzuführen, daß die Regierung angesichts stark verschlechterter Terms of Trade finanz- und geldpolitische Maßnahmen ergriff, die sich mit einer tragbaren Entwicklung der Leistungsbilanz nicht vereinbaren ließen.

Einige Länder haben jedoch Verschuldungsgrenzen als nützliche Ergänzung des gesamtwirtschaftlichen Entscheidungsprozesses erkannt. In Thailand gibt es beispielsweise einen offiziellen Schuldenausschuß, der die Einhaltung der Richtlinien sicherzustellen hat (vgl. Sonderbeitrag 5.2). Die Richtlinien besagen, daß die Tilgungs- und Zinszahlungen auf öffentliche und öffentlich verbürgte Schulden in einer gleitenden Fünf-Jahres-Periode 9 Prozent der Exporteinnahmen nicht übersteigen sollen. Als diese Richtlinie im Jahre 1983 und erneut 1984 überschritten wurde, ist der Schuldenausschuß ersucht worden, künftige Kreditaufnahmen so zu planen, daß die öffentliche Schuldendienstquote bis 1987, dem Anfangsjahr des nächsten Fünf-Jahres-Planes, unter 9 Prozent gesenkt wird. Diese Obergrenze wird durch eine Regel ergänzt, welche zusätzliche öffentliche und öffentlich verbürgte Kreditaufnahmen auf 20 Prozent der Haushaltsbewilligungen begrenzt.

Im allgemeinen ist eine förmlich festgelegte Obergrenze der Verschuldung nützlich. Sie fördert die Budgetdisziplin und trägt dazu bei, der Regierung zentrale gesamtwirtschaftliche Fragen bewußt zu machen. Amtliche Verschuldungsregeln können insbesondere dann hilfreich sein, wenn sie auch für militärische Ausgaben und Projekte gelten, die aus politischen Gründen nicht immer leicht zu kontrollieren sind. Formelle Regeln sind aber auch nicht ungefährlich. Sie können ein Sicherheitsgefühl schaffen, das nicht gerechtfertigt sein mag. Zudem erfassen sie selten alle Arten von Kreditaufnahmen: So kann die kurzfristige Verschuldung, die üblicherweise nicht kontrolliert wird, gefährlich anschwellen, wie das Anfang 1982 in Mexiko der Fall war. Manchmal können partielle Kontrollen die Struktur der Gesamtverschuldung einseitig

TABELLE 5.1
Eine Übersicht über die Kontrollen der Auslandsverschuldung

Kreditnehmer	Ausmaß der Kontrollen	Länderbeispiele
Zentralregierung	Strenge Kontrolle im Rahmen gesetzlicher Obergrenzen der gesamten Kreditaufnahme.	Thailand, Philippinen, Brasilien.
	Die Regierungsressorts verfügen über einen gewissen Spielraum im Rahmen einer relativ lockeren Kontrolle der gesamten Kreditaufnahme.	Die meisten Länder.
Öffentliche Unternehmen, regionale und lokale Behörden	Sämtliche Kreditaufnahmen sind von der Zentralregierung einzuleiten und durchzuführen.	Indonesien.
	Kreditaufnahmen sind von der Zentralregierung zu genehmigen.	Mexiko, Ecuador, Korea, Portugal, Brasilien.
	Keine Kontrollen, falls keine Regierungsgarantie beantragt wird.	Sudan.
	Regionalen und lokalen Behörden ist die Kreditaufnahme ohne Beschränkungen erlaubt.	Jugoslawien (vor 1982), Nigeria (vor 1982).
Geschäftsbanken	Selektive Beschränkungen der Kreditaufnahme im Ausland.	Brasilien, Korea.
	Freizügigkeit bei der Aufnahme und Vergabe von Krediten in sämtlichen Währungen sowie bei der Übernahme von Wechselkursrisiken.	Chile, Ecuador, Argentinien (vor 1982).
Private Nichtbanken	Kreditaufnahmen sind genehmigungspflichtig; Mindestlaufzeiten und Zinsobergrenzen werden vorgeschrieben.	Türkei, Costa Rica, Philippinen, Brasilien, Korea.
	Kreditaufnahmen sind genehmigungspflichtig und werden häufig bei Investitionsgüterimporten verlangt, die eine bestimmte Summe übersteigen.	Portugal.
	Kreditaufnahmen müssen gemeldet werden, werden aber fast immer bewilligt.	Thailand, Mexiko, Ecuador.
	Weder Kontrollen noch genaue Erfassung.	Indonesien.

Quelle: Eigene Unterlagen der Weltbank.

beeinflussen. In Thailand wurde beispielsweise die Kreditaufnahme des öffentlichen Sektors im Ausland strikt begrenzt, jedoch nicht diejenige im Inland. Das kann dazu führen, daß sich die öffentliche Hand am inländischen Markt stark verschuldet, den privaten Sektor verdrängt und zur Kreditaufnahme im Ausland zwingt — häufig zu höheren Zinsen und mit kürzeren Laufzeiten, als sie die Regierung erhalten hätte.

Wieviel Kontrolle?

Die Kontrollen des Kapitalimports haben während der achtziger Jahre im Durchschnitt zugenommen. Eine verstärkte Überwachung wurde hauptsächlich wegen der unzulänglichen Wirtschaftspolitik erforderlich. Verfolgen die Regierungen eine Finanz- und Geldpolitik, die mit einer tragbaren Zahlungsbilanzposition vereinbar ist, sowie eine Preispolitik — einschließlich der Festsetzung von Zinsen und Wechselkursen —, die sich an den Opportunitätskosten orientiert, so wird eine aktive Steuerung des Volumens der Kapitalströme weniger dringlich. Gleichwohl dürfte es weiterhin wünschenswert sein, die Mittelaufnahme nach ihrer Struktur oder Zusammensetzung zu überwachen.

Die Intensität, mit der die Zentralregierung die Gesamtkreditaufnahme im Ausland überwacht, variiert von Land zu Land (vgl. Tabelle 5.1). Sogar die Verfahren der Genehmigung und Überwachung ihrer eigenen Verschuldung sind unterschiedlich. Im allgemeinen werden die Mittel vom Finanzministerium im Namen der Regierung aufgenommen. Dient das Darlehen jedoch zur Stützung des Wechselkurses oder zur Anreicherung der Währungsreserven, kann die Zentralbank ebenso als Kreditnehmer auftreten. In einigen Fällen haben andere Regierungsstellen selbständig Mittel im Ausland aufgenommen, gewöhnlich mit kurzen Laufzeiten.

In den meisten Entwicklungsländern ist öffentlichen Unternehmen die Kreditaufnahme auf eigene Rechnung gestattet. Üblicherweise müssen sie ihre Verbindlichkeiten der Zentralregierung melden; in einer wachsenden Zahl von Ländern benötigen sie nun jedoch eine vorhergehende Genehmigung. So hat der Sudan unlängst eine solche Bedingung eingeführt, während Costa Rica, die Türkei und Sambia ihre Genehmigungsverfahren verbesserten. In Mexiko wurde 1977 die Auslandsverschuldung gesetzlich geregelt; danach war bei sämtlichen Kreditaufnahmen öffentlicher Stellen eine schriftliche Genehmigung erforderlich — wenn auch einige dieser Stellen (namentlich PEMEX) gelegentlich ohne ausdrückliche Erlaubnis Kredite aufgenommen haben. In einigen Ländern verschuldet sich die Zentralregierung im Namen öffentlicher Unternehmen. So hat die indonesische Regierung im Gefolge der PERTAMINA-Krise Mitte der siebziger Jahre den meisten öffentlichen Unternehmen Kreditaufnahmen im Ausland untersagt; die Verschuldung der öffentlichen Unternehmen läßt sich nun im allgemeinen nicht mehr von derjenigen der Zentralregierung unterscheiden.

Es ist allgemein üblich, daß Regierungen Auslandskredite an öffentliche Unternehmen und auch an den privaten Sektor garantieren (manchmal gegen eine Gebühr, wie etwa in Pakistan). Die Vorteile einer Garantie bestehen darin, daß sie günstigere Kreditbedingungen und eine bessere Kontrolle der Investitionsprogramme der öffentlichen Unternehmen ermöglicht. Die Garantien bedeuten jedoch für die Zentralregierung eine zusätzliche finanzielle Last, die unter Umständen sehr groß sein kann. Außerdem wird dadurch ein Teil der Verantwortlichkeit für die Projektbewertung auf die Regierung übertragen, was ihre knappe Verwaltungskapazität zusätzlich beansprucht. Da die Garantiepolitik zur Abhängigkeit von der Regierung führt, können die öffentlichen Unternehmen unbeabsichtigterweise daran gehindert werden, bei ihren finanziellen Transaktionen mehr Sachverstand und Eigenverantwortlichkeit zu entwickeln.

In den meisten Entwicklungsländern ist es den nachgeordneten Gebietskörperschaften nicht erlaubt, unabhängig von der Zentralregierung Auslandsmittel aufzunehmen. Es hat einige wenige Ausnahmen in Bundesstaaten wie Nigeria und Jugoslawien gegeben. Die autonome Mittelbeschaffung durch lokale Verwaltungen kann beim Mana-

TABELLE 5.2
Instrumente zur Beeinflussung der privaten Auslandsverschuldung in ausgewählten Entwicklungsländern

Land	Vorherige Genehmigung	Mindestlaufzeit	Bardepotpflicht	Obergrenze für Zins oder Zinsspannen	Quellensteuer auf Zinszahlungen ins Ausland	Finanzierungsabhängige Einfuhrbeschränkungen	Wechselkursgarantie
Argentinien	○	○	○	○	○	●	●a
Brasilien	●	●	●	●	○	●	●
Chile	●	●b	●	●	○	○	○
Costa Rica	●	●	○	●	○	○	○
Ecuador	○	○	○	○	○	●	○
Indonesien	○	○	○	○	●	○	○
Korea	●	○	○	○	○	●	○
Mexiko	○	○	○	○	○	○	●a
Marokko	●	○	○	○	○	○	○
Philippinen	●	●	○	●	○	●	○
Sudan	●	○	○	○	○	○	○
Thailand c	○	○	○	○	●	○	○
Türkei	●	●	○	●	○	○	○
Jugoslawien d	●	○	○	○	○	●	●
Sambia	●	○	○	○	○	○	○

Anmerkung: ● = gegenwärtig oder in der jüngsten Vergangenheit angewandte Instrumente; ○ = gegenwärtig oder in der jüngsten Vergangenheit nicht angewandte Instrumente.
a. Gegenwärtig werden keine neuen Garantien gewährt.
b. Z. Zt. nicht erforderlich.
c. Der Abschluß von Lieferantenkrediten bedarf der Genehmigung durch die Bank von Thailand.
d. Gilt für Kreditaufnahmen selbstverwalteter Unternehmen des gesellschaftlichen Sektors.
Quelle: Weltbank.

gement der gesamten öffentlichen Verschuldung zu ernsten Komplikationen führen. Die Regierung Jugoslawiens hat nach den jüngsten Schwierigkeiten sämtliche Auslandsschulden der Republiken koordiniert.

Die Kontrolle der Auslandskreditaufnahmen des privaten Sektors wird sehr unterschiedlich gehandhabt (vgl. Tabelle 5.2). Bis vor kurzem haben einige Entwicklungsländer private Unternehmen zur Mittelaufnahme im Ausland ermutigt. In Argentinien und Mexiko forderten 1981 und 1982 die Regierungen große Firmen zur Mittelbeschaffung im Ausland auf, um an den heimischen Finanzmärkten Spielraum für zunehmende öffentliche Mittelaufnahmen zu schaffen. Wechselkursgarantien sind ebenfalls ein recht verbreitetes Mittel zur Anregung privater Kreditaufnahmen gewesen, insbesondere in Lateinamerika. In den asiatischen Ländern sind im allgemeinen keine offiziellen Garantien gewährt worden, obwohl die Zentralbanken manchmal „Swap"-Fazilitäten angeboten haben, die im Endeffekt den gleichen Zweck erfüllen.

Angesichts der Schuldendienstprobleme der letzten Jahre haben die Regierungen die Auslandskreditaufnahme des privaten Sektors strenger kontrolliert. In etwa der Hälfte aller Entwicklungsländer benötigen private Kreditnehmer eine Erlaubnis der Regierung. Einige Länder — darunter Brasilien, Korea und die Philippinen — haben ihre Amtsgewalt aktiv eingesetzt, um Höhe und Zusammensetzung der gesamten Verschuldung zu kontrollieren. Costa Rica und die Türkei haben unlängst begonnen, die private Mittelaufnahme sorgsamer zu überwachen. In Mexiko wurde die private Auslandsverschuldung bis zur Einführung der Devisenkontrollen im Jahre 1982 weder gesteuert noch erfaßt; nunmehr müssen private Schuldner ihre Mittelaufnahmen anmelden und halbjährlich über sämtliche Veränderungen berichten.

Ein Grund für die stärkere Beteiligung der Regierung bei der privaten Kreditaufnahme besteht darin, daß die Zentralregierung in einer Krise verpflichtet sein kann, die Verantwortung für die privaten Schulden zu übernehmen, auch wenn sie diese ursprünglich nicht garantiert hatte. Dies war verschiedentlich der Fall, insbesondere in Mexiko und auf den Philippinen. Grundsätzlich wurde von der Regierung verlangt, die Verfügbarkeit von Devisen für den Schuldendienst sicherzustellen (Transferrisiko), während das wirtschaftliche Risiko bei den privaten Unternehmen verblieb. In der Praxis hat sich jedoch der Unterschied zwischen dem Transfer- und dem wirtschaftlichen Risiko verwischt. Gerade über diese Frage ist es bei Mexikos Umschuldungsvereinbarungen zu Rechtsstreitigkeiten zwischen der Regierung und ausländischen Banken gekommen.

Einige Regierungen haben zur Steuerung der privaten Kreditaufnahmen im Ausland indirekte Maßnahmen angewandt. Dazu gehören Quellensteuern auf Zinszahlungen (beispielsweise in Indonesien, Malaysia und Thailand) sowie Auflagen, wonach die Kreditnehmer einen Teil der Darlehen bei der Zentralbank zinslos oder zu geringem Zins einzulegen haben (zum Beispiel in Brasilien und Chile). Andere Regierungen haben Zinsobergrenzen für die private Neuverschuldung festgesetzt, um im Umgang mit ausländischen Kreditgebern unerfahrene private Kreditnehmer zu schützen. Dabei besteht das Risiko, daß die Möglichkeiten zur Mittelbeschaffung im Ausland auf etablierte inländische Firmen begrenzt bleiben und kleinere innovative Unternehmen benachteiligt werden. Andere Maßnahmen zielen auf die Beeinflussung der Laufzeitstruktur der Verschuldung eines Landes ab, so etwa das Verbot kurzfristiger Kreditaufnahmen. Schließlich kann auch die Geldpolitik dafür eingesetzt werden, die Attraktivität von Auslandskrediten zu beeinflussen. Viele Regierungen haben gelegentlich das inländische Zinsniveau angehoben, um Kapitalimporte anzuregen oder Kapitalexporte zu verhindern, und in einigen Fällen sind die Zinsen gesenkt worden, um Mittelzuflüsse abzuwehren.

Steuerung des Marktzugangs

Nicht alle Finanzmärkte stehen allen Entwicklungsländern offen. Ein Land mag in der Lage sein, sich Eurodollar-Kredite zu beschaffen, nicht aber Anleihefinanzierungen oder Kredite in Nicht-Dollar-Währungen. Einige Länder können vielleicht Swaptransaktionen zu geringen Kosten durchführen, während sie für andere teuer oder unmöglich sind. Es ist wichtig, daß die Schuldenmanager eine Strategie entwickeln, wie der Marktzugang zu niedrigen Kosten verbessert werden kann.

Die Steuerung des Marktzugangs schließt zwei Elemente ein. Erstens bedarf es der Koordination, denn die Mittelaufnahme kann sehr viel teurer werden, wenn verschiedene Kreditnehmer aus dem gleichen Land den selben Markt gleichzeitig in Anspruch nehmen. In einigen Ländern müssen sich öffentliche Stellen in eine Warteschlange einreihen, da jeweils nur einem Kreditnehmer der Auftritt am Markt erlaubt wird. Die koreanische Regierung bezieht in dieses System auch die koreanischen Geschäftsbanken mit ein (die wichtigsten privaten Kreditnehmer), um einen Wettbewerb der Schuldner zu vermeiden. In Portugal beispielsweise kann die Zentralbank die Genehmigung von Kreditaufnahmen ablehnen, wenn der Zinsaufschlag auf den Londoner Interbankensatz (LIBOR) oder auf den Satz für erste Adressen in den Vereinigten Staaten ein bestimmtes Niveau übersteigt.

Zweitens müssen sich die Länder selbst am Markt einen guten Namen erwerben. Ihre Reputation hängt teilweise vom wirtschaftlichen Erfolg sowie von der Bereitschaft zu wirtschaftspolitischen Kursänderungen ab. Indonesien kann beispielsweise Mittel zu geringeren Kosten aufnehmen als die meisten Länder mit ähnlichem Einkommensniveau, weil seine Regierung während des letzten Jahrzehnts durchweg dazu bereit gewesen ist, in schwierigen Zeiten öffentliche Ausgaben zu kürzen, die Einnahmen zu erhöhen oder die Währung abzuwerten.

Wichtig ist auch, daß die Kreditgeber die Kreditnehmer kennenlernen. Die internationalen Kapitalmärkte sind segmentiert, so daß die gute Aufnahme auf einem Markt keine Garantie für eine gleich gute Aufnahme anderswo ist. In den späten siebziger Jahren konnte sich Mexiko auf dem Markt für Konsortialkredite zu ebenso günstigen Margen wie Schweden verschulden; am Dollar-Anleihemarkt hatte Mexiko jedoch keinen Erfolg, weil es dort nicht eingeführt war. Anleihekäufer — üblicherweise Privatpersonen und Finanzinstitute des Nichtbankensektors — können von der Kreditwürdigkeit eines Landes ganz andere Vorstellungen haben als Geschäftsbanken. Länder können sich allmählich Zugang zu den Märkten verschaffen, indem sie in begrenztem Umfang Mittel aufnehmen, wenn sie keinen dringenden Bedarf haben.

Obwohl diese Ausführungen in erster Linie für die Kreditaufnahme an kommerziellen Märkten gelten, müssen die wirtschaftspolitischen Instanzen auch Strategien der Mittelinanspruchnahme aus offiziellen Quellen entwickeln. Oft könnten Länder, wenn sie dazu bereit wären, zusätzliche nichtkonzessionäre öffentliche Mittel aufnehmen. Die Entwicklung eines kontinuierlichen Stroms vernünftiger Projekte kostet freilich Zeit. Bilaterale und multilaterale Organisationen arbeiten üblicherweise im Rahmen gleitender drei- oder fünfjähriger Ausleiheprogramme und können im allgemeinen die Kreditvergabe nicht rasch ausweiten. Die Schuldenmanager müssen daher den Devisenbedarf auf mittlere Sicht ebenso wie für das laufende Jahr im Auge behalten.

Lehren aus den jüngsten Erfahrungen

Aus den Erfahrungen der letzten Jahre ergeben sich folgende Schlußfolgerungen:

• Eine strenge Kontrolle der öffentlichen Verschuldung und eine sorgfältige Koordination und Überwachung sämtlicher Kreditaufnahmen der öffentlichen Unternehmen sind unentbehrlich.

• Ob die Kontrolle der privaten Verschuldung wünschbar oder nötig ist, hängt von der Wirtschaftspolitik der Regierung ab. Je enger sich Preise, Zinssätze und Wechselkurse an dem am Weltmarkt herrschenden Niveau orientieren, um so weniger Kontrollen sind erforderlich. Ist diese Bedingung nicht erfüllt, geht ein Land das Risiko großer Kapitalzu- oder -abflüsse ein, denen wahrscheinlich auch mit Kontrollen nicht beizukommen ist.

• Wenn Regierungen die private Kreditaufnahme gezielt gefördert haben, so geschah dies fast immer im Zusammenhang mit einer Wirtschaftspolitik (etwa bei einer Überbewertung der Währung oder bei ausufernden öffentlichen Defiziten), die langfristig nicht durchzuhalten war. Die daraus resultierenden Kreditaufnahmen haben notwendige Wirtschaftsreformen verzögert und zum gravierenden Ausmaß späterer Schuldendienstprobleme beigetragen.

• Belasten die Kosten und Risiken der Auslandsverschuldung die Volkswirtschaft als Ganzes stärker als den privaten Sektor — wenn beispielsweise eine Regierung private Schulden zu übernehmen hat — dann ist die Erhebung einer mäßigen Steuer auf private Kreditaufnahmen im Ausland angebracht.

Steuerung der Zusammensetzung von Kapitalzuflüssen

Der Schuldendienst künftiger Jahre hängt weitgehend von der Zusammensetzung der aufgenommenen Auslandskredite ab. Das Gesamtvolumen der von Jahr zu Jahr aufgenommenen Kredite ist nicht unabhängig von den Quellen, aus denen die Kredite stammen, und den Bedingungen, zu denen sie gewährt werden. Unter anderem sind Entscheidungen zu treffen über: (a) das angemessene Gleichgewicht zwischen Kredit- und Beteiligungsfinanzierung, (b) die Gewichtsverteilung zwischen öffentlichen und kommerziellen Geldgebern, (c) den Anteil der Verschuldung zu variablen und zu festen Zinsen, (d) die angemessene Fälligkeitsstruktur der Verschuldung, (e) die geeignete Währungsstruktur der Mittelaufnahmen. Natürlich lassen sich diese

Fragen nicht strikt auseinanderhalten, auch wird ein Schuldnerland nicht immer über einen ausreichenden Handlungsspielraum verfügen. Läßt sich die gewünschte Zusammensetzung des Kapitalimports nicht realisieren, dann muß möglicherweise der Umfang der Mittelaufnahme eingeschränkt werden.

Die geeignete Struktur der Auslandsverbindlichkeiten ist von Land zu Land unterschiedlich und verändert sich im Laufe der Zeit. Sie ist abhängig von den außenwirtschaftlichen Bedingungen (wie Aussichten und Risiken hinsichtlich der Zins- und Wechselkursentwicklung und des Zugangs zu den internationalen Märkten) und den binnenwirtschaftlichen Verhältnissen (so vom Wachstum der inländischen Ersparnis und der Exporte und der Anpassungsfähigkeit im Falle einer Krise). Je flexibler die Wirtschaftspolitik und je diversifizierter die Wirtschaftsstruktur eines Landes ist, um so mehr Risiken kann es tragen.

Schuldenmanager haben zwei Hauptaufgaben. Erstens müssen sie laufend abschätzen, inwieweit die Struktur der *bestehenden* Netto-Verbindlichkeiten eines Landes innerhalb des Rahmens der tatsächlich nutzbaren Finanzierungstechniken optimal ist. Einige der im folgenden vorgeschlagenen Techniken zur Modifizierung der Struktur bestehender Schulden — wie etwa Zins- und Währungsswaps — stehen nicht allen Entwicklungsländern zur Verfügung, andere dagegen — wie die Anpassung der Währungsstruktur der offiziellen Devisenreserven an diejenige der Verschuldung — sind sämtlichen Ländern möglich. Zweitens muß die Zusammensetzung von *neuen* Kapitalzuflüssen sorgfältig gesteuert werden.

Das Gleichgewicht zwischen Krediten und Beteiligungskapital

Die Bedeutung der Beteiligungsfinanzierung — der Direktinvestitionen und Portfolioinvestitionen — hat während der siebziger Jahre abgenommen, und zwar hauptsächlich, weil Bankkredite zu niedrigen oder negativen Realzinsen leicht erhältlich waren. Gleichwohl weisen Beteiligungsmittel gegenüber Krediten zwei Vorzüge auf. Erstens trägt der ausländische Investor sowohl das kommerzielle als auch das Wechselkursrisiko. Dies vermindert für das Empfängerland das Gesamtrisiko, so daß es größere Kapitalzuflüsse und höhere Investitionen aufrechterhalten kann. Zweitens sind ausländische Direktinvestitionen im allgemeinen mit Management und Technologie verbunden, die oftmals dem Empfängerland zugute kommen und die Rendite des Projektes erhöhen. Beteiligungsfinanzierung kann aber für das Empfängerland teurer sein. Obwohl die Renditeermittlung bei ausländischen Direktinvestitionen äußerst schwierig ist, deuten die meisten Untersuchungen darauf hin, daß die von den ausländischen Geldgebern geforderte Durchschnittsrendite bei Direktinvestitionen mehrere Prozentpunkte höher liegt als der Zinssatz für kommerzielle Schulden.

Ausländische Direktinvestitionen ersetzen Kreditaufnahmen im allgemeinen nicht, sondern ergänzen sie. Sie sind üblicherweise Teil eines Finanzierungspaketes, das neben Beteiligungsmitteln kommerzielle Bankkredite und Exportkredite enthält. In manchen Fällen können Länder jedoch zwischen Kredit- und Beteiligungsfinanzierung wählen. Eine bestimmte Investition kann entweder durch ein inländisches Unternehmen vorgenommen werden, das Mittel bei ausländischen Banken aufnimmt, oder durch ein ausländisches Unternehmen, das die Finanzierung mitbringt, oder als Gemeinschaftsgründung erfolgen. Obwohl politische Überlegungen dafür sprechen mögen, die Eigentumsrechte im Inland zu behalten, gibt es triftige ökonomische Gründe für einen höheren Anteil des ausländischen Beteiligungskapitals am gesamten Kapitalimport, namentlich bei den gegenwärtigen herrschenden hohen Realzinssätzen. Der Spielraum für eine erweiterte Rolle der Beteiligungsfinanzierung wird in Kapitel 9 im einzelnen erörtert.

Das Gleichgewicht zwischen öffentlichen und kommerziellen Finanzierungsquellen

Der Anteil der kommerziell finanzierten Schulden an der Gesamtverschuldung der Entwicklungsländer ist im letzten Jahrzehnt rasch gestiegen. Insgesamt gesehen hat der Zufluß offizieller Mittel — sowohl konzessionärer wie auch nichtkonzessionärer — zu den Entwicklungsländern nur langsam zugenommen, während sich die kommerzielle Finanzierung explosionsartig ausweitete. Die einzelnen Länder verfügen jedoch möglicherweise über mehr Bewegungsspielraum, als häufig angenommen wird. Offensichtlich wird ein Land im allgemeinen versuchen, das Angebot an hoch konzessionären Mitteln voll auszuschöpfen, bevor es auf die kommerziellen Märkte zurückgreift. Bei schwach konzessionären öffentlichen Mitteln und bei „gemischten" Krediten — hier werden konzessionäre

Sonderbeitrag 5.3 Die Bewertung des Zuschußelements

Das Zuschußelement eines Darlehens ist definiert als Differenz zwischen dem ursprünglichen Darlehensbetrag und dem abgezinsten Gegenwartswert des Schuldendienstes, ausgedrückt als Prozentsatz des ursprünglichen Darlehensbetrages. Wie Tabelle 5.3A zeigt, ist das Zuschußelement um so größer, je geringer der Zinssatz des Darlehens und je länger die Laufzeit oder die tilgungsfreie Periode ist.

TABELLE 5.3A
Das Zuschußelement bei ausgewählten Darlehenskonditionen

Darlehenskonditionen			
Zinssatz	Laufzeit	Tilgungsfreie Jahre	Zuschußelement[a]
			Abzinsungssatz 10 %
0	30	5	77 Prozent
6	20	0	23 Prozent
6	10	0	15 Prozent
6	10	5	21 Prozent
			Abzinsungssatz 15 %
6	10	5	40 Prozent

a. Unter der Annahme sofortiger Darlehensauszahlung und gleicher jährlicher Tilgungsraten.

Theoretisch sollte der rechnerische Abzinsungssatz sorgfältig so bestimmt werden, daß er die Kapitalkosten widerspiegelt. In der Praxis wird üblicherweise für sämtliche Währungen und Laufzeiten ein Abzinsungssatz von 10 Prozent unterstellt — eine Übereinkunft, die den von der OECD veröffentlichten Tabelle über das Zuschußelement zugrunde liegt. Jede Anwendung eines einheitlichen festen Abzinsungssatzes hat jedoch offensichtliche Nachteile, denn dabei werden weder Schwankungen der Marktzinsen, Zeitablauf noch große Zinsunterschiede zwischen den verschiedenen Währungen berücksichtigt.

Eine bessere Möglichkeit besteht darin, als Abzinsungssatz den Zinssatz zu verwenden, zu dem kommerzielle Mittel gleicher Laufzeit an den internationalen Märkten zum jeweiligen Zeitpunkt und in der jeweiligen Währung des betreffenden Darlehens aufgenommen werden können. In vielen Fällen stehen natürlich kommerzielle Mittel für so lange Laufzeiten nicht zur Verfügung, was durch einen Zuschlag zum Abzinsungssatz berücksichtigt werden sollte. Ist der Abzinsungssatz je nach Währung und im Zeitablauf unterschiedlich, so fällt das Zuschußelement der öffentlichen Darlehen von Ländern mit niedrigen Zinssätzen kleiner aus, während sich bei Ländern mit hohen Zinssätzen sowie in Zeiten eines international hohen Zinsniveaus ein größeres Zuschußelement ergibt.

---

und nichtkonzessionäre Darlehen kombiniert — ist jedoch ein sorgfältiges Vorgehen erforderlich, dem die folgenden Erwägungen zugrunde liegen.

Erstens unterscheiden sich die wirklichen Kosten und Vorteile öffentlicher Kredite je nach Geldgeber und angebotenen Konditionen. Öffentliche Gelder sind üblicherweise von technischer Unterstützung begleitet, haben im allgemeinen eine längere Laufzeit als kommerzielle Darlehen und werden häufig zu festen Zinssätzen gewährt. Aber selbst Zuschüsse können teuer sein, wenn das Geberland darauf besteht, weniger dringliche Projekte zu finanzieren. Öffentliche Kreditgeber können auch das Investitionsverhalten eines Landes in die falsche Richtung lenken, wenn ihre Mittel über Exportkreditstellen geleitet werden, die einseitig bestimmte Arten von Investitionsgütern favorisieren.

Zweitens kann zwischen dem Umfang der öffentlichen Entwicklungshilfe (ÖEH) und ihrem Zuschußgehalt ein Austauschverhältnis bestehen. Einige Geberländer mögen dazu bereit sein, mehr ÖEH zu geben als andere, aber zu weniger konzessionären Bedingungen. Japan beispielsweise gewährt ein Volumen an ÖEH, das etwa dem Durchschnitt der OECD-Länder entspricht; aber der Anteil der Zuschüsse und das Zuschußelement seiner Darlehen liegen unter dem OECD-Durchschnitt. Das Gegenteil gilt für Länder wie Australien, Neuseeland und Norwegen. Verfahren zur Abschätzung des Zuschußelements eines Darlehens oder einer Mischung von Zuschüssen und Darlehen werden im Sonderbeitrag 5.3 beschrieben.

Die Steuerung des Zinsrisikos

Da festverzinsliche mittel- und langfristige Darlehen im allgemeinen nur aus bilateralen öffentlichen Quellen stammen, mögen Kreditnehmer keine andere Wahl haben, als sich zu variablen Zinsen zu verschulden. Auch multilaterale Institutionen wie die Weltbank konnten nicht umhin, zu Sätzen auszuleihen, die während der Laufzeit des Darlehens variieren (wenn auch diese Zinssätze im allgemeinen viel weniger schwanken als bei den meisten kommerziellen Krediten). Daher ist es erforderlich, die künftigen Schuldendienstleistungen unter verschiedenen Annahmen über die Zinsentwicklung zu untersuchen. Das Verhältnis der künftigen Zinszahlungen zu den projektierten Exporteinnahmen — die Zins/Export-Relation — ist ein besonders nützlicher Indikator der möglichen Gefährdung, denn Zinszahlungen können im allgemeinen nicht umgeschuldet werden. Tabelle 5.3 gibt einige Anhaltspunkte für die Gefährdung von Kreditnehmern durch steigende Zinsen. Bei den Entwicklungsländern, die in jüngster Zeit umgeschuldet haben, war der Anteil der variabel verzinslichen Schulden (34 Prozent Ende 1983) fast doppelt so hoch wie sonst bei Entwicklungsländern. Desgleichen lag die Zins/Export-Relation der Umschulder mehr als doppelt so hoch wie bei den nichtumschuldenden Ländern, und zudem ist sie zwischen 1980 und 1982 viel rascher angestiegen.

Schuldenmanager dürften gelegentlich in der Lage sein, den Anteil der Verschuldung zu festen Sätzen zu erhöhen. Beispielsweise können öffentliche Exportkredite häufig kommerzielle Mittelaufnahmen ersetzen (vgl. Kapitel 7). Neue Finanzierungsinstrumente, wie Kredite mit flexibler Laufzeit und Beteiligungsdarlehen, werden für Entwicklungsländer verfügbar (vgl. Sonderbeitrag 5.4). Und einige Entwicklungsländer mit mittlerem Einkommen benutzen bereits Zins-Swaps, um variabel

TABELLE 5.3
Kennzahlen der „Verwundbarkeit" durch steigende Zinsen
(in %)

Land und Kennzahl	1973	1975	1977	1979	1980	1981	1982	1983
Argentinien*								
Zinszahlungen/Exporte	12,3	13,7	8,2	9,6	12,9	17,2	25,0	23,3*
Variabel verzinsliche Schulden	6,8	17,5	39,4	48,0	57,1	59,4	70,0	75,0
Brasilien*								
Zinszahlungen/Exporte	10,6	20,6	14,9	26,4	27,1	29,4	39,8	31,5*
Variabel verzinsliche Schulden	34,8	51,8	54,3	59,6	61,2	67,3	69,6	76,5
Costa Rica*								
Zinszahlungen/Exporte	5,6	6,1	5,3	10,5	14,0	11,2	9,7	45,0*
Variabel verzinsliche Schulden	19,3	29,2	32,0	46,6	46,5	52,1	51,9	57,0
Indonesien								
Zinszahlungen/Exporte	3,6	4,6	5,6	6,8	5,3	5,7	7,4	8,2
Variabel verzinsliche Schulden	4,5	19,4	18,7	14,5	16,8	17,8	20,0	22,7
Kenia								
Zinszahlungen/Exporte	4,0	4,5	3,8	7,2	8,3	9,2	11,6	10,9
Variabel verzinsliche Schulden	3,8	2,9	5,1	8,3	11,4	13,0	11,0	9,1
Korea								
Zinszahlungen/Exporte	5,9	5,3	3,8	4,7	6,0	6,4	7,2	6,2
Variabel verzinsliche Schulden	8,7	21,0	23,0	27,8	29,0	37,5	40,9	42,1
Mexiko*								
Zinszahlungen/Exporte	10,4	16,9	18,7	20,5	18,3	19,6	26,7	30,1*
Variabel verzinsliche Schulden	40,0	51,2	53,3	69,7	71,1	74,8	76,0	82,4
Philippinen*								
Zinszahlungen/Exporte	3,6	3,6	5,0	7,5	6,9	9,1	10,5	10,3
Variabel verzinsliche Schulden	8,0	21,0	21,9	24,9	29,5	30,8	36,2	36,0
Türkei*								
Zinszahlungen/Exporte	4,5	5,8	8,0	8,3*	17,2*	13,9*	12,0	15,0
Variabel verzinsliche Schulden	0,5	0,8	7,8	29,2	22,7	22,1	23,3	25,0
Entwicklungsländer[a]								
Zinszahlungen/Exporte	4,3	5,0	5,0	6,7	6,9	8,2	10,1	9,8
Variabel verzinsliche Schulden	6,4	9,4	11,8	15,5	17,3	19,0	20,2	21,6
Umschulder[b]								
Zinszahlungen/Exporte	7,0	7,4	7,0	9,9	10,5	12,4	16,5	17,0[c]
Variabel verzinsliche Schulden	11,9	17,2	23,1	29,9	31,2	33,2	34,9	38,3
LIBOR (3 Monate)	9,2	11,0	5,6	8,7	14,4	16,5	13,1	9,6

Anmerkung: Mit Sternchen werden die Umschulder und das Jahr der Umschuldung bezeichnet. (Die Philippinen schuldeten 1984 um.) In die Zins/Export-Relation gehen die tatsächlich auf mittel- und langfristige Schulden bezahlten Zinsen ein. Die Exporte umfassen Güter und Dienstleistungen. Der Anteil der variabel verzinslichen Schulden betrifft nur die mittel- und langfristigen öffentlichen Verbindlichkeiten.
a. Arithmetisches Mittel aus neunzig Entwicklungsländern. Wegen der unterschiedlichen Durchschnittsberechnung weichen diese Angaben von denen in anderen Kapiteln ab.
b. Durchschnitt von siebenundzwanzig Ländern, die zwischen 1975 und 1984 umgeschuldet haben (dargestellt in Schaubild 4.1). Wegen Einzelheiten siehe Sonderbeitrag 2.4.
c. Geschätzt.
Quelle: Weltbank.

> ## Sonderbeitrag 5.4   Drei neue Finanzierungsinstrumente und ihre Nutzung durch die Entwicklungsländer
>
> Drei Finanzierungsinstrumente, die auf den heimischen Finanzmärkten (namentlich am Hypothekenmarkt) zunehmend angewandt werden, sind von den Entwicklungsländern noch nicht genutzt worden, können ihnen aber bestimmte Vorteile bieten.
>
> - *Darlehen mit flexibler Laufzeit.* Statt mit variablen Zinsen sind die Darlehen mit einer variablen Laufzeit ausgestattet. Die Schuldendienstleistungen bleiben absolut gesehen (oder etwa relativ zum Einkommen des Kreditnehmers) konstant. Steigen die Zinsen, nimmt der Tilgungsanteil des Schuldendienstes ab, und die Laufzeit des Darlehens verlängert sich entsprechend. Bei einem starken Zinsanstieg kommt es zu einer „negativen Tilgung"; die Kreditgeber stellen den Kreditnehmern dann tatsächlich neue Mittel zur Verfügung. Darlehen mit flexibler Laufzeit bieten sowohl Kreditnehmern als auch Kreditgebern Vorteile. Für die Kreditnehmer schaffen sie Gewißheit über ihre Schuldendienstverpflichtungen. Die Kreditgeber brauchen sich bei ihrer Ausleihpolitik weniger Sorgen über Umschuldungen und möglicher Abschreibungen zu machen. Für die Entwicklungsländer wäre es doppelt attraktiv, wenn die Schuldendienstleistungen an die Exporterlöse gekoppelt werden könnten, denn dies würde die von schwankenden Rohstoffpreisen ausgehende Unsicherheit vermindern.
>
> - *Darlehen mit gestaffeltem Schuldendienst.* Hierbei steigen die Schuldendienstleistungen, ausgehend von einem niedrigen Niveau, allmählich an. In den ersten Jahren kann die Tilgung sogar negativ sein. Dieses Instrument könnte besonders für die Projektfinanzierung geeignet sein, bei der die Erlöse und die Schuldendienstkapazität mit dem Heranreifen des Projekts zunehmen. Durch eine Abstimmung der Schuldendienstverpflichtungen auf die erwarteten Deviseneinnahmen eines Projektes würden die Schuldenmanager die Bindung von Währungsreserven im Schuldendienst vermeiden.
>
> - *Beteiligungsdarlehen.* Die Kreditgeber akzeptieren unter dem Marktniveau liegende Zinssätze als Gegenleistung für eine Kapitalbeteiligung am Projekt. Der Kreditnehmer andererseits teilt sich das mit dem Projekt verbundene Risiko mit dem Kreditgeber. Da jedoch der Ertrag eines Projektes vom Preis der hergestellten Erzeugnisse abhängt, wird ein Darlehensvertrag auch Bestimmungen über die Preisbildung enthalten müssen. Dies verschafft den Kreditgebern einen gewissen Einfluß auf die Leitung des Projekts (wenngleich dadurch auch ihre Verwaltungskosten steigen). Außerdem könnte den Kreditgebern daran gelegen sein, daß eine Entschädigungsregelung oder eine Absicherung gegen politische Risiken vereinbart wird.

verzinsliche gegen festverzinsliche Darlehen zu tauschen (vgl. Sonderbeitrag 5.5).

Die Fälligkeitsstruktur der Schulden

Die jüngsten Schuldendienstprobleme sind oft durch eine Verkürzung der Laufzeitstruktur der Auslandsschulden verursacht oder verschärft worden. Die durchschnittliche Laufzeit der gesamten mittel- und langfristigen Verbindlichkeiten der größeren Schuldnerländer sank zwischen 1972 und 1981 von 17,9 Jahren auf 12,7 Jahre. Noch kürzer war die durchschnittliche Laufzeit bei den größten Schuldnerländern: für Brasilien betrug sie 9,7 Jahre und für Mexiko nur 8,7 Jahre (1981). Teilweise ging dies darauf zurück, daß die kommerzielle Bankverschuldung viel rascher zunahm als die öffentliche Entwicklungshilfe und andere öffentliche Finanzierungen. Der besonders nach 1979 zu verzeichnende starke Anstieg der kurzfristigen Verbindlichkeiten hat die Fälligkeitsstruktur weiter verkürzt. Bis Anfang 1983 hatten sich die kurzfristigen Verbindlichkeiten der Entwicklungsländer auf schätzungsweise 130 Mrd Dollar erhöht, das war rund ein Viertel der gesamten Verschuldung der Dritten Welt.

Für viele Länder war die Verkürzung der Laufzeiten keine bewußte Politik, die schließlich zu Schwierigkeiten führte. Häufig standen sie vor der Alternative, entweder kurzfristige oder gar keine Mittel aufzunehmen, denn die kommerziellen Kreditgeber waren nicht mehr zu längerfristigen Ausleihungen bereit. Die hohen kurzfristigen Schulden waren daher mindestens ebenso Symptom wie Ursache für die Schwierigkeiten. In vielen Fällen hätte dies jedoch ein Signal für einen notwendigen Kurswechsel der Wirtschaftspolitik sein müssen, bevor dieser bei Umschuldungsverhandlungen von den Kreditgebern erzwungen wurde.

Die Darlehenslaufzeiten sollten soweit wie möglich mit den Amortisationsfristen der damit finanzierten Investitionen übereinstimmen. Viele Länder sind durch zu kurzfristige Kreditaufnahmen in Schwierigkeiten geraten. So waren in den späten fünfziger und frühen sechziger Jahren die Schuldendienstprobleme Argentiniens, Brasiliens, Chiles, Ghanas und Indonesiens weitgehend darauf zurückzuführen, daß die fünf- bis siebenjährigen Laufzeiten der Lieferantenkredite nicht mit den viel längeren Ausreifungszeiten der Investitionsprogramme übereinstimmten.

Aus den jüngsten Erfahrungen können zwei weitere Lehren gezogen werden. Erstens ist eine „Häu-

> ## Sonderbeitrag 5.5 Währungs- und Zinssatzswaps
>
> Die von den Entwicklungsländern aufgenommenen Auslandsmittel lauten überwiegend auf Dollar und sind zumeist variabel verzinslich. Da beides Nachteile hat, können durch Swaps besser geeignete Kombinationen erreicht werden.
>
> Ein Währungsswap kann folgendermaßen funktionieren.
>
> | | Dollar-Kredit | Schweizer Franken-Kredit |
> |---|---|---|
> | Kreditnehmer A | 13 Prozent | 6 Prozent |
> | Kreditnehmer B | 11 Prozent | 5 Prozent |
> | Zinsspanne zwischen A und B | 200 Basispunkte | 100 Basispunkte |
>
> Angenommen, der Kreditnehmer B ist kreditwürdiger als der Kreditnehmer A, so daß sich B sowohl in Dollar wie in Schweizer Franken billiger verschulden kann. Gleichwohl hat B einen komparativen Vorteil am US-Dollar-Markt. Weiterhin sei angenommen, daß A aus Gründen des Portfoliogleichgewichts eine Verschuldung in Dollar vorzieht, während B sich lieber in Schweizer Franken verschuldet. In diesem Falle sollte B Dollar und A Schweizer Franken aufnehmen; sie können sich dann verständigen, daß jeder die Verbindlichkeit des anderen erfüllt und zu ihrem beiderseitigen Vorteil ein entsprechendes Arrangement treffen. Je nach Verhandlungsergebnis wird B zwischen 100 und 200 Basispunkten pro Jahr von A erhalten; gleichwohl erhält A die benötigten Dollar noch billiger, als wenn er sie direkt aufgenommen hätte. Nach dem gleichen Prinzip tauscht man festverzinsliche gegen variabel verzinsliche Verbindlichkeiten.
>
> Swaps geben dem Finanzmanagement eines Landes Flexibilität und Vielseitigkeit. Sie werden über die bestehenden Markteinrichtungen abgewickelt, sind anonym und können rasch durchgeführt werden. Sie sind mit weniger Risiken verbunden als ein Direktdarlehen, da bei Zahlungsunfähigkeit die Verbindlichkeiten zu den ursprünglichen Schuldnern zurückkehren.
>
> Die Swapmärkte in den Industrieländern sind bereits ziemlich groß (1983 schätzungsweise 60 Mrd Dollar), aber nur wenige Entwicklungsländer mit mittlerem Einkommen haben sie bisher in Anspruch genommen. Dies ist teilweise darauf zurückzuführen, daß die Vorteile dieser Märkte zuwenig bekannt sind. Potentielle Swappartner sind aber auch der Auffassung, daß die Teilnahme von Entwicklungsländern an diesen Märkten zu größeren Risiken führen würde. Deshalb könnte sich eine starke Institution, die solche Risiken zugunsten Dritter „versichert", als notwendig erweisen.

fung" von Schuldendienstverpflichtungen zu vermeiden. Dies war beispielsweise einer der Gründe für die jüngsten Probleme Argentiniens, wo die Einführung von Wechselkursgarantien im Jahre 1981 zur Prolongation bestehender Darlehen um 18 Monate Anlaß gab und wo die Beseitigung des Bardepots in den Jahren 1980/81 umfangreiche kurzfristige Kreditaufnahmen zur Folge hatte; alle diese Verbindlichkeiten wurden im Jahre 1982 zu etwa der gleichen Zeit fällig. Zweitens ist es gefährlich anzunehmen, daß die kurzfristige Verschuldung laufend erneuert werden kann. Viele Länder — so Ecuador, die Philippinen, Portugal und Rumänien — haben erfahren, daß die Kündigung der Prolongationszusagen infolge ungenügender Wirtschaftsleistung zu den Schuldendienstproblemen beigetragen hat.

Die Verwendung kurzfristiger Kredite zur allgemeinen Zahlungsbilanzfinanzierung kann den Zugang eines Landes zu diesen Geldern für legitime Zwecke der Handelsfinanzierung aufs Spiel setzen. Gelegentlich haben sich Länder erfolgreich kurzfristige Mittel beschafft, um einen Rückgang der Währungsreserven zu verhindern (beispielsweise Korea im Jahre 1980), und in seltenen Fällen wurden kurzfristige Gelder mit dem Ziel aufgenommen, Zeit zum Aushandeln niedrigerer Zinssätze auf mittel- und langfristige Kredite zu gewinnen (beispielsweise Brasilien im Jahre 1980). Im allgemeinen hat sich jedoch eine umfangreiche kurzfristige Verschuldung für andere Zwecke als zur Handelsfinanzierung als kostspielig erwiesen.

Welches Niveau der kurzfristigen Schulden ist somit angemessen? Obwohl es keine eindeutigen Regeln hierfür gibt, sind einige allgemeine Richtlinien nützlich, die sich an der Höhe der Verbrauchsgüterimporte eines Landes und dem Vorfinanzierungsbedarf des Exports orientieren. (Die Investitionsgüterimporte, die 25 bis 35 Prozent der gesamten Importe ausmachen, werden im allgemeinen durch längerfristige Mittel finanziert.) Da Handelskredite üblicherweise 90 bis 120 Tage laufen, ergibt sich, daß die kurzfristige Verschuldung im allgemeinen drei Monatsimporte nicht übersteigen und unter normalen Umständen eher darunter liegen sollte. (Davon auszunehmen sind Länder mit internationalen Finanzzentren, wo die kurzfristigen Bankverbindlichkeiten höher sein dürften.) Die Schaubilder 5.1 und 5.2 bestätigen diese einfache Faustregel.

Um die kurzfristige Kreditaufnahme einzuschränken, fordern jetzt einige Entwicklungsländer Mindestlaufzeiten oder erheben Bardepots auf die Auslandsverschuldung privater Unternehmen. Ei-

Schaubild 5.1 Kurzfristige Schulden der Entwicklungsländer, ausgedrückt in Monatseinfuhren, 1978 bis 1983

Länder, die 1982—84 umgeschuldet haben

Länder, die 1982—84 nicht umgeschuldet haben

Quelle: Weltbank.

In den letzten Jahren waren mehr als drei Viertel der von Entwicklungsländern aufgenommenen Auslandskredite in Dollar denominiert (vgl. Tabelle 2.5). Dies ging teilweise darauf zurück, daß Dollarkredite verglichen mit anderen Währungen ständig verfügbar waren. In vielen Fällen sind aber in Dollar denominierte Kredite von den Schuldenmanagern ausdrücklich bevorzugt worden. Rückblickend hat dies den Kreditnehmern wegen der starken Aufwertung des Dollars häufig geschadet. Von Darlehen in anderen Währungen haben einige Entwicklungsländer erheblich profitiert. So wird bei einigen zwischen 1978 und 1982 von der Weltbank ausgereichten Darlehen in Dollar gerechnet der Effektivzins weniger als 1 Prozent pro Jahr betragen, wenn die gegenwärtigen Wechselkurse bis zur Fälligkeit der Darlehen bestehen bleiben. Im nachhinein lassen sich freilich immer erfolgreiche Strategien entwickeln. Wichtiger erscheint, ob daraus Lehren für das künftige Portfoliomanagement gezogen werden können.

Vereinfacht ausgedrückt haben Kreditnehmer zwei Ziele: (a) die Schwankungen ihrer Schuldendienstverpflichtungen zu minimieren und (b) die Kosten der Kreditaufnahme möglichst niedrig zu halten. Diesen Zielen entsprechen zwei Elemente der Entscheidung zur Kreditaufnahme, nämlich das Absicherungs- und das Spekulationselement.

nige Länder — darunter Brasilien, Korea und die Philippinen — steuern die Inanspruchnahme von Handelskrediten durch die Festlegung von zulässigen Konditionen und von Warengruppen, bei denen Kreditaufnahmen erlaubt sind. Andere Länder — beispielsweise Costa Rica und die Türkei — kontrollieren sämtliche kurzfristigen Kreditaufnahmen. In Chile muß bei kürzeren Laufzeiten ein höherer Anteil der Kreditvaluta bei der Zentralbank hinterlegt werden.

Steuerung des Wechselkursrisikos

In einigen Ländern wird die Währungsstruktur der Schulden informell geregelt. Portugal beispielsweise bestand in den Jahren 1978/80 auf Dollarkrediten, obwohl die Zinssätze anderer Währungen viel niedriger lagen, denn man erwartete auf längere Sicht eine Dollar-Abwertung. Manche Industrieländer haben sich ausdrücklich bestimmte Regeln zu eigen gemacht. Einige, so etwa Schweden, haben die Zusammensetzung ihrer Schulden dadurch diversifiziert, daß sie bei der Kreditaufnahme eine größere Zahl von Währungen verwendeten. Andere haben das Wechselkursrisiko zu minimieren versucht, indem sie sich in Währungen verschuldeten, mit denen ihre eigene Währung verbunden ist; beispielsweise lautet in Irland fast die Hälfte der Schulden auf Deutsche Mark — die dominierende Währung des Europäischen Währungssystems, dem Irland angehört.

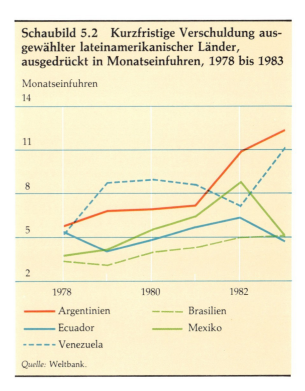

Schaubild 5.2 Kurzfristige Verschuldung ausgewählter lateinamerikanischer Länder, ausgedrückt in Monatseinfuhren, 1978 bis 1983

Argentinien — Brasilien — Ecuador — Mexiko — Venezuela

Quelle: Weltbank.

> **Sonderbeitrag 5.6 Automatisierte Schuldenmanagement-Systeme**
>
> Etwa 28 Entwicklungsländer benutzen gegenwärtig für die Analyse und das Management ihrer Schulden rechnergestützte Systeme. Einige Länder, wie etwa Brasilien, haben eigene Systeme ohne fremde Hilfe entwickelt. Andere haben internationale Firmen engagiert, um sich ein System für ihre besonderen Bedürfnisse entwickeln zu lassen oder haben fertige Systeme gekauft.
>
> Peru hat unlängst eines der anspruchsvollsten Systeme der Dritten Welt installiert. Es wurde von einer privaten Firma eingerichtet und durch ein Darlehen im Rahmen der technischen Hilfe finanziert, das die Weltbank im Zusammenhang mit der Untersuchung und der geplanten Neuordnung des peruanischen Schuldenmanagements gewährte. Es kostete über 1 Mio Dollar (einschließlich der maschinellen Anlage); zu seiner Betreuung wurde peruanisches Fachpersonal ausgebildet. Das neue System leistet folgendes: Es ermittelt die künftigen Devisenzahlungsverpflichtungen und erledigt die täglichen Zahlungen; es erstellt Genehmigungsschreiben für Schuldenzahlungen; es erfaßt sämtliche Arten von Schulden — öffentliche und private, kurz-, mittel- und langfristige sowie ausländische und inländische — und kann Darlehen mit festen oder variablen Zinsen bearbeiten. Das System kann noch nicht rationell genutzt werden, da die Anpassung gesetzlicher und administrativer Bestimmungen, die zur Sicherstellung des erforderlichen Informationsflusses zwischen den beteiligten Behörden notwendig ist, auf Schwierigkeiten stößt. Ein anderes System, das etwa ebensoviel wie das Perus kostet, basiert auf den Erfahrungen einer Beratergruppe, die einigen Ländern bei Umschuldungsverhandlungen zur Seite stand; es eignet sich daher besonders für die Analyse alternativer Verschuldungsstrategien. Dieses System wird von Mosambik benutzt, und Indonesien ist im Begriff es zu installieren.
>
> Ein weniger anspruchsvolles System ist unlängst von der UNCTAD entwickelt worden. Es ist auf Länder zugeschnitten, die über eine gut organisierte und zentrale Kontrolle ihrer Auslandsschulden verfügen. Dieses System klassifiziert jedes Darlehen, überwacht die täglichen Devisenverbindlichkeiten, bewertet Darlehen mit festen und variablen Zinssätzen und erstellt einfache Berichte. Das System kann auf einem Mikrocomputer gefahren werden, wobei die UNCTAD die Software kostenlos zur Verfügung stellt. Das UNCTAD-System wird gerade in Bolivien, Liberia, Madagaskar und Togo eingeführt. Ein anderes System, das den Entwicklungsländern kostenlos angeboten werden soll, wird zur Zeit vom Commonwealth-Sekretariat entwickelt.
>
> Welches System auch immer benutzt wird, es müssen sämtliche Angaben über die Schulden dem Schuldenamt unverzüglich gemeldet werden. Dies bedeutet im wesentlichen eine zentrale Erfassung der Kreditverträge, eine rasche Meldung der Auszahlungen durch die projektausführenden Stellen und eine unverzügliche Berichterstattung über Schuldendienstzahlungen seitens der Banken. Was die Systeme selbst betrifft, so sind sie manchmal zu anspruchsvoll. Sollen sie sowohl buchhalterische als auch analytische Funktionen übernehmen, so kann es dazu kommen, daß keine der beiden Aufgaben rationell erfüllt wird. Es dürfte daher besser sein, sich jeweils auf einen der beiden Bereiche zu konzentrieren, weil in vielen Ländern die Datenbasis noch unzuverlässig ist.

- Das Absicherungselement spiegelt die Wahl eines Kreditnehmers wider, dem es lediglich um Risikominimierung geht. Bei dieser Strategie werden Währungen gewählt, die geeignet sind, Wechselkursschwankungen und Veränderungen der Terms of Trade von der Volkswirtschaft fernzuhalten. Das Ziel besteht darin, Währungen zu bestimmen, deren Realwert zusammen mit dem Realeinkommen des Kreditnehmers steigt oder fällt.
- Das Spekulationselement spiegelt die Wechselkurs- und Zinserwartungen des Kreditnehmers wider. Für jedes einzelne Darlehen sollte der Kreditnehmer die Währung wählen, bei der die erwarteten Kreditkosten — bereinigt um die erwarteten Wechselkursverschiebungen — am niedrigsten sind. Wenn (a) die Zinsparität gegeben ist (das heißt, der Auf- oder Abschlag des Terminkurses gegenüber dem Kassakurs spiegelt nur die nominale Zinsdifferenz wider) und (b) der Terminkurs den künftigen Kassakurs im Durchschnitt richtig vorhersagt, wird sich eine spekulative Entscheidung erübrigen. Die Bedingungen eines „perfekten Marktes" werden sicherstellen, daß die erwarteten Kreditkosten in allen Währungen identisch sind.

In der Praxis führen beide Grundsätze zu Problemen. Die Prognose von Wechselkursen und Zinssätzen stößt auf notorische Schwierigkeiten. Zudem mögen einige der erforderlichen Beziehungen — wie die positive Korrelation zwischen dem Realeinkommen des Kreditnehmers und dem Wechselkurs einer anderen Währung — nicht sonderlich stabil und so die Vergangenheit ein schlechter Ratgeber der Zukunft sein.

Angesichts dieser Schwierigkeiten besteht eine bevorzugte Strategie darin, die Währungsstruktur der Schulden eines Landes an der seines Außenhandels zu orientieren. Das würde bedeuten, daß die Länder Kredite in denjenigen Währungen aufnehmen, die sie im Exportgeschäft erlösen, und daß sie ihre Reserven in Währungen halten, in denen ihre Importe denominiert sind. Wenn sich die Währung eines Exportmarktes aufwertet, dann verbessern sich wahrscheinlich die Terms of Trade des Kreditnehmers, wodurch die höheren Kosten des in dieser

Währung aufzubringenden Schuldendienstes zum Teil ausgleichen werden.

An dieser Strategie besticht, daß sie einfach und praktikabel ist. Im nachhinein betrachtet, wäre sie in den letzten Jahren der von den meisten Kreditnehmern praktizierten Strategie der Dollar-Verschuldung überlegen gewesen, die auf der Erwartung eines fallenden Dollars beruhte. Sie ist jedoch nicht notwendigerweise mit den Absicherungs- und Spekulationsstrategien vereinbar und würde in einigen Fällen zu unzweckmäßigen Kreditaufnahmen führen. Es scheint also kaum etwas anderes übrig zu bleiben, als sich auf pragmatische Weise ein Urteil über die Entwicklung des Außenhandels, der Zinssätze und der Wechselkurse zu bilden.

Technische Unterstützung

Die Steuerung der Auslandschuld und der Auslandskreditaufnahme eines Landes erfordert Fachkenntnisse und Sachverstand auf zwei speziellen Gebieten. Erstens die Fähigkeit, Kosten und Nutzen von Verschuldungs- und Reservehaltungsstrategien auf der Basis unterschiedlicher Annahmen über Zinssätze, Exportwachstum und dergleichen mehr zu veranschlagen. Zweitens die Vertrautheit mit den internationalen Finanzmärkten sowie die Fähigkeit, sie bestmöglich zu nutzen.

Die Regierungen vieler Entwicklungsländer nehmen auf beiden Gebieten technische Hilfe in Anspruch. So stellen Weltbank und IWF im Rahmen ihrer Unterstützung der Mitgliedsländer Analysen der Wirtschaftspolitik und ihrer Konsequenzen für das Management der Auslandsaktiva und -passiva zur Verfügung. Zusammen mit anderen tragen sie auch zum Aufbau von Schuldenmanagement-Systemen bei (vgl. Sonderbeitrag 5.6). Was die praktischen Einzelheiten der Verschuldung auf kommerziellen Märkten betrifft, so bedienen sich die meisten Entwicklungsländer nunmehr der Hilfe von Finanzberatern. Diese Berater befassen sich u. a. damit, welche Finanzinstrumente angewandt, welche Beträge aufgenommen und wann die Märkte beansprucht werden sollen. Auf diesem Gebiet dürfte es sich für einige Entwicklungsländer kaum lohnen, eigene Experten heranzubilden. Dagegen muß auf dem Gebiet der Schuldenmanagement-Systeme und gesamtwirtschaftlichen Analysen die Hauptfunktion der technischen Unterstützung darin bestehen, die Fähigkeiten jedes Landes zur selbständigen Erfüllung dieser Aufgaben zu stärken.

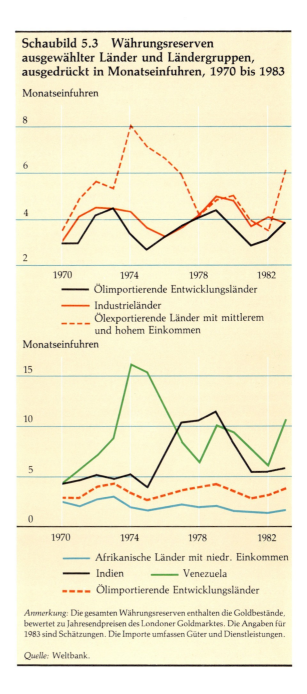

Schaubild 5.3 Währungsreserven ausgewählter Länder und Ländergruppen, ausgedrückt in Monatseinfuhren, 1970 bis 1983

Anmerkung: Die gesamten Währungsreserven enthalten die Goldbestände, bewertet zu Jahresendpreisen des Londoner Goldmarktes. Die Angaben für 1983 sind Schätzungen. Die Importe umfassen Güter und Dienstleistungen.

Quelle: Weltbank.

Das Management der Währungsreserven

Die Währungsreserven bilden einen unerläßlichen Bestandteil des gesamten Portfolios der Auslandsaktiva und -passiva eines Landes. Dabei sieht sich der Portfolio-Manager zumindest zwei Fragen gegenüber: Welcher Reservebestand ist angemessen und wann sollte sich eine Regierung verschulden, um den Reservebestand zu halten oder aufzustocken? Auf keine der beiden Fragen gibt es eine eindeutige Antwort. Im allgemeinen sollte jedoch ein Land um so höhere Reserven halten, je wechselhafter seine Exporterlöse und je höher die Risiken seiner Auslandsschuld sind, je geringer die Anpassungsfähigkeit seiner Wirtschaftspolitik und seiner Wirtschaftsstrukturen ist und je weniger es auf einen stetigen Zufluß von Auslandskapital vertrauen kann. Für die meisten Entwicklungsländer ist es daher vernünftig, eine höhere Einfuhrdeckung als die Industrieländer zu unterhalten. Nach den Erfahrungen der letzten Jahre sind Entwicklungsländer gut beraten, wenn sie ausreichend hohe Währungsreserven vorhalten, um sich bei binnenwirtschaftlichen oder außenwirtschaftlichen Problemen anpassen zu können, ohne ihr Wirtschaftswachstum über Gebühr zu gefährden. Eine Reservehaltung in Höhe der Einfuhren von drei Monaten wird daher gelegentlich für Entwicklungsländer als wünschenswert angesehen, aber dies sollte nicht als unumstößliche Regel betrachtet werden.

Bei einem Rückblick auf das letzte Jahrzehnt erscheinen vier Punkte erwähnenswert; sie sind in Schaubild 5.3 illustriert. Erstens: In der Dritten Welt insgesamt sind die Währungsreserven relativ zu den Importen im Gleichklang mit den Zyklen der Rohstoffpreise in den Jahren 1973/74 und 1978/79 gestiegen und gefallen. Zweitens sind die Reserven der afrikanischen Länder mit niedrigem Einkommen auf ein besonders tiefes Niveau gesunken, nämlich von 2,7 Monatsimporten (1970/73) auf 1,5 Monate (1980/82). Drittens sind die Reserven der ölexportierenden Länder stark gestiegen (von 3,4 Monatseinfuhren in 1970 auf gut 8,1 Monate 1974) und danach fast ebenso dramatisch gesunken, als die Entwicklungsprogramme die Devisenbestände rasch absorbierten. Schließlich zeigen sich beim Management der Reserven beträchtliche Unterschiede zwischen den Ländern. So haben einige Länder, wie Indien (1975 bis 1980) und China, mit Bedacht hohe Reserven unterhalten, während andere „dichter am Wind segelten" und ihre Reserven über lange Zeit auf niedrigem Niveau beließen.

Niedrige Währungsreserven können manchmal durch Kreditaufnahmen oder Kreditlinien verstärkt werden. Dies verursacht natürlich Kosten, denn der Zinsaufwand für die zusätzliche Verschuldung liegt üblicherweise um 1 oder 2 Prozentpunkte über dem Ertrag aus der Anlage der Reserven, und nicht in Anspruch genommene Kreditlinien kosten Bereitstellungsgebühren. Außerdem erhöhen Kreditaufnahmen auch die künftigen Schuldendienstleistungen und können mit den bereits erörterten Prolongationsproblemen verbunden sein. Mit diesen Einschränkungen kann eine Verschuldung begrenzten Umfangs zur Aufstockung der Reserven manchmal erwünscht sein. Erstens sind Kredite üblicherweise leichter und billiger zu erhalten, solange die Mittel nicht dringend benötigt werden. Zweitens ist die Höhe der Reserven ihrerseits für die Finanzmärkte ein wichtiger Indikator der finanziellen Lage eines Landes, so daß höhere Reserven zu günstigeren Kreditkosten führen können. Schließlich mag die Verschuldung in Zeiten eines weniger dringlichen Mittelbedarfs einer Regierung Gelegenheit bieten, sich neue Finanzierungsquellen — beispielsweise den Anleihemarkt — zu erschließen.

Der Informationsbedarf

In zahlreichen Entwicklungsländern leidet die Wirtschaftspolitik unter einem Mangel an Informationen über die Auslandsschulden. Schuldendienstprobleme werden häufig durch fehlende Informationen gravierend verschärft. In den fünfziger und sechziger Jahren kam es in Ghana und Indonesien zu Krisen, weil Daten über den Umfang der Schulden und der Schuldendienstverpflichtungen nahezu vollständig fehlten. In jüngster Zeit gehörten beispielsweise der Sudan, Rumänien und Zaire zu den Ländern, die teilweise infolge unzureichender Daten in kostspielige und äußerst belastende Schuldenprobleme gerieten.

Die meisten Entwicklungsländer sind über ihre langfristigen öffentlichen Schulden gut informiert, wenn auch einige Länder (darunter Costa Rica, die Türkei und Jugoslawien) erst unlängst herausfanden, daß ihre Angaben über die Verschuldung der öffentlichen Unternehmen und der nachgeordneten Verwaltungsebenen unzulänglich waren, und in vielen Ländern die zur Finanzierung von Rüstungseinfuhren aufgenommenen Schulden in den Statistiken immer noch nicht enthalten sind. Was die private langfristige Verschuldung betrifft, so ist die Datenlage bei mehr als der Hälfte der Entwicklungsländer und in einigen Industrieländern wie Dänemark und Irland ziemlich schlecht. Viele Regierungen versuchen nun diese Mängel zu korrigieren, indem sie die Überwachungssysteme verbessern und mehr Personal einsetzen.

Noch größere Probleme bereitet die Erfassung der kurzfristigen Verschuldung. Nur eine Minderheit der Entwicklungsländer verfügt hier über genaue Angaben, obwohl gerade das rasche Wachstum der kurzfristigen Verbindlichkeiten oftmals für die jüngsten Schuldendienstprobleme bestimmend war. Nur etwa ein Viertel aller Entwicklungsländer unterhält eine systematische Statistik der Handelskredite, obwohl diese Angaben in der Regel den Unterlagen der Geschäftsbanken entnommen werden können.

Die Informationen müssen nicht nur zutreffend sein, sondern auch rechtzeitig zur Verfügung stehen. Verzögerungen beim Zusammentragen und Aufbereiten der Daten haben Schuldenmanager in ernste Schwierigkeiten gebracht. In Mexiko beispielsweise sind nach den gesetzlichen Vorschriften, Kreditaufnahmen erst 45 Tage nach dem Ende des Quartals zu melden. In den Jahren 1981/82 konnten wegen dieser Verzögerung pro Quartal 15 Mrd Dollar aufgenommen werden, die hauptsächlich der Finanzierung der Kapitalflucht dienten, obwohl nur 4,5 Mrd Dollar jährlich genehmigt waren. In manchen Ländern mag der Bestand an Auslandsforderungen und Verbindlichkeiten einmal genau erfaßt worden sein — etwa durch außenstehende Berater —, aber die Daten wurden nicht auf den neuesten Stand gebracht. Diese Momentaufnahme bildet dann die Grundlage von Entscheidungen über Kreditaufnahme bzw. -vergabe, obwohl sie ständig an Relevanz verliert.

Eine wachsende Zahl von Entwicklungsländern ist im Begriff, rechnergestützte Schuldenmanagement-Systeme einzuführen; einige dieser Systeme werden in Sonderbeitrag 5.6 beschrieben. Desgleichen nutzen viele Länder nun zentral geführte Statistiken — insbesondere Daten der BIZ, des IWF, der OECD und des Schuldenberichtssystems der Weltbank —, um ihre eigenen Quellen zu ergänzen und auf ihre Konsistenz zu prüfen.

**Geographisches Institut
der Universität Kiel
Neue Universität**

Teil III: Die Mechanismen internationaler Finanzierung
6 Das internationale Finanzsystem und die Dritte Welt

Das internationale Finanzsystem hat sich in Reaktion auf die wechselnden Bedürfnisse von zumeist aus den Industrieländern stammenden Kreditnehmern und Kreditgebern herausgebildet. Es hat auch auf veränderte Zielsetzungen, Handlungsspielräume und Verhaltensweisen der in diesem System tätigen Finanzinstitutionen reagiert. Es ist also ein dynamisches System, das sich laufend an das globale wirtschaftliche und finanzielle Umfeld anpaßt. Einige Teile dieses Systems — in den letzten Jahren vor allem die Banken — wiesen eine höhere Anpassungsgeschwindigkeit auf als andere Bereiche.

Dieses Kapitel, das als Einführung zu Teil III des Berichtes dient, untersucht das internationale Finanzsystem aus der Sicht der Entwicklungsländer. Es beschreibt, wie sich das System entfaltet hat, und welche Faktoren seine Entwicklung vorangetrieben haben. Vor diesem Hintergrund werden einige Kriterien vorgeschlagen, um zu beurteilen, ob diese Mechanismen der Dritten Welt ausreichende Möglichkeiten für eine erfolgreiche Steuerung ihrer Auslandskreditaufnahme und ihrer Auslandsschulden geboten haben.

Funktionen und Inanspruchnahme des Finanzsystems

In vieler Hinsicht arbeitet das internationale Finanzsystem in weltweitem Rahmen wie ein nationales Finanzsystem. Es stellt Zahlungsverkehrsmechanismen zur Verfügung und bietet Fazilitäten für die Kreditaufnahme und die Anlage überschüssiger Mittel. Es schafft unterschiedliche Arten finanzieller Forderungen und Verbindlichkeiten, die dazu dienen, die Portfoliopräferenzen von Kreditgebern, Anlegern und Kreditnehmern zu befriedigen. Sofern es nicht durch nationale Maßnahmen, wie etwa durch Kapitalverkehrskontrollen, behindert wird, trägt es dazu bei, daß Finanzmittel weltweit auf die rationellste Weise eingesetzt werden. Es bestimmt auch die Bewegungsmöglichkeit des Kapitals von Land zu Land, was für den Handlungsspielraum der Regierungen bei der Anpassung an wirtschaftliche Schocks von erheblicher Bedeutung ist. Die Effizienz, mit der das internationale Finanzsystem seine verschiedenen Funktionen erfüllt, kann die Höhe der Ersparnisse und Investitionen in der Weltwirtschaft beeinflussen. Von der Funktionsweise des Systems gehen deshalb wichtige Impulse auf die Wirtschaftsaktivität in der Dritten Welt aus.

Unter dem Begriff „internationales Finanzsystem" versteht man üblicherweise die institutionelle Struktur, die den Fluß überschüssiger Mittel zu Ländern oder Wirtschaftseinheiten mit Defiziten weltweit sicherstellt, die für das internationale Wechselkursregime maßgeblichen Grundsätze und die Mechanismen zur Schaffung und Verteilung von Liquidität. In Teil III des Berichts gilt das Hauptaugenmerk der institutionellen Struktur — den Institutionen, Finanzierungsinstrumenten und Märkten —, durch die finanzielle Mittel speziell zu den Entwicklungsländern geleitet werden. An dieser Infrastruktur ist ein breites Spektrum von Stellen beteiligt — internationale Finanzinstitute, Regierungen, Geschäftsbanken und Industrieunternehmen —, die der Dritten Welt Finanzmittel zur Verfügung stellen oder sie dorthin leiten. Verschiedentlich fließen die Gelder unmittelbar den Entwicklungsländern zu, in anderen Fällen jedoch über verschiedene Vermittler und Märkte. 1970 nahmen rund 40 Prozent der Netto-Zuflüsse zu den Entwicklungsländern ihren Weg über Vermittler und Märkte, doch bis 1983 war dieser Anteil auf mehr als 60 Prozent angestiegen.

Die für die Entwicklungsländer maßgebende institutionelle Struktur kann in zwei Bereiche gegliedert werden. Zum öffentlichen Sektor gehören die direkten Kanäle für Kapitalströme — beispielsweise die bilaterale Entwicklungshilfe — und eine Reihe von Vermittlern, wie die Weltbank und die anderen multilateralen Entwicklungsbanken.

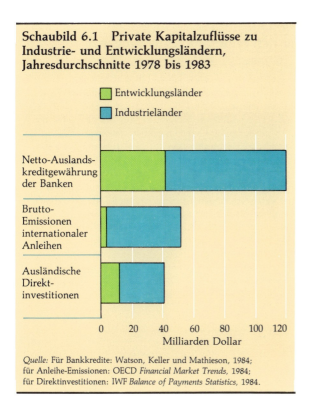

Schaubild 6.1 Private Kapitalzuflüsse zu Industrie- und Entwicklungsländern, Jahresdurchschnitte 1978 bis 1983

Quelle: Für Bankkredite: Watson, Keller und Mathieson, 1984;
für Anleihe-Emissionen: OECD *Financial Market Trends*, 1984;
für Direktinvestitionen: IWF *Balance of Payments Statistics*, 1984.

Im privaten Sektor gibt es ebenfalls direkte Mechanismen — beispielsweise Direktinvestitionen —, aber auch Vermittler, wie Geschäftsbanken und Märkte für internationale Anleihen und andere Wertpapiere.

Da Vermittler aller Art bei der Versorgung der Dritten Welt mit Finanzmitteln zunehmend wichtiger geworden sind, hat sich das Spektrum der Laufzeiten, Währungen und Finanzinstrumente, die den Entwicklungsländern zur Verfügung stehen, verbreitert. Die von den finanziellen Mittlern erzielte Kostendegression — bei der Information, den Transaktionskosten, der Analyse, der Kreditbewertung und der Portfoliodiversifikation — bringt Produktivitätsgewinne, wodurch sich Kosten und Risiken für Sparer und Kreditnehmer vermindern. Die Verbesserung der finanziellen Leistungsfähigkeit kann schließlich dazu führen, daß die Dritte Welt mehr Kapital zu geringeren Kosten erhält.

Die meisten internationalen Kapitalbewegungen hängen mit den ökonomischen und finanziellen Beziehungen zwischen den Industrieländern zusammen. Die Entwicklungsländer haben während des vergangenen Jahrzehnts die Inanspruchnahme von Auslandskapital stark ausgedehnt, aber nach wie vor entfällt auf die Industrieländer der Löwenanteil der wichtigsten Arten privater Kapitalströme (siehe Schaubild 6.1). Von 1978 bis 1983 partizipierten die Entwicklungsländer an der Netto-Vergabe von Auslandskrediten durch die Banken mit 36 Prozent, an den Brutto-Emissionen internationaler Anleihen mit 7 Prozent und an den Direktinvestitionen mit 27 Prozent. Die öffentlichen Kapitalströme fließen natürlich zumeist in die Entwicklungsländer.

Die Herausbildung der institutionellen Struktur

Die Entwicklung der institutionellen Struktur zur Weiterleitung von Finanzmitteln in die Dritte Welt spiegelte Veränderungen in der Weltwirtschaft wider. In der Nachkriegszeit durchlief sie drei große Phasen. Die erste Phase dauerte vom Ende des Zweiten Weltkrieges bis zu den späten sechziger Jahren, als öffentliche Mittel, Direktinvestitionen und Handelskredite für die Dritte Welt die Hauptformen ausländischen Kapitals darstellten. Leistungsbilanzdefizite wurden überwiegend durch öffentliche Stellen und internationale Organisationen finanziert. Finanzielle Mittler betätigten sich hauptsächlich im Inlandsgeschäft und in der Finanzierung des Außenhandels ihrer inländischen Kundschaft. Die Auslandstransaktionen der Geschäfts-

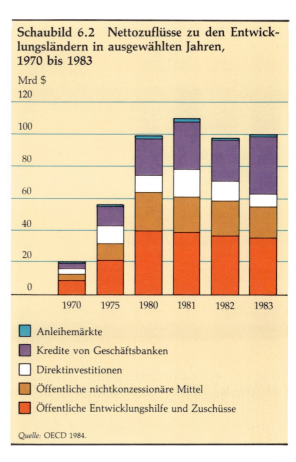

Schaubild 6.2 Nettozuflüsse zu den Entwicklungsländern in ausgewählten Jahren, 1970 bis 1983

Quelle: OECD 1984.

Sonderbeitrag 6.1 Wachstum und Verteilung der Weltbankausleihungen

Die Weltbank hat ihre Ausleihungen an die Entwicklungsländer insbesondere seit 1970 beträchtlich ausgeweitet. Bis zum Ende des Weltbank-Finanzjahres 1984 belief sich ihre kumulative Darlehensvergabe auf insgesamt 94,2 Mrd Dollar, während die Kredite der IDA 33,6 Mrd Dollar erreichten.

Im Laufe der Zeit hat sich die sektorale Verteilung der Weltbankausleihungen markant verschoben (siehe Schaubild 6.1A). Während der fünfziger und sechziger Jahre stand in der Ausleihpolitik der Weltbank die Entwicklung der grundlegenden Infrastruktur im Vordergrund; vorherrschend waren Darlehen für die Elektrizitätswirtschaft und das Verkehrswesen. Während der siebziger Jahre kam es im Hinblick auf die potentiell hohen Ertragsraten solcher Vorhaben zu einer Umorientierung zugunsten landwirtschaftlicher Projekte. Da ein großer Teil der armen Bevölkerungsschichten in der Landwirtschaft tätig ist, erhöht diese Schwerpunktverlagerung unmittelbar deren Lebensstandard. Aus den gleichen Gründen wurden auch die Darlehen für den Sozialbereich gesteigert. Der scharfe Anstieg der Ölpreise in den siebziger Jahren führte zu einer verstärkten Darlehensgewährung für Projekte zur Steigerung der Öl- und Erdgasförderung. Seit 1980 wurde der Finanzbedarf der Entwicklungsländer im Zusammenhang mit den von ihnen durchgeführten größeren Strukturanpassungen teilweise durch die Einführung der Strukturanpassungsdarlehen gedeckt (siehe Sonderbeitrag 4.8 in Kapitel 4).

Verglichen mit der sektoralen Zusammensetzung hat sich die regionale Zusammensetzung der Ausleihungen langsamer verändert. In den achtziger Jahren vollzog sich jedoch, wenn man die IBRD und die IDA zusammen betrachtet, eine Gewichtsverlagerung zugunsten größerer Kreditvergaben nach Asien — hauptsächlich im Zusammenhang mit dem entwicklungsbedingten Finanzbedarf eines neuen Mitgliedslandes, nämlich China. Die akuten Entwicklungsprobleme der afrikanischen Länder südlich der Sahara führten ebenfalls zu wachsenden Ausleihungen an diese Region.

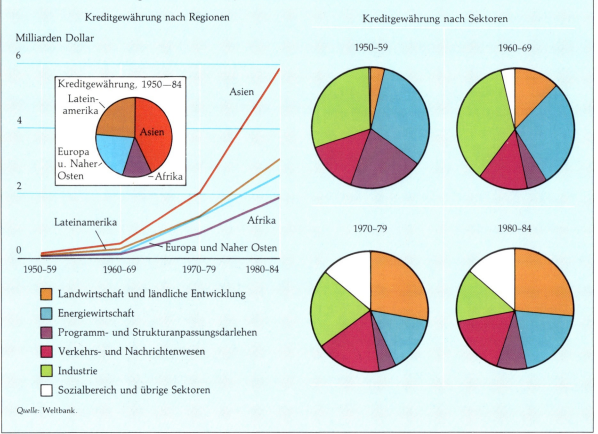

Schaubild 6.1A Kreditvergaben der Weltbank, Jahresdurchschnitt 1950 bis 1984

Quelle: Weltbank.

banken in den Industrieländern waren durch Devisenkontrollen und andere Bestimmungen beschränkt.

Die zweite Phase erstreckte sich vom Ende der sechziger Jahre bis 1982. Sie war durch erhebliche Schwankungen von Wechselkursen und Zinssätzen und durch weit größere Leistungsbilanzungleichgewichte gekennzeichnet. In diesem Umfeld veränderte sich die institutionelle Struktur; verschiedene neue Mechanismen kamen hinzu. Die im internationalen Bankgeschäft und an den Anleihemärkten tätigen Institutionen erwiesen sich als sehr innovativ. Das internationale Bankgeschäft entwickelte sich rasch und verlagerte sich dabei von der Handelsfinanzierung zu mehr direkten Zahlungsbilanzfinanzierungen. Angeregt durch den Abbau oder die Aufhebung von Kontrollen des Kapitalverkehrs, nahm die Zahl der am internationalen Kreditgeschäft beteiligten Banken zu, und der Kreis ihrer Herkunftsländer erweiterte sich. Von 1970 bis 1982 ging der Anteil der Direktinvestitionen an den Nettozuflüssen zu den Entwicklungsländern von 19 auf 12 Prozent zurück. Die internationalen Anleihemärkte — besonders der Euro-Anleihemarkt — wuchsen rasch, wenngleich die Entwicklungsländer sie nur in begrenztem Umfang beanspruchten. Während dieser Phase hielt das Volumen der offiziellen Kapitalströme mit der Zunahme der privaten Kapitalbewegungen Schritt. Im öffentlichen Bereich nahm die konzessionäre öffentliche Mittelvergabe (oder die öffentliche Entwicklungshilfe, ÖEH) rasch zu; am stärksten expandierten jedoch die Weltbank (siehe Sonderbeitrag 6.1) und andere multilaterale Institutionen. Diese Institutionen wurden als Kreditnehmer an den Anleihemärkten zunehmend aktiv und leiteten die aufgenommenen Mittel an die Entwicklungsländer weiter.

Wie in Schaubild 6.2 dargestellt, führte diese Entwicklung zu einer beträchtlichen Ausweitung des Kapitalzuflusses in die Dritte Welt. Von besonderer Bedeutung war die Gewichtsverlagerung von der Beteiligungsfinanzierung (hauptsächlich den Direktinvestitionen) zu schuldenwirksamen Kapitalimporten. Dies führte zu einer erhöhten Anfälligkeit der Entwicklungsländer gegenüber Veränderungen des internationalen Finanzierungsumfelds.

Die dritte Phase begann 1982, als die Geschäftsbanken ihr Engagement in den Entwicklungsländern neu einzuschätzen begannen und sich die Haushaltsschwierigkeiten verschiedener Industrieländer zum Nachteil der Entwicklungshilfe bemerkbar machten. Die Abnahme des Leistungsbilanzüberschusses der OPEC-Länder führte ebenfalls zu einem Rückgang der Entwicklungshilfe dieser Länder. Wie Schaubild 6.2 zeigt, ist die öffentliche Entwicklungshilfe seit 1981 nominal gesunken. Andere öffentliche Kapitalströme, namentlich von einigen multilateralen Institutionen, stagnierten. Die Direktinvestitionen verzeichneten einen nominalen Rückgang. Ein beträchtlicher Teil der Kreditvergabe der Geschäftsbanken spiegelte „konzertierte" Kredite im Rahmen von Umschuldungsvereinbarungen wider. Vor dem Hintergrund weiterer

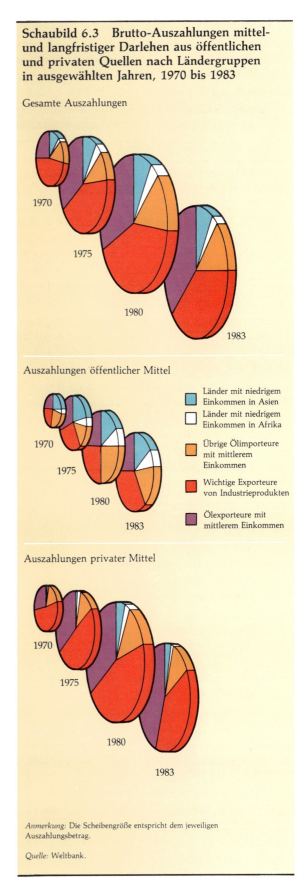

Schaubild 6.3 Brutto-Auszahlungen mittel- und langfristiger Darlehen aus öffentlichen und privaten Quellen nach Ländergruppen in ausgewählten Jahren, 1970 bis 1983

Anmerkung: Die Scheibengröße entspricht dem jeweiligen Auszahlungsbetrag.

Quelle: Weltbank.

beträchtlicher Strukturänderungen im Bankwesen und auf den Anleihemärkten bildete sich eine vorsichtigere Einstellung gegenüber privaten Krediten an die Dritte Welt heraus. Schließlich nahm in dieser dritten Phase das Tempo der Innovationen auf den Finanzmärkten deutlich zu.

Umfang und Wachstum öffentlicher wie privater mittel- und langfristiger Kapitalzuflüsse zu den verschiedenen Kategorien von Entwicklungsländern können Schaubild 6.3 entnommen werden. Die Auszahlungen öffentlicher Darlehen an die Dritte Welt beliefen sich 1970 auf insgesamt 5,2 Mrd Dollar, waren aber bis 1983 auf 31,9 Mrd Dollar gewachsen. Die Auszahlungen privater Kredite nahmen rascher zu, nämlich von 9,7 Mrd Dollar im Jahr 1970 auf 73,8 Mrd Dollar in 1980, bevor sie im Zuge der Schuldenkrise auf 60,2 Mrd Dollar im Jahre 1983 sanken. Dementsprechend erhöhte sich der Anteil privater Kredite an der gesamten Kreditgewährung von 65 Prozent im Jahr 1970 auf 72 Prozent in 1980, worauf er 1983 wieder auf 65 Prozent zurückfiel.

Die Länder mit niedrigem Einkommen waren in hohem Maße auf öffentliche Finanzmittel angewiesen. 1983 stammten etwa 74 Prozent der Auszahlungen an asiatische Länder mit niedrigem Einkommen und 84 Prozent der Auszahlungen an solche in Afrika aus öffentlichen Quellen. Lediglich in Jahren hoher Liquidität auf den privaten Finanzmärkten waren die Länder mit niedrigem Einkommen in der Lage, nennenswerte Beträge privater Mittel aufzunehmen. Die Länder mit mittlerem Einkommen, vor allem die Hauptexporteure von Industrieprodukten sowie die Ölexportländer mit mittlerem Einkommen, haben sich seit 1970 in erster Linie bei privaten Geldgebern verschuldet. Diese beiden Ländergruppen erhielten rund 80 Prozent ihrer mittel- und langfristigen Kredite aus privaten Quellen.

Während seiner gesamten Nachkriegsentwicklung hat das internationale Finanzsystem auf Änderungsdruck in einer Weise reagiert, die die institutionellen Strukturen für Kapitalzuflüsse zu den Entwicklungsländern nicht unberührt ließ. Wandlungen des Finanzklimas haben häufig Neuerungen ausgelöst. In den letzten zehn Jahren beispielsweise entstand der Innovationsdruck ganz offensichtlich durch Änderungen der staatlichen Regulierung der Finanzmärkte und aus der Erfahrung hoher und schwankender Inflationsraten. Letztere trugen zu starken Fluktuationen von Zinssätzen und Wechselkursen bei. Kreditgeber und Anleger suchten sich gegen Zinsschwankungen zu schützen, mit dem Ergebnis, daß das Kreditgeschäft zunehmend von festverzinslichen auf variabel verzinsliche Kredite überging. Die rasche technische Entwicklung, die die Kosten der Informationsbeschaffung und weltweiter Handelsaktivitäten senkte, trug ebenfalls zu diesem Prozeß bei.

Das Finanzsystem wurde auch durch den Umfang und die Verteilung der Leistungsbilanzungleichgewichte beeinflußt; desgleichen reagierte es auf die Portfoliopräferenzen von Investoren und Einlegern in verschiedenen Teilen der Welt. Ein Beispiel stellten die OPEC-Länder dar, die Mitte der siebziger und zu Beginn der achtziger Jahre zunächst bestrebt waren, ihre Überschüsse in hochliquider Form, vorrangig in Bankguthaben, anzulegen (vgl. Sonderbeitrag 6.2). Ein anderer wichtiger Faktor war in den siebziger Jahren, daß sich führende Banken bei der Verfolgung ihrer eigenen Portfolio- und Rentabilitätsziele zur Kreditvergabe an das Ausland entschlossen. Dies führte zu einer größeren Bereitschaft der Geschäftsbanken, die wachsenden Leistungsbilanzdefizite der Dritten Welt zu finanzieren. In neuerer Zeit standen den großen Leistungsbilanzdefiziten der Vereinigten Staaten Überschüsse Japans und anderer Industrieländer gegenüber. In diesem Fall bevorzugten die Überschußländer amerikanische Regierungspapiere und Titel, die an den internationalen Anleihe- und Schuldscheinmärkten emittiert werden.

Dieser Änderungsdruck vollzieht sich innerhalb des Rahmens staatlicher Vorschriften für inländische und internationale Finanzierungen. Bis zu den siebziger Jahren waren beispielsweise Devisenkontrollen weit verbreitet. Ihre Beseitigung in vielen Industrieländern vergrößerte während der siebziger Jahre den Spielraum der Banken im Auslandskreditgeschäft beträchtlich. Darüber hinaus können geldpolitische Maßnahmen, obwohl in erster Linie auf die Begrenzung der Geldmengenexpansion oder die Beeinflussung des Zinsniveaus zielend, wichtige internationale Nebenwirkungen haben: So waren die geldpolitischen Kontrollen in den Vereinigten Staaten und einigen anderen Industrieländern ein Grund für das Wachstum der Euromärkte (vgl. Sonderbeitrag 8.3 in Kapitel 8). Ähnlich wurde die Inanspruchnahme der Märkte für Auslandsanleihen kontrolliert: Auf diesen Märkten gibt es formelle oder informelle Zugangsbeschränkungen und Wartesysteme. Auch die Rolle der Besteuerung als Einflußfaktor im Kapitalverkehr kann anhand der Anleihemärkte illustriert werden. Einige Regierungen haben beispielsweise Zinsausgleichssteuern eingeführt, um die Nachfrage nach ausländischen Anleihen zu dämpfen, oder Quellensteuern abge-

Sonderbeitrag 6.2   Die Anlage der OPEC-Überschüsse

Die starken Ölpreiserhöhungen der Jahre 1973/74 sowie 1979/80 führten zu erheblichen Leistungsbilanzüberschüssen aller OPEC-Länder, der bevölkerungsarmen ebenso wie der bevölkerungsreichen Länder.[1] Von 1973 bis 1982 nahmen die Netto-Auslandsforderungen der bevölkerungsarmen Länder von 12 Mrd Dollar auf 32 Mrd Dollar zu, während sich bei den bevölkerungsreichen Ländern ein Umschwung von Netto-Verbindlichkeiten in Höhe von 5 Mrd Dollar zu Netto-Forderungen von 23 Mrd Dollar einstellte. Die Anlagen der OPEC-Länder haben beträchtlich fluktuiert. Sie fielen von insgesamt 57 Mrd Dollar im Jahre 1974 auf 20 Mrd Dollar im Jahre 1978, um dann 1980 einen Höchstbetrag von 100 Mrd Dollar zu erreichen. Im Zuge des folgenden Rückgangs der Ölpreise nahmen die Anlagen beträchtlich ab.

Etwa 40 Prozent der kumulativen OPEC-Überschüsse flossen in die Vereinigten Staaten und nach Großbritannien — Länder, die über aufnahmefähige und effiziente Finanzmärkte verfügen. Auch in Deutschland, Frankreich, Japan und in der Schweiz wurden erhebliche Beträge angelegt. Die Auswahl der Instrumente oder Märkte, in denen die Mittel plaziert wurden, unterlag bemerkenswerten Änderungen (siehe Tabelle 6.2 A). Nach dem ersten Ölpreisanstieg flossen etwa 50 Prozent der Gelder in Bankeinlagen, und zwar hauptsächlich an den Euromärkten. Nach dem zweiten Ölpreisanstieg waren es 61 Prozent. In beiden Fällen investierten die OPEC-Länder ihre Überschüsse danach sukzessive in rentableren, weniger liquiden Anlagen. Ihre ursprüngliche Präferenz für hochliquide Forderungen erklärt sich zum einen daraus, daß sie zunächst über den möglichen Umfang ihrer Überschüsse nicht voll informiert waren, zum anderen standen ihnen möglicherweise Informationen über geeignete langfristige Anlagemöglichkeiten nicht rasch genug zur Verfügung.

Neben Bankeinlagen bevorzugten die OPEC-Länder Anlagen in Papieren des amerikanischen Schatzamtes sowie in anderen Anleihen und Aktien in den Vereinigten Staaten. Außerhalb der USA und des Euromarktes erwarben die OPEC-Länder Beteiligungen sowie Grundstücke und stellten den Entwicklungsländern in zunehmenden Maße private Kredite sowie öffentliche Entwicklungshilfe zur Verfügung (siehe Sonderbeitrag 7.4 in Kapitel 7). Auch den internationalen Organisationen wurden Kredite gewährt.

1) Zu den bevölkerungsarmen OPEC-Ländern gehören Katar, Kuwait, Libyen, Saudi-Arabien und die Vereinigten Arabischen Emirate. In diesen Ländern führen Einnahmen nur in relativ geringem Umfang zu inländischen Ausgaben.

TABELLE 6.2A
Internationale Anlagen der OPEC-Länder, 1974 bis 1983
(Mrd $)

Anlageart	1974	1975	1976	1977	1978	1979	1980	1981	1982	1983
Anlagen in den Vereinigten Staaten										
Bankeinlagen	4,2	0,6	1,9	0,4	0,8	5,1	—1,3	—2,0	4,6	0,9
Sonstige	7,3	7,3	9,2	6,9	—0,4	1,9	18,4	19,8	8,1	—10,4
Bankeinlagen am Euromarkt	22,0	8,7	11,2	16,4	6,6	33,4	43,0	3,9	—16,5	—11,9
Sonstige Bankeinlagen	2,4	0,6	— 0,9	1,2	0,0	2,0	2,6	0,5	— 0,4	0,0
Sonstige Anlagen[a]	20,3	26,0	21,0	20,9	18,6	19,7	37,5	40,7	18,2	11,6
Insgesamt	56,2	43,2	42,4	45,8	25,6	62,1	100,2	62,9	14,0	— 9,8
Bankeinlagen in % der Gesamtanlagen	50,9	22,9	28,8	39,3	28,9	65,2	44,2	3,8	..	..

a. Sonstige Anlagen enthalten solche in den OECD-Ländern, bei internationalen Organisationen und in Entwicklungsländern. Letztere schließen die Nettogewährung konzessionärer Entwicklungshilfe, Euro-Konsortialkredite, Anleihe-Emissionen und Direktinvestitionen mit ein.

Quelle: Für US-Anlagen und sonstige Bankeinlagen: Bank of England „Quarterly Bulletin", März 1985; für Euromarktanlagen: U.S. Department of the Treasury, Office of International Banking and Portfolio Investments, sowie Bank of England „Quarterly Bulletin", März 1985; für sonstige Anlagen: Sherbiny (Hintergrundpapier).

schafft, um Kapitalimporte in Form von Anleihekäufen anzuregen. Im allgemeinen waren jedoch die siebziger Jahre eine Zeit finanzieller Liberalisierung, und dieser Umstand beeinflußte entscheidend das Tempo, in dem die Finanzinstitute ihr Geschäft internationalisierten.

Bankaufsichtliche Kontrollen haben wahrscheinlich das internationale Kreditgeschäft der Geschäftsbanken in gewissem Umfang beeinflußt (vgl. Sonderbeitrag 8.4 in Kapitel 8), wenn auch die Auswirkungen schwierig zu messen sind. In den meisten Industrieländern wurden die Banken in jüngster Zeit aufgefordert, sich gegenüber den erhöhten Risiken im internationalen Kreditgeschäft vorsichtiger zu verhalten. Die Bankenaufsichtsbehörden haben die Banken dazu angehalten, ihre Kapitalrelationen zu erhöhen und ihre Bilanzen zu stärken. Desgleichen drängten sie darauf, daß die Banken angemessene Methoden zur Einschätzung der Länderrisiken anwenden. Die zunehmend weltweite Betätigung der Banken hat zu einer Zusammenarbeit der Aufsichtsbehörden mit dem Ziel der

Stärkung des internationalen Bankensystems geführt.

Schließlich haben politische Faktoren zusammen mit ökonomischen Problemen bestimmte Arten von Kapitalbewegungen beeinträchtigt. Das begrenzte Wählerinteresse an der Entwicklungshilfe und der geringe Haushaltsspielraum in verschiedenen Industrieländern haben in den letzten Jahren dazu geführt, daß die Entwicklungshilfe gekürzt oder ihr Wachstum gebremst wurde. Einige Entwicklungsländer haben die Zuflüsse von Beteiligungskapital beschränkt, um zu verhindern, daß ihre inländischen Ressourcen unter ausländische Kontrolle oder in ausländisches Eigentum geraten.

Im Finanzsystem sind verschiedene allgemeine Tendenzen erkennbar, die sich auf die künftige Struktur der Auslandsfinanzierung der Entwicklungsländer auswirken dürften:

● Die allmähliche Zunahme des Wohlstandes hat weltweit zu einer größeren Nachfrage nach Finanzaktiva und einer Streuung der Anlagen über sämtliche Märkte und Währungen geführt. Ein Maßstab für diesen Trend ist der Anteil der Auslandsforderungen der Banken an ihren Gesamtforderungen, der von 8,5 Prozent im Jahre 1973 auf 18,4 Prozent in 1983 zugenommen hat. Die Liberalisierung der heimischen Bankenmärkte und wechselnde Anlagestrategien der Banken können diesen Prozeß in Zukunft verlangsamen oder umkehren. Es ist jedoch möglich, daß andere Formen der Vermögensanlage eine internationale Dimension annehmen könnten; wachsende institutionelle Käufe ausländischer Aktien und Anleihen könnten im Laufe der Zeit zu vermehrten Mittelzuflüssen in die Dritte Welt führen.

● Sowohl bei den Banken als auch auf den Anleihemärkten hat es eine Tendenz zum variabel verzinslichen Kredit gegeben. Auf den Anleihemärkten sind Emissionen mit variablen Zinsen in jüngster Zeit günstig aufgenommen worden (1984 machten sie 35 Prozent der gesamten Anleihe-Emissionen aus), insbesondere weil die Banken nach größerer Marktfähigkeit ihrer Anlagen streben. Auf den Bankenmärkten scheinen sich variable Zinssätze auch dann zu behaupten, wenn Inflationsraten und Zinssätze weniger stark schwanken. An den Anleihemärkten werden die Emissionen von festverzinslichen Anleihen weiterhin periodischen Schwankungen unterworfen bleiben, die von den Inflations- und Zinserwartungen abhängen. 1983 waren ungefähr 43 Prozent der langfristigen Auslandsschulden der Entwicklungsländer in der einen oder anderen Form variabel verzinslich, verglichen mit 16 Prozent im Jahre 1974.

● In der internationalen Finanzierung hat sich ein Trend zugunsten einer stärkeren Verwendung von Anleihen und anderen Wertpapiertypen herausgebildet; das Wertpapier scheint als Kreditinstrument auf dem Vormarsch zu sein (sog. securitization). In Anbetracht der Schuldendienstprobleme vieler Entwicklungsländer und der auf diesen Märkten erforderlichen hohen Kreditwürdigkeit stellt sich die Frage, in welchem Umfang diese Länder von dem Trend profitieren können.

● Große Fortschritte in der Informationstechnik und die Ausweitung des Spektrums der von einzelnen Finanzinstitutionen betriebenen Geschäfte haben zu einer Integration der Finanzmärkte geführt. Die verschiedenen nationalen Bankenmärkte sind durch den internationalen Interbankenmarkt zusammengeführt worden (vgl. Sonderbeitrag 6.3), da die Banken in der Lage sind, finanzielle Mittel rasch zwischen den Märkten zu bewegen. Es bestehen auch enge Beziehungen zwischen dem Marktklima an den Bankenmärkten und der Verfassung der Anleihemärkte. Die Einführung von Währungs- und Zinsswaps (siehe Sonderbeitrag 5.5 in Kapitel 5) hat ebenso zur Integration der Finanzmärkte beigetragen wie das Entstehen von Mischformen, bei denen Merkmale des Banken- und Anleihemarktes kombiniert werden. Der Integrationstrend ist für das Schuldenmanagement der Entwicklungsländer insofern wichtig, als ein verändertes Klima auf einem Markt sich immer stärker auf die Mittelverfügbarkeit an anderen Märkten auswirkt.

● Seit neuestem stagnieren die Zuflüsse von öffentlichen Mitteln und von Direktinvestitionen zu den Entwicklungsländern, und dies zu einer Zeit, da die Banken weniger Kredite geben wollen. Dies gibt zu besonderer Besorgnis Anlaß. Eine Antwort auf dieses Problem war die verstärkte Zusammenarbeit öffentlicher und privater Kreditgeber. Die Banken haben zunehmend Mittel im Zusammenhang mit IWF-Anpassungsprogrammen ausgeliehen. Auch die Weltbank hat sich bemüht, mehr Gelder für die Entwicklungsländer verfügbar zu machen, indem sie ihr Kofinanzierungsprogramm ausbaute. Der öffentliche Sektor spielt in mancher Hinsicht die Rolle eines Katalysators für den privaten Sektor; ein Beispiel dafür ist die IFC mit ihrer Förderung von Kapitalbeteiligungen. Es gibt auch verschiedene Initiativen, insbesondere einen Vorschlag für eine multilaterale Investitionsgarantie-Agentur (vgl. Sonderbeitrag 9.5 in Kapitel 9), die darauf

Sonderbeitrag 6.3 Der internationale Interbankenmarkt

Die nationalen Geldmärkte sind durch die Existenz des internationalen Interbankenmarktes eng miteinander verbunden. Mitte der siebziger Jahre nahmen nur ein paar hundert Banken am Interbankenmarkt teil. Bis Anfang der achtziger Jahre war ihre Zahl auf über tausend Banken aus mehr als 50 Ländern gewachsen. Mitte 1984 belief sich der Umfang des Interbankenmarktes (das sind die gesamten grenzüberschreitenden Interbankforderungen) auf etwa 1950 Mrd Dollar. Das einzige Zulassungskriterium für eine Bank besteht darin, daß sie in den Augen anderer teilnehmender Banken kreditwürdig sein muß; Banken unterschiedlicher Kreditwürdigkeit erhalten unterschiedliche Kreditlinien und Konditionen.

Der Interbankenmarkt ist informell, wird über Telefon oder Fernschreiber betrieben und handelt hauptsächlich in US-Dollar. Er ist von anderen Märkten nicht unabhängig. Die Zinssätze am Interbankenmarkt bewegen sich in engem Verbund mit denen an den heimischen Geldmärkten, wofür Geldbewegungen zwischen beiden Märkten sorgen — sofern Devisenkontrollen dies erlauben. Dieser Verbund ist dadurch bedingt, daß die meisten Banken sowohl auf ihren heimischen als auch auf den internationalen Märkten tätig sind.

Der Interbankenmarkt führt vor allem zwei Funktionen aus:
- Einige Banken erhalten mehr Einlagen als sie sogleich verwenden wollen, während andere mangels Finanzierungsmittel nicht in der Lage sind, Kreditmöglichkeiten zu nutzen. Der Interbankenmarkt fungiert als eine Clearing-Stelle und steigert so die Effizienz der Bankdienstleistungen.
- Er erlaubt den Banken, die in ihrem Kundengeschäft entstehenden Wechselkurs- und Zinsrisiken zu steuern, weil sie ihre Forderungen und Verbindlichkeiten genau aufeinander abstimmen können.

Beide Funktionen tragen zu einer größeren Stabilität des internationalen Bankensystems bei. In den letzten Jahren ist der Markt selbst durch die Schuldenprobleme und Bankzusammenbrüche getestet worden. Dies hat die Banken gezwungen, die Qualität ihrer Interbankforderungen neu einzuschätzen, und Banken aus Lateinamerika und Osteuropa mußten bei ihren Kreditaufnahmen am Interbankenmarkt ungünstigere Konditionen in Kauf nehmen. Je stärker sich eine differenzierte Einschätzung der Banken durchsetzt, um so mehr verbessert sich die Qualität und damit die Stabilität des Interbankenmarktes.

---

abzielen, durch das Angebot eines erweiterten Investitionsschutzes die Direktinvestitionen zu steigern.

Bewertung der institutionellen Struktur

Die Entwicklungsländer müssen ihren Bedarf an Auslandsfinanzierung mit den verfügbaren Kapitalarten in Übereinstimmung bringen. Die meisten Länder mit niedrigem Einkommen verfügen beispielsweise nur über einen begrenzten Zugang zur kommerziellen Finanzierung. Sie sind fast gänzlich auf konzessionäre Mittelzuflüsse aus öffentlichen Quellen und auf öffentliche oder öffentlich garantierte Handelskredite angewiesen. Den Ländern mit mittlerem Einkommen steht wegen ihrer größeren Kreditwürdigkeit eine größere Auswahl an Verschuldungsmöglichkeiten offen. Das staatliche Risiko engt aber, wie in Sonderbeitrag 6.4 dargestellt, diese Auswahl ein, namentlich im Vergleich zu öffentlichen Kreditnehmern aus Industrieländern. Die Geschäftsbanken haben wegen ihrer umfassenden Geschäftsbeziehungen zu den Entwicklungsländern bei der Kreditvergabe an staatliche Stellen einen komparativen Vorteil. Regierungen verfügen durch die Bereitstellung öffentlicher Mittel in manchen Fällen über einen gewissen politischen Einfluß und damit über einen ähnlichen Vorteil. Direktinvestoren sind hinsichtlich des staatlichen Risikos deutlich im Nachteil. Dies ist einer der Gründe dafür, daß nationale Sicherungssysteme für Investitionen geschaffen wurden und späterhin ein privater Versicherungsmarkt entstand. Wertpapieranleger befinden sich ebenfalls im Nachteil, weshalb Anleihen in der Finanzierung der Entwicklungsländer keine erhebliche Rolle spielten.

Wie Kapitel 5 deutlich machte, dürfte ein Entwicklungsland eine gemischte Struktur von Verbindlichkeiten brauchen, um bei seiner Auslandsfinanzierung eine geeignete Kombination von Kosten und Risiken zu erreichen. Je breiter gemischt ihre Verbindlichkeiten sind, desto weniger anfällig sind die Entwicklungsländer für Unterbrechungen im Angebot oder Verteuerungen einzelner Finanzierungselemente. Die anzustrebende Kombination könnte folgendes enthalten:

- Beteiligungskapital und Verbindlichkeiten, um die kommerziellen Risiken zu verringern und sicherzustellen, daß Zins- und Dividendenzahlungen auf die Fähigkeit des Schuldners zur Bedienung des Auslandskapitals abgestimmt sind.
- Kredite in verschiedenen Währungen, um das Wechselkursrisiko für den Kreditnehmer zu verringern.
- Finanzierungen zu festen und variablen Zinsen, um das Zinsrisiko des Kreditnehmers einzuschränken.

> **Sonderbeitrag 6.4 Das staatliche Risiko und seine Konsequenzen für das internationale Kreditgeschäft**
>
> Wenn eine Regierung im Ausland Kredit aufnimmt oder einen Kredit garantiert, hat der Vertrag eine andere Rechtsnatur als der zwischen zwei privaten Unternehmen. Er ist viel schwieriger durchzusetzen, denn ein souveräner Schuldner kann auf seinem eigenem Territorium eine Forderung gegen sich zurückweisen. Die durch diese begrenzte Durchsetzbarkeit entstehenden Probleme werden noch dadurch kompliziert, daß Regierungen über beträchtliche Möglichkeiten verfügen, Maßnahmen zu ergreifen, die ihre eigenen Fähigkeiten zur Vertragserfüllung berühren. Viele dieser Maßnahmen — Änderungen der Geldpolitik, Beschränkungen des Devisentransfers, Änderungen der Wettbewerbspolitik sowie der Steuergesetze — können juristisch nicht als Vertragsbruch angesehen werden, auch wenn ihre Folgen dem Sinn des Kreditvertrages zuwiderlaufen mögen.
>
> Die Fähigkeit der Regierungen, auf die Wirtschaftsentwicklung Einfluß zu nehmen, in Verbindung mit den begrenzten Möglichkeiten eines Kreditgebers, rechtliche Sanktionen zu ergreifen, hat zur Folge, daß Verträge zwischen Entwicklungsländern und den privaten Märkten wirtschaftlich nahezu wertlos sind, wenn nicht beide Parteien glauben, daß die Erfüllung ihrer Verpflichtungen in ihrem langfristigen Interesse liegt. Das bedeutet, daß für einen Kreditnehmer der ökonomische Wert (als abgezinster Gegenwartswert) der Erfüllung seiner Verpflichtungen mindestens so groß sein muß wie der Gegenwartswert der Nichterfüllung. Kurz gesagt, diejenigen Länder werden am ehesten ihre Schulden bedienen, die am meisten verlieren würden, wenn sie dies nicht täten.
>
> Für einen Kreditnehmer sind die Kosten möglicher Sanktionen von der Bedeutung seiner künftigen Handels- und Finanzbeziehungen mit dem Kreditgeber (und der hinter ihm stehenden Regierung) abhängig. Intensiv in den internationalen Handel eingeschaltete Länder sind auf einen anhaltenden Finanzierungsfluß, die Benutzung von Transporteinrichtungen, eine reibungslose Zollabfertigung und ähnliches mehr angewiesen. Sie sind daher durch Pfändungsbeschlüsse und den Abbruch von Handelskreditbeziehungen leicht verletzbar. Ihre früheren Erfolge wurden durch das Netzwerk internationaler Handels- und Finanzbeziehungen ermöglicht. Es ist unwahrscheinlich, daß sie ihre künftigen Erfolgschancen aufs Spiel setzen, indem sie sich selbst von diesem Netzwerk ausschließen.
>
> Die großen internationalen Banken besitzen bei der Bewältigung des staatlichen Risikos einen komparativen Vorteil, weil sie in verschiedenen Bereichen der internationalen Geschäftsbeziehungen der Entwicklungsländer eine Schlüsselstellung einnehmen. Dies trägt dazu bei, die wachsende Bedeutung der Banken als finanzieller Mittler während der siebziger Jahre zu erklären.

- Langfristige Mittelaufnahmen (zur Projektfinanzierung) und kurzfristige Verschuldung (zur Handelsfinanzierung), um die Schuldendienstzahlungen zu glätten und die Refinanzierungsrisiken des Kreditnehmers zu begrenzen.
- Konzessionäre und nicht-konzessionäre Mittel, um die Schuldendienstlast zu erleichtern, insbesondere für Länder mit niedrigem Einkommen.

Eine Schlüsselfrage für die Entwicklungsländer besteht darin, ob sie mit den zur Verfügung stehenden Finanzierungsmöglichkeiten eine geeignete Struktur ihrer Verbindlichkeiten erreichen können. Bei der Beantwortung dieser Frage ist zu unterscheiden zwischen (a) den wirtschaftspolitischen Unzulänglichkeiten in den Kreditgeber- und Kreditnehmerländern, auf die sich die institutionelle Struktur einstellt, und (b) den eigenständigen Problemen der Funktionsweise und Entwicklung der institutionellen Struktur selbst. Dem Finanzsystem können beispielsweise hohe und stark schwankende Zinssätze nicht angelastet werden; sie resultieren aus der Wirtschaftspolitik, die in den großen Industrieländern verfolgt wird. Ähnlich kann ein schleppender Fluß von Direktinvestitionen nicht auf einen Systemmangel zurückgeführt werden; er dürfte mehr mit der Wirtschaftspolitik und der Vorgehensweise der Herkunfts- und der Gastländer zu tun haben. In vielen Fällen spiegelt ein mangelndes Angebot kommerzieller Mittel für Länder mit niedrigem Einkommen und einige mit mittlerem Einkommen eher ein angemessenes Urteil des Marktes als einen Fehler des Systems wider. Für diese Länder ergibt sich jedoch ein zusätzliches Problem daraus, daß der Umfang der öffentlichen Finanzierung, und speziell der ÖEH, weitgehend von den Haushaltsprioritäten der Geberländer abhängt, denen oftmals der Bezug zur Entwicklungspolitik sowohl der Geber- als auch der Empfängerländer fehlt.

Mit diesen Vorbehalten sollte eine institutionelle Struktur, die eine wirksame Steuerung der Verbindlichkeiten ermöglicht und zu einem stetigen Wachstum in den Entwicklungsländern beiträgt, drei Eigenschaften aufweisen.

- *Flexibilität.* Damit ist die Fähigkeit gemeint, auf Änderungen des wirtschaftlichen und finanziellen Umfelds und insbesondere auf veränderte Finanzierungserfordernisse der Dritten Welt zu reagieren. Finanzielle Innovationen sind keine zufälligen Erscheinungen. Sie haben sich besonders ausgeprägt bei den privaten Finanzinstituten vollzogen, die einem intensiven Wettbewerbsdruck ausgesetzt waren. Multilaterale Entwicklungsinstitutionen haben sich ebenfalls an die veränderten Bedürfnisse der Entwicklungsländer angepaßt, insbesondere in den siebziger und Anfang der achtziger Jahre.

• *Stabilität.* Damit ist die Fähigkeit gemeint, einen ständigen Mittelfluß zu den Entwicklungsländern aufrechtzuerhalten, und zwar innerhalb der durch die Einschätzung der Kreditwürdigkeit gezogenen Grenzen. Die Aufrechterhaltung eines ständigen Mittelzuflusses ist bedeutsam, um eine kontinuierliche Inanspruchnahme realer Ressourcen zu erleichtern, unzumutbare Zahlungsbilanzanpassungen zu vermeiden und die Schuldendienstfähigkeit der Kreditnehmer zu erhalten. Stabilität setzt voraus, daß bei den Kreditgebern und Anlegern keine „Herdeninstinkte" auftreten. Öffentliche Kapitalzuflüsse und Direktinvestitionen nahmen während des vergangenen Jahrzehnts lange Zeit kontinuierlich zu und schufen so eine Grundlage für andere Kapitalimporte. Die Banken trugen zwar zur Flexibilität des Finanzierungssystems bei, doch neigten sie zu exzessiver Kreditvergabe an wenige Entwicklungsländer; einige Banken haben sich dann plötzlich aus dem Kreditgeschäft mit bestimmten Ländern vollständig zurückgezogen, wie dies 1982 gegenüber den größten lateinamerikanischen Schuldnerländern geschah.

• *Ausgewogenheit.* Damit ist eine Palette der zur Verfügung stehenden Finanzierungsinstrumente und Fazilitäten gemeint, die es den Kreditnehmer erlaubt, ihre Risiken zu verteilen und die Währungsstruktur ihrer Schulden zu geringsten Kosten zu diversifizieren. Eine starke Abhängigkeit von einer einzelnen Institution oder einem einzelnen Instrument macht die Kreditnehmer anfällig für abrupte Änderungen des Mittelangebots oder der Kosten. Insgesamt gesehen wurden in den siebziger Jahren die Kapitalquellen vielfältiger, wenn sie auch nicht alle sämtlichen Entwicklungsländern zu jeder Zeit zur Verfügung standen. Es gab jedoch eine Konzentration von Risiken bei einer kleinen Zahl von Großbanken, die den Finanzierungsbedarf wichtiger Schuldner befriedigten.

Nach diesen drei Kriterien, die zu einem effizienten Schuldenmanagement und einem stetigen Wirtschaftswachstum in der Dritten Welt beitragen, hat das System in den siebziger Jahren rasch und wirksam auf Schwierigkeiten reagiert. Zu Beginn der achtziger Jahre traten jedoch in der Kreditgewährung der Banken einige gravierende Schwächen zu Tage. Das rasche Wachstum der Kreditvergabe in den siebziger Jahren war nicht stabil. Sieht man in der Zunahme dieser Kredite während der siebziger Jahre eine einmalige Portfolioanpassung der Banken, dann wäre es wohl auch ohne die 1979 einsetzende Verschlechterung der Weltwirtschaft zu einer Wachstumsabschwächung gekommen. Ein System, in dem eine Gruppe von Kreditgebern sich zunehmend bei relativ wenigen Kreditnehmern engagiert, dürfte von sich heraus instabil sein. Überdies wies der von den Banken hauptsächlich verwendete Kredit, der Konsortialkredit, mittelfristige Laufzeiten auf, und seine Kosten waren an kurzfristige Zinssätze gebunden. Das Risiko steigender Zinssätze wurde somit auf die Kreditnehmer abgewälzt.

Als weitere Schwäche erwies sich das Verhalten der öffentlichen Entwicklungshilfe. Sie war nach dem ersten Ölpreisschub in den frühen siebziger Jahren beträchtlich gestiegen, stagnierte aber zu Beginn der achtziger Jahre, und damit zu einer Zeit, als die Banken bestrebt waren, ihre Kredite einzuschränken.

Bei jeder Beurteilung der gegenwärtigen institutionellen Struktur ist daher zu bedenken, wie der Zufluß von Auslandskapital stabilisiert und die Kreditgewährung der Geschäftsbanken wieder in Gang gebracht werden kann. Insbesondere ist zu fragen, wie künftig Kapitalzuflüsse, einschließlich ausreichender konzessionärer Mittel zur Deckung des Bedarfs der Länder mit niedrigem Einkommen verfügbar gemacht werden können. Es bedarf einer Lösung, die eine Wiederkehr der Schwierigkeiten der frühen achtziger Jahre vermeidet. Mittel zur Abhilfe finden sich in fünf wichtigen Bereichen:

• Die Bereitstellung längerfristigen Kapitals.

• Eine marktmäßige Umverteilung von Risiken durch die Entwicklung von Sekundärmärkten für die Schulden der Dritten Welt.

• Eine Zunahme der Beteiligungsfinanzierung.

• Eine Aufstockung und eine bessere Koordination der Entwicklungshilfeprogramme, um deren Wirksamkeit zu verbessern.

• Ein größeres Angebot von Mechanismen zur Absicherung von Zins- und Wechselkursrisiken.

Die ersten vier Punkte werden in den Kapiteln 7, 8 und 9 eingehender behandelt; der letzte wurde in Kapitel 5 erörtert. Keine dieser Veränderungen wird rasch vonstatten gehen. Aber auch langsamer Fortschritt auf jedem Felde wird viel dazu beitragen, die Schwächen der gegenwärtigen institutionellen Struktur abzubauen und ihre Stärken auszubauen.

7 Öffentliche Entwicklungshilfeleistungen

Seit dem Ende des Zweiten Weltkrieges ist eine Vielzahl von Möglichkeiten entwickelt worden, der Dritten Welt wirtschaftliche Unterstützung zu gewähren; diese reichen von unentgeltlichen Leistungen und hochkonzessionären Darlehen bis zu Krediten mit marktnahen Konditionen. Auch die Zahl der Geber hat zugenommen: Die meisten Industrieländer, OPEC-Mitglieder sowie planwirtschaftliche Länder sind zu bilateralen Geberländern geworden, während zu den multilateralen Institutionen die Weltbank, die regionalen Entwicklungsbanken, die Entwicklungsfonds der OPEC und der Europäischen Gemeinschaften sowie einige VN-Organisationen gehören. Die Entfaltung dieser entwicklungspolitisch orientierten öffentlichen Wirtschaftshilfe — hier im allgemeinen einfach öffentliche Entwicklungshilfe genannt — wird in Sonderbeitrag 7.1 beschrieben. Diese Veränderungen deuten darauf hin, daß die Komplexität des Entwicklungsprozesses zunehmend erkannt wurde und man sich bemühte, die Entwicklungshilfe dementsprechend zu strukturieren.

Die Motive für diese öffentliche Entwicklungshilfe reichen vom humanitären Anliegen der Bekämpfung der Armut bis zu politischen, sicherheitspolitischen und wirtschaftlichen Interessen der Geldgeber. Dem allgemeinen Bemühen der Geber, den Entwicklungsprozeß zu fördern und zu beschleunigen und die Armut zu lindern, lag die Erkenntnis zugrunde, daß viele Länder aus privaten Quellen das benötigte Auslandskapital und andere Leistungen nicht erhalten können. Entwicklung, insbesondere in den Ländern mit niedrigem Einkommen, ist ein langfristiger Prozeß, der Investitionen in grundlegende menschliche, physische und institutionelle Infrastruktur erfordert. Wirksam genutzt, können öffentliche Entwicklungshilfeleistungen — konzessionäre wie nichtkonzessionäre — die Investitionen und das Wachstum in den Entwicklungsländern steigern, die gesamtwirtschaftliche Produktion und Produktivität erhöhen sowie auf längere Sicht die Möglichkeiten der Armen verbessern, ihre eigenen Einkommen zu steigern. In diesem Prozeß erhöht

> **Sonderbeitrag 7.1**
> **Eine kurze Chronik der öffentlichen Entwicklungshilfeleistungen**
>
> In der Zeit zwischen dem Zweiten Weltkrieg und den frühen siebziger Jahren geschah folgendes:
> • Die Errichtung des Internationalen Währungsfonds und der Weltbank, über die man 1944 auf der Konferenz von Bretton Woods erste Vereinbarungen getroffen hatte; die Gründung der Vereinten Nationen und ihrer verschiedenen Spezialorganisationen im Jahr 1945, die den Entwicklungsländern technische Hilfe gewähren, und die Verabschiedung des Marshall-Plans durch die Vereinigten Staaten im Jahr 1947, durch die unentgeltliche Leistungen für den Wiederaufbau Europas zur Verfügung gestellt wurden. Zwischen 1947 und 1951 ließen die Vereinigten Staaten Europa Unterstützungsleistungen im Gegenwert von 2,5 Prozent des amerikanischen BIP zukommen.
> • Die schrittweise Einrichtung neuer und die Ausweitung laufender bilateraler Hilfsprogramme für die Dritte Welt. Im Jahr 1951 stellten die Vereinigten Staaten das Punkt-Vier-Programm auf, das Entwicklungsländern technische Hilfe gewährte, — die Bereitstellung von Mitteln blieb anfänglich weitgehend dem Privatsektor und der Export-Importbank überlassen. Im Jahr 1957 gründeten die Vereinigten Staaten den Entwicklungsdarlehens-Fonds (den Vorgänger der heutigen Behörde für Internationale Entwicklung), der konzessionäre langfristige Darlehen für Projekte und andere Zwecke bereitstellen sollte. Bis zum Ende der fünfziger Jahre hatten die größeren europäischen Länder ebenfalls laufende Hilfsprogramme eingerichtet. Im Jahr 1961 gründeten die wichtigsten Geberländer den Entwicklungshilfeausschuß (Development Assistance Committee, DAC) der OECD als Forum für die Koordination der Entwicklungshilfe und die Diskussion von Entwicklungsproblemen. Die laufende Erweiterung des Kreises der bilateralen Geberländer nach Zahl und Bedeutung kommt darin zum Ausdruck, daß die Vereinigten Staaten, die in den frühen sechziger Jahren über 60 Prozent der gesamten bilateralen Entwicklungshilfe der DAC-Mitglieder zur Verfügung stellten und auf die zusammen mit drei anderen Ländern (Frankreich, Deutschland und Großbritannien) über 90 Prozent entfielen, in den frühen siebziger Jahren weniger als 30 Prozent der Gesamthilfe bereitstellten, wobei auf die vier genannten Länder zusammen weniger als 70 Prozent entfielen.
> • In den späten sechziger Jahren die Einführung eines Entwicklungshilfezieles für Geberländer in Höhe von 0,7 Prozent ihres BSP durch die Vereinten Nationen. Einige

Geberländer unterstützen dieses Ziel nachdrücklich, einige sahen darin mehr eine Absichtserklärung, andere lehnten es jedoch ausdrücklich ab.
- Im Jahre 1958 die Gründung des Entwicklungshilfekonsortiums für Indien, der ersten Entwicklungshilfe-Beratungsgruppe für ein einzelnes Land.
- Die Gründung einer Schwestergesellschaft der Weltbank für konzessionäre Finanzierungen, der Internationalen Entwicklungsorganisation (International Development Association, IDA), im Jahr 1960, worin das wachsende Bewußtsein von den Bedürfnissen der Länder mit niedrigem Einkommen zum Ausdruck kam.
- Die Errichtung der regionalen Entwicklungsbanken: der Interamerikanischen Entwicklungsbank (1959), der Afrikanischen Entwicklungsbank (1964) und der Asiatischen Entwicklungsbank (1966).

Die siebziger Jahre sahen:
- Ein rasches Wachstum der öffentlichen Entwicklungshilfeleistungen von 11 Mrd Dollar im Jahr 1972 auf über 42 Mrd Dollar in 1980. Auch zu konstanten Preisen und Wechselkursen von 1982 war ein beträchtlicher Zuwachs zu verzeichnen, und zwar von 24 Mrd Dollar auf 40 Mrd Dollar.
- Die spektakuläre Steigerung der Hilfsleistungen der OPEC, wodurch die Zuflüsse bilateraler ÖEH der OPEC zu den Entwicklungsländern von nur 450 Mio Dollar im Jahr 1972 auf 4,2 Mrd Dollar in 1974 bis zu einem Höchstbetrag von über 8,7 Mrd Dollar im Jahr 1980 sprangen.
- Eine beträchtliche Zunahme der multilateralen Hilfsleistungen (vgl. Schaubild 7.1A), wodurch deren Anteil an der gesamten ÖEH der DAC-Geberländer von weniger als 6 Prozent im Jahr 1965 auf 15 Prozent 1970/71 und 32 Prozent in den Jahren 1977/78 anstieg. Die multilateralen Unterstützungsprogramme der Europäischen Gemeinschaften wurden zu einer beachtlichen Finanzierungsquelle. Die VN-Organisationen weiteten ebenfalls ihre Aktivitäten aus, insbesondere das VN-Entwicklungsprogramm und das Welternährungsprogramm.
- Das fortgesetzte Wachstum der bilateralen ÖEH der DAC-Länder, das die Zuflüsse zu den Entwicklungsländern von weniger als 6 Mrd Dollar im Jahr 1970 auf über 18 Mrd Dollar in 1980 steigen ließ.

In den frühen achtziger Jahren ereigneten sich:
- Ein Rückgang der öffentlichen Entwicklungshilfeleistungen um 2 Mrd Dollar auf 41 Mrd Dollar, der eine Abnahme der ÖEH der OPEC-Länder um über 40 Prozent widerspiegelte. Die bilaterale öffentliche Entwicklungshilfe der DAC-Länder stagnierte.
- Eine deutliche Gewichtsverlagerung bei den Geberländern zugunsten der bilateralen Hilfe. Zwischen 1980 und 1983 blieben die Beiträge der DAC-Länder zu den multilateralen Finanzinstituten (einschließlich derjenigen der EG) nominal betrachtet praktisch konstant. Der Anteil der multilateralen Organisationen an der gesamten öffentlichen Entwicklungshilfe der DAC-Länder sank nach einem Höchststand von 32 Prozent in den Jahren 1977/78 auf 28 Prozent 1982/83. Dementsprechend stagnierten die multilateralen konzessionären Kapitalhilfen, die von den Beiträgen der Geberländer abhängig sind.

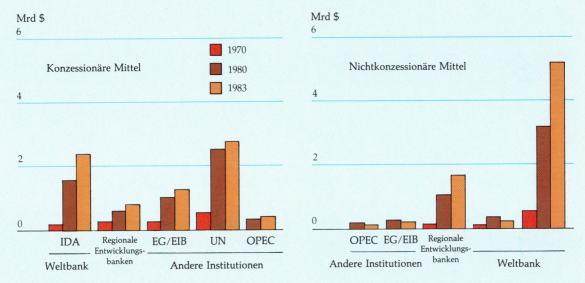

Schaubild 7.1A Netto-Auszahlungen multilateraler Institutionen an Entwicklungsländer

Anmerkung: Angaben über die regionalen Entwicklungsbanken umfassen die Auszahlungen der Afrikanischen Entwicklungsbank, der Asiatischen Entwicklungsbank und der Interamerikanischen Entwicklungsbank. EG/EIB bezeichnet die Europäische Investitionsbank der Europäischen Gemeinschaften.

Quelle: OECD 1984

Sonderbeitrag 7.2 Exportkredite

Es gibt zwei Grundformen von Exportkrediten: (a) Lieferantenkredite, die ein Exporteur seinem Kunden gewährt und (b) Bestellerkredite, das sind Kredite, die dem Käufer von einer anderen Stelle als dem Exporteur gewährt werden — üblicherweise von einer Bank. Exportkredite werden zu „öffentlichen" Krediten, wenn die Regierung des Exporteurlandes an dem Kredit beteiligt ist, entweder als Kreditgeber oder als Versicherer bzw. Garantiegeber zugunsten des Kreditgebers.

Im Jahr 1980 beliefen sich die Brutto-Auszahlungen mittel- und langfristiger öffentlicher und öffentlich geförderter Exportkredite der DAC-Länder an die Dritte Welt auf insgesamt 35 Mrd Dollar (vgl. Tabelle 7.2A). Die Netto-Auszahlungen betrugen 14 Mrd Dollar oder 14 Prozent der Netto-Finanzierungszuflüsse zu den Entwicklungsländern. Auf die Exportkredite entfallen gegenwärtig etwas mehr als 20 Prozent der langfristigen Verschuldung der Dritten Welt und fast ein Drittel ihrer jährlichen Schuldendienstzahlungen. Bei den Ländern mit niedrigem Einkommen entfallen auf sie etwa 18 Prozent der langfristigen Schulden (der Anteil der kommerziellen Schulden beträgt weniger als 10 Prozent) und nahezu 40 Prozent der Schuldendienstverpflichtungen.

Seit 1981 sind die Zuflüsse von Exportkrediten zur Dritten Welt stark zurückgegangen. Im Jahr 1983 beliefen sich die Exportkredite, netto gerechnet, insgesamt auf rund 8 Mrd Dollar — das waren weniger als 8 Prozent der Netto-Mittelzuflüsse zu den Entwicklungsländern. Dieser Rückgang spiegelte zum einen Kürzungen der Investitionsprogramme der Entwicklungsländer wider, zum anderen die Zurückhaltung der Exportkreditstellen selbst, die damit auf ihre Verluste reagierten. Besonders stark ausgeprägt war der Rückgang gegenüber den afrikanischen Ländern mit niedrigem Einkommen, wo die Auszahlungen neuer mittel- und langfristiger Kredite von über 1,25 Mrd Dollar im Jahr 1980 auf nur 250 Mio Dollar im Jahr 1983 sanken. Länder mit mittlerem Einkommen, die Schwierigkeiten mit ihrem Schuldendienst hatten, fiel es ebenfalls schwerer, Exportkredite zu erhalten.

Obwohl die Gewährung von Exportkrediten sich tendenziell auf die wichtigsten Märkte der Dritten Welt konzentriert, sind sie unter den Entwicklungsländern breiter gestreut, als dies bei Bankkrediten der Fall war. Annähernd 25 Prozent fließen den Ländern mit niedrigem Einkommen zu, 15 Prozent den Ländern mit mittlerem Einkommen und 60 Prozent den Ländern mit höherem Einkommen. Diese Kredite sind für viele Entwicklungsländer eine wichtige Quelle der Projektfinanzierung gewesen, wobei die Zins- und Tilgungszahlungen häufig der Eigenart und den Merkmalen

TABELLE 7.2A
Exportkredite an Entwicklungsländer, 1970 bis 1972 und 1977 bis 1983
(Mrd $, sofern nichts anderes angemerkt)

Position	1970–72 Durchschnitt	1977	1978	1979	1980	1981	1982	1983
Netto-Auszahlungen durch DAC-Länder								
Öffentliche Exportkredite	0,8	1,4	2,2	1,7	2,5	2,0	2,7	2,1
Private Exportkredite	1,9	8,8	9,7	8,9	11,1	11,3	7,1	5,5
Insgesamt	2,8	10,3	11,9	10,6	13,6	13,3	9,8	7,6
Gesamte Exportkredite in % der gesamten Zuflüsse zu den Entwicklungsländern	15	15	14	12	14	12	10	8
Brutto-Auszahlungen der DAC-Länder	7,7	22,9	27,7	28,7	34,9	36,2	32,9	29,9

Anmerkung: Die Angaben beziehen sich auf öffentliche und öffentlich geförderte mittel- und langfristige Exportkredite.
Quelle: OECD *Development Co-operation*.

sich auch die Nachfrage der Entwicklungsländer nach Importen aus den Industrieländern. Ein wirksamer Entwicklungsprozeß ist daher für Geber- wie Empfängerländer von Vorteil.

Öffentliche Entwicklungshilfeleistungen, insbesondere konzessionäre Mittel oder öffentliche Entwicklungshilfe (ÖEH), sind für Länder mit niedrigem Einkommen besonders wichtig gewesen. Während der Jahre 1981/82 entsprachen diese Mittel 82 Prozent der gesamten Netto-Kapitalzuflüsse dieser Länder.

Mit der zunehmenden kommerziellen Kreditvergabe und dem „Herauswachsen" einiger Entwicklungsländer aus der Entwicklungshilfe ist die relative Bedeutung dieser öffentlichen Entwicklungshilfeleistungen an die Dritte Welt als ganzes zurückgegangen. Gleichwohl stellen sie weiterhin eine große und verhältnismäßig stabile Kapitalquelle dar. Im Jahr 1983 machten die öffentlichen Mittel immerhin noch 40 Prozent der gesamten Netto-Kapitalzuflüsse aller Entwicklungsländer aus. Etwa 26,1 Mrd Dollar flossen ihnen als bilaterale ÖEH zu, 7,5 Mrd Dollar als multilaterale ÖEH und 7,0 Mrd Dollar als nichtkonzessionäre Mittel von multilateralen Insti-

der Projekte besser entsprachen, als dies bei den meisten Bankkrediten der Fall ist.

Es hat jedoch viele Beispiele dafür gegeben, daß Exportkredite ungeeignete und mangelhaft geplante Projekte unterstützten, eine übermäßige Verschuldung begünstigten, zu überhöhten Preisen führten oder der Korruption dienten. In den letzten Jahren haben verschiedene Entwicklungsländer kurzfristige Exportkredite zur Finanzierung ihrer langfristigen Investitionen eingesetzt, wodurch sie ihre externe Schuldensituation zusätzlich verschlechterten. Solche Probleme entstehen deshalb, weil Exportkredite grundsätzlich der Förderung der Ausfuhr und nicht des Entwicklungsprozesses dienen; zudem verfügen manche Entwicklungsländer über keinerlei Instrumentarium, um die Verwendung von Exportkrediten zu prüfen und zu steuern.

Um ihre Exporte zu fördern, haben Industrieländer häufig Kredite zu konzessionären Bedingungen gewährt. In den späten siebziger Jahren versuchten sie, die rasche Ausbreitung der subventionierten Darlehen zu bremsen. Im Rahmen des OECD-Konsensus vereinbarten sie Richtlinien über Laufzeiten und Konditionen der Exportkredite, darunter Mindestzinssätze und maximale Laufzeiten. Viele Entwicklungsländer sehen in dieser Vereinbarung jedoch nicht den Versuch, die Qualität der Exportkredite zu verbessern, sondern eher ein Kartell, das den Zinswettbewerb beschränkt und die Kosten der Exportkredite erhöht.

Um den Beitrag zu steigern, den Exportkredite zu langfristigen Programmen für strukturelle Reformen und rascheres Wirtschaftswachstum in der Dritten Welt leisten können, sollten sämtliche Regierungen sich mit zwei Fragen auseinandersetzen: Erstens, wie können die Exportkreditinstitutionen dazu veranlaßt werden, die Gewährung von Garantien und Versicherungen gegenüber Entwicklungsländern, die Anpassungsprogramme einführen, wieder aufzunehmen; zweitens, welche Schritte sind in Anbetracht der Tatsache, daß Exportkreditinstitutionen grundsätzlich der Ausfuhrförderung dienen, zu unternehmen, um den entwicklungspolitischen Effekt von Exportkrediten zu steigern. Eine Antwort auf beide Fragen dürfte darin bestehen, mehr Informationen über Anpassungs- und Investitionsprogramme einzelner Entwicklungsländer verfügbar zu machen und sie intensiver zu nutzen.

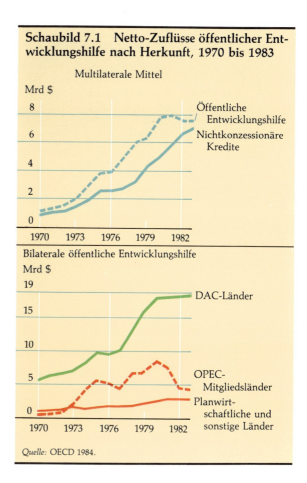

Schaubild 7.1 Netto-Zuflüsse öffentlicher Entwicklungshilfe nach Herkunft, 1970 bis 1983

Quelle: OECD 1984.

tutionen. Nicht enthalten in diesen Angaben über öffentliche Kapitalhilfen (und in diesem Kapitel auch nur kurz behandelt) sind (a) Ziehungen auf den IWF, die zwar öffentliche Transaktionen sind, doch generell zu den Reservetransaktionen zählen (vgl. Sonderbeitrag 7.6), und (b) Exportkredite, die in erster Linie als kommerzielle Transaktionen betrachtet werden, obwohl sie öffentlich gefördert werden (vgl. Sonderbeitrag 7.2). Eine andere wichtige Quelle der Unterstützung für die Dritte Welt, deren Leistungen diese Zahlen nicht enthalten, sind die privaten und religiösen Wohltätigkeitsorganisationen wie CARE, das Rote Kreuz und die katholischen Hilfswerke; ihre Rolle wird im Sonderbeitrag 7.3 diskutiert.

Seit 1980 hat der Dollarwert der verschiedenen Arten von ÖEH stagniert oder ist gesunken (vgl. Schaubild 7.1). Aus gegenwärtiger Sicht ist für die absehbare Zukunft nur ein geringer oder überhaupt kein realer Zuwachs wahrscheinlich. Der jüngste Rückgang trat trotz eines anhaltenden erheblichen Bedarfs an Auslandskapital und eines verlangsamten Wachstums der kommerziellen Kreditgewährung ein. Dies unterstreicht, wie notwendig es ist, daß die bestmögliche Verwendung des Auslandskapitals durch die Empfänger sichergestellt wird. In dieser Beziehung hat die eigene Wirtschaftspolitik der Entwicklungsländer eine wichtige Rolle zu spielen — eine Frage, die in Kapitel 4 erörtert wird.

Dieses Kapitel befaßt sich vor allem mit vier Themen.

• Die grundlegenden Argumente für öffentliche Hilfsleistungen und die Wege, auf denen die Motive und Ziele der Geldgeber die Effektivität ihrer Unterstützungsprogramme beeinflussen können.

Sonderbeitrag 7.3 Nichtstaatliche Organisationen

Nichtstaatliche Organisationen (NSO) haben im Wohltätigkeitswesen und in der Entwicklungshilfe eine lange Tradition. Solche NSO wie Oxfam, Rotes Kreuz und Roter Halbmond, Misereor, World Vision, Caritas und CARE sind besonders aktiv in der Unterstützung des Erziehungswesens, medizinischer und bevölkerungspolitischer Dienstleistungen, der ländlichen und städtischen Entwicklung sowie der Förderung von Kleinbetrieben.

Im Jahr 1983 wurden von den NSO der Industrieländer rund 3,6 Mrd Dollar an konzessionärer Hilfe gewährt. Sie brachten rund 2,3 Mrd Dollar von ihren eigenen Mitgliedern sowie von privaten Spendern auf und erhielten fast 1,3 Mrd Dollar in Form von Barzuschüssen, Dienstleistungen und Warenlieferungen von öffentlichen Entwicklungshilfegebern. Die umfangreichsten Hilfen durch NSO stammten aus den Vereinigten Staaten (1,9 Mrd Dollar), Deutschland (547 Mio Dollar), Kanada (257 Mio Dollar) und den Niederlanden (128 Mio Dollar). Diese Angaben unterschätzen den wirklichen Beitrag der NSO, denn sie enthalten nicht den Gegenwert der von freiwilligen Helfern erbrachten Leistungen — oftmals ein wesentlicher Teil der Anstrengungen der NSO.

In den letztvergangenen Jahren haben die NSO ein größeres Gewicht auf Entwicklungsprogramme gelegt, während die humanitäre Hilfe weniger stark betont wurde. Sie versuchen Randgruppen zu erreichen, die weitverbreitete Armut an der Basis zu bekämpfen und die Bevölkerung stärker am Entwicklungsprozeß zu beteiligen. Infolgedessen schenken die NSO der Kostenwirksamkeit, der Kostendeckung und der Bewertung der Projekte zunehmend Beachtung. Sie sind sich auch der Notwendigkeit bewußt, ihre Aktivitäten mit denen anderer Geber zu koordinieren. Die engere Zusammenarbeit zwischen den Regierungen und den NSO beim Entwicklungsprozeß wird von Institutionen der bilateralen Entwicklungshilfe, internationalen NSO und multilateralen Institutionen wie der EG, dem UNDP, der UNICEF und der Weltbank, unterstützt.

- Die Kritik, die gegen die Entwicklungshilfe vorgebracht wurde.
- Die Versuche, die Auswirkungen dieser öffentlichen Hilfsleistungen auf den Entwicklungsprozeß zu messen.
- Die jüngsten Bemühungen um eine wirksamere Gestaltung der Entwicklungshilfe.

Gewandelte Auffassungen vom Entwicklungsprozeß

Die Art und Weise öffentlicher Entwicklungshilfe wird wesentlich davon beeinflußt, wie Geber und Empfänger den Entwicklungsprozeß betrachten. Der Erfolg des Marshall-Plans in den vierziger und fünfziger Jahren führte bei vielen Beobachtern zu der Ansicht, daß ein ähnlicher Kapitaltransfer in die Länder der Dritten Welt trotz deren physischer, menschlicher und institutioneller Beschränkungen ähnliche Resultate bringen würde. Das erste Entwicklungsmodell betonte daher fast ausschließlich die Aufstockung des Sachkapitals, um Produktion und Einkommen zu steigern und die Armut zu lindern. Diese Strategie bedeutete, daß nicht nur in Maschinen und Anlagen, sondern auch in die physische Infrastruktur wie Straßen und Häfen investiert wurde. Die Weltbank beispielsweise widmete in ihren ersten fünfzehn Jahren Strom- und Eisenbahn-Projekten fast 50 Prozent ihrer Ausleihungen; weniger als 10 Prozent flossen in die Landwirtschaft, und den Sozialbereichen kamen unmittelbar überhaupt keine Mittel zugute.

In den fünfziger und sechziger Jahren bildete das gesamtwirtschaftliche Wachstum das Hauptziel, und die Industrialisierung wurde als das wichtigste Instrument zur Verwirklichung dieses Ziels angesehen. Viele Entwicklungsländer waren aus politischen wie ökonomischen Gründen davon überzeugt, daß eine moderne Gesellschaft eine industrialisierte Gesellschaft sein müßte. Um industrielles Wachstum zu erreichen, entschieden sich viele Regierungen für die Importsubstitution, und wehrten Importe durch hohe Zölle und mengenmäßige Beschränkungen ab. Diese Politik verzerrte die heimische Preisstruktur und führte zu einer zunehmenden Überbewertung des Wechselkurses. Dies wiederum beeinträchtigte die Exporte und begünstigte das Wachstum unwirtschaftlicher Industrien. Die Landwirtschaft wurde weitgehend vernachlässigt. Einige Regierungen verließen sich stillschweigend oder ausdrücklich auf die jederzeitige Verfügbarkeit von Nahrungsmittelhilfe, wobei sie davon ausgingen, daß die Landwirtschaft ausgebaut werden könnte, wenn erst einmal ihre industrielle Stärke gesichert wäre.

Je länger solche binnenwirtschaftlich orientierten Entwicklungsstrategien verfolgt wurden, um so deutlicher wurden die Kosten dieser Politik, und zwar nicht nur für die Volkswirtschaft, sondern insbesondere auch für die armen Bevölkerungsschichten. In einer wachsenden Zahl von Ländern begann sich zu zeigen, daß für eine Ausweitung der Agrarproduktion und des Exports größere Möglichkeiten bestanden, als man angenommen hatte. Als Resultat setzte sich ein stärker außen- und marktwirtschaftlich orientierter Entwicklungsansatz immer mehr durch. Es wurde auch zunehmend anerkannt, daß der Aufbau von Humankapital beim Vorantreiben des Entwicklungsprozesses einen entscheidenden Faktor bildet.

In den frühen siebziger Jahren begannen einige Beobachter die Zweckmäßigkeit der herkömmlichen Betonung des gesamtwirtschaftlichen Wachstums in Frage zu stellen. Eine Reihe wirtschaftswissenschaftlicher Studien über den Zusammenhang zwischen Wachstum und Einkommensverteilung, wie auch vereinzelte Beobachtungen über die Ausbreitung der Armut in einzelnen Ländern führte bei manchen Ökonomen und Anhängern der Entwicklungshilfe zu dem Schluß, daß die Entwicklungsbemühungen in vielen Fällen hauptsächlich den mittleren und höheren Einkommensgruppen zugute gekommen waren; das Wachstum war nicht bis zu den Armen ,,durchgesickert". Diese Beobachtungen bildeten ein wichtiges Element bei der Formulierung der Entwicklungsstrategie der sogenannten menschlichen Grundbedürfnisse. Einige Befürworter dieses Ansatzes sahen einen Widerspruch zwischen Programmen, die das Wachstum förderten, und solchen, die den Armen zu helfen suchten, und machten daher geltend, daß Entwicklungsbemühungen direkt auf die Armen und ihre Grundbedürfnisse — Erziehung, Gesundheit und Ernährung — abzielen müßten.

Anderen erschien dies jedoch als ein künstlicher Gegensatz: Wirtschaftliches Wachstum und die Verbesserung der Situation der Armen schließen sich nach dieser Auffassung als Zielsetzung nicht gegenseitig aus, sondern hängen vielmehr weitgehend voneinander ab. Das langfristige Wirtschaftswachstum ist danach in hohem Maße abhängig von einer Steigerung der wirtschaftlichen Leistungsfähigkeit der Armen, wozu auch eine Verbesserung ihres Gesundheits- und ihres Ausbildungsstandes gehört. Zugleich würden die Armen die zur Befriedigung ihrer Grundbedürfnisse erforderliche dauerhafte Einkommenssteigerung nur erzielen können, wenn die Volkswirtschaft in der Lage wäre zu wachsen und dabei zusätzliche Beschäftigung zu schaffen; Umverteilung allein würde nicht ausreichen. Aus dieser Sicht stellte sich nicht die Alternative ,,Gerechtigkeit oder Wachstum", sondern die Frage nach Art und Weise des Wachstums. Befürworter dieser Strategie von ,,Wachstum und Gerechtigkeit" haben betont, daß es kombinierter Bemühungen bedarf, die teils direkt auf die Probleme und Zwänge zielen, denen die Armen unterliegen, teils auf die Steigerung von Wachstum und Produktion sowie auf die Verbesserung wirtschaftspolitischer Maßnahmen gerichtet sind, die direkt oder indirekt den Armen zugute kommen. Das Ergebnis dieser Debatte war, daß die Bekämpfung der Armut beim Entwurf und der Bewertung von Entwicklungsprogrammen stärkere Beachtung fand. In den meisten Geberländern war der Beweis, daß die Entwicklungshilfe tatsächlich auf die Lösung grundlegender langfristiger Probleme der Armen abstellt und nicht primär den höheren Einkommensgruppen in den Empfängerländern zugute kommt, ein wichtiger Faktor für die Unterstützung von Entwicklungshilfeprogrammen durch die Öffentlichkeit und die Legislative.

Die wirtschaftlichen Probleme der vergangenen zwölf Jahre haben die Komplexität des Entwicklungsprozesses deutlich gemacht. Die unterschiedlichen Erfolge der Entwicklungsländer ließen die Schlüsselstellung ihrer eigenen Wirtschaftspolitik hervortreten, insbesondere (a) die Kosten einer ineffizienten Importsubstitution, von Preisverzerrungen sowie Verbrauchersubventionen und den wichtigen Wachstums- und Beschäftigungsbeitrag, den eine handelspolitische Öffnung sowie realistische Wechselkurse und Inlandspreise leisten können, (b) den Beitrag, den die Landwirtschaft zur Beschleunigung des Wirtschaftswachstums und Stärkung der Zahlungsbilanz, wie auch zur Anhebung des Einkommens und des Ernährungsniveaus der Armen leisten kann und (c) die Bedeutung, die der Entwicklung der institutionellen wie der physischen Infrastruktur eines Landes zukommt.

Die jüngste Vergangenheit ließ auch Zweifel an der Flexibilität öffentlicher Stellen und ihrer Mittelvergabe bei der Deckung des spezifischen Bedarfs der Entwicklungsländer aufkommen. Solche Zweifel betreffen die Fähigkeit und Bereitschaft öffentlicher Stellen, wirtschaftspolitische Reformbemühungen zu unterstützen, Aufwendungen in heimischer Währung zu finanzieren, Mittel für die Erhaltung und Wiederherstellung des bestehenden Kapitalstocks bereitzustellen, zur Entwicklung der institutionellen Kapazitäten der Dritten Welt beizutragen oder dringend benötigte Importe zu finanzieren. Zur Debatte steht auch das richtige Verhältnis zwischen kurzfristiger und langfristiger Hilfe und zwischen den unterschiedlichen Formen der Unterstützung, wie allgemeinen Zahlungsbilanzhilfen, sektoralen oder projektbezogenen Unterstützungsmaßnahmen.

Prinzipien der öffentlichen Entwicklungshilfe

Die ökonomische Begründung öffentlicher Entwicklungshilfeleistungen stützt sich auf zwei grundlegende Argumente: Effizienz und Gerechtigkeit. Diese gewinnen häufig an Gewicht durch die Kenntnis dessen, was angesichts der gegebenen ökonomischen, politischen und gesellschaftlichen Struktur eines Landes realistischerweise möglich ist.

Das Argument der Effizienz beruht auf der Ansicht, daß die privaten Märkte für Kapital, Technologie und andere Dienstleistungen nicht das Volumen und die Art an Ressourcen bieten, die den spezifischen wirtschaftlichen Bedingungen und Möglichkeiten einzelner Entwicklungsländer am besten entsprechen und für eine effiziente Allokation der Weltersparnis am geeignetsten sind. Öffentliche Maßnahmen und Hilfeleistungen, welche die Mittelzuflüsse von diesen Märkten ergänzen, können den weltweiten Einsatz der Produktionsfaktoren verbessern. Die Investitionserträge sind in Entwicklungsländern häufig höher, so daß die Bereitstellung solcher Ressourcen (konzessionärer und nichtkonzessionärer Art) zu einem höheren künftigen Einkommen nicht nur der Nehmerländer, sondern auch der Welt insgesamt führen kann.

Zwar haben die privaten Kapitalmärkte in den siebziger Jahren den Ländern mit mittlerem Einkommen große Beträge zur Verfügung gestellt, doch stand vielen Ländern, insbesondere denen mit niedrigem Einkommen, privates Kapital nur in begrenztem Umfang zur Verfügung. Für diesen begrenzten Zugang zu privaten Mitteln sind verschiedene Faktoren maßgebend: (a) das staatliche Risiko, das die Kreditgewährung beschränkt; (b) Kapitalmarkteingriffe in den Industrieländern, welche die Vergabe von Auslandskrediten durch bestimmte Finanzinstitute diskriminieren; (c) die Eigenschaft vieler Investitionen in Entwicklungsländern (insbesondere solcher in der grundlegenden Infrastruktur), zwar hohe soziale Erträge, aber nicht ohne weiteres greifbaren Nutzen abzuwerfen beziehungsweise kurzfristig nur geringe oder überhaupt keine Deviseneinnahmen zur Bedienung der kommerziellen Auslandskredite zu erbringen; (d) unzureichende Informationen der Kreditgeber über die Investitionsmöglichkeiten und die Rückzahlungskapazität der Entwicklungsländer und (e) die traditionelle Abneigung privater Banken gegenüber langfristigen Finanzierungen.

Der letztgenannte Punkt ist besonders wichtig. Viele der Investitionen, die zur Schaffung der grundlegenden Voraussetzungen des Entwicklungsprozesses nötig sind, — im Gesundheits- und Erziehungswesen, in der Agrarforschung und in einigen Infrastrukturbereichen — erzielen hohe Erträge. Beispielsweise hat man für Afrika den realen Ertrag der Grundschulerziehung auf 30 Prozent und der weiterführenden Schulbildung auf über 15 Prozent geschätzt. Zahlreiche Untersuchungen über die Agrarforschung ergaben reale Ertragsraten, die deutlich höher waren als 10 bis 15 Prozent. Aber diese Gewinne können erst im Laufe von dreißig bis vierzig Jahren anfallen, wobei in den Anfangsjahren keinerlei Erträge erzielt werden. Das macht diese Investitionen für die private Finanzierung ungeeignet, so daß zumindest in den Anfangsstadien des Entwicklungsprozesses öffentliche Hilfe erforderlich ist.

Außerdem hängt die wirtschaftliche Entwicklung von mehr Faktoren ab als nur von der Akkumulation des Sachkapitals und der Verbesserung der menschlichen Ressourcen. Sie erfordert auch eine Entwicklung der Institutionen, den Transfer und die Anpassung von Technologie sowie ein geeignetes wirtschaftspolitisches System. Ausländische Privatinvestitionen können finanzielles und physisches Kapital, Technologietransfer und Managementleistungen als Paket zur Verfügung stellen. Die ausländischen Investitionen verhielten sich jedoch nicht nur bei der Auswahl der Sektoren und Länder tendenziell sehr selektiv, wie in Kapitel 9 erörtert, sondern standen auch nur begrenzt zur Verfügung. Außerdem sind die benötigten Arten technischer Dienstleistungen und Mittel häufig auf den privaten Finanzmärkten nur schwer erhältlich. Insbesondere Ländern mit niedrigem Einkommen könnte es auch an dem technischen Sachverstand fehlen, solche Mittel zu identifizieren, zu bewerten und zu erwerben. Öffentliche Entwicklungshilfe kann ein Mittel sein, die von den Entwicklungsländern benötigte Kombination von Kapital, technischer Hilfe und wirtschaftspolitischer Beratung zur Verfügung zu stellen. Die Geber können zum Aufbau von Institutionen beitragen, die dann technische und wirtschaftspolitische Entscheidungen auf effizientere Weise treffen können. Durch ihre Hilfe bei der Schaffung einer grundlegenden Infrastruktur, bei der Entwicklung der Institutionen und durch die Unterstützung einer marktorientierten Wirtschaftspolitik stimuliert die öffentliche Entwicklungshilfe häufig direkt oder indirekt Zuflüsse privater Mittel.

Das Argument der Effizienz spricht für ein Tätigwerden des Staates, sagt aber wenig darüber aus, ob solche Leistungen zu konzessionären oder nichtkonzessionären Bedingungen erfolgen sollen. Eine Begründung für öffentliche Entwicklungshilfe zu konzessionären Konditionen beruht auf Gerechtigkeitsüberlegungen. Zwar wird konzessionäre Hilfe auf freiwilliger Basis zur Verfügung gestellt, doch läßt sie sich volkswirtschaftlich mit einer einfachen Erweiterung des Arguments für eine progressive Besteuerung begründen, wobei ein Einkommenstransfer zwischen reichen und armen Ländern an die Stelle des Transfers zwischen höheren und niedrigeren Einkommensgruppen innerhalb eines Geberlandes tritt. So gesehen können Industrieländer mit höherem Einkommen einen Teil ihrer inländischen Steuereinnahmen zur Finanzierung von Übertragungen an Entwicklungsländer mit niedrigem Einkommen verwenden, um dort den Lebensstandard der Bewohner direkt zu verbessern und auch um indirekt — durch die Ausweitung der Wirtschaftsaktivität und des Außenhandels — die Wohlfahrt weltweit zu erhöhen. Verglichen mit einem ähnlichen Zufluß von Finanzierungsmitteln zu Marktkonditionen, dient konzessionäre Entwicklungshilfe diesem Ziel wirksamer, weil sie langfristig zu einem größeren Nettozufluß von Kapital führt.

Für konzessionäre Unterstützung kann aber auch ein praktischer Grund sprechen. In Ländern mit niedrigem Einkommen sind viele der von öffentlichen Investitionen und Dienstleistungen (beispielsweise im Gesundheits- und Erziehungswesen) direkt Begünstigten zu arm, um deren volle Kosten zu tragen — doch profitiert davon die Volkswirtschaft als ganzes. Da die Erträge an irgendeiner Stelle der Wirtschaft auftreten, könnte argumentiert werden, daß die Regierung in der Lage sein sollte, sie sich teilweise durch Gebühren und Steuern zurückzuholen, um damit die Kreditaufnahmen zu Marktkonditionen zu bedienen. Allerdings kann die Zeitspanne, während der die Erträge anfallen, sehr lang sein, wodurch zeitliche Diskrepanzen zu den Schuldendienstleistungen für kommerzielle Darlehen entstehen. Außerdem ist es für Regierungen häufig aus sozialen, politischen oder administrativen Gründen schwierig, die Erträge derartiger Investitionen abzuschöpfen, insbesondere wenn sie dazu bestimmt sind, das Einkommen und Wohlergehen der Armen zu verbessern. Auch wurde angeführt, daß in bestimmten Fällen — beispielsweise bei der Versorgung mit sauberem Wasser und bei Immunisierungsprogrammen — der Versuch, die Dienstleistungen voll entgelten zu lassen, zu einem substantiellen Rückgang der Nachfrage der armen Bevölkerungsschichten führt, was mit volkswirtschaftlichen und gesellschaftlichen Verlusten verbunden ist.

Eine andere praktische Begründung der konzessionären Entwicklungshilfe hängt mit der Tatsache zusammen, daß zur Bedienung der Auslandsschuld nicht nur die inländischen Mittel aufgebracht, sondern daß sie auch in Devisen konvertiert werden müssen. Länder in einem frühen Entwicklungsstadium — in dem es einen großen Bedarf an Investitionen im Sozialbereich und in der Infrastruktur gibt — sind häufig mit institutionellen und anderen Zwängen konfrontiert, die ihre Möglichkeiten zur raschen Ausweitung ihrer Exporteinnahmen beeinträchtigen. Da konzessionäre Mittel nicht mit einer so großen Schuldendienst- und Devisenlast verbunden sind wie Mittel zu Marktbedingungen, steigern sie die Fähigkeit dieser Länder, solche notwendigen Investitionen vorzunehmen.

Die Argumente zugunsten der konzessionären Entwicklungshilfe gelten in erster Linie für Länder mit niedrigem Einkommen. Zwar müssen auch Entwicklungsländer mit mittlerem und höherem Einkommen Investitionen in der grundlegenden öffentlichen Infrastruktur tätigen, wo lange Reifungszeiten und externe Effekte vorherrschen, doch verfügen sie aufgrund ihrer stärker entwickelten Volkswirtschaften über eine Basis, um vermehrt privates Kapital zu erhalten und auch die zur Bedienung kommerzieller Kredite erforderlichen Devisen zu erwirtschaften. Aber selbst in vielen Ländern mit mittlerem Einkommen kann die öffentliche Entwicklungshilfe eine wertvolle Rolle spielen, da sie nicht nur langfristiges Kapital zu nichtkonzessionären Bedingungen, sondern auch technische Unterstützung und wirtschaftspolitische Beratung zur Verfügung stellt. Sie kann auch als Katalysator für private Mittelflüsse dienen und dazu beitragen, daß deren Volumen steigt und die Konditionen sich verbessern.

Wird davon ausgegangen, daß das ökonomische Ziel der öffentlichen Entwicklungshilfe letztlich darin besteht, die Allokation der Ressourcen zu verbessern und das Tempo der wirtschaftlichen Entwicklung zu steigern, so kann die Form der Entwicklungshilfe, die dieses Ziel am effektivsten fördert, je nach der spezifischen wirtschaftlichen Lage von Land zu Land erheblich variieren. Sie ist auch von den Möglichkeiten und Stärken des jeweiligen Geldgebers abhängig — andere Motive der Geber beeinflussen natürlich auch die Art der Entwicklungshilfe, wie im nächsten Abschnitt erläutert wird. Im Hinblick auf den Entwicklungsprozeß lautet die zentrale Frage: Wo liegen die fundamentalen Hindernisse für wirtschaftliches Wachstum, und wie kann die öffentliche Entwick-

Sonderbeitrag 7.4 Wirtschaftliche Unterstützung durch die OPEC

Bis zum Jahr 1973 waren nur drei OPEC-Mitgliedsländer (Kuwait, Libyen und Saudi-Arabien) bedeutende Entwicklungshilfegeber. Der größte Teil ihrer Hilfsleistungen bestand in Zuschüssen zugunsten der öffentlichen Haushalte Ägyptens, Jordaniens und Syriens; in den Jahren 1970 bis 1972 betrug ihre Hilfe durchschnittlich gut 400 Mio Dollar pro Jahr. Die Hilfe der OPEC-Mitgliedsländer für langfristige Entwicklungsvorhaben bewegte sich vor 1973 im Jahresdurchschnitt zwischen 40 und 60 Mio Dollar und stammte nur aus zwei Quellen: dem Fonds von Kuwait und dem Fonds von Abu Dhabi.

Nach dem Anstieg der Ölpreise in den Jahren 1973/74 nahm die OPEC-Unterstützung sprunghaft zu. Während der Jahre 1974 bis 1977 betrugen die Netto-Auszahlungen im Durchschnitt jährlich 5 Mrd Dollar, daß waren fast 30 Prozent der gesamten ÖEH aus allen Quellen. Auch der Anteil dieser Hilfe am BSP der OPEC-Geberländer lag viel höher als bei den DAC-Geberländern, der in den siebziger Jahren zwischen 0,3 und 0,4 Prozent des BSP betrug. Im Jahr 1975 erreichte der Anteil der ÖEH am BSP in Kuwait 7 Prozent, in Saudi-Arabien 8 Prozent, in den Vereinigten Arabischen Emiraten 12 Prozent und in Katar 16 Prozent.

Die Auszahlungen an ÖEH durch die OPEC erreichten 1980 einen Höhepunkt und sind seitdem nominal gerechnet um über 40 Prozent gesunken; sie machten im Jahr 1983 15 Prozent der weltweiten Leistungen von ÖEH aus (siehe Tabelle 7.4A). Dieser Rückgang spiegelt teilweise die sinkenden Öleinnahmen und die verschlechterte Zahlungsbilanzposition dieser Länder sowie den Konflikt in der Golfregion wider. Den stärksten Rückgang gab es im Iran, in Irak und den Vereinigten Arabischen Emiraten. Kuwait und Saudi-Arabien stellten im Jahr 1983 90 Prozent der gesamten OPEC-Hilfe zur Verfügung.

Von der ÖEH der OPEC-Geber entfielen in den Jahren 1981 bis 1983 mehr als 80 Prozent auf bilaterale Programme. Über 85 Prozent der länderweise aufgeschlüsselten bilatera-

TABELLE 7.4A
Konzessionäre Entwicklungshilfeleistungen von OPEC-Ländern in ausgewählten Jahren, 1970 bis 1983
(Netto-Auszahlungen in Mio $)

Quelle	1970	1975	1980	1981	1982	1983[a]
Arabische Länder						
Kuwait	148	946	1.140	1.154	1.168	995
Katar	..	338	270	250	50	22
Saudi-Arabien	173	2.756	5.943	5.664	4.028	3.916
Vereinigte Arabische Emirate	..	1.046	909	811	402	100
Andere OPEC-Geberländer	77	1.153	1.328	645	243	444
Insgesamt	398	6.239	9.589	8.525	5.891	5.476
Insgesamt in % des BSP	1,18	2,92	1,80	1,51	1,06	1,05
Insgesamt in % aller ÖEH-Leistungen	4,8	28,3	24,0	22,7	15,9	15,1
Arabische Länder insgesamt in % ihres BSP	4,04[b]	8,50	4,48	3,45	2,65	2,98

a. Vorläufig.
b. Durchschnitt der Entwicklungshilfe gebenden Länder.
Quelle: OECD *Development Co-operation.*

lungshilfe ihren Abbau oder ihre Beseitigung unterstützen? Damit vorhandene und künftige Investitionen einen wirksamen Beitrag zu einem stärkeren Wirtschaftswachstum leisten können, sind in vielen Ländern wirtschaftspolitische Reformen erforderlich, damit volkswirtschaftliche Verzerrungen beseitigt werden, die eine effiziente Allokation der Ressourcen verhindern. Derartige wirtschaftspolitische Reformen benötigen jedoch im allgemeinen Zeit, bis sie positive Ergebnisse abwerfen, während sehr rasch zusätzliche Kosten entstehen können. Unter solchen Umständen kann eine nicht-projektgebundene Entwicklungshilfe sowohl die Durchführung der nötigen Reformen unterstützen als auch die während des Übergangsprozesses benötigten Mittel rasch zur Verfügung stellen. Ähnlich können für Länder, die mit gravierenden Zahlungsbilanz- und Haushaltsproblemen konfrontiert sind, Beiträge zur Stabilisierung der Wirtschaft und zur Schaffung der Basis für künftiges Wachstum und Investitionen innerhalb eines Gesamtpaketes von Maßnahmen und Programmen zur Unterstützung des Landes eine wichtige Komponente bilden. Zu solchen Beiträgen gehören: Die Finanzierung des Imports von Vorprodukten, die es erlauben, brachliegende Kapazitäten des privaten und öffentlichen Sektors zu nutzen und damit das inländische Angebot und den Export rasch auszuweiten, sowie die

len Auszahlungen flossen in arabische Länder und 10 Prozent in nichtarabische afrikanische Länder. Mehr als die Hälfte der gesamten bilateralen OPEC-Hilfe dient der allgemeinen Haushaltsfinanzierung, weniger als ein Fünftel der Projektunterstützung.

Im Rahmen ihrer bilateralen Programme haben vier der OPEC-Geberländer (Abu Dhabi, Irak, Kuwait und Saudi-Arabien) nationale Fonds errichtet, die einen bedeutsamen Teil ihrer Projekthilfe verwalten. Diese nationalen Fonds besitzen ein genehmigtes Kapital von 16 Mrd Dollar. Sie zahlten 1983 etwas weniger als 600 Mio Dollar aus, verglichen mit fast 900 Mio Dollar im Jahr 1980.

Von den 15 bis 20 Prozent der gesamten OPEC-Hilfe, die über multilaterale Organisationen geleitet wird, fließen 40 Prozent an multilaterale Institutionen mit einer weltweiten Mitgliedschaft; IDA und IFAD sind die Hauptempfänger. Die übrigen 60 Prozent werden den von OPEC-Ländern getragenen multilateralen Institutionen zur Verfügung gestellt. Die größte ist der OPEC-Fonds, der 30 Prozent der multilateralen Beiträge der OPEC erhielt. Andere wichtige Organisationen sind der Arabische Fonds für wirtschaftliche und soziale Entwicklung, die Islamische Entwicklungsbank und die Arabische Bank für wirtschaftliche Entwicklung in Afrika. Diese vier Institute verfügen über ein genehmigtes Kapital von fast 10 Mrd Dollar. Sie zahlen zwischen 1981 und 1983 netto durchschnittlich 360 Mio Dollar pro Jahr an ÖEH aus.

Die von der OPEC den Entwicklungsländern gewährte Unterstützung wird auch in Zukunft von ihrer Liquiditätssituation beeinflußt werden. Angesichts der gegenwärtigen Aussichten für die Ölpreise dürfte das Zusagevolumen der OPEC in den nächsten Jahren nicht nennenswert wachsen. Allerdings wird wohl das Auszahlungsvolumen an Entwicklungshilfe seitens der OPEC-Mitgliedsländer zunächst langsamer abnehmen als die Zusagen, da die Auszahlungen mit Verzögerung reagieren. Darüber hinaus dürfte die Kreditvergabe der von OPEC-Ländern gegründeten Entwicklungsinstitute wegen deren eigener Kapitalausstattung nicht so scharf zurückgehen wie die von OPEC-Ländern direkt an andere Staaten gewährten Kredite.

Finanzierung der Erhaltung und Wiederherstellung vorhandener Investitionsobjekte. Diese Formen der Unterstützung waren für viele Länder mit mittlerem und niedrigem Einkommen besonders wichtig, bei denen der Zufluß privaten Kapitals mit dem Beginn von Schuldendienstschwierigkeiten üblicherweise zurückgegangen ist.

Ziele der Geber

Die Geberländer gewähren öffentliche Entwicklungshilfe aus sehr verschiedenen Gründen: um die wirtschaftliche Entwicklung des Empfängerlandes zu unterstützen, um ihre eigenen strategischen, politischen und kommerziellen Interessen zu fördern, um traditionelle und kulturelle Verbindungen zu erhalten und um ihr humanitäres Engagement zum Ausdruck zu bringen. Diese Bündelung von Zielen kann die Art und Weise der öffentlichen Entwicklungshilfe beeinflussen — und ihre Wirksamkeit als Mittel zur Förderung der Entwicklung ernsthaft beeinträchtigen. Volumen und Wachstum der von verschiedenen Ländern bereitgestellten konzessionären Unterstützung (ÖEH) und deren relative Entwicklung sind in Schaubild 7.2 und im Sonderbeitrag 7.4 dargestellt.

In letzter Zeit vorgenommene Studien haben gezeigt, welche Rolle entwicklungsfremde Erwägungen bei der Verteilung von ÖEH einnehmen. Politische Interessen spielten zweifellos eine wichtige Rolle, wenn die Vereinigten Staaten in den Jahren 1981/82 39 Prozent ihrer bilateralen ÖEH an Ägypten und Israel vergaben; wenn Frankreich 38 Prozent seiner ÖEH in vier überseeische Provinzen und Territorien leitete, und wenn 42 Prozent der bilateralen und multilateralen ÖEH der OPEC-Mitgliedsländer in zwei Länder, Jordanien und Syrien, flossen. Ähnlich werden die Bodenschätze Zaires und Sambias häufig als ein wichtiger kommerzieller Beweggrund für die amerikanische Entwicklungshilfe an diese Länder genannt.

Der Einfluß entwicklungsfremder Motive auf die Entwicklungshilfe wird auch bei einem Vergleich der bilateralen und multilateralen Programme deutlich. Während der Jahre 1980/82 kamen nur 40 Prozent der bilateralen Hilfe der DAC-Länder und weniger als 20 Prozent der bilateralen OPEC-Hilfe den Ländern mit niedrigem Einkommen zugute, während dorthin zwei Drittel der gesamten multilateralen Entwicklungshilfe flossen.

Außerdem verlangen die DAC-Geber üblicherweise von den Empfängern, daß sie Waren und Dienstleistungen in den Geberländern kaufen; dies gilt freilich nicht für die Geber der OPEC. Solchen Lieferbindungen unterlagen in den Jahren 1982/83 etwa 43 Prozent der bilateralen ÖEH aus DAC-Ländern, während weitere 11 Prozent als teilweise gebunden klassifiziert waren. Diese Angaben unterschätzen wahrscheinlich den Umfang der gebundenen Hilfe, da häufig formlose Absprachen bestehen, wonach Aufträge in den Geberländern zu plazieren sind. Dies kann eine geringere Qualität der Waren und Dienstleistungen bedeuten, die häufig teurer und für die Bedürfnisse des Empfängerlandes weniger geeignet sind. Untersuchungen über die Kosten der Lieferbindung deuten darauf hin, daß sie den

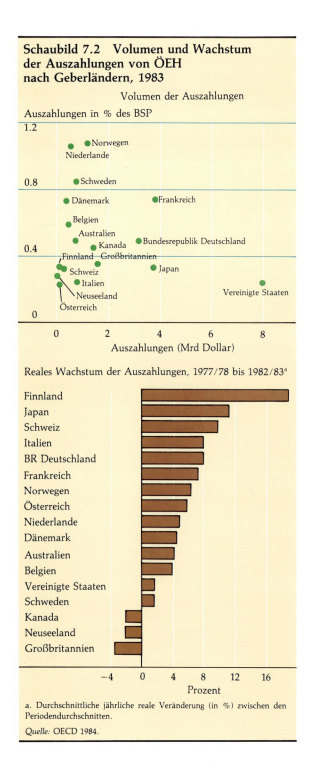

Schaubild 7.2 Volumen und Wachstum der Auszahlungen von ÖEH nach Geberländern, 1983

a. Durchschnittliche jährliche reale Veränderung (in %) zwischen den Periodendurchschnitten.
Quelle: OECD 1984.

ströme verzerren und die Effektivität der Entwicklungshilfe beeinträchtigen (vgl. Sonderbeitrag 7.5).

Im Gegensatz hierzu erfolgen die meisten aus multilateraler Hilfe resultierenden Beschaffungen im Rahmen internationaler Ausschreibungswettbewerbe. In der Tat besteht ein häufig genannter Vorteil der multilateralen Entwicklungshilfe darin, daß sie im allgemeinen weit weniger von entwicklungsfremden Interessen beeinflußt wird als die bilaterale Entwicklungshilfe.

Fördert Entwicklungshilfe den Entwicklungsprozeß?

Die Entwicklungshilfe ist immer kontrovers gewesen. Ihre Kritiker glauben entweder, daß sie häufig falsch angewendet wird, was ihre Möglichkeiten, den Entwicklungsprozeß zu fördern und die Armut zu bekämpfen, gravierend beeinträchtigt, oder daß sie prinzipiell schädlich ist. Zwei unterschiedliche Auffassungen liegen der prinzipiellen Ablehnung der Entwicklungshilfe zugrunde:

• Die eine Schule, die sich von der Theorie der Abhängigkeit ableitet, vertritt die Auffassung, die Unterentwicklung sei nicht allein ein Zustand fehlenden Fortschritts; vielmehr spiegele sie die aktive Ausbeutung der „Peripherie" durch die entwickelten Marktwirtschaften des „Zentrums" wider. Entwicklungshilfe ist danach ein Instrument, um die Vorherrschaft der Geberländer zu perpetuieren. Wenn Entwicklungshilfe überhaupt Vorteile brächte, dann würden diese lediglich dazu führen, daß Unruhen vermieden und die Entwicklungsländer im Zustand der Unterwerfung gehalten werden.

• Die andere Schule behauptet, daß Entwicklungshilfe unvermeidlich die Rolle des Staates ausweitet, die Marktsignale verzerrt und manche Investitionen finanziert, die der private Sektor vornehmen würde, wenn er die Chance dazu erhielte. Diese Kritiker argumentieren in der Tat auch damit, daß ein vom Staat unbeeinflußter privater Sektor sämtliche für die Entwicklung erforderlichen Mittel zur Verfügung stellen könnte, so daß es für Entwicklungshilfe keine Rechtfertigung gibt.

Keine dieser beiden extremen Sichtweisen kann überzeugen. Die Kritiker der Entwicklungshilfe bieten wenig analytische Beweise für ihre Auffassung und stützen sich statt dessen auf anekdotenhafte Berichte von Fällen, in denen die Hilfe zu entwicklungsfremden Zwecken verwendet wurde oder Hilfsprojekte unzureichend geplant waren. Im

Wert von Entwicklungskrediten um etwa 15 bis 20 Prozent, in Einzelfällen noch viel mehr, vermindert.

In den letzten Jahren haben die Geldgeber zunehmend Mischfinanzierungen angewendet, bei denen Entwicklungshilfe und Exportkredite kombiniert werden, um ihre kommerziellen Interessen zu fördern. Diese Art der Finanzierung kann die Handels-

Sonderbeitrag 7.5 Mischfinanzierungen

Der Ausdruck Mischfinanzierung bezieht sich üblicherweise auf Kredite, bei denen Entwicklungshilfemittel mit öffentlichen (oder öffentlich garantierten) Handelskrediten, die der Finanzierung bestimmter Ausfuhren aus dem Kreditgeberland dienen, kombiniert werden. Bis zu den späten siebziger Jahren entfiel auf Mischfinanzierungen nur ein geringer Anteil der gesamten Entwicklungshilfeleistungen und der Exportkredite; die wichtigste Ausnahme bildete Frankreich, wo Mischfinanzierungen ein Standardelement des Entwicklungshilfeprogramms waren. Im Zuge der Rezession und der Zahlungsbilanzschwierigkeiten in den späten siebziger und frühen achtziger Jahren, nahm jedoch in sämtlichen Industrieländern der Druck auf die Regierung zu, Mischfinanzierungen einzusetzen, um den Export zu fördern und mit den von anderen Geberländern angebotenen Mischfinanzierungen gleichzuziehen.

Die Angaben über Mischfinanzierungen sind unzureichend. Das DAC bemüht sich, die Verfügbarkeit und Qualität der Angaben über die Verwendung der sogenannten ,,Verbundfinanzierung" zu verbessern; diese umfaßt sämtliche Handelsfinanzierungen, bei denen Mittel der ÖEH eingesetzt werden, besteht aber hauptsächlich aus Mischfinanzierungen. Zwar wurde das Volumen der Mischfinanzierungen für das Jahr 1975 auf insgesamt weniger als ¼ Milliarde Dollar geschätzt, doch wurden für die Jahre 1981 bis 1983 von fünfzehn DAC-Ländern Verbundfinanzierungen in Höhe von etwa 10,5 Mrd Dollar gemeldet. Die in diesen Verbundfinanzierungen enthaltene ÖEH belief sich auf insgesamt 3,1 Mrd Dollar. Von der Gesamtsumme entfielen 45 Prozent auf Frankreich, gefolgt von Großbritannien mit 23 Prozent und Italien und Japan mit jeweils 9 Prozent.

Da Mischfinanzierungen weitgehend auf kommerziellen Überlegungen beruhen, ist es leicht möglich, daß sie die Entwicklungseffekte eines Geberprogramms verwässern. Mischfinanzierungen können Mittel zugunsten kapitalintensiver und importintensiver Projekte umlenken — etwa im Verkehrswesen, Fernmeldewesen und der Stromerzeugung. Sie haben eine inhärente Tendenz, Projekte und Programme mit einem niedrigen Importanteil, wie etwa Projekte der ländlichen Entwicklung oder der medizinischen Grundversorgung zurückzudrängen, und erschweren insbesondere die Finanzierung von Landeswährungskosten. In den Jahren 1981 bis 1983 entfielen von den Verbundfinanzierungen 30 Prozent auf den Energiesektor, je 20 Prozent auf die Industrie und das Verkehrswesen, 10 Prozent auf den Nahrungsmittel- und Agrarsektor, aber nur 2 Prozent auf das Gesundheitswesen und die soziale Infrastruktur. Desgleichen sind die Exporteure an einer Ausweitung der Mischfinanzierung auf Länder mit mittlerem und hohem Einkommen interessiert, wo die internationale Konkurrenz am größten ist; dies würde Entwicklungshilfemittel zu Lasten der Länder mit niedrigem Einkommen verlagern.

Die Befürworter der Mischfinanzierungen haben argumentiert, daß solche Kredite den Entwicklungsprozeß durch ,,Streckung" der ÖEH fördern können; daß sie den gesamten Mittelzufluß zu den Entwicklungsländern steigern; daß sie die Qualität der Exportkredite verbessern, da die Institutionen der Entwicklungshilfe zur Beurteilung und Überwachung herangezogen werden; daß sie für Länder mit begrenzter Schuldendienstkapazität die Finanzierungskosten verringern; schließlich daß sie für Länder mit mittlerem Einkommen angemessenere, weniger konzessionäre Finanzierungsbedingungen bieten. Der sachliche Gehalt dieser Argumente ist jedoch umstritten. Nicht nur gibt es wenige Hinweise darauf, daß die Streckung der Entwicklungshilfe tatsächlich eintritt, sondern es wurde auch von Kritikern der Mischfinanzierung darauf hingewiesen, daß solche Effekte wirksamer auf andere Weise erreicht werden könnten, wie etwa durch die direkte Zuteilung eines begrenzten Hilfe-Volumens an ein Land. Das DAC hat auf die Bedenken wegen möglicher Verzerrung im Bereich der Entwicklungshilfe und des Handels, die durch Mischfinanzierungen hervorgerufen werden können, reagiert und im Juni 1983 ,,Leitsätze zur Verwendung von Entwicklungshilfegeldern im Verbund mit Exportkrediten und anderen Marktmitteln" aufgestellt. Diese Leitlinien zielten darauf ab, Verzerrungen im Bereich von Entwicklungshilfe und Handel dadurch zu vermeiden, daß eine größere Transparenz solcher Transaktionen hergestellt wurde und die Abwehrmaßnahmen gegen eine mögliche Zweckentfremdung von Hilfsgeldern für primär kommerzielle Ziele verstärkt wurden. Im Jahr 1984 beschloß das DAC Maßnahmen, um die Meldungen der Mitgliedsländer über Verbundfinanzierungen zu verbessern, und im April 1985 einigte sich der Rat der OECD auf ein wirksameres Melde- und Konsultationsverfahren sowie auf eine Erhöhung des bei solchen Transaktionen anzuwendenden Mindestzuschußelements. Im Sinne der Zielsetzungen des DAC hat die Weltbank kürzlich mit einem Mitgliedsland eine Rahmenvereinbarung über Kofinanzierungen getroffen, die neben anderen Krediten auch Mischfinanzierungen betrifft.

Kern betrifft diese Kritik die Durchführung der Entwicklungshilfe und nicht ihre prinzipielle Begründung.

Die Effektivität der Entwicklungshilfe kann auch als eine empirische Fragestellung untersucht werden. Ganz allgemein wäre festzuhalten, daß sich der Vorwurf, Entwicklungshilfe behindere den Entwicklungsprozeß, mit dem Fortschritt, den viele Entwicklungsländer während der vergangenen dreißig Jahre gemacht haben, nicht vereinbaren läßt. Ebensowenig stützen die Fakten die Behauptung, daß Entwicklungshilfe den Staatseinfluß verstärke und die wirtschaftlichen Anreize untergräbt. Eine Reihe von Ländern, die bereits früh Entwicklungshilfe erhalten haben, wie Brasilien, Kolumbien, Korea und Thailand, sind rasch gewachsen und verfügen über eine florierende Privatwirtschaft. Entgegen den Erwartungen der Abhängigkeitstheoretiker haben diese und andere Länder, die eine außenwirtschaftlich orientierte Strategie verfolgten, bei der Steigerung des Volkseinkommens und der Verbesserung des allgemeinen Lebensstandards die größten Erfolge erzielt.

Unbestreitbar muß in Entwicklungsländern der Staat eine zentrale Rolle übernehmen beim Ausbau der grundlegenden Infrastruktur, der Verwaltung und der Qualifikation der Bevölkerung, wie sie für ein langfristiges Wachstum erforderlich sind, sowie bei der Schaffung eines Umfeldes, in dem der private Sektor expandieren kann — eine Tatsache, die von den glühenden Verfechtern der staatsfreien Wirtschaft im allgemeinen ignoriert wird. Wie bereits dargelegt, ist ein erheblicher Teil der öffentlichen Entwicklungshilfe in den Aufbau der grundlegenden Infrastruktur geflossen, die eine entscheidende Voraussetzung für eine moderne Privatwirtschaft ist. Entwicklungshilfe wurde auch eingesetzt, um Importe zu finanzieren, die eine Liberalisierung des Außenhandels des Landes erlaubten, und um andere entscheidende wirtschaftspolitische Reformen zu unterstützen, mit denen die wirtschaftliche Leistungsfähigkeit verbessert sowie den Marktkräften und der Privatinitiative mehr Einfluß verschafft werden sollte. Außerdem kommt ein großer Teil der Entwicklungshilfe dem privaten Sektor direkt zugute: So profitieren im allgemeinen die privaten Landwirte von der Entwicklungshilfe im Agrarbereich, und ebenso wird ein Großteil der Mittel, die Institutionen der Entwicklungsfinanzierung zufließen, in private Industrieinvestitionen geleitet. Öffentliche Geldgeber, insbesondere die multilateralen Entwicklungsbanken, haben auch durch ihre Kofinanzierung mit privaten Partnern Zuflüsse privater Mittel direkt gefördert.

Die Rolle der öffentlichen Entwicklungshilfe bei der Unterstützung der Privatwirtschaft wird belegt durch die Analyse und die Schlußfolgerungen der 1982 erschienenen Studie des amerikanischen Schatzamtes über die multilateralen Entwicklungsbanken (MEB). Die Untersuchung ergab, daß nur 8 Prozent der Darlehen von MEB, welche Aktivitäten des öffentlichen Sektors unterstützten, in einer Volkswirtschaft wie der amerikanischen eindeutig vom Privatsektor bereitgestellt worden wären. Die Untersuchung stellte fest, daß auch diese 8 Prozent eher noch zu hoch gegriffen seien, denn diese Aktivitäten wären angesichts des geringen Umfangs des Privatsektors in den meisten Entwicklungsländern ohne eine Finanzierung durch die MEB möglicherweise überhaupt nicht durchgeführt worden. Die Untersuchung kam auch zu der Schlußfolgerung, daß sich die wirtschaftspolitischen Auffassungen und Ratschläge der MEB im großen und ganzen an allgemein üblichen marktwirtschaftlichen Grundsätzen orientierten.

Im Laufe der Jahre wurde in vielen Studien versucht, die Auswirkungen der Entwicklungshilfe auf den Entwicklungsprozeß präziser herauszuarbeiten und, wenn möglich, zu quantifizieren. Die umfangreichsten und systematischsten Versuche in dieser Richtung wurden mit der Prüfung einzelner Projekte unternommen. Was die Weltbank betrifft, so sind in den letzten zehn Jahren sämtliche abgeschlossenen Darlehen und Kredite im Rahmen eines Projektprüfungsberichts oder eines Projektfertigstellungsberichts geprüft worden. Die Ergebnisse waren überwiegend positiv. Von 504 Vorhaben, für die eine erneute Schätzung der wirtschaftlichen Erträge durchführbar war, ließen 79 Prozent Erträge von 10 Prozent und mehr erwarten. Die durchschnittliche Ertragsrate, gemittelt mit den Projektkosten, belief sich auf fast 18 Prozent. Nach Sektoren aufgegliedert betrugen die Ertragsraten in der Landwirtschaft durchschnittlich mehr als 20 Prozent, im Verkehrswesen 18 Prozent und in der Industrie knapp 13 Prozent. Bei 93 Prozent von 459 Projekten, für die zum Zeitpunkt der Projektbewertung keine Erträge geschätzt wurden, lautete das Urteil, daß sie ihre wichtigsten Ziele im wesentlichen erreicht haben. Insgesamt wurden nur 14 Prozent der Projekte, die 9 Prozent der gesamten Investitionen ausmachten, im Zeitpunkt der Prüfung als unbefriedigend oder im Ergebnis unsicher bewertet. Zwar unterschieden sich die Ertragsraten bei den von der IDA an Länder mit niedrigem Einkommen herausgelegten Krediten kaum von den Erträgen der IBRD-Finanzierungen in den weniger armen Ländern, doch hat in letzter Zeit die Zahl der Projekte mit ungenügender Rendite zugenommen. Dabei handelt es sich hauptsächlich um Projekte in der Landwirtschaft sowie in Afrika.

Die Interamerikanische Entwicklungsbank (IDB) und die Asiatische Entwicklungsbank (ADB) haben ebenfalls eine Auswahl ihrer Darlehen ausgewertet. Die Ergebnisse waren weitgehend ähnlich: 60 Prozent und mehr ihrer Projekte haben ihre Ziele voll erreicht, rund 30 Prozent erreichten sie teilweise, und deutlich weniger als 10 Prozent erzielten unbefriedigende oder marginale Ergebnisse. Verschiedene bilaterale Geldgeber haben ebenfalls Bewertungsprogramme entwickelt. Dabei wird im allgemeinen auf die Quantifizierung der Projektergebnisse kein so großes Gewicht gelegt. Soweit aber einzelne Studien den Auswirkungen bestimmter Projekte nachgegangen sind, erwiesen sich diese zumeist als recht erfolgreich.

Dort, wo Fehlschläge auftreten, ist es wichtig, daß sie in die richtige Perspektive gerückt werden. Ein beträchtlicher Teil der Hilfe floß in Länder auf niedrigem Entwicklungsniveau, wo die Struktur der Institutionen und des Managements wenig tragfähig ist. Dort sind daher Investitionen, ob sie nun von privaten oder öffentlichen Stellen vorgenommen werden, risikoreicher als in weiter fortgeschrittenen Ländern. Außerdem erhöht der innovative oder experimentelle Charakter mancher Projekte deren Risiken, aber die Lehren, die aus solchen Unternehmen gezogen werden — seien es nun Erfolge oder Fehlschläge —, können für die Planung und Durchführung künftiger Vorhaben entscheidend sein.

Zur Beurteilung des Gesamteffekts aller einzelnen Projekte, und auch der Beiträge der Geldgeber zur Wirtschaftspolitik, wären Länderuntersuchungen offensichtlich besser geeignet. Auch sie sind mit Problemen verbunden, wobei die wichtigste Frage darin besteht, was ohne Entwicklungshilfe geschehen wäre. Zwei neuere Studien — die eine wurde vom amerikanischen Außenministerium unterstützt (Krueger und Ruttan, 1983), die andere für den Entwicklungsausschuß von Weltbank und IWF durchgeführt — untersuchten die Rolle der Entwicklungshilfe bei der Förderung des Wirtschaftswachstums in zusammengenommen fast einem Dutzend Entwicklungsländern. Sie stellen fest, daß die Auswirkungen der Entwicklungshilfe von Land zu Land und im Zeitverlauf sehr unterschiedlich waren. Sie zeigen Bereiche auf, in denen die Ergebnisse hätten verbessert werden können. Aber beide Untersuchungen kommen zu dem Schluß, daß die Entwicklungshilfe im allgemeinen den Empfängerländern langfristigen Nutzen gebracht hat.

Eine andere zwangsläufige Schlußfolgerung dieser Untersuchungen besteht darin, daß viel von den wirtschaftspolitischen Rahmenbedingungen und der Tragfähigkeit der Institutionen der Empfängerländer abhängt — beides Bereiche, in denen sich die öffentliche Entwicklungshilfe engagiert. Um einige bekannte Beispiele zu nennen: Als Korea zu einer liberaleren Handels- und Industriepolitik überging, beschleunigte sich das Wachstum beträchtlich; die Wirtschaftsentwicklung in Ghana hat sich bis in die jüngste Zeit von der des Nachbarstaates Elfenbeinküste ebenso unterschieden wie die Wirtschaftspolitik; das raschere Wachstum in Indien resultierte in den vergangenen Jahren teilweise aus seinen wirtschaftspolitischen Reformen im Jahr 1980, und das allgemeine Ausbleiben von Fortschritten in den afrikanischen Ländern südlich der Sahara ist zum Teil in institutionellen und wirtschaftspolitischen Fehlern begründet, die den dortigen Regierungen zunehmend bewußt werden.

Ein anderer Faktor, der in Länderstudien und Projektauswertungen wiederholt in Erscheinung tritt, ist die Zeit, die Investitionen brauchen, um zu Ergebnissen zu führen — und damit die Bedeutung der Beharrlichkeit. In Korea schien der Ausbau des weiterführenden Schulwesens in den vierziger und fünfziger Jahren zunächst wenig Ertrag zu bringen; dasselbe galt für ausländische Ausbildungsprogramme in den sechziger Jahren sowie Investitionen auf dem Verkehrs- und Stromversorgungssektor in den fünfziger und frühen sechziger Jahren. Dennoch haben alle diese Programme eindeutig zu dem Mitte der sechziger Jahre einsetzenden raschen Wirtschaftswachstum des Landes beigetragen. Die indische Landwirtschaft begann bereits 1950 umfangreiche Unterstützung zu erhalten, die jahrelang keine nützlichen Ergebnisse hervorzubringen schien. Dadurch wurden aber die notwendigen institutionellen Voraussetzungen geschaffen, um im Zuge der grünen Revolution die sehr ertragreichen Getreidesorten einführen zu können.

Sowohl die detaillierten Bewertungen einzelner Projekte als auch die breiter angelegten Länderstudien sprechen entschieden dafür, daß Entwicklungshilfe wirksam zum Entwicklungsprozeß beitragen kann und dies häufig auch der Fall ist. Wo sie Unzulänglichkeiten der Entwicklungshilfe aufgezeigt haben, gaben sie wertvolle Impulse für eine effektivere Gestaltung der Hilfe — aus der Erfahrung zu lernen, war in der Tat ein wichtiger Teil des Entwicklungshilfeprozesses. Eines der Hauptziele der Bewertungsprogramme der Geberländer besteht denn auch darin, die Erfahrungen aus Erfolgen und Mißerfolgen festzuhalten und weiterzugeben. Die Effektivität dieser Verbreitung von Erfahrungen nicht nur unter den Geldgebern, sondern auch in den Institutionen der Entwicklungshilfe, wird jedoch vielfach als unzureichend betrachtet. Die bei der Bewertung der Hilfe gesammelten Erkenntnisse müssen in viel größerem Umfang, als dies gegenwärtig geschieht, zwischen den Geberländern ausgetauscht und den Führungskräften von Entwicklungsprojekten übermittelt werden.

Es bleibt noch viel zu tun, um die beste Verwendung der Entwicklungshilfemittel sicherzustellen, insbesondere in den afrikanischen Ländern mit niedrigem Einkommen. Ein wichtiger Aspekt der Wirtschaftskrise Afrikas sind die niedrigen Erträge der Sachinvestitionen, die weitgehend mit ausländischer Hilfe finanziert worden sind. Viele der von

Geberländern finanzierten Projekte haben bis zu ihrer Fertigstellung weit mehr Zeit als vorgesehen gebraucht und sind viel teurer gewesen. Auf diese Anlaufprobleme folgte häufig eine enttäuschende Betriebsleistung, die zurückzuführen war auf einen Mangel an Personal, Ausrüstungen und Materialien, eine ungenügende Instandhaltung und unzulängliche Verwaltung. In den schlimmsten Fällen war neue Entwicklungshilfe nötig, um die Vorhaben von Grund auf zu sanieren. Im Hinblick darauf versuchen die Geldgeber ihre Hilfe so auszugestalten, daß sie den Problemen der Länder mit niedrigem Einkommen wirksamer begegnet.

Sonderbeitrag 7.6 Die Kreditgewährung des IWF, ihre Rolle und ihr Volumen

Die erste Finanzierungstransaktion des Internationalen Währungsfonds fand im Jahr 1947 statt. Seit den frühen sechziger Jahren hat er seinen Mitgliedsländern Unterstützung hauptsächlich durch Bereitschaftskredite gewährt. Im Rahmen eines Bereitschaftskredits sagt der IWF zu, während eines bestimmten Zeitraumes (üblicherweise ein Jahr, aber es können auch bis zu drei Jahre sein) einen bestimmten Betrag seiner Mittel verfügbar zu halten, den ein Mitgliedsland zur Unterstützung eines vereinbarten Programms der wirtschaftlichen Anpassung verwenden kann, das auf die Wiederherstellung einer tragfähigen Zahlungsbilanzposition abzielt. Die Ziehungen verteilen sich auf die Laufzeit der Vereinbarung und hängen davon ab, wie das Land das Programm erfüllt. Seit der ersten Zusage im Jahr 1952 hat der IWF 548 Bereitschaftskredite im Gesamtbetrag von 50 Mrd SZR zugesagt (ein SZR entspricht gegenwärtig etwa einem Dollar).

Während der sechziger Jahre waren die Mitgliedsländer der Meinung, daß die Versorgung mit internationaler Liquidität sich als unzureichend erweisen könnte. Sie beschlossen daher, im IWF eine Fazilität für ein neues internationales Reservemedium zu schaffen – das Sonderziehungsrecht (SZR), das den IWF-Mitgliedern im Verhältnis zu ihren Quoten zugeteilt wird. Seit 1969 hat der IWF Sonderziehungsrechte im Betrag von 21,4 Mrd SZR zugeteilt.

Nach dem Übergang der meisten wichtigen Industrieländer zu flexiblen Wechselkursen in den frühen siebziger Jahren und der Änderung des IWF-Übereinkommens im Jahre 1978, die den Mitgliedsländern die Wahl des Wechselkurssystems erlaubte, erhielt der IWF neue Kompetenzen hinsichtlich der strikten Überwachung der Wechselkurspolitik der Mitgliedsländer und der inländischen Wirtschaftspolitik, soweit sie die Wechselkurse beeinflußt. Der IWF übt seine Überwachung hauptsächlich durch jährliche Konsultationen mit den meisten Mitgliedsländern aus, bei denen er sämtliche Aspekte der Wirtschafts- und Finanzpolitik eines Mitgliedslandes prüft, die Auswirkungen auf die Wechselkurse haben können.

Zusätzlich zu den Bereitschaftskrediten hat der IWF in Reaktion auf spezielle Bedürfnisse der Mitgliedsländer andere Fazilitäten eingerichtet. Im Jahre 1963 wurde die Fazilität zur kompensierenden Finanzierung eingeführt, die den Mitgliedern Ziehungen auf den IWF zur Stützung ihrer Zahlungsbilanz ermöglicht, wenn sie mit zeitweiligen Exporteinbußen konfrontiert sind. Diese Fazilität ist mehrere Male erweitert worden, und zwar sowohl hinsichtlich des Zugangs zu den Mitteln als auch in Bezug auf den Katalog der kompensierbaren Einbußen, zu denen nun auch Devisenausfälle im Dienstleistungsexport und durch Getreideimporte gehören. Während der späten siebziger und frühen achtziger Jahre sind die Ziehungen im Rahmen der Fazilität zur kompensierenden Finanzierung drastisch gestiegen auf 2,6 Mrd SZR im Jahr 1982 und 2,8 Mrd SZR in 1983. Im Jahr 1969 schuf der IWF die Fazilität zur Finanzierung von Rohstoff-Ausgleichslagern, die Mitgliedern in Zahlungsbilanzschwierigkeiten die Ziehung auf den IWF zur Finanzierung ihrer Beiträge zu internationalen Rohstoff-Ausgleichslagern ermöglicht, die bestimmte Kriterien erfüllen. Die Inanspruchnahme dieser Fazilität hielt sich sehr in Grenzen.

Der IWF hat auch erkannt, daß kurzfristige Bereitschaftskredite für Mitglieder mit tiefverwurzelten Zahlungsbilanzproblemen nicht immer die angemessenste Form der Unterstützung sind. Im Jahr 1974 richtete er die Erweiterte Fondsfazilität ein, um größere Kredite zur Unterstützung von dreijährigen Anpassungsprogrammen den Mitgliedern zur Verfügung zu stellen, deren Zahlungsbilanzprobleme durch Störungen der Produktions- und Handelsstrukturen verursacht waren und die verbreitete Kosten- und Preisverzerrungen aufwiesen. Bisher hat der IWF im Rahmen der Erweiterten Fondsfazilität 33 Kredite im Gesamtbetrag von 24,5 Mrd SZR zugesagt.

Angesichts spezieller weltwirtschaftlicher Probleme hat der IWF zeitweise auch besondere Maßnahmen ergriffen, wie etwa im Falle der IWF-Ölfazilitäten der Jahre 1974 und 1975. Desgleichen sind in Reaktion auf die besonders schwierigen Zahlungsbilanz- und Anpassungsprobleme vieler Mitglieder in den vergangenen fünf Jahren die Mitgliedsquoten im IWF 1980 und abermals 1983 erhöht worden. Sie belaufen sich nun auf über 89 Mrd SZR.

Die mögliche Inanspruchnahme von IWF-Mitteln ist zunächst durch die zusätzliche Finanzierungsvorkehrung und später dann durch die Politik des erweiterten Zugangs ausgedehnt worden. Üblicherweise konnten Mitglieder IWF-Mittel im Rahmen von Bereitschaftskrediten und zusätzlichen Fazilitäten während eines Jahres maximal bis zu 25 Prozent der Quote in Anspruch nehmen, wobei die kumulative Inanspruchnahme auf 100 Prozent der Quote begrenzt war. Die Ziehungen können nun pro Jahr 95 bis 115 Prozent der Quote ausmachen, bei einer kumulativen Obergrenze für die Netto-Ziehungen von 408 bis 450 Prozent der Quote, und zwar abhängig davon, wie schwerwiegend der Zahlungsbilanzbedarf und wie intensiv die Anpassungsanstrengungen sind. Zudem hat der IWF in letzter Zeit auch dazu beigetragen, für eine Reihe hoch verschuldeter Länder in gravierenden Zahlungsbilanzschwierigkeiten zusätzliche Unterstützung aus öffentlichen und kommerziellen Quellen zu mobilisieren.

Verbesserung der Effektivität der Entwicklungshilfe

Wirtschaftliche Schwierigkeiten in den Entwicklungsländern und Haushaltsprobleme der Geberländer haben die Aufmerksamkeit auf die Erhöhung der Effektivität der öffentlichen Entwicklungshilfe gerichtet. Die Geberländer reagierten darauf in dreifacher Weise: (a) durch eine stärkere Betonung wirtschaftspolitischer Reformen in den Empfängerländern, (b) durch die Entwicklung flexibler Formen der Hilfe, die auf die besonderen Bedürfnisse der Empfängerländer zugeschnitten sind und (c) durch eine bessere Koordination ihrer Hilfsprogramme.

Betonung wirtschaftspolitischer Reformen

Die Notwendigkeit wirtschaftspolitischer Reformen, wie sie besonders im Zusammenhang mit den externen Schocks zutage trat, die während der vergangenen zwölf Jahre viele Entwicklungsländer getroffen haben, ist jetzt ein gemeinsames Anliegen von Geber- und Empfängerländern. Der jüngste Weltbankbericht mit dem Titel ,,Toward Sustained Development in Sub-Saharan Africa" (Auf dem Wege zu einer dauerhaften Entwicklung in Afrika südlich der Sahara) stellte fest: ,,Weder die wesentlichen Ziele der afrikanischen Entwicklung noch die wirtschaftspolitischen Erfordernisse zur Verwirklichung dieser Ziele sind umstritten, . . . der entstehende Konsens über die Wirtschaftspolitik läßt alle noch verbleibenden strittigen Fragen in den Hintergrund treten" (Seiten 2 bis 3). Es verbleiben natürlich noch Fragen zum zeitlichen Ablauf und zu den Einzelheiten dieser Reformen ebenso wie zu den Finanzmitteln, welche die Geberländer zur Unterstützung bereitstellen werden.

Der IWF hat bei der Förderung wirtschaftspolitischer Reformen in Ländern mit gravierenden Zahlungsbilanzproblemen häufig eine Schlüsselrolle gespielt (vgl. Sonderbeitrag 7.6). Der Umfang seiner finanziellen Unterstützung ist in den letzten fünf Jahren enorm gestiegen. Von Anfang 1981 bis Oktober 1984 beliefen sich die Nettoziehungen der Entwicklungsländer auf den IWF auf insgesamt fast 26 Mrd Dollar. Ende Oktober 1984 hatten einunddreißig Entwicklungsländer Programme mit dem IWF vereinbart, die insgesamt 13 Mrd SZR umfassen. Viele Entwicklungsländer sind jedoch mit großen und wachsenden Rückzahlungsverpflichtungen gegenüber dem IWF konfrontiert. So werden die afrikanischen Länder südlich der Sahara in den nächsten Jahren rund 1 Mrd Dollar jährlich an den IWF zurückzahlen müssen.

Im Hinblick darauf, daß IWF-Mittel relativ kurzfristig sind, müssen sie durch längerfristige konzessionäre und nichtkonzessionäre Finanzierungen aus privaten und öffentlichen Quellen ergänzt werden. Um wirtschaftspolitische Reformen längerfristig zu unterstützen, legte die Weltbank 1981 ihr Programm der Strukturanpassungsdarlehen (SAD) auf. Dieses beinhaltet eine enge Zusammenarbeit mit den Kreditnehmern in der Entwicklungspolitik sowie bei der Umstrukturierung der Wirtschaft. Bisher sind mit sechzehn Ländern, darunter sechs in Afrika, SAD-Programme vereinbart worden. Andere Geber haben die Bank darin unterstützt, im Rahmen solcher Programme mit Entwicklungsländern zusammenzuarbeiten, und haben verschiedentlich mit ihren eigenen bilateralen Programmen die Bemühungen der Bank verstärkt. Im Prinzip erkennen die Geberländer an, daß nicht-projektgebundene Hilfe manchmal das wirksamste Mittel sein kann, um wirtschaftspolitische Reformen zu unterstützen und Importe zu finanzieren, die eine Wirtschaft zur Fertigstellung, Sanierung und Instandhaltung bestehender Projekte braucht. Es wird geschätzt, daß bis zu ein Drittel der gesamten ÖEH auf nicht-projektgebundene Hilfen entfällt. Ein großer Teil dieser Hilfe ist für besondere Zwecke bestimmt, wie Katastrophen-, Nahrungsmittel- und Entschuldungshilfen.

Die meisten Geberländer bevorzugen jedoch immer noch die Finanzierung einzelner Projekte. Projektfinanzierung ist eine sehr wirksame Form der Entwicklungshilfe. Abgesehen von der Finanzierung, bietet sie den Ländern institutionelle und andere technische Unterstützung, die viele dringend benötigen. Die Vorliebe für Projektfinanzierungen kann jedoch im Verein mit einer mangelnden Koordination der Entwicklungshilfe zu einer Ausuferung der Vorhaben führen, welche in den Empfängerländern die finanziellen und personellen Kapazitäten für die Durchführung, Überwachung und Erhaltung der Projekte stark belasten. Beispielsweise versuchte Kenia zu Beginn der achtziger Jahre mit 600 Projekten von sechzig Gebern fertig zu werden. Ähnlich verhielt es sich nach Schätzungen des UNDP in Malawi mit 188 Projekten von fünfzig Gebern, in Lesotho mit 321 Projekten von einundsechzig Gebern sowie in Sambia mit 614 Projekten von neunundsechzig Gebern. Bei solchen Größenordnungen kann die Wirksamkeit der Entwicklungshilfe ernsthaft beeinträchtigt werden; in Afrika südlich der Sahara dürfte das Ausufern der Vorhaben sogar die Entwicklungsanstrengungen einzelner Länder unterminiert haben. Die Schlüssel zur Lösung solcher Probleme sind die Erarbeitung klar umrissener Investitionsprogramme durch die Empfängerländer und die Koordinierung ihrer eigenen Aktivitäten durch die Geber (wie weiter unten erörtert).

Deckung des Bedarfs der Empfängerländer

Die Unterscheidung zwischen projektgebundener und nicht-projektgebundener Finanzierung sollte nicht zu weit getrieben werden. In der Tat können beide als Teil eines Spektrums von Hilfeleistungen betrachtet werden. Verschiedene Geldgeber, darunter die Weltbank, haben eine Vielzahl flexibler Hilfsformen entwickelt, die auf die besonderen Bedürfnisse der Empfängerländer zugeschnitten sind. Die Weltbank legte 1983 ein Sonderaktionsprogramm auf, das sich — in Reaktion auf den dringenden Bedarf der Entwicklungsländer — auf eine Beschleunigung der Auszahlungen für die Wiederherstellung bestehender Kapazitäten und Fertigstellung vorrangiger Projekte konzentrierte.

Sonderbeitrag 7.7 IDA

Die Internationale Entwicklungsorganisation (IDA) ist gegenwärtig die größte einzelne multilaterale Quelle konzessionärer Mittel für Länder mit niedrigem Einkommen. Die IDA bietet zwar Mittel zu hochkonzessionären Bedingungen an, doch sind ihre Projekte im allgemeinen nach Reichweite und Anforderungen mit denen der IBRD identisch. Seit Gründung der IDA sind 27 Länder von IDA- zu IBRD-Kreditkunden avanciert, und 13 Länder einschließlich Indien erhalten eine Mischung von IBRD- und IDA-Mitteln.

Nach ihrer Errichtung im Jahre 1960 mit einer Erstzeichnung von 750 Mio Dollar sind die Mittel der IDA durch sieben Wiederauffüllungen im Betrag von 40 Mrd Dollar aufgestockt worden. Während der Jahre 1979 bis 1983 flossen über die Organisation 5 Prozent der Netto-Leistungen von ÖEH für die zugangsberechtigten Länder, also jene, die 1983 ein Pro-Kopf-BSP von höchstens 790 Dollar aufwiesen. Innerhalb dieser zugangsberechtigten Gruppe hat die IDA ihre Ausleihungen auf die ärmsten Länder konzentriert. Seit 1960 entfielen über 80 Prozent der gesamten Zusagen auf Länder, die 1983 ein Pro-Kopf-Einkommen von weniger als 400 Dollar erzielten. In den Jahren 1981 bis 1983 wuchs dieser Anteil der IDA-Zusagen auf 89 Prozent.

Seit Beginn der achtziger Jahre sind die Mittel der IDA zunehmend knapper geworden, weil die Beiträge zur sechsten Wiederauffüllung (IDA 6) langsamer als erwartet flossen und zuletzt auch wegen des verminderten Umfangs der siebten Wiederauffüllung (IDA 7) — nur 9 Mrd Dollar verglichen mit 12 Mrd Dollar für IDA 6. Diese Kürzungen haben dazu geführt, daß die IDA-Ausleihungen, zu jeweiligen Preisen gerechnet, von jährlich 3,8 Mrd Dollar im Jahr 1980 auf 3,2 Mrd Dollar im Durchschnitt der drei folgenden Jahre zurückgegangen sind. Ein weiterer Rückgang der realen jährlichen Ausleihen ist für die nächsten Jahre zu erwarten.

Im Jahr 1980 trat China der IDA bei und wurde für IDA-Kredite zugangsberechtigt. Diese Erweiterung des Länderkreises führte, zusammen mit der gesamten Abnahme der IDA-Ausleihungen, zu einem scharfen Rückgang der Pro-Kopf-Kreditvergabe von durchschnittlich 2,24 Dollar in den Jahren 1978 bis 1980 auf einen Durchschnitt von 1,47 Dollar im Jahr 1984. In der IDA-7-Wiederauffüllungsrunde wird ein weiterer Rückgang der Pro-Kopf-Ausleihungen auf durchschnittlich 1,15 Dollar erwartet.

Damit die IDA ihre Mittel auf die ärmsten Länder konzentrieren kann, war es notwendig, Kreditobergrenzen für diejenigen Empfängerländer aufzustellen, die wirtschaftlich in der Lage sind, Kredite mit härteren Konditionen zu bedienen. Zu diesen Ländern, die eine Mischung von IDA- und IBRD-Krediten erhalten, gehören Indien und China; bei strikter Anwendung der Zuteilungskriterien der IDA würden sie drei Viertel aller IDA-Mittel absorbieren. Durch die Obergrenze ist ihr Anteil beträchtlich unter dieses Niveau gesunken, und während der IDA-7-Runde wird er weiter zurückgehen, wobei Indiens Anteil abnimmt und Chinas Anteil steigt.

In den Jahren 1980 bis 1983 stieg außerdem bei einer Reihe von IDA-Empfängerländern, insbesondere in Afrika südlich der Sahara, der Bedarf an Auslandsfinanzierungen. Auf die Notlage der afrikanischen Länder südlich der Sahara hat die IDA in den letzten Jahren durch eine Umschichtung ihres Mitteleinsatzes zugunsten dieser Länder reagiert. Die Ausleihungen an diese Region erhöhten sich zwischen 1981 und 1984 auf durchschnittlich 32 Prozent der IDA-Zusagen, verglichen mit 24 Prozent in den drei Jahren zuvor. Eine weitere Steigerung ist geplant. Pro Kopf der Bevölkerung gerechnet haben die IDA-Ausleihungen an die afrikanischen Länder südlich der Sahara von durchschnittlich 2,10 Dollar in den Jahren 1978 bis 1980 auf durchschnittlich 2,79 Dollar im Zeitraum 1981 bis 1984 zugenommen. Wegen der stark rückläufigen Mittel in der siebten Wiederauffüllungsperiode ist zu erwarten, daß die Pro-Kopf-Ausleihungen an die afrikanischen Länder südlich der Sahara sich ungefähr auf dem Niveau der ersten Hälfte der achtziger Jahre bewegen werden.

In Anbetracht des Mittelbedarfs der afrikanischen Länder mit niedrigem Einkommen wurde auf einer Konferenz der Geberländer im Januar 1985 vereinbart, für diese Region eine Sonderfazilität zu schaffen. Diese Fazilität, die von der IDA verwaltet werden wird, ist ein wichtiger Beitrag zur Aufrechterhaltung eines angemessenen Niveaus konzessionärer Entwicklungshilfe für einige der ärmsten Empfängerländer der IDA. Diese Gelder werden zusammen mit den IDA-Krediten den wirtschaftspolitischen Dialog mit den Regierungen über sektorale und institutionelle Anpassungen unterstützen, die für ihre wirtschaftliche Entwicklung von entscheidender Bedeutung sind.

In einzelnen Fällen haben bilaterale Geldgeber auch die Kosten in heimischer Währung und die laufenden Kosten von Projekten finanziert. Das DAC stellte 1979 seine „Leitlinien zur Finanzierung von Landeswährungs- und laufenden Kosten" auf und ergänzte diese 1982 durch „Leitlinien zur Erhaltung und Stärkung bestehender Versorgungseinrichtungen und Fazilitäten". Die direkte Finanzierung der Kosten in heimischer Währung durch DAC-Mitgliedsländer beläuft sich bisher jedoch nur auf durchschnittlich rund 8 Prozent ihrer ÖEH.

Eine Herausforderung für alle Geberländer ist es, relativ mehr konzessionäre Mittel für die Länder mit niedrigem Einkommen zur Verfügung zu stellen. Es hat einige Fortschritte gegeben bei der Steigerung des Volumens und des Anteils der konzessionären Hilfe zugunsten der Länder mit niedrigem Einkommen in Afrika. Ihr Anteil an der gesamten ÖEH hat sich seit Mitte der siebziger Jahre um rund 5 Prozentpunkte erhöht und beträgt nun annähernd ein Fünftel der gesamten ÖEH. Bei dieser Zunahme scheint es sich jedoch weitgehend um eine Verlagerung der Entwicklungshilfe zu Lasten anderer Länder mit niedrigem Einkommen, wie etwa Indien, und nicht zu Lasten der Länder mit mittlerem Einkommen zu handeln. Indien und China, auf die 50 Prozent der Bevölkerung der Dritten Welt entfallen, erhalten gegenwärtig zusammen nur 10 Prozent der gesamten Nettozuflüsse von ÖEH. Die Kürzung der IDA-Mittel, die für die laufende Wiederauffüllung zur Verfügung stehen, bedeutet eine weitere gravierende Beschränkung bei der Ausweitung der konzessionären Mittelzuflüsse zu den Ländern mit niedrigem Einkommen (vgl. Sonderbeitrag 7.7).

Auf den Bedarf an vermehrter Entwicklungshilfe für Afrika hat der oben erwähnte Weltbankbericht über die afrikanischen Länder südlich der Sahara deutlich hingewiesen. Der Bericht empfahl zusätzliche Hilfsmaßnahmen zur Unterstützung der wirtschaftspolitischen Reformen, der strukturellen Anpassung sowie der Projektsanierung, und die Geberländer haben unlängst darauf reagiert, indem sie etwa 750 Mio Dollar an direkten Beiträgen und rund 500 Mio Dollar an gemeinsamen Sonderfinanzierungen für die Sonderfazilität der Weltbank zugunsten Afrikas zugesagt haben. Verschiedene bilaterale Geldgeber haben ebenfalls ihre Afrika-Programme aufgestockt. Das „wirtschaftspolitische Reformprogramm" der Vereinigten Staaten soll während der nächsten fünf Jahre bis zu 500 Mio Dollar an zusätzlichen Entwicklungshilfeleistungen den afrikanischen Ländern zur Verfügung stellen, die sich verpflichten, ihre Preisstruktur und andere Bereiche der Wirtschaftspolitik zu reformieren. Die Zusagen für den afrikanischen Entwicklungsfonds der Afrikanischen Entwicklungsbank sind für die Jahre 1985 bis 1987 um 50 Prozent (500 Mio Dollar) über die vorangegangene Wiederauffüllung erhöht worden. Die durch diese Initiativen zur Verfügung gestellten Mittel werden jedoch immer noch hinter dem Bedarf zurückbleiben, und Vorausschätzungen lassen immer noch einen Rückgang der Nettozuflüsse konzessionärer Mittel zu diesen Ländern während der nächsten Jahre erkennen.

Koordinierung der Entwicklungshilfe

Eine wirksame Koordination zwischen den Gebern sowie zwischen Gebern und Empfängern ist erforderlich, um Überschneidungen und Häufungen von Projekten zu vermeiden, Informationen und Erfahrungen auszutauschen und die Gesamtwirkungen der Entwicklungshilfe zu verbessern. Bisher ist die Koordinierung bestenfalls oberflächlich gewesen, und viele Länder mit niedrigem Einkommen verfügen noch nicht über ein eigenes System zur Koordination der Entwicklungshilfemittel und -programme. Geber und Empfänger haben diese Notwendigkeit zunehmend realisiert und begonnen, Abhilfe zu schaffen. Die Weltbank ist gerade im Begriff, die Zahl der Beratungsgruppen in Afrika südlich der Sahara von gegenwärtig elf auf möglicherweise achtzehn zu erhöhen. Die bestehenden Beratungsgruppen schenken vor allem sektoralen Problemen und der Verbesserung der Koordination innerhalb des betreffenden Landes ihre Beachtung (vgl. Sonderbeitrag 7.8).

Trotz dieser Bemühungen um eine verbesserte Wirksamkeit der Entwicklungshilfe verbleiben noch erhebliche Hindernisse. Entwicklungsfremde Motive spielen bei den Entwicklungshilfeprogrammen immer noch eine wichtige Rolle. Sie können manchmal den Bemühungen multilateraler Institutionen um einen wirtschaftspolitischen Dialog mit den Hilfempfängern im Wege stehen. Ein hoher Anteil der Entwicklungshilfe bleibt liefergebunden; dieser Anteil nimmt keineswegs ab, sondern eher zu, insbesondere durch den Einsatz von Mischfinanzierungen. Zwar haben die Geberländer kürzlich versucht, Rahmenbedingungen zum Abbau der Mischfinanzierung zu vereinbaren, doch bleibt das Ergebnis ihrer Bemühungen unklar.

Schließlich gibt das Gesamtvolumen der Entwicklungshilfe erheblichen Anlaß zur Besorgnis.

Sonderbeitrag 7.8 Koordinierung der Entwicklungshilfe

Die Koordinierung der Entwicklungshilfe ist seit den frühen Jahren der internationalen Hilfeanstrengungen Gegenstand von Diskussionen und zeitweise von Kontroversen gewesen. Der Ausdruck Koordinierung umschreibt ein breites Spektrum von Tätigkeiten: Es reicht von allgemeinen Diskussionen in einem internationalen Forum, über regelmäßige Konferenzen der Geber- und Empfängerländer, die sich mit Entwicklungsproblemen und -politik der Empfänger sowie den Hilfsplänen der Geber befassen, zu eng begrenzten und sehr konkreten Maßnahmen seitens verschiedener Geber und eines Empfängerlandes im Zusammenhang mit bestimmten Projekt- oder Sektorhilfen.

Auf internationaler Ebene haben die wichtigsten Geberländer von Entwicklungshilfe im Jahr 1961 den Entwicklungshilfeausschuß (DAC) der Organisation für Wirtschaftliche Zusammenarbeit und Entwicklung gegründet. Dieser Ausschuß spielt eine zentrale Rolle bei (a) der Sammlung, dem Zusammentragen, der Analyse und der Verbreitung von Informationen über Programme und Politik der Entwicklungshilfe sowie (b) der Analyse und Diskussion von Entwicklungshilfefragen unter seinen Mitgliedsländern und der Formulierung allgemeiner Grundsätze der Hilfeleistung. Er hat sich jedoch im allgemeinen nicht mit der Analyse von Entwicklungsproblemen einzelner Länder befaßt oder die Programme der Geber in bestimmten Ländern zu koordinieren versucht.

Die Weltbank hat bei der finanziellen Unterstützung von Entwicklungshilfegruppen die Führung übernommen, die vielfach Beratungsgruppen oder -konsortien genannt werden und eines der Hauptinstrumente der Koordinierung der Entwicklungshilfe für bestimmte Länder sind. Die erste Entwicklungshilfegruppe wurde 1958 für Indien eingesetzt. Seitdem gab es in etwa 30 Ländern eine oder mehrere Konferenzen dieser Entwicklungshilfegruppen, von denen zwanzig noch aktiv sind.

Die Entwicklungshilfegruppen treffen sich in der Regel im Abstand von einem oder zwei Jahren, bei einigen Ländern weniger häufig. Auf diesen Konferenzen werden im allgemeinen die Wirtschaftsanalyse des Landes durch die Weltbank, der Entwicklungsplan des Empfängerlandes und die gegenwärtigen und in Aussicht genommenen Hilfprogramme der Geberländer besprochen. Diese Sitzungen bieten häufig praktisch die einzige Gelegenheit, Geber- und Empfängerländer zusammenzubringen und die Entwicklungsprobleme des Entwicklungslandes sowie die Programme der Geberländer zu untersuchen.

Ein anderes Forum für die Koordinierung der Entwicklungshilfe bilden die Gesprächsrunden (Round Tables) des Entwicklungsprogramms der Vereinten Nationen (UNDP). Diese Gesprächsrunden, wenngleich nicht neu, haben seit der VN-Konferenz über die am wenigsten entwickelten Länder im Jahre 1981 eine zunehmende Bedeutung bekommen. Viele der ärmsten Länder verfügten zu dieser Zeit nicht über offizielle Gremien zur Koordinierung der Hilfe und sahen in den Gesprächsrunden einen Weg, die Aufmerksamkeit der Geberländer auf ihre individuellen Entwicklungsprobleme zu richten; für die meisten dieser Länder hat mittlerweile eine solche Gesprächsrunde oder eine von der Weltbank geleitete Konferenz der Entwicklungshilfegruppe stattgefunden.

Andere Koordinierungsgruppen sind auf internationaler, regionaler und sektoraler Ebene tätig. Dazu gehören der Sahel-Club, die Zentralamerikanische Konsultationsgruppe, eine Koordinationsgruppe für die arabischen Fonds und die Konsultationsgruppe für internationale Agrarforschung (CGIAR). Ad hoc einberufene Konferenzen, wie die VN-Konferenz über erneuerbare Energie und die VN-Konferenz über Bevölkerungsfragen, haben ebenfalls Gelegenheit geboten, Entwicklungsfragen zu diskutieren und die Koordinierung der Hilfe zu verbessern.

Alle diese Bemühungen müssen durch engere Koordinierung vor Ort ergänzt werden. Auf verschiedenen Treffen der Entwicklungshilfegruppen kamen Geber- und Empfängerländer in letzter Zeit überein, Parallelgruppen zu gründen oder auszubauen, die sich häufiger in den Empfängerländern treffen und sich hauptsächlich mit Fragen der laufenden Projekte befassen sollen. Die Weltbank plant, in einigen afrikanischen Ländern Modelle der Vor-Ort-Koordinierung zu entwickeln, und zwar in Verbindung mit den Empfängerländern, dem UNDP, der Afrikanischen Entwicklungsbank und interessierten bilateralen Geberländern. In Afrika südlich der Sahara richtet sie eine Zahl neuer ständiger Missionen ein, verstärkt die bestehenden Missionen und organisiert neue Beratungsgruppen. In den meisten Fällen werden auch Untergruppen gebildet, die sich auf bestimmte Sektoren konzentrieren.

Die ölimportierenden Länder mit niedrigem und mittlerem Einkommen sind gegenwärtig mit schwerwiegenden Schulden- und Zahlungsbilanzproblemen konfrontiert, die teilweise daraus resultieren, daß sie zur Finanzierung langfristiger Entwicklungsvorhaben während der siebziger Jahre auf kommerzielle Kredite, insbesondere kurzfristige Handelskredite zurückgegriffen haben. In den afrikanischen Ländern mit niedrigem Einkommen hat der Schuldendienst rund 20 Prozent der Ausfuhrerlöse erreicht, bei den ölimportierenden Ländern mit mittlerem Einkommen beträgt er 25 Prozent. Dies macht schwierige Stabilisierungs- und Anpassungsprogramme erforderlich. Diese Länder werden erhebliche Zuflüsse an öffentlicher Entwicklungshilfe benötigen, um ihre wirtschaftspolitischen Reformen durchzuführen, aufrechtzuerhalten und auszuweiten und die Bemühungen um eine Umstrukturierung ihrer Entwicklungs- und Investitionsprogramme zu unterstützen. Die gegenwärtigen Trends lassen jedoch folgendes erwarten: (a) einen beträchtlichen Rückgang der Netto-Kapitalzuflüsse zu den Ländern mit niedrigem Einkommen aufgrund der nominal stagnierenden Bruttozuflüsse und der erheblichen Zunahme des Schuldendienstes und (b) eine anhaltende Stagnation des Gesamtvolumens der Entwicklungshilfe oder bestenfalls eine geringe Zunahme. Im Ergebnis dürften sich viele Entwicklungsländer einer unerwünschten Alternative gegenübersehen: Entweder versuchen sie vermehrt kommerzielle Mittel aufzunehmen, wobei sie das Risiko eingehen, daß ihre Schuldendienstlast untragbar wird, oder sie schränken sich noch mehr ein, schaffen dadurch weitere wirtschaftliche Verwerfungen, verlieren die Möglichkeit, die vorhandenen Ressourcen besser zu nutzen und gefährden durch die Kürzung von Investitionen ihr langfristiges Wirtschaftspotential. Für viele dieser Länder könnte dies bedeuten, daß ihr Pro-Kopf-Einkommen bis zum Ende dieses Jahrzehnts kaum oder gar nicht wächst. Beide Entwicklungen wären für die Menschen in der Dritten Welt mit zusätzlichen Härten verbunden. Außerdem drohen sie, zu einem unnötigen Verlust an wirtschaftlicher Leistungsfähigkeit und an weltweitem Wirtschaftswachstum zu führen.

8 Internationale Bankkredite und Wertpapiermärkte

In den letzten fünfzehn Jahren hat sich die Beziehung zwischen Geschäftsbanken und Entwicklungsländern gewandelt. Bis 1970 liehen die Banken den Entwicklungsländern relativ kleine Beträge zur Finanzierung des Außenhandels und der dort ansässigen Tochtergesellschaften multinationaler Firmen. In den siebziger Jahren gingen die Banken dazu über, als dynamischste und anpassungsfähigste Anbieter von Auslandsgeld — primär zur Finanzierung von Zahlungsbilanzdefiziten — für die Entwicklungsländer bereitzustehen, bis sie Anfang der achtziger Jahre mit dem Schuldenproblem konfrontiert wurden. Die vergangenen drei Jahre waren für viele Banken und ihre Schuldner in der Dritten Welt eine traumatische Erfahrung. Es kam zu einer Kürzung der Kreditgewährung der Banken, die deutlich machte, auf welch unsicheren Grundlagen die Kreditbeziehungen zwischen Banken und Entwicklungsländern beruhten. Alle Beteiligten haben einige wertvolle Erfahrungen gemacht, die ihnen bei der Neuformulierung ihrer Beziehungen für die Zukunft nützlich sein werden. Anders als die Banken haben die Wertpapiermärkte als Geldgeber für die Entwicklungsländer keine so große Bedeutung gehabt. In Anbetracht der Tatsache, daß die Märkte für traditionelle Anleihen und für einige neue Anleiheformen in jüngster Zeit beträchtlich gewachsen sind, während die traditionelle Kreditgewährung der Banken zurückgegangen ist, stellt sich die Frage, ob die Anleihemärkte nicht in der Finanzierung der Entwicklungsländer eine größere Rolle übernehmen könnten.

Die Beziehungen zu den Banken

Zwischen den Banken und Entwicklungsländern bestehen umfangreiche und komplexe Geschäftsbeziehungen. Sie reichen vom bloßen Hereinnehmen von Einlagen zur kurzfristigen Kreditgewährung, zur Außenhandelsfinanzierung (sowohl mit als auch ohne öffentliche Garantien) und zur mittelfristigen Darlehnsgewährung (oft in Form des Konsortialkredits). All diese Geschäfte schlagen sich in den Bilanzen der Banken nieder. Aber das bilanzneutrale Geschäft ist auch wichtig; dazu gehören die Beratung in Fragen des Schuldenmanagements und der Reservehaltung und Bankgeschäfte wie Akkreditive zur Abwicklung des Außenhandels.

Solche Geschäftsbeziehungen entstanden oft dadurch, daß die Entwicklungsländer Währungsreserven bei den Banken anlegten. Wie Schaubild 8.1 zeigt, waren die Länder mit niedrigem Einkommen durchweg Nettogläubiger der Banken, während die Länder mit mittlerem Einkommen zu Nettoschuldnern geworden sind. In dieser unterschiedlichen Position spiegelt sich wider, daß die armen Länder selten kreditwürdig genug sind, um von den Banken Kredite zu bekommen.

Die Entwicklungsländer haben sowohl mit den Zentralen der internationalen Banken als auch mit ihren Niederlassungen an den Euromärkten Geschäfte abgeschlossen. Allerdings haben viele Banken auch Niederlassungen in den Entwicklungsländern errichtet, um über sie externe Finanzmittel ins Land zu leiten, aber auch um das lokale Bankgeschäft zu betreiben. Insgesamt haben Banken mit Sitz in den Entwicklungsländern in den letzten vier Jahren etwa 36 Prozent der von ausländischen Banken an die Entwicklungsländer geliehenen Mittel durchgeleitet. Die heimischen Banken der Entwicklungsländer spielen bei der Beschaffung von Auslandsgeld für inländische Kreditnehmer eine zunehmende Rolle und erweitern ständig ihren Geschäftsbereich (vgl. Sonderbeitrag 8.1).

Im Geschäft der internationalen Banken mit den Entwicklungsländern war die Kreditgewährung nicht nur die wichtigste Sparte (vgl. Schaubild 8.2), sie hat auch zwischen 1973 und 1981 stark expandiert. In diesem Zeitraum nahmen die Forderungen der Banken gegenüber Entwicklungsländern durchschnittlich um 28 Prozent pro Jahr zu. Im Jahr 1973 betrug die gesamte internationale Neukreditgewährung 33 Mrd Dollar, wovon 29 Prozent

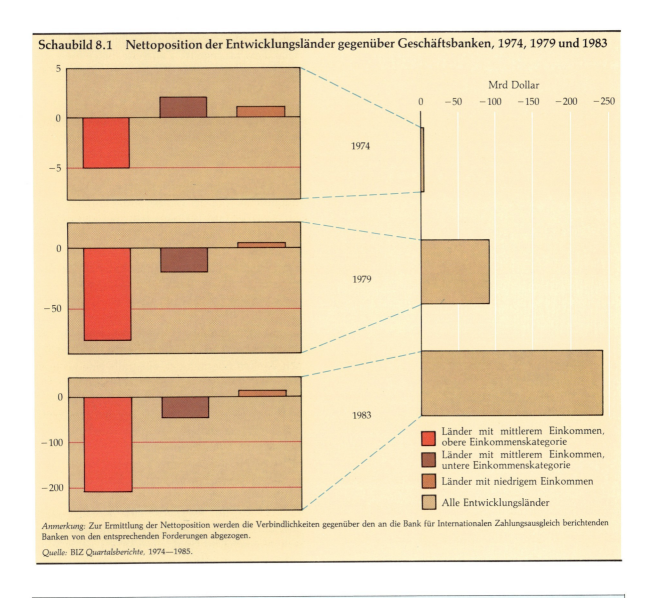

Sonderbeitrag 8.1 Banken der Entwicklungsländer

In vielen Entwicklungsländern bedeutete die zunehmende Präsenz von Banken aus Industrieländern eine erhebliche Konkurrenz für die einheimischen Banken. Sie haben ihrerseits ihr internationales Geschäft ausgebaut, und zwar auf folgenden Gebieten:

• *Eröffnung von Zweigstellen und Repräsentanzen an bedeutenden internationalen Finanzplätzen.* Banken aus den Schwellenländern folgten oft einheimischen Gesellschaften ins Ausland, um deren Außenhandel und sonstige Aktivitäten zu finanzieren. Andere Banken errichteten Niederlassungen in Ländern, wo Arbeitskräfte aus ihrem Heimatland tätig waren, um die Ersparnisse dieser Gastarbeiter zu repatriieren.

• *Kreditgewährung auf den Euromärkten.* Ein Beispiel hierfür ist die State Bank of India, die einen großen Teil der von Indien aufgenommenen Konsortialkredite arrangierte und bei Krediten an eine Reihe anderer Länder eine Führungsrolle spielte. Mexikanische und brasilianische Banken waren ebenfalls als Konsortialführer aktiv, während einige arabische Banken zu bedeutenden internationalen Kreditgebern geworden sind (vgl. Sonderbeitrag 8.2).

• *Geldaufnahme an den internationalen Interbankenmärkten.* Durch ihre Teilnahme an internationalen Konsortien erwarben sich einige Banken aus Entwicklungsländern das Vertrauen des Interbankenmarktes und konnten dort gelegentlich Gelder zur teilweisen Refinanzierung ihres einheimischen Kreditgeschäfts aufnehmen. Sie erhielten damit die Mittel zu günstigeren Konditionen, als sie bei konventionellen Kreditaufnahmen erreichbar sind.

Die im internationalen Geschäft gewonnenen Erfahrungen der Banken aus Entwicklungsländern kamen auch ihrem einheimischen Geschäft zugute. Sie konnten sich dadurch nicht nur neue Geschäftszweige aufbauen und Märkte erschließen, sie haben auch neue Techniken und Ideen in die Finanzsysteme der Entwicklungsländer eingebracht.

Schaubild 8.2 Internationale Bankkredite, 1973 bis 1984

Netto-Kreditgewährung der Banken
Mrd $

Alle Länder
Entwicklungsländer

Brutto-Gewährung von Konsortialkrediten

Alle Länder
Entwicklungsländer

Anmerkung: Die internationale Kreditgewährung der Banken wird hier auf zwei Arten gemessen. Im oberen Teil des Schaubilds ist die Kreditgewährung einer bestimmten Auswahl von Berichtsbanken (und zwar der an die Bank für Internationalen Zahlungsausgleich berichtenden Banken) netto, d. h. nach Abzug von Tilgungen, dargestellt. Ab 1976 sind dabei Bewertungseffekte aufgrund von Wechselkursänderungen ausgeschaltet. Im unteren Teil wird eine wichtige Komponente des internationalen Kreditgeschäfts — die Gewährung von Konsortialkrediten — auf Bruttobasis dargestellt, d. h. Tilgungen werden hier nicht berücksichtigt. Allerdings liegen nur über die öffentlich bekanntgemachten Konsortialkredite Angaben vor.

Quelle: Für die Netto-Kreditgewährung der Banken: Watson, Keller und Mathieson, 1984; für die Konsortialkredite: OECD, *Financial Market Trends*.

an Entwicklungsländer gingen. Im Jahr 1981 erreichte die Neukreditgewährung 165 Mrd Dollar, wovon 32 Prozent auf Entwicklungsländer entfielen. Einen großen Teil dieser Kredite bildeten Euro-Konsortialkredite mit Laufzeiten zwischen fünf und zehn Jahren und zu variablen Zinsen. Die Neugewährung derartiger Kredite an die Entwicklungsländer nahm von 7 Mrd Dollar im Jahr 1973 auf 45 Mrd Dollar im Jahr 1981 zu. Die meisten Konsortialkredite wurden von einer inneren Gruppe von fünfundzwanzig bis fünfzig großen Geschäftsbanken (im folgenden als „Banken der ersten Garnitur" bezeichnet) mit Sitz in den Industrieländern arrangiert. Zeitweise beteiligten sich daran bis zu 3 000 andere Banken (die „Banken der zweiten Garnitur"). Zu dieser Gruppe gehörten regional tätige Banken aus den Industrieländern, Banken aus Entwicklungs- und Staatshandelsländern sowie Konsortiumsbanken.

Zu Anfang der siebziger Jahre waren es vor allem die großen amerikanischen Banken, die ihr internationales Kreditgeschäft ausbauten, wobei ein beträchtlicher Teil der Gelder in die Entwicklungsländer floß. Im Jahr 1977 erzielten die zwölf größten amerikanischen Banken fast die Hälfte ihrer gesamten Einkünfte im internationalen Kreditgeschäft, das zum überwiegenden Teil mit Entwicklungsländern getätigt wurde. Als nächste Gruppe weiteten Banken aus verschiedenen anderen Ländern ihr internationales Engagement aus, insbesondere Banken aus der Bundesrepublik Deutschland, aus Frankreich und aus Großbritannien. Die japanischen Banken übernahmen ebenfalls eine wichtige Rolle, doch mußten sie zeitweise auf ungünstige Entwicklungen der japanischen Zahlungsbilanz Rücksicht nehmen. Die Banken der zweiten Garnitur aus den Vereinigten Staaten beteiligten sich allmählich auch in zunehmendem Umfang. In jüngster Zeit war das Auftreten arabischer Banken besonders bemerkenswert (vgl. Sonderbeitrag 8.2), aber auch Banken aus anderen Entwicklungsländern wurden im internationalen Kreditgeschäft immer aktiver. Das Wachstum des internationalen Interbankgeschäftes (vgl. Sonderbeitrag 6.3 im Kapitel 6) erleichterte den nicht-amerikanischen Banken die Teilnahme an einem Markt, der im wesentlichen auf dem Dollar basierte. Dieser Interbankenmarkt ermöglichte die Verteilung von Dollar-Liquidität über das gesamte internationale Bankensystem.

Zwei Gründe waren vor allem dafür ausschlaggebend, daß sich die Geschäftsbeziehungen zwischen Banken und Entwicklungsländern in den siebziger Jahren so rasch ausweiteten: Zum einen die Verschiebungen im weltweiten Leistungsbilanzgefüge, zum anderen die zunehmende Bereitschaft und Fähigkeit der Banken, als Kreditvermittler zu fungieren.

Weltwirtschaftliche Ungleichgewichte und Anlageentscheidungen

Veränderungen des weltweiten Leistungsbilanzgefüges sollten der Theorie nach die Rolle der Banken

Sonderbeitrag. 8.2 Arabische Banken und das internationale Geschäft

Viele der etablierten arabischen Banken beteiligten sich im Laufe der siebziger Jahre am internationalen Kreditgeschäft, einige von ihnen durch die Gründung von Konsortiumsbanken zusammen mit Partnern aus westlichen Ländern. Zusätzliche Impulse gaben die arabisch beherrschten internationalen Banken und die Errichtung islamischer Banken (die eine Alternative zur *riba*, dem Zinsnehmen und -geben, anbieten). Manche Banken ließen sich an den neuen regionalen Finanzplätzen — Bahrain, Dubai und Kuwait — nieder und viele expandierten im Ausland. London weist die meisten arabischen Banken (60) auf, gefolgt von Paris (39), New York und Singapur (jeweils 19) sowie der Schweiz und Hongkong (jeweils 15). Arabische Banken haben auch in Entwicklungsländern Niederlassungen eröffnet.

Das Volumen der von arabischen Banken geführten Euro-Konsortialkredite wuchs zwischen 1978 und 1980 zunächst langsam, und expandierte dann 1981 sehr kräftig (vgl. Tabelle 8.2A). In den Jahren 1983 und 1984 ging ihre Kreditgewährung — bei allgemein nachlassender Aktivität des Marktes — wieder zurück. Die Kredite der unter arabischer Führung stehenden Konsortien flossen etwa zu einem Viertel in die Industrieländer, den Rest erhielten Entwicklungsländer. In den Jahren 1978 bis 1980 erhielten arabische Entwicklungsländer den Löwenanteil der Kredite der arabischen Banken; in der Folge partizipierten andere Entwicklungsländer verstärkt daran. Die arabischen Banken haben sich überwiegend auf dem internationalen Interbankenmarkt refinanziert, wenngleich auch Gelder von OPEC-Ländern in gewissem Umfang über sie geleitet worden sein dürften. Einige spezialisierte arabische Banken sind im internationalen Emissionsgeschäft und im Bereich der Direktinvestitionen besonders aktiv.

TABELLE 8.2A
Von arabischen Banken geführte Konsortialkredite, 1977 bis 1984
(in Mrd $, soweit nicht anders angegeben)

Art der Kreditgewährung	1977	1978	1979	1980	1981	1982	1983	1984
Gesamte Kreditgewährung des Marktes	34	74	79	81	91	91	60	52
Arabisch geführte Konsortialkredite[a]	1,0	2,3	2,5	3,6	9,1	9,8	6,9	5,3
An Industrieländer	0,1	0,3	0,7	1,1	2,6	1,9	1,6	..
An Entwicklungsländer	0,9	2,0	1,8	2,5	6,5	7,9	4,6	..
Arabisch geführte Konsortialkredite								
In Prozent der gesamten Kreditgewährung	2,9	3,1	3,2	4,4	10,0	10,8	11,5	10,2

Anmerkung: Die Angaben beziehen sich auf Eurokredite mit einer Laufzeit von mindestens 1 Jahr, die im jeweiligen Jahr öffentlich bekanntgemacht wurden.
a. Konsortialkredite, bei denen mindestens eine arabische Bank als Konsortialführer oder -mitführer fungierte.
Quelle: Für die gesamte Kreditgewährung des Marktes: OECD *Financial Market Trends;* für die arabisch geführten Konsortialkredite: *Middle East Economic Survey.*

---

als Vermittler zwischen Kreditgebern und Kreditnehmern nicht beeinflussen. Diese Auffassung trifft aber nur dann zu, wenn a) alle Kreditgeber gleiche Portfoliopräferenzen aufweisen, b) die Banken alle potentiellen Kreditnehmer als gleichermaßen kreditwürdig ansehen, c) der Interbankenmarkt die Liquidität ohne Reibungsverluste umverteilt. Sind diese Bedingungen nicht erfüllt, so beeinflußt die Verteilung von Überschüssen und Defiziten in der Tat das Verhalten der Banken ganz erheblich.

Während der siebziger Jahre haben sich sowohl das Ausmaß als auch die regionale Struktur der Leistungsbilanzsalden dramatisch verändert (vgl. Tabelle 3.1 im Kapitel 3). Die OPEC-Länder wiesen während des größten Teils der siebziger Jahre beträchtliche Überschüsse auf und hatten zunächst eine ausgeprägte Vorliebe für Bankeinlagen (vgl. Sonderbeitrag 6.2 im Kapitel 6). Sie bevorzugten den Euromarkt gegenüber den nationalen Bankensystemen, unter anderem weil sie am Euromarkt höhere Erträge erzielen konnten. Im Laufe der siebziger Jahre übertrugen die Ölimporteure umfangreiche Gelder von den nationalen Banksystemen der Industrieländer auf die OPEC-Länder und damit letztlich auf die Euromärkte. Diese Verlagerung von Mitteln erhöhte das Kreditpotential der Euromärkte.

Die höhere Liquidität der Interbankenmärkte traf mit einer größeren Bereitschaft der Banken zur internationalen Kreditgewährung zusammen. Nach der ersten drastischen Ölpreiserhöhung, als die Rückschleusung umfangreicher Gelder notwendig wurde, ernteten die Banken allgemein Lob für das erfolgreiche Recycling. Das Vertrauen in das Bankensystem wurde durch die Zentralbanken und die Einlagensicherungssysteme aufrechterhalten, die den Schutz der Einleger bei den größeren Banken allmählich erweiterten. Das Verhalten der Aufsichtsbehörden — genauer gesagt, die in sie gesetzten Erwartungen — gaben den Einlegern ein Gefühl

Sonderbeitrag 8.3 Die Entstehung der Euromärkte

Die Euromärkte — d. h. die Märkte, auf denen Währungen außerhalb des jeweiligen nationalen Wirtschaftsgebiets gehandelt werden — gehen in ihren Ursprüngen auf die späten fünfziger und die frühen sechziger Jahre zurück. Zu ihrer Entstehung trugen verschiedene Faktoren bei.

- Die Staatshandelsländer hielten nur ungern Bankeinlagen in den Vereinigten Staaten und legten deswegen ihre Dollareinnahmen bei Banken in London an. Dem schlossen sich allmählich auch andere europäische Dollarbesitzer an, eine Entwicklung, die besonders ausgeprägt war, als die Vereinigten Staaten hohe Zahlungsbilanzdefizite verzeichneten.
- Auf Grund seiner Zahlungsbilanzschwierigkeiten beschränkte Großbritannien die Verwendung des Pfund Sterling im Auslandsgeschäft der britischen Banken, wodurch für diese ein starker Anreiz entstand, ihr Fremdwährungsgeschäft auszubauen.
- Ende 1958 hatten die wichtigsten Industrieländer die volle Konvertibilität ihrer Währungen wiederhergestellt. Die neue Freizügigkeit gab dem internationalen Bankgeschäft einen starken Impuls.

Das Wachstum der Euromärkte wurde außerdem durch gewisse geldpolitische Vorschriften in den USA stimuliert. So bestimmte die Regulation Q beispielsweise Obergrenzen für die Zinssätze, die in den Vereinigten Staaten ansässige Banken auf Einlagen von Inländern gewähren durften. Da die Marktsätze häufig die festgesetzten Höchstsätze überschritten, waren Einlagen bei Eurobanken, die durch die Regulation Q nicht gebunden waren, naturgemäß attraktiv. Außerdem mußten Banken in den Vereinigten Staaten unverzinsliche Mindestreserven halten. Durch die Übertragung von Dollareinlagen auf ihre Auslandsfilialen oder -töchter konnten die amerikanischen Banken die Bindung von Geldern in der unverzinslichen Mindestreserve umgehen.

Allgemeine Kapitalverkehrskontrollen trugen ebenfalls zum Wachstum der Euromärkte bei. Ein Beispiel dafür ist das 1965 in den Vereinigten Staaten eingeführte „Freiwillige Programm zur Beschränkung von Auslandskrediten" (Voluntary Foreign Credit Restraint Program, VFCR). Das VFCR sollte insbesondere das Wachstum der Auslandskredite der amerikanischen Banken begrenzen. An ihrer Stelle nahmen die Auslandsfilialen — die dem VFCR nicht unterlagen — Gelder herein und liehen sie außerhalb des Kreditplafonds wieder aus. Von 1964 bis 1973 nahm die Zahl der amerikanischen Banken mit Filialen im Ausland von 11 auf 125 zu; gleichzeitig stieg die Zahl der Filialen von 181 auf 699.

Gegen Ende der sechziger und zu Anfang der siebziger Jahre dehnten sich die Euromärkte, die zunächst in Westeuropa (mit Schwerpunkt in London) beheimatet waren, auf eine Reihe anderer „Offshore-Zentren" aus. Dabei handelte es sich in der Regel um kleine Territorien, deren Steuer-, Devisen- und Bankgesetze das internationale Bankgeschäft begünstigten. Die Banken an diesen Plätzen fungierten als Umschlagplatz für Auslandsgeld; sie nahmen von Ausländern Fremdwährungseinlagen herein, die sie an ausländische Kreditnehmer wieder ausliehen. Offshore-Zentren wurden in der Karibik, in Lateinamerika, im Nahen Osten und in Südostasien eingerichtet. Eine neuere Entwicklung dieser Art sind die International Banking Facilities (IBFs) in den Vereinigten Staaten, durch die der Standort des amerikanischen Bankgeschäfts wieder ins Inland zurückverlagert werden soll.

Da die in heimischer Währung herausgelegten Auslandskredite in letzter Zeit stark zugenommen haben, ist nunmehr der Gesamtbetrag aller Auslandskredite der geeignetste Maßstab für das internationale Kreditgeschäft; die Eurokredite sind in dieser Summe mit enthalten. Das Schaubild 8.3 A zeigt das Wachstum der insgesamt ausstehenden Auslandskredite der Banken zusammen mit der Entwicklung der Eurokredite.

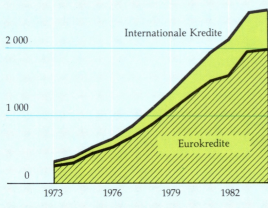

Schaubild 8.3A Ausstehende internationale Kredite und Eurokredite, 1973 bis 1984

Anmerkung: Gezeigt ist jeweils der Stand am Jahresende; für 1984 ist der Stand am Ende des dritten Quartals angegeben.

Quelle: BIZ Quartalsberichte, 1974 bis 1985.

der Sicherheit und förderten den Geldzufluß zu den Banken. Dies mag die Banken ihrerseits dazu bewogen haben, höhere Kreditrisiken einzugehen, als sie das sonst getan hätten.

Auch die Präferenzen der Entwicklungsländer trugen zum Wachstum der Bankkredite in den siebziger Jahren bei. Zu einer Zeit, da andere Finanzierungsquellen nur sehr langsam expandierten, waren Bankkredite für die Entwicklungsländer wegen ihrer vielseitigen Verwendbarkeit, ihrer Flexibilität sowie der Verfügbarkeit großer Beträge attraktiv. Die Entwicklungsländer wußten natürlich auch die niedrigen bzw. negativen Realzinssätze der Banken zu schätzen, verglichen mit der

Konditionalität mancher offizieller Finanzierungen und den hohen Bonitätsanforderungen der Anleihemärkte.

Das Angebot der Banken

Zusätzlich zu den gesamtwirtschaftlichen Faktoren, die das Wachstum der Bankkredite während der siebziger Jahre begünstigten, wirkten verschiedene mit dem Verhalten der Banken zusammenhängende Einflüsse in die gleiche Richtung.

• *Die zunehmende Leistungsfähigkeit des internationalen Bankwesens.* Ebenso wie viele andere Wirtschaftsbereiche profitierte auch das Bankwesen von Innovationen, die seine Produktivität steigerten. Das Wachstum der Euromärkte (beschrieben in Sonderbeitrag 8.3) war dabei von besonderer Bedeutung, denn die Eurobanken unterlagen keiner Mindestreservepflicht. Sie konnten deshalb sowohl den Einlegern höhere Zinsen bieten als auch von den Kreditnehmern niedrigere Sätze verlangen als andere Banken. Der Markt funktionierte auch insoweit effizient, als er sehr große Kredite in kurzer Zeit aufbringen konnte.

• *Veränderte Anlageziele und -präferenzen der Banken.* In den siebziger Jahren vollzog sich im Anlageverhalten der Banken ein radikaler Wandel; sie legten nunmehr auf das Wachstum ihres Geschäftsvolumens größeren Wert als auf den unmittelbaren Ertrag ihrer Aktiva oder andere Rentabilitätsziffern. Das internationale Kreditgeschäft trug zur Realisierung dieses Ziels bei, da gleichzeitig die heimische Kreditnachfrage schwach war und die Banken durch eine leichte Geldpolitik reichlich mit Liquidität ausgestattet waren. Das Auslandskreditgeschäft bot sich außerdem zur Diversifikation des Kreditportefeuilles an, in der man ein Mittel zur Verringerung des Gesamtrisikos sah, denn das heimische Kreditgeschäft wies oftmals höhere Ausfallquoten auf. Die Banken sahen in den Wachstumserfolgen vieler Entwicklungsländer ein Indiz dafür, daß Kredite an diese Länder relativ zu den Risiken hohe Erträge bringen würden. Abgesehen von den im Kreditgeschäft erwarteten unmittelbaren Erträgen wollten die Banken umfassendere und gewinnträchtigere Geschäftsbeziehungen zu den Entwicklungsländern aufbauen.

• *Die Entwicklung von Instrumenten zur Bewältigung des staatlichen Risikos.* Eine wichtige Neuerung, die dazu beitrug, daß die Banken ihre Bedenken hinsichtlich des staatlichen Risikos zurückstell-

Schaubild 8.3 Ausstehende Forderungen der Banken gegenüber Entwicklungsländern, 1978 bis 1983

- Länder mit mittlerem Einkommen, obere Einkommenskategorie
- Länder mit mittlerem Einkommen, untere Einkommenskategorie
- Länder mit niedrigem Einkommen
- Angaben des Internationalen Währungsfonds
- Angaben der Bank für Internationalen Zahlungsausgleich

Anmerkung: Der IWF erhebt und publiziert erst seit kurzem Angaben über das internationale Bankgeschäft. Die Abweichungen zwischen den Zahlen des IWF und der BIZ erklären sich hauptsächlich durch die unterschiedlichen Berichtskreise. Die Statistik des IWF berücksichtigt Meldungen von allen Mitgliedsländern sowie Angaben wichtiger internationaler Bankplätze.

Quelle: BIZ *Quartalsberichte,* 1974—1985; IWF *International Financial Statistics.*

ten, war die Einführung einer reziproken Verzugsklausel für öffentlich garantierte Schulden. Eine reziproke Verzugsklausel bestimmt, daß der Verzugsfall für den betreffenden Kredit als eingetreten gilt, wenn der Schuldner mit irgendeinem anderen Kredit in Zahlungsverzug gerät. Dies stärkte die Garantien für Kredite an öffentliche Schuldner und verwischte die Risikounterschiede zwischen einzelnen Schuldnern oder Projekten innerhalb eines Entwicklungslandes. Die Banken legten dementsprechend auf die Wirtschaftlichkeit der von ihnen finanzierten Einzelprojekte weniger Gewicht als auf die gesamtwirtschaftliche Situation in den Schuldnerländern. Bei Zahlungsverzug eines Schuldners in einem Entwicklungsland würden die reziproken Verzugsklauseln zudem sicherstellen, daß alle kreditgebenden Banken davon betroffen wären. Daraus ergab sich für einen Schuldner, der Probleme

> **Sonderbeitrag 8.4 Die Bankenaufsicht und ihr Einfluß auf die Kreditgewährung an Entwicklungsländer**
>
> Die Bankenaufsichtsbehörden der Industrieländer versuchen auf verschiedene Weise zu gewährleisten, daß sich die Banken bei der Kreditvergabe und in ihrer Bilanzpolitik vernünftig verhalten.
>
> • *Die Beurteilung der Angemessenheit des Eigenkapitals.* Um für den Fall von Verlusten eine ausreichende Kapitalausstattung der Banken zu gewährleisten, schreiben die Aufsichtsbehörden in der Regel ein bestimmtes Verhältnis zwischen dem Eigenkapital und den gesamten Aktiva vor. Die Ausgestaltung der Eigenkapitalquote und ihr vorgegebenes Niveau sind in jedem Land verschieden, üblicherweise liegt die Eigenkapitalquote aber zwischen 4 und 6 Prozent — d. h., auf der Basis von 4 bis 6 Mio Dollar Kapital können 100 Mio Dollar Kredit gewährt werden. Bei der Berechnung der Eigenkapitalquote werden von manchen Aufsichtsbehörden die Aktiva nach ihrem Risikogehalt gewichtet: je höher das Risiko eines Kredites ist, desto mehr Kapital benötigt eine Bank zu seiner Unterlegung.
>
> • *Großkreditbeschränkungen.* Die Bankenaufsicht beobachtet besonders aufmerksam, wie die Banken ihre Kredite streuen, denn eine zu hohe Konzentration von Risiken soll vermieden werden. In den letzten Jahren traten verschiedene mit dem internationalen Kreditgeschäft verbundene Risiken gleichzeitig ein, wodurch die Notwendigkeit einer Stärkung der Eigenkapitalbasis der Banken unterstrichen wurde. Die Aufsichtsbehörden verlangen in der Regel, daß Kredite an einen einzelnen Schuldner einen bestimmten Prozentsatz des Eigenkapitals der jeweiligen Bank nicht überschreiten dürfen oder daß die Summe der Großkredite auf ein Vielfaches des Eigenkapitals beschränkt wird. In einigen Ländern werden die Schuldner bei der Ermittlung der Großkreditkennziffern konsolidiert, d.h. Kredite an zwei oder mehr Tochtergesellschaften eines Konzerns zählen als einheitlicher Großkredit. Die in einem bestimmten Land ansässigen Schuldner werden in der Regel nicht konsolidiert, so daß die Banken an eine Vielzahl von Unternehmen eines Landes Kredit gewähren können, ohne die Großkreditgrenze zu erreichen. Die Großkreditvorschriften wurden nicht allgemein verschärft. Da aber die Schulden der Entwicklungsländer durch neue Finanzierungspakete für die jeweiligen Regierungen abgelöst werden und die Regierungen manchmal auch Schulden des privaten Sektors übernehmen, konzentrieren sich diese Kredite immer mehr bei einem einzelnen Schuldner, so daß möglicherweise die Großkreditgrenzen erreicht werden.
>
> • *Rückstellungen für Kreditausfälle.* Die Aufsichtsbehörden haben in den letzten Jahren verstärkt darauf geachtet, daß die Bilanzen der Banken ein zutreffendes Bild der Qualität ihrer Aktiva vermitteln, und haben deshalb die Bildung von Rückstellungen auf eventuelle Kreditverluste durch die Banken gefördert. Die Vorschriften über Rückstellungen — d. h. die Einbehaltung von Mitteln, um potentielle allgemeine oder spezifische Forderungsausfälle abzudecken — variieren von Land zu Land beträchtlich. Die bilanzielle und steuerliche Behandlung von Forderungsausfällen kann die Rentabilität des Kreditgeschäfts der Banken mit bestimmten Ländern, und damit ihr Kreditangebot, erheblich beeinflussen. Bilanziell geht es um die Frage, ob die Rückstellungen auf das Eigenkapital der Bank anrechenbar sind; dies kann

mit der Bedienung seiner Schuld hatte, ein starker Anreiz, eine Umschuldung zu beantragen, statt in Zahlungsverzug zu geraten. Solche Kredite schienen den Banken somit weniger risikoträchtig zu sein. Zudem war unter den Banken die Meinung weit verbreitet, daß Kredite an öffentliche Schuldner weniger riskant seien als Kredite an die einheimische Wirtschaft, da souveräne Staaten nicht in Konkurs gehen könnten. Diese Sicht der Dinge trug zur Expansion des Kreditgeschäfts bei und ermöglichte die günstigen Konditionen (Zinsspanne und Gebühren), die bei vielen Krediten vereinbart wurden.

• *Neuerungen im Bankwesen.* Die Banken zeigten sich sehr geschickt in der Entwicklung von Kreditinstrumenten — wie des Konsortialkredits —, die ihre Anlagestrategie (nämlich Diversifizierung des Länderrisikos und Minimierung des Zinsrisikos) mit den Wünschen der Schuldner (nach langen Laufzeiten und hohen Beträgen) in Übereinstimmung brachten. Diese Neuerung insbesondere machte es den Banken möglich, langfristige Kredite auf Basis kurzfristiger Einlagen auszureichen, also eine Fristentransformation vorzunehmen, ohne selbst ein Zinsänderungsrisiko einzugehen, da die Kreditzinsen an einen kurzfristigen Zinssatz (LIBOR) gebunden wurden. Allerdings zeigte sich, daß die Schuldner damit stärkeren Schwankungen des Schuldendienstes ausgesetzt waren. Eine andere wichtige Innovation bildete das Einlagenzertifikat (und seine Varianten), das es den Banken ermöglichte, ihren Einlegern ein marktfähiges und hochverzinsliches Aktivum anzubieten und zugleich ihre Verbindlichkeiten flexibel zu steuern.

• *Wandel des währungs- und kreditpolitischen Umfelds.* Die Veränderungen der staatlichen Rahmenbedingungen des Bankgeschäfts waren zumeist der Kreditgewährung an Entwicklungsländer förderlich. Die Industrieländer lockerten ihre Devisenkontrollen oder schafften sie ganz ab, was es den Banken erlaubte, ihre inländischen Einlagen auch für Auslandskredite zu verwenden. Das Wachstum der kaum kontrollierten Offshore-Bankplätze (vgl. Sonderbeitrag 8.3) gab dem internationalen Kreditgeschäft ebenfalls einen beträchtlichen Impuls. Vorschriften wie das Erfordernis einer bestimmten

sich auf ihr Kreditpotential auswirken. Steuerlich geht es um die mögliche Absetzbarkeit der Rückstellungen oder Wertberichtigungen bei der Ermittlung des steuerpflichtigen Gewinnes der Banken. In verschiedenen europäischen Ländern profitieren die Banken hier von einer relativ großzügigen steuerlichen Behandlung, in den Vereinigten Staaten und Japan aber war der Spielraum für steuerlich absetzbare Rückstellungen weniger groß.

In Anbetracht der von Land zu Land unterschiedlichen Normen und Praktiken der Bankenaufsicht bemühen sich die Zentralbanken im Rahmen des Cooke Committee[1], das unter der Schirmherrschaft der Bank für Internationalen Zahlungsausgleich zusammentritt, um eine Harmonisierung. Gegenwärtig geht es den Aufsichtsbehörden um die Einbeziehung von Filialen und Tochtergesellschaften in die Ausweise der Mutterbanken. Der Übergang zu konsolidierten Ausweisen, mit dem Zwang zur Einhaltung der Eigenkapital- und Großkreditvorschriften auf weltweiter Basis, könnte die Kreditgewährung an die Entwicklungsländer bremsen. Andererseits aber kann eine wirksame Bankenaufsicht, die das Gefüge des internationalen Bankensystems festigt, auf lange Sicht zu einer Verstetigung des Mittelzuflusses in die Entwicklungsländer beitragen.

[1] Das Komitee hat ein revidiertes Konkordat entworfen, das die Grundsätze enthält, nach denen die bankenaufsichtlichen Zuständigkeiten für die an verschiedenen internationalen Finanzplätzen tätigen Banken geregelt werden sollen.

Eigenkapitalquote, durch die das Wachstum des Geschäftsvolumens der Banken begrenzt wurde, wirkten sich auf die Entwicklungsländer nicht stärker aus als auf andere Kreditnehmer.

In ihrer Gesamtheit verliehen diese Faktoren der Kreditgewährung an Entwicklungsländer eine starke Dynamik. Auch wenn möglicherweise einzelne Banken ihr Kreditlimit für bestimmte Entwicklungsländer ausschöpften, so nahm doch die gesamte Kreditgewährung auch deswegen rasch zu, weil Banken mit freien Kreditspielräumen, die sich bisher noch nicht am internationalen Kreditgeschäft beteiligt hatten, neu am Markt auftraten. In der Tat herrschte zwischen den Banken ein äußerst lebhafter Wettbewerb, wobei sie in ihrem Drang nach neuem Geschäft manchmal ein „herdenähnliches" Verhalten an den Tag legten.

Probleme zwischen Banken und Entwicklungsländern

Ende der siebziger und Anfang der achtziger Jahre begannen die Banken, den Kredit- und Refinanzierungsrisiken ihres internationalen Geschäfts zunehmend Beachtung zu schenken. So konzentrierte sich beispielsweise ein großer Teil ihrer Kreditgewährung an die Dritte Welt auf eine kleine Zahl von Schuldnerländern (vgl. Schaubild 8.3). Im Durchschnitt der Jahre 1978/81 gingen 72 Prozent dieser Kredite an die Länder im oberen Bereich der mittleren Einkommensgruppe. Allein auf die fünf größten Schuldnerländer entfielen 53 Prozent der gesamten Kreditaufnahme der Entwicklungsländer. Die Banken wurden sich zunehmend der Tatsache bewußt, daß sie durch die Weitergabe des Zinsrisikos an die Schuldner im Endeffekt nur eine Risikokomponente (vgl. Sonderbeitrag 3.2 im Kapitel 3) gegen ein höheres wirtschaftliches und Transferrisiko eingetauscht hatten. Auf der Passivseite waren viele Banken in ihrer Refinanzierung stark von den Interbankenmärkten abhängig geworden. Falls am Markt Zweifel über die Qualität ihrer Aktiva aufkommen sollten, konnten sie dadurch in unerwartete Refinanzierungsschwierigkeiten geraten.

Außerdem war bei vielen Banken in den Industrieländern die Eigenkapitalquote in der Zeit zwischen 1977 und den frühen achtziger Jahren überwiegend rückläufig (vgl. Schaubild 8.4), was teilweise mit der Ausweitung ihres internationalen Kreditgeschäfts zusammenhing, die das Wachstum ihres Eigenkapitals überstieg. In der Sicht der nicht-amerikanischen Banken wurde dieser Trend durch die Stärke des Dollars nach 1980 akzentuiert. Da die Dollaraufwertung den Gegenwert ihrer

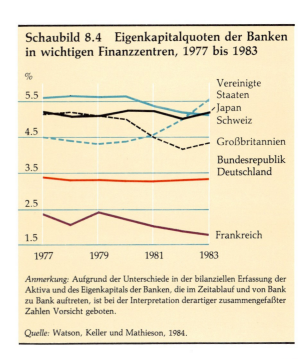

Schaubild 8.4 Eigenkapitalquoten der Banken in wichtigen Finanzzentren, 1977 bis 1983

Anmerkung: Aufgrund der Unterschiede in der bilanziellen Erfassung der Aktiva und des Eigenkapitals der Banken, die im Zeitablauf und von Bank zu Bank auftreten, ist bei der Interpretation derartiger zusammengefaßter Zahlen Vorsicht geboten.

Quelle: Watson, Keller und Mathieson, 1984.

ausstehenden Dollarforderungen in Landeswährung hochtrieb, nahmen ihre Aktiva relativ zum Eigenkapital zu, wodurch sich die Eigenkapitalquote verschlechterte.

Allein schon diese Probleme hätten vielleicht ausgereicht, um in der Geschäftsbeziehung der Banken mit den Entwicklungsländern Schwierigkeiten heraufzubeschwören. Ohnehin könnte das in den siebziger Jahren verzeichnete starke Wachstum der Bankkredite Ausdruck einer einmaligen Schwerpunktverlagerung zugunsten des Auslandsgeschäfts gewesen sein, die gegen Ende des Jahrzehnts zum Abschluß kam. Eine natürliche Verlangsamung der Kreditexpansion wäre dann wohl zu erwarten gewesen.

Drei Entwicklungen führten jedoch zu einem plötzlicheren Wandel in den Geschäftsbeziehungen zwischen Banken und Entwicklungsländern. Erstens traten in einer ganzen Reihe von Entwicklungsländern Schwierigkeiten mit dem Schuldendienst auf, welche die Umschuldung eines beträchtlichen Kreditvolumens notwendig machten. Nach Einschätzung der Banken hatte sich die Kreditwürdigkeit der Entwicklungsländer plötzlich verschlechtert, so daß sie weniger bereit waren, ihr Engagement weiter zu erhöhen. Die gleichen Bedenken veranlaßten die Bankenaufsichtsbehörden, sich um eine strengere Überwachung der Liquiditäts- und Eigenkapitalkennziffern zu bemühen. Außerdem drängten sie die Banken zu einer größeren Streuung ihrer Kreditgewährung und unterstützten oder verlangten die Bildung höherer Rückstellungen für Kreditausfälle (vgl. Sonderbeitrag 8.4). Die Notwendigkeit, die Kapitalbasis zu stärken, ließ die Banken wieder stärker auf die Rentabilität ihres Geschäfts achten, während das Wachstum der Bilanzsumme an Bedeutung verlor.

Zweitens wurden die Banken in ihrer veränderten Einstellung gegenüber dem internationalen Kreditgeschäft dadurch bestärkt, daß sich attraktive Geschäftsmöglichkeiten auf den Inlandsmärkten einiger Industrieländer eröffneten, insbesondere als sich dort das Wachstum belebte. Durch den Abbau staatlicher Vorschriften auf den Finanzmärkten verschiedener Industrieländer — besonders der Vereinigten Staaten und Großbritanniens — sahen sich die Banken einem stärkeren Wettbewerb durch andere Finanzinstitutionen ausgesetzt und konzentrierten sich auf die Festigung ihrer Position auf den Inlandsmärkten. In Japan allerdings hat die Liberalisierung der Finanzmärkte dazu geführt, daß die heimischen Kapitalmärkte für ausländische Kreditnehmer, auch aus den Entwicklungsländern, geöffnet wurden und die japanischen Banken bei ihrer Kreditgewährung an das Ausland mehr Spielraum haben werden (vgl. Sonderbeitrag 8.5). Die Gewichtsverlagerung zugunsten des einheimischen Kreditgeschäfts hat unter anderem den Markt für Konsortialkredite in Mitleidenschaft gezogen, auf dem die Aktivität im Vergleich zu früheren Jahren stark nachgelassen hat (vgl. Sonderbeitrag 8.6).

Drittens folgte auf die Ära der OPEC-Überschüsse und der Zuflüsse zum Bankensystem eine völlig andere Struktur von Überschüssen und Defiziten, die auch andere Implikationen für die Finanzmärkte nach sich zog. Die OPEC-Länder verschulden sich nun per saldo bei den internationalen Banken, und die Industrieländer, die bis in die jüngste Zeit ebenfalls bedeutende Netto-Geldgeber der Banken gewesen waren, legen nun weniger bei den Banken an (vgl. Schaubild 8.5). Das hauptsächliche Ungleichgewicht in der Weltwirtschaft besteht nun zwischen den Vereinigten Staaten mit ihrem großen Leistungsbilanzdefizit auf der einen Seite und der Bundesrepublik Deutschland und Japan mit ihren großen Überschüssen auf der anderen Seite. Aufgrund der Struktur des amerikanischen Finanzsystems wurde das Defizit vor allem durch Übertragung finanzieller Aktiva und weniger durch die Zwischenschaltung von Banken als Kreditvermittler finanziert. In den Vereinigten Staaten existieren sowohl die Finanzaktiva als auch die Märkte, die das möglich machen. Dieser Weg der Finanzierung mag auch für einige andere Industrieländer gangbar sein, den Entwicklungsländern steht er aber nicht offen. Im Ergebnis hat sich damit der Prozeß der Kreditvermittlung vom Bankensystem auf die Märkte für Finanzaktiva verlagert, während viele Entwicklungsländer weiterhin auf die Finanzierung durch die Banken angewiesen blieben.

Grundsätzlich hätte ihr Bedarf an Bankengeldern befriedigt werden können, wenn der Interbankenmarkt reibungslos funktioniert hätte. Auch wenn die Überschußländer keine zusätzlichen Bankeinlagen tätigten, hätten die internationalen Banken die Refinanzierung für den anhaltenden Kreditbedarf der defizitären Entwicklungsländer auf den Geldmärkten besorgen können. Der Spielraum der internationalen Banken wurde jedoch zunehmend durch die Rücksichtnahme auf ihre Eigenkapitalposition und die vorhandenen Länderrisiken eingeengt, so daß sie ihr Engagement gegenüber Entwicklungsländern oder deren Banken nur zögernd ausweiteten. Viele Entwicklungsländer, selbst einige, die ihre Schulden problemlos bedient hatten, schränkten unter diesen Umständen die Nachfrage nach Bankkrediten ein.

Als Resultat dieser Einflußfaktoren ging die Netto-Kreditgewährung der Banken an die Entwicklungsländer nach 1981 erheblich zurück (vgl. Schaubild 8.2). Die spontane Kreditgewährung schrumpfte am stärksten, und die „konzertierten", d.h. im Zusammenhang mit IWF-Programmen vergebenen, Kredite gewannen als Finanzierungsquelle für die Entwicklungsländer zunehmend an Bedeutung (vgl. Sonderbeitrag 8.6). Die spontan gewährten Kredite gingen zum größten Teil an Entwicklungsländer in Ostasien und Europa. Die neuesten Zahlen der BIZ deuten daraufhin, daß die ausstehenden Forderungen der Banken gegenüber den Entwicklungsländern Ende 1984 mit 433 Mrd Dollar praktisch den gleichen Stand aufwiesen wie Ende 1983 (vgl. Schaubild 8.3).

Umschuldung und die Banken

Bei ihrem Bemühen, ihr Engagement gegenüber einzelnen Entwicklungsländern nur noch wenig auszuweiten, mußten die Banken Vorsicht walten lassen, um den vorhandenen Bestand an Krediten nicht zu gefährden. Dementsprechend verhielten sie sich gegenüber Ländern mit Schuldendienstproblemen flexibel. Sie erkannten bald, daß es nicht genügte, nur fällig werdende oder bereits ausstehende Tilgungen umzuschulden. Die Schuldner brauchten eine stärkere Entlastung, und die Banken schuldeten nicht nur die Kredite um, sondern

---

Sonderbeitrag 8.5 Liberalisierung der japanischen Finanzmärkte: einige Konsequenzen für die Entwicklungsländer

Entwicklungsländer und internationale Entwicklungsbanken haben in Japan beträchtliche Gelder aufgenommen (vgl. Tabellen 8.5 A und B). Ende 1983 entfielen 24 Prozent aller in Japan emittierten, auf Yen lautenden Auslandsanleihen auf Entwicklungsländer, weitere 24 Prozent stammten von den internationalen Entwicklungsbanken. Japanische Banken sagten im Jahr 1983 insgesamt für 16,8 Mrd Dollar mittel- und langfristige Kredite zu, von denen 49 Prozent auf ölimportierende Entwicklungsländer entfielen. Gemeinsam mit anderen ausländischen Kreditnehmern könnten die Entwicklungsländer von der schrittweisen Liberalisierung dieses zweitgrößten Kapitalmarktes der Welt profitieren.

Der Abbau staatlicher Vorschriften im japanischen Finanzsystem wurde durch einen markanten Umschwung in den binnenwirtschaftlichen Finanzierungsströmen ausgelöst, der mit dem Nachlassen der Wachstumsdynamik seit Mitte der siebziger Jahre zusammenhing. Die Investitionen der Industrie nahmen langsamer zu, der Kreditbedarf des Unternehmenssektors ging zurück, und die Ersparnisse der Haushalte, die früher vor allem den Unternehmen zugeflossen waren, wurden entweder zur Finanzierung der Haushaltsdefizite verwendet oder zu günstigen Konditionen im Ausland angelegt. Die Devisenkontrollen wurden liberalisiert, und zahlreiche japanische Unternehmen beschafften sich Auslandsgelder, mit denen sie ihre ausländischen Niederlassungen ausbauten. Gleichzeitig gab die Regierung verschiedene inländische Zinssätze frei, um ihr eigenes Defizit finanzieren zu können.

Diesen Maßnahmen folgten in letzter Zeit weitere Schritte in die gleiche Richtung. Das Auslandskreditgeschäft der japanischen Banken unterliegt nun, von den allgemeinen Vorschriften der Bankenaufsicht abgesehen, keinerlei Beschränkungen mehr. Die Regierung hat es ausländischen Emittenten leichter gemacht, in Japan auf Yen lautende Anleihen öffentlich anzubieten oder durch Privatplazierungen unterzubringen. Sie hat auch die Restriktionen im Bereich der Euroyen-Anleihen und der Euroyen-Kredite gelockert. Als Ergebnis könnte der Euroyen-Markt für Ausländer ebenso leicht zugänglich werden, wie dies der Eurodollar-Markt bereits ist.

TABELLE 8.5A
Auf Fremdwährung lautende Auslandskredite japanischer Banken, 1980 bis 1983

Jahr	Betrag (in Mrd $)	Anteil der ölimportierenden Entwicklungsländer (in %)
1980	6,7	41
1981	12,7	44
1982	18,0	33
1983	16,8	49

Quelle: Japanisches Finanzministerium, *International Finance Bureau Annual Reports*.

TABELLE 8.5B
Emissionen von Yen-Auslandsanleihen, 1980 bis 1983

Jahr	Betrag (in Mrd Yen)	Anteil der Entwicklungsländer (in %)[a]
1980	261,0	35
1981	612,5	16
1982	856,0	11
1983	899,0	16

a. Entwicklungsländer in der Abgrenzung des DAC.

Quelle: Japanisches Finanzministerium, *International Finance Bureau Annual Report* 1984.

Sonderbeitrag 8.6 Aufstieg und Niedergang des Konsortialkredits

Beim Euro-Konsortialkredit handelt es sich um eine relativ neue Erfindung. Zwar wurden schon in den Jahren 1968 und 1969 einige privat plazierte Konsortialkredite kleineren Umfangs arrangiert, doch erst 1972 begann der Markt größeren Umfang anzunehmen (vgl. Tabelle 8.6A). Seitdem wuchs er sehr schnell — vor allem im Bereich der Kredite an Entwicklungsländer in den Jahren 1976 bis 1979. Als die Weltwirtschaft zu Anfang der achtziger Jahre in die Rezession geriet, stieg das Risikobewußtsein der Banken — insbesondere im Kreditgeschäft mit den Entwicklungsländern. Immer mehr Banken kamen zu der Auffassung, daß die Zinsspannen bei ihren Krediten den Risiken nicht angemessen waren. Als im Jahr 1982 in zahlreichen Entwicklungsländern Schwierigkeiten beim Schuldendienst auftraten, ging die Kreditgewährung rapide zurück. Nur die Schuldner mit der höchsten Kreditwürdigkeit — darunter einige Entwicklungsländer in Ostasien — konnten Kredite zu den alten Konditionen aufnehmen.

Die Entwicklungsländer sehen sich nun einem gespaltenen Markt gegenüber. Die ostasiatischen Länder erhalten von den Banken weiterhin „spontane" Kredite zu Wettbewerbskonditionen. Länder mit Schuldenproblemen aber waren auf die im Rahmen von Umschuldungen vereinbarten „konzertierten" Kredite der Banken angewiesen. Die Zahlen in Tabelle 8.6A enthalten für das Jahr 1983 14,3 Mrd Dollar und für das Jahr 1984 11,3 Mrd Dollar an neuen Krediten, die im Schutz solcher Umschuldungsvereinbarungen gewährt wurden. Überwiegend flossen diese Beträge lateinamerikanischen Ländern zu. Diese Länder konnten sich in den Jahren 1983 und 1984 nur sehr wenig spontane Kredite beschaffen. Vor dem Hintergrund der als positiv beurteilten Anpassungsmaßnahmen in den Ländern, die zuvor Probleme mit ihrem Schuldendienst gehabt hatten, wurden im Jahr 1984 die Konditionen dieser Kredite (im Zusammenhang mit mehrjährigen Umschuldungsvereinbarungen) allgemein gelockert.

Der Bestand ausstehender Konsortialkredite wurde per Ende 1982 auf etwa 125 Mrd Dollar geschätzt. Bis Ende 1984 war dieser Bestand jedoch fast auf 100 Mrd Dollar gesunken. Wenn die gegenwärtigen Schwierigkeiten an Brisanz verlieren, dürfte das Konsortialkreditgeschäft alten Stils wieder aufleben — doch wird es wohl kaum wieder seinen früheren

TABELLE 8.6A
Euro-Konsortialkredite an Entwicklungsländer, nach Regionen, 1972 bis 1984
(in Mrd $, soweit nicht anders angegeben)

Region	1972	1973	1974	1975	1976	1977	1978	1979	1980	1981	1982	1983	1984
Ostasien u. pazifischer Raum	0,40	0,5	2,0	3,3	2,9	2,4	7,5	7,6	8,8	10,7	10,3	7,7	7,4
In % des Gesamtbetrags	11	7	24	28	20	15	22	16	24	24	27	25	33
Europa u. Mittelmeerraum	0,60	0,8	1,2	0,5	0,6	0,9	2,3	6,6	3,9	3,5	3,2	2,9	2,2
In % des Gesamtbetrags	16	11	14	4	4	5	7	13	11	8	8	10	10
Lateinamerika und Karibik	2,00	3,4	4,5	6,0	8,7	9,0	17,4	26,0	19,9	24,9	22,2	15,0	11,4
In % des Gesamtbetrags	53	47	53	51	60	55	51	53	55	55	58	50	50
Andere Regionen[a]	0,80	2,6	0,8	1,9	2,4	4,1	6,9	8,8	3,6	5,8	2,6	4,6	1,7
In % des Gesamtbetrags	20	35	9	16	16	25	20	18	10	13	7	15	7
Entwicklungsländer insgesamt	3,80	7,3	8,5	11,7	14,6	16,4	34,1	49,0	36,2	44,9	38,3	30,2	22,7

a. Afrika südlich der Sahara, China, Indien, Naher Osten, Nordafrika und Südasien.
Quelle: OECD *Financial Market Trends.*

stellten auch im Zusammenhang mit IWF-Programmen zusätzliche Mittel zur Verfügung. An den neuen Krediten beteiligten sich die einzelnen Banken jeweils entsprechend ihrem Anteil an der gesamten Bankverschuldung des betreffenden Landes. Wenn auch nicht ganz problemlos, hat sich doch diese Methode der Lastenverteilung im allgemeinen als erfolgreich erwiesen.

Anfänglich wurden bei einigen Umschuldungen auch kurzfristige Bankkredite neben den im Verlauf von einem oder von zwei Jahren fällig werdenden langfristigen Bankschulden mit einbezogen. Der besondere Charakter der kurzfristigen Schulden und ihre Bedeutung für die Aufrechterhaltung des Außenhandels des Schuldnerlandes wurde jedoch bald von allen Beteiligten anerkannt. In jüngster Zeit haben die Banken die kurzfristigen Kredite separat behandelt oder kurzfristige Kreditfazilitäten eingeräumt. Die Banken haben auch realisiert, daß hohe Zinsspannen und Gebühren kontraproduktiv sein können. Im Jahr 1983, als größere Umschuldungsvereinbarungen mit Ländern wie Brasilien, Chile, Ecuador, Jugoslawien, Mexiko und Uruguay abgeschlossen wurden, lagen die Zinsspannen bei den umgeschuldeten Krediten zwischen 1⅞ und 2½ Prozentpunkten. Bei den in der zweiten Jahreshälfte von 1984 grundsätzlich vereinbarten Umschuldungen mit Argentinien, Mexiko und Venezuela wurden die Zinsspannen jedoch auf ⅞ bis 1¼ Prozentpunkte reduziert. Die Banken

Umfang erreichen. Wie in den Sonderbeiträgen 8.7 und 8.8 ausgeführt, gibt es eine wachsende Zahl von Finanzierungsinstrumenten, die als Ersatz für den Konsortialkredit dienen können. Aus der Sicht vieler erstklassiger Schuldner ist der Konsortialkredit nunmehr eine relativ teure Geldquelle. In der Tat wird davon berichtet, daß einige Banken bereits ihre Konsortialabteilungen aufgelöst und ihr Kreditgeschäft organisatorisch auf eine breitere Basis gestellt haben.

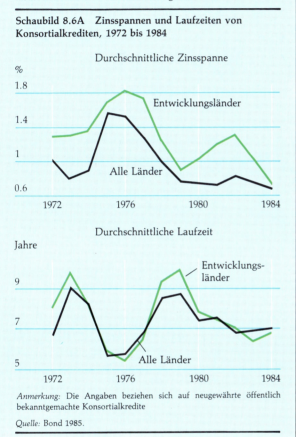

Schaubild 8.6A   Zinsspannen und Laufzeiten von Konsortialkrediten, 1972 bis 1984

Anmerkung: Die Angaben beziehen sich auf neugewährte öffentlich bekanntgemachte Konsortialkredite

Quelle: Bond 1985.

haben ihre Gebühren verringert oder ganz abgeschafft und manchmal auch auf die teure Zinsbindungsoption an den amerikanischen Zinssatz für erste Adressen verzichtet. Den Gläubigern wird außerdem die Möglichkeit eingeräumt, bei einem Teil ihrer Dollarkredite anstelle des Dollars ihre jeweilige Heimatwährung als Kreditwährung zu verwenden, wodurch die Zinskosten für die Schuldnerländer um einiges verringert werden könnten.

Die vielleicht wichtigste Entwicklung im Bereich der Umschuldung ist der Übergang zu mehrjährigen Vereinbarungen mit einigen Ländern, die bei der Anpassung ihrer Wirtschaft deutliche Fortschritte erzielt haben. Eine Häufung von Kreditfälligkeiten behindert die Wiederherstellung einer normalen marktmäßigen Geschäftsbeziehung zwischen einem umschuldenden Land und seinen Gläubigern. Die Vereinbarung mit Mexiko deckt die Fälligkeiten der öffentlichen Schulden bis zum Jahr 1990 ab und verteilt die Zahlungen über einen Zeitraum von vierzehn Jahren. Das Umschuldungsabkommen mit Venezuela erfaßt die Fälligkeiten öffentlicher Kredite bis zum Jahr 1988 und streckt die Zahlungen über 12½ Jahre. In beiden Fällen wird das Tilgungsprofil durch die Kombination einer langen Rückzahlungsfrist mit einer verkürzten tilgungsfreien Periode geglättet. Beide Vereinbarungen sehen vor, daß die wirtschaftliche Entwicklung des Schuldnerlandes laufend überwacht wird; die Banken wollten sichergehen, daß die umschuldenden Länder weiterhin an der Politik der Anpassung und wirtschaftlichen Reform festhalten. Im Falle Mexikos und Venezuelas werden den Banken die halbjährlichen Berichte über die Konsultationen zwischen den Behörden dieser Länder und dem Internationalen Währungsfonds zugänglich gemacht.

Die Banken der ersten Garnitur haben somit die Schuldendienstprobleme der Hauptschuldnerländer pragmatisch behandelt. Dagegen waren die Banken der zweiten Garnitur, die sich in diesen Ländern nicht so stark engagiert hatten, weniger bereit, den Umschuldungsvereinbarungen zuzustimmen, denn für die einzelne Bank bestand ein starker Anreiz, sich aus dem Kreditgeschäft mit den Problemländern zurückzuziehen.

Obwohl bei der Bewältigung der Schuldenkrise Fortschritte gemacht wurden, bleiben Probleme bestehen. So haben Banken und andere Gläubiger gelegentlich die Außenhandelsfinanzierung eingeschränkt, wenn ein Entwicklungsland in Schwierigkeiten geriet. Sie bestanden auf Garantien und bevorzugten öffentliche Schuldner. Sie zögerten auch deswegen mit der Kreditgewährung, weil sie befürchteten, daß die Bedienung der langfristigen öffentlichen Schulden bei der Devisenzuteilung Priorität erhalten könnte und kurzfristige kommerzielle Kredite bei Umschuldungen in langfristige Forderungen umgewandelt würden. Der Rückgang der kommerziellen Kreditgewährung hat den Schuldnern somit geschadet und die Entwicklungsländer bei der Beschaffung notwendiger Importe behindert.

Alles in allem, ist die Gewährung neuer Kredite durch die Banken ein unentbehrlicher Teil eines Finanzierungspaketes zur Unterstützung wirtschaftspolitischer Reformen. Auf Basis des jeweiligen Einzelfalles sollten mehrjährige Umschuldungsvereinbarungen in Erwägung gezogen werden, um

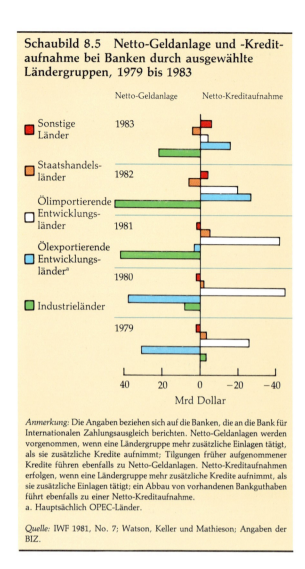

Schaubild 8.5 Netto-Geldanlage und -Kreditaufnahme bei Banken durch ausgewählte Ländergruppen, 1979 bis 1983

Anmerkung: Die Angaben beziehen sich auf die Banken, die an die Bank für Internationalen Zahlungsausgleich berichten. Netto-Geldanlagen werden vorgenommen, wenn eine Ländergruppe mehr zusätzliche Einlagen tätigt, als sie zusätzliche Kredite aufnimmt; Tilgungen früher aufgenommener Kredite führen ebenfalls zu Netto-Geldanlagen. Netto-Kreditaufnahmen erfolgen, wenn eine Ländergruppe mehr zusätzliche Kredite aufnimmt, als sie zusätzliche Einlagen tätigt; ein Abbau von vorhandenen Bankguthaben führt ebenfalls zu einer Netto-Kreditaufnahme.
a. Hauptsächlich OPEC-Länder.

Quelle: IWF 1981, No. 7; Watson, Keller und Mathieson; Angaben der BIZ.

das Schuldendienstprofil bei jenen Ländern zu glätten, die strukturelle Anpassungsprogramme durchführen.

Zugang zu den Wertpapiermärkten

Während die Banken ihre Geschäftsbeziehung zu den Entwicklungsländern überdenken, vollzieht sich ein bedeutsamer struktureller Wandel. Die Wertpapiermärkte — und die auf diesen Märkten tätigen Institutionen — haben an Gewicht gewonnen. Eine Reihe neuer Instrumente, wie die Fazilität zur Begebung von Notes (vgl. Sonderbeitrag 8.7), wurde entwickelt, die Charakteristika des Bankkredits und des Wertpapiers in sich vereinen. Diese Neuerungen erhöhen die Marktfähigkeit und damit die Liquidität internationaler Finanzaktiva. Vom Standpunkt der Banken aus gesehen, vermindern diese neuen Instrumente einige der Risiken, die mit dem Kreditgeschäft traditioneller Prägung verbunden sind. Jene Banken, die sich einen bedeutenden Marktanteil im internationalen Kreditgeschäft erhalten wollen, verlagern den Schwerpunkt ihres Geschäftes auf diese neuen Finanzierungsformen. Im internationalen Kreditgeschäft scheint sich ein Vordringen des Wertpapiers als Kreditinstrument abzuzeichnen, das die Modalitäten der privaten Kreditgewährung an Entwicklungsländer in Zukunft erheblich beeinflussen dürfte.

Ungeachtet der Entwicklung solcher Mischformen der Finanzierung haben die traditionellen internationalen Anleihemärkte in den letzten Jahren floriert. Der internationale Anleihemarkt setzt sich aus zwei Bereichen zusammen, dem Eurobond-Markt und den Märkten für Auslandsanleihen. Eurobond-Emissionen werden von einem internationalen Konsortium übernommen und gleichzeitig auf verschiedenen nationalen Märkten plaziert; sie unterliegen keinen offiziellen Kontrollen. Bei den Märkten für Auslandsanleihen handelt es sich einfach um inländische Anleihemärkte, zu denen ausländische Schuldner zugelassen sind. Auslandsanleihen lauten auf die Währung des jeweiligen Gastlandes, das von den Emittenten häufig die Erfüllung strenger Zulassungsnormen fordert.

Für Entwicklungsländer sind die internationalen Anleihemärkte hauptsächlich deshalb attraktiv, weil hier langfristige Gelder angeboten werden, und zwar entweder zu festen oder zu variablen Zinssätzen. Als Ländergruppe verfügen die Entwicklungsländer über einen indirekten Zugang zu den Anleihemärkten, denn die Weltbank und die regionalen Entwicklungsbanken nehmen dort in erheblichem Umfang Mittel auf, die sie an ihre Mitgliedsländer weiterleiten. Nur wenigen Entwicklungsländern aber gelang es, Gelder direkt an den Anleihemärkten aufzunehmen, und dies auch nur in kleinen Beträgen. Ausschlaggebend dafür ist vor allem das staatliche Risiko (beschrieben in Kapitel 6, Sonderbeitrag 6.4). Bei der Bewältigung des staatlichen Risikos befinden sich Anleihegläubiger in einer weit schwächeren Position als die Banken. Sie haben nur eine ganz vage Verbindung zu den Entwicklungsländern und damit auch praktisch keine Möglichkeit, im Falle einer Schuldenkrise Rückzahlungen einzutreiben. Bemerkenswerterweise haben aber die in Schwierigkeiten geratenen Entwicklungsländer die Bedienung ihrer ausstehenden Anleihen im Besitz von Nichtbanken fortgesetzt, um ihr Standing an den Anleihemärkten nicht aufs Spiel zu setzen.

In den sechziger und frühen siebziger Jahre machten die von den Entwicklungsländern emittier-

Sonderbeitrag 8.7 Größere Flexibilität im Kreditgeschäft der Banken

Zwei neue Finanzierungsinstrumente des Marktes bilden ein Beispiel für finanzielle Innovationen, die die Liquidität der Portefeuilles der Banken erhöhen können und dazu beitragen dürften, daß die Banken (insbesondere jene der zweiten Garnitur) weiterhin Kredite an Entwicklungsländer gewähren.

• Das *übertragbare Kreditinstrument* (transferable loan instrument, TLI). Das TLI ermöglicht in standardisierter Form die Übertragung von Kreditengagements von einem Erstkreditgeber auf den Sekundärmarkt. Letztlich wird durch die TLIs ein Sekundärmarkt für Bankkredite geschaffen. Hat eine Bank eine Kreditzusage erteilt, so kann sie ein oder mehrere TLIs an eine andere Bank oder eine andere Finanzinstitution verkaufen. Der Besitzer des TLI hat Anspruch auf die Zinsen und die anderen Vorteile aus dem zugrundeliegenden Kreditvertrag, so als ob er der Erstkreditgeber wäre. Das TLI kann in verschiedenen Stückelungen unter Einhaltung eines Mindestbetrags verkauft werden. Üblicherweise wird es durch eine einmalige Zahlung getilgt, und zwar zu einem Zeitpunkt, der sich nach dem Tilgungsplan des zugrundeliegenden Kredits bestimmt. Aus der Sicht des Kreditnehmers bleibt der ursprüngliche Kredit nach Betrag, Laufzeit und Konditionen unverändert. Vom Standpunkt des Geldgebers aus gesehen, eröffnen die TLIs den internationalen Banken eine größere Flexibilität im Aktivgeschäft. Da die TLIs in Paketen unterschiedlicher Laufzeit und Stückelung verkauft werden können, sind sie möglicherweise auch für die Banken der zweiten Garnitur eine attraktive Anlage.

Zwar wurden TLIs bisher nur im Kreditgeschäft mit Industrieländern verwendet, doch könnten sie auch in der Finanzierung von Entwicklungsländern ihren Platz finden. Schuldner und Gläubiger werden jedoch vorsichtig vorgehen müssen, damit nicht der Marktwert der Forderungen an Entwicklungsländer abrupt sinkt, wenn es zu einem Handel in TLIs kommt.

• Die *Fazilität zur Begebung von Notes* (note issuance facility, NIF). Die NIF vereinigt Merkmale des traditionellen Konsortialkredits und der Anleihe; sie gehört damit zu den Mischformen von Finanzierungsinstrumenten, die in jüngster Zeit an den Markt gekommen sind. Bei der NIF handelt es sich um einen mittelfristigen Kredit, der durch Emission kurzfristiger Papiere, üblicherweise mit einer Laufzeit von drei oder sechs Monaten, finanziert wird. Das Aufkommen der Mittel wird dem Kreditnehmer durch ein Bankenkonsortium garantiert, das zu jedem Prolongationstermin die nicht abgesetzten Notes übernimmt oder dem Kreditnehmer einen Bereitschaftskredit einräumt. Wenn der Kredit beansprucht wird, verkaufen die Konsortialbanken entweder die Notes oder nehmen sie in den eigenen Bestand. Dem Kreditnehmer wird die Verfügbarkeit langfristiger Mittel garantiert; die Konsorten erhalten ein liquides, marktfähiges Wertpapier, das für einen großen Kreis potentieller Investoren attraktiv sein mag. Die Fazilität bietet dem Kreditnehmer den zusätzlichen Vorteil, daß sie erheblich billiger sein kann als der übliche Eurokredit. Solche Euronotes-Fazilitäten wurden in jüngster Zeit beispielsweise für die Korea Exchange Bank und die Republik Portugal vereinbart.

Die rasche Expansion der NIFs und anderer Mischformen — ihr Volumen betrug im Jahr 1983 insgesamt 9,5 Mrd Dollar und erreichte 1984 schätzungsweise 20 Mrd Dollar — hat bei den Aufsichtsbehörden zu Bedenken geführt. Sollte nämlich ein Schuldner (etwa wegen eines plötzlichen Bonitätsverlustes) seine Euronotes nicht am Markt unterbringen können, so wären die Banken gezwungen, solche risikoträchtigen Forderungen selbst zu übernehmen.

---

ten Anleihen im Durchschnitt kaum mehr als 3 Prozent der gesamten Emissionen aus (vgl. Tabelle 8.1). Bis 1978 hatten die Entwicklungsländer den Umfang ihrer Neuemissionen auf 5,2 Mrd Dollar und ihren Marktanteil auf 15 Prozent gesteigert. In den Jahren 1979 und 1980 jedoch fielen ihr Emissionsvolumen und ihr Marktanteil scharf zurück und erholten sich 1981 nur geringfügig. Seitdem waren nur Entwicklungsländer, die nicht in Zahlungsschwierigkeiten geraten waren, in der Lage, sich Mittel auf den Anleihemärkten zu beschaffen. Im Jahr 1984 legten sie Anleihen in Höhe von 3,8 Mrd Dollar auf, wovon der Löwenanteil auf zehn Länder entfiel.

Die Emissionschancen der Entwicklungsländer auf den Anleihemärkten sind am größten, wenn an den Märkten eine freundliche Grundstimmung herrscht und Emittenten höherer Bonität ihnen wenig Konkurrenz machen. Die Märkte für festverzinsliche Papiere sind bei relativ niedrigen und stabilen Inflationsraten am aufnahmefähigsten.

Auch die Zinsstruktur beeinflußt die Emissionschancen festverzinslicher Anleihen: Wenn die kurzfristigen Zinssätze die langfristigen übertreffen, lassen sich Neuemissionen nur schwer unterbringen. Was den Wettbewerb durch andere Emittenten betrifft, so hängt dieser auch vom Verhalten der Regierung des Gastlandes ab. Verschuldet sich der Staat zur Finanzierung seines Haushaltsdefizits in großem Umfang, so wird er wahrscheinlich andere Schuldner vom Kapitalmarkt verdrängen. Weist jedoch ein Gastland eine starke Leistungsbilanz auf und will es den Kapitalexport fördern, gewährt es oft ausländischen Schuldnern Zugang zu seinem Kapitalmarkt.

Ein anderer seit langem eingeführter Wertpapiertyp, der für die Entwicklungsländer zunehmend an Bedeutung gewinnen könnte, ist die variabel verzinsliche Anleihe (floating rate note, FRN). Solche Anleihen waren in den letzten Jahren auf dem Eurobond-Markt und verschiedenen Märkten für Auslandsanleihen sehr erfolgreich (vgl. Tabelle 8.1

TABELLE 8.1
Internationale Anleiheemissionen und -plazierungen, 1965, 1970 und 1975 bis 1984
(in Mrd $, soweit nicht anders angegeben)

Art der Emission oder Plazierung	1965	1970	1975	1976	1977	1978	1979	1980	1981	1982	1983	1984
Emissionen bzw. Plazierungen auf Auslandsmärkten	2,4	2,4	12,3	18,9	16,6	20,7	20,3	17,9	20,5	25,2	27,1	27,8
Betrag der Emissionen von Entwicklungsländern	0,1	0,1	0,5	0,9	1,6	2,2	1,2	0,6	1,1	0,6	0,6	1,2
Anteil der Emissionen von Entwicklungsländern, in %	4,2	4,2	4,1	4,8	9,6	10,6	5,9	3,4	5,4	2,4	2,2	4,3
Emissionen auf dem Eurobond-Markt	0,9	3,5	10,5	15,4	19,5	14,9	18,6	20,4	31,3	50,3	50,1	81,7
Betrag der Emissionen von Entwicklungsländern	0	0,1	0,2	1,1	2,5	3,0	1,9	1,2	3,1	3,7	2,1	2,6
Anteil der Emissionen von Entwicklungsländern, in %	0	2,9	1,9	7,1	12,8	20,1	10,2	5,9	9,9	7,4	4,2	3,2
Internationale Anleiheemissionen insgesamt	3,3	5,9	22,8	34,3	36,1	35,6	33,9	38,3	51,8	75,5	77,2	109,5
Betrag der Emissionen von Entwicklungsländern	0,1	0,2	0,7	2,0	4,1	5,2	3,1	1,8	4,2	4,3	2,7	3,8
Anteil der Emissionen von Entwicklungsländern, in %	3,0	3,4	3,1	5,8	11,4	14,6	8,0	4,7	8,1	5,7	3,5	3,5
Emissionen variabel verzinslicher Anleihen												
Gesamtbetrag	..	..	0,3	1,4	2,2	2,9	4,2	4,8	11,3	15,3	19,5	38,2
Anteil am gesamten Emissionsvolumen, in %	..	..	1,3	4,1	6,1	8,1	10,8	12,5	21,8	20,3	25,2	34,9

Anmerkung: Differenzen in den Summen durch Runden der Zahlen.
Quelle: OECD *Financial Statistics* 1971; OECD *Financial Market Trends* 1984.

Sonderbeitrag 8.8 Variabel verzinsliche Anleihen

Die erste variabel verzinsliche Anleihe (floating rate note, FRN) wurde im Jahr 1970 am Eurodollar-Markt aufgelegt. Wie das Schaubild 8.8A zeigt, nahm das Emissionsvolumen solcher Anleihen bis in die späten siebziger Jahre relativ langsam zu, doch kam es in den letzten vier Jahren zu einem dramatischen Wachstum.

Zu den Emittenten von FRNs gehören private Unternehmen ebenso wie Geschäftsbanken und Regierungen. Nur wenige Entwicklungsländer waren unter den Emittenten: Mexiko und Brasilien, bevor sie 1982 mit ihrem Schuldendienst in Schwierigkeiten gerieten, und seitdem hauptsächlich jene ostasiatischen Länder, die sich aus der Schuldenkrise heraushalten konnten. Einige Entwicklungsländer — wie jüngst Malaysia und Thailand — können sich nunmehr durch Emission von FRNs Geld billiger beschaffen als über Konsortialkredite. Institutionelle Anleger und Privatpersonen haben FRNs erworben, doch sind die Geschäftsbanken die wichtigste Käufergruppe. Sie haben rund 70 Prozent aller FRNs übernommen, entweder zu Anlagezwecken (als Gegenposten zu ihren variabel verzinslichen Einlagen) oder als Alternative zur Gewährung von Konsortialkrediten.

Bei einer Verbesserung ihrer Kreditwürdigkeit dürfte es den Entwicklungsländern möglich sein, diesen Markt noch stärker in Anspruch zu nehmen. Durch die Emission einer variabel verzinslichen Anleihe übernimmt freilich der Schuldner das Zinsänderungsrisiko.

Schaubild 8.8A Das Wachstum des Marktes für variabel verzinsliche Anleihen, 1975 bis 1984

Quelle: OECD *Financial Market Trends*.

Sonderbeitrag 8.9 Kofinanzierung der Weltbank

Seit langem fordert die Weltbank andere Geldgeber — Einrichtungen der bilateralen Entwicklungshilfe, offizielle Exportfinanzierungsstellen und Banken — dazu auf, Finanzierungen gemeinsam mit der Bank vorzunehmen. Von 1975 bis 1984 hat sich die Zahl der Projekte mit Kofinanzierung beinahe verdoppelt; das jährliche Volumen der Kofinanzierung betrug in diesem Zeitraum durchschnittlich 3,6 Mrd Dollar (vgl. Tabelle 8.9A).

Welche Partner sich an der Kofinanzierung beteiligen, hängt weitgehend von dem jeweilgen Kreditnehmer ab. Im Fall der ärmsten Länder stammen die Mittel der Kofinanzierung vor allem von Geldgebern, die konzessionäre Kredite anbieten können, während bei kreditwürdigen Entwicklungsländern die Weltbank versucht, Geschäftsbanken und offizielle Exportfinanzierungsstellen als Kofinanziers zu gewinnen. In den letzten Jahren haben die zur Kofinanzierung von Projekten der Weltbank eingesetzten Exportfinanzierungsmittel an Bedeutung gewonnen, doch machen sie bisher nur einen geringen Teil der gesamten langfristigen Exportkredite aus, die jährlich von Geldgebern der Industrieländer an Entwicklungsländer gewährt werden. In Anbetracht der begrenzten Mittel der öffentlichen Entwicklungshilfe und des vorsichtigen Verhaltens der Geschäftsbanken bei der Ausweitung ihres internationalen Engagements könnten künftig Mittel des Exportkredits bei der Kofinanzierung eine größere Rolle spielen. Die Bank geht in diesem Bereich nunmehr gezielt vor, um den Kreditnehmern Exportkredite in größerem Umfang und eventuell zu besseren Konditionen zu verschaffen.

Die Kofinanzierung mit Geschäftsbanken ist eine relativ neue Entwicklung. Mitte der siebziger Jahre gewährten die Banken ihre Kredite parallel zu den Standarddarlehen der Weltbank (die in diesem Zusammenhang als A-Darlehen bezeichnet werden), teils mit, teils ohne eine fakultative reziproke Verzugsklausel oder eine förmliche Vereinbarung mit der Weltbank. Im Jahr 1983 führte die Weltbank dann ihre B-Darlehen ein, deren Bedingungen und Konditionen enger auf die Kredite der Kofinanziers abgestimmt sind.

Bei den B-Darlehen werden drei Varianten angeboten, welche die Palette der Kofinanzierungsinstrumente erweitern und allen drei Vertragspartnern — den Kreditnehmern, den Kofinanziers und der Bank — Vorteile bringen sollen. Es handelt sich um folgenden Konstruktionen: (a) Die Weltbank beteiligt sich unmittelbar an den späten Fälligkeiten des B-Darlehens, mit der Option, ihren Anteil ganz oder teilweise zu verkaufen; (b) die Weltbank garantiert die späten Fälligkeiten mit der Möglichkeit, durch Übernahme dieser Fälligkeiten ganz oder teilweise von der Garantie freigestellt zu werden; (c) die Weltbank übernimmt eine bedingte Verpflichtung, den bei Endfälligkeit noch ausstehenden Betrag eines Kredits zu finanzieren, wenn ein gleichbleibender jährlicher Schuldendienst vereinbart wird, der sich aus variablen Zinszahlungen und dementsprechend veränderlichen Tilgungsbeträgen zusammensetzt. Trotz der Finanzprobleme der letzten Jahre fanden diese neuen Kreditinstrumente auf den Märkten im allgemeinen eine günstige Aufnahme. Bisher sind hierdurch Kofinanzierungen von insgesamt über 1 Mrd Dollar zustande gekommen.

TABELLE 8.9A
Kofinanzierungen der Weltbank, 1975 bis 1984
(in Mrd $, soweit nicht anders angegeben)

Geschäftsjahr	Zahl der Projekte mit Kofinanzierung	Beitrag der Kofinanziers				Beitrag der Bank		Gesamte Projektkosten
		Geschäftsbanken	Exportkreditstellen	Andere öffentliche Stellen	insgesamt	IBRD	IDA	
1975	51	0,1	1,0	0,9	1,9	1,0	0,3	8,8
1976	67	0,3	0,9	1,1	2,2	1,6	0,4	9,6
1977	78	0,7	0,2	1,5	2,4	1,9	0,7	10,0
1978	79	0,2	0,5	1,8	2,5	1,7	0,8	11,4
1979	105	0,5	0,3	2,0	2,8	3,0	1,1	13,3
1980	86	1,7	1,6	2,6	5,9	3,0	1,6	20,3
1981	72	1,1	0,5	1,5	3,1	2,6	1,5	15,1
1982	98	1,2	1,8	2,2	5,3	4,1	1,2	20,0
1983	84	1,1	3,0	1,8	5,7	3,3	1,1	20,8
1984	98	1,1	0,9	2,0	4,0	4,6	1,3	21,7

Anmerkung: Differenzen in den Summen durch Runden der Zahlen. Die angegebenen Beträge beziehen sich auf die privaten Kofinanzierungen wie sie in den Finanzplänen zum Zeitpunkt der Genehmigung von A-Darlehen durch das Exekutivdirektorium vorgesehen sind. Die Angaben beziehen sich nicht auf die während des jeweiligen Geschäftsjahrs unterzeichneten privaten Kofinanzierungskredite. Nähere Angaben zu den Kofinanzierungen finden sich auch in den *Jahresberichten* der Weltbank.
Quelle: Weltbank.

und Sonderbeitrag 8.8). Sie haben zur Expansion der Anleihemärkte erheblich beigetragen. Da die variabel verzinslichen Anleihen leichter plazierbar sein können als festverzinsliche Papiere, eröffnen solche Emissionen manchen Entwicklungsländern die Möglichkeit, sich für den Markt festverzinslicher Papiere zu qualifizieren.

Fazit

Insgesamt gesehen hat das Wachstum der internationalen Bankkredite während der letzten fünfzehn Jahre den Entwicklungsländern Vorteile gebracht, auch wenn sie sich in jüngster Zeit schwierigen Anpassungen ihrer Wirtschaft zu unterziehen hatten. Während der siebziger Jahre wendete das Recycling der OPEC-Überschüsse durch die Banken eine Entwicklung ab, die sonst wohl zu einer noch tieferen Rezession der Weltwirtschaft geführt hätte. Darüber hinaus unterstützten die Banken die kräftige Expansion des Welthandels, indem sie handelsbegleitende Finanzierungen zur Verfügung stellten. Die Innovationen im Bankgeschäft leisteten auch einen Beitrag zu der flexiblen Reaktion des internationalen Finanzsystems auf die Kreditnachfrage der Entwicklungsländer während der siebziger Jahre. Der „Herdentrieb" der Banken untergrub jedoch von Zeit zu Zeit die Stabilität der Finanzbeziehungen zu den Entwicklungsländern. In der letzten Zeit waren die Banken bereit, im Zusammenhang mit IWF-Programmen zusätzliche Gelder zur Verfügung zu stellen. Außerdem hatte das Vorherrschen der variabel verzinslichen Mittel in der Kreditgewährung zur Folge, daß die Entwicklungsländer von den Schwankungen der Wirtschaftspolitik der Industrieländer abhängig wurden.

Die Entwicklung der internationalen Finanzmärkte dürfte für den Rest dieses Jahrzehnts von mehreren Faktoren beeinflußt werden. Nach zehn Jahren eines einzigartigen Wachstums auf einem äußerst wettbewerbsintensiven Markt überdenken die internationalen Banken nunmehr die Grundsätze ihrer Geschäftspolitik. Es läßt sich noch nicht absehen, ob hinter ihrer gegenwärtigen Vorsicht eine nachhaltige Umorientierung in Richtung einer langsameren Ausweitung ihres internationalen Kreditgeschäftes steht oder ob es sich nur um eine Konsolidierungsphase handelt, der eine neue Kreditexpansion folgt. Offensichtlich aber müssen die internationalen Banken neue Wege der Zusammenarbeit finden — und zwar untereinander, mit den Internationalen Währungsfonds, mit ihren jeweiligen Zentralbanken und mit ihren Großschuldnern in der Dritten Welt. Die Banken zeigen auch ein erneutes Interesse an projektgebundener Finanzierung und arbeiten hier mit der Weltbank im Rahmen der Kofinanzierung zusammen (vgl. Sonderbeitrag 8.9). Außerdem suchen die Banken nach Mitteln zur Bewältigung verschiedener Risiken des internationalen Kreditgeschäfts.

Trotz all ihrer jüngsten Probleme brauchen die Entwicklungsländer zur Wiederaufnahme ihres Wachstumsprozesses einen kontinuierlichen Zufluß von Bankkrediten. Damit dieser zustande kommt, müssen die Entwicklungsländer ihre Kreditwürdigkeit wiederherstellen — was sowohl von ihrer eigenen Wirtschaftspolitik als auch von der Dynamik und Stabilität des weltwirtschaftlichen Wachstumsprozesses abhängt. Da die Banken bei jedem Kredit Ertrag und Risiko sehr genau abwägen, würde eine verbesserte Kreditwürdigkeit das Risiko vermindern und die Attraktivität von Krediten an Entwicklungsländer erhöhen. Darüber hinaus sind für die Wiederaufnahme der Kreditgewährung durch die Banken folgende Faktoren entscheidend:

• *Die Fähigkeit der Banken, ihre Kapitalbasis aufzustocken.* Dieser Prozeß scheint bei den amerikanischen Banken bereits in Gang gekommen zu sein, was insofern bedeutsam ist, als diese Banken in der Vergangenheit zu den wichtigsten Kreditgebern der Entwicklungsländer gehörten. Ihr Eigenkapital wuchs in den Jahren 1982 bis 1984 um etwa 12 Prozent jährlich, und ihre Eigenkapitalquoten sind markant gestiegen. Gemessen am Eigenkapital hat das Engagement der amerikanischen Banken in den Entwicklungsländern von 1982 bis 1984 erheblich abgenommen. Ob diese Entwicklung eine zunehmende Kreditgewährung an die Länder der Dritten Welt einleitet, wird von der relativen Attraktivität des heimischen Kreditgeschäfts in der gegenwärtigen Liberalisierungsphase der amerikanischen Finanzmärkte abhängen. Die Eigenkapitalposition der nicht-amerikanischen Banken würde sich ebenfalls verbessern, wenn es zu merklicher Abwertung des Dollars am Devisenmarkt käme.

• *Das Ausmaß, in dem die Entwicklungsländer von neuen Finanzierungsinstrumenten Gebrauch machen können.* Diese Instrumente, wie sie gegenwärtig von den internationalen Märkten hervorgebracht werden, dürften dazu beitragen, daß Banken der zweiten Garnitur und Institutionen des Nichtbankensektors sich weiterhin am internationalen Kreditgeschäft beteiligen oder sich hier verstärkt engagieren.

• *Die Entwicklung eines funktionsfähigen Sekundärmarktes für Bankkredite.* Durch die Kreditgewährung legen sich die Banken, wenn auch zu einem variablen Zinssatz, in der Regel für die Laufzeit des Kredites fest, so daß sie ihr Engagement nur begrenzt an veränderte Bedingungen anpassen können. Dies verstärkt ihre Zurückhaltung gegenüber einer Ausweitung des Engagements. Ein Sekundärmarkt könnte den Kreditmarkt dadurch verbreitern, daß zusätzliche Anlegerschichten für die Übernahme von Forderungen gegenüber den Entwicklungsländern gewonnen werden. Ohne einen entwickelten Sekundärmarkt fehlen brauchbare Maßstäbe für eine Bewertung von Aktiva, welche die kollektive Risikoeinschätzung des Marktes zum Ausdruck bringt. Letztlich dürfte dies die Schwankungen des Kreditangebots vergrößern. Sekundärmärkte für Kredite an Entwicklungsländer sind jedoch nicht unumstritten. So wollen beispielsweise die Banken die Wertschwankungen ihrer Aktiva nicht publik werden lassen; die Kreditnehmer andererseits machen sich Sorgen über das Management ihrer im Sekundärmarkt plazierten Schulden. Darüber hinaus könnte die am Sekundärmarkt erfolgende Bewertung der Bonität die Notwendigkeit von Anpassungsmaßnahmen signalisieren, wenn sich ein Schuldenproblem einstellt. Die Ausweitung der Sekundärmärkte ist erwünscht, sie muß sich aber in einem schrittweisen Prozeß vollziehen, der sowohl Gläubigern und Schuldnern als auch den Bankenaufsichtsbehörden genügend Zeit läßt, ihre jeweiligen Aufgaben abzugrenzen und sich dann darauf einzustellen. Bei einer unkontrollierten Entstehung von Sekundärmärkten könnten beispielsweise die Banken zu umfangreichen Wertberichtigungen gezwungen sein, was ihre Möglichkeiten zur Bereitstellung neuer Mittel einschränken würde.

Die internationalen Anleihemärkte dürften weiterhin florieren, wie dies schon in den vergangenen drei Jahren der Fall war. Auf den Märkten für festverzinsliche Papiere wird das günstige Klima nur bei niedrigen Inflationsraten anhalten. Variabel verzinsliche Anleihen werden wahrscheinlich auf absehbare Zeit ein charakteristisches Element der Anleihemärkte bleiben. Möglicherweise wird sich der Schwerpunkt der Kreditgewährung an Entwicklungsländer zu den neuen Finanzierungsinstrumenten im kürzerfristigen Segment der Wertpapiermärkte verlagern. Der Wiederherstellung der Kreditwürdigkeit der Entwicklungsländer kommt für ihren Zugang zu den Wertpapiermärkten eine Schlüsselrolle zu.

9 Direkt- und Portfolioinvestitionen

Während des größten Teils des zwanzigsten Jahrhunderts waren Direktinvestitionen für die in Entwicklung begriffenen Länder eine wichtige Quelle von Kapital, Technologie und Sachverstand. Zu Anfang des Jahrhunderts errichteten ausländische Geldgeber Eisenbahnlinien, gründeten Stromversorgungsunternehmen und investierten in Plantagen und Bergwerken, die für den Export produzierten. In der Folgezeit wurden Direktinvestitionen zunehmend in der verarbeitenden Industrie und im Dienstleistungssektor vorgenommen. Bei den Portfolioinvestitionen handelt es sich dagegen um ein relativ neues Phänomen, das erst mit dem Aufkommen großer Publikumsgesellschaften in den Entwicklungsländern und der Entstehung von einheimischen Aktienmärkten bedeutsam wurde. Bei Direktinvestitionen erwirbt der Investor üblicherweise eine Beteiligung sowie einen maßgeblichen Einfluß auf die Geschäftsführung des betreffenden Unternehmens, während Portfolioinvestitionen zwar mit einem Anteil am Eigentum, aber nicht mit einem spürbaren Einfluß auf die Geschäftsführung verbunden sind.

Zahlreiche Entwicklungsländer haben in der jüngsten Zeit wirtschaftspolitische Reformen durchgeführt, die unter anderem auch mehr Spielraum für die privatwirtschaftliche Initiative eröffnen. Sie verhalten sich auch gegenüber ausländischen Direktinvestitionen aufgeschlossener, nachdem die Kreditgewährung der Banken zurückgegangen ist. Vor diesem veränderten Hintergrund untersucht das vorliegende Kapitel, ob durch Beteiligungsfinanzierungen verstärkt Auslandsgeld für die Entwicklungsländer bereitgestellt werden kann. Die Schlußfolgerung lautet, daß die Beteiligungsfinanzierung für die Entwicklungsländer nützlich ist und daß sie in der Tat ausgeweitet werden kann, daß sie aber die Kreditgewährung der Banken in erster Linie ergänzt und nicht ersetzt. Da diese Investitionen sich auf wenige Länder und Sektoren konzentrieren, ist das Potential für ihre Ausweitung begrenzt. Um dieses Potential voll auszuschöpfen, müssen die Entwicklungsländer eine Wirtschaftspolitik verfolgen, die den Außenhandel fördert, und ein stabiles wirtschaftliches und politisches Umfeld schaffen, in dem Auslandskapital nicht diskriminiert wird. Die Industrieländer ihrerseits können die Direktinvestitionen in den Entwicklungsländern durch eine liberale Handels- und Investitionspolitik unterstützen.

Merkmale und Bedeutung der Direktinvestitionen

Anders als bei der Kreditgewährung der Banken werden durch Direktinvestitionen finanzielle Mittel im Verbund mit Technologie und Management zur Verfügung gestellt, die beide zu einer gesteigerten Kapitalproduktivität beitragen können. Außerdem beteiligt sich Direktinvestitionskapital ebenso wie Portfoliokapital unmittelbar an den Risiken und den Erträgen des jeweiligen Projektes. Der Geldwert von Direktinvestitionen gibt deshalb üblicherweise ihren Gesamtnutzen für das Empfängerland nicht voll wieder.

Direktinvestitionen sind nicht notwendigerweise eine Alternative zu anderen Formen des Auslandskapitals, vielmehr ergänzen sie diese. So stammten nur etwa 60 Prozent der Auslandsfinanzierung der lateinamerikanischen Tochtergesellschaften amerikanischer Firmen von den Müttern. Der Rest kam von Geschäftsbanken (sowohl einheimischen als auch ausländischen) und aus Handelskrediten. Etwa drei Viertel der gesamten Kreditaufnahmen dieser Tochtergesellschaften entfielen auf Handelskredite. Andere Formen des Auslandskapitals — wie die bilaterale und multilaterale Entwicklungshilfe — haben ebenfalls die Vornahme von Direktinvestitionen erleichtert, da sie zur Entstehung von Investitionsmöglichkeiten beitrugen und die notwendige Infrastruktur finanzierten.

Der ganz überwiegende Teil aller Direktinvestitionen wird von einer relativ kleinen Zahl großer Firmen vorgenommen. Die 380 größten transnatio-

TABELLE 9.1
Ausländische Direktinvestitionen in ausgewählten Ländergruppen, 1965 bis 1983

Ländergruppe	Durchschnittlicher jährlicher Betrag (in Mrd $)[a]				Anteil am Gesamtbetrag (in %)			
	1965—69	1970—74	1975—79	1980—83	1965—69	1970—74	1975—79	1980—83
Industrieländer	5,2	11,0	18,4	31,3	79	86	72	63
Entwicklungsländer	1,2	2,8	6,6	13,4	18	22	26	27
Lateinamerika und Karibik	0,8	1,4	3,4	6,7	12	11	13	14
Afrika	0,2	0,6	1,0	1,4	3	5	4	3
Asien, einschl. Naher Osten	0,2	0,8	2,2	5,2	3	6	9	11
Andere Länder sowie geschätzte nicht erfaßte Mittelzuflüsse	0,2	—1,0	0,6	4,8	3	—8	2	10
Insgesamt[b]	6,6	12,8	25,6	49,4	100	100	100	100

a. Aus Angaben in Mrd SZR umgerechnet in Mrd US-Dollar auf Grundlage durchschnittlicher Wechselkurse wie in den IFS des IWF angegeben.
b. Einschließlich der vom IWF geschätzten Beträge nicht erfaßter Direktinvestitionen.
Quelle: Für 1965 bis 1979: U.S. Department of Commerce 1984, Tabelle 4; für 1980 bis 1983: IWF *Balance of Payments Statistics Yearbook* 1984.

nalen Unternehmen wiesen im Jahr 1980 einen Auslandsumsatz von insgesamt etwa 1000 Mrd Dollar auf, dies entsprach etwa rund 3 Mrd Dollar je Firma. In der Regel werden die Direktinvestitionen dieser Firmen von den natürlichen Ressourcen eines Landes oder dessen günstigen wirtschaftlichen Rahmenbedingungen angezogen; gelegentlich spielen auch besondere Investitionsanreize der Gastländer eine Rolle.

Ein häufiges Motiv für die Vornahme von Direktinvestitionen ist die Gefährdung eines bestehenden Exportmarktes. Diese Gefahr kann entweder von einem Wettbewerber oder von Maßnahmen ausgehen, durch die ausländischen Anbietern der Zugang zum Markt versperrt wird. Solche Handelsschranken lassen sich nur dadurch umgehen, daß man sich hinter ihnen plaziert. Auch substantielle Kostenvorteile der Auslandsproduktion sind ein wichtiges Motiv für Direktinvestitionen. In der verarbeitenden Industrie und im Dienstleistungssektor werden Direktinvestitionen oft von Firmen vorgenommen, die über einen bestimmten Wettbewerbsvorteil verfügen, den sie am besten ausspielen können, wenn sie die Kontrolle über ihre Auslandsniederlassungen behalten. Solche Wettbewerbsvorteile können in einem hochwertigen Produkt oder einem überlegenen Produktionsverfahren bestehen, oder auch in einem Produkt, das gegenüber dem Angebot der Konkurrenz differenziert werden kann.

Wachstum und Konzentration

Zwar stieg der Nominalwert der Direktinvestitionen in den Entwicklungsländern zwischen 1967 und 1982 durchschnittlich um 10 Prozent jährlich, doch nahmen die Direktinvestitionen real betrachtet praktisch nicht zu. Im Gegensatz dazu wuchs die mittel- und langfristige private Kreditgewährung an die Entwicklungsländer in der gleichen Zeit, real betrachtet, um 9,5 Prozent jährlich. Mehr als die Hälfte der statistisch erfaßten Direktinvestitionen entfällt gegenwärtig auf die reinvestierten Gewinne bestehender Auslandsniederlassungen.

Wie Tabelle 9.1 zeigt, flossen seit 1965 durchschnittlich drei Viertel aller weltweit vorgenommenen Direktinvestitionen in die Industrieländer. Der restliche Teil konzentrierte sich ganz überwiegend

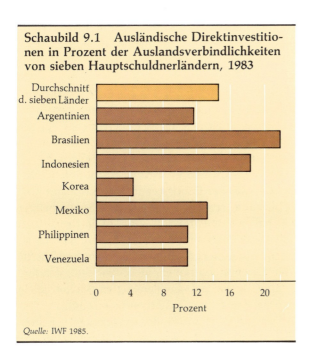

Schaubild 9.1 Ausländische Direktinvestitionen in Prozent der Auslandsverbindlichkeiten von sieben Hauptschuldnerländern, 1983

Quelle: IWF 1985.

Sonderbeitrag 9.1 Ausländische Direktinvestitionen in Brasilien

Brasilien hat mehr ausländische Direktinvestitionen erhalten als jedes andere Entwicklungsland. Ende 1983 belief sich der Bestand ausländischer Direktinvestitionen in Brasilien auf insgesamt fast 22,3 Mrd Dollar. Dies ist ein hoher Betrag, auch wenn man berücksichtigt, daß Brasilien viel größer ist als manches andere Entwicklungsland. Das zweitwichtigste Empfängerland, Mexiko, wies nur einen halb so großen Bestand an Direktinvestitionen auf. Brasilien verzeichnete während der letzten zehn Jahre laufend Netto-Kapitalimporte durch Direktinvestitionen, die außerdem fast jedes Jahr — ausgenommen 1980 und 1983 — zunahmen. Etwa zwei Drittel dieser Direktinvestitionen waren Neuanlagen, der Rest stammte aus reinvestierten Gewinnen. Zwar expandierten die Direktinvestitionen bei weitem nicht so rasch wie andere Formen des Kapitalimports, doch entwickelten sie sich wesentlich stetiger (vgl. Schaubild 9.1 A).

Für ausländische Investoren ist Brasilien unter anderem wegen seines großen und wachsenden Binnenmarktes und seiner im allgemeinen gegenüber dem Auslandskapital aufgeschlossenen Politik attraktiv. Die meisten ausländischen Investitionen unterliegen keinen Beschränkungen, wenngleich einige Bereiche — wie Produktion und Vertrieb von Mini- und Kleincomputern — streng kontrolliert und zunehmend Firmen im brasilianischen Besitz vorbehalten werden.

Die Vereinigten Staaten sind mit einem Anteil von etwa einem Drittel der gesamten Aktiva das bedeutendste einzelne Herkunftsland der Auslandsinvestitionen in Brasilien; ihr Anteil ist in letzter Zeit weiter gestiegen. Die Bundesrepublik Deutschland liegt mit etwa 13 Prozent auf dem zweiten Platz, gefolgt von Japan mit 9 Prozent.

Fast 75 Prozent aller Direktinvestitionen in Brasilien entfallen auf die verarbeitende Industrie, deren ausländische Firmen in der Gesamtwirtschaft ein großes Gewicht haben. Nach einer Schätzung des Zentrums für transnationale Gesellschaften der VN stammten im Jahr 1977 fast 45 Prozent aller auf dem Binnenmarkt verkauften Industrieprodukte von auslandsbeherrschten Gesellschaften. Am Export von Industrieerzeugnissen scheinen sie mit einem ähnlichen Anteil partizipiert zu haben

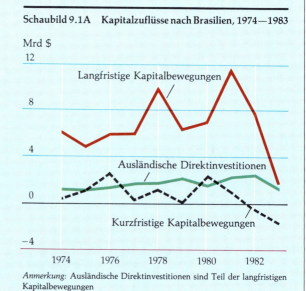

Schaubild 9.1A Kapitalzuflüsse nach Brasilien, 1974—1983

Anmerkung: Ausländische Direktinvestitionen sind Teil der langfristigen Kapitalbewegungen

Quelle: IWF *Balance of Payments Yearbook* 1978; IWF *Balance of Payments Statistics* 1984.

---

auf wenige Entwicklungsländer, vor allem auf die asiatischen und lateinamerikanischen Länder mit höherem Einkommen. Insbesondere in Brasilien (vgl. Sonderbeitrag 9.1) und Mexiko wurden Direktinvestitionen in großem Umfang vorgenommen. Innerhalb Asiens waren Hongkong, Malaysia, die Philippinen und Singapur die bedeutendsten Zielländer; auf Singapur allein entfiel dabei in den letzten Jahren fast die Hälfte aller in Asien vorgenommenen Direktinvestitionen. Zwischen den hoch verschuldeten Entwicklungsländern gibt es markante Unterschiede im Anteil der Direktinvestitionen an den gesamten Auslandsverbindlichkeiten (vgl. Schaubild 9.1).

Den Ländern mit niedrigem Einkommen ist durch Direktinvestitionen nur sehr wenig Kapital zugeflossen. Dies hängt in vielen Fällen mit der geringen Größe ihrer einheimischen Märkte oder dem Mangel an qualifizierten Arbeitskräften zusammen; im Fall Indiens spiegelt sich hierin teils eine Industriepolitik wider, die besonders den öffentlichen Sektor förderte, teils aber auch der Wunsch nach wirtschaftlicher Unabhängigkeit (vgl. Sonderbeitrag 9.2).

Die Direktinvestitionen in den Entwicklungsländern stammen nahezu vollständig aus den Industrieländern. Firmen aus den Vereinigten Staaten und aus Großbritannien sind zwar die wichtigsten Investoren in den Entwicklungsländern, doch haben sie relativ an Bedeutung eingebüßt. Gesellschaften aus der Bundesrepublik Deutschland und — bis vor kurzem — aus Japan (vgl. Sonderbeitrag 9.3) haben ihre Direktinvestitionen in der Dritten Welt stark ausgeweitet. Die genannten vier Länder haben zusammengenommen mehr als drei Viertel aller Direktinvestitionen in Entwicklungsländern getätigt, wobei auf die Vereinigten Staaten allein fast die Hälfte des Gesamtbetrages entfällt.

Fast alle Herkunftsländer bevorzugen bei ihren Direktinvestitionen bestimmte Zielländer in der

Sonderbeitrag 9.2 Ausländische Direktinvestitionen in Indien

Die Regierung Indiens verhielt sich lange gegenüber dem Auslandskapital reserviert. Seit jüngstem wird jedoch anerkannt, daß Gemeinschaftsunternehmen — oder Kooperationsvereinbarungen — dazu beitragen können, neue Technologien ins Land zu bringen, die Exporte zu steigern und zusätzliche Arbeitsplätze zu schaffen (vgl. Schaubild 9.2 A). Man hat deshalb begonnen, die Vorschriften zu lockern.

- Zwar entfällt auf ausländische Direktinvestitionen bisher erst ein kleiner Teil der gesamten Kapitalimporte Indiens, doch hat in den letzten Jahren die Zahl der Gemeinschaftsunternehmen und der Umfang der genehmigten Investitionen erheblich zugenommen. Eine Vereinfachung des Genehmigungsverfahrens, ein günstigeres industriepolitisches Umfeld und eine positive Neueinschätzung der Wirtschaftspolitik sowie der wirtschaftlichen Aussichten des Landes haben zu diesem Aufschwung vor allem beigetragen.
- Verschiedene Wirtschaftszweige sind dem öffentlichen Sektor vorbehalten und bleiben deshalb einheimischen privaten und ausländischen Investoren verschlossen. In anderen Branchen ist der Auslandsbesitz in der Regel auf höchstens 40 Prozent des Kapitals einer Firma begrenzt; allerdings kann ein höherer Auslandsanteil genehmigt werden, wenn das betreffende Unternehmen überwiegend exportorientiert ist oder eine besonders erwünschte Technik mit sich bringt. Gesellschaften, deren Produktion vollständig exportiert wird, dürfen ganz im Auslandsbesitz sein.
- Die Körperschaftssteuern sind hoch und die Steuergesetze kompliziert. Neugegründete Gesellschaften können jedoch verschiedene Vergünstigungen beanspruchen, die ihre potentielle Steuerbelastung während der ersten fünf Geschäftsjahre tendenziell verringern.
- Die Vornahme von Investitionen durch Ausländer und ihre Repatriierung wird durch umständliche und zeitraubende Verwaltungsverfahren geregelt; die Regierung versucht aber gegenwärtig, diese Verfahren zu vereinfachen. Alle Anträge auf Genehmigungen im industriellen Bereich, wie die Bewilligung von Lizenzen, die Genehmigung von Kooperationen mit ausländischen Partnern und der Import von Investitionsgütern können nun zentral bei einer Behörde — dem Sekretariat für industrielle Genehmigungen — gestellt werden. Das Indian Investment Centre fungiert zunächst weiterhin als eine eigene Förderungseinrichtung neben der bestehenden Aufsichtsstruktur.

Wenn die Regierung eine ausländische Investition genehmigt hat, unterliegt der Transfer von Lizenzgebühren und Dividenden keinerlei Beschränkungen. Eine Repatriierung des investierten Betrages ist im Rahmen der Bestimmungen des Foreign Exchange Regulation Act von 1973 möglich. Dieses Gesetz, das von der Reserve Bank of India durchgeführt wird, regelt die Vornahme ausländischer Investitionen, die Aktivitäten von gebietsansässigen Ausländern sowie den Besitz und die Verwendung von Devisen.

Wegen der Beschränkungen des Auslandsbesitzes und der begrenzten Expansionsmöglichkeiten ausländischer Firmen ziehen es viele multinationale Unternehmen vor, ihre Produkte in Indien auf Lizenzbasis herstellen zu lassen. Lizenzgebühren und andere Nutzungsgebühren, die von indischen Lizenznehmern gezahlt werden, unterliegen freilich ebenfalls einer genauen Prüfung durch die Behörden. Die Lizenzgebühr, die bei einer technischen Kooperationsvereinbarung zulässig ist, hängt von der Art der angewendeten Technik ab, beträgt in der Regel aber höchstens 8 Prozent des Produktionswertes ab Werk.

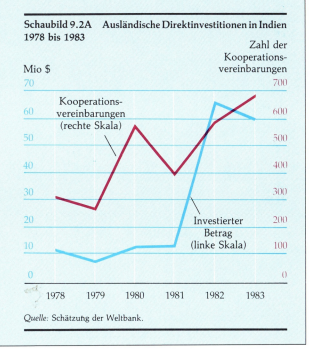

Schaubild 9.2A Ausländische Direktinvestitionen in Indien 1978 bis 1983

Quelle: Schätzung der Weltbank.

Dritten Welt. Die Investitionen der Vereinigten Staaten konzentrieren sich vor allem in Lateinamerika, während Japan überwiegend in seinen asiatischen Nachbarländern investiert. In ähnlicher Weise werden die Investitionen Großbritanniens zu einem großen Teil in Ländern des Commonwealth vorgenommen, und Frankreich hat sich vor allem in seinen ehemaligen Kolonialgebieten, insbesondere in Afrika, engagiert.

Die Direktinvestitionen konzentrieren sich auch in einigen wenigen Wirtschaftszweigen. Schaubild 9.2 zeigt, daß die britischen und speziell die deutschen Firmen überwiegend in der verarbeitenden Industrie investiert haben, während die amerikanischen und die japanischen Direktinvestitionen, auch wenn sie sich insgesamt gleichmäßiger über die wichtigsten Sektoren verteilen, schwerpunktmäßig sowohl in der Rohstoffgewinnung als auch in der verarbeitenden Industrie vorgenommen wurden. Innerhalb der verarbeitenden Industrie wurde

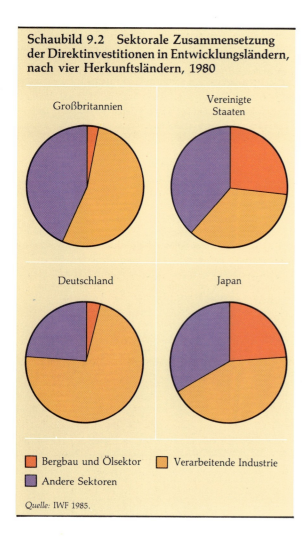

Schaubild 9.2 Sektorale Zusammensetzung der Direktinvestitionen in Entwicklungsländern, nach vier Herkunftsländern, 1980

- Bergbau und Ölsektor
- Verarbeitende Industrie
- Andere Sektoren

Quelle: IWF 1985.

vor allem im Fahrzeugbau, in der Chemie und im Maschinenbau (einschließlich Elektrotechnik und Datenverarbeitung) investiert.

Gründe der Stagnation

Die weitgehende Stagnation der Direktinvestitionen während der siebziger Jahre spiegelte die zunehmende Verfügbarkeit von Bankkrediten und die niedrigen realen Zinskosten solcher Kredite wider. Schätzungen der von privaten Investoren geforderten Renditen ergaben, daß diese die Zinssätze von Bankkrediten bei weitem übertrafen.

Gleichzeitig verschärften viele Entwicklungsländer ihre Restriktionen im Bereich der Direktinvestitionen; sie ließen ausländische Direktinvestitionen in immer weniger Branchen zu und verlangten eine stärkere Beteiligung von Inländern. Von Politikern der Entwicklungsländer wurde verschiedentlich der Beitrag der Direktinvestitionen zur Entwicklung grundsätzlich in Frage gestellt.

Regelmäßig entsprang solche Skepsis einer politisch begründeten Abwehrhaltung gegenüber einer ausländischen Kontrolle der heimischen Ressourcen. Darüber hinaus werfen die Kritiker den multinationalen Gesellschaften vor, daß sie eine nicht angepaßte Technik verwenden und daß ihre zentralisierte Führungsstruktur die Entfaltung der einheimischen Initiative verhindert. Außerdem heißt es, daß die multinationalen Firmen sich häufig auf dem inländischen Kapitalmarkt finanzieren und dadurch potentielle einheimische Kreditnehmer verdrängen. Schließlich wird unterstellt, daß die Direktinvestoren Verrechnungspreise, Lizenzgebühren, Zinszahlungen und Konzernumlagen sowie andere Mittel einsetzen, um Preiskontrollen, Devisenbestimmungen, Steuern des Gastlandes und Beschränkungen des Gewinntransfers zu umgehen.

Solche Vorwürfe kamen besonders aus den Ländern, deren Regierungen durch Importbeschränkungen die heimische Produktion zu fördern suchten. Eine verfehlte Handelspolitik verschafft ausländischen Investoren manchmal Kapitalrenditen, die den gesamtwirtschaftlichen Ertrag der Investition für das betreffende Land erheblich übersteigen. Versucht dann die Regierung, solche Profite zu begrenzen, entsteht für die Firmen ein Anreiz zur Umgehung dieser Kontrollen. Weltoffene Handelssysteme lassen die Entwicklungsländer aus ausländischen Direktinvestitionen größeren Nutzen ziehen und verringern gleichzeitig die mit ihnen verbundenen Probleme.

Den Vorbehalten der Entwicklungsländer stand auf seiten der potentiellen Investoren oftmals eine ähnlich negative Einstellung gegenüber. Konfrontiert mit der abweisenden Haltung der Gastländer, einer instabilen Wirtschaftspolitik und widersprüchlichen Kombinationen von Anreizen und Beschränkungen, hüteten sich die Investoren, ihr Kapital in den Entwicklungsländern anzulegen. Während der siebziger Jahre bemühten sich multinationale Gesellschaften und Regierungen der Entwicklungsländer verstärkt darum, die verschiedenen Funktionen von Direktinvestitionen — Management, Technologietransfer und Finanzierung — voneinander zu trennen. Durch Lizenzverträge und andere Vereinbarungen konnten sich die Entwicklungsländer einige der Vorteile von Direktinvestitionen sichern, ohne die vermeintlichen Nachteile des Auslandsbesitzes in Kauf nehmen zu müssen. In jüngster Zeit hat jedoch die Aufnahmebereitschaft einiger Länder für ausländische Direktinvestitionen deutlich zugenommen.

Verbesserung der Rahmenbedingungen für Direktinvestitionen

Länder mit einem großen Binnenmarkt, die eine Politik der Importsubstitution verfolgen, gehören mit zu den wichtigsten Anlageländern für Direktinvestitionen. Gerade in diesen Ländern war die Preisstruktur am stärksten verzerrt und die Kritik am Beitrag der Direktinvestitionen zur Wirtschaftsentwicklung am meisten verbreitet. Länder, die eine weltoffenere Entwicklungsstrategie verfolgten, hatten mit den ausländischen Direktinvestitionen weniger Probleme. Diese Entwicklungsstrategie macht die Produktion für den Export ebenso attraktiv wie für den Binnenmarkt und erfordert grundsätzlich Marktpreise, die den relativen Knappheitsverhältnissen entsprechen. In solchen Ländern sorgen die Regierungen tendenziell für niedrige Zölle und positive reale Zinssätze. Dies führt dazu, daß sich die dort vorgenommenen Direktinvestitionen enger am komparativen Vorteil dieser Länder orientieren. Der Beitrag der Direktinvestitionen zum Entwicklungsprozeß hängt deshalb wesentlich von den wirtschaftspolitischen Rahmenbedingungen des Gastlandes ab.

Die Politik der Gastländer

In allen Entwicklungsländern gibt es eine besondere Politik gegenüber Direktinvestitionen und Institutionen, die damit befaßt sind. Dazu gehören die Investitionsanreize, die Dienstleistungen und die Infrastruktur, die den ausländischen Investoren geboten werden. Außerdem gehören dazu die verschiedenen Beschränkungen, denen die Tätigkeit ausländischer Firmen unterliegt.

• *Investitionsanreize.* Sie dienen typischerweise dazu, entweder die Einnahmen der ausländischen Firmen zu verbessern oder ihre Kosten zu senken. Zu den Anreizen auf der Einnahmeseite gehören Importzölle oder -kontingente für das betreffende Produkt, Steuervorteile und Vorzugsbehandlungen verschiedener Art. Von diesen Anreizen waren immer Zölle und andere Schutzmaßnahmen zugunsten der Produktion für den Binnenmarkt am wichtigsten. Zu den kostensparenden Anreizen gehören Zollermäßigungen beim Import und Befreiungen von Steuern auf Produktionsfaktoren. Welche Anreize ein Land gewährt, hängt von der Art der Investitionen ab, die es hereinholen möchte, und von der Konkurrenz anderer Länder um diese Art von Investitionen. Es gibt Anhaltspunkte dafür, daß Anreizsysteme an Wirkung verlieren, je komplexer sie sind und je häufiger sie geändert werden. Die Auswirkungen spezifischer Anreize für Direktinvestitionen sind unsicher. Zahlreiche Untersuchungen deuten darauf hin, daß Geschäftsleute bei der Entscheidung über den Standort von Investitionen solche Anreize zumeist ignorieren oder ihnen

---

Sonderbeitrag 9.3 Japanische Direktinvestitionen in der verarbeitenden Industrie

Die japanischen Auslandsinvestitionen in der verarbeitenden Industrie nahmen erst in den späten sechziger und den frühen siebziger Jahren einen größeren Umfang an. Zwischen 1971 und 1982 addierten sich die japanischen Investitionen in der verarbeitenden Industrie auf etwa 16 Mrd Dollar, während die gesamten Direktinvestitionen im Ausland rund 50 Mrd Dollar betrugen. Die japanischen Investitionen in der verarbeitenden Industrie unterscheiden sich von denen der anderen OECD-Länder in mehreren Punkten. Die amerikanischen Direktinvestitionen zum Beispiel wurden überwiegend von bedeutenden multinationalen Firmen in den größeren Industrieländern vorgenommen, um die lokalen Märkte zu bedienen. Die Investitionen erfolgten in der Regel in kapitalintensiven Branchen und waren oft mit dem Einsatz fortgeschrittener Technik verbunden.

Im Gegensatz dazu wurden die japanischen Auslandsinvestitionen in der verarbeitenden Industrie von einer großen Zahl kleinerer und mittlerer Firmen vorgenommen, und zwar in Industriezweigen, die mit relativ viel Arbeitskraft und einfacher Technik produzieren. Anfänglich konzentrierten sich die Investitionen auf Länder wie Korea und Hongkong, und dienten hauptsächlich dem Export. Diese Merkmale hingen teilweise mit dem Arbeitskräftemangel in Japan und dem raschen Anstieg der Reallöhne zusammen, der die Wettbewerbsfähigkeit der arbeitsintensiven Branchen beeinträchtigte. Hinzu kam, daß die japanische Regierung angesichts großer Leistungsbilanzüberschüsse die Kontrolle der Auslandsinvestitionen lockerte.

Die Struktur der japanischen Direktinvestitionen ist im Wandel begriffen. Die Investitionen in der verarbeitenden Industrie erfolgen nun zunehmend in den Industrieländern — speziell in Nordamerika — und weniger in den Entwicklungsländern. Im Zeitraum 1971 bis 1980 entfielen von den gesamten japanischen Auslandsinvestitionen in der verarbeitenden Industrie 68 Prozent auf die Entwicklungsländer — und zwar ganz überwiegend auf asiatische Länder. In den Jahren 1981/82 ging dieser Anteil auf 46 Prozent zurück. Die Gewichtsverschiebung ist zum Teil eine Reaktion auf die protektionistischen Maßnahmen, die einige Industrieländer gegenüber Importen aus Japan ergriffen haben; die japanischen Firmen versuchten daraufhin, sich hinter den Handelsschranken zu etablieren. Sie spiegelt aber auch die Einschätzung vieler japanischer Firmen wider, daß sich das Investitionsklima in den Entwicklungsländern im Zuge des langsameren Wachstums und der Schuldendienstprobleme mancher Länder verschlechtert hat.

keine große Bedeutung zumessen. Eine Untersuchung der IFC läßt jedoch vermuten, daß Anreize die Investitionsentscheidung in der Tat beeinflussen können: Unter sonst gleichen Umständen dürften sich die Firmen bei der Wahl zwischen zwei Ländern an der relativen Attraktivität der jeweils gebotenen Anreize orientieren.

• *Investitionsbestimmungen.* Solche Bestimmungen können vielfältige Formen annehmen. In manchen Ländern — so etwa in Ägypten, Brasilien, Indien und Mexiko — bleiben Schlüsselindustrien der heimischen Wirtschaft (und zwar häufig dem öffentlichen Sektor) vorbehalten. Manche Länder lassen nur Minderheitsbeteiligungen der ausländischen Investoren zu, es sei denn, dem betreffenden Wirtschaftszweig wird „hohe Priorität" zuerkannt oder die Produktion ist hauptsächlich für den Export bestimmt. In anderen Ländern — insbesondere in Lateinamerika — müssen bei ausländischen Unternehmen Eigentumsrechte und Geschäftsführung durch den Verkauf von Anteilen sukzessiv auf Inländer übertragen werden.

Viele Entwicklungsländer beschränken den Transfer von Zinsen und Dividenden. Dies kann auf ausländische Firmen sehr abschreckend wirken und hat Praktiken wie die Manipulation von Verrechnungspreisen gefördert. Manche Regierungen von Entwicklungsländern (so etwa in Lateinamerika) verlangen auch die Erfüllung von Leistungskriterien, wonach eine Firma eine Mindestexportquote erzielen oder in bestimmten Umfang einheimische Vorleistungen oder Arbeitskräfte einsetzen muß und dergleichen mehr. Länder wie Argentinien, Kenia, Peru und die Türkei haben die Kreditaufnahme ausländischer Investoren auf dem einheimischen Markt quantitativ beschränkt. Die Untersuchung der IFC ergab, daß die Unternehmen solche Vorschriften bei ihrer Standortwahl in der Regel berücksichtigen.

Der Umfang der ausländischen Direktinvestitionen in einem Land wird von den jeweiligen Investitionsanreizen und -bestimmungen weniger beeinflußt als vom allgemeinen wirtschaftlichen und politischen Klima dieses Landes, von seiner Geld- und Kreditpolitik und seiner Wechselkurspolitik. Diese Schlußfolgerung wird von den unterschiedlichen Erfahrungen vieler einzelner Länder illustriert. Obwohl sie erhebliche Anreize für potentielle Investoren boten, haben Länder in Afrika und in der Karibik — mit kleinen Binnenmärkten und begrenzten natürlichen Ressourcen — nur wenige Direktinvestitionen anziehen können. Indien, Nigeria und verschiedene Länder Lateinamerikas hatten das Potential, Direktinvestitionen zum Zweck der Importsubstitution zu erhalten. Sie waren ebenfalls nur mäßig erfolgreich, da sie sich dazu entschlossen, ausländischen Firmen Beschränkungen und Leistungskriterien aufzuerlegen.

Im Gegensatz dazu haben einige der ostasiatischen Schwellenländer — beispielsweise Malaysia und Singapur — beträchtliche Kapitalzuflüsse durch Direktinvestitionen erzielt, obwohl sie keine zu Buche schlagenden Anreize gewähren. Ausschlaggebend für die ausländischen Investoren war ihre exportorientierte Entwicklungspolitik. Damit bestätigen sie eine allgemeine Regel: Eine Wirtschaftspolitik, die den einheimischen Investoren entgegenkommt, nutzt auch den ausländischen.

Sonderbeitrag 9.4 Die Saatgutproduktion in der Türkei

Als die Weltbank 1981 ihr Darlehensprogramm für die Landwirtschaft der Türkei überprüfte, gelangte sie zu dem Schluß, daß eine verbesserte Saatgutqualität den Bauern beträchtliche Vorteile bieten würde. Die Bank war der Auffassung, dies ließe sich am besten durch die Förderung einer privatwirtschaftlich organisierten Saatgutindustrie erreichen, an der sich ausländische Firmen beteiligen sollten.

Die staatlichen Eingriffe im Bereich der Saatgutproduktion hatten aber ausländische Firmen von Direktinvestitionen abgehalten und dazu geführt, daß das Angebot an Saatgut für die Bauern nach Menge und Art beschränkt war. Dabei handelte es sich um Maßnahmen wie Preiskontrollen für Saatgut, Beschränkungen der Einfuhr von Saatgut zu Testzwecken und zur Marktentwicklung, ein staatliches Monopol der Saatgutprüfung sowie ein langwieriges und kompliziertes Zulassungsverfahren vor dem Verkauf einer neuen Sorte.

Zum Teil aufgrund von Initiativen der Bank und der IFC hat die Regierung viele dieser Maßnahmen modifiziert. Die Preiskontrollen wurden abgeschafft, die Einfuhr von Saatgut in die Türkei erleichtert, die Prüfungs- und Zulassungsverfahren liberaler gestaltet.

Elf ausländische Saatgutfirmen haben ihre Tätigkeit in der Türkei aufgenommen; sie importieren Saaten und prüfen sie unter den lokalen Bedingungen. Als nächstes wollen sie ein Vertriebsnetz aufbauen, die geeignetsten Varietäten importieren und verkaufen, um den Markt zu testen. Sobald der Markt aufgebaut ist, wollen die Firmen mit dem Anbau und der Verarbeitung vor Ort beginnen. Auf längere Sicht dürften sie auch Forschungsstationen einrichten, um neue Varietäten zu züchten.

Zwar kommt dem gesamtwirtschaftlichen Klima erstrangige Bedeutung zu, doch kann die sektor- und branchenspezifische Wirtschaftspolitik über das tatsächliche Zustandekommen von Investitionen entscheiden. Der Sonderbeitrag 9.4 beschreibt einen Fall, nämlich den der Saatgutindustrie in der Türkei, in dem die staatliche Reglementierung einer Branche eine entscheidende Rolle spielte. Nachdem die Mängel der Saatgutpolitik identifiziert und beseitigt worden waren, kam es in dieser Branche zu beträchtlichen Neuinvestitionen des Auslands.

Die Politik der Industrieländer

Nicht anders als in den Gastländern ist auch in den Industrieländern die allgemeine Wirtschaftspolitik der entscheidende Faktor für den Umfang der Direktinvestitionen, die in die Entwicklungsländer fließen. Ein schwaches Wirtschaftswachstum und ein hohes Kostenniveau im Inland machen Investitionen im Ausland attraktiver.

Zugleich aber haben die Industrieländer durch ihre Bemühungen, die Inlandsproduktion zu fördern und zu schützen, gelegentlich Investitionen in Entwicklungsländern verhindert. Manche Industrieländer gewähren weitreichende Privilegien, um Auslandsinvestitionen an sich zu ziehen. Zwar sind diese Anreize vielfach auf spezifische Industrien, in der Regel hochtechnologische Branchen, abgestellt, doch können sie den von Entwicklungsländern gebotenen Anreizen direkt Konkurrenz machen. Die direkte und indirekte Subventionierung kranker Industrien hat ebenfalls dazu geführt, daß für die Firmen dieser Wirtschaftszweige Investitionen in den Entwicklungsländern weniger attraktiv waren. Ähnliche Wirkungen waren mit Eingriffen in den Außenhandel verbunden. Die in den Jahren 1982 bis 1985 angewendeten Beschränkungen der japanischen Automobilexporte in die Vereinigten Staaten machten es für die amerikanischen Produzenten weniger dringlich, für die Produktion von Teilen und Komponenten kostengünstigere Produktionsstandorte in Entwicklungsländern zu suchen. Zur Steigerung der Investitionen in den Entwicklungsländern wäre es offensichtlich wünschenswert, daß die Subventionen und Zölle, die die heimische Wirtschaft der Industrieländer schützen, abgeschafft werden.

Manche Einzelmaßnahmen der Industrieländer haben die Investitionen in der Dritten Welt positiv beeinflußt. Von Regierungsstellen und Organisationen der Wirtschaft werden Informationen über Investitionsmöglichkeiten verbreitet. Sie haben Verfahren zur Beilegung von Investitionsstreitigkeiten mit den Regierungen der Entwicklungsländer ausgehandelt. Es gibt Steuergesetze, die für Privatpersonen die Auslandstätigkeit im Rahmen multinationaler Unternehmen attraktiv machen. Solche Maßnahmen sind wertvoll. Am stärksten aber werden Investitionen in den Entwicklungsländern durch eine liberale Handelspolitik stimuliert, denn sie ermöglicht es den Unternehmen, an ausländischen Standorten für die Märkte der Industrieländer zu produzieren. Wie im Sonderbeitrag 9.3 hervorgehoben, nahmen die japanischen Textilfirmen Direktinvestitionen in asiatischen Entwicklungsländern vor, um auf ihren Exportmärkten wettbewerbsfähig zu bleiben.

Investitionsschutz und -versicherung

Als langfristige Anlage, die üblicherweise in Fabrikgebäuden und Maschinen vorgenommen wird, sind Direktinvestitionen dem politischen Risiko ausgesetzt — der Gefährdung durch Enteignung, Devisenbewirtschaftung, Krieg, Umsturz und Rebellion. Um tatsächliche oder potentielle Investoren zu beruhigen, haben viele Entwicklungsländer Gesetze verabschiedet, die sie vor Enteignung schützen; einige Entwicklungsländer haben solche Bestimmungen auch in ihre Verfassung aufgenommen. Zwischen Regierungen von Entwicklungsländern und Industrieländern wurden etwa 200 bilaterale Investitionsschutzverträge abgeschlossen, die unter anderem auch die Transfer- und Enteignungsrisiken abdecken. Außerdem haben zweiundzwanzig Länder — fast alle Industrieländer, aber auch Indien und die Republik Korea — Garantiesysteme für Investitionen geschaffen.

Diese Programme bieten Gesellschaften und Privatpersonen des jeweils garantierenden Landes eine Gewährleistung für die politischen Risiken im Ausland. Die nationalen Regelungen unterscheiden sich hinsichtlich Ausgestaltung, Konditionen, Deckungsumfang und verwaltungsmäßiger Durchführung beträchtlich. Dementsprechend variiert der Umfang, in dem sie Direktinvestitionen in Entwicklungsländern abdecken, von weniger als 5 bis zu mehr als 50 Prozent. Insgesamt wurden im Zeitraum 1977 bis 1981 zwischen 10 und 15 Prozent aller Direktinvestitionen in Entwicklungsländern, die von Ländern mit Gewährleistungssystemen vorgenommen wurden, auf diese Weise garantiert. Ende 1981 waren etwa 9 Prozent des gesamten Bestandes

Sonderbeitrag 9.5 Eine multilaterale Investitionsgarantie-Agentur

Der Vorschlag, eine multilaterale Stelle zur Absicherung von Auslandsinvestitionen zu schaffen, wurde seit den frühen sechziger Jahren immer wieder diskutiert. Im regionalen Rahmen wurde 1974 die Inter-Arab Investment Guarantee Agency errichtet, die seitdem erfolgreich arbeitet. Ihre Tätigkeit beschränkt sich jedoch auf Investitionen innerhalb ihrer verschiedenen arabischen Mitgliedstaaten. Im Jahr 1981 nahm die Geschäftsführung der Bank die Initiative zur Schaffung einer multilateralen Investitionsgarantie-Agentur (multilateral investment guarantee agency, MIGA) unter der Schirmherrschaft der Weltbank wieder auf. Die Geschäftsführung der Bank hat seitdem einen konkreten Vorschlag vorgelegt, der mit den Regierungen der Mitgliedsländer und mit Kreisen der Wirtschaft beraten wurde. Aufgrund dieser Konsultationen hat die Geschäftsführung den Entwurf einer Konvention ausgearbeitet, der als Basis für Verhandlungen dienen kann.

Nach dem Vorschlag soll die MIGA das Investitionsklima in den Entwicklungsländern verbessern, indem sie a) Garantien für die nichtkommerziellen Risiken von Auslandsinvestitionen übernimmt und b) die Maßnahmen von Weltbank und IFC zur Förderung solcher Investitionen dadurch ergänzt, daß sie Forschungsvorhaben durchführt, Informationen zur Verfügung stellt, technische Unterstützung leistet und die Zusammenarbeit in der Investitionspolitik fördert. Während die ursprünglich innerhalb der Bank diskutierten Vorschläge eine eng mit der Bank verbundene Einrichtung vorsahen, die von den Industrieländern sowohl finanziert als auch gelenkt werden sollte, wird nunmehr eine selbständige Behörde mit gewissen Verbindungen zur Bank vorgeschlagen, die von den Herkunfts- und den Gastländern der Investitionen gemeinsam finanziert und kontrolliert werden soll. In dieser Weise würde die MIGA vertrauensbildende Rahmenbedingungen für die Zusammenarbeit der Gast- und der Herkunftsländer sowie der privaten Investoren schaffen.

Die MIGA soll sich durch eigene Einnahmen finanzieren, insbesondere durch die Prämieneinnahmen für ihre Garantien. Die Agentur soll jedoch ein eigenes Kapital erhalten und würde ihre Tätigkeit aufnehmen, sobald eine gewisse Zahl von Kapitalexport- und Kapitalimportländern die Konvention ratifiziert und einen Mindestbetrag des Kapitals gezeichnet hat. Jeder Mitgliedsstaat, auch aus dem Kreis der Entwicklungsländer, hätte eine bestimmte Mindestzahl von

---

an ausländischen Direktinvestitionen durch nationale Garantien abgesichert.

Eine andere Möglichkeit zur Verringerung des politischen Risikos ist die Versicherung durch private Stellen. In den frühen siebziger Jahren waren Einzelversicherer und Versicherungsmakler von Lloyd's in London Vorreiter bei der Versicherung politischer Risiken von Auslandsinvestitionen und Exportgeschäften. Seitdem hat diese Sparte beträchtlich expandiert. Im Jahr 1973 nahmen die privaten Versicherer zwischen 2 und 3 Mio Dollar an Prämien für die Versicherung politischer Risiken ein, und ihr Zeichnungslimit lag bei maximal 8 Mio Dollar für das einzelne Projekt. Im Jahr 1982 erreichten die gesamten Prämieneinnahmen schätzungsweise 95 Mio Dollar, das Zeichnungslimit war auf 450 Mio Dollar hochgeschossen, und die insgesamt abgesicherte Summe wurde auf etwa 8 Mrd Dollar geschätzt.

Die Rolle der Weltbankgruppe

Zusätzlich zum Aufbau der Infrastruktur der Entwicklungsländer und der Bereitstellung ergänzender Finanzierungen, versuchen die Weltbank und ihre Schwestergesellschaft, die Internationale Finanz-Corporation, eine Wirtschaftspolitik der Entwicklungsländer zu unterstützen, die alle Investitionen — einheimische wie ausländische — steigert. So sollen mit den Strukturanpassungsdarlehen der Bank Regierungen ermuntert werden, durch Kürzung von Subventionen, durch verstärkte Leistungsanreize und die Aufhebung von Schutzmaßnahmen zugunsten unwirtschaftlicher Produzenten Verzerrungen der Wirtschaftsstruktur abzubauen.

Die Bank und die IFC können bei der Formulierung von Maßnahmen zur Anregung produktiver Privatinvestitionen Hilfestellung geben. Die IFC ist dazu in besonderem Maß in der Lage, da sie als selbst Beteiligter unmittelbaren Einblick in den Zusammenhang zwischen Wirtschaftspolitik und Investitionsentscheidungen besitzt. Die von ihren Mitgliedsländern angeforderte wirtschaftspolitische Beratung, die sie auch zusammen mit der Bank durchführt, betrifft Fragen wie:

- Entwurf oder Überprüfung von Investitionsgesetzbüchern, Gesetzen oder Vorschriften, die private Direktinvestitionen oder Auslandsinvestitionen betreffen.
- Überbrückungsmaßnahmen für Privatfirmen, wenn Sparprogramme oder Programme zur gesamtwirtschaftlichen Umstrukturierung, welche die Nachfrage verringern, das Kreditangebot verknappen und die für die Gewinnlage entscheidenden Preisrelationen verändern, zu Schwierigkeiten führen.
- Privatisierung von Staatsbetrieben, die die

Kapitalanteilen zu übernehmen. Ein kleiner Prozentsatz des gezeichneten Kapitals wäre effektiv einzuzahlen, der Rest wäre bei Bedarf abrufbar. Die Garantieübernahmen durch die MIGA wären dem Umfang nach begrenzt, damit eine angemessene Relation zwischen dem gesamten Obligo und dem Kapital eingehalten wird. Neben ihren eigenen Garantien wäre die MIGA zur Abgabe von Garantien im Namen von „fördernden Mitgliedern" ermächtigt, die solche Garantien empfehlen und deren Risiken anteilig mittragen. Die Garantien von geförderten Investitionen im Rahmen dieser zusätzlichen Fazilität würden keiner Begrenzung unterliegen.

Gemäß dem Entwurf für eine Konvention soll die MIGA in die entsprechenden Ansprüche der von ihr entschädigten Investoren gegenüber den Gastländern eintreten. Streitigkeiten zwischen der Agentur und den Gastländern über diese Ansprüche würden durch Verhandlungen oder letztlich durch internationalen Schiedsspruch beigelegt. Die Souveränität der Gastländer würde durch den Grundsatz gewährleistet, daß das betreffende Gastland sowohl der Investition als auch ihrer Garantie durch die MIGA zustimmen muß.

Regierung abgeben will. Die IFC kann dabei über die Fragen der Privatisierungsstrategie beraten: ob verkauft werden soll, ein Leasingvertrag oder ein Betriebsführungsvertrag abgeschlossen werden soll; in welcher Reihenfolge die Unternehmen privatisiert werden sollen; welche Käufer in Frage kommen und wie man sie findet; wie die Unternehmen zu bewerten sind. Die IFC kann sich außerdem an der Finanzierung beteiligen, wenn bestimmte Unternehmen an private Käufer verkauft werden.

Indem sie selbst als Investor auftritt, wobei sie freilich immer nur eine Minderheitsbeteiligung übernimmt, fördert die IFC die Auslandsinvestitionen in den Entwicklungsländern mit dem Ziel, deren einheimische Privatwirtschaft anzuregen. Die 773 Projekte in vierundachtzig Entwicklungsländern, an denen sich die IFC bis Juni 1984 beteiligt hat, repräsentieren eine gesamte Investitionssumme von fast 27 Mrd Dollar; die IFC hat dabei ihre eigenen Investitionen in Höhe von 3,7 Mrd Dollar durch Konsortialbeteiligungen anderer Geldgeber in Höhe von 2,5 Mrd Dollar ergänzt. Die IFC hat außerdem dazu beigetragen, daß in diesen Projekten private ausländische Direktinvestitionen von etwa 1 Mrd Dollar erfolgten.

Durch die Dienstleistungen der IFC können einheimische und ausländische Investoren Kontakt finden. Ihre Beteiligung trägt oftmals dazu bei, das Vertrauen der ausländischen Investoren zu stärken, und als ein neutraler Partner hilft sie, die Projektstruktur so zu gestalten, daß die Vorteile zwischen den einheimischen öffentlichen und privaten Investoren und den ausländischen Geldgebern gerecht verteilt werden. Drei aktuelle Beispiele der Unterstützung durch die IFC zeigen, welche Palette von Dienstleistungen sie zusammen mit ihrer Finanzierung anzubieten hat:

• Sie hat Vereinbarungen über die Projekttechnik ausgearbeitet, wonach die ausländischen Anbieter der Technik stärker am Risiko beteiligt werden, wenn ihre Verfahren noch nicht praktisch erprobt sind.

• Bei der Ausarbeitung von Betriebsführungsverträgen zwischen ausländischen Gesellschaften und Firmen der Entwicklungsländer hat sie darauf bestanden, daß der Bemessung der Verwaltungsgebühren Leistungskennziffern, wie die Rentabilität, an Stelle der Umsätze oder anderer weniger relevanter Maßstäbe zugrundegelegt werden.

• Sie hat die Regierungen einiger Entwicklungsländer davon abgehalten, ausländischen Gesellschaften unwirtschaftliche Leistungskriterien oder andere Restriktionen aufzuerlegen, wenn diese Maßnahmen den Nutzen der betreffenden Projekte beeinträchtigt hätten.

Die Weltbank hat ebenfalls verschiedene internationale Initiativen auf dem Gebiet der Auslandsinvestitionen ergriffen. Die Gründung des Internationalen Zentrums zur Beilegung von Investitionsstreitigkeiten (International Center for the Settlement of Investment Disputes, ICSID) im Jahr 1965 hat zu einer Verbesserung der Rahmenbedingungen für Direktinvestitionen beigetragen, da hier ein akzeptables Schlichtungsverfahren bei Auseinandersetzungen zwischen den ausländischen Investoren und den Gastländern angeboten wird. Damit wurde in der Beziehung zwischen diesen beiden Partnern ein zusätzliches Vertrauenskapital geschaffen. Die steigende Mitgliederzahl des ICSID, dem nun insgesamt achtundsiebzig Staaten beigetreten sind, wobei vier andere Signatarstaaten in Kürze Mitglieder werden dürften, ist Beweis dafür, daß die Bedeutung dieser Institution für die Investoren und die an ihnen interessierten Länder zunehmend anerkannt wird. Die Geschäftsführung der Bank hat außerdem eine multilaterale Investitionsgarantie-Agentur vorgeschlagen (vgl. Sonderbeitrag 9.5).

Ausländische Portfolioinvestitionen

Bisher sind durch Portfolioinvestitionen noch nicht sonderlich viel Mittel in die Entwicklungsländer geflossen, wenn auch ihr Finanzierungsbeitrag wächst. Diese Finanzierungsart ist insofern attraktiv, als die Entwicklungsländer dadurch Beteiligungskapital erhalten, ohne daß gleiche Probleme des Auslandseinflusses entstehen wie bei Direktinvestitionen. Zahlreiche Entwicklungsländer stehen aber dem Nutzen von Portfolioinvestitionen skeptisch gegenüber und haben sie deshalb beschränkt und reglementiert. Die Anleger in den Industrieländern andererseits kennen die Wertpapiermärkte in den Entwicklungsländern kaum und sehen vor allem die möglichen Risiken solcher Engagements.

Die Erfahrungen der Gastländer

In vielen Entwicklungsländern gibt es Firmen, die über die lokalen Kapitalmärkte hinausgewachsen sind und von einer Zuführung ausländischen Beteiligungskapitals profitieren könnten. Umgekehrt würde eine verstärkte Präsenz ausländischer Anleger die Nachfrage nach Aktien auf den einheimischen Märkten erhöhen. Eine größere Aktivität des Marktes könnte schließlich zu neuen Aktienemissionen und vielleicht auch zu neuen Investitionen führen. Der Sekundärmarkt würde an dringend benötigter Stabilität hinzugewinnen, wenn Käufe und Verkäufe seitens ausländischer Anleger dem zyklischen Verhalten der einheimischen Investoren entgegenwirken würden.

Wenn Entwicklungsländer Portfoliokapital erhalten wollen, so müssen sie Schritte unternehmen, um es hereinzuholen. Gegenwärtig gibt es in vielen Entwicklungsländern Hindernisse für Portfolioinvestitionen, und zwar:

• Steuern auf Veräußerungsgewinne und überhöhte Quellensteuern auf Dividendenzahlungen;
• Mindestanlagefristen für Auslandsgeld;
• Devisenbestimmungen für ausländische Portefeuilles;
• Beschränkungen der Aktienarten, die von ausländischen Anlegern erworben oder gehalten werden dürfen;
• Diskriminierungen von ausländischen gegenüber inländischen Anlegern.

Die Beseitigung dieser Hindernisse könnte eine Ausweitung der Portfolioinvestitionen erleichtern.

Die Perspektive der internationalen Anleger

Portfolioinvestitionen bieten dem Anleger Erträge auf Dauer und ermöglichen ihm die Streuung von Risiken, ohne daß er Verantwortung für die Füh-

---

Sonderbeitrag 9.6 Die IFC und ausländische Portfolioinvestitionen: Das Beispiel Korea

Der Korea-Fonds ist ein Beispiel für die Tätigkeit der IFC bei der Förderung ausländischer Portfolioinvestitionen in den Entwicklungsländern. Zu Anfang der achtziger Jahre entschloß sich die koreanische Regierung, den Wertpapiermarkt des Landes allmählich für ausländische Anleger zu öffnen. Als ein erster Schritt wurden Ende 1981 zwei halboffene Investmentfonds (Korea Trust und Korea International Trust) am Euro-Aktienmarkt angeboten. Das Emissionsvolumen von insgesamt 30 Mio Dollar (es wurde später durch eine zweite Tranche verdoppelt) wurde von führenden internationalen Wertpapierhäusern übernommen. Die Mindeststückelung von 10 000 Dollar war auf institutionelle Anleger und Privatpersonen mit größeren Portefeuilles abgestellt. Die Fonds werden von zwei namhaften koreanischen Anlagegesellschaften verwaltet.

In einem zweiten Schritt wurde Mitte 1984 der Korea-Fonds dem allgemeinen Publikum und institutionellen Anlegern angeboten. Bei diesem Fonds handelt es sich um einen geschlossenen Investmentfonds, der bei der Börsenaufsichtsbehörde der Vereinigten Staaten angemeldet ist, und dessen Anteile an der New York Stock Exchange notiert werden. Es ist vorgesehen, daß in der Regel mindestens 80 Prozent der Aktiva des Fonds in börsennotierten koreanischen Aktien investiert sind. Der Fonds wird von Scudder, Stevens & Clark, einer amerikanischen Anlageberatungsfirma, verwaltet, die vom Daewoo Research Institute, einer entsprechenden koreanischen Gesellschaft, unterstützt wird. Die IFC war von Anfang an mit der Emission befaßt und gehörte zur Führungsgruppe des Emissionskonsortiums.

Die Auslandsanlagen in koreanischen börsennotierten Wertpapieren dürften in den kommenden Jahren wahrscheinlich noch weiter liberalisiert werden. Nach gegenwärtigem Stand sollen die Richtlinien vorsehen, daß die gesamten Investitionen von Ausländern nicht mehr als 10 Prozent der gesamten Börsenkapitalisierung ausmachen, und daß nicht mehr als 10 Prozent der Stimmrechte einer Gesellschaft im Auslandsbesitz sein sollen, wobei jeder einzelne ausländische Aktionär nicht mehr als 5 Prozent halten darf. Im Zuge dieser Entwicklung wird erwartet, daß die großen koreanischen Gesellschaften ihre Aktien an den international wichtigen Börsen einführen und am Euro-Aktienmarkt öffentlich zur Zeichnung anbieten. Außerdem werden die koreanischen Wertpapierhäuser voraussichtlich den Erwerb ihrer Aktien durch internationale Emissionsbanken gestatten.

TABELLE 9.2
Renditen von Investitionen auf den neuen Märkten, 1976 bis 1983
(in %)

Ländergruppe	1976	1977	1978	1979	1980	1981	1982	1983	Durchschnittliche jährliche Veränderung 1976—83
Neue Märkte									
Argentinien	147,0	—43,6	79,9	233,6	—17,2	—54,5	—66,2	124,5	11,5
Brasilien	4,0	9,0	—1,0	—13,0	4,0	—9,0	—15,0	31,5	0,4
Chile	103,4	146,3	56,3	131,6	92,7	—48,3	—52,1	—20,0	27,4
Hongkong	40,0	—11,0	18,0	80,0	71,0	—16,0	—42,0	—8,6	9,2
Indien	34,1	13,7	51,2	21,1	42,3	23,5	—5,8	8,2	22,3
Jordanien[a]	—	—	51,7	28,0	21,1	35,1	8,1	—6,5	21,5
Korea	72,4	114,2	23,7	—12,9	—26,6	50,0	8,8	—5,0	20,8
Mexiko	—19,1	22,3	127,8	96,3	17,7	—46,8[b]	—79,8[b]	170,2[b]	5,3[b]
Simbabwe	—11,6	—5,7	—14,4	179,4	50,3	—56,7	—32,4	—24,1	—4,9
Singapur	14,0	6,0	52,0	—12,0	29,0	15,0	—1,0	29,2	15,0
Thailand	0,4	187,7	43,2	—40,7	—12,9	—18,7	21,1	9,7	11,0
Industrieländer									
Vereinigte Staaten	23	—8	6	14	29	—4	21	20	13,5
Japan	25	15	52	—12	29	15	—1	23	16,8
Kumulative Rendite									
Capital International Weltindex[c]	114	116	136	152	192	184	205	250	12,1
IFC-Index der neuen Märkte[d]	131	184	276	432	531	467	341	434	20,1

Anmerkung: Die angegebenen Renditen werden wie folgt berechnet: Angenommen, ein Investor aus den Vereinigten Staaten legt 100 Dollar auf einem neuen Markt an. Nach Konversion in jeweilige Landeswährung werden die Mittel in einem Portefeuille aktiv gehandelter Aktien investiert. Im Verlauf des Jahres können Dividenden zufließen und Kapitalgewinne realisiert werden, wenn die Kurse der Aktien steigen. Erträge aus diesen beiden Quellen werden zum Jahresendkurs in US-Dollar konvertiert, so daß sich ein Ertrag in US-Dollar ergibt. Dieser Ertrag wird in Prozent der ursprünglichen Investition von 100 Dollar ausgedrückt.

a. Der jordanische Aktienmarkt wurde im Januar 1978 eröffnet; für frühere Jahre liegen somit keine Angaben vor.
b. Für 1981 bis 1983 auf Grundlage von Angaben in *Capital International* errechnet, einschl. Netto-Dividendenerträge.
c. Auf Grundlage von Angaben in *Capital International*; 1. Januar 1976 = 100.
d. Mit dem jeweiligen Marktvolumen gewogener Durchschnitt der Renditen auf den hier genannten neuen Märkten, ausgenommen Hongkong und Singapur (Gewichtung für 1975 bis 1980 auf Basis 1980; für 1981 bis 1983 auf Basis des jeweiligen Jahres); 1. Januar 1976 = 100.
Quelle: van Agtmael 1984; für neue Märkte: IFC; für Industrieländer: *Capital International*.

rung und Leitung des Unternehmens übernehmen muß. Bislang erfolgten Portfolioinvestitionen nahezu ausschließlich auf den Märkten der größeren Industrieländer oder in einigen wenigen Entwicklungsländern (wie Malaysia und Mexiko). Während der letzten fünf Jahre haben sich aber in einigen Entwicklungsländern potentielle Märkte für Portfolioinvestitionen herausgebildet. So wurden Aktienfonds mit brasilianischen, indischen, koreanischen und mexikanischen Aktien gegründet.

Die gesamte Börsenkapitalisierung der Aktienmärkte in den Entwicklungsländern belief sich 1983 auf 133 Mrd Dollar. Das war mehr als ein Viertel der Kapitalisierung der Märkte in Europa und entsprach 10 Prozent aller Aktienmärkte außerhalb der Vereinigten Staaten. Ohne Hongkong und Singapur gerechnet, betrug der Börsenwert in den Entwicklungsländern insgesamt 75 Mrd Dollar.

Die IFC hat die Entwicklung der lokalen Märkte gefördert, indem sie die Gründung von Spezialfonds für Aktien bestimmter Länder unterstützte. Ein Beispiel dafür ist der Korea-Fonds (vgl. Sonderbeitrag 9.6). Die IFC hat auch die Bildung von Investmentfonds vorgeschlagen, die es den Banken ermöglichen sollen, einen Teil ihrer Kredite an Entwicklungsländer gegen Fondsanteile zu verkaufen. Die Fonds sollen dann die von den Banken gekauften Kredite gegen Beteiligungen an den Schuldnerfirmen eintauschen.

Im allgemeinen gelten Engagements in Entwicklungsländern bei den Anlegern von Portfoliokapital aus Industrieländern als hochriskant. Solche Investitionen würden es den Anlegern jedoch ermöglichen, ihr Portefeuille international breiter zu streuen. Bemerkenswerterweise verlief die Ertragsentwicklung auf den Aktienmärkten der Vereinigten Staaten und anderer großer Industrieländer nicht synchron zum Börsengeschehen in den Entwicklungsländern, so daß die breiteste Streuung der Anlagen zugleich mit dem geringsten Risiko verbunden war. Zudem konnten auf den „jungen" Märkten der Entwicklungsländer (ohne Hongkong und Singapur) in den letzten Jahren höhere Erträge erzielt werden — und zwar waren die Renditen, in Dollar und kumulativ über die letzten acht Jahre gerechnet, mehr als doppelt so hoch wie auf den großen internationalen Aktienmärkten (vgl. Tabelle 9.2). Abwertungen und größere wirtschaftliche Turbulenzen in den Entwicklungsländern führten freilich zu ausgeprägten Schwankungen der Renditen.

Fazit

Die obige Darstellung der Problematik führt hauptsächlich zu folgenden Ergebnissen:

• Investitionen in Form von Beteiligungen können für die Entwicklungsländer offensichtlich vorteilhaft sein, und es ist wünschenswert, daß sie eine größere Rolle spielen. Durch einen höheren Anteil der Direktinvestitionen an ihrer gesamten Auslandsfinanzierung können die Entwicklungsländer die Risiken des Kapitalimports reduzieren und gleichzeitig die Vorteile des Transfers von Technologie und Sachverstand erlangen.

• Wenn Beteiligungsfinanzierungen angestrebt werden, stellt sich die Frage, wie die Entwicklungsländer solche Gelder an sich ziehen und effizient verwenden können. Die Erfahrungen des letzten Jahrzehnts deuten darauf hin, daß Länder mit einem stabilen wirtschaftlichen und politischen Umfeld in dieser Beziehung am erfolgreichsten sind. Durch Anreize unterschiedlicher Art, mit denen sie eine unsachgemäße Wirtschaftspolitik neutralisierten, gelang es manchen Entwicklungsländern, Direktinvestitionen hereinzuholen, doch fördern solche Maßnahmen in der Regel unwirtschaftliche Investitionen und unerwünschte Praktiken der investierenden Firmen. Spezielle Anreizsysteme können für einzelne Entwicklungsländer teuer werden und sich innerhalb der Gruppe der Entwicklungsländer insgesamt aufheben. In der Regel profitieren Entwicklungsländer am meisten von der Beteiligungsfinanzierung, wenn ihre allgemeine Wirtschaftspolitik ein günstiges Investitionsklima schafft und für ausländische Investoren die gleichen Rahmenbedingungen gelten wie für einheimische.

• Auch die Politik der Industrieländer kann die internationale Beteiligungsfinanzierung günstig beeinflussen; eine liberale Handels- und Industriepolitik schafft die besten Voraussetzungen für Direktinvestitionen in der Dritten Welt. Bilaterale Vereinbarungen und Garantiesysteme haben sich ebenfalls als nützlich erwiesen, um die mit Direktinvestitionen zwangsläufig verbundenen Risiken zu verringern. Bei der Förderung von Direkt- wie von Portfolioinvestitionen hat die Weltbank eine wichtige Rolle als Katalysator gespielt und in manchen Fällen die notwendige ergänzende Finanzierung für Direktinvestitionsprojekte bereitgestellt. Zwar können alle diese Faktoren zu einem breiteren Strom von Direktinvestitionen beitragen, doch dürften die Direktinvestitionen, die von relativ wenigen Firmen in einem begrenzten Kreis von Ländern und Branchen vorgenommen werden, darauf nur allmählich reagieren.

• Ausländische Portfolioinvestitionen könnten angeregt werden durch die Beseitigung von Beschränkungen, Reglementierungen und steuerlichen Hindernissen, die den Zugang ausländischer Anleger zu den nationalen Aktienmärkten erschweren. Außerdem könnte es größeren einheimischen Gesellschaften erlaubt werden, ihre Aktien an den internationalen Börsen einzuführen. Ein günstigeres Klima für ausländische Portfolioinvestitionen dürfte das Anlegerinteresse beleben und könnte die Gründung von Investmentfonds erleichtern, die sich auf die jungen Märkte spezialisieren. Die Pensionskassen in den Industrieländern, die über Aktiva in Höhe von insgesamt 1500 Mrd Dollar verfügen, verfolgen in zunehmendem Maß weltweite Anlagestrategien. Bereits eine kleine Gewichtsverlagerung ihrer Investitionen zugunsten der jungen Märkte könnte den Kapitalstrom in die Entwicklungsländer verbreitern.

• Sowohl Direktinvestitionen als auch Portfolioinvestitionen haben das Potential, einen größeren Anteil des gesamten Finanzierungsbedarfs der Dritten Welt abzudecken, als dies bisher der Fall war. Damit dieses Potential ausgeschöpft wird, ist jedoch eine generelle Neubewertung der Vorteile dieser Investitionsarten auf seiten der Gast- wie der Herkunftsländer erforderlich. Bei der Einschätzung der Möglichkeiten von Direkt- und Portfolioinvestitionen, große Summen für einen weiten Kreis von Entwicklungsländern zur Verfügung zu stellen, ist allerdings weiterhin Realismus geboten.

Teil IV Aussichten und künftige Politik
10 Ausblick und wirtschaftspolitische Agenda

Den Finanzproblemen der letzten Jahre wurde durch eine Kombination von wirtschaftlicher Erholung, entschlossener Anpassung auf seiten der Schuldner und von Maßnahmen der Gläubiger sowie der internationalen Institutionen wirksam begegnet. Die tiefverwurzelten Probleme von Industrie- wie Entwicklungsländer müssen aber weiterhin vom Grund her angegangen werden, wenn ein dauerhaftes Wirtschaftswachstum und normale Beziehungen zwischen Schuldnern und Gläubigern wieder hergestellt werden sollen. Nur unter diesen Bedingungen werden die Entwicklungsländer wieder Anschluß an den erfreulichen Fortschritt finden können, den sie in den sechziger und siebziger Jahren erzielt hatten.

Um die Aussichten für den Entwicklungsprozeß zu bestimmen, werden in diesem Kapitel zunächst zwei allgemeine Szenarien — und zwar ein günstiges und ein ungünstiges — für die Jahre bis 1995 beschrieben. Im wesentlichen handelt es sich um die im letztjährigen *Weltentwicklungsbericht* vorgelegten Szenarien. Im folgenden gilt die Aufmerksamkeit jedoch vor allem dem Zeitraum 1985 bis 1990. In dieser Periode sollte der Übergang auf einen Pfad dauerhaften Wachstums erfolgen, falls alles gut geht. Ein erfolgreicher Übergang setzt voraus, daß die Wirtschaftspolitik der Entwicklungsländer sich weiterhin anpaßt, daß die Industrieländer ein dauerhaftes Wirtschaftswachstum erzielen und daß der Protektionismus zurückgedrängt wird, damit die Märkte der Industrieländer für die Entwicklungsländer zugänglich sind.

Die nächsten zehn Jahre

Bei den beiden Szenarien, die im letztjährigen *Weltentwicklungsbericht* vorgelegt wurden und hier in ihren Grundzügen erläutert werden, handelt es sich nicht — dies muß betont werden — um Prognosen oder Voraussagen. Was in den nächsten zehn Jahren geschieht, hängt entscheidend von der Wirtschaftspolitik der Industrie- und der Entwicklungsländer ab, über die nur ganz allgemein gehaltene Annahmen möglich sind. Auch tragen diese Projektionen keinerlei zyklischen Schwankungen Rechnung, wie sie wahrscheinlich eintreten werden; und ebenso wird von größeren Schocks abstrahiert, wie sie durch die Verknappung oder extreme Verteuerung wichtiger Rohstoffe ausgelöst werden können.

Der ungünstige Fall zeigt, was eintreten könnte, wenn es den Industrieländern nicht gelingt, die Ursachen ihrer erratischen Wirtschaftsentwicklung während der letzten zehn Jahre zu überwinden. Haushaltsdefizite, Inflation, Arbeitslosigkeit und Zinssätze würden hoch bleiben. Das BIP in den Industrieländern würde im Durchschnitt mit 2,5 Prozent jährlich wachsen. In den Entwicklungsländern würde die Wachstumsrate des BIP 4,7 Prozent pro Jahr betragen (und damit deutlich geringer sein als die Rate von 5,5 Prozent im Zeitraum 1973 bis 1980); bei einer Zunahme des Protektionismus in den Industrieländern würde das Wachstum im Zeitraum 1985 bis 1995 auf nur noch 4,3 Prozent herabgedrückt. Die Kapitalzuflüsse jeder Art in die Entwicklungsländer würden nur langsam zunehmen und die Entwicklungshilfe würde nur wenig aufgestockt. Unter diesen Umständen würde bei den meisten Gruppen der Entwicklungsländer das Wachstum geringer ausfallen als in den Jahren 1973 bis 1980, und alle würden sie wesentlich langsamer expandieren als während der sechziger Jahre (vgl. Tabelle 10.1). Die schwierigen Jahre 1980 bis 1985 eingerechnet, wäre der ungünstige Fall für viele Entwicklungsländer gleichbedeutend mit einem äußerst geringen Fortschritt im Verlauf von anderthalb Jahrzehnten.

Im Gegensatz dazu setzt der günstige Fall ein dauerhaftes inflationsfreies Wachstum in den Industrieländern voraus. Die langfristigen Bestimmungsfaktoren des Produktivitätsfortschritts in den Industrieländern wurden im letztjährigen Bericht im einzelnen erörtert. Die Projektion eines

TABELLE 10.1
Durchschnittsergebnisse für Industrie- und Entwicklungsländer, 1960 bis 1995
(durchschnittliche jährliche Veränderung in %)

Ländergruppe	1960—73	1973—80	1980—85	1985—95 Günstiger Fall	1985—95 Ungünstiger Fall
Industrieländer					
BIP-Wachstum	4,9	2,8	2,3	4,3	2,5
Entwicklungsländer					
BIP-Wachstum	6,1	5,5	3,0	5,5	4,7
Länder mit niedrigem Einkommen					
Asien	6,0	5,2	6,4	5,3	4,6
Afrika	3,7	2,7	1,4	3,2	2,8
Ölimporteure mit mittlerem Einkommen					
Hauptexporteure von Industrieprodukten	6,8	5,9	2,1	6,3	5,2
Sonstige Länder	5,2	4,6	1,5	4,3	3,8
Ölexporteure mit mittlerem Einkommen	6,1	5,8	1,8	5,4	4,7
Exportwachstum	5,2[a]	4,1	5,7	6,4	4,7
Industrieprodukte	13,8[a]	11,0	9,7	9,7	7,5
Rohstoffe	3,6[a]	1,3	2,8	3,4	2,1
Importwachstum	5,9[a]	5,9	1,2	7,2	5,1

Anmerkung: Die Projektionen der Wachstumsraten, die auf einer Auswahl von neunzig Entwicklungsländern beruhen, wurden dem *Weltentwicklungsbericht 1984* entnommen. Wachstumsraten für frühere Jahre gegenüber dem letztjährigen Bericht revidiert.
a. Wachstumsraten beziehen sich auf die Jahre 1965 bis 1973.
Quelle: Weltbank.

TABELLE 10.2
Wachstum des Pro-Kopf-BIP, 1960 bis 1995
(durchschnittliche jährliche Veränderung in %)

Ländergruppe	1960—73	1973—80	1980—85	1985—95 Günstiger Fall	1985—95 Ungünstiger Fall
Industrieländer	3,9	2,1	1,8	3,7	2,0
Entwicklungsländer	3,6	3,4	0,9	3,5	2,7
Länder mit niedrigem Einkommen	3,3	3,0	4,0	3,4	2,7
Asien	3,6	3,4	4,5	3,7	3,0
Afrika	1,2	—0,1	—1,7	—0,1	—0,5
Ölimporteure mit mittlerem Einkommen	3,8	3,3	—0,2	3,6	2,6
Hauptexporteure von Industrieprodukten	4,3	3,7	0,1	4,4	3,3
Sonstige Länder	2,5	2,1	—1,0	1,5	1,0
Ölexporteure mit mittlerem Einkommen	3,5	3,1	—0,8	2,7	2,0

Anmerkung: Die Projektionen wurden dem *Weltentwicklungsbericht 1984* entnommen. Wachstumsraten für frühere Jahre gegenüber dem letztjährigen Bericht revidiert.
Quelle: Weltbank.

Wachstums der Industrieländer von 4,3 Prozent jährlich im Zeitraum von 1985 bis 1995 unterstellt, daß die Industrieländer mit Erfolg eine Politik betreiben, die ein Wachstum nahe am langfristigen Wachstumspotential erlaubt. Die Arbeitslosigkeit, die Inflationsraten und die Zinssätze würden alle zusammen zurückgehen, fast bis auf das Niveau der sechziger Jahre. Die Regierungen würden die Handelsschranken abbauen und so ein rascheres Wachstum der Exporte der Entwicklungsländer ermöglichen. Es wäre eine Ausweitung der Kapitalzuflüsse zu den Entwicklungsländern zu erwarten, und die Aussichten auf eine Anhebung der Entwicklungshilfe für die Länder mit niedrigem Einkommen würden sich erheblich verbessern. Die Entwicklungsländer könnten wieder ein Wachstum wie im Durchschnitt der siebziger Jahre erreichen.

Der Kontrast zwischen dem ungünstigen und dem günstigen Fall wird noch ausgeprägter, wenn das Wachstum in den Entwicklungsländern je Kopf der Bevölkerung betrachtet wird (vgl. Tabelle 10.2). Besonders auffallend sind dabei die trüben

Aussichten der afrikanischen Länder mit niedrigem Einkommen. Selbst im günstigen Fall sinken dort die Pro-Kopf-Einkommen — und dies, nachdem sie bereits in den vorangegangenen zehn Jahren schon scharf zurückgefallen sind. Nichts könnte die Dringlichkeit eines wirtschaftspolitischen Kurswechsels in Afrika und darauf abgestellter Unterstützung seitens der internationalen Gemeinschaft klarer erweisen.

Die Tabelle 10.2 hebt zweitens hervor, wie unterschiedlich die Fähigkeit der einzelnen Länder ist, von einer günstigeren weltwirtschaftlichen Entwicklung zu profitieren oder einer Verschlechterung der Lage zu widerstehen. Wie schon in der Vergangenheit könnten sich einige der Hauptexporteure von Industrieprodukten — wie etwa Korea — rasch an die weltwirtschaftlichen Fluktuationen anpassen und das Wachstum ihres BIP aufrechterhalten oder steigern. In einigen der Hauptschuldnerländer, insbesondere in Lateinamerika, würde aber die einsetzende wirtschaftliche Erholung im ungünstigen Fall einen gravierenden Rückschlag erleiden. Ihre Probleme mit dem Schuldendienst würden außerordentlich zunehmen; die von ihnen geforderte zusätzliche Anpassung würde ihr gesellschaftliches Gefüge stark belasten.

Der günstige und der ungünstige Fall führen offenbar zu ganz unterschiedlichen Ergebnissen bezüglich der Leistungsbilanzen und der Kreditwürdigkeit der Entwicklungsländer. Der letztjährige Bericht wies darauf hin, daß die Aussichten auf finanziellem Gebiet besonders unsicher sind. Die längerfristigen Ergebnisse werden von der Entwicklung im Verlauf der nächsten fünf Jahre abhängen. Dementsprechend wird dieser Zeitraum im vorliegenden Bericht detaillierter untersucht.

Eine Zeit des Übergangs, 1985 bis 1990

Bei der Bewältigung ihrer finanziellen Probleme haben viele Entwicklungsländer in den letzten Jahren Fortschritte gemacht. Trotz dieser Fortschritte bleibt die wirtschaftliche Lage in einzelnen Entwicklungsländern prekär. Wie aus Tabelle 10.1 ersichtlich, ist die geschätzte Wachstumsrate des BIP der Entwicklungsländer im Zeitraum 1980 bis 1985 nach gegenwärtigem Stand nur gut halb so hoch wie in den Jahren 1973 bis 1980. Obwohl die Exporte um fast 6 Prozent jährlich gestiegen sind, nahmen die Importe in den letzten Jahren um kaum mehr als 1 Prozent zu. Der Anteil des Zinsaufwandes am gesamten Schuldendienst ist von 36 Prozent im Jahr 1979 auf 52 Prozent in 1983 gestiegen. Zahlreiche Entwicklungsländer erwirtschafteten beträchtliche Überschüsse im Außenhandel, um ihren stark gestiegenen Zinsverpflichtungen nachzukommen. Die Leistungsbilanzdefizite der Entwicklungsländer sind (zu jeweiligen Preisen gerechnet) scharf zurückgegangen, und zwar von 57 Mrd Dollar im Jahr 1983 auf 36 Mrd Dollar in 1984. Das hohe Zinsniveau ist somit eine der kritischen Größen, von denen die Entwicklung während der nächsten fünf Jahre beeinflußt wird. Selbst wenn die Leistungsbilanz, ohne Zinszahlungen gerechnet, ausgeglichen ist, müssen die Exporte der Entwicklungsländer mit einer über dem Zinssatz liegenden Rate wachsen, damit sich ihre wichtigsten Verschuldungskennziffern verbessern.

Im Verlauf der nächsten fünf Jahre wird die Wirtschaftspolitik der Industrie- und der Entwicklungsländer darüber entscheiden, ob es den Entwicklungsländern gelingt, ohne Reibungsverluste ihre Kreditwürdigkeit wiederherzustellen und auf einen Pfad des stetigen Wachstums zurückzukehren. Um die wirtschaftspolitischen Optionen und ihre Konsequenzen für die Entwicklungsländer in den Jahren 1985 bis 1990 zu verdeutlichen, wurden zwei Simulationen durchgeführt: eine günstige Simulation auf Basis einer Wirtschaftspolitik, die zu Anpassungsfortschritten führt, und eine ungünstige Simulation, die im wesentlichen keinen weiteren Fortschritt bei der Anpassung unterstellt.

Drei Aspekte der Wirtschaftspolitik der Industrieländer sind von besonderer Bedeutung.

• *Gleichgewicht von Geld- und Finanzpolitik.* Die günstige Simulation unterstellt einen weiteren Abbau der Haushaltsdefizite, speziell in den Vereinigten Staaten. Am Ende des Jahrzehnts sollen die Defizite um etwa ein Drittel niedriger sein als gegenwärtig von den Regierungen für diesen Zeitpunkt geplant. Dies ermöglicht Schritte zu einem ausgewogeneren Verhältnis von Geld- und Finanzpolitik und zu einer verstärkten internationalen Kooperation, wie sie für ein inflationsfreies Wachstums in den Industrieländern notwendig ist. Unter diesen Voraussetzungen wäre zu erwarten, daß sich die realen Zinssätze bis 1990 auf ein Niveau wie in den sechziger Jahren zurückbilden und die Wechselkursrelationen sich normalisieren. Die ungünstige Simulation nimmt dagegen an, daß die Haushaltsdefizite im Jahr 1990 nicht niedriger sind als offiziell geplant. Damit wäre ein Anstieg der realen Zinssätze und eine anhaltende Stärke des US-Dollars zu erwarten.

• *Arbeitsmärkte.* Die günstige Simulation nimmt

TABELLE 10.3

Durchschnittsergebnisse für Industrie- und Entwicklungsländer, 1980 bis 1990
(durchschnittliche jährliche Veränderung in %)

Ländergruppe	1980—85	1985—90 Günstiger Fall	1985—90 Ungünstiger Fall
Industrieländer			
BIP-Wachstum	2,3	3,5	2,7
Inflationsrate[a]	0,5	7,5	5,0
Realzins[b, c]	6,8	2,5	6,5
Nominaler Kreditzins[c]	12,6	6,1	11,8
Entwicklungsländer			
BIP-Wachstum	3,0	5,5	4,1
Länder mit niedrigem Einkommen	5,9	5,6	5,2
Asien	6,4	5,8	5,4
Afrika	1,4	3,4	2,5
Ölimporteure mit mittl. Einkommen	1,9	5,9	3,6
Hauptexporteure von Industrieprodukten	2,1	6,4	3,8
Sonstige Länder	1,5	4,2	2,8
Ölexporteure mit mittl. Einkommen	1,8	4,7	3,6
Exportwachstum	5,7	6,7	3,5
Industrieprodukte	9,7	10,4	5,4
Rohstoffe	2,8	3,1	1,7
Importwachstum	1,2	8,8	2,4

Anmerkung: Die Projektionen der Wachstumsraten beruhen auf einer Auswahl von neunzig Entwicklungsländern.
a. Deflator des BIP der Industrieländer, ausgedrückt in US-Dollar. Die Inflation in den Vereinigten Staaten beträgt im günstigen Fall 3,5 Prozent pro Jahr und im ungünstigen Fall 5 Prozent pro Jahr.
b. Durchschnitt der Zinssätze für Sechsmonats-Eurodollar, deflationiert mit der Veränderung des BIP-Deflators der Vereinigten Staaten.
c. Zinssatz am Ende der Periode.
Quelle: Weltbank.

an, daß die Industrieländer beim Abbau von Starrheiten auf ihren Arbeitsmärkten in den nächsten Jahren zunehmende Erfolge erzielen werden — ein Zeichen erfolgreicher Strukturanpassung. Dies führt zu einem Abbau der Arbeitslosigkeit, und der jährliche Anstieg der realen Lohnkosten in den Industrieländern nimmt annahmegemäß um zwei Prozentpunkte ab. Die ungünstige Simulation nimmt an, daß das Fortbestehen von Starrheiten auf den Arbeitsmärkten zu einem verstärkten Anstieg der realen Lohnkosten führt und zu anhaltend hoher Arbeitslosigkeit, insbesondere in Europa, beiträgt.

• *Protektionismus.* Ein kräftiges und inflationsfreies Wachstum in den Industrieländern — wie in der günstigen Simulation angenommen — würde es den Regierungen erlauben, protektionistische Maßnahmen im Verlauf der nächsten Jahre zurückzunehmen. Dies würde zu einem rascheren Wachstum des internationalen Handels beitragen, von dem sowohl die Industrieländer als auch die Entwicklungsländer profitieren könnten. Im Gegensatz dazu nimmt die ungünstige Simulation an, daß Anpassungsschwierigkeiten und schwaches Wachstum einen verstärkten Protektionismus gegenüber den Exporten der Entwicklungsländer nach sich ziehen.

Die Konsequenzen dieser Annahmen sind in Tabelle 10.3 zusammenfassend dargestellt. In der günstigen Simulation ist das durchschnittliche jährliche Wachstum in den Industrieländern um fast einen Prozentpunkt höher (3,5 Prozent gegenüber 2,7 Prozent) als in der ungünstigen Simulation. Es sollte besonders erwähnt werden, daß das raschere Wachstum in den Industrieländern zum Teil damit zusammenhängt, daß sie ihre Exporte in die Entwicklungsländer im Durchschnitt um 7,7 Prozent pro Jahr ausweiten können — während in der ungünstigen Simulation diese Exporte um 1 Prozent pro Jahr zurückgehen. Der Unterschied ist hauptsächlich im zunehmenden eigenen Protektionismus der Industrieländer begründet — ein eindringliches Beispiel dafür, wie der Protektionismus sowohl die Importe als auch die Exporte der Länder beeinträchtigt, die ihre Handelsschranken erhöhen. Der stärkere Protektionismus in der ungünstigen Simulation hat zur Folge, daß das Ausfuhrwachstum der Entwicklungsländer auf nur noch 3,5 Prozent jährlich sinkt, verglichen mit 6,7 Prozent in der günstigen Simulation. Dementsprechend müssen sie auch ihre Einfuhren kürzen.

Bemerkenswert ist auch der Unterschied in den realen Zinsniveaus zwischen den beiden Simulationen. Die Differenz entsteht durch eine Kombination von drei Faktoren:

• Das anhaltende Wachstum der Haushaltsdefizite in der ungünstigen Simulation hält die Kreditnachfrage hoch.
• Die Verschlechterung der Leistungsbilanzen der Entwicklungsländer hat denselben Effekt.

Diese beiden Nachfragefaktoren treffen auf:

• Einen Rückgang der privaten Ersparnis in den Industrieländern, ausgelöst durch das schwächere Wachstum des BIP und eine stärkere Zunahme der realen Lohnkosten.

Folgen für die Entwicklungsländer

Die Simulationen zeigen für die nächsten fünf Jahre eine Bandbreite von Möglichkeiten für die Entwicklungshilfe auf. In beiden Simulationen wird angenommen, daß die Entwicklungsländer mit der Politik der Strukturanpassung fortfahren. Die jeweiligen Maßnahmen sind von Land zu Land unterschiedlich, betreffen aber in der Regel Reformen in drei zentralen Bereichen, nämlich bei den Preisen mit volkswirtschaftlicher Schlüsselfunktion, beim Wechselkurs und in der Außenhandelspolitik sowie bei der inländischen Ersparnis. Diese Maßnahmen zielen darauf ab, heimische und ausländische Ressourcen wirksamer zu nutzen und sicherzustellen, daß Auslandskapital die einheimische Finanzierung ergänzt, aber nicht ersetzt. Es wird also angenommen, daß die Wirtschaftspolitik der einzelnen Entwicklungsländer weiterhin eine zentrale Rolle bei der Bestimmung der künftigen Wirtschaftsergebnisse einnimmt. In der günstigen Simulation sind die Investitionen in den Entwicklungsländern im Jahr 1990 um über 25 Prozent höher als in der ungünstigen Variante. Das Wachstum des BIP bewegt sich in der günstigen Simulation bei ansehnlichen 5,5 Prozent, während es in der ungünstigen Variante nur 4,1 Prozent erreichen würde. Da die Bevölkerung in den Entwicklungsländern jährlich um etwa 2 Prozent zunimmt, würde das BIP pro Kopf in der günstigen Simulation mehr als anderthalbmal so rasch wachsen wie in der ungünstigen Variante — und zwar mit 3,7 Prozent pro Jahr gegenüber 2,3 Prozent pro Jahr.

Hinter diesen summarischen Angaben verbergen sich erhebliche regionale Unterschiede. Bei den Ländern mit niedrigem Einkommen fällt die jahresdurchschnittliche Wachstumsrate des BIP in der ungünstigen Simulation um 0,4 Prozentpunkte niedriger aus als in der günstigen; bei den afrikanischen Ländern beträgt der Unterschied 0,9 Prozentpunkte. Bei den Ölimporteuren mit mittlerem Einkommen ergibt sich ein noch viel größerer Abstand — nämlich von 2,3 Prozentpunkten jährlich —, denn sie werden von den höheren Zinssätzen (auf ihre Schulden) und von der Zunahme des Protektionismus (gegenüber ihren Exporten von Industrieprodukten) stärker getroffen.

Unter den Annahmen der günstigen Simulation würden die Hauptexporteure von Industrieprodukten ihre Ausfuhren solcher Waren jährlich um 10,5 Prozent erhöhen können (vgl. Tabelle 10.4) — ein etwas schnelleres Wachstum, als sie in den Jahren 1980 bis 1985 erzielten. Als Gruppe betrachtet, würden die Ölimporteure mit mittlerem Einkommen die Wachstumsrate ihres BIP nach der Flaute der frühen achtziger Jahre im Zeitraum 1985 bis 1990 auf 5,9 Prozent steigern können — damit würden sie fast das Wachstum der sechziger und siebziger Jahre wieder erreichen. Selbst innerhalb dieser Ländergruppe wären aber Unterschiede im wirtschaftlichen Ergebnis zu erwarten. Sowohl nach der günstigen als auch nach der ungünstigen

TABELLE 10.4
Wachstum des Handels der Entwicklungsländer, 1980 bis 1990
(durchschnittliche jährliche Veränderung in %)

Ländergruppe	Exporte von Gütern und Dienstleistungen (ohne Faktoreinkommen)			Exporte von Industrieprodukten			Exporte von Rohstoffen			Importe von Gütern und Dienstleistungen (ohne Faktoreinkommen)		
		1985—90			1985—90			1985—90			1985—90	
	1980—85	Günstiger Fall	Ungünstiger Fall	1980—85	Günstiger Fall	Ungünstiger Fall	1980—85	Günstiger Fall	Ungünstiger Fall	1980—85	Günstiger Fall	Ungünstiger Fall
Entwicklungsländer	5,4	6,8	3,6	9,7	10,4	5,4	2,8	3,1	1,7	1,1	9,3	2,5
Länder mit niedrig. Einkommen	7,1	5,5	2,6	8,6	9,5	4,5	5,4	2,6	1,3	4,2	7,2	1,6
Asien	9,2	6,0	2,8	9,6	9,5	4,6	8,0	2,5	1,2	5,9	8,1	2,1
Afrika	—1,6	2,5	1,5	—12,6	8,6	3,7	—1,2	3,1	1,8	—2,1	2,6	—0,8
Ölimporteure mit mittl. Einkommen	7,2	8,2	4,3	9,3	10,4	5,5	5,7	3,4	2,1	1,5	10,9	2,9
Hauptexporteure v. Industrieprod.	7,5	8,9	4,7	9,1	10,5	5,5	6,4	3,6	2,3	1,8	12,1	3,7
Sonstige Länder	6,3	4,8	2,6	12,1	9,6	4,7	4,4	3,1	1,7	0,6	5,9	—0,1
Ölexporteure mit mittl. Einkommen	1,0	4,1	2,1	17,0	11,0	6,0	0,0	2,8	1,5	—1,6	6,4	1,9

Quelle: Weltbank.

TABELLE 10.5

Leistungsbilanzen der Entwicklungsländer und ihre Finanzierung, 1984 und 1990

(in Mrd $ von 1980)

Position	Entwicklungsländer insgesamt			Asiatische Länder mit niedrigem Einkommen			Afrikanische Länder mit niedrigem Einkommen		
	1984[a]	Günstiger Fall 1990	Ungünstiger Fall 1990	1984[a]	Günstiger Fall 1990	Ungünstiger Fall 1990	1984[a]	Günstiger Fall 1990	Ungünstiger Fall 1990
Netto-Exporte von Gütern und Dienstleistungen (ohne Faktoreinkommen)	14,5	—38,6	6,3	—8,9	—19,9	—12,8	—3,9	—3,7	—3,0
Zinsen auf mittel- und langfristige Schulden	—59,3	—44,9	—76,3	—1,9	— 3,5	— 4,2	—1,0	—1,0	—1,5
Öffentlich	—10,8	—12,8	—18,4	—1,1	— 1,4	— 1,8	—0,4	—0,9	—1,3
Privat	—48,5	—32,1	—57,9	—0,8	— 2,1	— 2,3	—0,6	—0,1	—0,2
Leistungsbilanzsaldo[b]	—36,4	—60,7	—48,6	—3,2	—15,7	— 9,4	—4,7	—4,3	—4,2
Öffentliche Übertragungen (netto)	12,2	15,2	14,5	2,0	1,9	1,8	2,0	2,4	2,3
Mittel- und langfristige Kredite[c]	51,3	55,1	36,6	6,7	15,7	7,4	2,1	1,9	1,8
Öffentlich	26,2	20,4	20,2	4,3	5,1	5,0	2,3	2,3	2,2
Privat	25,1	34,7	16,4	2,4	10,6	2,4	—0,2	—0,4	—0,4
Ausstehende und ausgezahlte Schulden	702,5	716,2	741,4	54,1	93,2	78,8	27,2	27,1	29,6
In % des BSP	33,8	24,7	27,8	9,7	11,9	10,3	54,6	44,6	51,5
In % der Exporte	135,4	98,2	133,1	100,0	131,0	148,4	278,1	250,3	328,1
Schuldendienst in % der Exporte	19,7	16,0	28,0	8,4	10,6	15,6	19,9	25,2	37,5

Anmerkung: Die Tabelle beruht auf einer Auswahl von neunzig Entwicklungsländern. Sämtliche Positionen wurden mit dem BIP-Deflator der Industrieländer deflationiert. Differenzen in den Summen durch Runden der Zahlen. In den Netto-Exporten sind hier die Faktoreinkommen nicht enthalten; sie weichen somit von den Angaben in Tabelle 10.6 ab. Die Netto-Exporte zuzüglich der Zinszahlungen sind nicht identisch mit dem Leistungsbilanzsaldo, da die Netto-Überweisungen der Gastarbeiter, die privaten Übertragungen und die Kapitalerträge nicht berücksichtigt sind. Der nicht durch öffentliche Übertragungen und Kredite finanzierte Teil des Leistungsbilanzsaldos wird durch ausländische Direktinvestitionen, sonstige Kapitalbewegungen (darunter kurzfristige Kredite und Restposten) und Reservebewegungen abgedeckt. Die Verhältniszahlen wurden auf Grundlage von Angaben in jeweiligen Preisen berechnet.

Simulation würden die flexibleren Volkswirtschaften Ostasiens weiterhin rascher wachsen als die Länder Lateinamerikas. Die Länder Ostasiens sind im Durchschnitt weniger hoch verschuldet und eher in der Lage, außenwirtschaftliche Schocks aufzufangen. Die große Gruppe der Ölimporteure mit mittlerem Einkommen (ohne die Hauptexporteure von Industrieprodukten gerechnet) würde in der günstigen Simulation ein Ausfuhrwachstum erzielen, das nicht nur zur Leistung ihrer Zinszahlungen ausreichen würde, sondern ihnen auch erlauben würde, wieder verstärkt zu importieren (um 5,9 Prozent jährlich), ihre Kapazitäten besser auszulasten und rascher zu wachsen. In der ungünstigen Simulation wären die Länder mit mittlerem Einkommen dagegen gezwungen, die Einfuhrzurückhaltung und die Investitionskürzungen der letzten Jahre weiter fortzusetzen. Dies würde ihre Bemühungen um Strukturanpassung und Schaffung der Grundlagen für ein erneutes Wachstum in den neunziger Jahren aufs äußerste gefährden. Zweifellos bestehen in vielen Ländern mit mittlerem Einkommen noch Möglichkeiten für einen wirksameren Einsatz der Ressourcen, insbesondere im Energiebereich. Die hier dargestellten Aussichten für ihre wirtschaftliche Entwicklung lassen aber Zweifel aufkommen, ob die Gesellschaftsstrukturen in vielen dieser Länder einem solchen fortgesetzten Druck standhalten können. Die Entwicklungskrise zahlreicher Länder mit mittlerem Einkommen würde sich weiter verschärfen.

In vielen afrikanischen Ländern mit niedrigem Einkommen sind die wirtschaftlichen Aussichten äußerst schlecht. Die ungünstige Simulation würde für sie einen weiteren Rückgang des Pro-Kopf-Einkommens im Verlauf der nächsten fünf Jahre bedeuten. Die eingeleiteten Wirtschaftsreformen in vielen dieser Länder wären mit Sicherheit zum Scheitern verurteilt, wenn das internationale Umfeld eine Verbesserung der gegenwärtig stark gedrückten Rohstoffpreise nicht ermöglichte, eine weitere Einschränkung der Importe notwendig würde, und zusätzliche Entwicklungshilfe ausbliebe. Bedauerlicherweise läßt die günstige Simulation gerade nur auf eine Erhaltung des durchschnittlichen Pro-Kopf-Einkommens auf dem niedrigen

	Länder mit mittlerem Einkommen							
	Hauptexporteure von Industrieprodukten			Sonstige Ölimporteure			Ölexporteure		
		Günstiger Fall	Ungünstiger Fall		Günstiger Fall	Ungünstiger Fall		Günstiger Fall	Ungünstiger Fall
1984[a]	1990	1990	1984[a]	1990	1990	1984[a]	1990	1990
20,0	— 4,9	14,6	— 9,8	— 8,2	— 2,2	17,1	— 1,8	9,8
—26,4	—19,3	—33,7	— 8,2	— 6,3	—10,9	—21,7	—14,8	—26,2
— 3,9	— 4,4	— 6,3	— 2,5	— 2,9	— 4,2	— 2,9	— 3,3	— 4,9
—22,5	—14,9	—27,4	— 5,7	— 3,5	— 6,7	—18,9	—11,5	—21,3
— 9,6	—19,7	—15,0	—15,4	—10,8	—10,7	— 3,6	—10,2	— 9,2
3,8	6,0	5,7	2,6	2,9	2,8	1,9	2,0	1,9
17,9	21,2	12,9	11,1	6,2	5,3	13,6	10,2	9,3
7,8	3,7	3,7	5,5	4,6	4,5	6,3	4,8	4,8
10,1	17,5	9,2	5,6	1,6	0,8	7,3	5,4	4,5
273,1	274,1	280,6	110,6	107,4	116,8	237,6	214,4	235,6
37,6	25,9	30,6	53,0	39,9	47,6	43,8	29,5	34,7
109,1	67,8	97,0	183,9	139,5	189,5	164,3	129,1	163,5
16,0	12,9	24,2	24,9	22,0	36,9	28,1	22,7	35,9

a. Geschätzt.
b. Ohne öffentliche Übertragungen.
c. Netto-Auszahlungen.
Quelle: Weltbank.

Stand des Jahres 1984 hoffen. Zusätzliche Unterstützung von außen ist — für sich genommen — nicht der Schlüssel zur Lösung der Probleme der afrikanischen Länder mit niedrigem Einkommen. Reformen der internen Wirtschaftspolitik mit dem Ziel, den Einsatz der heimischen und der ausländischen Ressourcen zu verbessern, sind unumgänglich. Ohne solche Reformen lassen sich die wirtschaftlichen Bedingungen in den afrikanischen Ländern auch durch noch so große ausländische Unterstützung nicht verbessern. Gleichwohl dürften solche Reformen nicht ohne eine gleichzeitige Verbesserung der Programme der Geldgeber durchgehalten werden. Die Geldgeber müssen insbesondere bereit sein, zur Unterstützung derjenigen afrikanischen Länder mit niedrigem Einkommen, die grundlegende Reformen durchführen, angemessene finanzielle Hilfe zu leisten — und zwar mehr als in der günstigen Simulation angenommen.

Die ungünstige Simulation würde auch für die asiatischen Länder mit niedrigem Einkommen einen Rückschlag bedeuten; diese asiatischen Länder erzielen zwar ein höheres Wachstum als die armen Länder Afrikas, doch würden sie gerade dann mit ungünstigeren Bedingungen im Bereich des Außenhandels und der Auslandsfinanzierung konfrontiert, wenn sie bei der Liberalisierung ihrer Wirtschaft Fortschritte machen. Sie würden dadurch kaum zu einer weiteren Liberalisierung ermutigt. Wenn sich aber die günstige Simulation verwirklicht, könnten sie mit einer Rate von 5,8 Prozent pro Jahr wachsen (verglichen mit einer Wachstumsrate von 6,4 Prozent in den letzten Jahren). Bei diesem Verlauf könnten sie ihre Wirtschaft umstrukturieren, um in den neunziger Jahren ein stabiles und dauerhaftes Wachstum zu erzielen.

Kapitalbewegungen und Schulden

Die finanziellen Implikationen der beiden Szenarien unterscheiden sich von Grund auf (vgl. Tabelle 10.5 und Schaubild 10.1). In der günstigen Simulation nehmen die Zinszahlungen der Entwicklungsländer auf ihre mittel- und langfristigen Schulden (in Dollar von 1980 gemessen) von 59 Mrd Dollar im

Jahr 1984 auf 45 Mrd Dollar im Jahr 1990 ab. Die Zinszahlungen des Jahres 1990 würden von den Ausfuhren bei weitem übertroffen. Als wichtigstes Ergebnis der günstigen Simulation würde sich die Kreditwürdigkeit der Entwicklungsländer verbessern, zum Teil weil die wirtschaftspolitischen Reformen, die in vielen Ländern im Gang sind, weitergeführt werden. Als Resultat würde den Entwicklungsländern mehr Auslandskapital zufließen (vgl. Tabelle 10.5) — und zwar genug, um ihre von 36 Mrd Dollar im Jahr 1984 auf 61 Mrd Dollar im Jahr 1990 steigenden Leistungsbilanzdefizite zu finanzieren (jeweils gemessen in Dollar von 1980). Der überwiegende Teil dieser Zunahme entfällt auf die asiatischen Länder mit niedrigem Einkommen, die aufgrund ihrer geringen Schulden und ihrer niedrigen Schuldendienstquoten nach den Annahmen der Simulation auch mehr Kapital an sich ziehen werden, sowie auf die Hauptexporteure von Industrieprodukten und die Ölexporteure.

Nach der günstigen Simulation würden die gesamten Nettozuflüsse von Finanzmitteln (vgl. Tabelle 10.6) zu jeweiligen Preisen von 72 Mrd Dollar im Jahr 1984 auf 121 Mrd Dollar im Jahr 1990 steigen, was einer durchschnittlichen jährlichen Zuwachsrate von 11,6 Prozent entspricht. Zu konstanten Preisen von 1980 gerechnet, würde die Zuwachsrate nur 3,8 Prozent pro Jahr betragen und die gesamten Netto-Zuflüsse von Finanzmitteln wären im Jahr 1990 nur geringfügig höher als 1980. Die Netto-Zuflüsse von ÖEH sollen sich nach der Projektion auf 0,37 Prozent des BSP der Industrieländer belaufen; zu jeweiligen Preisen steigen sie jährlich um 10,3 Prozent und zu Preisen von 1980 jährlich um 2,7 Prozent. Damit würde ein begrenzter Spielraum zur Abdeckung des Finanzierungsbedarfs der afrikanischen Länder mit niedrigem Einkommen geschaffen, ohne daß es — wie gegenwärtig — nötig wäre, konzessionäre Mittel von anderen Ländern mit niedrigem Einkommen abzuziehen. Eine angemessene Reaktion auf den Finanzierungsbedarf der armen afrikanischen Länder würde aber einen höheren Zufluß von Entwicklungshilfe erfordern, als er in der günstigen Simulation vorgesehen ist. Der Anteil der Netto-Zuflüsse privater Mittel (nichtkonzessionärer privater Mittel und Direktinvestitionen) am gesamten Mittelfluß wird für 1990 etwa ebenso hoch angesetzt wie in 1980. Die nichtkonzessionäre private Kreditgewährung (hauptsächlich durch Geschäftsbanken) soll nach der Simulation zu jeweiligen Preisen jährlich um 13,0 Prozent zunehmen (bzw. um 5,1 Prozent zu Preisen von 1980). Für die privaten Direktinvestitionen wird eine Zunahme um jährlich 12 Prozent zu jeweiligen Preisen (bzw. um 4,2 Prozent zu Preisen von 1980) angenommen.

Trotz der Zunahme der Auslandsfinanzierung in der günstigen Simulation verbessern sich im Verlauf des Zeitraums alle wichtigen Verschuldungskennziffern. Bei der Gesamtheit der Entwicklungsländer nehmen die ausstehenden Schulden, in Prozent der Exporte ausgedrückt, von 135 Prozent im Jahr 1984 auf 98 Prozent im Jahr 1990 ab, und ihre Schuldendienstquote fällt von 20 auf 16 Prozent. Die günstige Simulation bringt deshalb bei ihrer erfolgreichen Verwirklichung beträchtliche Vorteile mit sich — ein rascheres Wachstum von Produktion und Ausfuhr, das einhergeht mit einer Verbesserung der Kreditwürdigkeit und einem Abbau der Schuldendienstbelastung. Die verbesserte Kreditwürdigkeit führt dazu, daß die Zuflüsse privater Mittel in den meisten Regionen bis 1990 stärker zunehmen als die Zinszahlungen.

Im Gegensatz dazu bietet die ungünstige Simulation äußerst beunruhigende Aussichten. Obwohl angenommen wird, daß die Entwicklungsländer die bereits in Gang befindlichen wirtschaftspolitischen Reformen fortsetzen, bringen die weniger günstigen außenwirtschaftlichen Bedingungen ein langsameres Wachstum und einen geringeren Mittelzufluß mit sich (vgl. Tabelle 10.6 und Schaubild 10.2). Der gesamte Mittelzufluß würde von 72 Mrd Dollar im Jahr 1984 auf 82 Mrd Dollar im Jahr 1990 steigen; in Preisen von 1980 gerechnet würde er jedoch im Zeitraum von 1985 bis 1990 jährlich um 1,7 Prozent schrumpfen. Dies wäre das Ergebnis eines sehr langsamen Wachstums der offiziellen Mittelvergabe und einer scharfen Kontraktion der Kreditgewährung der Geschäftsbanken. In der günstigen wie in der ungünstigen Simulation wird die ÖEH mit 0,37 Prozent des BSP der Industrieländer angenommen. Da aber in der ungünstigeren Simulation ihr BSP niedriger ist, fällt die ÖEH im Jahr 1990, zu jeweiligen Preisen gerechnet, um 15 Prozent geringer aus (bzw. um 3,7 Prozent zu Preisen von 1980). Dies wäre für die Länder mit niedrigem Einkommen, insbesondere in Afrika, mit erheblichen Konsequenzen verbunden. Eine Umverteilung der konzessionären Mittel innerhalb der Gruppe der armen Länder wäre keine angemessene Reaktion auf ihren gestiegenen Bedarf. Die nichtkonzessionäre Kreditgewährung (hauptsächlich durch die Geschäftsbanken) nimmt im günstigen Fall zu laufenden Preisen jährlich um 13,0 Prozent zu (bzw. um 5,1 Prozent zu Preisen von 1980), während sie im ungünstigen Fall zu laufenden Preisen jährlich um

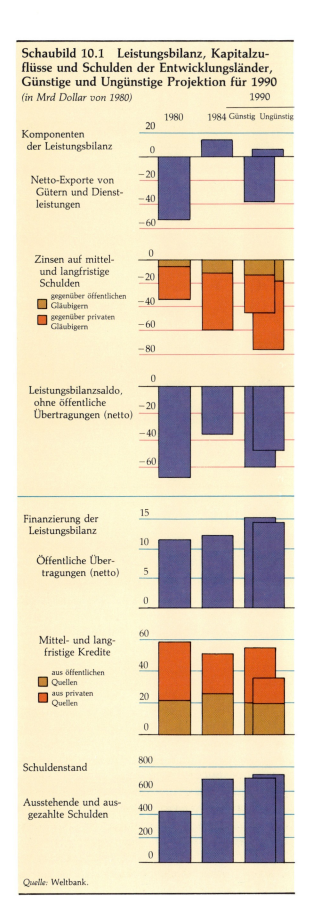

Schaubild 10.1 Leistungsbilanz, Kapitalzuflüsse und Schulden der Entwicklungsländer, Günstige und Ungünstige Projektion für 1990
(in Mrd Dollar von 1980)

Quelle: Weltbank.

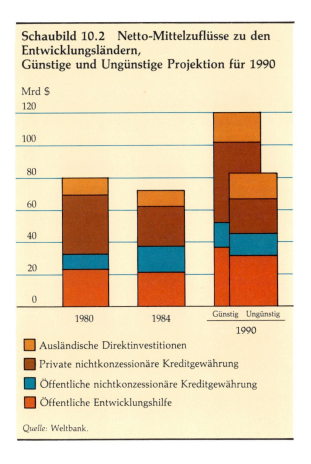

Schaubild 10.2 Netto-Mittelzuflüsse zu den Entwicklungsländern, Günstige und Ungünstige Projektion für 1990

- Ausländische Direktinvestitionen
- Private nichtkonzessionäre Kreditgewährung
- Öffentliche nichtkonzessionäre Kreditgewährung
- Öffentliche Entwicklungshilfe

Quelle: Weltbank.

5,0 Prozent abnimmt (bzw. um 9,5 Prozent zu Preisen von 1980); ausschlaggebend dafür ist die unterschiedliche Entwicklung der Kreditwürdigkeit und der realen Zinssätze. Die privaten Direktinvestitionen nehmen in der ungünstigen Simulation, zu jeweiligen Preisen gerechnet, jährlich um 8,4 Prozent zu (bzw. um 3,2 Prozent zu Preisen von 1980). Insgesamt expandieren die Netto-Zuflüsse von Finanzmitteln in der günstigen Simulation, zu jeweiligen Preisen gerechnet, mehr als dreimal so rasch wie im ungünstigen Fall; zu Preisen von 1980 nehmen sie in der günstigen Simulation um 3,8 Prozent pro Jahr zu, während sie in der ungünstigen um 1,7 Prozent pro Jahr abnehmen. Außerdem sind in der ungünstigen Simulation die Zinssätze merklich höher, so daß die Zinszahlungen auf die mittel- und langfristigen Schulden von 58 Mrd Dollar im Jahr 1984 auf 100 Mrd Dollar (bzw. 76 Mrd Dollar zu Preisen von 1980) im Jahr 1990 steigen. In Anbetracht des geringen Kapitalzuflusses müßten die Entwicklungsländer ihre Handelsbilanzüberschüsse praktisch verdoppeln, nur um ihren Zinsverpflichtungen nachzukommen. Es ist im großen und ganzen zweifelhaft, ob ihnen dies gelingen

TABELLE 10.6
Netto-Mittelzuflüsse zu den Entwicklungsländern in ausgewählten Jahren, 1980 bis 1990
(in Mrd $, soweit nicht anders angegeben)

Finanzierungsart	1980	1983	1984	1990 Günstiger Fall	1990 Ungünstiger Fall	Wachstumsrate (in %)[a] 1970—80	1985—90 Günstiger Fall	1985—90 Ungünstiger Fall
Öffentliche Entwicklungshilfe[b]								
In jeweiligen Preisen	23,4	19,9	21,3	36,8	31,7	16,8	10,3	7,1
In Dollar von 1980	23,4	20,2	21,8	25,1	24,2	6,1	2,7	2,0
Nichtkonzessionäre Kredite								
In jeweiligen Preisen	46,7	40,6	40,8	66,3	35,1	23,6	12,3	—1,2
In Dollar von 1980	46,7	41,2	41,8	45,2	26,9	12,3	4,4	—5,9
Öffentlich								
In jeweiligen Preisen	9,8	12,7	16,3	15,4	13,7	25,3	9,9	7,4
In Dollar von 1980	9,8	12,8	16,6	10,5	10,5	13,9	2,3	2,3
Privat								
In jeweiligen Preisen	36,8	28,0	24,6	51,0	21,4	23,1	13,0	—5,0
In Dollar von 1980	36,8	28,4	25,1	34,7	16,4	11,9	5,1	—9,5
Direktinvestitionen								
In jeweiligen Preisen	10,6	10,3	9,4	18,1	15,4	16,4	12,0	8,4
In Dollar von 1980	10,6	10,5	9,6	12,3	11,8	5,8	4,2	3,2
Insgesamt[c]								
In jeweiligen Preisen	80,6	70,9	71,5	121,3	82,1	20,1	11,6	3,2
In Dollar von 1980	80,6	71,9	73,2	82,6	62,9	9,1	3,8	—1,7
Nachrichtlich:								
Netto-Exporte von Gütern und Dienstleistungen[d]								
In jeweiligen Preisen	—92,8	—82,2	—61,5	—132,4	—101,0	—	—	—
In Dollar von 1980	—92,8	—83,4	—62,9	— 90,2	— 77,3	—	—	—
Leistungsbilanzsaldo[e]								
In jeweiligen Preisen	—67,8	—56,7	—35,6	— 89,2	— 63,4	—	—	—
In Dollar von 1980	67,8	—57,5	—36,4	— 60,7	— 48,6	—	—	—
ÖEH von DAC-Ländern in Prozent ihres BSP	0,38	0,38	0,38	0,37	0,37	—	—	—

Anmerkung: Alle Angaben netto, nach Abzug von Tilgungen. Die Angaben beziehen sich auf eine Auswahl von neunzig Entwicklungsländern.
a. Durchschnittliche jährliche Veränderung in %.
b. Einschl. Zuschüsse im Rahmen der ÖEH (öffentliche Übertragungen). Zuflüsse von ÖEH aus Staatshandelsländern sowie Zuschüsse im Rahmen der technischen Hilfe werden von der Statistik des DAC erfaßt, im Schuldenberichtssystem der Weltbank aber nicht berücksichtigt. Außerdem wird der Kreis der Empfängerländer in beiden Statistiken unterschiedlich abgegrenzt.
c. Ohne kurzfristige Gelder und Reservebewegung.
d. Netto-Exporte von Gütern und Dienstleistungen (ohne Faktoreinkommen) zuzüglich Netto-Kapitalerträge abzüglich Zinsen auf mittel- und langfristige Schulden.
e. Ohne öffentliche Übertragungen.
Quelle: Weltbank.

würde — oder ob ein zunehmend protektionistisches Handelssystem den Versuch überhaupt zulassen würde.

Das Ausmaß der Schwierigkeiten, die mit der ungünstigen Simulation verbunden sind, wird in seinem ganzen Umfang an den Kennziffern der Verschuldungslage der Entwicklungsländer deutlich. Wenn ihr Leistungsbilanzdefizit zu Preisen von 1980, wie vorausgeschätzt, von 36 Mrd Dollar im Jahr 1984 auf 49 Mrd Dollar im Jahr 1990 zunehmen sollte, würden die ausstehenden Schulden der Dritten Welt von dem gegenwärtigen hohen Stand von 135 Prozent der Exporte nur geringfügig zurückgehen und ihre Schuldendienstquote würde auf 28 Prozent steigen, verglichen mit 20 Prozent im Jahr 1984. Drei Ländergruppen — nämlich die afrikanischen Länder mit niedrigem Einkommen, die Ölimporteure mit mittlerem Einkommen (ausgenommen die Hauptexporteure von Industrieprodukten) und die Ölexporteure — würden dann Schuldendienstquoten von etwa 36 Prozent aufweisen. Der Umschuldungsbedarf und der Zwang zur ,,unfreiwilligen" Kreditgewährung würden dann außerordentlich zunehmen.

Wirtschaftspolitische Prioritäten

Die Projektionen dieses Kapitels unterstreichen die zentrale Botschaft dieses Berichtes: Die Welt hat bei der Bewältigung der Finanzprobleme der frühen achtziger Jahre Fortschritte erzielt, aber es bleibt noch viel zu tun. Die Schulden dürfen nicht als ein isoliertes Phänomen betrachtet werden, aus dem gelegentlich eine „Krise" entsteht, die dann unmittelbare Aufmerksamkeit erfordert. Im Gegenteil, die internationale Finanzierung ist in einer Welt gegenseitiger Abhängigkeiten ein unentbehrlicher Teil des Entwicklungsprozesses. Wenn sie die Dimension einer Krise annimmt, dann deshalb, weil über Jahre hinweg eine falsche Politik verfolgt wurde.

Die konstruktive Zusammenarbeit von Schuldnern, Gläubigern und internationalen Institutionen mit dem Ziel einer Streckung der Schuldendienstzahlungen im Rahmen von Anpassungsmaßnahmen der Länder muß fortgesetzt werden. Den Ländern, die eine solide Wirtschaftspolitik verfolgen und einen umfangreichen kurz- und mittelfristigen Schuldendienst zu leisten haben, soll zu einer rascheren Wiederherstellung ihrer Kreditwürdigkeit verholfen werden. Es muß auch geprüft werden, inwieweit mehrjährige Umstrukturierungen offizieller Kredite sowie andere Vereinbarungen von Fall zu Fall in ein Gesamtpaket zur Unterstützung von Stabilisierung und Anpassung einbezogen werden können, insbesondere bei den afrikanischen Ländern mit niedrigem Einkommen, die zu erheblichen Anpassungsbemühungen entschlossen sind.

Die Aussichten für die nächsten zehn Jahre schließen die Möglichkeit weiterer Schuldendienstprobleme bei vielen Entwicklungsländern keineswegs aus. Die ungünstigen Szenarien in diesem Kapitel zeigen, wie dies geschehen könnte. Ein weltweiter Konjunktureinbruch wie in den Jahren 1981/82 ist keine notwendige Voraussetzung für ein erneutes Auftreten von Schuldendienstproblemen. Wenn die Industrieländer in den nächsten fünf Jahren nur mit 2,7 Prozent jährlich wachsen, wie dies in der ungünstigen Simulation angenommen wird, und wenn dieses Wachstum mit hohen realen Zinssätzen und einem zunehmenden Protektionismus einhergeht, so könnten sich verschiedene Gruppen von Entwicklungsländern am Ende dieses Jahrzehnts mit einer höheren Schuldendienstbelastung als zu Anfang der Dekade wiederfinden.

Die finanziellen Resultate der ungünstigen Szenarien sind natürlich nur ein Teilaspekt viel umfassenderer Fehlentwicklungen. Ein langsames Wirtschaftswachstum in den Industrieländern würde dort die Arbeitslosigkeit erhöhen und damit den protektionistischen Druck verstärken, der seinerseits, wenn ihm nachgegeben wird, das Wachstum zusätzlich beeinträchtigen würde. Die Realisierung des langfristigen Wachstumspotentials der Industrieländer im Verlauf der nächsten zehn Jahre würde immer ungewisser. Den Entwicklungsländern fiele es schwer, ihre Wirtschaftspolitik zu liberalisieren, wenn ihre Exportanstrengungen durch Handelsschranken und durch die begrenzte Verfügbarkeit offizieller Mittel, einschließlich der ÖEH, enttäuscht würden. Ein Rückzug aus der Liberalisierung würde aber ihr Wirtschaftswachstum verlangsamen und ihre Schuldendienstprobleme vermehren. In vielen Ländern müßte eine umfassend verstandene Entwicklung — in dem Sinn, daß die Menschen ein längeres, gesünderes und erfüllteres Leben führen — hinter den Bedürfnissen des nackten Überlebens zurücktreten.

Solche Ergebnisse lassen sich jedoch vermeiden. Die günstigen Szenarien offerieren gänzlich verschiedene Aussichten für ein rascheres und stetigeres Wachstum sowohl in den Industrieländern als auch in den Entwicklungsländern und für eine verbesserte Kreditwürdigkeit aller Gruppen von Entwicklungsländern. Dabei handelt es sich nicht bloß um eine Hoffnung für die neunziger Jahre; dies könnte schon während der Übergangsphase der nächsten fünf Jahre erreicht werden. Es muß auch betont werden, daß die günstigen Szenarien nicht irgendwelche idealisierten Ergebnisse beschreiben. Sie basieren auf den keineswegs ideal zu nennenden Gegebenheiten des Jahres 1985 — mit all seinen überkommenen Belastungen — und wurden aus einem realistischen Satz von Annahmen über die künftige Entwicklung abgeleitet.

Diese Annahmen betreffen vor allem die wirtschaftspolitischen Entscheidungen der Regierungen. Im Fall der Industrieländer entsprechen diese Annahmen den öffentlich verkündeten Zielen ihrer Regierungschefs: Abbau der Haushaltsdefizite, flexiblere Arbeitsmärkte, liberalerer Außenhandel. Eine solche Politik würde Ergebnisse bringen, wie sie die Regierungen nach ihrem eigenen Bekunden anstreben: rascheres Wachstum, höhere Beschäftigung, niedrigere reale Zinssätze und stabile Preise. Die Mittel und Ziele der günstigen Szenarien sind die gleichen, wie sie in den Industrieländern diskutiert und angestrebt werden. Zwischen dem ökonomischen Modell und der politischen Realität besteht kein Widerspruch.

Das gleiche gilt für die Entwicklungsländer. Die

günstigen Szenarien setzen voraus, daß die in vielen Ländern bereits eingeleiteten wirtschaftspolitischen Reformen fortgesetzt werden. Die Ziele dieser Politik — Umstrukturierung der Wirtschaft, Erleichterung der Schuldendienstbelastung und Wiederherstellung des Wirtschaftswachstums — stimmen mit den Resultaten der günstigen Szenarien überein. Wie schwierig auch die Einleitung dieser Reformen gewesen sein mag, sie werden den Entwicklungsländern zu gegebener Zeit wesentlich günstigere Bedingungen verschaffen als sie bei einer Verwässerung oder einem Abbruch der Reformen herrschen würden.

Die günstigen Szenarien berechtigen damit zu einem gewissen Optimismus. Die Wirtschaftspolitik hat sich die richtigen Ziele gesetzt und verfolgt den richtigen Kurs; die Regierungen versuchen, die Wirtschaft in eine Richtung zu steuern, die tatsächlich Erfolg bringen wird. Die Leistungen der fünfziger und sechziger Jahre — kräftiges Wachstum, geringe Inflation, finanzielle Stabilität — können wiederholt werden. Unter diesen Bedingungen — einige institutionelle Neuerungen vorausgesetzt — können zwischen den privaten Geldgebern und den Schuldnerländern wieder normale Geschäftsbeziehungen aufgenommen werden und kann eine Zunahme der konzessionären Finanzierung erwartet werden. Das Auslandskapital kann dann von neuem eine produktive Rolle im Prozeß der wirtschaftlichen Entwicklung spielen.

Die Rolle der Weltbank

Die Rolle der Bank als Anbieter von Finanzierungen und anderen Dienstleistungen muß im Zusammenhang mit der gestiegenen Bedeutung der Auslandsfinanzierung im Entwicklungsprozeß gesehen werden. Die Bank unterstützt in zunehmendem Maß Entwicklungsländer bei der notwendigen Reformpolitik. Sie hat ihre Tätigkeit und ihre Finanzierungsinstrumente flexibel an die wachsenden Bedürfnisse ihrer Mitgliedsländer angepaßt. Sie ergänzt Kapitalzuflüsse aus anderen Quellen und übt auf sie — im Rahmen des Möglichen — einen konstruktiven Einfluß aus. Um diese Funktionen wahrnehmen zu können, muß der eigene Finanzierungsbeitrag der Bank sowohl für die kreditnehmenden Länder als auch für die anderen Geldgeber bedeutsam sein.

Vor allem durch die Vermittlung der Bank erhalten Entwicklungsländer Zugang zum internationalen Anleihemarkt und anderen Finanzmärkten. Diese Funktion der Bank ist besonders für die Länder von entscheidender Bedeutung, die sich hauptsächlich auf privates Kapital stützen und gegenüber weltwirtschaftlichen Fluktuationen äußerst anfällig sind. In einer ausgewogenen Mischung von privater und öffentlicher Finanzierung, von kurzen und langen Laufzeiten sowie von fest- und variabelverzinslichen Kreditinstrumenten bildet die Kreditgewährung der Bank eine wichtige Komponente.

Zwar hat die weltweite Rezession zu einer temporären Verzögerung bei vielen Investitionsprojekten und zu Kürzungen privater und öffentlicher Investitionsprogramme geführt, doch wird im Zuge eines erneuten Wachstums auch die Fähigkeit zur produktiven Nutzung von Auslandskapital wieder zunehmen. Das private Kapital wird um so eher in einem breiteren Strom zu fließen beginnen, je mehr Vertrauen die privaten Investoren in die Politik und die Programme der Empfängerländer setzen. Hierbei spielt die Bank eine zweifache Rolle. Durch ihre eigene Kreditgewährung besitzt die Bank eine einzigartige Position, um die wirtschaftlichen Aussichten eines Landes und notwendige Reformen seiner Wirtschaftspolitik zu analysieren und ihre Erkenntnisse den politisch Verantwortlichen zur Verfügung zu stellen. Durch ihre Kofinanzierung trägt die Bank dazu bei, das Vertrauen der Investoren in die jeweiligen Projekte und in die Entwicklungsaussichten der Länder zu stärken. Zur Erfüllung dieser Aufgaben ist die Fähigkeit der Bank, ihre eigene Kreditgewährung auszuweiten, entscheidend.

Die auf konzessionäre Mittel angewiesenen Länder mit niedrigem Einkommen machten in den letzten Jahren die Erfahrung, daß die neuen Zusagen relativ stagnierten. Im Blickpunkt stand dabei insbesondere Afrika südlich der Sahara; die Aussicht auf einen drastischen Rückgang des Zuflusses konzessionärer Mittel in diese Region wurde als ein unüberwindliches Hindernis auf dem Weg zu dauerhaften Entwicklungserfolgen hervorgehoben. Dies unterstreicht die Notwendigkeit einer substantiellen Mittelaufstockung der IDA auf mittlere Sicht, damit der Bedarf dieser Region gedeckt wird und die IDA-Kreditnehmer in Asien kontinuierlich unterstützt werden können.

In ihren Vorschlägen zur Bewältigung eines möglichen Rückgangs der für Afrika südlich der Sahara verfügbaren Mittel hat die Bank betont, daß eine Aufstockung der Entwicklungshilfe für diese Region mit einer verbesserten Effektivität der Hilfe einhergehen muß. Es wurde auch festgestellt, daß die Zuflüsse von ÖEH nach Afrika durch neue

Formen der Koordinierung der Hilfe besser genutzt werden könnten, in deren Rahmen die Reformbemühungen der Schuldner von den Geldgebern gezielt unterstützt werden. Der mögliche Beitrag der Bank zur Verwirklichung dieser doppelten Zielsetzung mittels einer verbesserten Koordination der Hilfeleistungen stieß im Kreis der Entwicklungshilfegeber auf starke Unterstützung. Bei der Durchführung dieser Aufgabe ist die Bank bereit, den kreditnehmenden Ländern beim Ausbau ihrer bestehenden Mechanismen zur Investitionsprüfung zu helfen, um so dazu beizutragen, daß die vorgeschlagenen Projekte mit den aufgestellten Entwicklungsprioritäten vereinbar und die Kapazitäten für eine rationelle Projektabwicklung und -führung vorhanden sind.

Die Bank hat auch seit langem schon mit Exportkreditstellen und Geschäftsbanken zusammengearbeitet. Verschiedene Instrumente zur Kofinanzierung wurden geschaffen und werden sich in Zukunft bei steigender Nachfrage nach den Mitteln der Bank und anderer Geldgeber weiterentwickeln. Durch ihre Bewertung von Investitionsprogrammen und einzelnen Projekten könnte die Bank die Bemühungen von Exportkreditstellen wie von Geschäftsbanken um eine Qualitätsverbesserung ihrer Kredite unterstützen; damit würde sie den Nutzen dieser Gelder für den Entwicklungsprozeß erhöhen und zugleich die Portefeuilles der Geldgeber stärken. Über den engeren Bereich der Kofinanzierung hinaus sollte die von der Bank vorgenommene regelmäßige Prüfung der Wirtschaftspolitik und der Wirtschaftsleistung einzelner Länder anhand der mittelfristigen Wachstumsziele eine Grundlage dafür bieten, daß neue Kredite für Sektoren und Investitionen mit hoher Priorität angeregt werden.

Damit das Wachstum dauerhaft wiederhergestellt wird, müssen die anhaltenden Anpassungsbemühungen durch eine stabile Wirtschaft und eine solide mittelfristige Wirtschaftspolitik unterlegt sein. Dies macht es erforderlich, daß die Beziehungen der Bank zum Internationalen Währungsfonds beide Institutionen in die Lage versetzen, ihre Mitglieder in konsistenter und wirksamer Weise zu unterstützen. Bei der Bewältigung der Stabilisierungsprobleme ist dieses Ziel von entscheidender Bedeutung, ebenso wie bei der Unterstützung des Übergangs zu einem dauerhaften Wachstum in den Hauptschuldnerländern mit mittlerem Einkommen, wo in letzter Zeit wieder eine wirtschaftliche Erholung eingesetzt hat. Hierfür ist eine einheitliche Haltung in Fragen der Wirtschaftspolitik und ein abgestimmtes Vorgehen zur Mobilisierung der Unterstützung für die Reformpolitik notwendig.

Die ausländischen Direktinvestitionen schließlich bilden einen wichtigen Teilaspekt der Katalysator-Rolle der Bank und ihrer Aufgabe im internationalen Kapitalverkehr. Die Weltbankgruppe förderte bisher die privaten Investitionen sowohl direkt, nämlich durch die Tätigkeit der IFC und bestimmte Einzelprojekte der Bank, als auch indirekt, nämlich durch die Finanzierung von Investitionen in physischer Infrastruktur und im Humankapital und durch die Unterstützung von Regierungen bei der Revision ihrer Bestimmungen über ausländische Investitionen. Auch bei der Unterstützung der Strukturanpassung durch die Bank geht es häufig unmittelbar um die Aussichten für private Investitionen. Eine wichtige neue Initiative stellt die vorgeschlagene Multilaterale Investitionsgarantie-Agentur dar, die verschiedene Formen von Gewährleistungen für ausländische — auch multinational finanzierte — Investitionen anbieten und von nationalen Garantiestellen abgegebene Gewährleistungen rückversichern soll.

Statistischer Anhang

Die Tabellen dieses Statistischen Anhangs enthalten Daten für eine repräsentative Auswahl von Entwicklungsländern, dazu entsprechende Angaben für Industrieländer und Ölexporteure mit hohem Einkommen. Die Tabellen zeigen Daten über Bevölkerung, Volkswirtschaftliche Gesamtrechnungen, Außenhandel und Auslandsverschuldung. Die betreffenden Daten sind bei der Erstellung dieses Berichts in besonderem Maße herangezogen worden. Hinsichtlich der in diesen Tabellen verwendeten Definitionen und Konzepte wird der Leser auf die Technischen Erläuterungen zu den „Kennzahlen der Weltentwicklung" verwiesen.

TABELLE A.1

Bevölkerungswachstum, 1965 bis 1984 und Projektion bis zum Jahr 2000

Ländergruppe	Bevölkerung (in Mio) 1984	Durchschnittliches jährliches Wachstum (in %)				
		1965—73	1973—80	1980—84	1984—90	1990—2000
Entwicklungsländer insgesamt	3.386	2,4	2,0	2,0	1,8	1,8
Länder mit niedrigem Einkommen	2.263	2,4	1,8	1,8	1,8	1,7
Asien	2.040	2,4	1,7	1,7	1,6	1,4
Indien	749	2,3	2,3	2,2	2,0	1,7
China	1.032	2,4	1,2	1,3	1,0	0,9
Afrika	223	2,6	2,8	3,1	3,3	3,4
Länder mit mittlerem Einkommen	1.123	2,4	2,4	2,4	2,2	2,1
Ölexporteure	491	2,5	2,6	2,6	2,5	2,4
Ölimporteure	632	2,4	2,2	2,2	2,1	1,9
Hauptexporteure von Industrieprodukten	413	2,3	2,1	2,0	1,9	1,7
Ölexporteure mit hohem Einkommen	19	4,5	5,3	4,4	3,9	3,4
Marktwirtschaftliche Industrieländer	729	0,9	0,7	0,5	0,5	0,4
Welt, ohne osteuropäische Staatshandelsländer	4.134	2,1	1,8	1,8	1,6	1,6
Osteuropäische Staatshandelsländer	390	0,8	0,8	0,8	0,7	0,6

TABELLE A.2

Bevölkerung und BSP pro Kopf (1980) und Wachstumsraten, 1965 bis 1984

Ländergruppe	BSP (in Mrd $) 1980	Bevölkerung (in Mio) 1980	BSP pro Kopf (in $) 1980	Durchschnittliches jährliches Wachstum des BSP pro Kopf (in %)					
				1965—73	1973—80	1981	1982	1983[a]	1984[b]
Entwicklungsländer insgesamt	2.059	3.119	660	4,1	3,3	0,8	—0,7	—0,1	2,1
Länder mit niedrigem Einkommen	547	2.098	260	3,0	3,1	2,0	2,8	5,2	4,7
Asien	495	1.901	260	3,2	3,5	2,5	3,4	6,0	5,3
China	284	980	290	4,9	4,5	1,6	5,8	7,6	7,7
Indien	162	687	240	1,7	1,9	3,5	0,4	4,2	2,0
Afrika	52	197	270	1,3	0,0	—1,7	—2,6	—2,6	—1,5
Ölimporteure mit mittlerem Einkommen	962	579	1.660	4,6	3,1	—0,8	—2,0	—1,6	1,1
Ostasien und Pazifik	212	162	1.310	5,6	5,7	3,7	1,9	4,5	3,4
Naher Osten u. Nordafrika	25	31	830	3,5	4,3	—2,5	2,6	0,5	—1,3
Afrika südlich der Sahara	26	33	780	2,0	0,5	4,1	—4,8	—5,4	—5,4
Südeuropa	214	91	2.350	5,4	2,9	0,2	0,3	—0,5	0,2
Lateinamerika u. Karibik	409	234	1.750	4,5	2,9	—4,1	—4,8	—4,5	1,1
Ölexporteure mit mittlerem Einkommen	550	442	1.240	4,6	3,1	1,5	—2,3	—3,6	0,1
Ölexporteure mit hohem Einkommen	229	16	14.050	4,1	6,2	—1,1	—7,8	—14,1	—6,4
Marktwirtschaftliche Industrieländer	7.477	714	10.480	3,7	2,1	0,7	—1,0	1,5	4,3

a. Geschätzt. b. Prognose.

TABELLE A.3
BIP (1980) und Wachstumsraten, 1965 bis 1984

Ländergruppe	BIP (in Mrd $) 1980	Durchschnittliches jährliches Wachstum des BIP (in %)					
		1965—73	1973—80	1981	1982	1983[a]	1984[b]
Entwicklungsländer insgesamt	2.085	6,6	5,5	3,3	1,9	2,0	4,1
Länder mit niedrigem Einkommen	546	5,5	4,9	4,0	5,0	7,2	6,6
Asien	493	5,7	5,2	4,3	5,4	7,8	7,1
China	284	7,4	5,8	2,9	7,4	9,0	9,0
Indien	162	4,0	4,1	5,8	2,6	6,5	4,2
Afrika	53	3,9	2,7	1,7	0,7	0,7	1,6
Ölimporteure mit mittlerem Einkommen	978	7,0	5,6	2,0	0,8	0,7	3,3
Ostasien und Pazifik	214	8,6	8,1	6,5	3,9	6,3	5,4
Naher Osten und Nordafrika	24	5,6	7,1	0,7	6,2	1,5	1,2
Afrika südlich der Sahara	27	5,1	3,6	6,9	—1,0	—1,8	—2,1
Südeuropa	213	7,0	4,8	2,0	2,4	0,8	1,5
Lateinamerika und Karibik	420	7,1	5,4	—1,0	—1,5	—1,8	3,4
Ölexporteure mit mittlerem Einkommen	561	7,1	5,8	4,6	0,9	—1,0	2,7
Ölexporteure mit hohem Einkommen	230	9,2	7,7	0,1	—1,7	—7,0	0,6
Marktwirtschaftliche Industrieländer	7.440	4,7	2,8	1,4	—0,3	2,6	4,8

a. Geschätzt. b. Prognose.

TABELLE A.4
Bevölkerung und Zusammensetzung des BIP in ausgewählten Jahren, 1965 bis 1984

(in Mrd $, falls nicht anders angegeben)

Ländergruppe und Kennzahl	1965	1973	1980	1981	1982	1983[a]	1984[b]
Entwicklungsländer							
BIP	327	736	2.085	2.210	2.126	2.046	2.111
Inländische Absorption[c]	331	743	2.132	2.282	2.179	2.063	2.099
Nettoexporte[d]	—4	—7	—47	—72	—53	—17	12
Bevölkerung (in Mio)	2.239	2.710	3.119	3.183	3.251	3.319	3.386
Länder mit niedrigem Einkommen							
BIP	141	248	546	537	539	561	593
Inländische Absorption[c]	143	250	565	553	551	573	606
Nettoexporte[d]	—2	—2	—19	—16	—12	—12	—13
Bevölkerung (in Mio)	1.525	1.845	2.098	2.137	2.180	2.223	2.263
Ölimporteure mit mittlerem Einkommen							
BIP	128	333	978	1.034	1.027	940	963
Inländische Absorption[c]	130	340	1.018	1.079	1.059	953	954
Nettoexporte[d]	—2	—7	—40	—45	—32	—13	9
Bevölkerung (in Mio)	412	496	579	592	605	618	632
Ölexporteure mit mittlerem Einkommen							
BIP	58	155	561	639	560	545	555
Inländische Absorption[c]	58	153	549	650	569	537	571
Nettoexporte[d]	0	2	12	—11	—9	8	16
Bevölkerung (in Mio)	302	369	442	454	466	478	491
Ölexporteure mit hohem Einkommen							
BIP	7	28	230	266	255	219	—
Inländische Absorption[c]	5	16	148	174	193	—	—
Nettoexporte[d]	2	12	82	92	62	—	—
Bevölkerung (in Mio)	8	11	16	17	18	19	19
Marktwirtschaftliche Industrieländer							
BIP	1.369	3.240	7.440	7.498	7.418	7.672	8.417
Inländische Absorption[c]	1.363	3.231	7.505	7.526	7.433	7.671	8.417
Nettoexporte[d]	6	9	—65	—28	—15	1	0
Bevölkerung (in Mio)	632	680	714	719	723	726	729

a. Geschätzt. b. Prognose. c. Privater Verbrauch zuzüglich Staatsverbrauch und Bruttoinlandsinvestitionen.
d. Güter und Dienstleistungen ohne Faktoreinkommen.

TABELLE A.5
Produktionsstruktur des BIP in ausgewählten Jahren, 1965 bis 1982
(in % des BIP)

Ländergruppe	1965 Landwirtschaft	1965 Industrie	1973 Landwirtschaft	1973 Industrie	1980 Landwirtschaft	1980 Industrie	1981 Landwirtschaft	1981 Industrie	1982 Landwirtschaft	1982 Industrie
Entwicklungsländer insgesamt	31	29	26	33	20	38	19	37	19	36
Länder mit niedrigem Einkommen	44	27	42	31	36	36	36	34	36	34
Asien	44	28	42	32	35	38	35	36	36	35
Indien	47	22	50	20	37	25	35	26	33	26
China	43	36	37	41	33	48	35	46	37	45
Afrika	47	15	42	19	41	18	41	17	41	17
Länder mit mittlerem Einkommen	22	31	17	35	14	39	14	38	14	37
Ölexporteure	22	26	18	33	14	42	13	40	14	40
Ölimporteure	21	33	17	35	14	37	14	36	13	36
Hauptexporteure von Industrieprodukten	20	35	15	37	12	39	12	38	12	38
Ölexporteure mit hohem Einkommen	5	65	2	72	1	77	1	76	1	74
Marktwirtschaftliche Industrieländer	5	40	5	39	4	38	3	37	3	36
Welt, ohne osteuropäische Staatshandelsländer	10	38	9	38	7	39	7	38	7	37

TABELLE A.6
Wachstumsraten einzelner Wirtschaftssektoren, 1965 bis 1982

Ländergruppe	Landwirtschaft 1965—73	Landwirtschaft 1973—80	Landwirtschaft 1980—82	Industrie 1965—73	Industrie 1973—80	Industrie 1980—82	Dienstleistungssektor 1965—73	Dienstleistungssektor 1973—80	Dienstleistungssektor 1980—82
Entwicklungsländer insgesamt	3,4	2,0	3,2	7,9	6,5	0,7	7,7	6,4	4,0
Länder mit niedrigem Einkommen	3,5	1,3	4,2	7,0	8,1	4,8	7,7	6,7	4,5
Asien	3,7	1,2	4,6	6,9	8,5	5,3	8,5	7,2	4,6
Indien	3,7	2,0	—0,4	3,7	5,0	4,6	4,5	5,7	8,3
China	3,8	0,2	7,7	9,0	10,0	5,3	21,4	8,9	0,3
Afrika	2,2	2,2	1,4	7,8	1,0	—4,1	4,3	4,0	3,4
Länder mit mittlerem Einkommen	3,4	2,7	2,3	8,2	6,0	—0,6	7,7	6,4	3,8
Ölexporteure	3,9	2,0	1,8	8,3	5,2	—0,2	7,4	7,9	5,8
Ölimporteure	3,1	3,1	2,5	8,2	6,5	—0,9	7,8	5,6	2,8
Hauptexporteure von Industrieprodukten	3,0	2,9	3,1	8,8	7,2	—1,0	8,5	5,7	3,0
Ölexporteure mit hohem Einkommen	—	—	—	—	2,3	—16,4	—	—	—
Marktwirtschaftliche Industrieländer	1,7	0,9	1,2	5,1	2,3	—1,0	4,6	3,3	1,5

TABELLE A.7
Kennzahlen für Verbrauch, Ersparnis und Investitionen in ausgewählten Jahren, 1965 bis 1983

(in % des BIP)

Ländergruppe und Kennzahl	1965	1973	1980	1981	1982	1983[a]
Entwicklungsländer						
Verbrauch	79,8	76,7	75,6	77,2	77,9	76,0
Investitionen	21,1	24,3	26,7	26,0	24,6	24,7
Ersparnis	20,2	23,3	24,4	22,8	22,1	24,0
Asiatische Länder mit niedrigem Einkommen						
Verbrauch	79,8	75,1	75,5	76,3	75,8	74,7
Investitionen	21,5	25,4	27,6	25,7	25,7	26,5
Ersparnis	20,2	24,9	24,5	23,7	24,2	25,3
Afrikanische Länder mit niedrigem Einkommen						
Verbrauch	88,6	85,7	90,4	92,7	94,1	94,6
Investitionen	14,2	16,8	18,7	17,3	16,2	14,7
Ersparnis	11,4	14,3	9,6	7,3	5,9	5,4
Ölimporteure mit mittlerem Einkommen						
Verbrauch	79,1	77,0	77,5	78,7	79,1	77,0
Investitionen	22,0	24,9	26,6	25,7	24,0	24,0
Ersparnis	20,9	23,0	22,5	21,3	20,9	23,0
Ölexporteure mit mittlerem Einkommen						
Verbrauch	79,9	76,8	71,0	74,2	76,0	71,2
Investitionen	19,8	22,3	26,7	27,6	25,7	26,2
Ersparnis	20,1	23,3	29,0	25,8	24,0	28,8
Marktwirtschaftliche Industrieländer						
Verbrauch	76,7	75,0	78,4	78,4	80,1	80,0
Investitionen	22,9	24,7	22,5	21,9	20,1	20,0
Ersparnis	23,3	25,0	21,6	21,6	19,9	20,0

a. Geschätzt.

TABELLE A.8
Exportwachstum, 1965 bis 1984

Länder- und Warengruppe	*Durchschnittliche jährliche Veränderung des Exportvolumens (in %)*					
	1965—73	1973—80	1981	1982	1983[a]	1984[b]
Exportvolumen, nach Warengruppen						
Entwicklungsländer						
Industrieprodukte	13,8	11,0	14,1	1,0	11,5	15,0
Nahrungsmittel	2,2	5,4	12,4	11,8	4,6	4,8
Sonstige Agrarprodukte	3,6	1,6	0,7	— 3,9	1,3	— 1,8
Metalle und Mineralien	5,7	5,5	— 2,4	5,9	— 5,2	3,9
Brennstoffe	3,9	— 1,0	—12,9	1,6	1,6	5,1
Welt, ohne osteuropäische Staatshandelsländer						
Industrieprodukte	10,7	5,8	6,0	— 2,1	4,4	11,7
Nahrungsmittel	4,5	9,0	7,2	9,9	6,0	7,0
Sonstige Agrarprodukte	3,2	3,6	3,1	— 0,9	— 9,7	0,2
Metalle und Mineralien	6,8	7,2	—15,7	— 4,0	— 5,7	0,5
Brennstoffe	9,5	0,7	— 7,9	—11,2	— 5,7	2,5
Exportvolumen, nach Ländergruppen						
Entwicklungsländer	5,2	4,1	3,3	3,2	5,8	8,9
Industrieprodukte	13,8	11,0	14,1	1,0	11,5	15,0
Rohstoffe	3,6	1,3	— 3,4	4,8	1,8	4,2
Entwicklungsländer mit niedrigem Einkommen	3,1	5,2	7,0	6,6	3,6	11,4
Industrieprodukte	5,3	6,5	17,0	— 4,8	6,2	23,5
Rohstoffe	2,0	4,4	— 0,1	16,1	2,3	2,9
Asien	2,3	7,2	13,0	8,1	5,6	12,8
Industrieprodukte	5,2	6,7	20,7	— 3,8	6,5	24,0
Rohstoffe	— 0,1	7,8	5,6	21,4	4,8	2,8
Afrika	5,1	— 0,5	—14,8	— 0,7	— 5,3	3,2
Industrieprodukte	5,6	3,1	—33,4	—30,5	— 7,3	2,5
Rohstoffe	5,0	— 0,9	—12,1	2,7	— 5,1	3,2
Ölimporteure mit mittlerem Einkommen	7,3	8,3	12,5	4,5	7,3	9,1
Industrieprodukte	17,0	12,2	13,8	1,6	11,1	13,2
Rohstoffe	3,1	4,3	10,8	8,7	2,0	3,1
Hauptexporteure von Industrieprodukten	10,0	9,7	13,7	4,0	8,0	9,6
Industrieprodukte	17,4	12,6	13,8	1,4	10,9	12,9
Rohstoffe	5,1	5,5	13,6	9,2	2,6	2,8
Sonstige Ölimporteure mit mittlerem Einkommen	1,6	3,4	7,2	7,0	3,9	6,9
Industrieprodukte	13,5	7,6	13,9	5,2	14,5	17,1
Rohstoffe	0,3	2,4	5,3	7,6	0,7	3,5
Ölexporteure mit mittlerem Einkommen	4,2	— 0,4	—11,6	— 0,5	3,6	7,4
Industrieprodukte	11,5	6,9	13,5	5,0	27,5	24,5
Rohstoffe	4,1	— 0,7	—13,2	— 0,9	1,6	5,5
Ölexporteure mit hohem Einkommen	15,9	1,1	— 7,3	—25,5	—15,8	— 7,6
Marktwirtschaftliche Industrieländer	9,5	5,6	2,9	— 1,1	2,5	10,0
Welt, ohne osteuropäische Staatshandelsländer	9,1	4,7	2,0	— 2,5	1,9	8,7

a. Geschätzt. b. Prognose.

TABELLE A.9
Veränderung der Exportpreise und der Terms of Trade, 1965 bis 1984
(durchschnittliche jährliche Veränderung in %)

Ländergruppe	1965—73	1973—80	1981	1982	1983[a]	1984[b]
Veränderung der Exportpreise						
Entwicklungsländer	6,0	14,7	— 2,5	— 6,1	— 3,7	—1,0
Industrieprodukte	5,1	10,9	— 5,0	— 1,9	— 4,2	—2,8
Nahrungsmittel	5,8	8,0	—12,1	—17,4	10,2	7,3
Sonstige Agrarprodukte	4,0	10,3	—13,5	— 8,1	4,8	—3,4
Metalle und Mineralien	1,8	5,8	—10,5	— 9,5	0,5	—4,9
Brennstoffe	7,9	27,2	12,5	— 3,2	—12,4	—2,4
Ölexporteure mit hohem Einkommen	7,4	24,8	8,3	— 2,7	—11,3	—1,6
Industrieländer						
Insgesamt	4,7	10,1	— 4,6	— 4,0	— 3,2	—1,5
Industrieprodukte	4,7	0,9	— 6,0	— 2,1	— 4,3	—2,3
Veränderung der Terms of Trade						
Entwicklungsländer	0,5	2,0	0,5	— 1,1	— 0,6	1,0
Länder mit niedrigem Einkommen	0,4	— 1,5	— 0,2	— 1,5	0,9	4,1
Asien	0,8	— 1,6	1,3	— 2,2	0,4	3,5
Afrika	—0,7	— 1,0	— 7,2	1,1	4,2	7,8
Ölimporteure mit mittlerem Einkommen	—0,2	— 2,3	— 5,0	— 2,2	3,7	0,4
Ölexporteure mit mittlerem Einkommen	—0,4	9,0	11,7	1,7	— 8,5	0,9
Ölexporteure mit hohem Einkommen	2,9	12,3	14,6	2,3	— 8,6	—1,0
Industrieländer	—0,5	— 3,5	— 2,1	2,0	2,1	—0,2

a. Geschätzt.   b. Prognose.

TABELLE A.10
Wachstum der langfristigen Schulden der Entwicklungsländer, 1970 bis 1984
(durchschnittliche jährliche Veränderung in %)

Ländergruppe	1970—73	1973—80	1981	1982	1983[a]	1984[a]
Entwicklungsländer						
Ausstehende und ausgezahlte Schulden	18,3	21,3	13,5	11,9	13,5	10,8
Öffentlich	15,3	17,6	9,7	10,4	9,8	13,2
Privat	21,1	24,0	15,7	12,8	15,6	9,5
Länder mit niedrigem Einkommen						
Ausstehende und ausgezahlte Schulden	12,9	16,0	5,5	8,0	6,3	10,8
Öffentlich	12,5	14,1	7,7	10,2	8,2	10,5
Privat	16,0	24,9	— 2,3	— 1,0	— 2,2	12,3
Asien						
Ausstehende und ausgezahlte Schulden	11,1	13,2	2,9	8,6	7,8	14,1
Öffentlich	11,6	11,2	6,2	10,1	7,4	10,6
Privat	4,3	33,2	—12,4	0,1	10,5	36,0
Afrika						
Ausstehende und ausgezahlte Schulden	19,7	22,6	10,2	6,9	3,7	4,7
Öffentlich	17,3	24,2	10,9	10,6	10,1	10,2
Privat	24,4	19,7	8,5	— 2,0	—13,5	—14,6
Ölimporteure mit mittlerem Einkommen						
Ausstehende und ausgezahlte Schulden	19,7	21,0	14,9	12,9	11,5	10,3
Öffentlich	17,8	18,5	12,1	11,0	13,4	15,0
Privat	20,8	22,2	16,1	13,7	10,7	8,3
Hauptexporteure von Industrieprodukten						
Ausstehende und ausgezahlte Schulden	22,6	20,8	14,7	13,0	12,1	10,2
Öffentlich	21,0	18,9	10,5	9,1	12,6	18,8
Privat	23,2	21,4	15,9	14,1	12,0	7,9
Sonstige Ölimporteure mit mittlerem Einkommen						
Ausstehende und ausgezahlte Schulden	13,4	21,5	15,4	12,8	9,9	10,5
Öffentlich	14,6	18,0	13,9	13,0	14,3	11,0
Privat	11,9	25,8	16,8	12,5	5,8	10,0
Ölexporteure mit mittlerem Einkommen						
Ausstehende und ausgezahlte Schulden	19,6	24,9	14,6	11,8	19,9	11,5
Öffentlich	15,5	20,6	7,9	9,4	4,9	12,8
Privat	22,6	27,1	17,5	12,7	25,8	11,1

a. Die Zunahme der ausstehenden und ausgezahlten Schulden und die Verlagerung von privaten auf öffentliche Schulden ist teilweise durch Umschuldungen bedingt.

TABELLE A.11
Ersparnis, Investitionen und Leistungsbilanzsaldo, 1965 bis 1983
(in %)

Land	Bruttoinlands-investitionen/BSP			Bruttoersparnis der Inländer/BSP			Leistungsbilanzsaldo/BSP[a]		
	1965—72	1973—78	1979—83	1965—72	1973—78	1979—83	1965—72	1973—78	1979—83
Lateinamerika und Karibik									
*Argentinien	20,4	24,6	20,5	20,3	26,2	17,9	— 0,1	1,6	— 2,6
Bolivien	17,5	21,1	9,0	12,9	16,1	—7,2	— 4,6	— 5,0	—16,2
*Brasilien	25,8	28,1	22,5	24,0	24,0	17,6	— 0,8	— 4,1	— 4,9
*Chile	15,3	15,3	17,2	13,0	11,9	7,0	— 2,3	— 3,4	—10,2
Costa Rica	21,2	24,5	27,1	11,9	17,7	11,5	— 9,3	— 6,8	—15,6
Ecuador	18,6	26,4	24,2	11,3	20,4	20,5	— 7,3	— 6,0	— 3,7
Guatemala	13,2	19,3	15,6	10,2	14,8	11,7	— 3,0	— 4,5	— 3,9
Jamaika	32,2	20,3	21,6	22,3	12,8	6,5	— 9,9	— 7,5	—15,1
Kolumbien	19,0	18,8	20,0	15,4	19,1	17,2	— 3,6	— 0,3	— 2,8
*Mexiko	21,3	23,4	26,1	19,2	20,2	24,2	— 2,1	— 3,2	— 1,9
Peru	16,7	18,0	17,0	15,2	11,4	13,5	— 1,5	— 6,6	— 3,5
Uruguay	11,9	14,4	15,2	11,8	10,6	10,3	— 0,1	— 3,8	— 4,9
*Venezuela	29,1	35,4	26,2	29,8	36,1	29,3	0,7	0,7	3,1
Afrika									
Äthiopien	13,1	9,5	10,1	10,7	7,6	3,4	— 2,4	— 1,9	— 6,7
Elfenbeinküste	21,1	25,9	29,3	15,9	23,1	17,4	— 5,2	— 2,8	—11,9
Ghana	12,4	10,0	4,2	8,8	9,5	3,9	— 4,3	— 0,6	— 0,3
Kamerun	15,6	21,6	26,0	12,3	17,6	19,4	— 3,3	— 4,0	— 6,6
Kenia	21,7	25,4	26,1	17,0	17,3	15,5	— 4,7	— 8,1	—10,6
Liberia	24,7	32,6	27,7	27,6	17,0	11,9	2,9	—15,6	—15,8
Malawi	19,8	29,8	25,0	4,8	17,4	11,2	—15,0	—12,4	—13,8
Niger	15,9	29,3	30,7	6,5	12,3	15,0	— 9,4	—17,1	—15,7
Nigeria	20,0	28,0	25,2	15,2	28,8	23,8	— 4,8	0,8	1,4
Sambia	32,5	31,8	19,1	38,1	24,6	6,7	5,6	— 7,2	—12,4
Senegal	13,7	18,9	17,3	6,4	7,7	—3,1	— 7,3	—11,2	—20,4
Sierra Leone	14,0	13,2	14,5	8,0	3,1	—2,0	— 6,0	—10,1	—16,5
Sudan	11,9	17,3	16,0	11,0	9,1	0,9	— 0,9	— 8,2	—15,1
Tansania	19,7	20,5	21,6	17,7	11,3	9,8	— 2,0	— 9,2	—11,8
Zaire	27,7	29,3	18,9	20,9	9,1	11,2	— 6,8	—20,2	— 7,7
Südasien									
*Indien	18,3	21,7	24,6	13,4	19,2	21,0	— 4,9	— 2,5	— 3,6
Pakistan	16,3	15,9	15,8	10,2	10,0	12,1	— 6,1	— 5,9	— 3,7
Sri Lanka	16,1	16,2	29,9	11,3	11,9	10,9	— 4,8	— 4,3	—19,0
Ostasien									
*Indonesien	12,6	20,6	23,0	6,9	18,8	20,1	— 5,7	— 1,8	— 2,9
*Korea	24,1	29,0	30,0	14,9	24,9	23,7	— 9,2	— 4,1	— 6,3
Malaysia	19,6	25,7	33,4	20,8	27,2	26,3	1,2	1,5	— 7,1
Papua-Neuguinea	31,0	20,1	28,8	1,8	16,3	10,2	—29,2	— 3,8	—18,6
Philippinen	20,9	28,6	29,6	17,1	23,9	23,3	— 3,8	— 4,7	— 6,3
Thailand	23,8	25,4	25,3	21,3	23,6	20,5	— 2,5	— 1,8	— 4,8
Europa und Nordafrika									
*Ägypten	14,1	26,1	29,0	8,8	17,4	18,1	— 5,3	— 8,7	—10,9
Algerien	28,8	46,8	40,2	27,3	39,2	38,2	— 1,5	— 7,6	— 2,0
*Jugoslawien	30,2	33,1	36,5	27,6	27,3	31,7	— 2,6	— 5,8	— 4,8
Marokko	14,5	24,9	22,7	12,5	16,5	11,6	— 2,0	— 8,4	—11,1
Portugal	25,9	28,2	34,7	20,3	13,8	13,9	— 5,6	—14,4	—20,8
Tunesien	22,9	28,2	30,5	15,6	21,0	23,1	— 7,3	— 7,2	— 7,4
*Türkei	18,0	21,9	20,3	17,1	17,9	17,0	— 0,9	— 4,0	— 3,3

Anmerkung: Ein Stern kennzeichnet ein Hauptschuldnerland.
a. Ohne unentgeltliche Übertragungen (netto)

TABELLE A.12
Zusammensetzung der ausstehenden Schulden, 1970 bis 1983
(in % der Gesamtschulden)

Land	Schulden aus öffentlichen Quellen			Schulden aus privaten Quellen			Variabel verzinsliche Schulden		
	1970—72	1980—82	1983	1970—72	1980—82	1983	1973—75	1980—82	1983
Lateinamerika und Karibik									
*Argentinien	12,6	8,8	5,7	87,4	91,2	94,3	13.9	53,6	34,0
Bolivien	57,9	51,1	62,4	42,1	48,9	37,6	7,6	36,9	32,5
*Brasilien	29,7	11,8	12,6	70,3	88,2	87,4	43,5	66,0	76,5
*Chile	47,1	11,8	9,9	52,9	88,2	90,1	9,6	58,2	72,0
Costa Rica	39,9	37,6	39,4	60,1	62,4	60,6	24,6	50,2	57,0
Ecuador	54,8	31,5	24,4	45,2	68,5	75,6	11,9	50,5	71,1
Guatemala	47,6	74,8	76,0	52,4	25,2	24,0	5,2	8,6	19,0
Jamaika	7,4	67,2	77,2	92,6	32,8	22,8	35,7	22,7	19,7
Kolumbien	67,1	44,9	42,8	32,9	55,1	57,2	6,2	39,2	42,1
*Mexiko	19,8	11,2	8,2	80,2	88,8	91,8	46,8	74,0	82,4
Peru	15,7	40,5	36,3	84,3	59,5	63,7	31,0	28,0	37,4
Uruguay	48,7	20,8	14,3	51,3	79,2	85,7	11,6	33,5	65,0
*Venezuela	28,5	2,4	1,3	71,5	97,6	98,7	20,6	81,4	87,9
Afrika									
Äthiopien	87,8	92,4	92,6	12,2	7,6	7,4	1,5	2,1	1,5
Elfenbeinküste	51,3	24,0	27,3	48,7	76,0	72,7	23,3	43,2	47,0
Ghana	56,3	82,5	87,4	43,7	17,5	12,6	0,0	0,7	0,0
Kamerun	81,6	56,9	59,0	18,4	43,1	41,0	3,0	12,8	6,6
Kenia	58,4	52,6	62,7	41,6	47,4	37,3	3,3	11,8	9,1
Liberia	80,8	74,8	76,0	19,2	25,2	24,0	0,0	16,0	18,1
Malawi	77,5	67,8	76,1	22,5	32,2	23,9	2,3	21,2	17,0
Niger	96,5	42,3	55,7	3,5	57,7	44,3	0,0	20,3	19,4
Nigeria	69,9	14,2	14,9	30,1	85,8	85,1	0,7	67,2	62,0
Sambia	22,0	70,1	76,2	78,0	29,9	23,8	22,6	10,4	12,3
Senegal	59,0	70,6	78,6	41,0	29,4	21,4	26,1	9,8	8,1
Sierra Leone	61,0	70,4	75,6	39,0	29,6	24,4	3,8	0,1	0,1
Sudan	86,3	73,4	74,2	13,7	26,6	25,8	2,2	10,1	14,2
Tansania	63,6	76,6	79,4	36,4	23,4	20,6	0,4	1,1	1,3
Zaire	24,5	65,7	78,2	75,5	34,3	21,8	32,8	11,8	10,5
Südasien									
*Indien	95,2	94,9	91,6	4,8	5,1	8,4	0,0	3,1	5,0
Pakistan	90,9	92,2	91,1	9,1	7,8	8,9	0,0	1,5	1,2
Sri Lanka	81,8	79,4	73,2	18,2	20,6	26,8	0,0	11,9	14,5
Ostasien									
*Indonesien	71,5	51,7	48,0	28,5	48,3	52,0	10,2	18,2	22,7
*Korea	38,8	38,6	40,4	61,2	61,4	59,6	15,1	35,8	42,1
Malaysia	49,1	21,7	16,3	50,9	78,3	83,7	23,0	47,2	62,9
Papua-Neuguinea	7,2	23,9	19,5	92,8	76,1	80,5	0,0	37,4	48,4
Philippinen	21,3	32,4	35,3	78,7	67,6	64,7	15,7	32,2	36,0
Thailand	40,1	40,1	44,3	59,9	59,9	55,7	0,9	30,9	27,5
Europa und Nordafrika									
*Ägypten	66,0	82,2	79,2	34,0	17,8	20,8	4,8	3,1	1,2
Algerien	45,0	16,6	20,8	55,0	83,4	79,2	34,0	24,2	21,3
*Jugoslawien	37,3	24,7	23,8	62,7	75,3	76,2	7,6	32,2	59,4
Marokko	79,2	52,0	60,9	20,8	48,0	39,1	2,7	31,9	28,2
Portugal	39,1	25,7	23,1	60,9	74,3	76,9	0,0	23,5	31,7
Tunesien	72,4	60,8	65,7	27,6	39,2	34,3	0,0	14,1	8,7
*Türkei	92,1	65,9	67,5	7,9	34,1	32,5	0,8	22,7	25,0

Anmerkung: Ein Stern kennzeichnet ein Hauptschuldnerland.

Anmerkungen zu den verwendeten Quellen

Der vorliegende Bericht stützt sich auf die unterschiedlichsten Weltbank-Arbeiten und auf zahlreiche externe Quellen. Zu den Weltbank-Quellen gehören laufende Wirtschaftsanalysen und Forschungsvorhaben sowie projektbezogene, sektorale und gesamtwirtschaftliche Arbeiten über einzelne Länder. Zu den externen Quellen gehören Forschungsveröffentlichungen und unveröffentlichte Berichte anderer Organisationen, die sich mit weltwirtschaftlichen und entwicklungspolitischen Fragen befassen. Die ausgewählten Quellen werden in der Reihenfolge der Kapitel kurz kommentiert und dabei in drei Gruppen eingeteilt. Zu den beiden ersten gehören Hintergrundpapiere und Länderstudien, die für diesen Bericht in Auftrag gegeben wurden; sie verknüpfen die einschlägige Literatur mit den Arbeiten der Bank. Die meisten Papiere enthalten umfangreiche Quellenangaben, die im folgenden nicht noch einmal gesondert aufgeführt werden. Die als „Staff Working Papers" nach Veröffentlichung dieses Berichts herausgegebenen Papiere können über die Vertriebsstelle der Bank für Weltbank-Veröffentlichungen bezogen werden. Die in diesen Papieren zum Ausdruck gebrachten Auffassungen stimmen nicht notwendigerweise mit denen der Weltbank oder mit den im vorliegenden Bericht enthaltenen Ansichten überein. Die dritte Gruppe besteht aus ausgewählten sonstigen Quellen, die bei der Anfertigung dieses Berichts verwendet wurden.

Ausgewählte Quellen nach Kapiteln

Kapitel 1

Die in diesem Überblick-Kapitel verwendeten Literaturangaben und statistischen Quellen werden im einzelnen in den Anmerkungen zu den folgenden Kapiteln behandelt.

Kapitel 2

Die historischen Daten über den Kapitalverkehr und die entsprechende Analyse stützen sich auf ein Hintergrundpapier von Fishlow und auf Maddison 1982. Angaben über Nettokapitalzuflüsse zu den Entwicklungsländern stammen vom OECD Development Assistance Committee (OECD 1984). Die Sonderbeiträge 2.1 und 2.2 greifen auf die *World Debt Tables* der Weltbank, Ausgabe 1984/85, zurück. Sonderbeitrag 2.3 basiert auf einem Papier von Krugman. Alle übrigen Daten zu den volkswirtschaftlichen Gesamtrechnungen, den Zahlungsbilanzen und den Auslandsschulden stammen von der Weltbank.

Kapitel 3

Die in diesem Kapitel verwendeten Daten stammen aus Veröffentlichungen des GATT, des IWF und der OECD sowie von der Weltbank. Die Diskussion der Zusammenhänge zwischen makroökonomischen Entwicklungen in den Industrieländern, Kapitalströmen und Eingriffen in den Außenhandel geht auf ein Hintergrundpapier von Dornbusch, auf Bruno und auf Bruno und Sachs zurück. Die Ausführungen über die Finanzpolitik und die Zinssätze basieren hauptsächlich auf der Untersuchung von Layard u. a. und den Hintergrundpapieren von Blanchard und Summers sowie van Wijnbergen. Die Analyse der gesamtwirtschaftlichen Effekte des Protektionismus stützt sich auf van Wijnbergen 1984, während die Zusammenhänge zwischen dem Protektionismus in Industrieländern und dem Schuldenproblem bei Dornbusch und Fischer hervorgehoben und in einem Hintergrundpapier von van Wijnbergen quantifiziert werden. Daten über das Ausmaß der nichttarifären Handelsschranken wurden Nogues, Olechowsky und Winters entnommen. Die Sonderbeiträge stützen sich auf folgende Hintergrundpapiere, die für diesen Bericht erstellt wurden: Sonderbeitrag 3.1 basiert auf Fleisig und van Wijnbergen; die Sonderbeiträge 3.2 und 3.3 auf van Wijnbergen; Sonderbeitrag 3.4 auf Zietz und Valdez, während Sonderbeitrag 3.5 sich auf Fleisig und van Wijnbergen, auf van Wijnbergen sowie auf Dornbusch bezieht.

Kapitel 4

Dieses Kapitel stützt sich vor allem auf die Arbeitserfahrungen der Weltbank und ihre Länderanalysen. Die Daten für die Ländergruppen stammen aus Veröffentlichungen des GATT, des IWF, der OECD, der BIZ und der VN sowie von der Weltbank. Zur Analyse der Ursprünge und der Dimensionen der externen Schocks in den siebziger und achtziger Jahren vgl. Balassa und McCarthy, Enders und Mattione sowie Mitra. Die Ausführungen über die wirtschaftspolitischen Reaktionen der Länder und ihre Wirtschaftsstrukturen beruhen hauptsächlich auf internen Unterlagen der Weltbank. Weitere Gesichtspunkte zur Schuldenproblematik und zu den externen Schocks finden sich bei Cline, Donovan, Ffrench-Davis und bei Hasan. Ardito-Barletta, Blejer und Landau sowie Corbo und de Melo bieten eingehende Analysen der Schulden- und Anpassungsprobleme in den südlichen Ländern Lateinamerikas. Der Sonderbeitrag 4.1 über die Schuldenzyklus-Hypothese bezieht sich auf ein Hintergrundpapier von Genberg und Swoboda sowie auf Kindleberger, auf Crowther und auf Halevi. Sonderbeitrag 4.9 über die Anpassungsdarlehen der Weltbank beruht auf den *Jahresberichten* 1980 bis 1984 der Weltbank.

Kapitel 5

Die in diesem Kapitel verwendeten Informationen über die Steuerung des Kapitalimports in verschiedenen Entwicklungsländern wurden vor allem bei jüngsten Missionen von Weltbank und IWF in den genannten Ländern gesammelt. Angaben über die Struktur der Kapitalimporte basieren auf dem Schuldenberichtssystem der Weltbank, auf Daten der OECD, der BIZ und den International Financial Statistics (IFS) des IWF. Schätzungen der kurzfristigen Schulden wurden aus den BIZ-Daten über die Fälligkeitsstruktur der Forderungen der Geschäftsbanken abgeleitet, die vom Stab der Weltbank entsprechend bereinigt wurden. Angaben über die Währungsreserven stammen aus den IFS.

Kapitel 6

In diesem einleitenden Kapitel 6 werden die in den drei folgenden Kapiteln behandelten Hauptentwicklungslinien des internationalen Finanzsystems und deren Rückwirkung auf die Entwicklungsländer herausgearbeitet. Einige der Faktoren, die dieses Finanzsystem beeinflussen, werden in den Hintergrundpapieren von Llewellyn und Rybczynski erörtert. Der Entwicklung der Darlehensvergabe der Weltbank — Gegenstand des Sonderbeitrags 6.1 — liegen Angaben der Bank zugrunde. Sonderbeitrag 6.2, der die Analyse der OPEC-Überschüsse analysiert, basiert auf einem Hintergrundpapier von Sherbiny und auf Mattione. Die Diskussion der Funktionsweise der internationalen Interbankmärkte greift auf eine BIZ-Studie und auf das Buch von Johnston zurück. Der Einfluß des staatlichen Risikos auf die Kapitalbewegungen — Sonderbeitrag 6.4 — wird im Hintergrundpapier von Lessard behandelt.

Kapitel 7

Dieses Kapitel stützt sich hauptsächlich auf die Daten und Analysen, die im Laufe der Jahre vom Development Assistance Committee der OECD erstellt worden sind, insbesondere auf dessen Jahresbericht *Development Co-operation*. Zusätzliche Informationen über arabische Entwicklungshilfeprogramme enthält das Hintergrundpapier von Sherbiny. Der Beitrag, den öffentliche Mittel für den Entwicklungsprozeß leisten, wird in der Studie über die Effektivität der Entwicklungshilfe von Krueger und Ruttan analysiert; diese Studie untersucht die Erfahrungen mit der Entwicklungshilfe in einer Reihe von Sektoren — darunter die Bereiche Infrastruktur, Bevölkerung und Landwirtschaft — und für fünf wichtige Empfängerländer. Mikesell u. a. diskutieren die Rolle, die die Hilfe bei der Förderung der Entwicklung spielen kann. Die grundlegende Kritik an der Entwicklungshilfe findet sich bei Bauer, bei Krauss und bei Hayter. Der Einfluß der Wirtschaftsinteressen der Geberländer auf die Art der Hilfsprogramme, insbesondere die Lieferbindung der Entwicklungshilfe und die Mischfinanzierung, wird bei Jay diskutiert. Morss untersucht den Einfluß einer unkontrollierten Projektvermehrung auf die afrikanischen Länder südlich der Sahara.

Kapitel 8

Die zwischen den Banken und den Entwicklungsländern entstandenen Geschäftsbeziehungen sind in der Wirtschaftspresse und in Fachzeitschriften ausführlich untersucht worden. Einige Stadien dieser Entwicklung werden in dem Hintergrundpapier von O'Brien und Calverley behandelt. Das Hintergrundpapier von Llewellyn beleuchtet die einzelnen Faktoren, die diese Beziehung beeinflussen, wobei Änderungen des gesamtwirtschaftlichen Umfelds und das veränderte Angebotsverhalten der Banken herausgearbeitet werden. Ebenfalls in dieses Kapitel eingeflossen sind Analysen in den *Occasional Papers* des IWF, die unter dem Gesamttitel „International Capital Markets: Recent Developments and Future Prospects" erschienen, sowie Analysen aus den *Financial Market Trends* der OECD, dem *Quarterly Bulletin* der Bank von England und den *World Debt Tables* der Weltbank. Die Diskussion des Zugangs zu den Wertpapiermärkten basiert auf dem Hintergrundpapier von Fleming und Partoazam. Im Sonderbeitrag 8.2 wird die Tätigkeit der arabischen Banken anhand des Hintergrundpapiers von Sherbiny erörtert. Die Ausführungen zur Entstehung der Euromärkte (Sonderbeitrag 8.3), die in der wissenschaftlichen Literatur viel diskutiert wurde, profitierten von der Analyse durch Johnston. Ein Hintergrundpapier von Wallich bildet die Hauptquelle für die Beurteilung des Einflusses der Bankenaufsicht auf die Entwicklungsländer (Sonderbeitrag 8.4). Zusätzliche Überlegungen zur weiteren Liberalisierung der Finanzmärkte in Japan — vgl. Sonderbeitrag 8.5 — sind in dem Hintergrundpapier von Atsumi und Ishiyama enthalten. Sonderbeitrag 8.6 stützt sich auf Bond. Die neuen Instrumente, die Sonderbeitrag 8.7 erläutert, werden ausführlicher im Hintergrundpapier von Saini behandelt. Dieses Kapitel stützt sich auch in erheblichem Umfang auf zusätzliche Arbeiten der Weltbank.

Kapitel 9

Zahlreiche Papiere und Bücher sind in letzter Zeit über die Beteiligungsfinanzierung geschrieben worden. Die Hauptquelle für Kapitel 9 bildet ein Hintergrundpapier von Weigel und Miller, das die Bedeutung der ausländischen Direktinvestitionen für den Entwicklungsprozeß untersucht. Ähnliche Studien auf diesem Gebiet wurden vom U.S. Department of Commerce und vom IWF erstellt. Eine weitere wichtige Materialquelle ist das Buch von Guisinger, in dessen Mittelpunkt die Investitionsanreize und Leistungsvorgaben stehen. Die Portfolioinvestitionen waren Gegenstand von Studien der IFC; viele dieser Ergebnisse enthält das Buch von van Agtmael. Alle Sonderbeiträge im Kapitel 9 basieren auf internen Analysen der Weltbank; Sonderbeitrag 9.3 verwendet Daten des japanischen Finanzministeriums.

Kapitel 10

Die Angaben in diesem Kapitel stützen sich auf Veröffentlichungen des GATT, des IWF, der OECD und der UNCTAD sowie auf Daten der Weltbank. Eine quantitative Analyse der Auswirkungen der Wirtschaftspolitik der Industrieländer auf die Entwicklungsländer findet sich in den zwei Hintergrundpapieren von van Wijnbergen.

Hintergrund-Papiere

Aliber, Robert. „Banks, Financial Intermediation, and the External Debt Crisis."

Atsumi, Keiko, and Yoshihide Ishiyama. „Capital Outflows from Japan to Developing Countries."

Blanchard, Oliver J., and Lawrence H. Summers. „Perspectives on High World Real Interest Rates."

Dornbusch, Rudiger. „The Effects of OECD Macroeconomic Policies on Non-Oil Developing Countries: A Review."

Fishlow, Albert. „Lessons from the Past: Capital Markets during the Nineteenth Century and the Inter-War Period."

Fleisig, Heywood, and Sweder von Wijnbergen. „Primary Commodity Prices, the Business Cycle, and the Real Exchange Rate of the Dollar."

Fleming, Alex, and Hossein Ali Partoazam. „Developing Country Access to the Securities Markets."

Genberg, Hans, and Alexander Swoboda. „The ‚Stages in the Balance of Payments Hypothesis' Revisited."

Hooper, Peter. „International Repercussions of the U.S. Budget Deficit."

Lessard, Donald. „International Finance for Less Developed Countries: The Unfulfilled Promise."

Llewellyn, David. „International Financial Intermediation and the Role of Banks in Balance of Payments Financing."

Muller, Patrice, and Robert Price. „Public Sector Indebtedness and Long-Term Interest Rates."

O'Brien, Richard, and John Calverley. „Private Banks and Developing Countries."

Pushpangadan, Kesavan. „Effects of Interest Rates and Terms of Trade on LDC Borrowing: A Cross Country Analysis."

Rybczynski, T. M. ,,The Internationalization of the Financial System and the Developing Countries — The Evolving Relationship."

Sachs, Jeffrey D., and Warwick McKibbin. ,,Macroeconomic Policies in the OECD and Developing Countries' External Adjustment."

Saini, Krishan G. ,,Capital Market Innovations and Financial Flows to Developing Countries."

Sherbiny, Naiem A. ,,Arab Finance and Developing Countries."

van Wijnbergen, Sweder. ,,Global Interdependence via Trade and Capital Markets: An Empirical Analysis."

van Wijnbergen, Sweder. ,,International Repercussions of Trade Intervention and Macroeconomic Policies in the OECD: A Developing Country Perspective."

Wallich, Christine. ,,The Regulatory Environment for Capital Flows to Developing Countries: A Survey of Seven OECD Countries."

Weigel, Dale, and Robert Miller. ,,Foreign Direct Investment in Economic Development."

Zietz, Jochan, and Alberto Valdez. ,,The Costs of Protectionism to Less-Developed Countries: An Analysis for Selected Agricultural Products."

Länderstudien

Äthiopien: Codippily, Hilarian. ,,International Financial Flows, 1965—84."

Argentinien: Johnson, John. ,,Role of International Finance in Argentine Development."

Brasilien: Batista, Paulo Nogueira. ,,International Financial Flows to Brazil since the Late 1960s: An Analysis of Debt Expansion and Current Payments Problems."

Brasilien: Knight, Peter, and C. Martone. ,,International Financial Flows to Development in Brazil, 1965—84."

Elfenbeinküste: Noel, Michel. ,,Adjustment Policies in the Ivory Coast."

Jugoslawien: Pant, Chandraskekar. ,,External Shocks and Adjustment in the 1970s and 1980s."

Kenia: Ibrahim, Tigani. ,,Use of External Resources, 1965—84."

Korea: Iqbal, Farukh. ,,External Finance and Korean Development."

Marokko: Mateus, Abel M. ,,External Debt Management and Macroeconomic Policies."

Philippinen: Khan, Sarshar. ,,The Philippine External Debt."

Türkei: Roy, Jayanta. ,,External Capital and Economic Development, 1963—84."

Ausgewählte Literatur

Ardito-Barletta, Nicholas, Mario I. Blejer, and Luis Landau. 1984. *Economic Liberalization and Stabilization Policies in Argentina, Chile, and Uruguay.* Washington, D.C.: World Bank.

Avramovic, Dragoslav, and others. 1964. *Economic Growth and External Debt.* Baltimore, Md.: Johns Hopkins University Press for the World Bank.

Ayres, R. L. 1983. *Banking on the Poor.* Cambridge, Mass.: MIT Press.

Balassa, Bela. 1981. *The Newly Industrializing Developing Countries after the Oil Crisis.* Reprint Series 190. Washington, D.C.: World Bank.

Balassa, Bela, and C. Balassa. 1984. ,,Industrial Protection in the Developed Countries." *World Economy* 7: 179—96.

Balassa, Bela, and F. Desmond McCarthy. 1984. *Adjustment Policies in Developing Countries: 1979—83.* Washington, D.C.: World Bank.

Bank for International Settlements. 1983. *The International Interbank Market: A Descriptive Study.* Economic Papers 8. Basle.

Bank für Internationalen Zahlungsausgleich: vgl. Bank for International Settlements.

Bauer, P. T. 1972. *Dissent on Development: Studies and Debates in Development Economics.* Cambridge, Mass.: Harvard University Press.

Bauer, P. T. 1981. *Equality, the Third World, and Economic Delusion.* London: Weidenfeld and Nicholson.

Bernanke, Ben S. 1983. ,,Non-Monetary Effects of the Financial Crisis in the Propagation of the Great Depression." *American Economic Review* 73, 3: 257—76.

Blanchard, Olivier, and Rudiger Dornbusch. 1984. ,,U.S. Deficits, the Dollar and Europe." *Banca Nazionale del Lavoro Quarterly Review* 148: 89—113.

Blanchard, Olivier, and L. Summers. 1984. ,,Perspectives on High World Real Interest Rates." *Brookings Papers on Economic Activity* 2: 273—324.

Bond, I. D. 1985. *The Syndicated Credits Market.* Discussion Paper 22. London: Bank of England.

Bruno, Michael. 1983. ,,The Age of Supply Shocks." In George von Furstenberg, ed. *International Money and Credit: The Policy Roles.* Washington, D.C.: International Monetary Fund.

Bruno, Michael, and Jeffrey D. Sachs. 1984. *The Economics of Worldwide Stagflation.* Cambridge, Mass.: Harvard University Press.

Casson, Mark. 1982. ,,The Theory of Foreign Direct Investment." In John Black and John Dunning, eds. *Capital Movements.* Surrey, England: Macmillan.

Caves Richard. 1982. *Multinational Enterprise and Economic Analysis.* Cambridge: Cambridge University Press.

Cline, William R. 1983. *International Debt and the Stability of the World Economy.* Policy Analyses in International Economics 4. Washington, D.C.: Institute for International Economics.

Cline, William R. 1984. *International Debt: Systemic Risk and Policy Response.* Washington, D.C.: Institute for International Economics.

Colaço, Francis X. 1981. ,,Capital Requirements in Economic Development: The Decade Ahead." Paper prepared for the International Economic Association Conference on Financing Problems of Developing Countries. Buenos Aires, October 26—30.

Colaço, Francis X., and Mia A. M. de Kuijper. 1981. *Market Borrowings, Reserves Accumulations and Borrowing Costs.*

International Trade and Capital Flows Division Working Paper 1981—5. Washington, D.C.: World Bank.

Commonwealth Secretariat. 1984. *The Debt Crisis and the World Economy.* Report by a Commonwealth Group of Experts. London.

Congressional Budget Office. 1984. *A Report to the Senate and House Committee on the Budget.* Part 1: *The Economic Outlook.* Part 2: *Baseline Budget Projections for Fiscal Years 1985—1990.* Washington, D.C.: Government Printing Office.

Congressional Budget Office. 1984. *The Economic and Budget Outlook: An Update.* Washington, D.C.: Government Printing Office.

Corbo, Vittorio, and J. de Melo. 1985 ,,Symposium on Liberalization and Stabilization in the Southern Cone." *World Development,* erscheint demnächst (August 1987).

Crowther, G. 1957. *Balances and Imbalances of Payments.* Boston: Harvard Graduate School of Business Administration.

de Melo, Martha. 1984. ,,Portugal's Use of External Resources, 1965—83." World Development Report country note. Washington, D.C.: World Bank.

de Vries, Barend A. 1983. *International Ramifications of the External Debt Situation.* World Bank Reprint 294. Reprinted from AMEX Bank Review Special Papers 8, November 1983, pp. 1—23.

Diaz-Alejandro, Carlos F. 1970. *Essays on the Economic History of the Argentine Republic.* New Haven, Conn.: Yale University Press.

Diaz-Alejandro, Carlos F. 1984. ,,Some Aspects of the 1982—83 Brazilian Payments Crisis." *Brookings Papers on Economic Activity* 2: 515—52.

Donovan, D. J. 1984. ,,Nature and Origins of Debt-Servicing Difficulties: Some Empirical Evidence." *Finance and Development* 21, 4: 22—25.

Dornbusch, Rudiger, and S. Fischer. 1984: ,,The World Debt Problem." Cambridge, Mass.: MIT.

Dunning, John. 1973. ,,Determinants of International Production." *Oxford Economic Papers,* 289—336.

Edelstein, Michael. 1982. *Overseas Investment in the Age of High Imperialism. The United Kingdom, 1850—1914.* New York: Columbia University Press.

Enders, Thomas O., and Richard P. Mattione. 1984. *Latin America: The Crisis of Debt and Growth.* Washington, D.C.: Brookings Institution.

Ffrench-Davis, R. 1983. *Las Relaciones Financieras Extranas.* Mexico City: Corporacion de Investigaciones Economicas Para Latinoamerica.

Frank, Andre G. 1979. *Dependent Accumulation and Underdevelopment.* New York: Monthly Review Press.

Garay, Luis Jorge. 1984. ,,El Proceso de Endeudamiento Externo de Colombia." World Development Report country note. Washington, D.C.: World Bank.

Guisinger, Stephen, and others. 1985. *Investment Incentives and Performance Requirements.* New York: Praeger.

Halevi, N. 1971. ,,An Empirical Test of the ,Balance of Payments Stages' Hypothesis." *Journal of International Economics,* 103—17.

Hasan, Parvez. 1984. ,,Adjustment to External Shocks: Why East Asian Countries Have Fared Better than other LDCs."
Finance and Development 21, 4: 14—17.

Hayter, Teresa. 1971. *Aid as Imperialism.* Harmondsworth, England: Penguin Books.

Hicks, John. 1969. *A Theory of Economic History.* Oxford: Clarendon Press.

Hung, Tran Q. 1983. *The Deceleration and Domestication of International Bank Lending and Funding.* New York: Salomon.

Independent Commission on International Development Issues. 1980. *North-South: A Program for Survival.* London: Pan Books.

Independent Commission on International Development Issues. 1983. *Common Crisis, North-South: Cooperation for World Recovery.* London: Pan Books.

International Monetary Fund. 1969. *The International Monetary Fund 1945—1965: Twenty Years of International Monetary Cooperation.* Vol. 1: *Chronicle,* by J. Keith Horsefield. Vol. 2: *Analysis,* ed. by J. Keith Horsefield. Vol. 3: *Documents,* ed. by J. Keith Horsefield, Washington, D.C.

International Monetary Fund. 1976. *The International Monetary Fund 1966—1971: The System under Stress.* Vol. 1: *Narrative,* by Margaret Garritsen de Vries. Vol. 2: *Documents,* ed. by Margaret Garritsen de Vries. Washington, D.C.

International Monetary Fund. 1985. *Foreign Private Investment in Developing Countries: A Study by the Research Department of the International Monetary Fund.* Occasional Paper 33. Washington, D.C.

Internationaler Währungsfonds: vgl. International Monetary Fund.

Jay, Keith. 1985. *The Use of Foreign Assistance to Promote Commercial Interests.* Development Policy Issues Series 3. Washington, D.C.: World Bank.

Johnston, R. B. 1983. *The Economics of the Euro-Market: History, Theory, and Policy.* London: Macmillan.

Kessides, C. 1984. ,,Romania and Hungary: Comparative Case Studies of Domestic Policy and Debt Management." World Development Report country note. Washington D.C.: World Bank.

Kincaid, G. Russell. 1981. ,,Inflation and the external debt of developing countries." *Finance and Development* 18, 4: 45—48.

Kindleberger, Charles P. 1978. ,,Debt Situation of the Developing Countries in Historical Perspective." In Stephen H. Goodman, ed. *Financing and Risk in Developing Countries.* New York: Praeger.

Kindleberger, Charles P. 1980. *Manias, Phobias, and Crashes: A History of Financial Crises.* New York: Basic Books.

Kindleberger, Charles P. 1981. *International Money: A Collection of Essays.* London: Allen and Unwin.

Kindleberger, Charles P. 1984. *A Financial History of Western Europe.* London: Allen and Unwin.

Kotte, Detlef J. 1984. ,,Mexico: A Case Study on External Debt Accumulation." Geneva: United Nations Conference on Trade and Development.

Krauss, M. B. 1983. *Development without Aid: Growth, Poverty and Government.* New York: McGraw-Hill.

Krueger, Anne O. 1984. ,,Aspects of Capital Flows between Developed and Developing Countries." Paper presented at the Pinnas Sapir Conference on Development, Tel Aviv, Israel, May 28—31.

Krueger, Anne O., and Vernon W. Ruttan. 1983. *The Development Impact of Economic Assistance to LDCs.* 2 vols. Washington, D.C.: Agency for International Development.

Krugman, Paul R. 1984. ,,Proposals for International Debt Reform." World Development Report background note. Washington, D.C.: World Bank.

Lal, Deepak. 1983. *The Poverty of Development Economics.* London: Institute of Economic Affairs.

Layard, R., and others. 1984. *Europe: The Case for Unsustainable Growth.* Brussels: Centre for European Policy Studies.

Leipziger, Danny M. 1983. *Lending versus Giving: The Economics of Foreign Assistance.* World Bank Reprint 291. Reprinted from *World Development* 2, 4: 329—35.

Maddison, Angus. 1982. *Phases of Capitalist Development.* Oxford: Oxford University Press.

Marsden, Keith, and Alan Roe. 1983. ,,The Political Economy of Foreign Aid." *Labor and Society* 8: 3—12.

Mason, Edward S., and Robert E. Asher. 1973. *The World Bank since Bretton Woods.* Washington, D.C.: Brookings Institution.

Mattione, Richard P. 1985. *OPEC's Investments and the International Financial System.* Washington, D.C.: Brookings Institution.

McClintock, Cynthia, and Abraham F. Lowenthal eds. 1983. *The Peruvian Experiment Reconsidered.* Princeton, N.J.: Princeton University Press.

McDonald, Donough C. 1982. *Debt Capacity and Developing Country Borrowing: A Survey of the Literature.* Reprinted from *International Monetary Fund Staff Papers* 29, 4.

Meier, Gerald M., and Dudley Seers, eds. 1984. *Pioneers in Development.* New York: Oxford University Press for the World Bank.

Mellor, J. W. 1976. *The New Economics of Growth.* Ithaca, N.Y.: Cornel University Press.

Melton, William C. 1980. ,,Graduate Payment Mortgages." Federal Reserve Bank of New York *Quarterly Review* 5, 1: 21—28.

Mentre, Paul. 1984. *The Fund, Commercial Banks, and Member Countries.* Occasional Paper 26. Washington, D.C.: International Monetary Fund.

Mikesell, R. F., and others. 1982. *The Economics of Foreign Aid and Self-Sustaining Development.* Washington, D.C.: U.S. Department of State.

Mitra, P. K. 1983. ,,Accounting for Adjustment in Selected Semi-Industrial Countries." Report DRD70. Washington, D.C.: World Bank.

Mitra, P. K. 1984. ,,Adjustment to External Shocks in Selected Semi-Industrial Countries, 1974—83." Report DRD114. Washington, D.C.: World Bank.

Moore, Geoffrey H., and Victor Zarnowitz. 1984. *The Development and Role of the National Bureau's Business Cycle Chronologies.* Working Paper 1394. Washington, D.C.: National Bureau of Economic Research.

Morss, Elliott R. 1981. *Crisis in the Third World.* New York: Holmes and Maier.

Morss, Elliott R. 1984. ,,Institutional Destruction Resulting from Donor and Project Proliferation in Sub-Saharan African Countries." *World Development* 12: 465—70.

Nogues, Julio, A. Olechowski, and L. Alan Winters. 1985. ,,The Extent of Non-Tariff Barriers to Industrial Countries' Imports." World Bank Report DRD115. Washington, D.C.: World Bank.

Noël, Michel. 1984. ,,Adjustment Policies in the Ivory Coast." World Development Report country note. Washington, D.C.: World Bank.

Noman, Akbar. 1984. ,,Uranium and the Debt Explosion in Niger." World Development Report country note. Washington, D.C.: World Bank.

OECD: vgl. Organisation for Economic Co-operation and Development.

Organisation for Economic Co-operation and Development. 1984. *Development Co-operation: Efforts and Policies of the Members of the Development Assistance Committee. 1984 Review.* Report by Rutherford M. Poats, chairman of the Development Assistance Committee. Paris.

Pecchiolo, R. M. 1983. *Internationalisation Banking: Policy Issues.* Paris: Organisation for Economic Co-operation and Development.

Pfeffermann, Guy. 1985. ,,Overvalued Exchange Rates and Development." *Finance and Development* 22, 1: 17—19.

Pilvin, H. 1984. ,,Sri Lanka: Economic Policies and Borrowing Strategies." World Development Report country note. Washington, D.C.: World Bank.

Sachs, Jeffrey D. 1981. ,,The Current Account and Macroeconomic Adjustment in the 1970s." *Brookings Papers on Economic Activity* 1: 201—68.

Sachs, Jeffrey D. 1983. ,,Real Wages and Unemployment in the OECD Countries." *Brookings Papers on Economic Activity* 1: 255—89.

Schultz, T. W. 1981. *Economic Distortions by the International Donor Community.* Agricultural Economics Paper 81: 8. Chicago: University of Chicago.

Smith, Gordon W., and John T. Cuddington, eds. 1985. *International Debt and the Developing Countries.* Washington, D.C.: World Bank.

Solomon, Robert, 1977. *The International Monetary System, 1945—1976: An Insider's View.* New York. Harper and Row.

Stanyer, Peter, and Mrs. J. A. Whitley. 1981. ,,Financing World Payments Balances." Bank of England *Quarterly Bulletin* 21, 2: 187—99.

Tapley, Mark, and Marc Simmonds. 1982. ,,International Diversification in the Nineteenth Century." *Columbia Journal of World Business* 17, 2: 64—70.

United Nations Center on Transnational Corporations. 1983. *Transnational Corporations in World Development* New York: United Nations.

United Nations Conference on Trade and Development. 1983. *Handbook of International Trade and Development Statistics, 1983.* New York: United Nations.

U.S. Department of Commerce. 1984. *International Direct Investment.* Washington, D.C.: Government Printing Office.

U.S. Department of the Treasury. 1982. *United States Participation in the Multilateral Development Bank in the 1980s.* Washington, D.C.: Government Printing Office.

van Agtmael, Antoine W. 1984. *Emerging Securities Markets — Investment Banking Opportunities in the Developing*

World. London: Euromoney Publications.

van Wijnbergen, Sweder, 1984. *Tariffs, Employment and the Current Account: the Macroeconomics of Protectionism.* Discussion Paper 30. London: Centre for Economic Policy Research.

van Wijnbergen, Sweder. 1985. ,,Oil Price Shocks, Investment, Employment and the Current Account: An Intertemporal Disequilibrium Analysis." *Review of Economic Studies,* erscheint demnächst

Vereinte Nationen: vgl. United Nations.

Wachtel Paul, ed. 1982. *Crises in the Economic and Financial Structure.* Lexington, Mass.: Lexington Books.

Walstedt, Bertil. 1980. *State Manufacturing Enterprise in a Mixed Economy: The Turkish Case.* Baltimore, Md.: Johns Hopkins University Press for the World Bank.

Watson, Maxwell, Peter Keller, and Donald Mathieson. 1984. *International Capital Markets: Developments and Prospects, 1984.* Occasional Paper 31. Washington, D.C.: International Monetary Fund.

Weltbank: vgl. World Bank.

Wiesner, Eduardo. 1985. ,,Domestic and External Causes of the Latin American Debt Crisis." *Finance and Development* 22, 1: 24—26.

Williamson, John, 1984. *A New SDR Allocation?* Policy Analyses in International Economies 7. Washington, D.C.: Institute for International Economics.

World Bank. 1981. *Accelerated Development in Sub-Saharan Africa: An Agenda for Action.* Washington, D.C.

World Bank. 1982. *IDA in Retrospect.* New York: Oxford University Press.

World Bank. 1983. *The Energy Transition in Developing Countries.* Washington, D.C.

World Bank. 1984. *Toward Sustained Development in Sub-Saharan Africa: A Joint Program of Action.* Washington, D.C.

Zarnowitz, Victor, and Geoffrey H. Moore. 1984. *Major Changes in Cyclical Behavior.* Working Paper 1395. Washington, D.C.: National Bureau of Economic Research.

Anhang

Kennzahlen der Weltentwicklung

Inhalt

Seite

Länderschlüssel		194
Einführung		195
Karten		196
Tabelle 1:	**Grundlegende Kennzahlen**	202
	Bevölkerung □ Fläche □ BSP pro Kopf □ Inflation □ Lebenserwartung	
Tabelle 2:	**Wachstum der Produktion**	204
	BIP □ Landwirtschaft □ Industrie □ Verarbeitendes Gewerbe □ Dienstleistungen	
Tabelle 3:	**Produktionsstruktur**	206
	BIP □ Landwirtschaft □ Industrie □ Verarbeitendes Gewerbe □ Dienstleistungen	
Tabelle 4:	**Wachstum von Verbrauch und Investition**	208
	Öffentlicher Verbrauch □ Privater Verbrauch □ Bruttoinlandsinvestition	
Tabelle 5:	**Struktur der Nachfrage**	210
	Öffentlicher Verbrauch □ Privater Verbrauch □ Bruttoinlandsinvestition □ Bruttoinlandsersparnis □ Ausfuhr von Gütern und Dienstleistungen (ohne Faktoreinkommen) □ Ressourcensaldo	
Tabelle 6:	**Landwirtschaft und Nahrungsmittel**	212
	Wertschöpfung □ Getreideeinfuhr □ Nahrungsmittelhilfe □ Kunstdüngerverbrauch □ Nahrungsmittelproduktion pro Kopf	
Tabelle 7:	**Industrie**	214
	Anteil der Wertschöpfung in Nahrungsmittelproduktion und Landwirtschaft □ bei Textilien und Bekleidung □ bei Maschinen, Elektrotechnik und Fahrzeugen □ in der chemischen Industrie □ im übrigen Verarbeitenden Gewerbe □ Wertschöpfung im Verarbeitenden Gewerbe	
Tabelle 8:	**Kommerzielle Energie**	216
	Wachstum der Energieerzeugung □ Wachstum des Energieverbrauchs □ Energieverbrauch pro Kopf □ Energieeinfuhr in Prozent der Warenausfuhr	
Tabelle 9:	**Zunahme des Warenhandels**	218
	Ausfuhrwerte □ Einfuhrwerte □ Ausfuhrwachstum □ Einfuhrwachstum □ Terms of Trade	

Tabelle 10:	Struktur der Warenausfuhr	220
	Brennstoffe, Mineralien und Metalle ☐ Sonstige Rohstoffe ☐ Textilien und Bekleidung ☐ Maschinen, Elektrotechnik und Fahrzeuge ☐ Übriges Verarbeitendes Gewerbe	
Tabelle 11:	Struktur der Wareneinfuhr	222
	Nahrungsmittel ☐ Brennstoffe ☐ Sonstige Rohstoffe ☐ Maschinen, Elektrotechnik und Fahrzeuge ☐ Übriges Verarbeitendes Gewerbe	
Tabelle 12:	Regionale Struktur der Warenausfuhr	224
	Marktwirtschaftliche Industrieländer ☐ Osteuropäische Staatshandelsländer ☐ Ölexportländer mit hohem Einkommen ☐ Entwicklungsländer	
Tabelle 13:	Regionale Exportstruktur für Industrieprodukte	226
	Ausfuhr in marktwirtschaftliche Industrieländer ☐ in osteuropäische Staatshandelsländer ☐ in Ölexportländer mit hohem Einkommen ☐ in Entwicklungsländer ☐ Ausfuhr von Industrieprodukten	
Tabelle 14:	Zahlungsbilanzen und Reserven	228
	Leistungsbilanzsaldo ☐ Zufließende Gastarbeiterüberweisungen ☐ Private Nettodirektinvestition ☐ Bruttowährungsreserven ☐ Einfuhrdeckung in Monaten	
Tabelle 15:	Zufluß von öffentlichem und öffentlich garantiertem Auslandskapital	230
	Bruttozufluß öffentlicher und öffentlich garantierter mittel- und langfristiger Kredite ☐ Tilgung ☐ Nettozufluß öffentlicher und öffentlich garantierter mittel- und langfristiger Kredite	
Tabelle 16:	Öffentliche Auslandsschulden und Schuldendienstrelationen	232
	Ausstehende und ausgezahlte öffentliche Auslandsschulden ☐ in Prozent des BSP ☐ Zinszahlungen auf die öffentlichen Auslandsschulden ☐ Schuldendienst in Prozent des BSP ☐ der Ausfuhr von Waren und Dienstleistungen	
Tabelle 17:	Konditionen der öffentlichen Kreditaufnahme	234
	Zusagen ☐ Durchschnittlicher Zinssatz ☐ Durchschnittliche Laufzeit ☐ Durchschnittlicher tilgungsfreier Zeitraum	
Tabelle 18:	Öffentliche Entwicklungshilfe der OECD- und OPEC-Mitgliedsländer	236
	Beträge in Dollar ☐ in Prozent des BSP der Geberländer ☐ in nationalen Währungen ☐ Bilateraler Nettozufluß in Länder mit niedrigem Einkommen	
Tabelle 19:	Bevölkerungswachstum und -projektionen	238
	Bevölkerungswachstum ☐ Bevölkerungsumfang ☐ Hypothetischer Umfang der stationären Bevölkerung ☐ Angenommenes Jahr, in dem eine Nettoreproduktionsrate von 1 erreicht wird ☐ Bevölkerungseigendynamik	
Tabelle 20:	Demographische und fruchtbarkeitsbezogene Kennzahlen	240
	Unbereinigte Geburtenziffern ☐ Unbereinigte Sterbeziffern ☐ Zusammengefaßte Geburtenziffern ☐ Quote der verheirateten Frauen, die empfängnisverhütende Mittel verwenden	

Tabelle 21: Erwerbspersonen	242

Bevölkerung im arbeitsfähigen Alter □ Erwerbspersonen in der Landwirtschaft □ in der Industrie □ im Dienstleistungssektor □ Bisherige Zunahme der Erwerbspersonenzahl und Prognosen

Tabelle 22: Verstädterung	244

Prozentualer Anteil der Stadtbevölkerung an der Gesamtbevölkerung □ Zunahme der Stadtbevölkerung □ Prozentualer Bevölkerungsanteil der größten Stadt □ der Städte mit über 500000 Einwohnern □ Anzahl der Städte mit über 500000 Einwohnern

Tabelle 23: Kennzahlen zur Lebenserwartung	246

Lebenserwartung □ Säuglingssterblichkeitsziffern □ Kindersterblichkeitsziffern

Tabelle 24: Gesundheitsbezogene Kennzahlen	248

Bevölkerung je Arzt □ je Beschäftigten in der Krankenpflege □ Tägliches Kalorienangebot pro Kopf

Tabelle 25: Erziehungswesen	250

Zahl der Besucher von Grundschulen □ von weiterführenden Schulen □ von höheren Schulen und Universitäten, in Prozent der jeweiligen Altersgruppe

Tabelle 26: Ausgaben der Zentralregierung	252

Verteidigung □ Erziehung □ Gesundheit □ Wohnungswesen; Gemeinschaftseinrichtungen; Sozialversicherung und Wohlfahrt □ Wirtschaftsförderung □ Sonstiges □ Gesamtausgaben in Prozent des BSP □ Gesamtüberschuß/-defizit in Prozent des BSP

Tabelle 27: Laufende Einnahmen der Zentralregierung	254

Steuereinnahmen □ Laufende Einnahmen ohne Steuern □ Laufende Gesamteinnahmen in Prozent des BSP

Tabelle 28: Einkommensverteilung	256

Prozentuale Anteile am Haushaltseinkommen nach prozentualen Haushaltsgruppen

Technische Erläuterungen	258
Verzeichnis der Datenquellen	274

Länderschlüssel

In jeder Tabelle sind die Länder innerhalb ihrer Gruppen in steigender Rangfolge nach der Höhe ihres BSP pro Kopf aufgeführt, außer jenen Ländern, für die sich ein BSP pro Kopf nicht berechnen läßt. Letztere sind am Ende ihrer Gruppe kursiv in alphabetischer Reihenfolge wiedergegeben. Die unten ausgewiesenen Ordnungsnummern bestimmen die Reihenfolge in den Tabellen.

Die Zahlen in den farbigen Zwischenzeilen sind zusammenfassende Kennzahlen für Ländergruppen. Die Abkürzung w nach einer zusammenfassenden Kennzahl gibt an, daß es sich um einen gewogenen Durchschnitt handelt; der Buchstabe m steht entsprechend für Medianwert und s für Summe.

. . Nicht verfügbar.
(.) Weniger als die Hälfte der angegebenen Einheit.
Alle Zuwachsraten beziehen sich auf reale Größen.
Kursiv geschriebene Zahlen gelten für andere als die angegebenen Zeiträume oder Jahre.

Land	Nr.
Afghanistan	29
Ägypten, Arabische Republik	46
Albanien	120
Algerien	83
Angola	68
Argentinien	79
Äthiopien	1
Australien	112
Bangladesch	2
Belgien	104
Benin	18
Bhutan	30
Birma	7
Bolivien	40
Brasilien	77
Bulgarien	121
Burkina	6
Burundi	10
Chile	76
China	19
Costa Rica	57
Dänemark	113
Deutschland, Bundesrepublik	111
Deutschland, Demokr. Republik	123
Dominikanische Republik	64
Ecuador	66
Elfenbeinküste	48
El Salvador	47
Finnland	110
Frankreich	109
Ghana	22
Griechenland	88
Großbritannien	105
Guatemala	59
Guinea	20
Haiti	21
Honduras	45
Hongkong	90
Indien	14
Indonesien	43
Irak	94
Iran, Islam. Republik	93
Irland	101
Israel	89
Italien	102
Jamaika	63
Japan	108
Jemen, Arabische Republik	42
Jemen, Demokr. Volksrepublik	41
Jordanien	73
Jugoslawien	86
Kamerun	54
Kamputschea	32
Kanada	114
Kenia	26
Kolumbien	67
Kongo, Volksrepublik	60
Korea, Demokr. Volksrepublik	70
Korea, Republik	78
Kuba	69
Kuwait	98
Laos, Demokr. Volksrepublik	33
Lesotho	37
Libanon	71
Liberia	38
Libyen	96
Madagaskar	23
Malawi	8
Malaysia	75
Mali	3
Marokko	50
Mauretanien	39
Mexiko	82
Mongolische Volksrepublik	72
Mosambik	34
Nepal	4
Neuseeland	103
Nicaragua	56
Niederlande	107
Niger	11
Nigeria	53
Norwegen	116
Oman	95
Österreich	106
Pakistan	27
Panama	80
Papua-Neuguinea	51
Paraguay	65
Peru	58
Philippinen	52
Polen	124
Portugal	81
Ruanda	15
Rumänien	125
Sambia	44
Saudi-Arabien	97
Schweden	115
Schweiz	118
Senegal	36
Sierra Leone	24
Simbabwe	49
Singapur	91
Somalia	13
Sowjetunion	126
Spanien	100
Sri Lanka	25
Südafrika, Republik	84
Sudan	28
Syrien, Arabische Republik	74
Tansania	12
Thailand	55
Togo	17
Trinidad und Tobago	92
Tschad	31
Tschechoslowakei	122
Tunesien	62
Türkei	61
Uganda	9
Ungarn	119
Uruguay	85
Venezuela	87
Vereinigte Arabische Emirate	99
Vereinigte Staaten	117
Vietnam, Sozialistische Republik	35
Zaire	5
Zentralafrikanische Republik	16

Einführung

Die Kennzahlen der Weltentwicklung vermitteln Informationen über die wichtigsten Grundzüge der wirtschaftlichen und sozialen Entwicklung. Die von der Bank gesammelten Daten betreffen überwiegend ihre noch nicht entwickelten Mitgliedsländer. Die Kennzahlen enthalten aber auch vergleichbare Angaben für marktwirtschaftliche Industrieländer, da diese Daten leicht zu beschaffen sind. Angaben über Staatshandelsländer, von denen nur wenige Mitglied der Weltbank sind, wurden nur aufgenommen, soweit sie in vergleichbarer Form zur Verfügung stehen.

Es wurden keine Mühen gescheut, um die Daten zu standardisieren. Es ist jedoch keine volle Vergleichbarkeit gewährleistet, und die Kennzahlen dürfen nur mit der gebotenen Vorsicht interpretiert werden. Das statistische Material beruht auf Quellen, die als höchst kompetent gelten, aber viele Daten unterliegen beträchtlichen Fehlermargen. Unterschiede der nationalen statistischen Praktiken beeinträchtigen ebenfalls die Vergleichbarkeit der Daten, die daher nur Anhaltspunkte für Entwicklungstrends und größere Divergenzen zwischen einzelnen Volkswirtschaften vermitteln und nicht als genaue Quantifizierung dieser Unterschiede herangezogen werden können.

Die Kennzahlen in Tabelle 1 geben eine zusammenfassende Übersicht über die einzelnen Volkswirtschaften. Die Angaben in den übrigen Tabellen betreffen die folgenden Bereiche: Volkswirtschaftliche Gesamtrechnung, Landwirtschaft, Industrie, Energie, Außenhandel, Auslandsschulden, Entwicklungshilfe, sonstige außenwirtschaftliche Transaktionen, Demographie, Erwerbspersonen, Verstädterung, soziale Kennzahlen, Finanzen der Zentralregierung und Einkommensverteilung. Die Tabelle über die Ausgaben der Zentralregierung ist eine erweiterte Version einer früheren Übersicht, die außerdem durch eine Tabelle über die laufenden Einnahmen der Zentralregierungen ergänzt wird.

Die Angaben über die Volkswirtschaftlichen Gesamtrechnungen stammen von Mitgliedsländern (anläßlich von Konsultationen der Weltbank) und sind in einigen Fällen angepaßt worden, um sie mit internationalen Definitionen und Konzepten in Übereinstimmung zu bringen und um Konsistenz zu gewährleisten. Angaben zu den Auslandsschulden werden der Bank von den Mitgliedsländern im Wege des Schuldenberichtssystems zur Verfügung gestellt. Andere Datenreihen stammen vom Internationalen Währungsfonds sowie von den Vereinten Nationen und Sonderorganisationen.

Um die Vergleichbarkeit zu erleichtern, werden Verhältniszahlen und Zuwachsraten ausgewiesen und absolute Zahlen nur in einigen wenigen Fällen angegeben. Die diesjährige Ausgabe enthält neue Zeiträume für die Verhältniszahlen und Zuwachsraten. Die meisten Zuwachsraten wurden für zwei Zeiträume berechnet: 1965 bis 1973 und 1973 bis 1983 oder — sofern für 1983 keine Daten vorlagen — 1965 bis 1982. Alle angegebenen Zuwachsraten sind reale Größen; sie wurden, soweit nichts Gegenteiliges angemerkt ist, mit Hilfe der Methode der kleinsten Quadrate berechnet. Da dieses Verfahren alle beobachteten Werte innerhalb eines Zeitraums berücksichtigt, reflektieren die so ermittelten Zuwachsraten Entwicklungstrends, die durch außergewöhnliche Werte nicht über Gebühr beeinträchtigt werden. Kursiv gedruckte Zahlen gelten für andere Jahre oder Zeiträume als die angegebenen. Alle Dollar-Angaben beziehen sich auf den US-Dollar. Die verschiedenen Verfahren, die bei der Umrechnung von Angaben in nationaler Währung angewandt wurden, werden bei Bedarf in den technischen Erläuterungen beschrieben.

Ein Teil der Abweichungen zwischen den hier ausgewiesenen Daten und den letztjährigen Angaben beruht nicht nur auf der Fortschreibung, sondern auch auf der Revision historischer Zeitreihen.

Wie im *Weltentwicklungsbericht* selbst werden die in den Kennzahlen berücksichtigten Volkswirtschaften zu verschiedenen großen Gruppen zusammengefaßt. Diese Gruppierung gibt Aufschluß über den unterschiedlichen Entwicklungsstand einzelner Länder. Ein Großteil der erfaßten Volkswirtschaften wird weiterhin nach dominierenden Merkmalen untergliedert — um zwischen Ölimporteuren und Ölexporteuren sowie zwischen marktwirtschaftlich und planwirtschaftlich organisierten Industrieländern zu unterscheiden. In den Tabellen werden die folgenden Hauptgruppierungen verwendet: 35 Entwicklungsländer mit niedrigem Einkommen mit einem Pro-Kopf-Einkommen im Jahre 1983 von unter 400 Dollar, 59 Entwicklungsländer mit mittlerem Einkommen mit einem Pro-Kopf-Einkommen von 400 Dollar oder mehr, 5 ölexportierende Länder mit hohem Einkommen, 19 marktwirtschaftliche Industrieländer sowie 8 osteuropäische Staatshandelsländer. Es sei darauf hingewiesen, daß infolge unzureichender Daten und unterschiedlicher Berechnungsverfahren für das Volkseinkommen sowie wegen Schwierigkeiten bei der Umrechnung Schätzwerte für das BSP pro Kopf nicht für alle Staatshandelsländer zur Verfügung stehen.

Die vorliegende Ausgabe folgt weitgehend der Darstellungsweise in den vorausgegangenen Jahren. In jeder Gruppe werden die Volkswirtschaften nach der Höhe ihres Pro-Kopf-Einkommens in steigender Reihenfolge erfaßt — mit Ausnahme derjenigen, für die solche Angaben nicht berechnet werden können. Solche Volkswirtschaften sind jeweils am Ende der zugehörigen Einkommensgruppe in alphabetischer Reihenfolge und kursiver Schreibweise aufgeführt. Diese Anordnung wird in allen Tabellen angewandt. Die entsprechenden Ordnungsnummern der einzelnen Volkswirtschaften sind in der alphabetischen Übersicht im Länderschlüssel ausgewiesen, aus dem auch hervorgeht, welche Länder aufgrund fehlender BSP-pro-Kopf-Daten am Ende der Gruppen aufgeführt sind. Länder mit einer Bevölkerungszahl von unter 1 Million werden in den Tabellen nicht erfaßt. Die technischen Erläuterungen zu Tabelle 1 enthalten für 35 kleine Mitgliedsländer der Vereinten Nationen und/oder der Weltbank einige grundlegende Kennzahlen.

Zusammenfassende Kennzahlen in den farbigen Zwischenzeilen — Summen oder gewogene Durch-

Ländergruppen

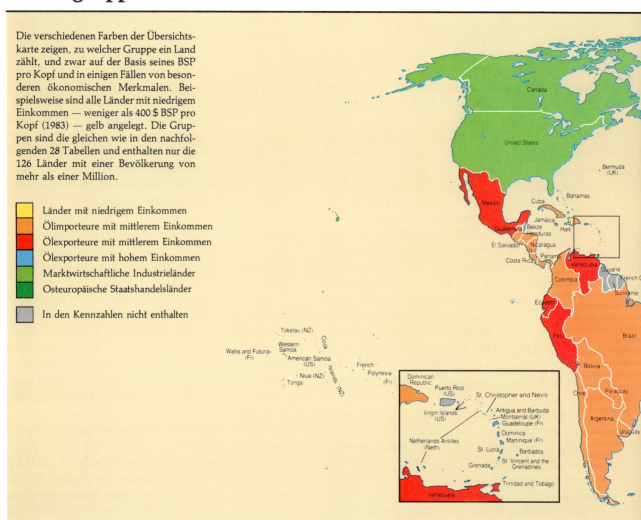

schnitte — wurden für die Ländergruppen dort berechnet, wo geeignete und aussagekräftige Daten zur Verfügung standen. Da China und Indien die zusammenfassenden Kennzahlen für die Länder mit niedrigem Einkommen stark beeinflussen, werden für verschiedene Untergruppen jeweils getrennte Indikatoren ausgewiesen. Diese Untergruppen sind: China und Indien, alle übrigen Volkswirtschaften mit niedrigem Einkommen und in der diesjährigen Ausgabe eine zusätzliche Untergruppe für die Länder mit niedrigem Einkommen in Afrika südlich der Sahara. Da sich außerdem der Ölhandel auf die wirtschaftlichen Merkmale und auf die Entwicklung der Länder mit mittlerem Einkommen auswirkt, wurden auch zusammenfassende Kennzahlen für ölimportierende und ölexportierende Länder aufgenommen. Die Gruppe der Volkswirtschaften mit mittlerem Einkommen ist außerdem in eine untere und obere Kategorie untergliedert, um die Aussagekraft der zusammenfassenden Kennzahlen zu verbessern. Angemerkt sei, daß die diesjährige Ausgabe auch gesonderte Kennzahlen für die Länder mit mittlerem Einkommen in Afrika südlich der Sahara enthält. Außerdem sei angemerkt, daß die Region „südlich der Sahara" alle Länder südlich der Sahara umfaßt, ausgenommen Südafrika.

Die bei der Berechnung der zusammenfassenden Kennzahlen verwendeten Verfahren werden in den technischen Erläuterungen beschrieben. Der Buchstabe w nach einer zusammenfassenden Kennzahl gibt an, daß es sich um einen gewogenen Durchschnitt handelt; der Buchstabe m steht entsprechend für Median und s für Summe. Da die Indikatoren nicht alle Volkswirtschaften einheitlich abdecken

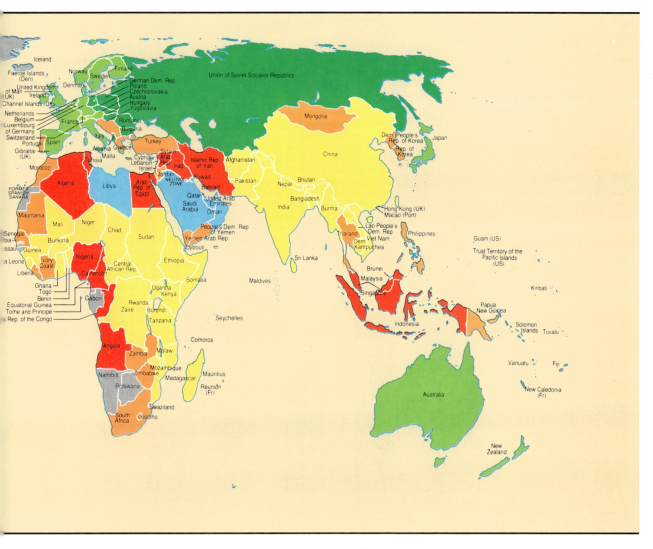

Bevölkerung

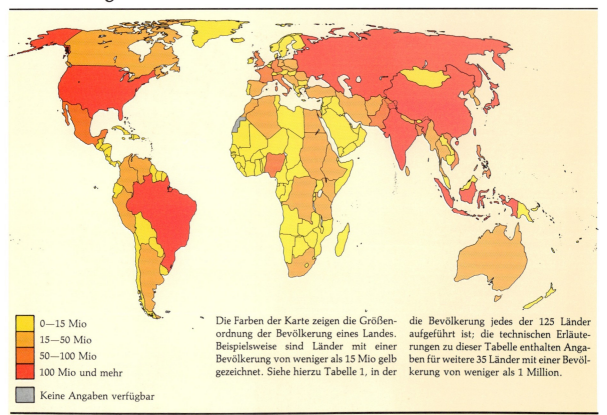

- 0—15 Mio
- 15—50 Mio
- 50—100 Mio
- 100 Mio und mehr
- Keine Angaben verfügbar

Die Farben der Karte zeigen die Größenordnung der Bevölkerung eines Landes. Beispielsweise sind Länder mit einer Bevölkerung von weniger als 15 Mio gelb gezeichnet. Siehe hierzu Tabelle 1, in der die Bevölkerung jedes der 125 Länder aufgeführt ist; die technischen Erläuterungen zu dieser Tabelle enthalten Angaben für weitere 35 Länder mit einer Bevölkerung von weniger als 1 Million.

Die Säulendarstellung zeigt die Bevölkerung nach Ländergruppen für die Jahre 1965 und 1983 sowie die projektierte Bevölkerung für das Jahr 2000. Die Ländergruppen entsprechen den in den vorhergehenden Karten und folgenden Tabellen benutzten Gruppen.

Die Kreisdarstellung zeigt den Anteil jeder Ländergruppe an der Gesamtbevölkerung ohne Länder mit einer Bevölkerung von weniger als 1 Million. Zu den „Übrigen" gehören die ölproduzierenden Länder mit hohem Einkommen.

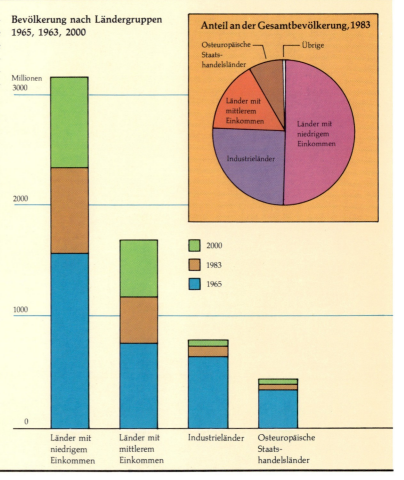

Bevölkerung nach Ländergruppen 1965, 1983, 2000

Anteil an der Gesamtbevölkerung, 1983

Lebenserwartung

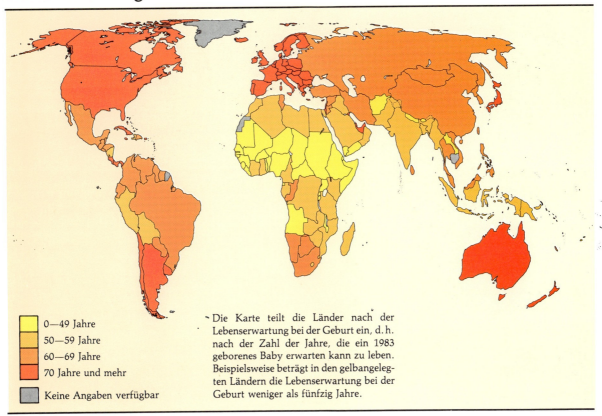

0—49 Jahre
50—59 Jahre
60—69 Jahre
70 Jahre und mehr
Keine Angaben verfügbar

Die Karte teilt die Länder nach der Lebenserwartung bei der Geburt ein, d. h. nach der Zahl der Jahre, die ein 1983 geborenes Baby erwarten kann zu leben. Beispielsweise beträgt in den gelbangelegten Ländern die Lebenserwartung bei der Geburt weniger als fünfzig Jahre.

Anteil der Landwirtschaft am BIP

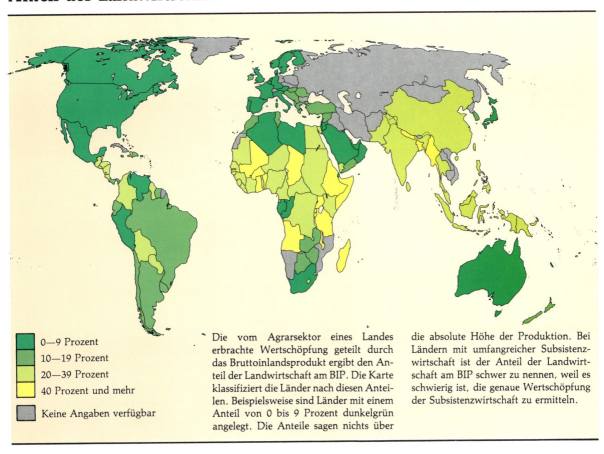

0—9 Prozent
10—19 Prozent
20—39 Prozent
40 Prozent und mehr
Keine Angaben verfügbar

Die vom Agrarsektor eines Landes erbrachte Wertschöpfung geteilt durch das Bruttoinlandsprodukt ergibt den Anteil der Landwirtschaft am BIP. Die Karte klassifiziert die Länder nach diesen Anteilen. Beispielsweise sind Länder mit einem Anteil von 0 bis 9 Prozent dunkelgrün angelegt. Die Anteile sagen nichts über die absolute Höhe der Produktion. Bei Ländern mit umfangreicher Subsistenzwirtschaft ist der Anteil der Landwirtschaft am BIP schwer zu nennen, weil es schwierig ist, die genaue Wertschöpfung der Subsistenzwirtschaft zu ermitteln.

und große Abweichungen von den mittleren Trends auftreten können, sollte der Leser bei Vergleichen zwischen den zusammenfassenden Maßgrößen für unterschiedliche Kennzahlen, Ländergruppen sowie Jahre oder Zeiträume Vorsicht walten lassen.

Bei der Verwendung der Daten sollten in jedem Falle die technischen Erläuterungen zu Rate gezogen werden. Diese Erläuterungen skizzieren die verwendeten Methoden, Begriffe, Definitionen und Datenquellen. Die Bibliographie vermittelt Einzelheiten über die zugrunde liegenden Quellen, die ihrerseits umfassende Definitionen und Beschreibungen der angewandten Konzepte enthalten.

Die diesjährige Ausgabe enthält vier Weltkarten. Aus der ersten Karte gehen die Länderbezeichnungen sowie die Gruppen hervor, denen die verschiedenen Volkswirtschaften zugeordnet sind. Die Karten auf den folgenden Seiten vermitteln einen Überblick über Bevölkerung, Lebenserwartung bei der Geburt sowie Anteile der Landwirtschaft am Bruttoinlandsprodukt (BIP). Diese Karten wurden nach der Eckert-IV-Projektion erstellt, da sie die Landflächen aller Länder, wenn auch unter Inkaufnahme gewisser Verzerrungen bei Konturen, Entfernungen und geographischer Lage, korrekt wiedergibt. Die Karten wurden exklusiv für die Leser dieser Veröffentlichung erstellt. Die Weltbank und ihre Tochterinstitute verbinden mit den verwendeten Bezeichnungen und den dargestellten Grenzen keinerlei Urteil über den rechtlichen Status einzelner Territorien; ebensowenig bringen sie damit eine Bekräftigung oder Anerkennung dieser Grenzen zum Ausdruck.

Die Kennzahlen der Weltentwicklung werden unter der Leitung von Ramesh Chander erstellt.

Tabelle 1: Grundlegende Kennzahlen

	Bevölkerung (in Mio) Mitte 1983	Fläche (in Tsd. Quadratkilometern)	BSP pro Kopf[a] in $ 1983	BSP pro Kopf[a] Durchschnittl. jährlicher Zuwachs (in %) 1965–83[b]	Durchschn. jährliche Inflationsrate[a] (in %) 1965–73	Durchschn. jährliche Inflationsrate[a] (in %) 1973–83[c]	Lebenserwartung bei der Geburt (in Jahren) 1983
Länder mit niedrigem Einkommen	**2.335,4** s	**31.603** s	**260** w	**2,7** w	**1,4** w	**5,4** w	**59** w
China und Indien	1.752,3 s	12.849 s	280 w	3,2 w	0,9 w	3,7 w	62 w
Übrige Länder	583,0 s	18.754 s	200 w	0,7 w	4,8 w	13,8 w	51 w
Afrika südl. der Sahara	245,2 s	15.451 s	220 w	–0,2 w	3,9 w	17,5 w	48 w
1 Äthiopien	40,9	1.222	120	0,5	1,8	4,4	43
2 Bangladesch	95,5	144	130	0,5	7,3	9,6	50
3 Mali	7,2	1.240	160	1,2	7,6	10,3	45
4 Nepal	15,7	141	160	0,1	5,8	8,1	46
5 Zaire	29,7	2.345	170	–1,3	18,7	48,2	51
6 Burkina	6,5	274	180	1,4	2,6	10,8	44
7 Birma	35,5	677	180	2,2	2,8	6,5	55
8 Malawi	6,6	118	210	2,2	4,5	9,8	44
9 Uganda	13,9	236	220	–4,4	5,6	62,7	49
10 Burundi	4,5	28	240	2,1	2,9	12,4	47
11 Niger	6,1	1.267	240	–1,2	4,0	11,8	45
12 Tansania	20,8	945	240	0,9	3,2	11,5	51
13 Somalia	5,1	638	250	–0,8	3,8	20,1	45
14 Indien	733,2	3.288	260	1,5	6,3	7,7	55
15 Ruanda	5,7	26	270	2,3	7,7	11,2	47
16 Zentralafr. Rep.	2,5	623	280	0,1	3,0	14,4	48
17 Togo	2,8	57	280	1,1	3,1	8,3	49
18 Benin	3,8	113	290	1,0	3,6	10,8	48
19 China	1.019,1	9.561	300	4,4	–1,0	1,7	67
20 Guinea	5,8	246	300	1,1	3,0	4,0	37
21 Haiti	5,3	28	300	1,1	4,0	7,8	54
22 Ghana	12,8	239	310	–2,1	8,1	51,6	59
23 Madagaskar	9,5	587	310	–1,2	4,1	13,9	49
24 Sierra Leone	3,6	72	330	1,1	1,9	14,7	38
25 Sri Lanka	15,4	66	330	2,9	5,1	14,5	69
26 Kenia	18,9	583	340	2,3	2,3	10,8	57
27 Pakistan	89,7	804	390	2,5	4,8	11,1	50
28 Sudan	20,8	2.506	400	1,3	7,2	18,0	48
29 *Afghanistan*	17,2	648	. .	0,5	3,8	. .	36
30 *Bhutan*	1,2	47	. .	. .	. .	. .	43
31 *Tschad*	4,8	1.284	. .	. .	4,5	8,3	43
32 *Kambodscha*	. .	181	. .	. .	. .	. .	. .
33 *Laos*	3,7	237	. .	. .	. .	. .	44
34 *Mosambik*	13,1	802	. .	. .	. .	. .	46
35 *Vietnam*	58,5	330	. .	. .	. .	. .	64
Länder mit mittlerem Einkommen	**1.165,2** s	**40.525** s	**1.310** w	**3,4** w	**5,2** w	**29,3** w	**61** w
Ölexporteure	542,6 s	15.511 s	1.060 w	3,3 w	4,4 w	19,6 w	57 w
Ölimporteure	622,6 s	25.014 s	1.530 w	3,5 w	5,7 w	34,4 w	64 w
Afrika südl. der Sahara	148,2 s	5.822	700 w	1,9 w	4,8 w	12,4 w	50 w
Untere Einkommenskategorie	**665,1** s	**18.446** s	**750** w	**2,9** w	**5,6** w	**17,9** w	**57** w
36 Senegal	6,2	196	440	–0,5	3,0	8,9	46
37 Lesotho	1,5	30	460	6,3	4,4	11,9	53
38 Liberia	2,1	111	480	0,8	1,5	7,2	49
39 Mauretanien	1,6	1.031	480	0,3	3,9	7,8	46
40 Bolivien	6,0	1.099	510	0,6	7,5	35,2	51
41 Jemen, Dem. VR.	2,0	333	520	. .	. .	. .	46
42 Jemen, Arab. Rep.	7,6	195	550	5,7	. .	13,9	44
43 Indonesien	155,7	1.919	560	5,0	63,0	18,0	54
44 Sambia	6,3	753	580	–1,3	5,2	10,3	51
45 Honduras	4,1	112	670	0,6	2,9	8,6	60
46 Ägypten, Arab. Rep.	45,2	1.001	700	4,2	2,6	13,2	58
47 El Salvador	5,2	21	710	–0,2	1,6	11,7	64
48 Elfenbeinküste	9,5	322	710	1,0	4,1	11,9	52
49 Simbabwe	7,9	391	740	1,5	3,0	9,7	56
50 Marokko	20,8	447	760	2,9	2,0	8,4	52
51 Papua-Neuguinea	3,2	462	760	0,9	6,6	6,9	54
52 Philippinen	52,1	300	760	2,9	8,8	11,7	64
53 Nigeria	93,6	924	770	3,2	10,3	13,3	49
54 Kamerun	9,6	475	820	2,7	5,8	12,6	54
55 Thailand	49,2	514	820	4,3	2,5	8,7	63
56 Nicaragua	3,0	130	880	–1,8	3,4	16,5	58
57 Costa Rica	2,4	51	1.020	2,1	4,7	23,2	74
58 Peru	17,9	1.285	1.040	0,1	10,1	52,3	58
59 Guatemala	7,9	109	1.120	2,1	1,9	9,9	60
60 Kongo, VR	1,8	342	1.230	3,5	4,6	12,4	63
61 Türkei	47,3	781	1.240	3,0	10,5	42,0	63
62 Tunesien	6,9	164	1.290	5,0	3,4	9,4	62
63 Jamaika	2,3	11	1.300	–0,5	5,9	16,0	70
64 Dominikanische Rep.	6,0	49	1.370	3,9	2,7	8,5	63

Anmerkung: Zur Vergleichbarkeit der Daten und ihrer Abgrenzung vgl. Technische Erläuterungen.

	Bevölkerung (in Mio) Mitte 1983	Fläche (in Tsd. Quadratkilometern)	BSP pro Kopf[a]		Durchschn. jährliche Inflationsrate (in %)		Lebenserwartung bei der Geburt (in Jahren) 1983
			in $ 1983	Durchschnittl. jährlicher Zuwachs (in %) 1965—83[b]	1965—73	1973—83[c]	
65 Paraguay	3,2	407	1.410	4,5	4,3	12,6	65
66 Ecuador	8,2	284	1.420	4,6	6,2	16,6	63
67 Kolumbien	27,5	1.139	1.430	3,2	10,8	24,0	64
68 *Angola*	8,2	1.247	..	..	..	..	43
69 *Kuba*	9,8	115	..	..	..	..	75
70 *Korea, Dem. Rep.*	19,2	121	..	..	..	..	65
71 *Libanon*	2,6	10	..	..	2,5	..	65
72 *Mongolische VR*	1,8	1.565	..	..	..	..	65
Obere Einkommenskategorie	**500,1** s	**22.079** s	**2.050** w	**3,8** w	**5,3** w	**34,0** w	**65** w
73 Jordanien	3,2	98	1.640	6,9	..	10,0	64
74 Syrien, Arab. Rep.	9,6	185	1.760	4,9	3,1	12,7	67
75 Malaysia	14,9	330	1.860	4,5	1,2	6,5	67
76 Chile	11,7	757	1.870	—0,1	50,3	86,2	70
77 Brasilien	129,7	8.512	1.880	5,0	23,2	63,9	64
78 Korea, Rep.	40,0	98	2.010	6,7	15,5	19,0	67
79 Argentinien	29,6	2.767	2.070	0,5	24,1	167,8	70
80 Panama	2,0	77	2.120	2,9	2,4	7,1	71
81 Portugal	10,1	92	2.230	3,7	4,9	20,1	71
82 Mexiko	75,0	1.973	2.240	3,2	4,8	28,2	66
83 Algerien	20,6	2,382	2.320	3,6	3,8	12,8	57
84 Südafrika	31,5	1,221	2.490	1,6	5,8	13,3	64
85 Uruguay	3,0	176	2.490	2,0	51,7	51,0	73
86 Jugoslawien	22,8	256	2.570	4,7	10,9	22,8	69
87 Venezuela	17,3	912	3.840	*1,5*	3,3	11,7	68
88 Griechenland	9,8	132	3.920	4,0	4,4	16,8	75
89 Israel	4,1	21	5.370	2,9	8,2	73,0	74
90 Hongkong	5,3	1	6.000	6,2	6,4	9,9	76
91 Singapur	2,5	1	6.620	7,8	3,1	4,5	73
92 Trinidad und Tobago	1,1	5	6.850	3,4	5,7	15,6	68
93 *Iran, Islamische Rep.*	42,5	1.648	..	..	5,5	..	60
94 *Irak*	14,7	435	..	..	3,2	..	59
Ölexporteure mit hohem Einkommen	**17,9** s	**4.312** s	**12.370** w	**3,8** w	**6,1** w	**13,5** w	**59** w
95 Oman	1,1	300	6.250	6,5	7,1	17,9	53
96 Libyen	3,4	1.760	8.480	—0,9	9,4	11,6	58
97 Saudi-Arabien	10,4	2.150	12.230	6,7	5,1	16,5	56
98 Kuwait	1,7	18	17.880	0,2	4,6	10,2	71
99 Vereinigte Arab. Emirate	1,2	84	22.870	..	..	*12,7*	71
Marktwirtschaftliche Industrieländer	**728,9** s	**30.935** s	**11.060** w	**2,5** w	**5,2** w	**8,0** w	**76** w
100 Spanien	38,2	505	4.780	3,0	7,0	16,7	75
101 Irland	3,5	70	5.000	2,3	8,5	14,5	73
102 Italien	56,8	301	6.400	2,8	5,1	17,4	76
103 Neuseeland	3,2	269	7.730	1,2	7,2	14,2	74
104 Belgien	9,9	31	9.150	3,1	4,4	6,4	73
105 Großbritannien	56,3	245	9.200	1,7	6,2	14,3	74
106 Österreich	7,5	84	9.250	3,7	4,5	5,4	73
107 Niederlande	14,4	41	9.890	2,3	6,4	6,2	76
108 Japan	119,3	372	10.120	4,8	6,0	4,7	77
109 Frankreich	54,7	547	10.500	3,1	5,3	10,8	75
110 Finnland	4,9	337	10.740	3,3	7,2	10,6	73
111 Deutschland, Bundesrep.	61,4	249	11.430	2,8	4,7	4,3	75
112 Australien	15,4	7.687	11.490	1,7	5,7	10,5	76
113 Dänemark	5,1	43	11.570	1,9	7,6	9,5	74
114 Kanada	24,9	9.976	12.310	2,5	4,4	9,4	76
115 Schweden	8,3	450	12.470	1,9	5,3	10,3	78
116 Norwegen	4,1	324	14.020	3,3	6,3	9,7	77
117 Vereinigte Staaten	234,5	9.363	14.110	1,7	4,7	7,5	75
118 Schweiz	6,5	41	16.290	1,4	5,5	3,9	79
Osteuropäische Staatshandelsländer	**386,1** s	**23.422** s	..	..	..	..	**70** w
119 Ungarn	10,7	93	2.150	6,4	2,6	4,1	70
120 *Albanien*	2,8	29	..	..	..	..	71
121 *Bulgarien*	8,9	111	..	..	..	..	70
122 *Tschechoslowakei*	15,4	128	..	..	..	..	70
123 *Deutsche Dem. Rep.*	16,7	108	..	..	..	..	71
124 *Polen*	36,6	313	..	..	..	..	71
125 *Rumänien*	22,6	238	..	..	..	..	71
126 *Sowjetunion*	272,5	22.402	..	..	..	..	69

[a] Vgl. Technische Erläuterungen. [b] Da Angaben für die gesamte Periode nicht immer verfügbar waren, gelten die kursiven Zahlen für andere als die angegebenen Zeiträume. [c] Kursive Zahlen für 1973—82 und nicht für 1973—83.

Tabelle 2: Wachstum der Produktion

Durchschnittliche jährliche Wachstumsraten (%)

	BIP		Landwirtschaft		Industrie		(Verarbeitendes Gewerbe)[a]		Dienstleistungssektor	
	1965–73[b]	1973–83[c]	1965–73[b]	1973–83[c]	1965–73[b]	1973–83[c]	1965–73[b]	1973–83[c]	1965–73[b]	1973–83[c]
Länder mit niedrigem Einkommen	**5,5** w	**5,0** w	**2,6** w	**2,9** w	**7,2** w	**7,1** w	..	..	**4,2** w	**5,0** w
China und Indien	6,0 w	5,4 w	2,5 w	3,0 w	7,4 w	7,5 w	..	..	..	5,3 w
Übrige Länder	3,7 w	3,3 w	2,8 w	2,2 w	5,6 w	3,5 w	..	..	4,2 w	4,4 w
Afrika südl. der Sahara	4,2 w	1,7 w	3,1 w	1,2 w	6,9 w	0,6 w	..	..	4,6 w	2,9 w
1 Äthiopien	4,1	2,3	2,1	1,2	6,1	2,6	8,8	3,5	6,7	3,6
2 Bangladesch	(.)	5,2	0,4	3,2	–6,1	8,1	..	..	1,5	7,4
3 Mali	3,1	4,1	0,9	5,0	5,2	0,6	..	..	4,7	4,5
4 Nepal	1,7	3,0	1,5	1,0	..	..	..	..	2,1	6,9
5 Zaire	3,9	–1,0	..	1,4	..	–2,0	..	..	..	–1,1
6 Burkina	2,4	3,5	..	1,3	..	5,1	..	..	..	4,5
7 Birma	2,9	6,0	2,8	6,6	3,6	7,7	3,2	6,1	2,8	5,1
8 Malawi	5,7	4,2	..	4,1	..	4,2	..	..	..	4,2
9 Uganda	3,6	–2,1	3,8	–1,6	3,0	–10,1	..	..	3,8	–1,0
10 Burundi	4,8	3,6	4,7	2,3	10,4	8,3	..	..	3,0	5,3
11 Niger	–0,8	5,2	–2,9	1,6	13,2	10,9	..	..	–1,5	5,9
12 Tansania	5,0	3,6	3,1	2,6	6,9	0,2	..	..	6,2	5,4
13 Somalia	..	2,8	..	3,5	..	1,1	..	..	..	2,6
14 Indien	3,9	4,0	3,7	2,2	3,7	4,3	4,0	4,2	4,2	6,1
15 Ruanda	6,3	5,6	..	..	..	..	..	..	..	..
16 Zentralafr. Rep.	2,7	1,0	2,1	2,4	7,1	1,0	..	..	1,6	–0,7
17 Togo	5,3	2,3	2,6	1,1	6,2	2,6	..	..	7,3	3,0
18 Benin	2,2	4,8	..	2,7	..	6,9	..	..	..	6,0
19 China	7,4	6,0	1,9	3,5	9,1	8,4	..	..	..	4,5
20 Guinea	3,0	3,1	..	2,4	..	6,7	..	..	..	1,9
21 Haiti	1,7	3,0	–0,3	0,7	4,8	5,3	3,0	6,1	2,5	3,8
22 Ghana	3,4	–1,3	4,5	(.)	4,3	–7,0	6,5	–6,2	1,1	–0,3
23 Madagaskar	3,5	0,3	..	–0,2	..	–1,8	..	..	..	1,2
24 Sierra Leone	3,7	1,9	1,5	2,2	1,9	–2,9	3,3	2,5	7,1	4,1
25 Sri Lanka	4,2	5,2	2,7	4,1	7,3	4,8	5,5	3,4	3,8	6,0
26 Kenia	7,9	4,6	6,2	3,4	12,4	5,3	12,4	6,3	7,8	5,3
27 Pakistan	5,4	5,6	4,7	3,4	6,6	7,2	6,2	7,0	5,4	6,3
28 Sudan	0,2	6,3	0,3	3,5	1,0	6,7	..	..	0,5	8,6
29 *Afghanistan*	1,0	2,4	–1,5	..	4,0	..	..	..	5,1	..
30 *Bhutan*	..	..	..	..	..	..	..	..	..	..
31 *Tschad*	0,5	–5,8	..	..	..	..	..	..	..	..
32 *Kambodscha*	–2,7	..	..	..	..	..	..	..	..	..
33 *Laos*	..	..	..	..	..	..	..	..	..	..
34 *Mosambik*	..	..	..	..	..	..	..	..	..	..
35 *Vietnam*	..	..	..	..	..	..	..	..	..	..
Länder mit mittlerem Einkommen	**7,1** w	**4,7** w	**3,3** w	**2,5** w	**9,1** w	**4,9** w	**9,3** w	**4,9** w	**7,5** w	**5,3** w
Ölexporteure	7,2 w	4,9 w	3,5 w	1,8 w	10,0 w	5,2 w	9,1 w	6,4 w	7,1 w	5,9 w
Ölimporteure	7,0 w	4,5 w	3,2 w	3,1 w	8,5 w	4,7 w	9,4 w	4,2 w	7,8 w	4,9 w
Afrika südl. der Sahara	7,7 w	1,4 w	2,4 w	–1,3 w	17,7 w	1,0 w	..	..	7,1 w	3,5 w
Untere Einkommenskategorie	**6,6** w	**4,1** w	**3,4** w	**1,9** w	**10,6** w	**4,4** w	**8,5** w	**5,4** w	**6,8** w	**5,3** w
36 Senegal	1,5	2,6	0,2	0,3	3,5	6,1	..	..	1,5	2,2
37 Lesotho	3,9	5,5	..	..	..	..	..	..	..	..
38 Liberia	5,5	0,2	6,5	2,0	6,2	–1,5	13,2	0,5	3,8	0,8
39 Mauretanien	2,6	2,5	–2,1	2,6	3,5	(.)	..	..	8,7	3,9
40 Bolivien	4,4	1,5	3,5	1,5	5,1	–0,6	4,2	1,7	4,3	2,6
41 Jemen, Dem. VR.	..	..	..	..	..	..	..	..	..	..
42 Jemen, Arab. Rep.	..	8,2	..	2,1	..	13,2	..	..	..	11,3
43 Indonesien	8,1	7,0	4,8	3,7	13,4	8,6	9,0	12,6	9,6	9,0
44 Sambia	3,0	0,2	..	1,4	..	–0,3	..	..	..	0,6
45 Honduras	4,4	4,0	2,4	3,3	5,8	5,1	6,5	5,5	5,5	4,0
46 Ägypten, Arab. Rep.	3,8	8,8	2,6	2,5	3,8	10,6	..	..	4,7	11,1
47 El Salvador	4,4	–0,1	3,6	0,7	5,2	–1,4	5,1	–2,4	4,4	0,0
48 Elfenbeinküste	7,1	4,7	3,7	4,0	8,8	7,4	8,9	4,5	8,5	4,1
49 Simbabwe	7,3	1,8	..	1,2	..	(.)	..	..	..	3,3
50 Marokko	5,7	4,7	4,8	0,7	5,4	4,0	6,1	4,0	6,1	6,1
51 Papua-Neuguinea	6,7	1,0	..	2,6	..	3,7	..	..	..	–0,1
52 Philippinen	5,4	5,4	4,1	4,3	7,4	6,4	8,5	5,0	4,8	5,2
53 Nigeria	9,7	1,2	2,8	–1,9	19,7	0,3	15,0	10,7	8,8	4,1
54 Kamerun	4,2	6,8	4,7	1,8	4,7	13,7	7,5	9,9	3,6	7,3
55 Thailand	7,8	6,9	5,2	3,8	9,0	9,0	11,4	8,9	9,1	7,6
56 Nicaragua	3,9	–1,3	2,8	1,4	5,5	–0,9	7,2	0,8	3,6	–2,9
57 Costa Rica	7,1	2,7	7,0	1,7	9,3	3,0	..	..	6,1	2,9
58 Peru	3,5	1,8	2,0	0,9	4,1	1,6	4,4	0,4	3,6	2,2
59 Guatemala	6,0	3,7	5,8	2,3	7,2	5,1	7,4	4,0	5,8	3,8
60 Kongo, VR	6,8	7,9	4,1	0,4	9,3	12,7	..	..	6,7	6,8
61 Türkei	6,5	4,1	2,5	3,4	7,9	4,2	9,5	3,7	8,4	4,3
62 Tunesien	7,3	6,0	6,9	1,6	8,6	8,1	10,3	11,1	6,7	6,3
63 Jamaika	5,4	–1,7	0,6	–0,2	4,5	–4,3	4,0	–3,6	6,8	–0,3
64 Dominikanische Rep.	8,5	4,4	5,9	3,2	14,4	3,9	12,0	4,4	6,9	5,2

Anmerkung: Zur Vergleichbarkeit der Daten und ihrer Abgrenzung vgl. Technische Erläuterungen.

	Durchschnittliche jährliche Wachstumsraten (%)									
	BIP		Landwirtschaft		Industrie		(Verarbeitendes Gewerbe)[a]		Dienstleistungssektor	
	1965—73[b]	1973—83[c]	1965—73[b]	1973—83[c]	1965—73[b]	1973—83[c]	1965—73[b]	1973—83[c]	1965—73[b]	1973—83[c]
65 Paraguay	5,1	8,2	2,7	6,0	6,8	10,6	6,1	7,4	6,5	8,5
66 Ecuador	7,2	5,2	3,9	1,9	13,9	5,0	11,4	8,9	5,1	6,5
67 Kolumbien	6,4	3,9	4,0	3,7	8,2	2,2	8,8	1,9	6,9	4,8
68 *Angola*	..	..	..	..	..	..	..	..	..	..
69 *Kuba*	..	..	..	..	..	..	..	..	..	..
70 *Korea, Dem. Rep.*	..	..	..	..	..	..	..	..	..	..
71 *Libanon*	6,2	..	1,4	..	5,5	..	..	..	7,1	..
72 *Mongolische VR*	..	..	..	..	..	..	..	..	..	..
Obere Einkommenskategorie	7,4 w	4,9 w	3,2 w	3,2 w	8,4 w	5,0 w	..	..	7,8 w	5,2 w
73 Jordanien	..	11,1	..	4,3	..	14,7	..	..	..	10,5
74 Syrien, Arab. Rep.	6,2	8,0	—0,7	8,2	14,7	5,9	..	..	6,1	8,9
75 Malaysia	6,7	7,3	..	4,4	..	8,7	..	..	..	8,2
76 Chile	3,4	2,9	—1,1	3,7	3,0	1,7	4,1	0,5	4,4	3,6
77 Brasilien	9,8	4,8	3,8	4,2	11,0	4,7	11,2	4,2	10,5	5,0
78 Korea, Rep.	10,0	7,3	2,9	1,5	18,4	11,2	21,1	11,8	11,3	6,9
79 Argentinien	4,3	0,4	—0,1	1,5	5,1	—0,7	4,6	—1,8	5,5	1,1
80 Panama	7,4	5,3	3,4	*1,4*	9,3	4,2	..	..	7,8	6,4
81 Portugal	7,0	..	..	..	..	..	..	..	..	..
82 Mexiko	7,9	5,6	5,4	3,5	8,6	6,2	9,9	5,5	8,0	5,7
83 Algerien	7,0	6,5	2,4	4,3	9,1	6,4	10,9	12,6	5,3	7,1
84 Südafrika	5,2	3,1	..	..	..	..	..	..	..	..
85 Uruguay	1,3	2,5	0,4	1,5	2,0	2,4	..	..	1,1	2,7
86 Jugoslawien	6,1	5,3	3,2	2,2	7,1	6,3	..	..	6,4	5,4
87 Venezuela	5,1	2,5	4,5	2,6	4,1	1,5	5,7	3,7	6,0	3,1
88 Griechenland	7,5	3,0	2,5	1,3	11,1	2,3	12,0	2,7	7,3	3,8
89 Israel	9,6	3,2	..	..	..	..	..	..	..	..
90 Hongkong	7,9	9,3	—0,6	1,1	8,4	8,2	..	..	8,1	9,8
91 Singapur	13,0	8,2	5,7	1,5	17,6	8,5	19,5	7,9	11,5	8,1
92 Trinidad und Tobago	3,5	5,2	*1,6*	..	2,3	..	..	..	4,5	..
93 *Iran, Islamische Rep.*	10,4	..	5,2	..	10,5	..	..	..	12,7	..
94 *Irak*	4,4	..	1,7	..	4,8	..	..	..	5,1	..
Ölexporteure mit hohem Einkommen	9,0 w	5,2 w	..	6,7 w	..	0,8 w	..	..	..	12,3 w
95 Oman	21,9	6,5	..	..	..	..	..	..	..	..
96 Libyen	7,7	3,0	11,5	6,5	6,6	—4,3	12,4	11,4	13,4	14,7
97 Saudi-Arabien	11,2	6,9	2,6	6,6	13,3	3,9	10,6	8,0	8,3	12,9
98 Kuwait	5,1	1,4	..	9,1	..	—4,3	..	..	..	7,8
99 Vereinigte Arab. Emirate	..	10,8	..	..	..	..	..	..	..	..
Marktwirtschaftliche Industrieländer	4,7 w	2,4 w	1,8 w	1,0 w	5,1 w	1,9 w	3,8 w	1,1 w	4,8 w	2,1 w
100 Spanien	6,4	1,8	2,8	..	8,6	..	..	..	5,6	..
101 Irland	5,0	3,2	..	..	..	..	..	..	..	..
102 Italien	5,2	2,2	0,5	1,5	6,2	1,9	..	..	5,2	2,6
103 Neuseeland	3,7	0,8	..	..	..	..	..	..	..	..
104 Belgien	5,2	1,8	2,2	1,9	6,4	0,7	7,4	1,0	4,4	2,6
105 Großbritannien	2,8	1,1	2,6	2,4	2,1	—0,3	2,6	—1,9	3,3	1,9
106 Österreich	5,5	2,8	1,7	*1,3*	6,4	2,3	6,9	2,7	5,2	3,5
107 Niederlande	5,5	1,5	5,0	..	6,5	..	..	..	5,0	..
108 Japan	9,8	4,3	2,1	—1,6	13,5	5,5	..	..	8,3	3,8
109 Frankreich	5,5	2,5	1,7	..	6,7	..	..	..	5,2	..
110 Finnland	5,3	2,7	1,0	1,1	6,4	2,9	7,5	3,6	5,6	2,8
111 Deutschland, Bundesrep.	4,6	2,1	2,5	2,1	4,9	1,6	5,3	1,8	4,4	2,6
112 Australien	5,6	2,4	1,6	..	5,7	..	..	..	5,4	..
113 Dänemark	3,9	1,8	—1,5	3,4	4,0	0,5	4,7	2,3	4,3	2,2
114 Kanada	5,2	2,3	1,2	2,2	5,2	0,9	5,4	0,8	5,5	3,0
115 Schweden	3,6	1,3	1,1	—0,1	3,9	0,2	4,1	—0,1	3,6	2,1
116 Norwegen	4,0	3,7	—0,5	1,2	4,8	4,4	4,6	(.)	4,0	3,5
117 Vereinigte Staaten	3,2	2,3	1,8	1,4	2,8	1,2	2,9	1,4	3,5	3,0
118 Schweiz	4,2	0,7	..	..	..	..	..	..	..	..
Osteuropäische Staatshandelsländer	..	..	..	..	..	..	..	..	..	..
119 Ungarn[d]	6,1	3,7	3,1	3,1	6,5	4,4	..	..	7,5	3,3
120 *Albanien*	..	..	..	..	..	..	..	..	..	..
121 *Bulgarien*	..	..	..	..	..	..	..	..	..	..
122 *Tschechoslowakei*	..	..	..	..	..	..	..	..	..	..
123 *Deutsche Dem. Rep.*	..	..	..	..	..	..	..	..	..	..
124 *Polen*	..	..	..	..	..	..	..	..	..	..
125 *Rumänien*	..	..	..	..	..	..	..	..	..	..
126 *Sowjetunion*	..	..	..	..	..	..	..	..	..	..

[a] Das Verarbeitende Gewerbe ist ein Teil des Industriesektors; sein Anteil am BIP wird jedoch gesondert ausgewiesen, weil es typischerweise der dynamischste Bereich des Industriesektors ist. [b] Kursive Zahlen für 1966—73 und nicht für 1965—73. [c] Kursive Zahlen für 1973—82 und nicht für 1973—83. [d] Der Dienstleistungssektor enthält den unaufgeschlüsselten Teil des BIP.

Tabelle 3: Produktionsstruktur

	BIP[a] (in Mio $)		Verteilung des Bruttoinlandsprodukts (%)							
			Landwirtschaft		Industrie		(Verarbeitendes Gewerbe)[b]		Dienstleistungssektor	
	1965[c]	1983[d]	1965[c]	1983[d]	1965[c]	1983[d]	1965[c]	1983[d]	1965[c]	1983[d]
Länder mit niedrigem Einkommen			**43** w	**37** w	**29** w	**34** w	**14** w	**14** w	**28** w	**29** w
China und Indien			**42** w	**37** w	**32** w	**38** w	**15** w	**15** w	**26** w	**25** w
Übrige Länder			**44** w	**38** w	**16** w	**19** w	**11** w	**12** w	**40** w	**43** w
Afrika südl. der Sahara			**44** w	**41** w	**16** w	**17** w	**9** w	**7** w	**40** w	**42** w
1 Äthiopien	1.180	4.270	58	48	14	16	7	11	28	36
2 Bangladesch	4.380	10.640	53	47	11	13	..	..	36	40
3 Mali	370	980	49	46	13	11	..	..	38	43
4 Nepal	730	2.180	65	59	11	14	3	4	23	27
5 Zaire	1.640	5.440	22	36	27	20	17	2	51	44
6 Burkina	250	900	52	41	15	19	..	..	32	40
7 Birma	1.600	6.190	35	48	13	13	9	9	52	39
8 Malawi	220	1.330	50	..	13	..	..	..	37	..
9 Uganda	1.080	3.360	52	..	13	..	8	..	35	..
10 Burundi	160	1.020	..	58	..	16	..	..	..	26
11 Niger	370	1.340	63	33	9	31	..	..	28	37
12 Tansania	790	4.550	46	52	14	15	8	9	40	33
13 Somalia	220	1.540	71	50	6	11	3	6	24	39
14 Indien	46.260	168.170	47	36	22	26	15	15	31	38
15 Ruanda	150	1.560	75	..	7	..	2	..	18	..
16 Zentralafr. Rep.	140	600	46	37	16	21	4	8	38	42
17 Togo	190	720	45	22	21	28	10	6	34	50
18 Benin	210	930	53	40	9	14	..	..	38	47
19 China	65.360	274.630	40[e]	37	38[e]	45	..	..	22[e]	18
20 Guinea	520	1.910	..	38	..	23	..	2	..	39
21 Haiti	350	1.630	..	..	..	..	..	..	..	..
22 Ghana	1.330	3.720	41	53	19	7	10	4	41	40
23 Madagaskar	730	2.850	31	41	16	15	..	..	53	44
24 Sierra Leone	320	950	34	32	28	20	6	5	38	48
25 Sri Lanka	1.770	4.770	28	27	21	26	17	14	51	47
26 Kenia	920	4.940	35	33	18	20	11	12	47	46
27 Pakistan	5.450	25.880	40	27	20	27	14	19	40	46
28 Sudan	1.330	6.850	54	34	9	15	4	8	37	51
29 *Afghanistan*	620	..	..	..	..	..	..	..	..	..
30 *Bhutan*	..	..	..	..	..	..	..	..	..	..
31 *Tschad*	240	320	47	..	12	..	..	..	41	..
32 *Kambodscha*	870	..	..	..	..	..	..	..	..	..
33 *Laos*	..	..	..	..	..	..	..	..	..	..
34 *Mosambik*	..	..	..	..	..	..	..	..	..	..
35 *Vietnam*	..	..	..	..	..	..	..	..	..	..
Länder mit mittlerem Einkommen			**21** w	**15** w	**31** w	**36** w	**20** w	**21** w	**47** w	**49** w
Ölexporteure			**22** w	**16** w	**28** w	**39** w	**15** w	**16** w	**50** w	**45** w
Ölimporteure			**21** w	**14** w	**33** w	**34** w	**22** w	**24** w	**46** w	**52** w
Afrika südl. der Sahara			**39** w	**26** w	**23** w	**33** w	**8** w	**8** w	**38** w	**42** w
Untere Einkommenskategorie			**31** w	**22** w	**24** w	**33** w	**15** w	**16** w	**45** w	**45** w
36 Senegal	810	2.570	25	21	18	26	..	17	56	54
37 Lesotho	50	300	65	23	5	22	1	6	30	55
38 Liberia	270	980	27	36	40	26	3	7	34	38
39 Mauretanien	160	700	32	34	36	21	4	..	32	45
40 Bolivien	920	3.340	21	23	30	26	16	16	49	52
41 Jemen, Dem. VR.	..	850	..	..	..	..	..	..	..	..
42 Jemen, Arab. Rep.	..	3.710	..	21	..	17	..	7	..	62
43 Indonesien	3.630	78.320	59	26	12	39	8	13	29	35
44 Sambia	1.040	3.350	14	14	54	38	7	19	32	48
45 Honduras	460	2.640	40	27	19	26	12	15	41	47
46 Ägypten, Arab. Rep.	4.550	27.920	29	20	27	33	..	..	45	47
47 El Salvador	800	3.700	29	20	22	21	18	15	49	59
48 Elfenbeinküste	960	7.090	36	27	17	24	10	13	47	50
49 Simbabwe	960	4.730	18	11	34	32	20	21	48	57
50 Marokko	2.950	13.300	23	17	28	32	16	17	49	51
51 Papua-Neuguinea	340	2.360	42	..	18	..	..	..	41	..
52 Philippinen	6.010	34.640	26	22	28	36	20	25	46	42
53 Nigeria	4.190	64.570	53	26	19	34	7	5	29	40
54 Kamerun	750	7.220	32	24	17	32	10	11	50	45
55 Thailand	4.050	40.430	35	23	23	27	14	19	42	50
56 Nicaragua	710	2.700	25	22	24	32	18	26	51	47
57 Costa Rica	590	3.060	24	23	23	27	..	..	53	50
58 Peru	4.900	17.630	15	8	30	41	20	26	55	51
59 Guatemala	1.330	9.030	..	..	..	..	..	..	..	..
60 Kongo, VR	200	2.110	19	7	19	55	..	6	62	38
61 Türkei	7.660	47.840	34	19	25	33	16	24	41	48
62 Tunesien	880	7.020	22	14	24	36	9	14	54	50
63 Jamaika	870	3.140	10	7	37	34	17	19	53	60
64 Dominikanische Rep.	960	8.530	26	17	20	29	14	18	53	55

Anmerkung: Zur Vergleichbarkeit der Daten und ihrer Abgrenzung vgl. Technische Erläuterungen.

	BIP[a] (in Mio $)		Verteilung des Bruttoinlandsprodukts (%)							
			Landwirtschaft		Industrie		(Verarbeitendes Gewerbe)[b]		Dienstleistungssektor	
	1965[c]	1983[d]	1965[c]	1983[d]	1965[c]	1983[d]	1965[c]	1983[d]	1965[c]	1983[d]
65 Paraguay	550	4.610	37	26	19	26	16	16	45	48
66 Ecuador	1.150	10.700	27	14	22	40	18	18	50	46
67 Kolumbien	5.570	35.310	30	20	25	28	18	17	46	51
68 *Angola*	..	..	..	..	..	..	..	..	..	..
69 *Kuba*	..	..	..	..	..	..	..	..	..	..
70 *Korea, Dem. Rep.*	..	..	..	..	..	..	..	..	..	..
71 *Libanon*	1.150	..	12	..	21	..	..	..	67	..
72 *Mongolische VR*	..	..	..	..	..	..	..	..	..	..
Obere Einkommenskategorie			17 w	11 w	35 w	37 w	22 w	24 w	49 w	52 w
73 Jordanien	..	3.630	..	8	..	31	..	15	..	61
74 *Syrien, Arab. Rep.*	1.470	16.850	29	19	22	25	..	..	49	55
75 Malaysia	3.000	29.280	30	21	24	35	10	19	45	44
76 Chile	5.940	19.290	9	10	40	36	24	20	52	55
77 Brasilien	19.260	*254.660*	19	*12*	33	*35*	26	*27*	48	*53*
78 Korea, Rep.	3.000	76.640	38	14	25	39	18	27	37	47
79 Argentinien	14.430	71.550	17	12	42	39	33	28	42	49
80 Panama	660	4.370	18	..	19	..	12	..	63	..
81 Portugal	3.740	20.340	..	8	..	40	..	..	..	51
82 Mexiko	20.160	145.130	14	8	31	40	21	22	54	52
83 Algerien	3.170	47.200	15	6	34	54	11	13	51	40
84 Südafrika	10.540	80.850	10	..	42	..	23	..	48	..
85 Uruguay	930	4.750	15	12	32	28	..	..	53	60
86 Jugoslawien	11.190	46.890	23	..	42	..	..	..	35	..
87 Venezuela	8.290	8.170	7	7	23	40	..	17	71	53
88 Griechenland	5.270	30.770	24	17	26	29	16	18	49	53
89 Israel	3.590	*20.660*	8	6	37	27	..	..	55	67
90 Hongkong	2.150	27.500	2	1	40	30	24	22	58	69
91 Singapur	970	16.640	3	1	24	37	15	24	73	62
92 Trinidad und Tobago	660	8.620	5	..	38	..	19	..	57	..
93 *Iran, Islamische Rep.*	6.170	..	26	..	36	..	12	..	38	..
94 *Irak*	2.430	..	18	..	46	..	8	..	36	..
Ölexporteure mit hohem Einkommen			5 w	2 w	65 w	65 w	5 w	6 w	30 w	33 w
95 Oman	60	7.460	61	..	23	..	..	..	16	..
96 Libyen	1.500	31.360	5	2	63	64	3	4	33	34
97 Saudi-Arabien	2.300	120.560	8	2	60	66	9	6	31	32
98 Kuwait	2.100	21.330	(.)	1	73	61	3	6	27	38
99 Vereinigte Arab. Emirate	..	*27.520*	..	1	..	65	..	10	..	34
Marktwirtschaftliche Industrieländer			5 w	3 w	39 w	35 w	29 w	24 w	56 w	62 w
100 Spanien	23.320	157.880	15	..	36	..	25	..	49	..
101 Irland	2.690	18.040	..	..	..	..	..	..	..	..
102 Italien	62.600	352.840	11	6	41	40	..	..	48	54
103 Neuseeland	5.580	*23.820*	..	8	..	33	..	23	..	59
104 Belgien	16.840	80.090	5	2	41	35	30	25	53	63
105 Großbritannien	99.530	455.100	3	2	41	32	30	18	56	66
106 Österreich	9.470	66.640	9	4	46	39	33	27	45	58
107 Niederlande	19.700	136.520	..	4	..	33	..	24	..	63
108 Japan	90.970	1.062.870	9	4	43	42	32	30	48	55
109 Frankreich	97.930	519.200	..	..	..	..	..	..	..	..
110 Finnland	8.190	49.390	15	7	33	33	21	23	52	60
111 Deutschland, Bundesrep.	114.830	653.080	..	2	..	46	..	36	..	52
112 Australien	23.260	167.110	10	..	41	..	28	..	50	..
113 Dänemark	10.180	56.360	8	4	32	23	20	16	60	72
114 Kanada	51.840	324.000	5	3	34	29	23	16	61	68
115 Schweden	21.670	91.880	6	3	40	31	28	22	53	66
116 Norwegen	7.080	55.060	8	4	33	42	21	14	59	55
117 Vereinigte Staaten	688.600	3.275.701	3	2	38	32	29	21	59	66
118 Schweiz	13.920	97.120	..	..	..	..	..	..	..	..
Osteuropäische Staatshandelsländer			..	..	..	..	..	..	..	..
119 Ungarn[f]	..	21.020	24	19	37	42	31	35	39	39
120 *Albanien*	..	..	..	..	..	..	..	..	..	..
121 *Bulgarien*	..	..	..	..	..	..	..	..	..	..
122 *Tschechoslowakei*	..	..	..	..	..	..	..	..	..	..
123 *Deutsche Dem. Rep.*	..	..	..	..	..	..	..	..	..	..
124 *Polen*	..	..	..	..	..	..	..	..	..	..
125 *Rumänien*	..	..	..	..	..	..	..	..	..	..
126 *Sowjetunion*	..	..	..	..	..	..	..	..	..	..

[a] Vgl. Technische Erläuterungen. [b] Das verarbeitende Gewerbe ist ein Teil des industriellen Sektors; sein Anteil am BIP wird jedoch gesondert ausgewiesen, da es typischerweise der dynamischste Bereich des industriellen Sektors ist. [c] Kursive Zahlen für 1966 und nicht für 1965. [d] Kursive Zahlen für 1982 und nicht für 1983. [e] Beruht auf Nettoproduktionswert. [f] Auf Basis von Angaben zu konstanten Preisen. Dienstleistungen einschließlich des unaufgeschlüsselten Teils des BIP.

Tabelle 4: Wachstum von Verbrauch und Investition

	Durchschnittliche jährliche Wachstumsraten (%)					
	Öffentlicher Verbrauch		Privater Verbrauch		Bruttoinlands- investition	
	1965—73[a]	1973—83[b]	1965—73[a]	1973—83[b]	1965—73[a]	1973—83[b]
Länder mit niedrigem Einkommen	5,9 w	6,8 w	3,5 w	4,5 w	6,4 w	5,7
China und Indien	..	..	3,5 w	4,8 w	7,0 w	5,9 w
Übrige Länder	4,9 w	3,3 w	3,1 w	3,2 w	3,0 w	4,4 w
Afrika südl. der Sahara	4,7 w	2,7 w	2,8 w	0,9 w	6,3 w	2,2 w
1 Äthiopien	3,7	7,1	4,2	2,6	1,5	2,6
2 Bangladesch	c	c	0,9	5,4	—6,4	4,2
3 Mali	(.)	7,5	3,9	2,8	1,0	4,2
4 Nepal	..	..	..	..	..	..
5 Zaire	5,8	2,2	2,2	—7,7	10,2	4,9
6 Burkina	10,7	3,6	0,4	4,9	13,7	—3,7
7 Birma	c	c	2,9	5,4	2,5	14,1
8 Malawi	3,0	..	4,0	..	16,0	..
9 Uganda	c	c	3,8	—6,4	2,1	—5,2
10 Burundi	12,3	5,4	4,7	2,8	—1,4	15,7
11 Niger	2,1	2,3	—3,3	6,6	4,6	3,5
12 Tansania	c	c	5,0	3,0	9,6	4,4
13 Somalia	..	1,5	..	7,9	..	—8,2
14 Indien	6,8	8,8	3,3	3,3	3,9	4,2
15 Ruanda	2,8	..	7,7	..	6,3	..
16 Zentralafr. Rep.	1,7	—1,5	3,6	3,2	2,3	—6,7
17 Togo	7,9	8,4	6,0	3,3	3,3	—0,2
18 Benin	3,6	3,7	1,1	3,1	3,9	10,3
19 China	c	c	3,7	5,5	8,9	6,6
20 Guinea	..	6,4	..	2,0	..	—0,7
21 Haiti	3,1	5,1	0,8	2,9	14,4	8,4
22 Ghana	1,1	4,8	2,3	—1,3	—3,5	—8,1
23 Madagaskar	3,3	3,9	4,0	—0,5	3,9	—1,0
24 Sierra Leone	5,3	—2,1	3,8	3,2	—1,4	1,1
25 Sri Lanka	2,3	1,6	3,5	4,3	7,9	15,7
26 Kenia	13,1	6,3	5,8	3,6	15,9	3,4
27 Pakistan	6,2	4,7	5,9	6,1	0,4	4,9
28 Sudan	1,4	4,5	—1,7	7,6	0,2	5,6
29 *Afghanistan*	c	..	1,1	..	—2,2	..
30 *Bhutan*	..	..	..	..	..	..
31 *Tschad*	6,0	..	0,7	..	4,5	..
32 *Kambodscha*	..	..	..	..	..	..
33 *Laos*	..	..	..	..	..	..
34 *Mosambik*	..	..	..	..	..	..
35 *Vietnam*	..	..	..	..	..	..
Länder mit mittlerem Einkommen	7,0 w	4,9 w	6,8 w	4,8 w	8,8 w	4,2 w
Ölexporteure	8,8 w	6,4 w	6,3 w	5,8 w	9,4 w	6,0 w
Ölimporteure	6,3 w	4,0 w	7,1 w	4,2 w	8,5 w	3,1 w
Afrika südl. der Sahara	12,0 w	4,3 w	4,3 w	2,8 w	12,3 w	3,2 w
Untere Einkommenskategorie	8,5 w	6,1 w	5,4 w	4,4 w	8,4 w	5,1 w
36 Senegal	—1,2	6,6	0,1	3,3	8,1	—0,7
37 Lesotho	5,4	..	5,9	..	11,0	..
38 Liberia	4,5	4,1	0,3	—0,1	5,6	1,5
39 Mauretanien	6,1	1,4	2,7	3,0	12,5	7,0
40 Bolivien	8,4	2,3	3,1	2,9	6,9	—11,4
41 Jemen, Dem. VR.	..	..	..	..	..	..
42 Jemen, Arab. Rep.	..	20,6	..	5,8	..	18,2
43 Indonesien	9,8	11,4	7,1	9,3	17,5	12,3
44 Sambia	10,4	—0,8	—1,2	3,9	6,2	—12,5
45 Honduras	7,0	6,3	3,8	4,3	4,3	0,7
46 Ägypten, Arab. Rep.	c	c	5,3	8,1	—1,5	12,0
47 El Salvador	8,3	3,3	3,0	0,6	3,7	—5,7
48 Elfenbeinküste	15,2	9,6	5,1	3,7	10,2	6,0
49 Simbabwe	6,9	10,8	7,3	2,9	9,2	1,9
50 Marokko	5,5	c	5,1	5,5	11,0	2,4
51 Papua-Neuguinea	2,4	—2,2	5,2	3,1	10,9	4,2
52 Philippinen	8,4	3,7	4,0	4,6	4,4	7,3
53 Nigeria	16,1	3,3	4,9	2,5	15,2	3,5
54 Kamerun	4,6	5,9	3,4	5,4	8,6	10,6
55 Thailand	9,8	9,4	6,9	5,9	7,6	6,2
56 Nicaragua	3,2	13,4	2,7	—4,3	3,3	—2,7
57 Costa Rica	6,8	3,7	5,1	1,9	9,3	—3,4
58 Peru	5,4	3,2	5,6	1,9	—2,6	—2,7
59 Guatemala	5,7	6,7	5,4	3,7	5,3	1,2
60 Kongo, VR	7,4	5,0	3,9	10,8	9,3	10,2
61 Türkei	5,7	5,8	6,0	2,2	9,7	2,3
62 Tunesien	5,7	8,1	7,0	7,2	3,6	9,5
63 Jamaika	13,6	2,6	4,5	—2,0	7,5	—6,5
64 Dominikanische Rep.	—3,6	6,5	8,6	4,5	19,2	2,5

Anmerkung: Zur Vergleichbarkeit der Daten und ihrer Abgrenzung vgl. Technische Erläuterungen.

	Durchschnittliche jährliche Wachstumsraten (%)					
	Öffentlicher Verbrauch		Privater Verbrauch		Bruttoinlands- investition	
	1965—73[a]	1973—83[b]	1965—73[a]	1973—83[b]	1965—73[a]	1973—83[b]
65 Paraguay	6,2	10,3	5,0	7,0	8,4	14,0
66 Ecuador	7,0	8,5	5,2	6,4	6,0	3,2
67 Kolumbien	8,8	6,5	6,5	4,5	6,7	6,0
68 *Angola*	..	..	..	..	..	..
69 *Kuba*	..	..	..	..	..	..
70 *Korea, Dem. Rep.*	..	..	..	..	..	..
71 *Libanon*	3,7	..	5,4	..	5,1	..
72 *Mongolische VR*	..	..	..	..	..	..
Obere Einkommenskategorie	**6,5** *w*	**4,4** *w*	**7,6** *w*	**5,0** *w*	**8,9** *w*	**3,8** *w*
73 Jordanien	..	9,5	..	11,5	..	19,9
74 Syrien, Arab. Rep.	12,5	10,7	6,5	9,2	7,2	11,3
75 Malaysia	6,9	10,2	4,6	7,2	9,1	11,9
76 Chile	6,3	0,4	4,8	2,6	(.)	−0,3
77 Brasilien	7,3	4,4	10,2	6,0	11,3	2,5
78 Korea, Rep.	7,3	5,8	8,7	6,0	19,7	9,1
79 Argentinien	2,4	2,9	4,3	0,3	6,7	−2,0
80 Panama	9,7	..	5,2	..	15,4	..
81 Portugal	7,1	6,6	8,4	1,7	8,0	4,0
82 Mexiko	8,7	6,9	7,7	5,4	8,4	4,5
83 Algerien	5,8	10,8	6,4	9,5	17,4	7,2
84 Südafrika	5,2	..	6,1	..	6,1	..
85 Uruguay	2,1	3,7	4,1	1,1	3,9	7,0
86 Jugoslawien	2,2	2,4	9,7	3,9	4,8	5,2
87 Venezuela	6,8	5,2	5,5	7,1	9,0	2,5
88 Griechenland	5,7	5,2	6,9	3,0	11,1	−1,4
89 Israel	15,8	−1,1	6,9	5,4	13,3	−1,7
90 Hongkong	6,9	9,4	9,5	10,2	3,7	10,8
91 Singapur	16,3	6,4	9,9	6,1	22,7	9,2
92 Trinidad und Tobago	c	c	4,9	7,7	2,4	13,0
93 *Iran, Islamische Rep.*	17,3	..	7,9	..	11,2	..
94 *Irak*	c	..	3,3	..	7,2	..
Ölexporteure mit hohem Einkommen	..	..	**8,7** *w*	..	**4,3** *w*	..
95 Oman	c	..	..	..	..	..
96 Libyen	19,8	7,3	22,1	9,0	2,7	3,7
97 Saudi-Arabien	c	c	8,8	21,2	9,4	27,1
98 Kuwait	c	..	4,3	..	0,8	..
99 Vereinigte Arab. Emirate	..	..	..	..	..	..
Marktwirtschaftliche Industrieländer	**3,2** *w*	**2,6** *w*	**4,8** *w*	**2,6** *w*	**5,4** *w*	**0,8** *w*
100 Spanien	4,0	4,4	6,1	1,8	6,7	−2,3
101 Irland	6,4	4,3	4,8	1,5	8,5	2,6
102 Italien	4,1	2,3	5,7	2,4	5,9	−1,0
103 Neuseeland	2,9	1,8	3,2	0,5	2,6	−2,7
104 Belgien	4,9	2,9	5,0	2,2	4,1	−1,9
105 Großbritannien	2,1	1,5	2,9	1,5	3,1	(.)
106 Österreich	3,8	3,1	4,7	2,5	6,9	0,4
107 Niederlande	3,2	2,5	5,1	2,0	5,9	−2,1
108 Japan	5,3	4,1	8,4	3,2	14,1	3,1
109 Frankreich	3,0	3,0	5,3	3,3	6,9	0,3
110 Finnland	5,5	4,4	4,8	2,3	4,9	−0,4
111 Deutschland, Bundesrep.	4,0	2,3	4,9	2,0	4,4	1,9
112 Australien	4,8	4,3	4,9	3,0	3,7	0,7
113 Dänemark	6,0	3,8	2,9	1,2	4,9	−3,3
114 Kanada	6,2	1,5	5,3	2,7	3,8	0,8
115 Schweden	4,9	3,0	2,9	1,0	2,1	−1,7
116 Norwegen	5,6	3,8	3,7	4,5	4,5	−2,7
117 Vereinigte Staaten	1,8	2,4	4,0	2,9	2,7	1,0
118 Schweiz	3,9	1,5	4,5	1,1	5,3	0,9
Osteuropäische Staatshandelsländer	..	..	..	..	..	..
119 Ungarn	..	3,9	..	3,2	..	3,1
120 *Albanien*	..	..	..	..	..	..
121 *Bulgarien*	..	..	..	..	..	..
122 *Tschechoslowakei*	..	..	..	..	..	..
123 *Deutsche Dem. Rep.*	..	..	..	..	..	..
124 *Polen*	..	..	..	..	..	..
125 *Rumänien*	..	..	..	..	..	..
126 *Sowjetunion*	..	..	..	..	..	..

[a] Kursive Zahlen für 1966—73 und nicht für 1965—73. [b] Kursive Zahlen für 1973—82 und nicht für 1973—83. [c] Gesonderte Angaben für den öffentlichen Verbrauch liegen nicht vor; er wird deshalb unter dem privaten Verbrauch erfaßt.

Tabelle 5: Struktur der Nachfrage

	Verteilung des Bruttoinlandsprodukts (%)											
	Öffentlicher Verbrauch		Privater Verbrauch		Bruttoinlandsinvestition		Bruttoinlandsersparnis		Ausfuhr von Gütern und Dienstl. (ohne Faktoreink.)		Ressourcensaldo	
	1965[a]	1983[b]	1965[a]	1983[b]	1965[a]	1983[b]	1965[a]	1983[b]	1965[a]	1983[b]	1965[a]	1983[b]
Länder mit niedrigem Einkommen	10 w	12 w	75 w	70 w	21 w	26 w	19 w	24 w	6 w	9 w	−2 w	−2 w
China und Indien	..	..	75 w	68 w	22 w	28 w	21 w	28 w	4 w	8 w	−1 w	(.) w
Übrige Länder	12 w	13 w	78 w	80 w	16 w	18 w	11 w	7 w	18 w	15 w	−5 w	−11 w
Afrika südl. der Sahara	13 w	16 w	74 w	78 w	15 w	16 w	13 w	7 w	24 w	18 w	−2 w	−8 w
1 Äthiopien	11	17	77	81	13	11	12	2	12	12	−1	−9
2 Bangladesch	9	8	83	91	11	17	8	2	10	8	−4	−15
3 Mali	17	27	72	75	23	17	11	−2	13	23	−11	−19
4 Nepal	c	c	100	91	6	20	(.)	9	8	10	−6	−11
5 Zaire	18	19	44	55	28	24	38	26	70	33	10	2
6 Burkina	7	14	91	100	10	12	2	−15	9	17	−8	−27
7 Birma	c	14	87	69	19	22	13	17	14	8	−6	−5
8 Malawi	16	16	82	70	14	23	2	14	16	19	−12	−9
9 Uganda	10	c	78	95	11	8	12	5	26	5	1	−3
10 Burundi	7	14	89	79	6	21	4	7	10	9	−2	−14
11 Niger	8	10	84	79	15	25	9	11	12	22	−7	−14
12 Tansania	10	22	74	70	15	20	16	8	26	11	1	−12
13 Somalia	8	24	84	78	11	20	8	−2	17	10	−3	−22
14 Indien	10	11	74	67	18	25	16	22	4	6	−2	−3
15 Ruanda	14	..	81	..	10	..	5	..	12	..	−5	..
16 Zentralafr. Rep.	22	13	67	89	21	11	11	−1	27	23	−11	−13
17 Togo	8	17	76	79	22	23	17	4	20	31	−6	−19
18 Benin	14	12	83	91	12	12	3	−3	14	20	−9	−14
19 China	c	c	75	69	25	31	25	31	3	9	(.)	1
20 Guinea	..	19	..	65	..	14	..	16	..	29	..	2
21 Haiti	8	12	90	85	7	16	2	3	13	27	−5	−13
22 Ghana	14	6	77	90	18	8	8	5	17	5	−10	−3
23 Madagaskar	23	15	74	81	10	14	4	4	16	13	−6	−10
24 Sierra Leone	8	7	83	91	12	9	9	2	30	12	−3	−7
25 Sri Lanka	13	8	74	78	12	29	13	14	38	26	1	−15
26 Kenia	15	20	70	61	14	21	15	19	31	25	1	−2
27 Pakistan	11	11	76	82	21	17	13	7	8	13	−8	−11
28 Sudan	12	13	79	88	10	15	9	−1	15	11	−1	−16
29 *Afghanistan*	c	..	99	..	11	..	1	..	11	..	−10	..
30 *Bhutan*	..	..	..	..	..	..	..	..	..	..	..	..
31 *Tschad*	14		84		9		2		23		−7	
32 *Kambodscha*	16		71		13		12		12		−1	
33 *Laos*	..	..	..	..	..	..	..	..	..	..	..	..
34 *Mosambik*	..	..	..	..	..	..	..	..	..	..	..	..
35 *Vietnam*	..	..	..	..	..	..	..	..	..	..	..	..
Länder mit mittlerem Einkommen	11 w	13 w	68 w	66 w	21 w	22 w	21 w	21 w	18 w	24 w	(.) w	−1 w
Ölexporteure	11 w	14 w	68 w	62 w	19 w	22 w	21 w	24 w	19 w	25 w	2 w	2 w
Ölimporteure	11 w	13 w	67 w	68 w	22 w	23 w	21 w	20 w	18 w	23 w	−1 w	−3 w
Afrika südl. der Sahara	11 w	13 w	70 w	68 w	18 w	20 w	19 w	19 w	27 w	21 w	1 w	−1 w
Untere Einkommenskategorie	11 w	13 w	73 w	70 w	17 w	22 w	16 w	17 w	17 w	21 w	−1 w	−5 w
36 Senegal	17	19	75	78	12	17	8	3	24	28	−4	−13
37 Lesotho	18	31	109	146	11	29	−26	−77	16	14	−38	−106
38 Liberia	12	23	61	62	17	20	27	14	50	40	10	−5
39 Mauretanien	19	23	54	88	14	18	27	−11	42	47	13	−29
40 Bolivien	10	9	80	94	16	7	11	−3	17	19	−5	−10
41 *Jemen, Dem. VR.*	..	..	..	..	..	..	..	..	..	..	..	..
42 Jemen, Arab. Rep.	..	41	..	79	..	29	..	−20	..	7	..	−50
43 Indonesien	6	11	88	69	7	24	6	20	5	25	(.)	−4
44 Sambia	15	26	44	60	26	15	41	15	50	31	15	−1
45 Honduras	10	15	75	72	15	17	15	13	27	27	(.)	−4
46 Ägypten, Arab. Rep.	19	25	67	63	18	28	14	12	18	29	−4	−16
47 El Salvador	9	13	79	81	15	12	12	6	27	21	−2	−7
48 Elfenbeinküste	11	17	69	67	19	18	20	16	35	34	1	−2
49 Simbabwe	12	20	65	61	15	22	23	19	..	..	8	−3
50 Marokko	12	20	76	69	10	21	12	11	18	23	1	−9
51 Papua-Neuguinea	34	25	64	63	22	31	2	12	18	39	−20	−18
52 Philippinen	9	8	70	71	21	27	21	21	17	20	(.)	−7
53 Nigeria	7	11	76	70	19	19	17	19	18	16	−2	0
54 Kamerun	14	10	73	54	13	27	13	37	25	32	−1	10
55 Thailand	10	13	71	67	20	25	19	20	18	22	−1	−5
56 Nicaragua	8	31	74	61	21	20	18	8	29	21	−3	−13
57 Costa Rica	13	16	78	64	20	21	9	20	23	35	−10	−1
58 Peru	12	15	69	72	21	13	19	14	16	21	−1	1
59 Guatemala	7	8	82	83	13	11	10	9	17	13	−3	−2
60 Kongo, VR	14	13	80	51	22	46	5	35	36	55	−17	−11
61 Türkei	12	10	74	73	15	21	13	16	6	16	−1	−4
62 Tunesien	15	17	71	63	28	29	14	20	19	35	−13	−9
63 Jamaika	8	21	69	69	27	22	23	9	33	40	−4	−13
64 Dominikanische Rep.	18	9	75	73	9	22	7	18	15	15	−2	−4

Anmerkung: Zur Vergleichbarkeit der Daten und ihrer Abgrenzung vgl. Technische Erläuterungen.

	Verteilung des Bruttoinlandsprodukts (%)											
	Öffentlicher Verbrauch		Privater Verbrauch		Bruttoinlands-investition		Bruttoinlands-ersparnis		Ausfuhr von Gütern und Dienstl. (ohne Faktoreink.)		Ressourcen-saldo	
	1965[a]	1983[b]	1965[a]	1983[b]	1965[a]	1983[b]	1965[a]	1983[b]	1965[a]	1983[b]	1965[a]	1983[b]
65 Paraguay	7	7	79	78	15	26	14	15	15	8	—1	—11
66 Ecuador	9	12	80	65	14	17	11	24	16	25	—3	7
67 Kolumbien	8	12	75	73	16	19	17	15	11	10	1	—4
68 *Angola*	..	..	..	..	..	..	..	..	..	..	..	..
69 *Kuba*	..	..	..	..	..	..	..	..	..	..	..	..
70 *Korea, Dem. Rep.*	..	..	..	..	..	..	..	..	..	..	..	..
71 *Libanon*	10	..	81	..	22	..	9	..	36	..	—13	..
72 *Mongolische VR*	..	..	..	..	..	..	..	..	..	..	..	..
Obere Einkommenskategorie	**11** w	**13** w	**65** w	**64** w	**23** w	**22** w	**24** w	**23** w	**19** w	**25** w	**1** w	**1** w
73 Jordanien	..	26	..	91	..	40	..	—16	17	43	..	—56
74 Syrien, Arab. Rep.	14	21	76	66	10	23	10	13	17	12	(.)	—11
75 Malaysia	15	18	63	53	18	34	23	29	44	54	4	—5
76 Chile	11	15	73	75	15	8	16	11	14	24	1	2
77 Brasilien	11	10	62	69	25	21	27	21	8	8	2	—1
78 Korea, Rep.	9	11	83	62	15	27	8	26	9	37	—7	—1
79 Argentinien	8	12	69	70	19	13	22	18	8	13	3	5
80 Panama	11	23	73	53	18	29	16	24	36	39	—2	—5
81 Portugal	12	15	68	69	25	29	20	16	27	32	—5	—13
82 Mexiko	7	11	72	61	22	17	21	28	9	20	—1	11
83 Algerien	15	16	66	46	22	37	19	38	22	28	—3	1
84 Südafrika	11	..	62	..	28	..	27	..	26	..	(.)	..
85 Uruguay	15	12	68	73	11	10	18	14	19	24	7	4
86 Jugoslawien	18	15	52	49	30	35	30	37	22	30	(.)	1
87 Venezuela	12	14	54	63	24	12	34	23	31	26	10	10
88 Griechenland	12	19	73	70	26	22	15	12	9	19	—11	—10
89 Israel	20	30	65	61	29	22	15	9	19	33	—13	—13
90 Hongkong	7	8	64	67	36	27	29	25	71	95	—7	—2
91 Singapur	10	11	80	47	22	45	10	42	123	176	—12	—3
92 Trinidad und Tobago	11	c	66	69	23	34	23	31	39	36	(.)	—3
93 *Iran, Islamische Rep.*	13	..	63	..	17	..	24	..	20	..	6	..
94 *Irak*	20	..	50	..	16	..	31	..	38	..	15	..
Ölexporteure mit hohem Einkommen	**15** w	**26** w	**32** w	**35** w	**19** w	**29** w	**53** w	**39** w	**61** w	**53** w	**34** w	**10** w
95 Oman	..	c	..	54	..	29	..	46	..	61	..	18
96 Libyen	14	34	36	31	29	23	50	35	53	43	21	12
97 Saudi-Arabien	18	27	34	33	14	31	48	40	60	54	34	8
98 Kuwait	13	19	26	51	16	23	60	29	68	56	45	7
99 Vereinigte Arab. Emirate	..	22	..	29	..	32	..	50	..	57.	..	17
Marktwirtschaftliche Industrieländer	**15** w	**18** w	**61** w	**63** w	**23** w	**20** w	**23** w	**20** w	**12** w	**18** w	**(.)** w	**(.)** w
100 Spanien	7	12	71	70	25	20	21	18	11	18	—3	—2
101 Irland	14	20	72	59	24	23	15	21	35	53	—9	—2
102 Italien	15	19	62	63	20	17	23	18	16	26	3	1
103 Neuseeland	12	17	63	58	27	25	25	25	22	31	—2	—1
104 Belgien	13	18	64	65	23	16	23	17	36	74	(.)	1
105 Großbritannien	17	22	64	60	20	17	19	18	20	27	—1	1
106 Österreich	13	19	59	58	28	22	27	23	26	43	—1	1
107 Niederlande	15	18	59	60	27	18	26	22	43	58	—1	4
108 Japan	8	10	58	59	32	28	33	30	11	14	1	2
109 Frankreich	13	16	61	64	26	20	26	20	14	23	(.)	—1
110 Finnland	14	19	60	55	28	25	26	25	21	31	—2	(.)
111 Deutschland, Bundesrep.	15	20	56	57	28	21	29	23	18	30	(.)	2
112 Australien	11	17	63	63	28	21	26	20	15	15	—2	—1
113 Dänemark	16	27	59	54	26	16	25	18	29	36	—2	2
114 Kanada	15	21	60	57	26	19	25	22	19	26	(.)	3
115 Schweden	18	28	56	52	27	17	26	20	22	35	—1	2
116 Norwegen	15	19	56	48	30	24	29	33	41	46	—1	8
117 Vereinigte Staaten	17	19	62	66	20	17	21	15	5	8	—2	—2
118 Schweiz	10	13	60	63	30	24	30	24	29	35	—1	(.)
Osteuropäische Staatshandelsländer	..	..	..	..	..	..	..	..	..	..	..	..
119 Ungarn	c	10	75	61	26	27	25	29	..	40	..	2
120 *Albanien*	..	..	..	..	..	..	..	..	..	..	..	..
121 *Bulgarien*	..	..	..	..	..	..	..	..	..	..	..	..
122 *Tschechoslowakei*	..	..	..	..	..	..	..	..	..	..	..	..
123 *Deutsche Dem. Rep.*	..	..	..	..	..	..	..	..	..	..	..	..
124 *Polen*	..	..	..	..	..	..	..	..	..	..	..	..
125 *Rumänien*	..	..	..	..	..	..	..	..	..	..	..	..
126 *Sowjetunion*	..	..	..	..	..	..	..	..	..	..	..	..

[a] Kursive Zahlen für 1966 und nicht für 1965.   [b] Kursive Zahlen für 1982 und nicht für 1983.   [c] Gesonderte Angaben für den öffentlichen Verbrauch liegen nicht vor; er wird deshalb unter dem privaten Verbrauch erfaßt.

Tabelle 6: Landwirtschaft und Nahrungsmittel

	Wertschöpfung in der Landwirtschaft (in Mio $ von 1980)		Getreideeinfuhr (in Tsd. metr. t)		Nahrungsmittelhilfe in Form von Getreide (in Tsd. metr. t)		Düngemittelverbrauch (in 100 g Pflanzennährstoffe je ha Anbaufläche)		Durchschnittsindex der Nahrungsmittelproduktion pro Kopf (1974—76 = 100)
	1970	1983[a]	1974	1983	1974/75	1982/83[b]	1970[c]	1982	1981—83
Länder mit niedrigem Einkommen			22.899 s	30.553 s	5.661 s	4.572 s	179 w	592 w	111 w
China und Indien			14.437 s	23.447 s	..	327 s	230 w	804 w	115 w
Übrige Länder			8.462 s	7.106 s	4.079 s	4.245 s	148 w	387 w	102 w
Afrika südl. der Sahara			2.232 s	3.277 s	765 s	1.969 s	23 w	42 w	94 w
1 Äthiopien	1.663	1.971	118	325	59	344	4	26	106
2 Bangladesch	5.427	6.545	1.719	1.844	2.130	1.252	142	512	101
3 Mali	403	606	281	183	114	88	29	30	106
4 Nepal	1.102	1.255	19	72	0	44	30	138	91
5 Zaire	1.503	1.866	343	273	(.)	110	8	8	93
6 Burkina	444	517	99	59	0	45	3	42	100
7 Birma	1.705	3.256	26	7	14	10	34	167	121
8 Malawi	..	..	17	21	(.)	3	52	138	101
9 Uganda	2.579	2.614	37	19	16	14	13	10	91
10 Burundi	468	585	7	20	6	7	5	10	97
11 Niger	851	649	155	45	75	12	1	8	122
12 Tansania	1.583	1.886	431	214	148	171	30	44	103
13 Somalia	434	570	42	246	110	189	31	9	72
14 Indien	45.793	58.981	5.261	4.280	1.582	282	114	346	108
15 Ruanda	..	..	3	23	19	12	3	10	114
16 Zentralafr. Rep.	241	325	7	29	1	5	11	4	94
17 Togo	212	238	6	61	0	5	3	19	99
18 Benin	..	415	8	67	9	14	33	17	95
19 China	73.170	116.986	9.176	19.167	..	45	418	1.575	119
20 Guinea	..	755	63	112	49	25	18	17	85
21 Haiti	..	..	83	209	25	90	4	51	90
22 Ghana	2.323	2.265	177	285	43	58	9	98	65
23 Madagaskar	1.111	1.171	114	240	7	141	56	52	90
24 Sierra Leone	261	312	72	119	10	29	13	6	98
25 Sri Lanka	812	1.199	951	775	271	369	496	713	127
26 Kenia	1.223	2.253	15	160	2	165	224	289	86
27 Pakistan	5.005	7.061	1.274	396	619	369	168	616	105
28 Sudan	1.610	2.318	125	435	50	330	31	44	94
29 Afghanistan	..	..	5	156	10	66	24	56	105
30 Bhutan	..	..	23	13	0	3	(.)	10	104
31 Tschad	339	..	50	54	13	36	7	17	101
32 Kambodscha	..	..	223	83	226	46	13	36	98
33 Laos	..	..	53	35	13	(.)	4	6	125
34 Mosambik	..	..	62	287	34	166	27	130	68
35 Vietnam	..	..	1.854	239	6	27	512	506	111
Länder mit mittlerem Einkommen			41.293 s	78.552 s	2.340 s	4.127 s	211 w	445 w	105 w
Ölexporteure			18.022 s	43.580 s	1.078 s	2.355 s	139 w	468 w	105 w
Ölimporteure			23.271 s	34.972 s	1.262 s	1.772 s	254 w	432 w	105 w
Afrika südl. der Sahara			1.521 s	4.859 s	111 s	411 s	40 w	91 w	93 w
Untere Einkommenskategorie			16.776 s	29.831 s	1.491 s	3.999 s	176 w	398 w	105 w
36 Senegal	603	702	341	591	28	91	20	35	71
37 Lesotho	94	..	49	91	14	28	17	151	76
38 Liberia	235	334	42	126	3	57	55	35	92
39 Mauretanien	259	258	115	227	48	71	6	5	102
40 Bolivien	540	643	207	415	22	164	13	8	87
41 Jemen, Dem. VR.			149	205	38	9	(.)	109	84
42 Jemen, Arab. Rep.	451	761	158	556	0	28	1	51	80
43 Indonesien	12.097	20.225	1.919	2.992	301	155	119	750	121
44 Sambia	444	562	93	247	1	83	71	185	74
45 Honduras	477	664	52	83	31	95	160	137	107
46 Ägypten, Arab. Rep.	3.282	4.728	3.877	8.154	610	1.816	1.282	3.346	92
47 El Salvador	736	871	75	171	4	211	1.048	830	91
48 Elfenbeinküste	1.733	2.670	172	562	4	0	71	85	108
49 Simbabwe	557	673	56	124	..	6	466	532	79
50 Marokko	2.783	2.848	891	1.896	75	142	130	253	89
51 Papua-Neuguinea	655	926	71	155	..	0	76	151	95
52 Philippinen	5.115	8.609	817	1.343	89	49	214	288	113
53 Nigeria	17.186	16.001	389	2.336	7	0	3	65	98
54 Kamerun	1.492	1.955	81	178	4	6	28	57	84
55 Thailand	5.631	9.444	97	225	0	9	76	183	112
56 Nicaragua	410	608	44	109	3	51	184	186	74
57 Costa Rica	666	898	110	201	1	194	1.086	1.134	88
58 Peru	1.716	1.649	637	1.772	37	111	297	266	82
59 Guatemala	..	..	138	129	9	19	224	498	102
60 Kongo, VR	147	164	34	90	2	9	112	19	99
61 Türkei	8.701	12.890	1.276	177	70	0	166	535	104
62 Tunesien	697	1.191	307	1.131	1	160	82	168	87
63 Jamaika	204	209	340	394	1	127	886	571	95
64 Dominikanische Rep.	993	1.577	252	392	16	167	354	353	95

Anmerkung: Zur Vergleichbarkeit der Daten und ihrer Abgrenzung vgl. Technische Erläuterungen.

	Wertschöpfung in der Landwirtschaft (in Mio $ von 1980)		Getreideeinfuhr (in Tsd. metr. t)		Nahrungsmittelhilfe in Form von Getreide (in Tsd. metr. t)		Düngemittelverbrauch (in 100 g Pflanzennährstoffe je ha Anbaufläche)		Durchschnittsindex der Nahrungsmittelproduktion pro Kopf (1974—76 = 100)
	1970	1983[a]	1974	1983	1974/75[b]	1982/83[b]	1970[c]	1982	1981—83
65 Paraguay	640	1.193	71	94	10	1	58	39	109
66 Ecuador	1.054	1.343	152	400	13	8	123	277	92
67 Kolumbien	4.247	6.660	503	1.017	28	1	310	538	106
68 Angola	..	..	149	287	0	60	45	14	82
69 Kuba	..	..	1.622	2.105	..	2	1.539	1.726	127
70 Korea, Dem. Rep.	..	..	1.108	350	..	..	1.484	3.382	111
71 Libanon	..	..	354	407	21	69	1.279	1.487	124
72 Mongolische VR	..	..	28	99	..	..	18	109	88
Obere Einkommenskategorie			24.517 s	48.721 s	849 s	128 s	242 w	486 w	106 w
73 Jordanien	185	264	171	572	63	40	20	346	107
74 Syrien, Arab. Rep.	1.057	2.751	339	1.487	47	28	67	270	129
75 Malaysia	3.511	6.401	1.017	1.785	1	0	436	1.021	113
76 Chile	1.597	2.024	1.737	1.370	331	2	317	189	102
77 Brasilien	18.425	33.202	2.485	4.925	31	0	169	365	113
78 Korea, Rep.	8.176	12.250	2.679	6.354	234	53	2.466	2.817	109
79 Argentinien	3.947	5.332	0	0			24	31	112
80 Panama	292	344	63	90	3	3	391	469	102
81 Portugal	..	2.194	1.860	3.031	0	0	411	720	82
82 Mexiko	11.125	16.968	2.881	8.483			246	778	106
83 Algerien	1.731	2.693	1.816	3.667	54	2	174	211	83
84 Südafrika	..	..	127	1.517			425	831	93
85 Uruguay	897	893	70	114	31	0	392	376	106
86 Jugoslawien	5.486	8.310	992	409			766	1.199	108
87 Venezuela	1.168	1.616	1.270	2.555			165	408	91
88 Griechenland	4.929	6.049	1.341	242			858	1.606	102
89 Israel	..	..	1.176	1.495	53	0	1.394	1.783	93
90 Hongkong	321	244	657	907					101
91 Singapur	118	143	682	1.455	(.)	(.)	2.667	7.833	107
92 Trinidad und Tobago	160	..	208	292	..	(.)	640	304	70
93 Iran, Islamische Rep.	..	..	2.076	4.456	..	0	76	656	103
94 Irak	..	..	870	3.512	1	(.)	35	145	110
Ölexporteure mit hohem Einkommen			1.379 s	5.250 s			58 w	55 w	..
95 Oman	..	..	52	173			(.)	272	..
96 Libyen	168	572	612	808			64	385	84
97 Saudi-Arabien	833	1.713	482	3.482			44	832	34
98 Kuwait	42	108	101	459			(.)	7.320	..
99 Vereinigte Arab. Emirate	..	..	132	328			(.)	3.324	..
Marktwirtschaftliche Industrieländer			65.494 s	61.752 s			985 w	1.115 w	107 w
100 Spanien	10.888	..	4.675	6.445			595	725	101
101 Irland	..	..	631	514			3.573	6.438	97
102 Italien	22.099	25.577	8.100	6.128			962	1.614	112
103 Neuseeland	..	..	92	89			8.875	9.468	110
104 Belgien[d]	2.212	2.798	4.585	6.043			5.686	5.206	103
105 Großbritannien	7.913	10.269	7.541	3.416			2.521	3.647	119
106 Österreich	2.903	3.004	165	59			2.517	2.159	111
107 Niederlande	3.986	6.675	7.199	4.254			7.165	7.381	112
108 Japan	38.299	39.554	19.557	25.296			3.849	4.121	91
109 Frankreich	24.282	29.090	654	1.889			2.424	2.993	112
110 Finnland	4.014	3.923	222	62			1.931	2.242	101
111 Deutschland, Bundesrep.	15.442	19.586	7.164	4.209			4.208	4.350	113
112 Australien	7.102	8.337	2	32			246	237	103
113 Dänemark	2.316	3.381	462	510			2.254	2.462	117
114 Kanada	8.625	11.507	1.513	449			192	437	121
115 Schweden	3.983	4.252	301	122			1.639	1.612	108
116 Norwegen	2.048	2.380	713	404			2.471	3.185	114
117 Vereinigte Staaten	62.108	66.669	460	594			800	867	108
118 Schweiz	..	..	1.458	1.237			3.842	4.139	112
Osteuropäische Staatshandelsländer			18.543 s	41.006 s			635 w	1.128 w	100 w
119 Ungarn	2.782	4.290	408	87			1.485	2.885	119
120 Albanien	..	..	48	3			745	1.550	105
121 Bulgarien	..	..	649	204			1.446	2.501	117
122 Tschechoslowakei	..	..	1.296	778			2.402	3.369	110
123 Deutsche Dem. Rep.	..	..	2.821	3.221			3.202	2.815	108
124 Polen	..	..	4.185	3.389		83	1.715	2.134	91
125 Rumänien	..	..	1.381	1.192			559	1.591	114
126 Sowjetunion	..	..	7.755	32.132			437	867	98

[a] Kursive Zahlen für 1982 und nicht für 1983. [b] Angaben für die Erntejahre 1974/75 und 1982/83. [c] Durchschnitt 1969—71. [d] Einschließlich Luxemburg.

Tabelle 7: Industrie

	Verteilung der Wertschöpfung im Verarbeitenden Gewerbe (in % und Preisen von 1975)					Wertschöpfung im Verarbeitenden Gewerbe (in Mio $ von 1975)	
	Nahrungsmittel und Landwirtschaft 1982[a]	Textilien und Bekleidung 1982[a]	Maschinenbau, Elektrotechnik, Fahrzeuge 1982[a]	Chemische Erzeugnisse 1982[a]	Übriges Verarbeitendes Gewerbe 1982[a]	1970	1982[a]
Länder mit niedrigem Einkommen							
China und Indien							
Übrige Länder							
Afrika südl. der Sahara							
1 Äthiopien	27	27	..	2	44	236	361
2 Bangladesch	30	37	4	17	12	647	1.294
3 Mali	30	53	5	1	11	44	57
4 Nepal	..	..	..	..	..	..	..
5 Zaire	..	..	..	..	..	322	253
6 Burkina	74	7	..	11	8	67	137
7 Birma	31	14	1	4	50	287	486
8 Malawi	54	10	..	..	36	44	76
9 Uganda	54	25	..	..	21	183	81
10 Burundi	..	..	..	..	..	32	53
11 Niger	..	..	..	..	..	54	158
12 Tansania	..	..	..	..	..	190	151
13 Somalia	..	..	..	..	..	42	53
14 Indien	15	16	20	14	35	10.232	16.210
15 Ruanda	..	..	..	..	..	..	107
16 Zentralafr. Rep.	57	28	0	2	13	68	29
17 Togo	..	..	..	..	..	30	13
18 Benin	..	..	..	..	..	..	59
19 China	..	..	..	..	..	..	..
20 Guinea	..	..	..	..	..	..	26
21 Haiti	..	..	..	..	..	..	..
22 Ghana	..	..	..	..	..	364	198
23 Madagaskar	..	..	..	..	..	295	233
24 Sierra Leone	..	..	..	..	..	25	38
25 Sri Lanka	45	13	..	..	42	556	748
26 Kenia	26	10	31	8	25	167	536
27 Pakistan	46	14	7	16	17	1.492	2.967
28 Sudan	..	..	..	..	..	253	433
29 *Afghanistan*	..	..	..	..	..	..	..
30 *Bhutan*	..	..	..	..	..	..	..
31 *Tschad*	..	..	..	..	..	37	21
32 *Kambodscha*	..	..	..	..	..	..	..
33 *Laos*	..	..	..	..	..	..	..
34 *Mosambik*	..	..	..	..	..	..	..
35 *Vietnam*	..	..	..	..	..	..	..
Länder mit mittlerem Einkommen							
Ölexporteure							
Ölimporteure							
Afrika südl. der Sahara							
Untere Einkommenskategorie							
36 Senegal	39	22	..	..	39	276	443
37 Lesotho	..	..	..	..	..	3	10
38 Liberia	..	..	..	..	..	25	39
39 Mauretanien	..	..	..	..	..	18	26
40 Bolivien	..	..	..	..	..	241	344
41 Jemen, Dem. VR.	..	..	..	..	..	25	118
42 Jemen, Arab. Rep.	..	..	..	..	..	..	..
43 Indonesien	29	7	7	12	45	1.517	6.072
44 Sambia	16	24	10	12	38	319	427
45 Honduras	..	..	..	..	..	138	246
46 Ägypten, Arab. Rep.	..	..	..	..	..	1.835	4.847
47 El Salvador	..	..	..	..	..	252	255
48 Elfenbeinküste	..	..	..	..	..	398	705
49 Simbabwe	21	19	10	11	39	552	925
50 Marokko	31	12	9	10	38	1.138	1.960
51 Papua-Neuguinea	..	..	..	..	..	59	138
52 Philippinen	39	13	9	9	30	2.659	5.510
53 Nigeria	33	18	12	11	26	1.191	4.049
54 Kamerun	..	..	..	..	..	199	533
55 Thailand	..	..	..	..	..	1.675	4.837
56 Nicaragua	..	..	..	..	..	282	382
57 Costa Rica	..	..	..	..	..	261	452
58 Peru	26	13	11	12	38	2.929	3.963
59 Guatemala	..	..	..	..	..	..	..
60 Kongo, VR	37	5	..	7	51	73	121
61 Türkei	24	11	14	12	38	3.678	6.898
62 Tunesien	22	12	13	16	37	222	841
63 Jamaika	..	..	..	..	..	328	284
64 Dominikanische Rep.	69	4	1	6	20	483	1.005

Anmerkung: Zur Vergleichbarkeit der Daten und ihrer Abgrenzung vgl. Technische Erläuterungen.

	Verteilung der Wertschöpfung im Verarbeitenden Gewerbe (in % und Preisen von 1975)					Wertschöpfung im Verarbeitenden Gewerbe (in Mio $ von 1975)	
	Nahrungsmittel und Landwirtschaft 1982[a]	Textilien und Bekleidung 1982[a]	Maschinenbau, Elektrotechnik, Fahrzeuge 1982[a]	Chemische Erzeugnisse 1982[a]	Übriges Verarbeitendes Gewerbe 1982[a]	1970	1982
65 Paraguay	36	12	14	4	34	203	455
66 Ecuador	26	15	11	7	41	432	1.247
67 Kolumbien	32	15	11	12	30	1.625	2.686
68 *Angola*	..	..	..	..	..	..	..
69 *Kuba*	38	13	1	16	32	..	..
70 *Korea, Dem. Rep.*	..	..	..	..	..	..	..
71 *Libanon*	..	..	..	..	..	..	..
72 *Mongolische VR*	21	29	..	5	45	..	..
Obere Einkommenskategorie							
73 Jordanien	..	..	..	..	..	55	300
74 Syrien, Arab. Rep.	27	32	4	4	33	706	1.510
75 Malaysia	20	7	22	6	46	1.022	3.287
76 Chile	19	4	11	12	54	1.881	1.694
77 Brasilien	15	10	23	13	39	19.235	43.300
78 Korea, Rep.	15	22	20	11	32	2.368	11.492
79 Argentinien	14	11	21	14	40	9.554	8.980
80 Panama	51	11	2	6	30	204	288
81 Portugal	11	18	22	15	34	..	..
82 Mexiko	*19*	*8*	*20*	*12*	*41*	14.592	30.217
83 Algerien	16	20	8	3	53	1.068	3.643
84 Südafrika	15	12	18	11	44	..	..
85 Uruguay	37	18	9	9	27	723	787
86 Jugoslawien	15	14	20	8	43	4.844	12.605
87 Venezuela	27	6	8	8	51	3.419	5.709
88 Griechenland	21	25	9	9	36	2.558	4.381
89 Israel	15	12	25	8	40	..	..
90 Hongkong	..	..	..	..	..	1.914	3.679
91 Singapur	5	3	53	5	34	827	2.431
92 Trinidad und Tobago	..	..	..	..	..	404	*434*
93 *Iran, Islamische Rep.*	14	21	10	5	50	2.601	..
94 *Irak*	..	..	..	..	..	522	..
Ölexporteure mit hohem Einkommen							
95 Oman	..	..	..	..	..	..	..
96 Libyen	..	..	..	..	..	154	638
97 Saudi-Arabien	4	..	..	..	96	1.726	3.817
98 Kuwait	..	..	..	..	..	368	894
99 Vereinigte Arab. Emirate	..	..	..	..	..	..	..
Marktwirtschaftliche Industrieländer							
100 Spanien	13	15	16	10	46	18.331	*28.734*
101 Irland	24	10	13	15	38	..	..
102 Italien	10	15	30	7	38	..	..
103 Neuseeland	*24*	*11*	*16*	*4*	*45*	..	..
104 Belgien	19	8	28	13	32	14.386	19.192
105 Großbritannien	13	7	35	10	35	58.677	52.963
106 Österreich	15	8	24	7	46	9.112	13.363
107 Niederlande	19	4	28	13	36	18.684	23.525
108 Japan	7	5	39	8	41	118.403	252.581
109 Frankreich	17	7	33	8	35	75.800	106.356
110 Finnland	12	7	25	7	49	5.636	9.067
111 Deutschland, Bundesrep.	10	5	38	10	37	149.113	187.404
112 Australien	19	8	21	9	43	20.206	23.604
113 Dänemark	24	6	25	8	37	5.858	8.138
114 Kanada	15	7	22	7	49	25.748	32.315
115 Schweden	10	3	35	7	45	16.743	18.046
116 Norwegen	14	3	30	8	45	5.322	6.181
117 Vereinigte Staaten	12	6	32	12	38	328.200	414.600
118 Schweiz	21	8	21	14	36	..	..
Osteuropäische Staatshandelsländer							
119 Ungarn	11	9	30	10	40	3.244	6.267
120 *Albanien*	..	..	..	..	..	..	..
121 *Bulgarien*	24	16	16	6	38	..	..
122 *Tschechoslowakei*	7	9	38	8	38	..	..
123 *Deutsche Dem. Rep.*	17	10	35	9	29	..	..
124 *Polen*	5	18	33	9	35	..	..
125 *Rumänien*	11	15	31	12	31	..	..
126 *Sowjetunion*	12	11	29	6	42	..	..

[a] Kursive Zahlen für 1981 und nicht für 1982.

Tabelle 8: Kommerzielle Energie

	Durchschnittliche jährliche Zuwachsraten (%)				Energieverbrauch pro Kopf (in kg Öleinheiten)		Energieeinfuhr in % der Warenausfuhr	
	Energieproduktion		Energieverbrauch					
	1965—73[a]	1973—83	1965—73	1973—83	1965	1983	1965	1983[b]
Länder mit niedrigem Einkommen	**10,0** w	**6,1** w	**9,7** w	**5,5** w	**128** w	**276** w	**8** w	..
China und Indien	10,1 w	6,0 w	10,2 w	5,6 w	143 w	341 w	..	..
Übrige Länder	8,0 w	7,1 w	6,1 w	3,4 w	67 w	80 w	7 w	..
Afrika südl. der Sahara	10,4 w	8,4 w	9,5 w	1,1 w	45 w	56 w	8 w	..
1 Äthiopien	11,1	6,2	11,4	4,4	10	19	8	..
2 Bangladesch	..	12,6	..	7,4	..	36	..	20
3 Mali	80,5	5,0	4,6	4,8	15	22	16	..
4 Nepal	27,2	7,3	8,8	7,3	6	13	..	..
5 Zaire	4,8	9,1	6,0	1,5	67	77	6	..
6 Burkina	..	..	8,0	10,7	8	22	11	50
7 Birma	9,6	7,2	5,9	5,7	39	65	4	..
8 Malawi	31,1	8,3	8,3	4,3	25	45	7	..
9 Uganda	3,7	−2,6	8,4	−5,8	36	23	..	..
10 Burundi	..	30,2	5,6	12,5	5	17	11	..
11 Niger	..	..	14,7	11,7	8	43	9	17
12 Tansania	6,8	5,9	10,5	−2,6	37	38	..	..
13 Somalia	..	..	9,3	16,8	15	84	9	..
14 Indien	3,7	7,7	5,1	6,6	100	182	8	..
15 Ruanda	15,7	2,0	11,4	13,0	8	35	10	..
16 Zentralafr. Rep.	10,6	3,9	9,8	4,7	22	35	7	..
17 Togo	−6,1	27,4	12,9	13,9	25	88	6	18
18 Benin	..	..	19,7	0,3	21	39	14	..
19 China	11,8	5,7	11,9	5,4	170	455	..	..
20 Guinea	17,1	2,2	2,3	1,5	56	54	..	..
21 Haiti	..	9,7	6,2	6,9	25	55	..	..
22 Ghana	43,4	1,0	15,0	−0,4	76	111	6	..
23 Madagaskar	8,6	2,3	13,6	1,4	33	59	8	32
24 Sierra Leone	..	..	5,1	6,9	90	102	11	..
25 Sri Lanka	12,0	6,0	5,3	3,4	107	143	6	40
26 Kenia	9,9	15,0	7,1	1,4	114	109	..	..
27 Pakistan	5,8	8,6	1,7	7,8	136	197	7	49
28 Sudan	14,7	9,0	12,4	−3,3	67	66	5	57
29 *Afghanistan*	46,5	−0,3	5,5	2,4	30	46	8	..
30 *Bhutan*	..	..	..	..	106	..	..	..
31 *Tschad*	..	..	..	..	..	..	23	..
32 *Kambodscha*	..	..	19,8	0,8	19	..	7	..
33 *Laos*	..	20,2	16,6	7,0	22	76	..	..
34 *Mosambik*	4,6	18,6	9,3	1,5	93	95	13	..
35 *Vietnam*	−3,4	5,6	6,7	−2,1	..	90	..	..
Länder mit mittlerem Einkommen	**8,5** w	**(.)** w	**7,9** w	**5,2** w	**380** w	**745** w	**8** w	**29** w
Ölexporteure	9,1 w	−1,5 w	7,2 w	7,1 w	295 w	606 w	5 w	..
Ölimporteure	6,0 w	5,4 w	8,2 w	4,2 w	448 w	866 w	10 w	35 w
Afrika südl. der Sahara	30,8 w	−2,5 w	8,9 w	7,0 w	90 w	189 w	5 w	..
Untere Einkommenskategorie	**15,9** w	**2,2** w	**7,4** w	**5,5** w	**183** w	**382** w	**8** w	..
36 Senegal	..	..	14,3	−2,8	169	151	8	58
37 Lesotho	..	..	..	..	..	..	..	..
38 Liberia	37,0	−0,4	16,1	1,9	181	357	6	..
39 Mauretanien	..	..	16,0	3,6	48	130	2	..
40 Bolivien	17,8	−0,2	5,2	6,1	156	292	1	..
41 Jemen, Dem. VR.	..	..	−21,7	7,1	..	934	63	..
42 Jemen, Arab. Rep.	..	..	16,5	22,4	7	116	..	..
43 Indonesien	12,7	2,7	6,4	7,8	91	204	3	20
44 Sambia	26,3	6,4	1,6	1,9	464	432	5	..
45 Honduras	15,6	10,9	10,4	3,9	111	204	5	28
46 Ägypten, Arab. Rep.	10,0	16,4	1,9	11,5	211	532	11	12
47 El Salvador	2,1	14,8	5,7	3,3	140	190	5	57
48 Elfenbeinküste	0,5	45,8	10,9	5,1	109	186	5	16
49 Simbabwe	1,8	−2,6	9,9	0,5	441	491	(.)	..
50 Marokko	2,6	(.)	8,9	5,4	124	258	5	57
51 Papua-Neuguinea	16,5	7,8	20,3	3,6	56	223	7	..
52 Philippinen	4,6	20,8	9,1	2,3	160	252	12	44
53 Nigeria	33,4	−4,4	9,6	15,4	33	150	7	..
54 Kamerun	1,2	45,6	6,5	8,0	67	128	6	4
55 Thailand	10,5	13,7	14,6	5,4	80	269	11	39
56 Nicaragua	4,8	6,4	9,8	0,7	187	262	6	46
57 Costa Rica	10,2	8,9	12,2	4,9	267	609	8	22
58 Peru	1,9	11,2	5,1	3,6	406	550	3	2
59 Guatemala	18,3	25,1	7,1	2,8	148	178	9	68
60 Kongo, VR	33,4	10,5	7,5	11,9	90	216	8	..
61 Türkei	5,7	3,8	10,0	4,6	258	599	12	66
62 Tunesien	58,7	4,3	8,7	8,2	170	473	12	31
63 Jamaika	−1,8	2,2	10,2	−1,5	707	980	12	..
64 Dominikanische Rep.	4,9	40,0	18,6	1,8	130	407	7	71

Anmerkung: Zur Vergleichbarkeit der Daten und ihrer Abgrenzung vgl. Technische Erläuterungen.

	Durchschnittliche jährliche Zuwachsraten (%)				Energieverbrauch pro Kopf (in kg Öleinheiten)		Energieeinfuhr in % der Warenausfuhr	
	Energieproduktion		Energieverbrauch					
	1965—73[a]	1973—83	1965—73	1973—83	1965	1983	1965	1983[b]
65 Paraguay	..	6,3	9,3	7,5	86	187	14	*1*
66 Ecuador	36,6	2,5	9,3	13,6	163	675	11	..
67 Kolumbien	2,2	3,6	6,5	5,6	416	786	1	21
68 Angola	47,1	—1,0	10,6	4,1	111	226	2	..
69 Kuba	7,2	11,8	5,6	3,8	604	1.042	12	..
70 Korea, Dem. Rep.	9,3	3,1	9,5	3,6	504	2.093	..	..
71 Libanon	2,4	0,2	6,1	—4,2	713	610	5	..
72 Mongolische VR	11,2	8,5	9,1	9,0	471	1.137	..	..
Obere Einkommenskategorie	**6,8** w	**—0,8** w	**8,1** w	**5,1** w	**646** w	**1.225** w	**8** w	**29** w
73 Jordanien	..	..	4,3	15,3	226	790	33	101
74 Syrien, Arab. Rep.	164,4	3,6	9,7	13,3	212	847	13	..
75 Malaysia	60,8	15,9	8,5	7,1	312	702	10	*16*
76 Chile	4,1	1,5	7,2	0,6	657	755	5	*24*
77 Brasilien	8,7	9,0	11,5	4,9	287	745	14	56
78 Korea, Rep.	2,6	4,6	15,8	8,8	237	1.168	18	28
79 Argentinien	6,4	4,5	5,9	2,7	977	1.460	8	*9*
80 Panama	2,7	17,0	7,6	—6,3	3.203	2.082	54	82
81 Portugal	3,9	(.)	8,7	3,7	506	1.194	13	48
82 Mexiko	4,5	17,0	7,2	8,7	622	1.332	4	..
83 Algerien	7,2	3,3	11,2	12,5	226	982	(.)	2
84 Südafrika	3,5	8,2	5,2	4,2	1.695	2.278	..	..
85 Uruguay	5,2	18,2	1,7	0,7	767	776	13	28
86 Jugoslawien	3,5	4,1	6,8	4,3	898	1.903	7	33
87 Venezuela	0,1	—3,5	4,3	4,5	2.269	2.295	(.)	*1*
88 Griechenland	12,7	9,0	11,7	3,8	615	1.790	29	59
89 Israel	53,4	—35,6	6,1	2,2	1.574	1.932	13	29
90 Hongkong	..	..	11,0	5,8	599	1.647	4	7
91 Singapur	..	..	11,4	4,9	2.002	4.757	17	40
92 Trinidad und Tobago	0,6	0,8	2,7	3,9	4.132	5.191	59	4
93 *Iran, Islamische Rep.*	16,3	—12,9	13,3	1,0	537	976	(.)	..
94 *Irak*	4,5	—7,0	6,2	8,3	399	763	(.)	..
Ölexporteure mit hohem Einkommen	**11,7** w	**—2,8** w	**8,6** w	**7,9** w	**1.344** w	**3.858** w	**(.)** w	..
95 Oman	57,2	0,9	89,7	—4,1	..	764	..	*1*
96 Libyen	8,6	—4,4	14,8	19,6	222	2.769	2	*1*
97 Saudi-Arabien	15,7	—1,2	12,4	6,8	1.759	3.536	(.)	..
98 Kuwait	4,3	—9,8	0,5	0,4	..	5.443	(.)	..
99 Vereinigte Arab. Emirate	24,1	—1,7	65,3	25,4	108	7.554	..	..
Marktwirtschaftliche Industrieländer	**3,2** w	**1,6** w	**5,2** w	**0,1** w	**3.764** w	**4.733** w	**11** w	**25** w
100 Spanien	3,2	3,6	8,6	2,3	901	1.858	31	59
101 Irland	—1,4	12,1	5,8	2,7	1.504	2.354	14	14
102 Italien	2,3	0,5	7,1	(.)	1.568	2.458	16	34
103 Neuseeland	4,5	4,3	4,7	1,5	2.622	3.808	7	18
104 Belgien	—9,0	4,0	6,0	—0,7	3.402	4.401	9	18
105 Großbritannien	—0,7	8,9	2,6	—1,4	3.481	3.461	13	12
106 Österreich	—0,2	0,4	6,6	0,5	2.060	3.083	10	17
107 Niederlande	25,7	0,9	9,0	0,6	3.134	5.397	12	23
108 Japan	—3,1	5,0	11,9	0,4	1.496	2.929	19	40
109 Frankreich	—3,1	5,5	6,0	0,5	2.468	3.429	16	28
110 Finnland	0,3	12,3	8,4	2,1	2.233	4.649	11	28
111 Deutschland, Bundesrep.	(.)	0,3	4,9	(.)	3.197	4.156	8	19
112 Australien	16,1	4,5	6,4	2,5	3.287	4.811	10	*16*
113 Dänemark	—32,5	36,1	4,8	—1,2	2.911	3.062	13	20
114 Kanada	9,5	1,4	6,1	2,0	6.007	8.847	7	6
115 Schweden	2,8	5,6	4,5	0,4	4.162	5.821	12	22
116 Norwegen	6,0	16,2	5,4	2,6	4.650	8.087	11	8
117 Vereinigte Staaten	3,0	0,1	4,1	—0,4	6.586	7.030	8	30
118 Schweiz	3,1	4,3	6,2	0,8	2.501	3.794	8	13
Osteuropäische Staatshandelsländer	**4,3** w	**3,5** w	**4,6** w	**3,2** w	**2.523** w	**4.279** w	..	..
119 Ungarn	0,4	1,5	3,3	3,1	1.825	2.968	12	22
120 *Albanien*	14,2	6,6	7,2	6,5	415	982	..	..
121 *Bulgarien*	0,8	4,7	7,7	4,3	1.788	4.390	..	..
122 Tschechoslowakei	1,1	0,9	3,6	1,8	3.374	4.691	..	30
123 Deutsche Dem. Rep.	0,6	1,8	2,5	2,0	3.762	5.370	..	..
124 Polen	4,5	1,0	4,8	2,5	2.027	3.133	..	24
125 Rumänien	5,6	2,0	7,8	3,8	1.536	3.305	..	..
126 Sowjetunion	4,7	4,0	4,7	3,4	2.603	4.505	..	..

[a] Kursive Zahlen für 1966—73 und nicht für 1965—73.   [b] Kursive Zahlen für 1981 oder 1982 und nicht für 1983.

Tabelle 9: Zunahme des Warenhandels

	Warenhandel (in Mio $)		Durchschnittliche jährliche Zuwachsrate[a] (in %)				Terms of Trade (1980 = 100)	
	Ausfuhr 1983	Einfuhr 1983[b]	Ausfuhr 1965–73	1973–83[c]	Einfuhr 1965–73	1973–83[c]	1981	1983
Länder mit niedrigem Einkommen	45.991 s	57.333 s	1,5 w	0,9 w	–2,0 w	1,4 w	95 m	96 m
China und Indien	31.931 s	34.952 s	..	..	..	..	..	..
Übrige Länder	14.060 s	22.381 s	1,3 w	–0,8 w	0,2 w	0,6 w	95 m	96 m
Afrika südl. der Sahara	7.827 s	11.501 s	2,4 w	–4,0 w	2,3 w	–2,2 w	88 m	94 m
1 Äthiopien	422	875	3,0	1,4	–0,2	2,7	68	86
2 Bangladesch	789	1.502	–6,5	1,7	–8,2	4,1	102	102
3 Mali	106	344	13,1	5,1	8,5	3,9	110	118
4 Nepal	94	464	..	..	..	..	..	..
5 Zaire	1.459	953	6,5	–8,7	9,6	–13,7	87	92
6 Burkina	99	288	–1,0	1,7	7,2	4,2	109	114
7 Birma	382	270	–4,8	4,9	–6,7	–0,6	111	84
8 Malawi	220	312	3,8	2,8	6,4	–0,6	106	126
9 Uganda	354	340	0,2	–8,0	–2,5	1,9	75	79
10 Burundi	76	194	..	..	..	..	..	..
11 Niger	301	443	6,1	19,0	4,4	11,5	84	112
12 Tansania	480	1.134	0,9	–4,6	7,1	–2,7	88	91
13 Somalia	163	422	6,7	7,3	1,4	0,0	109	118
14 Indien	9.705	13.562	2,3	4,9	–5,7	2,8	91	96
15 Ruanda	80	279	6,3	2,6	4,6	12,9	65	66
16 Zentralafr. Rep.	106	132	–0,4	3,8	–0,5	2,5	73	97
17 Togo	242	284	4,4	3,5	6,6	7,4	103	107
18 Benin	85	523	12,4	–1,4	13,2	4,5	95	89
19 China	22.226	21.390	..	..	..	..	..	..
20 Guinea	390	279	..	..	..	..	..	..
21 Haiti	412	620	..	..	..	..	..	..
22 Ghana	895	719	3,5	–6,4	–3,3	–8,0	69	63
23 Madagaskar	329	439	5,4	–4,3	1,5	–2,5	79	93
24 Sierra Leone	202	171	2,2	–5,3	0,9	–5,0	84	94
25 Sri Lanka	1.066	1.788	–4,7	2,6	–3,2	4,7	95	104
26 Kenia	876	1.274	3,8	–4,8	5,9	–4,6	87	89
27 Pakistan	3.075	5.341	3,7	8,1	–2,9	5,7	99	101
28 Sudan	624	1.354	3,8	–1,5	4,9	1,3	103	88
29 Afghanistan	391	798	5,9	6,8	–0,6	4,7	102	105
30 Bhutan	..	..	..	..	..	..	..	..
31 Tschad	58	109	–3,5	–3,1	18,7	–8,6	105	112
32 Kambodscha	..	..	..	..	..	..	..	..
33 Laos	26	96	..	..	..	..	..	..
34 Mosambik	260	635	–7,9	–8,3	–8,9	–4,2	96	96
35 Vietnam	..	..	..	..	..	..	..	..
Länder mit mittlerem Einkommen	333.532 s	350.734 s	5,9 w	–0,4 w	8,3 w	4,1 w	95 m	94 m
Ölexporteure	146.833 s	132.305 s	5,8 w	–5,1 w	5,9 w	7,6 w	110 m	102 m
Ölimporteure	186.699 s	218.430 s	6,3 w	7,3 w	9,3 w	1,9 w	92 m	90 m
Afrika südl. der Sahara	27.201 s	25.961 s	6,9 w	–5,8 w	6,5 w	8,2 w	95 m	99 m
Untere Einkommenskategorie	91.138 s	110.575 s	4,8 w	0,1 w	4,5 w	1,4 w	94 m	94 m
36 Senegal	585	984	–1,3	–0,9	5,4	–1,2	104	88
37 Lesotho[d]	..	..	..	..	..	..	..	..
38 Liberia	841	415	8,9	–2,3	3,6	–4,3	93	104
39 Mauretanien	246	227	9,7	0,5	15,4	–0,8	95	102
40 Bolivien	766	424	5,1	–2,4	0,9	–0,9	84	84
41 Jemen, Dem. VR.	449	1.010	..	..	..	..	..	..
42 Jemen, Arab. Rep.	204	1.521	..	..	..	..	..	..
43 Indonesien	21.145	16.346	11,1	1,4	13,9	9,8	110	102
44 Sambia	866	690	–0,3	–0,8	3,0	–7,3	81	82
45 Honduras	660	823	4,2	0,6	3,1	–1,3	83	87
46 Ägypten, Arab. Rep.	4.531	10.274	3,8	2,3	–3,9	10,1	113	103
47 El Salvador	735	891	2,7	1,4	1,8	–2,2	73	72
48 Elfenbeinküste	2.068	1.814	7,1	–1,4	7,8	0,1	92	102
49 Simbabwe	1.273	1.432	..	..	..	..	..	..
50 Marokko	2.062	3.599	6,0	0,5	6,2	0,8	108	100
51 Papua-Neuguinea	822	1.071	..	..	..	..	..	..
52 Philippinen	4.932	7.980	4,2	7,5	3,1	1,3	88	92
53 Nigeria	17.509	17.600	8,9	–6,2	8,9	13,6	112	94
54 Kamerun	1.067	1.226	4,2	3,9	6,3	5,1	77	76
55 Thailand	6.368	10.279	6,9	9,0	4,4	3,3	96	89
56 Nicaragua	411	799	2,6	–0,4	2,0	–3,7	70	67
57 Costa Rica	1.071	993	10,3	2,7	8,6	–2,4	90	95
58 Peru	3.015	2.688	–2,1	8,5	–2,0	–0,6	94	109
59 Guatemala	1.220	1.126	5,1	4,6	3,6	–0,1	76	83
60 Kongo, VR	887	806	–2,2	4,4	–2,3	12,0	117	104
61 Türkei	5.671	8.548	..	6,3	..	–0,2	67	..
62 Tunesien	1.851	3.117	8,6	0,2	7,7	5,3	100	98
63 Jamaika	726	1.518	3,9	–3,0	6,6	–4,7	89	90
64 Dominikanische Rep.	648	1.279	11,0	2,2	13,3	–0,9	125	85

Anmerkung: Zur Vergleichbarkeit der Daten und ihrer Abgrenzung vgl. Technische Erläuterungen.

	Warenhandel (in Mio $)		Durchschnittliche jährliche Zuwachsrate[a] (in %)				Terms of Trade (1980 = 100)	
	Ausfuhr 1983	Einfuhr 1983[b]	Ausfuhr 1965—73	1973—83[c]	Einfuhr 1965—73	1973—83[c]	1981	1983
65 Paraguay	252	506	5,2	2,2	3,1	5,1	100	103
66 Ecuador	2.550	1.465	3,4	—3,4	8,5	4,0	97	114
67 Kolumbien	3.081	4.967	5,4	2,8	5,5	10,5	87	90
68 *Angola*	1.859	768	5,4	—13,3	8,3	3,3	110	99
69 *Kuba*	..	..	1,3	3,3	3,6	—0,6	..	..
70 *Korea, Dem. Rep.*	..	..	..	..	..	..	..	..
71 *Libanon*	767	3.390	14,3	—3,4	6,5	3,2	98	93
72 *Mongolische VR*	..	..	..	..	..	..	..	..
Obere Einkommenskategorie	**242.394** s	**240.159** s	**5,7** w	**0,5** w	**9,7** w	**4,0** w	**98** m	**97** m
73 Jordanien	739	3.217	5,0	17,8	3,8	13,3	109	101
74 Syrien, Arab. Rep.	1.875	4.180	1,0	—3,3	8,8	9,1	112	105
75 Malaysia	14.130	13.234	8,0	4,9	4,4	7,3	91	87
76 Chile	3.836	2.754	—1,4	9,7	2,3	1,2	79	90
77 Brasilien	25.127	16.844	10,1	8,2	18,4	—4,6	85	92
78 Korea, Rep.	24.445	26.192	31,7	14,8	22,4	7,5	93	100
79 Argentinien	7.910	4.666	2,4	8,6	5,4	—0,3	102	91
80 Panama	480	1.412	1,1	—6,6	6,5	—4,4	95	84
81 Portugal	4.602	8.257	2,8	..	15,1	..	..	..
82 Mexiko	21.168	8.201	1,0	14,4	5,7	5,5	110	105
83 Algerien	11.158	10.332	1,4	—1,1	12,1	6,5	116	102
84 Südafrika[d]	18.608	15.693	1,6	5,6	6,6	—0,3	71	..
85 Uruguay	1.008	787	—2,9	9,2	2,9	—1,5	91	81
86 Jugoslawien	9.914	12.154	7,7	..	12,3	..	101	..
87 Venezuela	15.040	6.667	0,2	—6,8	4,8	4,7	119	103
88 Griechenland	4.412	9.500	13,4	9,7	9,6	2,8	88	..
89 Israel	5.112	8.500	12,2	9,0	12,9	—0,2	93	100
90 Hongkong	21.951	24.009	11,7	10,3	10,5	12,0	97	..
91 Singapur	21.833	28.158	11,0	..	9,8	..	..	..
92 Trinidad und Tobago	2.353	2.582	—1,0	—7,7	2,1	—5,1	99	93
93 *Iran, Islamische Rep.*	16.445	11.539	12,4	—17,2	12,6	3,6	113	91
94 *Irak*	10.250	21.280	1,1	—8,5	4,6	21,2	125	110
Ölexporteure mit hohem Einkommen	**120.832** s	**68.868** s	**11,4** w	**—5,8** w	**10,1** w	**18,7** w	**119** m	**105** m
95 Oman	4.058	2.492	..	..	..	..	..	..
96 Libyen	13.252	9.500	10,1	—8,7	14,2	7,2	117	98
97 Saudi-Arabien	79.125	40.473	15,0	—4,5	10,4	27,6	120	115
98 Kuwait	10.447	8.283	5,5	—11,5	6,3	13,3	125	106
99 Vereinigte Arab. Emirate	13.950	8.127	19,6	—2,1	8,5	14,3	117	105
Marktwirtschaftliche Industrieländer	**1.128.132** s	**1.183.257** s	**9,4** w	**4,2** w	**10,0** w	**3,0** w	**99** m	**100** m
100 Spanien	19.711	28.926	15,8	..	7,0	..	92	..
101 Irland	8.609	9.169	8,4	8,1	7,8	5,2	97	139
102 Italien	72.670	78.323	10,2	4,7	10,7	2,4	91	97
103 Neuseeland	5.270	5.327	6,0	4,4	4,0	0,1	99	96
104 Belgien[e]	51.676	53.654	10,3	3,1	10,9	2,5	95	94
105 Großbritannien	91.419	99.240	5,0	4,7	6,5	3,8	101	98
106 Österreich	15.423	19.322	11,2	6,2	10,6	4,7	96	102
107 Niederlande	65.676	61.585	12,7	2,8	10,3	1,9	100	101
108 Japan	146.804	125.017	14,7	7,4	14,9	1,3	103	106
109 Frankreich	91.145	105.272	11,4	4,6	11,8	4,7	96	99
110 Finnland	12.510	12.846	7,6	5,1	7,6	1,5	99	102
111 Deutschland, Bundesrep.	168.748	152.011	10,7	4,4	11,3	4,1	93	98
112 Australien	20.651	19.420	9,3	2,7	6,8	..	100	97
113 Dänemark	15.601	16.179	6,6	4,7	7,1	0,8	97	100
114 Kanada	72.420	60.477	9,5	3,6	9,4	1,5	95	97
115 Schweden	27.377	26.090	7,9	0,7	5,4	0,9	98	96
116 Norwegen	17.972	13.494	8,3	6,3	8,2	3,0	111	110
117 Vereinigte Staaten	199.144	267.971	6,8	2,8	9,4	3,1	103	112
118 Schweiz	25.307	28.934	6,7	3,6	11,8	4,2	106	111
Osteuropäische Staatshandelsländer	**176.222** s	**160.545** s	**8,3** w	**5,9** w	**7,0** w	**2,4** w	..	..
119 Ungarn	8.722	8.481	10,4	6,2	9,8	3,8	99	95
120 *Albanien*	..	..	..	..	..	..	..	..
121 *Bulgarien*	12.690	13.380	11,4	12,1	9,3	5,7	..	..
122 Tschechoslowakei	16.477	16.324	6,8	5,7	6,7	2,5	96	..
123 Deutsche Dem. Rep.	23.793	21.524	9,5	6,5	10,1	3,8	..	..
124 *Polen*	11.572	10.590	—0,3	6,3	—1,6	—1,1	97	92
125 *Rumänien*	11.633	9.836	..	..	..	..	..	..
126 *Sowjetunion*	91.336	80.410	9,7	..	9,6	..	..	..

[a] Vgl. Technische Erläuterungen.   [b] Kursive Zahlen für 1982 und nicht für 1983.   [c] Kursive Zahlen für 1973—82 und nicht für 1973—83.   [d] Angaben für die Südafrikanische Zollunion, der Südafrika, Namibia, Lesotho, Botswana und Swasiland angehören. Der Handel zwischen diesen Teilgebieten wurde vernachlässigt.   [e] Einschließlich Luxemburg.

Tabelle 10: Struktur der Warenausfuhr

	Anteile an der Warenausfuhr in %									
	Brennstoffe, Mineralien und Metalle		Sonstige Rohstoffe		Textilien und Bekleidung		Maschinenbau, Elektrotechn. Fahrzeuge		Übriges Verarbeitendes Gewerbe	
	1965	1982[a]	1965	1982[a]	1965	1982[a]	1965	1982[a]	1965	1982[a]
Länder mit niedrigem Einkommen	**11** w	**20** w	**65** w	**30** w	**16** w	**18** w	**1** w	**5** w	**7** w	**28** w
China und Indien	..	21 w	..	23 w	..	17 w	..	6 w	..	33 w
Übrige Länder	12 w	15 w	78 w	55 w	5 w	20 w	(.) w	2 w	4 w	8 w
Afrika südl. der Sahara	20 w	22 w	75 w	69 w	(.) w	1 w	(.) w	2 w	4 w	5 w
1 Äthiopien	(.)	8	99	91	(.)	(.)	(.)	(.)	(.)	1
2 Bangladesch	..	2	..	36	..	47	..	4	..	11
3 Mali	1	..	96	..	1	..	1	..	1	..
4 Nepal	..	(.)	..	72	..	10	..	(.)	..	17
5 Zaire	72	..	20	..	(.)	..	(.)	..	8	..
6 Burkina	1	(.)	94	85	2	2	1	6	1	7
7 Birma	5	..	94	..	(.)	..	(.)	..	(.)	..
8 Malawi	(.)	(.)	99	88	(.)	6	(.)	3	1	3
9 Uganda	13	..	86	..	(.)	..	(.)	..	1	..
10 Burundi	(.)	..	94	..	(.)	..	(.)	..	5	..
11 Niger	(.)	81	95	17	1	1	1	1	3	1
12 Tansania	1	5	86	82	(.)	3	(.)	2	13	7
13 Somalia	(.)	(.)	86	99	(.)	(.)	4	(.)	10	(.)
14 Indien	10	7	41	33	36	24	1	7	12	29
15 Ruanda	40	..	60	..	(.)	..	(.)	..	1	..
16 Zentralafr. Rep.	..	..	..	..	..	..	..	..	..	..
17 Togo	33	52	62	33	..	1	1	1	4	13
18 Benin	1	..	94	..	(.)	..	2	..	3	..
19 China	..	26	..	20	..	15	..	6	..	34
20 Guinea	..	..	..	..	..	..	..	..	..	..
21 Haiti	..	..	..	..	..	..	..	..	..	..
22 Ghana	13	..	85	..	(.)	..	1	..	2	..
23 Madagaskar	4	12	90	81	1	4	1	1	4	2
24 Sierra Leone	..	..	..	..	..	..	..	..	..	..
25 Sri Lanka	2	14	97	59	(.)	17	(.)	2	1	8
26 Kenia	13	29	77	57	(.)	(.)	(.)	2	9	12
27 Pakistan	2	6	62	34	29	46	1	2	6	12
28 Sudan	1	5	98	93	(.)	1	1	1	(.)	(.)
29 Afghanistan	(.)	..	87	..	13	..	0	..	(.)	..
30 Bhutan	..	..	..	..	..	..	..	..	..	..
31 Tschad	5	..	92	..	(.)	..	(.)	..	3	..
32 Kambodscha	(.)	..	99	..	(.)	..	(.)	..	(.)	..
33 Laos	62	..	32	..	(.)	..	(.)	..	6	..
34 Mosambik	14	..	84	..	1	..	(.)	..	1	..
35 Vietnam	..	..	..	..	..	..	..	..	..	..
Länder mit mittlerem Einkommen	**36** w	**37** w	**48** w	**21** w	**4** w	**8** w	**3** w	**11** w	**10** w	**23** w
Ölexporteure	60 w	79 w	34 w	12 w	2 w	1 w	1 w	3 w	3 w	4 w
Ölimporteure	19 w	13 w	57 w	27 w	6 w	12 w	4 w	15 w	4 w	33 w
Afrika südl. der Sahara	40 w	..	52 w	..	1 w	..	1 w	..	5 w	..
Untere Einkommenskategorie	**26** w	**47** w	**66** w	**34** w	**2** w	**6** w	**1** w	**2** w	**5** w	**11** w
36 Senegal	9	52	88	29	1	5	1	4	2	11
37 Lesotho[b]	..	..	..	..	..	..	..	..	..	..
38 Liberia	72	67	25	31	(.)	(.)	1	1	2	1
39 Mauretanien	94	..	5	..	(.)	..	1	..	(.)	..
40 Bolivien	93	..	3	..	(.)	..	(.)	..	4	..
41 Jemen, Dem. VR.	79	..	15	..	2	..	2	..	2	..
42 Jemen, Arab. Rep.	..	..	..	..	..	..	..	..	..	..
43 Indonesien	43	85	53	11	(.)	1	3	1	1	2
44 Sambia	97	..	3	..	(.)	..	(.)	..	(.)	..
45 Honduras	6	4	90	87	1	2	(.)	(.)	3	7
46 Ägypten, Arab. Rep.	8	70	71	22	15	6	(.)	(.)	5	2
47 El Salvador	2	5	81	55	6	15	1	3	10	22
48 Elfenbeinküste	2	13	93	76	1	2	1	3	3	6
49 Simbabwe	24	..	47	..	6	..	6	..	17	..
50 Marokko	40	39	55	26	1	12	(.)	1	4	21
51 Papua-Neuguinea	(.)	51	90	40	(.)	(.)	(.)	2	10	7
52 Philippinen	11	12	84	38	1	7	(.)	3	5	39
53 Nigeria	32	..	65	..	(.)	..	0	..	2	..
54 Kamerun	17	49	77	44	(.)	2	3	1	2	4
55 Thailand	11	7	84	64	(.)	10	(.)	6	4	13
56 Nicaragua	4	1	90	91	(.)	(.)	(.)	(.)	5	7
57 Costa Rica	(.)	1	84	71	2	3	1	4	13	21
58 Peru	45	69	54	17	(.)	8	(.)	1	1	5
59 Guatemala	(.)	2	86	69	4	5	1	2	9	22
60 Kongo, VR	..	..	..	..	..	..	..	..	..	..
61 Türkei	9	10	89	47	1	20	(.)	5	1	18
62 Tunesien	31	57	51	10	2	15	(.)	2	16	16
63 Jamaika	28	22	41	18	4	3	(.)	4	27	54
64 Dominikanische Rep.	10	1	88	82	(.)	(.)	(.)	3	2	13

Anmerkung: Zur Vergleichbarkeit der Daten und ihrer Abgrenzung vgl. Technische Erläuterungen.

	Anteile an der Warenausfuhr in %									
	Brennstoffe, Mineralien und Metalle		Sonstige Rohstoffe		Textilien und Bekleidung		Maschinenbau, Elektrotechn. Fahrzeuge		Übriges Verarbeitendes Gewerbe	
	1965	1982[a]	1965	1982[a]	1965	1982[a]	1965	1982[a]	1965	1982[a]
65 Paraguay	(.)	..	92	..	(.)	..	(.)	..	8	..
66 Ecuador	2	64	96	33	1	(.)	(.)	1	2	2
67 Kolumbien	18	8	75	68	2	7	(.)	3	4	15
68 Angola	6	..	76	..	(.)	..	1	..	17	..
69 Kuba	4	..	92	..	(.)	..	(.)	..	4	..
70 Korea, Dem. Rep.	..	..	..	..	..	..	..	..	..	..
71 Libanon	14	..	52	..	2	..	14	..	18	..
72 Mongolische VR	..	..	..	..	..	..	..	..	..	..
Obere Einkommenskategorie	**41** w	**34** w	**38** w	**17** w	**5** w	**9** w	**3** w	**14** w	**12** w	**26** w
73 Jordanien	27	23	54	27	1	4	11	17	6	29
74 Syrien, Arab. Rep.	1	..	89	..	7	..	1	..	2	..
75 Malaysia	35	35	59	42	(.)	3	2	15	4	5
76 Chile	89	65	7	27	(.)	(.)	1	3	4	5
77 Brasilien	9	18	83	43	1	3	2	17	6	19
78 Korea, Rep.	15	1	25	7	27	21	3	28	29	43
79 Argentinien	1	9	93	67	(.)	1	1	7	4	16
80 Panama	..	23	..	64	..	6	..	(.)	..	7
81 Portugal	4	5	34	20	24	29	3	14	34	32
82 Mexiko	22	78	62	10	3	1	1	4	13	7
83 Algerien	57	99	39	1	(.)	(.)	2	(.)	2	1
84 Südafrika[b]	24	14	44	12	1	1	3	3	28	70
85 Uruguay	(.)	(.)	95	67	2	13	(.)	1	3	18
86 Jugoslawien	10	6	33	16	8	10	24	31	25	37
87 Venezuela	97	97	1	(.)	(.)	(.)	(.)	1	2	2
88 Griechenland	8	18	78	31	3	21	2	5	8	25
89 Israel	6	2	28	17	9	6	2	18	54	56
90 Hongkong	2	2	11	6	43	34	6	19	37	39
91 Singapur	21	30	44	13	6	4	10	26	18	28
92 Trinidad und Tobago	84	87	9	2	(.)	(.)	(.)	3	7	8
93 Iran, Islamische Rep.	88	..	8	..	4	..	(.)	..	1	..
94 Irak	95	..	4	..	(.)	..	(.)	..	1	..
Ölexporteure mit hohem Einkommen	**98** w	**96** w	**1** w	**(.)** w	**(.)** w	**(.)** w	**1** w	**1** w	**(.)** w	**2** w
95 Oman	..	92	..	1	..	(.)	..	6	..	1
96 Libyen	98	99	1	(.)	(.)	(.)	1	(.)	(.)	(.)
97 Saudi-Arabien	98	99	(.)	(.)	(.)	(.)	1	1	1	(.)
98 Kuwait	98	84	1	1	(.)	1	1	5	(.)	9
99 Vereinigte Arab. Emirate	99	94	1	1	(.)	1	(.)	2	(.)	2
Marktwirtschaftliche Industrieländer	**9** w	**12** w	**21** w	**14** w	**7** w	**4** w	**31** w	**37** w	**32** w	**32** w
100 Spanien	9	11	51	18	6	4	10	27	24	40
101 Irland	3	3	63	32	7	7	5	25	22	34
102 Italien	8	8	14	8	15	11	30	31	33	41
103 Neuseeland	1	5	94	71	(.)	2	(.)	8	5	14
104 Belgien[c]	13	13	11	13	12	7	20	23	44	45
105 Großbritannien	7	24	10	9	7	4	41	33	35	31
106 Österreich	8	5	17	10	12	10	20	28	43	47
107 Niederlande	12	26	32	24	9	4	21	16	26	29
108 Japan	2	1	7	2	17	4	31	56	43	36
109 Frankreich	8	7	21	19	10	5	26	35	35	35
110 Finnland	3	7	40	16	2	6	12	26	43	45
111 Deutschland, Bundesrep.	7	6	5	7	5	5	46	47	37	35
112 Australien	13	37	73	41	1	1	5	5	9	16
113 Dänemark	2	4	55	40	4	5	22	24	17	27
114 Kanada	28	24	35	22	1	1	15	32	21	21
115 Schweden	9	9	23	12	2	2	35	43	30	35
116 Norwegen	21	60	28	9	2	1	17	15	32	16
117 Vereinigte Staaten	8	9	27	21	3	2	37	44	26	24
118 Schweiz	3	3	7	4	10	7	30	35	50	52
Osteuropäische Staatshandelsländer	..	..	..	..	..	..	..	..	..	..
119 Ungarn	5	9	25	27	9	6	32	32	28	26
120 Albanien	..	..	..	..	..	..	..	..	..	..
121 Bulgarien	..	..	..	..	..	..	..	..	..	..
122 Tschechoslowakei	..	6	..	7	..	6	..	50	..	32
123 Deutsche Dem. Rep.	..	..	..	..	..	..	..	..	..	..
124 Polen	..	17	..	8	..	7	..	47	..	22
125 Rumänien	..	..	..	..	..	..	..	..	..	..
126 Sowjetunion	..	..	..	..	..	..	..	..	..	..

[a] Kursive Zahlen für 1981 und nicht für 1982.   [b] Angaben für die Südafrikanische Zollunion, der Südafrika, Namibia, Lesotho, Botswana und Swasiland angehören. Der Handel zwischen diesen Teilgebieten wurde vernachlässigt.   [c] Einschließlich Luxemburg.

Tabelle 11: Struktur der Wareneinfuhr

	Anteile an der Wareneinfuhr in %									
	Nahrungs-mittel		Brennstoffe		Sonstige Rohstoffe		Maschinenbau, Elektrotechn., Fahrzeuge		Übriges Verarbeitendes Gewerbe	
	1965	1982[a]	1965	1982[a]	1965	1982[a]	1965	1982[a]	1965	1982[a]
Länder mit niedrigem Einkommen	**21** w	**17** w	**5** w	**18** w	**8** w	**11** w	**32** w	**20** w	**34** w	**34** w
China und Indien	..	17 w	..	15 w	..	15 w	..	17 w	..	36 w
Übrige Länder	20 w	16 w	5 w	24 w	4 w	4 w	28 w	25 w	43 w	30 w
Afrika südl. der Sahara	17 w	15 w	6 w	23 w	4 w	3 w	28 w	28 w	45 w	31 w
1 Äthiopien	7	10	6	25	5	3	37	31	44	31
2 Bangladesch	..	26	..	12	..	8	..	22	..	32
3 Mali	21	..	6	..	3	..	23	..	47	..
4 Nepal	..	16	..	13	..	3	..	18	..	50
5 Zaire	19	..	7	..	4	..	33	..	37	..
6 Burkina	25	25	4	16	12	3	19	24	40	32
7 Birma	15	..	4	..	5	..	18	..	58	..
8 Malawi	16	11	5	17	2	2	21	24	57	46
9 Uganda	..	5	..	23	..	1	..	42	..	29
10 Burundi	18	..	6	..	7	..	15	..	55	..
11 Niger	13	24	6	15	4	4	21	26	55	32
12 Tansania	..	7	..	31	..	2	..	35	..	25
13 Somalia	33	20	5	2	5	6	24	50	33	21
14 Indien	22	9	5	35	14	10	37	18	22	28
15 Ruanda	12	..	7	..	4	..	28	..	50	..
16 Zentralafr. Rep.	13	..	7	..	2	..	29	..	49	..
17 Togo	18	26	4	8	2	3	32	21	45	42
18 Benin	23	..	6	..	2	..	17	..	53	..
19 China	..	23	..	1	..	18	..	17	..	41
20 Guinea	..	..	..	..	..	..	..	..	..	..
21 Haiti	..	26	..	12	..	4	..	21	..	37
22 Ghana	13	..	4	..	2	..	33	..	48	..
23 Madagaskar	20	16	5	24	2	3	25	30	48	27
24 Sierra Leone	19	24	9	14	1	1	29	18	41	42
25 Sri Lanka	41	13	8	31	4	3	12	24	34	30
26 Kenia	..	8	..	37	..	3	..	27	..	25
27 Pakistan	20	14	3	31	5	7	38	23	34	26
28 Sudan	24	19	5	19	3	3	21	22	47	37
29 *Afghanistan*	17	..	4	..	1	..	8	..	69	..
30 *Bhutan*	..	..	..	..	..	..	..	..	..	..
31 Tschad	13	..	20	..	3	..	21	..	42	..
32 *Kambodscha*	6	..	7	..	2	..	26	..	58	..
33 *Laos*	32	..	14	..	1	..	19	..	34	..
34 *Mosambik*	17	..	8	..	7	..	24	..	45	..
35 *Vietnam*	..	..	..	..	..	..	..	..	..	..
Länder mit mittlerem Einkommen	**16** w	**12** w	**8** w	**21** w	**9** w	**6** w	**29** w	**30** w	**38** w	**31** w
Ölexporteure	16 w	15 w	6 w	10 w	6 w	4 w	33 w	39 w	39 w	32 w
Ölimporteure	17 w	10 w	8 w	26 w	11 w	6 w	27 w	26 w	37 w	31 w
Afrika südl. der Sahara	13 w	20 w	5 w	7 w	3 w	3 w	32 w	35 w	47 w	35 w
Untere Einkommenskategorie	**17** w	**14** w	**7** w	**19** w	**5** w	**5** w	**29** w	**31** w	**41** w	**32** w
36 Senegal	37	27	6	30	4	1	15	18	38	23
37 Lesotho[b]	..	..	..	..	..	..	..	..	..	..
38 Liberia	18	22	8	27	1	2	33	25	39	24
39 Mauretanien	9	..	4	..	1	..	56	..	30	..
40 Bolivien	20	12	1	2	2	1	34	45	42	40
41 Jemen, Dem. VR.	21	..	39	..	3	..	10	..	26	..
42 Jemen, Arab. Rep.	..	32	..	8	..	1	..	25	..	34
43 Indonesien	6	7	3	21	2	5	39	38	50	29
44 Sambia	10	9	10	19	2	1	33	34	45	37
45 Honduras	12	10	6	22	1	2	26	20	56	46
46 Ägypten, Arab. Rep.	28	31	7	4	10	5	23	29	31	30
47 El Salvador	16	18	5	25	3	3	28	12	48	42
48 Elfenbeinküste	18	19	6	21	2	2	28	23	46	34
49 Simbabwe	7	..	(.)	..	4	..	41	..	47	..
50 Marokko	36	16	5	27	9	10	18	24	31	23
51 Papua-Neuguinea	25	20	4	19	1	1	25	30	45	30
52 Philippinen	20	10	10	26	7	4	33	22	30	38
53 Nigeria	9	21	6	3	3	3	34	38	48	35
54 Kamerun	12	10	5	4	3	2	28	35	51	49
55 Thailand	7	5	9	31	5	7	31	24	49	33
56 Nicaragua	13	12	5	23	1	1	30	23	51	40
57 Costa Rica	9	9	5	20	2	3	29	15	54	53
58 Peru	17	18	3	2	5	3	41	44	34	34
59 Guatemala	11	6	7	38	2	3	29	16	50	37
60 Kongo, VR	15	17	6	15	1	1	34	25	44	42
61 Türkei	6	3	10	44	10	6	37	26	37	22
62 Tunesien	16	14	6	21	6	8	31	27	41	30
63 Jamaika	22	19	9	29	4	4	23	18	42	30
64 Dominikanische Rep.	25	16	10	34	2	3	23	19	40	29

Anmerkung: Zur Vergleichbarkeit der Daten und ihrer Abgrenzung vgl. Technische Erläuterungen.

	Anteile an der Wareneinfuhr in %									
	Nahrungs-mittel		Brennstoffe		Sonstige Rohstoffe		Maschinenbau, Elektrotechn., Fahrzeuge		Übriges Verarbeitendes Gewerbe	
	1965	1982[a]	1965	1982[a]	1965	1982[a]	1965	1982[a]	1965	1982[a]
65 Paraguay	14	13	14	24	2	(.)	37	37	33	26
66 Ecuador	10	5	9	2	4	5	33	43	44	45
67 Kolumbien	8	11	1	12	10	5	45	39	35	33
68 *Angola*	18	..	2	..	2	..	24	..	54	..
69 *Kuba*	29	..	10	..	3	..	15	..	43	..
70 *Korea, Dem. Rep.*	..	..	..	..	..	..	..	..	..	..
71 *Libanon*	29	..	9	..	9	..	17	..	36	..
72 *Mongolische VR*	..	..	..	..	..	..	..	..	..	..
Obere Einkommenskategorie	**16** w	**11** w	**8** w	**22** w	**11** w	**6** w	**29** w	**30** w	**36** w	**31** w
73 Jordanien	30	18	6	21	5	2	18	28	42	30
74 Syrien, Arab. Rep.	22	..	10	..	8	..	16	..	43	..
75 Malaysia	27	12	12	15	7	5	22	40	32	29
76 Chile	20	*12*	6	*15*	9	*3*	35	*37*	30	*33*
77 Brasilien	20	8	21	54	9	4	22	17	28	17
78 Korea, Rep.	15	*12*	7	*30*	26	*15*	13	*23*	38	*20*
79 Argentinien	7	4	10	13	21	9	25	35	38	38
80 Panama	..	9	..	27	..	1	..	26	..	37
81 Portugal	16	14	8	27	18	8	27	27	30	24
82 Mexiko	5	10	2	12	10	2	50	45	33	31
83 Algerien	27	21	(.)	2	5	4	15	40	52	34
84 Südafrika[b]	5	3	5	(.)	10	4	42	43	37	50
85 Uruguay	10	*7*	17	*32*	14	*5*	24	*32*	36	*25*
86 Jugoslawien	16	6	6	26	19	12	28	28	32	28
87 Venezuela	12	*17*	1	*1*	5	*4*	44	*43*	39	*35*
88 Griechenland	16	13	8	29	11	6	35	26	30	27
89 Israel	16	11	6	23	11	5	28	27	38	33
90 Hongkong	26	14	3	8	11	5	13	22	46	52
91 Singapur	24	8	13	34	18	4	14	28	30	26
92 Trinidad und Tobago	12	12	49	25	2	3	16	32	21	27
93 *Iran, Islamische Rep.*	16	..	(.)	..	6	..	36	..	42	..
94 *Irak*	24	..	(.)	..	7	..	25	..	44	..
Ölexporteure mit hohem Einkommen	**24** w	**13** w	**2** w	**2** w	**3** w	**2** w	**32** w	**42** w	**40** w	**41** w
95 Oman	..	13	..	10	..	2	..	42	..	33
96 Libyen	14	*18*	4	*1*	3	*2*	36	*38*	43	*41*
97 Saudi-Arabien	31	13	1	(.)	4	2	27	43	37	42
98 Kuwait	26	*15*	1	*1*	2	*2*	32	*41*	39	*42*
99 Vereinigte Arab. Emirate	..	10	..	6	..	2	..	41	..	42
Marktwirtschaftliche Industrieländer	**20** w	**11** w	**11** w	**26** w	**19** w	**8** w	**19** w	**24** w	**31** w	**31** w
100 Spanien	20	12	10	40	14	9	27	19	28	20
101 Irland	19	13	8	15	9	4	25	27	39	41
102 Italien	24	14	16	32	24	11	15	20	21	24
103 Neuseeland	8	7	7	17	9	5	33	33	43	39
104 Belgien[c]	14	12	9	21	21	9	24	22	32	36
105 Großbritannien	32	14	11	13	24	9	11	29	23	36
106 Österreich	15	7	7	16	12	9	31	28	35	40
107 Niederlande	16	16	10	26	12	6	25	19	37	34
108 Japan	23	13	20	50	38	16	9	6	11	15
109 Frankreich	20	11	15	27	18	7	20	24	27	32
110 Finnland	10	7	10	27	11	7	35	28	34	30
111 Deutschland, Bundesrep.	24	13	8	24	20	9	13	20	35	35
112 Australien	6	5	8	14	9	3	37	39	41	38
113 Dänemark	15	12	11	23	10	6	25	21	39	38
114 Kanada	10	8	7	10	9	5	40	48	34	29
115 Schweden	12	7	11	24	11	6	30	28	36	35
116 Norwegen	11	6	7	13	12	6	38	37	32	38
117 Vereinigte Staaten	20	8	10	27	20	6	14	29	36	31
118 Schweiz	17	9	6	12	9	5	24	26	43	47
Osteuropäische Staatshandelsländer	..	..	..	..	..	..	..	..	..	..
119 Ungarn	12	7	11	21	21	10	27	29	28	34
120 *Albanien*	..	..	..	..	..	..	..	..	..	..
121 *Bulgarien*	..	..	..	..	..	..	..	..	..	..
122 *Tschechoslowakei*	..	9	..	28	..	13	..	31	..	19
123 *Deutsche Dem. Rep.*	..	..	..	..	..	..	..	..	..	..
124 Polen	..	*18*	..	*20*	..	*10*	..	*31*	..	*21*
125 *Rumänien*	..	..	..	..	..	..	..	..	..	..
126 *Sowjetunion*	..	..	..	..	..	..	..	..	..	..

[a] Kursive Zahlen für 1981 und nicht für 1982. [b] Angaben für die Südafrikanische Zollunion, der Südafrika, Namibia, Lesotho, Botswana und Swasiland angehören. Der Handel zwischen diesen Teilgebieten wurde vernachlässigt. [c] Einschließlich Luxemburg.

Tabelle 12: Regionale Struktur der Warenausfuhr

	Bestimmungsland der Warenausfuhr (in % der Gesamtausfuhr)							
	Marktwirtschaftliche Industrieländer		Osteuropäische Staatshandelsländer		Ölexportländer mit hohem Einkommen		Entwicklungsländer	
Ursprungsland	1965	1983[a]	1965	1983[a]	1965	1983[a]	1965	1983[a]
Länder mit niedrigem Einkommen	**56** w	**48** w	**10** w	**7** w	**2** w	**5** w	**32** w	**40** w
China und Indien	51 w	46 w	14 w	7 w	2 w	3 w	33 w	44 w
Übrige Länder	61 w	54 w	6 w	6 w	2 w	8 w	31 w	32 w
Afrika südl. der Sahara	71 w	63 w	5 w	5 w	1 w	4 w	23 w	27 w
1 Äthiopien	78	66	3	1	6	6	14	28
2 Bangladesch	..	43	..	8	..	1	..	47
3 Mali	7	72	4	2	0	(.)	89	26
4 Nepal	..	42	..	(.)	..	(.)	..	58
5 Zaire	93	89	(.)	(.)	(.)	(.)	7	10
6 Burkina	17	48	0	(.)	0	(.)	83	51
7 Birma	29	34	8	3	1	2	62	61
8 Malawi	69	68	0	(.)	(.)	(.)	30	31
9 Uganda	69	84	2	(.)	1	(.)	28	15
10 Burundi	..	78	..	4	..	0	..	19
11 Niger	61	..	(.)	..	(.)	..	39	..
12 Tansania	66	59	1	4	1	1	32	37
13 Somalia	40	16	(.)	(.)	3	66	57	18
14 Indien	58	55	17	12	2	7	23	26
15 Ruanda	96	92	0	(.)	0	0	4	8
16 Zentralafr. Rep.	71	82	0	1	0	(.)	29	16
17 Togo	92	52	2	1	0	0	6	46
18 Benin	88	79	(.)	(.)	0	0	12	20
19 China	47	42	12	5	2	2	40	52
20 Guinea	..	89	..	(.)	..	(.)	..	11
21 Haiti	97	98	(.)	(.)	(.)	(.)	3	2
22 Ghana	74	47	18	34	(.)	(.)	9	20
23 Madagaskar	85	72	1	3	(.)	(.)	14	25
24 Sierra Leone	92	66	(.)	(.)	(.)	(.)	8	34
25 Sri Lanka	56	46	9	5	3	6	33	44
26 Kenia	69	47	2	1	1	1	28	51
27 Pakistan	48	35	3	4	4	22	45	39
28 Sudan	56	36	13	7	4	28	27	29
29 *Afghanistan*	47	33	27	55	0	1	25	10
30 *Bhutan*	..	..	..	..	..	..	..	..
31 *Tschad*	64	72	0	0	2	(.)	34	28
32 *Kambodscha*	36	..	6	..	0	..	58	..
33 *Laos*	9	..	0	..	0	..	91	..
34 *Mosambik*	24	37	(.)	(.)	(.)	1	76	62
35 *Vietnam*	..	..	..	..	..	..	..	..
Länder mit mittlerem Einkommen	**69** w	**62** w	**7** w	**3** w	**1** w	**3** w	**23** w	**32** w
Ölexporteure	70 w	69 w	5 w	1 w	1 w	(.) w	24 w	30 w
Ölimporteure	68 w	57 w	8 w	5 w	1 w	4 w	23 w	33 w
Afrika südl. der Sahara	81 w	73 w	2 w	1 w	(.) w	(.) w	17 w	26 w
Untere Einkommenskategorie	**70** w	**69** w	**9** w	**2** w	**1** w	**2** w	**20** w	**27** w
36 Senegal	92	54	(.)	1	0	(.)	7	45
37 Lesotho[b]	..	..	..	..	..	..	..	..
38 Liberia	98	*94*	0	(.)	0	*1*	2	*5*
39 Mauretanien	96	94	(.)	(.)	0	..	4	6
40 Bolivien	97	41	0	1	0	0	3	58
41 Jemen, Dem. VR.	38	56	(.)	(.)	1	1	61	43
42 Jemen, Arab. Rep.	..	26	..	6	..	17	..	50
43 Indonesien	72	73	5	1	(.)	1	23	26
44 Sambia	87	65	2	1	0	(.)	11	34
45 Honduras	80	81	0	2	0	2	20	15
46 Ägypten, Arab. Rep.	28	73	44	9	1	2	27	16
47 El Salvador	73	53	1	0	0	(.)	26	47
48 Elfenbeinküste	84	70	2	3	1	(.)	13	27
49 Simbabwe	50	53	1	1	(.)	(.)	48	46
50 Marokko	80	65	7	5	(.)	3	12	28
51 Papua-Neuguinea	98	85	0	1	0	(.)	2	14
52 Philippinen	95	77	0	2	(.)	1	5	20
53 Nigeria	91	74	3	(.)	(.)	(.)	6	26
54 Kamerun	93	85	(.)	(.)	(.)	(.)	7	15
55 Thailand	44	56	1	2	2	5	53	37
56 Nicaragua	81	74	(.)	2	0	(.)	19	24
57 Costa Rica	79	72	(.)	2	0	1	20	25
58 Peru	86	76	3	3	(.)	(.)	12	21
59 Guatemala	75	53	0	2	(.)	4	25	41
60 Kongo, VR	86	98	1	(.)	0	0	13	2
61 Türkei	71	47	15	4	(.)	12	14	37
62 Tunesien	61	80	5	1	3	3	31	16
63 Jamaika	93	78	1	1	(.)	(.)	6	21
64 Dominikanische Rep.	99	84	0	7	0	(.)	1	9

Anmerkung: Zur Vergleichbarkeit der Daten und ihrer Abgrenzung vgl. Technische Erläuterungen.

	Bestimmungsland der Warenausfuhr (in % der Gesamtausfuhr)							
	Markt-wirtschaftliche Industrieländer		Osteuropäische Staats-handelsländer		Ölexportländer mit hohem Einkommen		Entwicklungs-länder	
Ursprungsland	1965	1983[a]	1965	1983[a]	1965	1983[a]	1965	1983[a]
65 Paraguay	58	51	0	14	0	0	42	35
66 Ecuador	89	61	(.)	1	0	(.)	11	38
67 Kolumbien	86	78	2	4	(.)	(.)	12	18
68 *Angola*	55	66	1	2	(.)	(.)	45	32
69 *Kuba*	14	..	62	..	(.)	..	24	..
70 *Korea, Dem. Rep.*	..	..	..	..	..	..	..	..
71 *Libanon*	43	12	4	(.)	35	47	18	41
72 *Mongolische VR*	..	..	..	..	..	..	..	..
Obere Einkommenskategorie	**68** w	**60** w	**6** w	**4** w	**1** w	**3** w	**25** w	**33** w
73 Jordanien	20	6	4	3	22	23	54	68
74 Syrien, Arab. Rep.	26	37	24	16	8	5	42	42
75 Malaysia	56	50	7	3	(.)	1	36	47
76 Chile	90	75	(.)	1	0	2	10	22
77 Brasilien	77	66	6	7	(.)	2	18	26
78 Korea, Rep.	75	65	0	(.)	(.)	10	25	25
79 Argentinien	67	40	8	23	(.)	8	26	30
80 Panama	..	69	..	(.)	..	(.)	..	31
81 Portugal	65	82	1	2	(.)	1	34	16
82 Mexiko	82	86	6	1	(.)	(.)	13	14
83 Algerien	90	92	1	(.)	(.)	(.)	8	8
84 Südafrika[b]	96	45	0	(.)	(.)	0	4	55
85 Uruguay	76	34	5	8	0	3	19	55
86 Jugoslawien	40	32	42	46	(.)	3	17	18
87 Venezuela	63	60	(.)	(.)	(.)	(.)	37	39
88 Griechenland	64	63	23	7	2	11	12	18
89 Israel	72	71	4	1	0	0	24	28
90 Hongkong	67	61	(.)	(.)	1	3	32	35
91 Singapur	28	42	6	1	2	5	64	52
92 Trinidad und Tobago	92	74	0	0	0	(.)	8	26
93 *Iran, Islamische Rep.*	67	66	3	1	2	(.)	28	34
94 *Irak*	83	31	1	(.)	(.)	(.)	16	68
Ölexporteure mit hohem Einkommen	**70** w	**66** w	**(.)** w	**1** w	**3** w	**4** w	**27** w	**30** w
95 Oman	..	69	..	(.)	..	0	..	31
96 Libyen	97	74	(.)	3	(.)	(.)	3	23
97 Saudi-Arabien	71	66	0	(.)	8	5	21	30
98 Kuwait	56	40	(.)	1	1	6	44	53
99 Vereinigte Arab. Emirate	69	80	0	(.)	5	2	26	18
Marktwirtschaftliche Industrieländer	**71** w	**69** w	**3** w	**3** w	**1** w	**4** w	**26** w	**24** w
100 Spanien	73	61	3	3	(.)	5	24	31
101 Irland	91	88	1	1	(.)	2	8	10
102 Italien	71	65	5	4	2	9	23	22
103 Neuseeland	88	64	1	5	(.)	2	11	30
104 Belgien[c]	86	83	1	2	(.)	2	12	13
105 Großbritannien	63	73	2	2	2	6	33	19
106 Österreich	71	70	15	12	(.)	3	13	15
107 Niederlande	83	84	2	2	1	2	14	13
108 Japan	49	50	3	2	2	8	47	39
109 Frankreich	68	68	3	4	(.)	4	28	25
110 Finnland	71	61	21	28	(.)	1	9	10
111 Deutschland, Bundesrep.	77	74	3	5	1	3	19	18
112 Australien	69	60	4	3	1	3	26	34
113 Dänemark	85	80	4	1	1	3	11	16
114 Kanada	87	86	3	2	(.)	1	10	11
115 Schweden	85	81	4	3	(.)	3	11	13
116 Norwegen	82	90	4	1	(.)	(.)	13	8
117 Vereinigte Staaten	61	58	1	1	1	4	37	36
118 Schweiz	76	72	3	3	1	5	20	20
Osteuropäische Staatshandelsländer	..	**31** w	..	**51** w	..	**3** w	..	**14** w
119 Ungarn	22	25	66	49	(.)	2	12	23
120 *Albanien*	..	..	..	..	..	..	..	..
121 *Bulgarien*	..	11	..	69	..	8	..	12
122 Tschechoslowakei	18	15	72	68	1	2	9	15
123 *Deutsche Dem. Rep.*	..	..	..	..	..	..	..	..
124 *Polen*	..	32	..	51	..	2	..	16
125 *Rumänien*	..	25	..	45	..	2	..	29
126 *Sowjetunion*	..	39	..	46	..	3	..	12

[a] Kursive Zahlen für 1982 und nicht für 1983. [b] Angaben für die Südafrikanische Zollunion, der Südafrika, Namibia, Lesotho, Botswana und Swasiland angehören. Der Handel zwischen diesen Teilgebieten wurde vernachlässigt. [c] Einschließlich Luxemburg.

Tabelle 13: Regionale Exportstruktur für Industrieprodukte

Ursprungsland	Bestimmungsland der Industrieprodukte (in % der Gesamtausfuhr)								Ausfuhr von Industrieprodukten (in Mio $)	
	Marktwirtschaftliche Industrieländer		Osteuropäische Staatshandelsländer		Ölexportländer mit hohem Einkommen		Entwicklungsländer			
	1965	1982a	1965	1982a	1965	1982a	1965	1982a	1965	1982a
Länder mit niedrigem Einkommen	**54** w	**48** w	**9** w	**5** w	**2** w	**10** w	**35** w	**36** w		
China und Indien	..	..	..	..	..	..	..	..		
Übrige Länder	51 w	48 w	1 w	5 w	2 w	10 w	46 w	36 w		
Afrika südl. der Sahara	69 w	29 w	1 w	(.) w	(.) w	3 w	29 w	68 w		
1 Äthiopien	67	76	(.)	9	20	2	13	13	(.)	3
2 Bangladesch	..	39	..	9	..	1	..	52	..	417
3 Mali	14	..	8	..	0	..	78	..	..	..
4 Nepal	..	50	..	(.)	..	(.)	..	50	..	39
5 Zaire	93	..	0	..	(.)	..	7	..	28	..
6 Burkina	2	19	0	0	0	0	98	81	1	11
7 Birma	73	..	1	..	(.)	..	26	..	1	..
8 Malawi	3	6	0	0	0	0	97	94	(.)	31
9 Uganda	7	..	(.)	..	0	..	93	..	1	..
10 Burundi	(.)	..	0	..	0	..	100	..	1	..
11 Niger	43	30	(.)	(.)	0	(.)	57	70	1	10
12 Tansania	93	65	(.)	(.)	(.)	(.)	7	34	23	71
13 Somalia	21	54	(.)	0	2	6	77	39	4	1
14 Indien	55	..	12	..	2	..	31	..	828	4.476
15 Ruanda	95	..	0	..	0	..	5	..	(.)	..
16 Zentralafr. Rep.	..	..	..	..	..	..	..	..	..	..
17 Togo	37	9	(.)	1	0	0	62	90	1	32
18 Benin	15	..	0	..	0	..	85	..	1	..
19 China	..	..	..	..	..	..	..	..	..	12.225
20 Guinea	..	..	..	..	..	..	..	..	..	..
21 Haiti	..	..	..	..	..	..	..	..	..	..
22 Ghana	60	..	10	..	(.)	..	29	..	7	..
23 Madagaskar	80	80	0	(.)	0	(.)	20	20	5	24
24 Sierra Leone	99	..	(.)	..	(.)	..	1	..	53	..
25 Sri Lanka	59	84	7	(.)	(.)	1	34	16	5	277
26 Kenia	23	9	2	(.)	2	5	73	86	13	138
27 Pakistan	40	49	1	6	3	17	57	28	190	1.417
28 Sudan	79	62	(.)	8	2	19	20	11	2	10
29 *Afghanistan*	98	..	(.)	..	0	..	2	..	11	..
30 *Bhutan*	..	..	..	..	..	..	..	..	..	..
31 *Tschad*	6	..	0	..	25	..	69	..	1	..
32 *Kambodscha*	28	..	1	..	0	..	71	..	1	..
33 *Laos*	13	..	0	..	0	..	87	..	(.)	..
34 *Mosambik*	27	..	(.)	..	(.)	..	73	..	3	..
35 *Vietnam*	..	..	..	..	..	..	..	..	..	..
Länder mit mittlerem Einkommen	**52** w	**48** w	**9** w	**5** w	**2** w	**5** w	**37** w	**42** w		
Ölexporteure	43 w	60 w	10 w	2 w	4 w	3 w	44 w	34 w		
Ölimporteure	54 w	47 w	9 w	5 w	1 w	5 w	36 w	43 w		
Afrika südl. der Sahara	23 w	..	(.) w	..	(.) w	..	77 w	..		
Untere Einkommenskategorie	**36** w	**52** w	**10** w	**2** w	**3** w	**5** w	**51** w	**41** w		
36 Senegal	48	24	1	1	0	(.)	52	75	4	110
37 Lesothob	..	..	..	..	..	..	..	..	..	..
38 Liberia	77	47	0	(.)	0	0	23	53	4	13
39 Mauretanien	61	..	0	..	0	..	39	..	1	..
40 Bolivien	86	..	0	..	0	..	14	..	6	..
41 Jemen, Dem. VR.	32	..	(.)	..	6	..	62	..	11	..
42 Jemen, Arab. Rep.	..	..	..	..	..	..	..	..	..	..
43 Indonesien	25	42	1	(.)	(.)	7	74	51	27	868
44 Sambia	14	..	0	..	0	..	86	..	1	..
45 Honduras	2	33	0	0	0	0	98	67	6	58
46 Ägypten, Arab. Rep.	20	38	46	40	4	8	30	14	126	256
47 El Salvador	1	8	0	0	0	(.)	99	92	32	162
48 Elfenbeinküste	50	34	(.)	(.)	(.)	(.)	50	66	15	247
49 Simbabwe	12	..	(.)	..	(.)	..	88	..	116	..
50 Marokko	63	56	2	3	(.)	3	35	37	23	707
51 Papua-Neuguinea	100	85	0	0	0	0	(.)	15	5	72
52 Philippinen	93	75	0	(.)	(.)	1	7	23	43	2.492
53 Nigeria	85	..	(.)	..	(.)	..	15	..	17	90
54 Kamerun	46	39	0	0	(.)	(.)	54	61	6	78
55 Thailand	39	56	(.)	(.)	(.)	7	61	36	30	2.014
56 Nicaragua	4	3	0	(.)	0	0	96	97	8	30
57 Costa Rica	6	15	(.)	(.)	0	(.)	94	85	18	248
58 Peru	51	54	(.)	1	0	(.)	49	45	5	384
59 Guatemala	9	4	0	0	0	(.)	91	96	26	325
60 Kongo, VR	..	..	..	..	..	..	..	..	..	..
61 Türkei	83	43	8	2	(.)	11	9	45	11	2.475
62 Tunesien	19	68	3	2	5	7	73	23	23	835
63 Jamaika	93	74	1	2	0	0	6	24	64	444
64 Dominikanische Rep.	95	77	0	0	0	0	5	23	3	102

Anmerkung: Zur Vergleichbarkeit der Daten und ihrer Abgrenzung vgl. Technische Erläuterungen.

	Bestimmungsland der Industrieprodukte (in % der Gesamtausfuhr)								Ausfuhr von Industrieprodukten (in Mio $)	
	Marktwirtschaftliche Industrieländer		Osteuropäische Staatshandelsländer		Ölexportländer mit hohem Einkommen		Entwicklungsländer			
Ursprungsland	1965	1982[a]	1965	1982[a]	1965	1982[a]	1965	1982[a]	1965	1982[a]
65 Paraguay	93	..	0	..	0	..	7	..	5	..
66 Ecuador	25	7	0	(.)	0	0	75	93	3	69
67 Kolumbien	43	31	0	(.)	(.)	(.)	57	69	35	751
68 *Angola*	3	..	1	..	(.)	..	96	..	36	..
69 Kuba	27	..	70	..	0	..	3	..	27	..
70 *Korea, Dem. Rep.*	..	..	..	..	..	..	..	..	..	..
71 *Libanon*	19	..	1	..	61	..	19	..	29	..
72 *Mongolische VR*	..	..	..	..	..	..	..	..	..	..
Obere Einkommenskategorie	**55** w	**48** w	**9** w	**5** w	**1** w	**5** w	**34** w	**42** w		
73 Jordanien	49	22	(.)	(.)	23	25	28	53	5	367
74 Syrien, Arab. Rep.	5	..	21	..	25	..	50	..	16	..
75 Malaysia	17	67	(.)	(.)	2	2	81	31	75	2.781
76 Chile	38	27	(.)	(.)	0	0	62	73	28	*301*
77 Brasilien	40	50	1	1	(.)	2	59	47	134	7.971
78 Korea, Rep.	68	*62*	0	0	(.)	11	32	27	104	*19.237*
79 Argentinien	45	48	3	4	(.)	(.)	52	47	84	1.849
80 *Panama*	..	..	..	..	..	..	..	..	..	39
81 Portugal	59	83	(.)	2	(.)	1	41	14	355	3.138
82 Mexiko	71	..	(.)	..	(.)	..	29	..	165	2.505
83 Algerien	50	59	1	18	1	(.)	48	23	24	89
84 Südafrika[b]	94	0	0	0	(.)	0	6	100	443	13.081
85 Uruguay	71	46	6	7	0	0	23	48	10	332
86 Jugoslawien	24	22	52	53	1	3	24	22	617	8.393
87 Venezuela	59	59	(.)	(.)	(.)	(.)	41	41	51	417
88 Griechenland	56	56	8	5	9	16	27	23	44	2.154
89 Israel	67	63	4	1	0	0	29	37	281	4.246
90 Hongkong	71	62	(.)	(.)	1	4	28	34	995	19.277
91 Singapur	9	49	(.)	1	3	6	88	44	338	11.834
92 Trinidad und Tobago	78	72	0	(.)	0	(.)	22	28	28	322
93 *Iran, Islamische Rep.*	61	..	1	..	17	..	21	..	58	..
94 *Irak*	24	..	1	..	16	..	60	..	8	..
Ölexporteure mit hohem Einkommen	**30** w	**21** w	**(.)** w	**(.)** w	**21** w	**29** w	**49** w	**49** w		
95 Oman	..	11	..	0	..	70	..	18	..	303
96 Libyen	57	64	(.)	(.)	(.)	1	43	35	7	62
97 Saudi-Arabien	31	10	0	(.)	18	16	52	73	19	824
98 Kuwait	18	*28*	(.)	(.)	33	*21*	49	*51*	17	*2.453*
99 Vereinigte Arab. Emirate	..	13	..	(.)	..	55	..	32	..	777
Marktwirtschaftliche Industrieländer	**67** w	**64** w	**3** w	**3** w	**1** w	**5** w	**29** w	**28** w		
100 Spanien	57	53	1	2	(.)	5	42	39	382	14.525
101 Irland	82	91	(.)	(.)	(.)	1	17	7	203	5.227
102 Italien	68	64	5	4	2	8	25	24	5.587	61.313
103 Neuseeland	90	70	(.)	1	(.)	1	10	28	53	1.322
104 Belgien[c]	86	83	1	2	1	2	13	13	4.823	38.261
105 Großbritannien	61	62	2	2	2	8	35	29	11.346	65.448
106 Österreich	67	68	18	12	(.)	3	15	17	1.204	13.333
107 Niederlande	81	81	2	2	1	3	16	14	3.586	32.734
108 Japan	47	48	2	3	2	8	49	41	7.704	134.209
109 Frankreich	64	63	3	3	1	4	33	30	7.139	68.618
110 Finnland	63	56	26	33	(.)	2	11	9	815	10.066
111 Deutschland, Bundesrep.	76	72	3	4	1	4	20	20	15.764	152.774
112 Australien	57	35	(.)	(.)	(.)	2	43	63	432	4.736
113 Dänemark	79	75	4	2	(.)	3	16	20	967	8.458
114 Kanada	88	88	(.)	(.)	(.)	1	12	10	2.973	36.065
115 Schweden	82	76	4	3	(.)	4	14	17	2.685	21.227
116 Norwegen	78	71	3	2	(.)	1	19	25	734	5.571
117 Vereinigte Staaten	58	53	(.)	1	1	6	40	40	17.833	147.831
118 Schweiz	75	68	3	3	1	5	21	23	2.646	23.770
Osteuropäische Staatshandelsländer										
119 Ungarn	11	20	74	56	(.)	2	15	22	1.053	5.603
120 *Albanien*	..	..	..	..	..	..	..	..	..	..
121 *Bulgarien*	..	..	..	..	..	..	..	..	..	..
122 Tschechoslowakei	..	13	..	70	..	1	..	16	..	13.760
123 *Deutsche Dem. Rep.*	..	..	..	..	..	..	..	..	..	..
124 Polen	..	17	..	56	..	2	..	26	..	9.983
125 *Rumänien*	..	..	..	..	..	..	..	..	..	..
126 *Sowjetunion*	..	..	..	..	..	..	..	..	..	..

[a] Kursive Zahlen für 1981 und nicht für 1982. [b] Angaben für die Südafrikanische Zollunion, der Südafrika, Namibia, Lesotho, Botswana und Swasiland angehören. Der Handel zwischen diesen Teilgebieten wurde vernachlässigt. [c] Einschließlich Luxemburg.

Tabelle 14: Zahlungsbilanzen und Reserven

	Leistungs-bilanzsaldo (in Mio $)		Zufließende Gastarbeiter-überweisungen (in Mio $)		Private Netto-direktinvestition (in Mio $)		Bruttowährungsreserven		
							In Mio $		Einfuhr-deckung in Monaten
	1970	1983a	1970	1983a	1970	1983a	1970	1983a	1983a
Länder mit niedrigem Einkommen									6,4 w
China und Indien									8,2 w
Übrige Länder									3,0 w
Afrika südl. der Sahara									2,2 w
1 Äthiopien	−32	−171			4	..	72	206	2,5
2 Bangladesch	..	−77	..	629	..	(.)	..	546	2,6
3 Mali	−2	−103	6	36	..	2	1	23	0,6
4 Nepal	..	−143	..	..	..	..	94	191	4,1
5 Zaire	−64	−559	2	119	42	331	189	269	..
6 Burkina	9	..	18	..	(.)	..	36	89	..
7 Birma	−63	−343	..	..	..	..	98	185	2,6
8 Malawi	−35	−72	..	..	9	..	29	29	0,8
9 Uganda	20	−256	..	..	4	..	57	..	..
10 Burundi	..	..	..	..	..	..	15	34	..
11 Niger	(.)	..	..	..	1	..	19	57	..
12 Tansania	−36	..	..	..	..	..	65	19	..
13 Somalia	−6	−150	..	22	5	(.)	21	16	0,4
14 Indien	−394	−2.780	113	2.617	6	..	1.023	8.242	5,4
15 Ruanda	7	−49	1	2	(.)	11	8	111	4,1
16 Zentralafr. Rep.	−12	−28	..	..	1	4	1	51	2,4
17 Togo	3	−32	..	..	1	..	35	178	7,1
18 Benin	−1	..	2	..	7	..	16	8	..
19 China	..	4.460	..	..	..	..	..	19.698	10,5
20 Guinea	..	..	..	..	..	..	..	..	..
21 Haiti	2	−100	17	89	3	15	4	16	0,4
22 Ghana	−68	−218	..	1	68	−6	58	291	4,3
23 Madagaskar	10	−369	..	..	10	..	37	29	..
24 Sierra Leone	−16	−33	..	..	8	2	39	16	1,0
25 Sri Lanka	−59	−472	3	294	0	38	43	321	1,7
26 Kenia	−49	−174	..	..	14	50	220	406	2,8
27 Pakistan	−667	21	86	2.925	23	31	194	2.683	4,5
28 Sudan	−42	−213	..	275	..	..	22	17	0,2
29 Afghanistan	..	..	..	..	..	..	49	582	..
30 Bhutan	..	..	..	..	..	..	..	..	..
31 Tschad	2	38	..	..	1	(.)	2	32	2,2
32 Kambodscha	..	..	..	..	..	..	..	..	..
33 Laos	..	..	..	..	..	..	6	..	..
34 Mosambik	..	..	..	..	..	..	..	..	..
35 Vietnam	..	..	..	..	..	..	243	..	..
Länder mit mittlerem Einkommen									2,8 w
Ölexporteure									3,3 w
Ölimporteure									2,6 w
Afrika südl. der Sahara									1,0 w
Untere Einkommenskategorie									2,2 w
36 Senegal	−16	..	3	..	5	..	22	23	..
37 Lesotho	..	−14	..	..	..	4	..	67	1,4
38 Liberia	..	−135	..	..	..	3	..	20	0,4
39 Mauretanien	−5	−196	1	1	1	1	3	110	2,1
40 Bolivien	4	−183	..	1	−76	43	46	509	5,2
41 Jemen, Dem. VR.	−4	−309	60	451	..	..	59	297	3,6
42 Jemen, Arab. Rep.	..	−558	..	1.161	..	8	..	369	2,1
43 Indonesien	−310	−6.294	..	..	83	289	160	4.902	2,2
44 Sambia	108	−252	..	..	−297	..	515	137	1,3
45 Honduras	−64	−225	..	..	8	21	20	120	1,3
46 Ägypten, Arab. Rep.	−148	−785	29	3.293	..	845	165	1.699	1,8
47 El Salvador	9	−152	..	41	4	−1	64	344	3,5
48 Elfenbeinküste	−38	−743	..	..	31	..	119	37	0,2
49 Simbabwe	..	−459	..	2	..	−2	59	300	2,0
50 Marokko	−124	−889	63	916	20	46	141	376	0,9
51 Papua-Neuguinea	..	−372	..	..	..	137	..	474	3,8
52 Philippinen	−48	−2.760	..	180	−29	104	255	896	0,9
53 Nigeria	−368	−4.752	..	..	205	354	223	1.252	1,0
54 Kamerun	−30	−289	..	23	16	156	81	170	1,1
55 Thailand	−250	−2.886	..	847	43	348	912	2.556	2,5
56 Nicaragua	−40	−451	..	..	15	8	49	171	2,1
57 Costa Rica	−74	−317	..	..	26	50	16	345	2,7
58 Peru	202	−871	..	..	−70	37	339	1.898	4,6
59 Guatemala	−8	−226	..	..	29	45	79	409	3,4
60 Kongo, VR	..	−400	..	..	..	56	9	12	0,1
61 Türkei	−44	−1.880	273	1.514	58	72	440	2.710	2,8
62 Tunesien	−53	−561	29	359	16	186	60	639	2,1
63 Jamaika	−153	−355	29	42	161	−19	139	63	0,4
64 Dominikanische Rep.	−102	−442	25	190	72	−1	32	171	1,1

Anmerkung: Zur Vergleichbarkeit der Daten und ihrer Abgrenzung vgl. Technische Erläuterungen.

	Leistungs-bilanz-saldo (in Mio $)		Zufließende Gastarbeiter-überweisungen (in Mio $)		Private Netto-direkt-investition (in Mio $)		Bruttowährungsreserven		
							In Mio $		Einfuhr-deckung in Monaten
	1970	1983[a]	1970	1983[a]	1970	1983[a]	1970	1983[a]	1983[a]
65 Paraguay	−16	−247	..	(.)	4	5	18	694	10,1
66 Ecuador	−113	−104	..	..	89	50	76	802	3,4
67 Kolumbien	−293	−2.738	6	..	39	285	207	3.512	5,9
68 *Angola*	..	..	..	..	..	..	..	..	..
69 *Kuba*	..	..	..	..	..	..	..	..	..
70 *Korea, Dem. Rep.*	..	..	..	..	..	..	..	..	..
71 *Libanon*	..	..	..	..	..	..	405	5.421	..
72 *Mongolische VR*	..	..	..	..	..	..	..	..	..
Obere Einkommenskategorie									**3,2** w
73 Jordanien	−20	−390	..	1.110	..	30	258	1.240	3,7
74 Syrien, Arab. Rep.	−69	−815	7	461	..	..	57	318	0,7
75 Malaysia	8	−3.350	..	..	94	1.370	667	4.673	2,9
76 Chile	−91	−1.068	..	..	−79	152	392	2.620	5,3
77 Brasilien	−837	−6.799	..	2	407	1.374	1.190	4.561	1,8
78 Korea, Rep.	−623	−1.578	33	..	66	−57	610	2.463	0,9
79 Argentinien	−163	−2.439	..	..	11	182	682	2.840	2,8
80 Panama	−64	194	67	..	33	49	16	207	0,4
81 Portugal	..	−983	..	2.120	..	123	1.565	8.179	9,8
82 Mexiko	−1.068	5.223	123	..	323	490	756	4.794	2,5
83 Algerien	−125	−86	211	383	45	−14	352	4.010	3,5
84 Südafrika	−1.215	291	..	..	318	*349*	1.057	3.795	2,1
85 Uruguay	−45	−60	..	..	..	6	186	1.200	9,3
86 Jugoslawien	−372	275	441	3.427	..	..	143	1.686	1,2
87 Venezuela	−104	3.707	..	..	−23	−62	1.047	12.015	10,7
88 Griechenland	−422	−1.868	333	914	50	439	318	2.381	2,6
89 Israel	−562	−2.240	..	..	40	49	452	4.038	3,2
90 Hongkong	..	..	21	..	..	..	..	..	..
91 Singapur	−572	−956	..	..	93	1.389	1.012	9.264	3,5
92 Trinidad und Tobago	−109	−909	3	1	83	*341*	43	*3.105*	9,6
93 *Iran, Islamische Rep.*	−507	..	..	..	25	..	217	..	..
94 *Irak*	105	..	..	..	24	..	472	..	..
Ölexporteure mit hohem Einkommen									**4,6** w
95 Oman	..	572	..	44	..	154	13	872	3,1
96 Libyen	645	−1.682	..	..	139	−335	1.596	6.584	6,1
97 Saudi-Arabien	71	−18.433	..	..	20	3.653	670	29.040	4,4
98 Kuwait	..	4.590	..	..	..	−241	209	6.161	6,5
99 Vereinigte Arab. Emirate	..	4.550	..	..	..	..	..	2.384	3,2
Marktwirtschaftliche Industrieländer									**3,9** w
100 Spanien	79	−2.428	469	930	179	1.382	1.851	12.974	4,2
101 Irland	−198	*−1.867*	..	..	32	*242*	698	*2.786*	*2,7*
102 Italien	902	647	446	1.136	498	−943	5.547	45.540	5,6
103 Neuseeland	−232	−1.074	40	218	137	114	258	787	1,1
104 Belgien	717	−747	154	390	140	489	2.947	17.754	2,8
105 Großbritannien	1.975	3.429	..	..	−439	−167	2.919	18.592	1,7
106 Österreich	−75	161	13	188	104	106	1.806	12.575	5,5
107 Niederlande	−483	3.747	..	..	−15	−862	3.362	26.934	4,1
108 Japan	1.980	20.942	..	..	−260	−3.196	4.877	33.845	2,5
109 Frankreich	50	−4.801	130	337	248	34	5.199	51.077	4,2
110 Finnland	−239	−949	..	..	−41	−243	455	1.722	1,3
111 Deutschland, Bundesrep.	850	3.998	350	..	−290	−1.561	13.879	78.986	4,9
112 Australien	−837	−5.774	..	..	785	2.235	1.709	11.895	4,8
113 Dänemark	−544	−1.177	..	..	75	−96	488	4.242	2,2
114 Kanada	821	1.380	..	..	566	−3.480	4.733	11.160	1,5
115 Schweden	−265	−929	..	..	−104	−1.006	775	6.349	2,1
116 Norwegen	−242	2.221	..	10	32	−93	813	7.081	3,5
117 Vereinigte Staaten	2.320	−41.915	..	..	−6.130	6.382	15.237	123.110	4,0
118 Schweiz	72	3.526	23	81	..	−220	5.317	46.805	14,2
Osteuropäische Staatshandelsländer									..
119 Ungarn	−25	46	..	..	..	..	..	2.148	2,5
120 *Albanien*	..	..	..	..	..	..	..	..	..
121 *Bulgarien*	..	..	..	..	..	..	..	..	..
122 *Tschechoslowakei*	..	..	..	..	..	..	..	..	..
123 *Deutsche Dem. Rep.*	..	..	..	..	..	..	..	..	..
124 *Polen*	..	..	..	..	..	..	..	..	..
125 *Rumänien*	..	1.160	..	..	..	..	..	1.906	2,0
126 *Sowjetunion*	..	..	..	..	..	..	..	..	..

[a] Kursive Zahlen für 1982 und nicht für 1983.

Tabelle 15: Zufluß von öffentlichem und öffentlich garantiertem Auslandskapital

	Öffentliche und öffentlich garantierte mittel- und langfristige Kredite (in Mio $)					
	Bruttozufluß		Schuldentilgung		Nettozufluß[a]	
	1970	1983	1970	1983	1970	1983
Länder mit niedrigem Einkommen						
China und Indien						
Übrige Länder						
Afrika südl. der Sahara						
1 Äthiopien	27	242	15	42	13	200
2 Bangladesch	..	568	..	80	..	488
3 Mali	21	109	(.)	6	21	103
4 Nepal	1	70	2	5	—2	66
5 Zaire	31	210	28	39	3	171
6 Burkina	2	89	2	7	(.)	83
7 Birma	16	333	18	86	—2	247
8 Malawi	38	66	3	29	36	38
9 Uganda	26	93	4	65	22	29
10 Burundi	1	98	(.)	4	1	93
11 Niger	12	127	1	36	10	91
12 Tansania	50	303	10	30	40	274
13 Somalia	4	95	(.)	13	4	82
14 Indien	890	2.765	307	770	583	1.995
15 Ruanda	(.)	38	(.)	2	(.)	37
16 Zentralafr. Rep.	2	32	2	11	—1	22
17 Togo	5	76	2	17	3	60
18 Benin	2	121	1	13	1	108
19 China	..	..	..	..	..	..
20 Guinea	90	79	10	48	79	31
21 Haiti	4	45	4	8	1	37
22 Ghana	40	72	12	42	28	30
23 Madagaskar	10	216	5	77	5	139
24 Sierra Leone	8	21	10	7	—2	14
25 Sri Lanka	61	373	27	81	34	292
26 Kenia	32	258	16	178	17	80
27 Pakistan	485	985	114	759	371	226
28 Sudan	52	439	22	54	30	385
29 *Afghanistan*	34	..	15	..	19	..
30 *Bhutan*	..	..	..	..	..	..
31 *Tschad*	6	3	2	(.)	3	2
32 *Kambodscha*	..	..	..	..	..	..
33 *Laos*	..	..	..	..	..	..
34 *Mosambik*	..	..	..	..	..	..
35 *Vietnam*	..	..	..	..	..	..
Länder mit mittlerem Einkommen						
Ölexporteure						
Ölimporteure						
Afrika südl. der Sahara						
Untere Einkommenskategorie						
36 Senegal	15	429	5	17	10	412
37 Lesotho	(.)	38	(.)	6	(.)	32
38 Liberia	7	66	12	10	—4	56
39 Mauretanien	4	195	3	14	1	181
40 Bolivien	54	86	17	102	37	—16
41 Jemen, Dem. VR.	1	306	(.)	32	1	274
42 Jemen, Arab. Rep.	..	326	..	29	..	297
43 Indonesien	441	4.965	59	1.295	382	3.670
44 Sambia	351	176	33	48	318	128
45 Honduras	29	236	3	38	26	199
46 Ägypten, Arab. Rep.	394	2.221	297	1.456	97	765
47 El Salvador	8	287	6	29	2	258
48 Elfenbeinküste	77	667	27	378	50	289
49 Simbabwe	(.)	710	5	330	—5	381
50 Marokko	163	840	36	610	127	229
51 Papua-Neuguinea	25	225	0	44	25	181
52 Philippinen	128	2.224	72	602	56	1.623
53 Nigeria	62	4.845	36	1.066	26	3.779
54 Kamerun	28	162	4	112	24	50
55 Thailand	51	1.315	23	419	27	896
56 Nicaragua	44	322	17	46	28	276
57 Costa Rica	30	418	21	92	9	326
58 Peru	148	1.622	101	347	47	1.275
59 Guatemala	37	314	20	65	17	249
60 Kongo, VR	21	244	6	161	15	83
61 Türkei	328	1.598	128	1.175	200	423
62 Tunesien	87	555	45	403	42	151
63 Jamaika	15	224	6	104	9	120
64 Dominikanische Rep.	45	248	7	121	38	127

Anmerkung: Zur Vergleichbarkeit der Daten und ihrer Abgrenzung vgl. Technische Erläuterungen.

	Öffentliche und öffentlich garantierte mittel- und langfristige Kredite (in Mio $)					
	Bruttozufluß		Schuldentilgung		Nettozufluß[a]	
	1970	1983	1970	1983	1970	1983
65 Paraguay	15	288	7	40	7	248
66 Ecuador	42	745	16	508	26	237
67 Kolumbien	252	1.357	78	388	174	970
68 *Angola*	..	..	..	..	..	..
69 *Kuba*	..	..	..	..	..	..
70 *Korea, Dem. Rep.*	..	..	..	..	..	..
71 *Libanon*	12	22	2	35	9	−13
72 *Mongolische VR*	..	..	..	..	..	..
Obere Einkommenskategorie						
73 Jordanien	14	450	3	125	12	325
74 Syrien, Arab. Rep.	59	325	30	232	30	94
75 Malaysia	43	3.026	45	286	−1	2.741
76 Chile	397	1.808	163	328	234	1.480
77 Brasilien	884	7.095	255	1.979	629	5.117
78 Korea, Rep.	441	3.634	198	1.999	242	1.635
79 Argentinien	487	2.390	342	1.000	146	1.390
80 Panama	67	358	24	188	44	170
81 Portugal	18	2.238	63	1.010	−45	1.228
82 Mexiko	772	6.908	476	3.104	297	3.804
83 Algerien	292	2.921	33	3.292	259	−371
84 *Südafrika*	..	..	..	..	..	..
85 Uruguay	38	500	47	94	−9	406
86 Jugoslawien	180	1.307	168	526	12	781
87 Venezuela	224	1.825	42	937	183	889
88 Griechenland	164	2.255	61	562	102	1.692
89 Israel	410	1.236	25	840	385	396
90 Hongkong	..	6	0	28	..	−22
91 Singapur	58	152	6	278	52	−126
92 Trinidad und Tobago	8	256	10	123	−2	132
93 *Iran, Islamische Rep.*	940	..	235	..	705	..
94 *Irak*	63	..	18	..	46	..
Ölexporteure mit hohem Einkommen						
95 Oman	..	506	..	91	..	416
96 *Libyen*						
97 *Saudi-Arabien*						
98 *Kuwait*						
99 *Vereinigte Arab. Emirate*						
Marktwirtschaftliche Industrieländer						
100 Spanien						
101 Irland						
102 Italien						
103 Neuseeland						
104 Belgien						
105 Großbritannien						
106 Österreich						
107 Niederlande						
108 Japan						
109 Frankreich						
110 Finnland						
111 Deutschland, Bundesrep.						
112 Australien						
113 Dänemark						
114 Kanada						
115 Schweden						
116 Norwegen						
117 Vereinigte Staaten						
118 Schweiz						
Osteuropäische Staatshandelsländer						
119 Ungarn	..	1.429	..	1.272		156
120 *Albanien*						
121 *Bulgarien*						
122 *Tschechoslowakei*						
123 *Deutsche Dem. Rep.*						
124 *Polen*						
125 Rumänien	..	1.345	..	1.141	..	204
126 *Sowjetunion*						

[a] Der Bruttozufluß minus Schuldentilgung weicht mitunter infolge von Rundungen der Zahlen vom Nettozufluß ab.

Tabelle 16: Öffentliche Auslandsverschuldung und Schuldendienstrelationen

	Ausstehende und ausgezahlte öffentliche Auslandsschulden				Zinszahlungen auf die öffentlichen Auslandsschulden (in Mio $)		Schuldendienst in % von:			
	in Mio $		In % des BSP				BSP		Ausfuhr von Waren und Dienstleistungen	
	1970	1983	1970	1983[a]	1970	1983	1970	1983[a]	1970	1983[a]
Länder mit niedrigem Einkommen			17,4 w	22,5			1,2 w	1,4 w	12,8 w	14,4 w
China und Indien			..	..			..	..	..	..
Übrige Länder			21,3 w	42,3 w			1,5 w	2,6 w	8,9 w	18,7 w
Afrika südl. der Sahara			18,0 w	52,3 w			1,3 w	2,5 w	5,4 w	14,5 w
1 Äthiopien	169	1.223	9,5	25,9	6	24	1,2	1,4	11,4	11,5
2 Bangladesch	..	4.185	..	37,7	..	63	..	1,3	..	14,7
3 Mali	238	881	88,1	89,3	..	6	0,2	1,3	1,3	6,1
4 Nepal	3	346	0,3	14,1	(.)	4	0,3	0,3	..	3,0
5 Zaire	311	4.022	17,6	91,5	9	87	2,1	2,9	4,4	..
6 Burkina	21	398	6,4	38,2	(.)	7	0,6	1,3	6,3	..
7 Birma	101	2.226	4,7	36,3	3	64	0,9	2,4	15,8	33,8
8 Malawi	122	719	43,2	55,2	3	30	2,1	4,5	7,1	20,3
9 Uganda	138	623	7,5	17,9	4	17	0,4	1,9	2,7	..
10 Burundi	7	284	3,1	26,2	(.)	3	0,3	0,7	..	..
11 Niger	32	631	8,7	48,7	1	36	0,6	5,6	3,8	..
12 Tansania	250	2.584	19,5	58,9	6	36	1,2	1,5	4,9	..
13 Somalia	77	1.149	24,4	62,0	(.)	10	0,3	1,2	2,1	13,1
14 Indien	7.940	21.277	14,9	11,2	189	553	0,9	0,7	22,0	10,3
15 Ruanda	2	220	0,9	13,9	(.)	2	0,2	0,3	1,3	2,6
16 Zentralafr. Rep.	24	215	13,3	33,1	1	7	1,6	2,7	4,8	11,3
17 Togo	40	805	16,0	113,9	1	28	0,9	6,3	2,9	16,8
18 Benin	41	615	16,0	59,2	(.)	13	0,7	2,5	2,3	..
19 China	..	..	..	..	..	..	..	..	..	..
20 Guinea	314	1.216	47,4	69,2	4	22	2,2	4,0	..	..
21 Haiti	40	433	10,3	26,8	(.)	7	1,0	0,9	7,7	5,0
22 Ghana	489	1.095	24,2	28,3	12	30	1,2	1,9	5,0	14,2
23 Madagaskar	93	1.490	10,8	52,3	2	64	0,8	4,9	3,5	..
24 Sierra Leone	59	359	14,3	34,5	2	3	2,9	0,9	9,9	7,2
25 Sri Lanka	317	2.205	16,1	43,7	12	86	2,0	3,3	10,3	11,9
26 Kenia	319	2.384	20,6	43,1	12	127	1,8	5,5	5,4	20,6
27 Pakistan	3.060	9.755	30,5	31,3	76	309	1,9	3,4	23,6	28,1
28 Sudan	306	5.726	15,2	77,8	13	37	1,7	1,2	10,7	11,2
29 Afghanistan	547	..	58,1	..	9	..	2,5	..	..	..
30 Bhutan	..	..	..	..	..	..	..	..	..	..
31 Tschad	32	129	11,9	43,5	(.)	(.)	1,0	0,1	3,9	0,6
32 Kambodscha	..	..	..	..	..	..	..	..	..	..
33 Laos	..	..	..	..	..	..	..	..	..	..
34 Mosambik	..	..	..	..	..	..	..	..	..	..
35 Vietnam	..	..	..	..	..	..	..	..	..	..
Länder mit mittlerem Einkommen			12,7 w	34,2 w			1,6 w	4,5 w	10,5 w	18,1 w
Ölexporteure			13,4 w	34,1 w			1,8 w	5,4 w	10,7 w	21,1 w
Ölimporteure			12,3 w	31,3 w			1,5 w	4,0 w	10,4 w	16,1 w
Afrika südl. der Sahara			12,4 w	29,0 w			1,2 w	4,2 w	..	19,7 w
Untere Einkommenskategorie			15,3 w	33,6 w			1,6 w	4,2 w	9,9 w	19,7 w
36 Senegal	100	1.496	11,9	61,2	2	31	0,8	1,9	2,8	..
37 Lesotho	8	145	7,8	23,0	(.)	6	0,4	1,9	..	2,5
38 Liberia	158	699	49,6	72,1	6	21	5,5	3,2	..	6,6
39 Mauretanien	27	1.171	13,9	158,2	(.)	23	1,7	5,0	3,2	10,0
40 Bolivien	479	2.969	33,8	77,7	6	165	1,6	7,0	11,3	30,5
41 Jemen, Dem. VR.	1	1.263	..	118,5	..	14	..	4,3	..	25,1
42 Jemen, Arab. Rep.	..	1.574	..	38,4	..	13	..	1,0	..	13,9
43 Indonesien	2.443	21.685	27,1	28,9	24	1.256	0,9	3,4	6,9	12,8
44 Sambia	623	2.638	37,0	83,9	26	78	3,5	4,0	5,9	12,6
45 Honduras	90	1.570	12,9	56,3	3	83	0,8	4,3	2,8	14,9
46 Ägypten, Arab. Rep.	1.750	15.229	23,2	49,4	54	540	4,6	6,5	36,4	27,5
47 El Salvador	88	1.065	8,6	29,2	4	37	0,9	1,8	3,6	6,4
48 Elfenbeinküste	256	4.824	18,3	78,8	11	413	2,7	12,9	6,8	31,0
49 Simbabwe	233	1.497	15,7	27,9	5	105	0,6	8,1	..	31,6
50 Marokko	711	9.445	18,0	69,6	23	510	1,5	8,3	8,4	38,2
51 Papua-Neuguinea	36	911	5,8	40,4	1	63	0,1	4,7	..	11,2
52 Philippinen	572	10.385	8,1	30,4	23	650	1,4	3,7	7,2	15,4
53 Nigeria	480	11.757	4,8	17,7	20	974	0,6	3,1	4,2	18,6
54 Kamerun	131	1.883	12,1	26,7	4	107	0,8	3,1	3,1	13,9
55 Thailand	324	7.060	4,9	18,0	16	531	0,6	2,4	3,4	11,3
56 Nicaragua	156	3.417	15,7	133,3	7	37	2,4	3,2	11,1	18,3
57 Costa Rica	134	3.315	13,8	118,5	7	504	2,9	22,7	10,0	50,6
58 Peru	856	7.932	12,6	48,1	44	406	2,1	4,6	11,6	19,6
59 Guatemala	106	1.405	5,7	15,8	6	76	1,4	1,6	7,4	11,7
60 Kongo, VR	144	1.487	53,9	76,1	3	77	3,3	12,2	..	20,5
61 Türkei	1.854	15.396	14,4	30,2	42	1.169	1,3	4,6	22,0	28,9
62 Tunesien	541	3.427	38,2	42,4	18	195	4,5	7,4	19,0	22,3
63 Jamaika	160	1.950	11,8	65,2	9	101	1,1	6,9	2,7	15,4
64 Dominikanische Rep.	226	2.202	15,5	26,7	5	110	0,8	2,8	4,7	22,7

Anmerkung: Zur Vergleichbarkeit der Daten und ihrer Abgrenzung vgl. Technische Erläuterungen.

| | Ausstehende und ausgezahlte öffentliche Auslandsschulden | | | | Zinszahlungen auf die öffentlichen Auslandsschulden (in Mio $) | | Schuldendienst in % von: | | | |
| | in Mio $ | | In % des BSP | | | | BSP | | Ausfuhr von Waren und Dienstleistungen | |
	1970	1983	1970	1983[a]	1970	1983	1970	1983[a]	1970	1983[a]
65 Paraguay	112	1.161	13,1	28,6	4	45	1,2	2,1	11,9	14,9
66 Ecuador	217	6.239	13,2	63,0	7	365	1,4	8,8	9,1	32,5
67 Kolumbien	1.293	6.899	18,4	18,3	44	516	1,7	2,4	12,0	21,3
68 *Angola*	..	..	..	..	..	..	..	..	..	..
69 *Kuba*	..	..	..	..	..	..	..	..	..	..
70 *Korea, Dem. Rep.*	..	..	..	..	..	..	..	..	..	..
71 *Libanon*	64	182	4,2	..	1	15	02	..	..	..
72 *Mongolische VR*	..	..	..	..	..	..	..	..	..	..
Obere Einkommenskategorie			11,5 w	31,7 w			1,7 w	4,7 w	10,8 w	17,4 w
73 Jordanien	118	1.940	23,5	47,9	2	88	0,9	5,2	3,6	11,3
74 Syrien, Arab. Rep.	232	2.305	10,6	13,7	6	73	1,6	1,8	11,0	11,2
75 Malaysia	390	10.665	10,0	38,6	21	669	1,7	3,5	3,6	5,9
76 Chile	2.066	6.827	25,8	39,2	78	557	3,0	5,1	18,9	18,3
77 Brasilien	3.234	58.068	7,7	29,3	133	5.004	0,9	3,5	12,5	28,7
78 Korea, Rep.	1.797	21.472	..	..	70	1.744	..	..	19,4	12,3
79 Argentinien	1.878	24.593	8,6	32,1	121	1.343	2,1	3,1	21,5	24,0
80 Panama	194	2.986	19,5	73,6	7	283	3,1	11,6	7,7	6,8
81 Portugal	485	9.951	7,8	50,8	29	843	1,5	9,5	..	26,7
82 Mexiko	3.206	66.732	9,1	49,1	216	6.850	2,0	7,3	23,6	35,9
83 Algerien	937	12.942	19,3	28,0	10	1.212	0,9	9,8	3,8	33,1
84 Südafrika	..	..	..	..	..	..	..	..	..	..
85 Uruguay	269	2.523	11,1	48,4	16	198	2,6	5,6	21,6	19,8
86 Jugoslawien	1.198	9.077	8,8	19,9	72	483	1,8	2,2	9,9	7,6
87 Venezuela	728	12.911	6,6	19,8	40	1.658	0,7	4,0	2,9	15,0
88 Griechenland	905	8.193	8,9	23,5	41	755	1,0	3,8	9,3	18,3
89 Israel	2.274	15.149	41,3	70,4	13	1.109	0,7	9,1	2,7	19,6
90 Hongkong	2	224	0,1	0,8	..	18	..	0,2	..	..
91 Singapur	152	1.244	7,9	7,6	6	116	0,6	2,4	0,6	1,3
92 Trinidad und Tobago	101	887	12,2	10,7	6	101	1,9	2,7	4,4	*2,8*
93 *Iran, Islamische Rep.*	2.193	..	20,8	..	85	..	3,0	..	12,2	..
94 *Irak*	274	..	8,8	..	9	..	0,9	..	2,2	..
Ölexporteure mit hohem Einkommen										
95 Oman	..	1.125	..	16,1	..	52	..	2,1	..	3,2
96 Libyen										
97 Saudi-Arabien										
98 Kuwait										
99 Vereinigte Arab. Emirate										
Marktwirtschaftliche Industrieländer										
100 Spanien										
101 Irland										
102 Italien										
103 Neuseeland										
104 Belgien										
105 Großbritannien										
106 Österreich										
107 Niederlande										
108 Japan										
109 Frankreich										
110 Finnland										
111 Deutschland, Bundesrep.										
112 Australien										
113 Dänemark										
114 Kanada										
115 Schweden										
116 Norwegen										
117 Vereinigte Staaten										
118 Schweiz										
Osteuropäische Staatshandelsländer										
119 Ungarn	..	6.573	..	30,1	..	655	..	9,3	..	18,5
120 *Albanien*										
121 *Bulgarien*										
122 *Tschechoslowakei*										
123 *Deutsche Dem. Rep.*										
124 Polen										
125 Rumänien	..	7.576	..	..	473	..	..	9,0	..	..
126 *Sowjetunion*										

[a] Kursive Zahlen für 1982 und nicht für 1983.

Tabelle 17: Konditionen der öffentlichen Kreditaufnahme

	Zusagen (in Mio $)		Durchschnittl. Zinssatz (in %)		Durchschnittl. Laufzeit (in Jahren)		Durchschnittl. tilgungsfreier Zeitraum (in Jahren)	
	1970	1983	1970	1983	1970	1983	1970	1983
Länder mit niedrigem Einkommen	3.035 s	7.978 s	2,8 w	3,9 w	31 w	30 w	9 w	7 w
China und Indien	..	..	..	..	..	..	..	..
Übrige Länder	2.102 s	6.093 s	3,0 w	3,5 w	29 w	30 w	9 w	7 w
Afrika südl. der Sahara	983 s	3.036 s	3,1 w	3,4 w	27 w	29 w	8 w	7 w
1 Äthiopien	21	505	4,3	2,1	32	25	7	6
2 Bangladesch	..	593	..	1,7	..	39	..	9
3 Mali	30	72	0,3	3,1	27	26	11	7
4 Nepal	17	183	2,8	1,2	27	40	6	10
5 Zaire	257	144	6,5	1,6	13	42	4	9
6 Burkina	9	89	2,3	3,0	37	31	8	7
7 Birma	57	218	4,3	1,4	16	40	4	10
8 Malawi	13	103	3,8	2,4	30	28	6	9
9 Uganda	12	204	3,7	3,9	28	34	7	7
10 Burundi	1	69	2,9	4,3	5	26	2	7
11 Niger	18	107	1,2	5,4	40	28	8	7
12 Tansania	283	307	1,2	3,9	40	24	11	5
13 Somalia	2	81	(.)	2,7	3	32	3	5
14 Indien	933	1.885	2,4	5,0	35	30	8	6
15 Ruanda	9	56	0,8	1,6	50	37	11	8
16 Zentralafr. Rep.	7	75	2,0	1,9	36	29	8	8
17 Togo	3	152	4,6	2,7	17	36	4	8
18 Benin	7	71	1,8	2,3	32	38	7	9
19 China	..	..	..	..	..	..	..	..
20 Guinea	66	122	2,9	4,6	13	24	5	6
21 Haiti	5	91	6,7	1,3	9	46	1	10
22 Ghana	50	72	2,4	0,7	39	50	10	10
23 Madagaskar	23	283	2,3	3,7	40	27	9	7
24 Sierra Leone	24	22	3,5	0,8	27	47	6	10
25 Sri Lanka	79	281	3,0	1,9	27	40	5	10
26 Kenia	49	147	2,6	5,5	37	31	8	7
27 Pakistan	942	1.691	2,7	5,4	32	26	12	7
28 Sudan	95	349	1,8	5,5	17	21	9	5
29 *Afghanistan*	19	..	1,7	..	33	..	8	..
30 *Bhutan*	..	..	..	..	..	..	..	..
31 *Tschad*	4	6	4,8	3,0	7	23	2	7
32 *Kambodscha*	..	..	..	..	..	..	..	..
33 *Laos*	..	..	..	..	..	..	..	..
34 *Mosambik*	..	..	..	..	..	..	..	..
35 *Vietnam*	..	..	..	..	..	..	..	..
Länder mit mittlerem Einkommen	10.684 s	71.716 s	6,2 w	10,2 w	17 w	12 w	4 w	4 w
Ölexporteure	4.232 s	33.867 s	6,3 w	10,2 w	16 w	11 w	4 w	3 w
Ölimporteure	6.452 s	37.849 s	6,2 w	10,2 w	17 w	12 w	5 w	4 w
Afrika südl. der Sahara	790 s	7.305 s	4,5 w	10,3 w	25 w	10 w	8 w	3 w
Untere Einkommenskategorie	3.768 s	31.119 s	5,0 w	8,9 w	23 w	15 w	6 w	4 w
36 Senegal	6	271	3,7	5,3	25	22	7	6
37 Lesotho	(.)	33	5,1	5,9	25	24	2	6
38 Liberia	11	36	5,4	8,7	19	14	5	5
39 Mauretanien	7	154	6,6	5,6	11	16	3	4
40 Bolivien	24	439	3,7	4,9	26	28	6	7
41 Jemen, Dem. VR.	62	287	(.)	2,5	21	22	11	5
42 Jemen, Arab. Rep.	9	101	5,2	1,6	5	36	3	8
43 Indonesien	518	5.597	2,7	8,8	34	15	9	5
44 Sambia	555	120	4,2	4,8	27	26	9	7
45 Honduras	23	340	4,1	5,9	30	25	7	6
46 Ägypten, Arab. Rep.	448	2.698	7,7	8,8	17	22	2	4
47 El Salvador	12	121	4,7	2,9	23	34	6	8
48 Elfenbeinküste	71	634	5,8	10,8	19	16	6	4
49 Simbabwe	..	477	..	9,7	..	13	..	4
50 Marokko	182	1.786	4,6	7,4	20	16	4	5
51 Papua-Neuguinea	58	284	6,0	7,5	24	14	8	4
52 Philippinen	158	1.814	7,4	9,1	11	16	2	5
53 Nigeria	65	4.994	6,0	11,0	14	7	4	2
54 Kamerun	41	201	4,7	8,9	29	18	8	5
55 Thailand	106	1.189	6,8	8,3	19	20	4	7
56 Nicaragua	23	371	7,1	6,8	18	14	4	4
57 Costa Rica	58	413	5,6	8,3	28	11	6	5
58 Peru	125	1.782	7,4	9,9	13	12	4	3
59 Guatemala	50	350	5,2	8,4	26	13	6	4
60 Kongo, VR	33	386	2,6	10,0	18	10	7	3
61 Türkei	487	2.454	3,6	8,3	19	14	5	4
62 Tunesien	141	614	3,4	8,5	27	12	6	5
63 Jamaika	24	294	6,0	7,0	16	24	3	5
64 Dominikanische Rep.	20	318	2,5	5,8	28	22	5	7

Anmerkung: Zur Vergleichbarkeit der Daten und ihrer Abgrenzung vgl. Technische Erläuterungen.

	Zusagen (in Mio $)		Durchschnittl. Zinssatz (in %)		Durchschnittl. Laufzeit (in Jahren)		Durchschnittl. tilgungsfreier Zeitraum (in Jahren)	
	1970	1983	1970	1983	1970	1983	1970	1983
65 Paraguay	14	195	5,7	7,7	25	21	6	6
66 Ecuador	78	975	6,1	10,6	20	10	4	3
67 Kolumbien	362	1.391	5,9	10,8	21	14	5	4
68 *Angola*	..	..	..	..	..	..	..	..
69 *Kuba*	..	..	..	..	..	..	..	..
70 *Korea, Dem. Rep.*	..	..	..	..	..	..	..	..
71 *Libanon*	7	..	2,7	..	21	..	1	..
72 *Mongolische VR*	..	..	..	..	..	..	..	..
Obere Einkommenskategorie	**6.916** s	**40.598** s	**6,9** w	**11,0** w	**13** w	**10** w	**4** w	**3** w
73 Jordanien	33	532	3,9	7,3	12	14	5	3
74 Syrien, Arab. Rep.	14	443	4,4	6,0	9	20	2	2
75 Malaysia	83	3.101	6,1	9,5	19	11	5	6
76 Chile	343	2.132	6,9	11,9	12	9	3	4
77 Brasilien	1.400	7.640	7,1	11,4	14	9	3	3
78 Korea, Rep.	677	3.320	6,0	9,8	19	12	5	4
79 Argentinien	489	1.854	7,4	12,5	12	5	3	2
80 Panama	111	689	6,9	11,3	15	10	4	3
81 Portugal	59	2.103	4,3	10,4	17	9	4	4
82 Mexiko	826	7.517	8,0	11,9	12	9	3	3
83 Algerien	288	3.705	6,5	9,8	10	7	2	1
84 *Südafrika*	..	..	..	..	..	..	..	..
85 Uruguay	72	501	7,9	12,0	12	7	3	2
86 Jugoslawien	198	1.953	7,1	10,9	17	11	6	3
87 Venezuela	198	1.600	8,2	11,6	8	7	2	3
88 Griechenland	242	2.169	7,2	10,2	9	9	4	4
89 Israel	439	1.000	7,3	12,8	13	29	5	10
90 Hongkong	(.)	(.)	(.)	7,5	(.)	13	(.)	4
91 Singapur	69	82	6,8	9,7	17	9	4	2
92 Trinidad und Tobago	3	226	7,5	10,8	10	8	1	3
93 *Iran, Islamische Rep.*	1.342	..	6,2	..	12	..	3	..
94 *Irak*	28	..	3,3	..	11	..	2	..
Ölexporteure mit hohem Einkommen								
95 Oman	..	415	..	10,6	..	8	..	3
96 Libyen								
97 Saudi-Arabien								
98 Kuwait								
99 Vereinigte Arab. Emirate								
Marktwirtschaftliche Industrieländer								
100 Spanien								
101 Irland								
102 Italien								
103 Neuseeland								
104 Belgien								
105 Großbritannien								
106 Österreich								
107 Niederlande								
108 Japan								
109 Frankreich								
110 Finnland								
111 Deutschland, Bundesrep.								
112 Australien								
113 Dänemark								
114 Kanada								
115 Schweden								
116 Norwegen								
117 Vereinigte Staaten								
118 Schweiz								
Osteuropäische Staatshandelsländer								
119 Ungarn[a]	..	1.434	..	10,1	..	7	..	3
120 *Albanien*								
121 *Bulgarien*								
122 *Tschechoslowakei*								
123 *Deutsche Dem. Rep.*								
124 *Polen*								
125 *Rumänien*	..	750	..	..	..	..	..	..
126 *Sowjetunion*								

[a] Berücksichtigt sind nur Schulden in konvertibler Währung.

Tabelle 18: Öffentliche Entwicklungshilfe der OECD- und OPEC-Mitgliederländer

	Betrag									
	1965	1970	1975	1978	1979	1980	1981	1982	1983	1984[a]
OECD					In Mio US-Dollar					
102 Italien	60	147	182	376	273	683	666	811	827	1.105
103 Neuseeland	..	14	66	55	68	72	68	65	61	59
104 Belgien	102	120	378	536	643	595	575	499	480	410
105 Großbritannien	472	500	904	1.465	2.156	1.854	2.192	1.800	1.605	1.432
106 Österreich	10	11	79	154	131	178	220	236	158	181
107 Niederlande	70	196	608	1.074	1.472	1.630	1.510	1.472	1.195	1.268
108 Japan	244	458	1.148	2.215	2.685	3.353	3.171	3.023	3.761	4.319
109 Frankreich	752	971	2.093	2.705	3.449	4.162	4.177	4.034	3.815	3.790
110 Finnland	2	7	48	55	90	111	135	144	153	178
111 Bundesrepublik Deutschland	456	599	1.689	2.347	3.393	3.567	3.181	3.152	3.176	2.767
112 Australien	119	212	552	588	629	667	650	882	753	773
113 Dänemark	13	59	205	388	461	481	403	415	395	449
114 Kanada	96	337	880	1.060	1.056	1.075	1.189	1.197	1.429	1.535
115 Schweden	38	117	566	783	988	962	919	987	754	737
116 Norwegen	11	37	184	355	429	486	467	559	584	526
117 Vereinigte Staaten	4.023	3.153	4.161	5.663	4.684	7.138	5.782	8.202	7.992	8.698
118 Schweiz	12	30	104	173	213	253	237	252	320	286
Insgesamt	6.480	6.968	13.847	19.992	22.820	27.267	25.542	27.730	27.458	28.513
OECD					In % des BSP der Geberländer					
102 Italien	0,10	0,16	0,11	0,14	0,08	0,17	0,19	0,24	0,24	0,32
103 Neuseeland	..	0,23	0,52	0,34	0,33	0,33	0,29	0,28	0,28	0,28
104 Belgien	0,60	0,46	0,59	0,55	0,57	0,50	0,59	0,59	0,59	0,59
105 Großbritannien	0,47	0,41	0,39	0,46	0,52	0,35	0,43	0,37	0,35	0,33
106 Österreich	0,11	0,07	0,21	0,27	0,19	0,23	0,33	0,35	0,23	0,28
107 Niederlande	0,36	0,61	0,75	0,82	0,98	1,03	1,08	1,08	0,91	1,02
108 Japan	0,27	0,23	0,23	0,23	0,27	0,32	0,28	0,28	0,33	0,35
109 Frankreich	0,76	0,66	0,62	0,57	0,60	0,64	0,73	0,75	0,74	0,77
110 Finnland	0,02	0,06	0,18	0,16	0,22	0,22	0,28	0,30	0,33	0,36
111 Bundesrepublik Deutschland	0,40	0,32	0,40	0,37	0,45	0,44	0,47	0,48	0,49	0,45
112 Australien	0,53	0,59	0,65	0,55	0,53	0,48	0,41	0,57	0,49	0,45
113 Dänemark	0,13	0,38	0,58	0,75	0,77	0,74	0,73	0,76	0,73	0,85
114 Kanada	0,19	0,41	0,54	0,52	0,48	0,43	0,43	0,41	0,45	0,47
115 Schweden	0,19	0,38	0,82	0,90	0,97	0,79	0,83	1,02	0,85	0,80
116 Norwegen	0,16	0,32	0,66	0,90	0,93	0,85	0,82	0,99	1,06	0,99
117 Vereinigte Staaten	0,58	0,32	0,27	0,27	0,20	0,27	0,20	0,27	0,24	0,23
118 Schweiz	0,09	0,15	0,19	0,20	0,21	0,24	0,24	0,25	0,32	0,30
OECD					In nationalen Währungen					
102 Italien (Mrd Lira)	38	92	119	319	227	585	757	1.097	1.256	1.941
103 Neuseeland (Mio Dollar)	..	13	54	53	66	74	78	86	91	102
104 Belgien (Mio Francs)	5.100	6.000	13.902	16.880	18.852	17.400	21.350	22.800	24.543	23.700
105 Großbritannien (Mio Pfund)	169	208	407	763	1.016	797	1.081	1.028	1.058	1.072
106 Österreich (Mio Schilling)	260	286	1.376	2.236	1.751	2.303	3.504	4.026	2.838	3.622
107 Niederlande (Mio Gulden)	253	710	1.538	2.324	2.953	3.241	3.768	3.931	3.411	4.069
108 Japan (Mrd Yen)	88	165	341	466	588	760	699	753	893	1.026
109 Frankreich (Mio Franc)	3.713	5.393	8.971	12.207	14.674	17.589	22.700	26.513	29.075	33.125
110 Finnland (Mio Finnmark)	6	29	177	226	351	414	583	694	852	1.070
111 Bundesrepublik Deutschland (Mio DM)	1.824	2.192	4.155	4.714	6.219	6.484	7.189	7.649	8.109	7.875
112 Australien (Mio Dollar)	106	189	421	514	563	585	566	867	834	879
113 Dänemark (Mio Kronen)	90	443	1.178	2.140	2.425	2.711	2.871	3.458	3.612	4.650
114 Kanada (Mio Dollar)	104	353	895	1.209	1.237	1.257	1.425	1.477	1.761	1.988
115 Schweden (Mio Kronen)	197	605	2.350	3.538	4.236	4.069	4.653	6.201	5.781	6.096
116 Norwegen (Mio Kronen)	79	264	962	1.861	2.172	2.400	2.680	3.608	4.261	4.293
117 Vereinigte Staaten (Mio Dollar)	4.023	3.153	4.161	5.663	4.684	7.138	5.782	8.202	7.992	8.698
118 Schweiz (Mio Franken)	52	131	268	309	354	424	466	512	672	672
OECD					Zusammenfassung					
Öffentliche Entwicklungshilfe										
in Mrd US-Dollar, lfd. Preise	6,48	6,97	13,85	19,99	22,82	27,27	25,54	27,73	27,46	28,51
in % des BSP	0,48	0,34	0,35	0,35	0,35	0,38	0,35	0,38	0,36	0,36
in Mrd US-Dollar, Preise von 1980	20,41	18,21	21,73	24,11	24,89	27,27	25,63	27,94	27,46	28,70
BSP (in Billionen US-Dollar, lfd. Preise)	1,35	2,04	3,92	5,75	6,56	7,25	7,38	7,31	7,58	7,91
Deflator der öffentl. Entwicklungshilfe[b]	0,32	0,38	0,64	0,83	0,92	1,00	1,00	0,99	1,00	0,99

Anmerkung: Zur Vergleichbarkeit der Daten und ihrer Abgrenzung vgl. Technische Erläuterungen.

	Betrag								
	1975	1976	1977	1978	1979	1980	1981	1982	1983c
OPEC	**In Mio US-Dollar**								
53 Nigeria	14	83	50	26	29	33	141	58	35
83 Algerien	41	54	42	41	281	103	97	128	44
87 Venezuela	31	108	24	87	107	125	67	126	141
93 Iran, Islamische Rep.	593	753	169	240	—34	—83	—93	—121	139
94 Irak	215	231	62	174	659	768	140	9	—3
96 Libyen	259	94	101	131	140	382	293	43	85
97 Saudi-Arabien	2.756	3.028	3.086	5.464	4.238	5.943	5.664	4.028	3.916
98 Kuwait	946	531	1.292	978	971	1.140	1.154	1.168	995
99 Vereinigte Arab. Emirate	1.046	1.021	1.052	885	970	909	811	402	100
Katar	338	195	189	105	291	270	250	50	22
OAPEC insgesamt d	5.601	5.154	5.824	7.778	7.550	9.515	8.409	5.828	5.159
OPEC insgesamt	6.239	6.098	6.067	8.131	7.652	9.590	8.524	5.891	5.474
OPEC	**In % des BSP der Geberländer**								
54 Nigeria	0,04	0,19	0,10	0,05	0,04	0,04	0,18	0,08	0,05
83 Algerien	0,28	0,33	0,21	0,16	0,88	0,25	0,23	0,29	0,09
87 Venezuela	0,11	0,34	0,07	0,22	0,22	0,21	0,10	0,18	0,20
93 Iran, Islamische Rep.	1,12	1,16	0,22	0,33	. .	. .	. .	. .	0,13
94 Irak	1,62	1,44	0,33	0,77	1,97	2,09	0,47	0,03	. .
96 Libyen	2,29	0,63	0,57	0,77	0,58	1,18	1,11	0,18	0,35
97 Saudi-Arabien	7,76	6,46	5,24	8,39	5,55	5,09	3,54	2,61	3,53
98 Kuwait	7,18	3,63	8,13	5,40	3,52	3,52	3,60	4,49	4,46
99 Vereinigte Arab. Emirate	11,68	8,88	7,23	6,23	5,09	3,30	2,72	1,46	0,42
Katar	15,58	7,95	7,56	3,62	6,26	4,05	3,77	0,89	0,42
OAPEC insgesamt d	5,73	4,23	3,95	4,69	3,49	3,73	2,82	2,02	2,10
OPEC insgesamt	2,92	2,32	1,96	2,48	1,83	2,41	1,94	1,37	1,45

	Bilaterale Nettozuflüsse in Länder mit niedrigem Einkommen								
	1965	1970	1975	1978	1979	1980	1981	1982	1983
OECD	**In % des BSP der Geberländer**								
102 Italien	0,04	0,06	0,01	0,01	0,01	0,01	0,02	0,04	0,05
102 Neuseeland	. .	. .	0,14	0,01	0,01	0,01	0,01	(.)	(.)
104 Belgien	0,56	0,30	0,31	0,23	0,27	0,24	0,25	0,21	0,21
105 Großbritannien	0,23	0,15	0,11	0,14	0,16	0,11	0,13	0,07	0,10
106 Österreich	0,06	0,05	0,02	0,01	0,03	0,03	0,03	0,01	0,02
107 Niederlande	0,08	0,24	0,24	0,28	0,26	0,30	0,37	0,31	0,26
108 Japan	0,13	0,11	0,08	0,05	0,09	0,08	0,06	0,11	0,09
109 Frankreich	0,12	0,09	0,10	0,07	0,07	0,08	0,11	0,10	0,09
110 Finnland	. .	. .	0,06	0,04	0,06	0,08	0,09	0,09	0,12
111 Bundesrepublik Deutschland	0,14	0,10	0,12	0,09	0,10	0,08	0,11	0,12	0,13
112 Australien	0,08	0,09	0,10	0,04	0,06	0,04	0,06	0,07	0,05
113 Dänemark	0,02	0,10	0,20	0,29	0,28	0,28	0,21	0,26	0,31
114 Kanada	0,10	0,22	0,24	0,17	0,13	0,11	0,13	0,14	0,13
115 Schweden	0,07	0,12	0,41	0,36	0,41	0,36	0,32	0,38	0,33
116 Norwegen	0,04	0,12	0,25	0,34	0,37	0,31	0,28	0,37	0,39
117 Vereinigte Staaten	0,26	0,14	0,08	0,03	0,02	0,03	0,03	0,02	0,03
118 Schweiz	0,02	0,05	0,10	0,07	0,06	0,08	0,07	0,09	0,10
Insgesamt	0,20	0,13	0,11	0,07	0,08	0,07	0,08	0,08	0,08

a Vorläufige Schätzungen. b Vgl. Technische Erläuterungen. c Vorläufig. d Organisation Arabischer Ölexportierender Länder.

Tabelle 19: Bevölkerungswachstum und -projektionen

	Durchschnittliches jährliches Bevölkerungswachstum (in %)			Bevölkerung (in Mio)			Hypothetischer Umfang der stationären Bevölkerung (in Mio)	Voraussichtliches Jahr einer Netto-Reproduktionsrate von 1	Bevölkerungseigendynamik 1985
	1965—73	1973—83	1980—2000	1983	1990[a]	2000[a]			
Länder mit niedrigem Einkommen	2,6 w	2,0 w	1,8 w	2.342 s	2.663 s	3.154 s			
China und Indien	2,5 w	1,8 w	1,5 w	1.752 s	1.950 s	2.236 s			
Übrige Länder	2,6 w	2,6 w	2,6 w	590 s	713 s	918 s			
Afrika südl. der Sahara	2,6 w	2,8 w	3,0 w	245 s	304 s	408 s			
1 Äthiopien	2,6	2,7	2,6	41	48	64	181	2035	1,9
2 Bangladesch	2,6	2,4	2,3	95	114	141	310	2025	1,9
3 Mali	2,6	2,5	2,5	7	9	11	37	2035	1,9
4 Nepal	2,0	2,6	2,6	16	19	24	74	2040	1,8
5 Zaire	2,1	2,5	3,1	30	37	50	145	2030	1,9
6 Burkina	2,0	1,9	2,0	6	7	9	32	2040	1,8
7 Birma	2,3	2,0	2,3	35	43	53	115	2025	1,9
8 Malawi	2,8	3,0	3,1	7	8	11	38	2040	2,0
9 Uganda	3,4	2,8	3,3	14	18	25	83	2035	2,0
10 Burundi	1,4	2,2	2,9	4	5	7	24	2035	1,9
11 Niger	2,6	3,0	3,2	6	8	11	40	2040	2,0
12 Tansania	3,1	3,3	3,4	21	27	37	125	2035	2,0
13 Somalia	3,5	2,8	3,0	5	6	8	31	2040	1,9
14 Indien	2,3	2,3	1,8	733	844	994	1.700	2010	1,8
15 Ruanda	3,1	3,4	3,4	6	7	10	40	2040	2,0
16 Zentralafr. Rep.	1,6	2,3	2,7	2	3	4	12	2035	1,9
17 Togo	2,8	2,6	3,2	3	4	5	16	2035	2,0
18 Benin	2,6	2,8	3,1	4	5	6	21	2035	2,0
19 China	2,7	1,5	1,2	1.019	1.106	1.242	1.571	2010	1,6
20 Guinea	1,8	2,0	2,1	6	7	8	25	2045	1,8
21 Haiti	1,5	1,8	1,8	5	6	7	14	2025	1,9
22 Ghana	2,2	3,1	3,5	13	17	23	64	2025	2,0
23 Madagaskar	2,4	2,6	3,1	9	12	16	55	2035	1,9
24 Sierra Leone	1,7	2,1	2,3	4	4	5	17	2045	1,8
25 Sri Lanka	2,0	1,7	1,8	15	18	21	32	2005	1,7
26 Kenia	3,7	4,0	3,9	19	25	36	120	2030	2,1
27 Pakistan	3,1	3,0	2,4	90	106	133	330	2035	1,9
28 Sudan	2,6	3,2	2,8	21	25	33	102	2035	1,9
29 *Afghanistan*	2,3	2,6	2,3	17	20	25	76	2045	1,9
30 *Bhutan*	1,3	1,9	2,2	1	1	2	4	2035	1,8
31 *Tschad*	1,8	2,1	2,4	5	6	7	22	2040	1,8
32 *Kambodscha*	1,8	..	..	..	..	..	..	..	..
33 *Laos*	1,4	2,2	2,5	4	4	6	18	2040	1,9
34 *Mosambik*	2,3	2,6	2,9	13	16	22	70	2035	2,0
35 *Vietnam*	3,1	2,7	2,4	59	70	88	170	2015	1,9
Länder mit mittlerem Einkommen	2,5 w	2,4 w	2,2 w	1.166 s	1.374 s	1.690 s			
Ölexporteure	2,6 w	2,7 w	2,5 w	543 s	652 s	830 s			
Ölimporteure	2,4 w	2,2 w	1,9 w	623 s	722 s	860 s			
Afrika südl. der Sahara	2,6 w	2,9 w	3,1 w	148 s	178 s	256 s			
Untere Einkommenskategorie	2,5 w	2,5 w	2,3 w	665 s	787 s	977 s			
36 Senegal	2,4	2,8	2,9	6	8	10	30	2035	1,9
37 Lesotho	2,1	2,5	2,6	1	2	2	6	2030	1,8
38 Liberia	2,8	3,3	3,1	2	3	3	11	2035	1,9
39 Mauretanien	2,3	2,2	2,6	2	2	3	8	2035	1,8
40 Bolivien	2,4	2,6	2,4	6	7	9	22	2030	1,9
41 Jemen, Dem. VR.	2,1	2,2	2,4	2	2	3	8	2035	2,0
42 Jemen, Arab. Rep.	2,6	2,9	2,8	8	9	12	40	2040	2,0
43 Indonesien	2,1	2,3	1,9	156	179	212	368	2010	1,8
44 Sambia	3,0	3,2	3,3	6	8	11	33	2030	2,0
45 Honduras	2,9	3,5	3,0	4	5	7	15	2020	2,0
46 Ägypten, Arab. Rep.	2,3	2,5	2,0	45	52	63	113	2015	1,8
47 El Salvador	3,4	3,0	2,6	5	6	8	17	2015	1,9
48 Elfenbeinküste	4,6	4,6	3,6	9	13	17	47	2030	2,0
49 Simbabwe	3,4	3,2	3,6	8	10	14	39	2025	2,1
50 Marokko	2,4	2,6	2,4	21	25	31	70	2025	2,0
51 Papua-Neuguinea	2,5	2,1	2,1	3	4	5	9	2025	1,9
52 Philippinen	2,9	2,7	2,1	52	61	73	126	2010	1,9
53 Nigeria	2,5	2,7	3,3	94	118	163	532	2035	2,0
54 Kamerun	2,4	3,1	3,2	10	12	17	52	2030	1,9
55 Thailand	2,9	2,3	1,7	49	56	65	100	2000	1,8
56 Nicaragua	2,9	3,9	3,0	3	4	5	12	2025	2,0
57 Costa Rica	3,0	2,4	2,1	2	3	3	5	2005	1,8
58 Peru	2,8	2,4	2,2	18	21	26	49	2020	1,9
59 Guatemala	3,0	3,1	2,6	8	10	12	25	2020	1,9
60 Kongo, VR	2,6	3,1	3,7	2	2	3	9	2020	1,9
61 Türkei	2,5	2,2	1,9	47	55	65	111	2010	1,8
62 Tunesien	2,0	2,5	2,2	7	8	10	19	2015	1,9
63 Jamaika	1,5	1,3	1,4	2	2	3	5	2005	1,6
64 Dominikanische Rep.	2,9	2,4	2,2	6	7	9	15	2010	1,9

Anmerkung: Zur Vergleichbarkeit der Daten und ihrer Abgrenzung vgl. Technische Erläuterungen.

	Durchschnittliches jährliches Bevölkerungswachstum (in %)			Bevölkerung (in Mio)			Hypothetischer Umfang der stationären Bevölkerung (in Mio)	Voraussichtliches Jahr einer Netto-Reproduktionsrate von 1	Bevölkerungseigendynamik 1985
	1965—73	1973—83	1980—2000	1983	1990ᵃ	2000ᵃ			
65 Paraguay	2,7	2,5	2,2	3	4	5	8	2010	1,9
66 Ecuador	2,7	2,6	2,5	8	10	13	25	2015	1,9
67 Kolumbien	2,6	1,9	1,8	28	31	37	60	2010	1,8
68 Angola	2,2	2,6	2,8	8	10	13	44	2040	1,9
69 Kuba	1,8	0,8	1,0	10	11	12	15	2010	1,5
70 Korea, Dem. Rep.	2,8	2,5	2,1	19	22	27	46	2010	1,8
71 Libanon	2,6	—0,3	1,2	3	3	3	6	2005	1,8
72 Mongolische VR	3,1	2,8	2,4	2	2	3	5	2015	1,9
Obere Einkommenskategorie	**2,4** w	**2,3** w	**2,1** w	**501** s	**587** s	**713** s			
73 Jordanien	3,0	2,7	3,8	3	4	6	17	2020	2,0
74 Syrien, Arab. Rep.	3,4	3,3	3,4	10	13	17	41	2020	2,0
75 Malaysia	2,6	2,4	2,0	15	17	21	33	2005	1,8
76 Chile	1,9	1,7	1,5	12	13	15	21	2005	1,6
77 Brasilien	2,5	2,3	1,9	130	150	179	298	2010	1,8
78 Korea, Rep.	2,2	1,6	1,4	40	45	50	70	2000	1,6
79 Argentinien	1,5	1,6	1,3	30	33	37	54	2010	1,5
80 Panama	2,7	2,3	1,9	2	2	3	4	2005	1,8
81 Portugal	—0,2	1,1	0,5	10	10	11	13	2010	1,3
82 Mexiko	3,3	2,9	2,3	75	89	109	199	2010	1,9
83 Algerien	2,9	3,1	3,5	21	27	38	107	2025	2,0
84 Südafrika	2,6	2,4	2,7	32	39	49	104	2020	1,8
85 Uruguay	0,6	0,5	0,7	3	3	3	4	2005	1,3
86 Jugoslawien	0,9	0,8	0,6	23	24	25	30	2010	1,3
87 Venezuela	3,6	3,5	2,6	17	21	26	46	2010	1,9
88 Griechenland	0,5	1,1	0,4	10	10	10	12	2000	1,2
89 Israel	3,1	2,3	1,6	4	5	5	8	2005	1,6
90 Hongkong	2,0	2,5	1,3	5	6	7	7	2010	1,4
91 Singapur	1,8	1,3	1,0	3	3	3	3	2010	1,4
92 Trinidad und Tobago	0,9	0,6	1,7	1	1	2	2	2010	1,7
93 Iran, Islamische Rep.	3,3	3,1	3,0	43	53	71	166	2020	1,9
94 Irak	3,3	3,6	3,4	15	19	26	73	2025	2,0
Ölexporteure mit hohem Einkommen	**4,5** w	**5,1** w	**3,6** w	**18** s	**24** s	**33** s			
95 Oman	2,9	4,8	2,9	1	1	2	4	2020	1,9
96 Libyen	4,1	4,3	4,1	3	5	7	19	2025	2,0
97 Saudi-Arabien	4,0	4,7	3,6	10	14	19	56	2030	1,9
98 Kuwait	8,3	6,4	3,5	2	2	3	5	2010	1,9
99 Vereinigte Arab. Emirate	11,8	11,3	3,7	1	2	2	4	2015	1,4
Marktwirtschaftliche Industrieländer	**1,0** w	**0,7** w	**0,4** w	**729** s	**752** s	**782** s			
100 Spanien	1,0	1,0	0,6	38	40	42	49	2010	1,3
101 Irland	0,8	1,3	1,0	4	4	4	6	2000	1,5
102 Italien	0,6	0,3	0,1	57	57	58	56	2010	1,1
103 Neuseeland	1,4	0,6	0,7	3	3	4	4	2010	1,3
104 Belgien	0,4	0,1	0,1	10	10	10	10	2010	1,1
105 Großbritannien	0,4	(.)	(.)	56	56	57	58	2010	1,1
106 Österreich	0,4	(.)	0,1	8	8	8	8	2010	1,1
107 Niederlande	1,1	0,7	0,4	14	15	15	15	2010	1,2
108 Japan	1,2	0,9	0,5	119	123	128	128	2010	1,2
109 Frankreich	0,8	0,4	0,4	55	56	59	63	2010	1,2
110 Finnland	0,2	0,4	0,3	5	5	5	6	2010	1,2
111 Deutschland, Bundesrep.	0,7	—0,1	—0,1	61	61	61	54	2010	1,0
112 Australien	2,1	1,3	1,0	15	17	18	21	2010	1,4
113 Dänemark	0,7	0,2	(.)	5	5	5	5	2010	1,1
114 Kanada	1,4	1,2	0,9	25	27	29	32	2010	1,4
115 Schweden	0,7	0,2	0,1	8	8	8	8	2010	1,1
116 Norwegen	0,8	0,4	0,3	4	4	4	4	2010	1,2
117 Vereinigte Staaten	1,1	1,0	0,7	234	247	261	289	2010	1,3
118 Schweiz	1,2	(.)	(.)	6	6	6	6	2010	1,0
Osteuropäische Staatshandelsländer	**0,8** w	**0,8** w	**0,6** w	**386** s	**407** s	**429** s			
119 Ungarn	0,3	0,3	(.)	11	11	11	11	2010	1,1
120 Albanien	2,6	2,1	1,8	3	3	4	6	2000	1,8
121 Bulgarien	0,6	0,1	0,2	9	9	9	10	2010	1,2
122 Tschechoslowakei	0,3	0,6	0,4	15	16	16	19	2000	1,3
123 Deutsche Dem. Rep.	(.)	—0,1	0,1	17	17	17	18	2010	1,1
124 Polen	0,7	0,9	0,7	37	39	41	50	2000	1,3
125 Rumänien	1,2	0,8	0,6	23	24	25	30	2000	1,3
126 Sowjetunion	0,9	0,9	0,7	273	288	306	377	2000	1,3
Insgesamtᵇ				4.641	5.220	6.088			

ᵃ Zu den Annahmen, die den Projektionen zugrunde liegen, vgl. Technische Erläuterungen. ᵇ Ohne Länder mit einer Bevölkerung von weniger als 1 Million.

Tabelle 20: Demographische und fruchtbarkeitsbezogene Kennzahlen

| | Unbereinigte Geburtenziffern je Tsd. Einwohner | | Unbereinigte Sterbeziffern je Tsd. Einwohner | | %-Veränderungen der | | Zusammen-gefaßte Geburten-ziffern | | Prozentsatz der verheirateten Frauen im gebärfähigen Alter, der empfängnisver-hütende Mittel verwendet[a] | |
| | | | | | Unbereinigten Geburten-ziffern | Unbereinigten Sterbe-ziffern | | | | |
	1965	1983	1965	1983	1965–83	1965–83	1983	2000	1970[b]	1982[b]
Länder mit niedrigem Einkommen	**43** w	**30** w	**17** w	**11** w	**−30,3** w	**−38,7** w	**4,0** w	**3,1** w	..	..
China und Indien	42 w	25 w	16 w	9 w	−39,3 w	−44,1 w	3,3 w	2,4 w	..	..
Übrige Länder	46 w	43 w	21 w	16 w	−7,3 w	−26,5 w	6,0 w	4,6 w	..	..
Afrika südl. der Sahara	48 w	47 w	22 w	18 w	−2,0 w	−20,2 w	6,6 w	5,6 w	..	..
1 Äthiopien	44	41	19	20	−6,9	6,8	5,5	5,1	..	2
2 Bangladesch	47	42	22	16	−11,9	−27,0	6,0	3,7	..	25
3 Mali	50	48	27	21	−4,6	−22,2	6,5	5,9	..	1
4 Nepal	46	42	24	18	−9,0	−25,5	6,3	5,4	..	7
5 Zaire	48	46	23	16	−4,0	−32,6	6,3	5,3	..	3
6 Burkina	46	47	24	21	3,3	−12,5	6,5	6,0	..	1
7 Birma	42	38	19	13	−9,6	−33,5	5,3	3,6	..	5
8 Malawi	56	54	29	23	−3,6	−20,1	7,6	6,4	..	1
9 Uganda	49	50	19	17	2,2	−12,4	7,0	5,8	..	1
10 Burundi	47	47	24	19	−1,1	−22,6	6,5	5,9	..	1
11 Niger	48	52	25	20	7,3	−22,4	7,0	6,4	..	1
12 Tansania	49	50	22	16	2,5	−27,3	7,0	5,8	..	1
13 Somalia	50	50	28	20	−0,4	−27,0	6,8	6,2	..	1
14 Indien	45	34	21	13	−25,0	−39,6	4,8	2,9	12	32
15 Ruanda	52	52	17	19	0,8	11,8	8,0	6,7	..	1
16 Zentralafr. Rep.	43	41	24	17	−4,7	−31,7	5,5	5,5	..	..
17 Togo	50	49	23	18	−1,2	−20,4	6,5	5,4	..	..
18 Benin	49	49	25	18	0,4	−26,8	6,5	5,4	..	18
19 China	39	19	13	7	−51,2	−50,8	2,3	2,0	..	71
20 Guinea	46	47	30	27	2,2	−9,8	6,0	5,6	..	1
21 Haiti	38	32	18	13	−16,2	−26,8	4,6	3,4	..	20
22 Ghana	50	49	16	10	−1,8	−35,9	7,0	4,8	..	10
23 Madagaskar	44	47	21	18	6,9	−17,0	6,5	5,9	..	..
24 Sierra Leone	48	49	33	27	2,3	−19,2	6,5	6,1	..	4
25 Sri Lanka	33	27	8	6	−20,2	−26,8	3,4	2,3	..	55
26 Kenia	51	55	17	12	7,3	−29,4	8,0	5,7	6	8
27 Pakistan	48	42	21	15	−12,7	−29,4	5,8	4,2	6	14
28 Sudan	47	46	24	17	−2,1	−27,2	6,6	5,5	..	5
29 *Afghanistan*	54	54	29	29	0,6	−2,7	8,0	5,6	2	..
30 *Bhutan*	43	43	32	21	−0,2	−34,6	6,2	5,3	..	..
31 *Tschad*	40	42	26	21	5,2	−19,2	5,5	5,6	..	1
32 *Kambodscha*	44	..	20	..	..	..	..	..	..	..
33 *Laos*	45	42	23	20	−5,5	−14,1	6,4	5,5	..	..
34 *Mosambik*	49	46	27	19	−6,1	−29,6	6,5	5,9	..	1
35 *Vietnam*	45	35	17	8	−22,2	−53,5	4,9	3,1	..	21
Länder mit mittlerem Einkommen	**42** w	**34** w	**15** w	**10** w	**−17,8** w	**−33,1** w	**4,6** w	**3,4** w	..	..
Ölexporteure	46 w	39 w	18 w	12 w	−15,4 w	−36,1 w	5,2 w	3,9 w	..	..
Ölimporteure	38 w	30 w	13 w	9 w	−20,7 w	−29,6 w	4,0 w	2,9 w	..	..
Afrika südl. der Sahara	50 w	49 w	22 w	16 w	−1,8 w	−26,1 w	6,8 w	5,6 w	..	..
Untere Einkommenskategorie	**45** w	**36** w	**18** w	**12** w	**−18,4** w	**−34,5** w	**4,9** w	**3,6** w	..	..
36 Senegal	47	46	23	19	1,7	−19,2	6,6	5,6	..	4
37 Lesotho	42	42	18	15	(.)	−17,0	5,8	4,8	..	5
38 Liberia	46	49	22	18	6,1	−18,2	6,9	5,7	..	..
39 Mauretanien	44	43	25	19	−3,0	−26,2	6,0	5,9	..	1
40 Bolivien	46	44	21	16	−4,8	−23,8	6,2	4,2	..	24
41 Jemen, Dem. VR	50	48	27	19	−4,0	−29,3	6,3	4,4	..	..
42 Jemen, Arab. Rep.	49	48	27	22	−1,6	−19,6	6,8	5,8	..	1
43 Indonesien	43	34	20	13	−20,9	−37,3	4,3	2,8	..	58
44 Sambia	49	50	20	16	1,7	−21,4	6,7	5,5	..	1
45 Honduras	51	44	17	10	−12,8	−41,7	6,5	3,8	..	27
46 Ägypten, Arab. Rep.	42	34	19	11	−18,9	−42,6	4,6	3,0	..	24
47 El Salvador	46	40	14	8	−14,3	−44,0	5,5	3,3	..	34
48 Elfenbeinküste	44	46	22	14	5,1	−34,9	6,6	4,9	..	3
49 Simbabwe	55	53	14	13	−4,4	−9,3	7,0	4,8	..	22
50 Marokko	49	40	19	14	−19,3	−22,7	5,8	3,8	..	26
51 Papua-Neuguinea	43	35	20	14	−18,6	−30,7	5,0	3,5	..	5
52 Philippinen	46	31	12	7	−32,6	−43,7	4,2	2,7	15	48
53 Nigeria	51	50	23	17	−3,5	−26,8	6,9	5,7	..	6
54 Kamerun	40	46	20	15	16,3	−25,0	6,5	5,6	..	11
55 Thailand	43	27	12	8	−37,2	−35,5	3,4	2,2	15	59
56 Nicaragua	49	45	16	11	−9,3	−32,1	6,3	4,0	..	9
57 Costa Rica	45	30	8	4	−33,9	−50,0	3,5	2,3	..	65
58 Peru	45	34	17	11	−25,6	−36,1	4,5	3,2	..	41
59 Guatemala	46	38	16	9	−18,0	−44,4	5,2	3,4	..	18
60 Kongo, VR	41	43	14	8	5,6	−43,9	6,0	5,5	..	..
61 Türkei	41	31	14	9	−25,7	−40,3	4,1	2,7	32	38
62 Tunesien	46	33	18	9	−29,3	−48,5	4,9	3,1	..	41
63 Jamaika	38	28	9	7	−26,6	−22,8	3,5	2,3	..	51
64 Dominikanische Rep.	47	33	14	8	−29,2	−44,4	4,2	2,7	..	46

Anmerkung: Zur Vergleichbarkeit der Daten und ihrer Abgrenzung vgl. Technische Erläuterungen.

	Unbereinigte Geburtenziffern je Tsd. Einwohner		Unbereinigte Sterbeziffern je Tsd. Einwohner		%-Veränderungen der		Zusammengefaßte Geburtenziffern		Prozentsatz der verheirateten Frauen im gebärfähigen Alter, der empfängnisverhütende Mittel verwendet[a]	
					Unbereinigten Geburtenziffern	Unbereinigten Sterbeziffern				
	1965	1983	1965	1983	1965—83	1965—83	1983	2000	1970[b]	1982[b]
65 Paraguay	41	31	11	7	−25,9	−37,3	4,2	2,7	..	35
66 Ecuador	45	37	15	8	−18,1	−45,3	5,4	3,2	..	40
67 Kolumbien	43	28	12	7	−34,9	−37,6	3,5	2,5	..	55
68 Angola	49	49	29	22	−1,6	−25,3	6,5	6,0	..	..
69 Kuba	34	17	8	6	−50,3	−26,3	2,0	2,0	..	79
70 Korea, Dem. Rep.	39	30	12	7	−22,7	−38,5	4,0	2,6	..	..
71 Libanon	41	29	13	9	−28,8	−28,3	3,8	2,4	53	..
72 Mongolische VR	42	34	12	7	−18,2	−43,1	4,8	3,1	..	..
Obere Einkommenskategorie	**38** w	**31** w	**12** w	**8** w	**−16,8** w	**−29,9** w	**4,1** w	**3,1** w	..	..
73 Jordanien	48	45	18	8	−6,7	−55,4	7,4	5,3	22	26
74 Syrien, Arab. Rep.	48	46	16	7	−3,4	−56,3	7,2	4,0	..	23
75 Malaysia	41	29	12	6	−29,4	−46,8	3,7	2,4	33	42
76 Chile	32	24	11	6	−25,7	−44,4	2,9	2,2	..	43
77 Brasilien	39	30	12	8	−22,9	−28,7	3,8	2,6	..	50
78 Korea, Rep.	36	23	12	6	−36,3	−46,1	2,7	2,1	25	58
79 Argentinien	22	24	9	9	12,0	1,1	3,4	2,5	..	..
80 Panama	40	28	9	5	−30,0	−43,2	3,5	2,3	..	61
81 Portugal	23	15	10	9	−34,8	−13,5	2,0	2,0	..	66
82 Mexiko	45	34	11	7	−23,7	−36,1	4,6	2,8	..	39
83 Algerien	50	47	18	13	−6,8	−32,1	7,0	5,4	..	7
84 Südafrika	40	40	13	9	(.)	−30,8	5,1	3,5	..	..
85 Uruguay	21	18	10	9	−14,6	−4,2	2,6	2,2	..	..
86 Jugoslawien	21	17	9	10	−21,0	9,1	2,1	2,1	59	55
87 Venezuela	43	35	9	6	−19,7	−40,2	4,3	2,7	..	49
88 Griechenland	18	14	8	9	−23,2	15,2	2,1	2,1	..	..
89 Israel	26	24	6	7	−6,6	9,5	3,1	2,3	..	..
90 Hongkong	28	17	6	5	−39,3	−13,8	1,8	2,0	42	80
91 Singapur	31	17	6	5	−44,6	−9,1	1,7	1,9	60	71
92 Trinidad und Tobago	33	29	7	7	−10,8	−1,4	3,3	2,4	44	52
93 Iran, Islamische Rep.	50	40	17	10	−19,5	−39,9	5,6	4,3	..	23
94 Irak	49	45	18	11	−9,2	−38,9	6,7	5,2	14	..
Ölexporteure mit hohem Einkommen	**49** w	**42** w	**19** w	**11** w	**−13,8** w	**−45,0** w	**6,9** w	**5,2** w	..	..
95 Oman	50	47	24	15	−6,0	−37,5	7,1	4,0	..	..
96 Libyen	49	45	18	11	−8,5	−39,8	7,2	5,5	..	..
97 Saudi-Arabien	49	43	20	12	−11,1	−41,4	7,1	5,7	..	..
98 Kuwait	47	35	8	3	−25,5	−60,5	5,7	3,0	..	..
99 Vereinigte Arab. Emirate	41	27	15	4	−34,1	−73,3	5,9	4,1	..	..
Marktwirtschaftliche Industrieländer	**19** w	**14** w	**10** w	**9** w	**−28,6** w	**−7,3** w	**1,7** w	**1,9** w	..	..
100 Spanien	21	13	8	7	−38,1	−16,7	2,0	2,0	..	51
101 Irland	22	20	12	9	−9,1	−20,9	3,0	2,1	..	..
102 Italien	19	11	10	10	−44,5	1,0	1,5	1,9	..	78
103 Neuseeland	23	16	9	8	−31,0	−6,9	2,0	2,0	..	..
104 Belgien	17	12	12	11	−27,9	−7,4	1,6	1,9	..	..
105 Großbritannien	18	13	12	12	−29,3	2,6	1,8	1,9	69	77
106 Österreich	18	12	13	12	−33,5	−5,4	1,6	1,9	..	..
107 Niederlande	20	12	8	8	−40,7	2,5	1,5	1,8	..	..
108 Japan	19	13	7	6	−30,5	−15,5	1,7	1,9	56	56
109 Frankreich	18	14	11	10	−23,0	−8,9	1,8	2,0	64	79
110 Finnland	17	14	10	9	−18,1	−7,2	1,8	2,0	77	80
111 Deutschland, Bundesrep.	18	10	12	12	−45,2	1,7	1,4	1,8	..	..
112 Australien	20	16	9	7	−19,4	−17,0	2,0	2,0	..	..
113 Dänemark	18	10	10	11	−45,0	10,9	1,4	1,8	67	..
114 Kanada	21	15	8	7	−29,6	−7,9	1,7	1,9	..	..
115 Schweden	16	11	10	11	−30,8	7,9	1,7	1,9	..	78
116 Norwegen	18	12	10	10	−32,6	7,4	1,7	1,9	..	71
117 Vereinigte Staaten	19	16	9	9	−20,1	−8,5	1,8	2,0	65	76
118 Schweiz	19	11	10	9	−40,3	−2,1	1,9	2,0	..	..
Osteuropäische Staatshandelsländer	**18** w	**19** w	**8** w	**11** w	**7,3** w	**32,9** w	**2,3** w	**2,1** w	..	..
119 Ungarn	13	12	11	14	−9,2	31,1	1,8	2,0	67	74
120 Albanien	35	28	9	6	−21,0	−33,3	3,6	2,2	..	..
121 Bulgarien	15	14	8	11	−11,1	39,0	2,0	2,1	..	76
122 Tschechoslowakei	16	15	10	12	−9,8	20,0	2,1	2,1	..	95
123 Deutsche Dem. Rep.	17	14	14	13	−15,2	−1,5	1,9	2,0	..	..
124 Polen	17	20	7	10	13,9	29,7	2,4	2,1	60	75
125 Rumänien	15	15	9	10	2,7	12,8	2,4	2,1	..	58
126 Sowjetunion	18	20	7	10	9,8	41,1	2,4	2,1	..	..

[a] Angaben einschließlich Frauen, deren Ehemänner Empfängnisverhütung praktizieren. Vgl. Technische Erläuterungen. [b] Kursive Zahlen für andere als die angegebenen Jahre. Vgl. Technische Erläuterungen.

Tabelle 21: Erwerbspersonen

| | Quote der Bevölkerung im arbeitsfähigen Alter (15—64 Jahre) in % | | %-Anteil der Erwerbspersonen in | | | | | | Durchschnittliche jährliche Zunahme der Erwerbspersonenzahl in % | | |
| | | | Landwirtschaft | | Industrie | | Dienstleistungssektor | | | | |
	1965	1983	1965	1981	1965	1981	1965	1981	1965—73	1973—83	1980—2000
Länder mit niedrigem Einkommen	54 w	59 w	77 w	73 w	9 w	13 w	14 w	15 w	2,2 w	2,1 w	2,0 w
China und Indien	57 w	60 w	..	73 w	..	13 w	..	14 w	2,2 w	1,5 w	1,8 w
Übrige Länder	48 w	53 w	81 w	72 w	7 w	11 w	12 w	16 w	2,1 w	4,1 w	2,8 w
Afrika südl. der Sahara	53 w	51 w	84 w	78 w	7 w	10 w	9 w	13 w	2,2 w	2,1 w	3,1 w
1 Äthiopien	53	52	86	80	6	7	8	13	2,2	1,4	2,2
2 Bangladesch	51	54	87	74	3	11	10	15	2,3	2,8	2,9
3 Mali	53	50	93	73	4	12	3	15	2,2	2,0	2,6
4 Nepal	56	54	95	93	2	2	3	5	1,6	2,3	2,5
5 Zaire	53	51	81	75	10	13	9	12	1,8	2,2	3,0
6 Burkina	54	52	90	82	6	13	4	5	1,6	1,5	2,1
7 Birma	57	55	..	67	..	10	..	23	1,3	1,4	2,2
8 Malawi	51	49	91	86	4	5	5	9	2,4	2,8	2,8
9 Uganda	53	50	88	83	5	6	7	11	3,0	1,7	3,4
10 Burundi	54	53	89	84	4	5	7	11	1,2	1,6	2,5
11 Niger	51	51	94	91	1	3	5	6	2,4	3,0	3,1
12 Tansania	53	50	88	83	4	6	8	11	2,5	2,5	3,1
13 Somalia	49	53	87	82	5	8	8	10	3,8	2,0	1,7
14 Indien	54	57	74	71	11	13	15	16	1,8	2,1	2,1
15 Ruanda	52	51	94	91	1	2	5	7	2,7	3,0	3,2
16 Zentralafr. Rep.	57	55	93	88	3	4	4	8	1,1	1,6	2,4
17 Togo	53	50	81	67	10	15	9	18	2,2	1,9	2,9
18 Benin	53	50	52	46	10	16	38	38	2,1	2,0	2,7
19 China	55	63	..	74	..	13	..	13	2,4	1,2	1,8
20 Guinea	55	53	87	82	7	11	6	7	1,2	1,3	2,4
21 Haiti	54	55	77	74	7	7	16	19	0,7	1,5	2,0
22 Ghana	52	49	61	53	16	20	23	27	1,6	2,0	3,8
23 Madagaskar	54	50	92	87	3	4	5	9	1,9	1,7	3,0
24 Sierra Leone	54	55	75	65	14	19	11	16	0,7	1,2	1,7
25 Sri Lanka	55	60	56	54	14	14	30	32	2,0	2,1	2,2
26 Kenia	49	46	84	78	6	10	10	12	3,2	2,9	4,0
27 Pakistan	50	53	60	57	19	20	21	23	2,3	3,2	2,7
28 Sudan	53	52	84	78	7	10	9	12	2,5	2,5	2,9
29 *Afghanistan*	55	53	84	79	7	8	9	13	1,9	2,3	2,4
30 *Bhutan*	56	56	95	93	2	2	3	5	1,0	1,9	2,1
31 *Tschad*	56	56	93	85	3	7	4	8	1,6	2,3	2,3
32 *Kambodscha*	52	..	80	..	4	..	16	..	1,3		
33 *Laos*	56	52	81	75	5	6	14	19	0,6	0,9	2,5
34 *Mosambik*	56	52	77	66	10	18	13	16	2,2	3,0	2,9
35 *Vietnam*	..	55	79	71	6	10	15	19	..	..	2,9
Länder mit mittlerem Einkommen	53 w	56 w	57 w	44 w	16 w	22 w	27 w	35 w	2,2 w	2,6 w	2,5 w
Ölexporteure	52 w	54 w	61 w	48 w	15 w	21 w	25 w	32 w	2,3 w	2,6 w	2,9 w
Ölimporteure	55 w	58 w	53 w	41 w	18 w	22 w	29 w	37 w	2,1 w	2,6 w	2,2 w
Afrika südl. der Sahara	53 w	50 w	70 w	60 w	11 w	16 w	19 w	24 w	2,0 w	2,1 w	3,2 w
Untere Einkommenskategorie	53 w	55 w	66 w	54 w	13 w	17 w	22 w	29 w	2,1 w	2,5 w	2,5 w
36 Senegal	54	53	82	77	6	10	12	13	1,7	2,2	2,6
37 Lesotho	56	54	92	60	3	15	5	25	1,7	1,9	2,5
38 Liberia	51	53	78	70	11	14	11	16	2,0	3,9	2,8
39 Mauretanien	52	53	90	69	4	8	6	23	1,9	2,4	2,0
40 Bolivien	54	53	58	50	20	24	22	26	1,8	2,5	2,8
41 Jemen, Dem. VR.	52	52	68	45	16	15	16	40	1,1	1,8	3,3
42 Jemen, Arab. Rep.	54	51	81	75	8	11	11	14	1,0	2,1	3,3
43 Indonesien	54	56	71	58	9	12	20	30	1,9	2,3	2,4
44 Sambia	52	49	76	67	8	11	16	22	2,3	2,1	3,3
45 Honduras	51	50	68	63	12	20	20	17	2,4	3,3	3,5
46 Ägypten, Arab. Rep.	55	57	56	50	15	30	29	20	2,2	2,4	2,3
47 El Salvador	51	52	59	50	18	22	23	28	3,2	2,8	3,4
48 Elfenbeinküste	55	53	87	79	3	4	10	17	4,2	3,8	3,3
49 Simbabwe	51	46	67	60	12	15	21	25	2,7	1,4	4,4
50 Marokko	51	52	60	52	15	21	25	27	1,6	2,8	3,1
51 Papua-Neuguinea	56	54	88	82	5	8	7	10	1,9	1,4	2,2
52 Philippinen	52	56	57	46	16	17	27	37	2,1	3,0	2,5
53 Nigeria	52	50	67	54	12	19	21	27	1,8	2,0	3,3
54 Kamerun	56	51	86	83	6	7	8	10	1,9	1,8	3,2
55 Thailand	51	59	82	76	5	9	13	15	2,4	3,1	2,1
56 Nicaragua	49	51	57	39	16	14	27	47	2,8	4,0	3,8
57 Costa Rica	49	59	47	29	20	23	33	48	3,6	3,6	2,8
58 Peru	52	56	50	40	19	19	31	41	2,4	2,9	3,0
59 Guatemala	51	54	64	55	16	21	20	24	2,9	3,0	2,9
60 Kongo, VR	55	51	47	34	19	26	34	40	1,9	1,8	3,8
61 Türkei	54	58	74	54	11	13	15	33	1,8	2,0	2,1
62 Tunesien	50	56	53	35	20	32	27	33	1,4	2,9	2,9
63 Jamaika	51	56	34	35	25	18	41	47	0,7	2,6	2,6
64 Dominikanische Rep.	48	55	64	49	13	18	23	33	2,7	3,2	2,8

Anmerkung: Zur Vergleichbarkeit der Daten und ihrer Abgrenzung vgl. Technische Erläuterungen.

	Quote der Bevölkerung im arbeitsfähigen Alter (15—64 Jahre) in %		%-Anteil der Erwerbspersonen in						Durchschnittliche jährliche Zunahme der Erwerbspersonenzahl in %		
			Landwirtschaft		Industrie		Dienstleistungssektor				
	1965	1983	1965	1981	1965	1981	1965	1981	1965—73	1973—83	1980—2000
65 Paraguay	50	55	55	49	19	19	26	32	2,6	3,3	3,0
66 Ecuador	51	53	54	52	21	17	25	31	2,6	2,6	3,3
67 Kolumbien	50	59	45	26	20	21	35	53	3,1	2,8	2,6
68 *Angola*	55	53	67	59	13	16	20	25	1,7	2,8	2,8
69 *Kuba*	59	64	35	23	24	31	41	46	1,0	2,1	1,7
70 Korea, Dem. Rep.	52	57	59	49	25	33	16	18	2,6	2,9	2,7
71 *Libanon*	51	56	28	11	25	27	47	62	2,5	—0,1	2,1
72 *Mongolische VR*	54	55	66	55	15	22	19	23	2,2	2,6	2,9
Obere Einkommenskategorie	**54** w	**58** w	**45** w	**30** w	**21** w	**28** w	**34** w	**42** w	**2,3** w	**2,7** w	**2,5** w
73 Jordanien	51	48	41	20	16	20	43	60	2,6	1,4	4,6
74 Syrien, Arab. Rep.	47	49	53	33	20	31	27	36	3,1	3,5	4,0
75 Malaysia	50	58	60	50	13	16	27	34	2,9	3,2	2,7
76 Chile	56	63	26	19	21	19	53	62	1,3	2,6	2,0
77 Brasilien	54	59	49	30	17	24	34	46	2,5	3,1	2,4
78 Korea, Rep.	54	64	58	34	13	29	29	37	2,9	2,7	1,9
79 Argentinien	64	61	18	13	34	28	48	59	1,4	1,0	1,4
80 Panama	52	57	46	33	15	18	39	49	3,1	2,6	2,4
81 Portugal	63	64	39	28	31	35	30	37	0,1	0,9	0,6
82 Mexiko	50	53	50	26	21	26	29	38	3,1	3,1	3,2
83 Algerien	50	50	59	25	14	25	27	50	1,6	3,6	4,5
84 Südafrika	54	56	32	30	30	29	38	41	2,7	3,2	2,9
85 Uruguay	63	63	18	11	30	32	52	57	0,3	0,5	0,9
86 Jugoslawien	64	67	57	29	21	35	22	36	0,7	0,5	0,6
87 Venezuela	50	56	30	18	24	27	46	55	3,7	4,1	3,4
88 Griechenland	66	64	51	37	22	28	27	35	0,1	0,9	0,5
89 Israel	59	59	12	7	35	36	53	57	3,2	2,3	2,2
90 Hongkong	56	69	6	3	54	57	40	40	3,6	4,1	1,3
91 Singapur	54	67	6	2	26	39	68	59	3,4	2,3	1,1
92 Trinidad und Tobago	54	61	23	10	35	39	42	51	1,8	1,2	2,3
93 *Iran, Islamische Rep.*	51	53	50	39	26	34	24	27	3,1	3,0	3,5
94 *Irak*	51	51	50	42	20	26	30	32	2,9	3,1	3,7
Ölexporteure mit hohem Einkommen	**53** w	**55** w	**58** w	**46** w	**15** w	**19** w	**27** w	**35** w	**4,0** w	**5,7** w	**3,3** w
95 Oman	53	53	..	..	..	..	..	..	..	..	..
96 Libyen	53	52	42	19	20	28	38	53	3,6	4,3	4,3
97 Saudi-Arabien	53	54	69	61	11	14	20	25	3,9	5,8	3,2
98 Kuwait	60	57	1	2	34	34	65	64	5,3	7,1	3,2
99 Vereinigte Arab. Emirate	..	68	..	..	..	..	..	..	..	..	..
Marktwirtschaftliche Industrieländer	**63** w	**67** w	**14** w	**6** w	**39** w	**38** w	**48** w	**56** w	**1,2** w	**1,2** w	**0,5** w
100 Spanien	64	64	34	14	35	40	31	46	0,4	1,2	0,8
101 Irland	58	59	31	18	28	37	41	45	0,5	1,5	1,5
102 Italien	66	66	24	11	42	45	34	44	0,0	0,6	0,2
103 Neuseeland	59	65	13	10	36	35	51	55	2,0	1,2	1,0
104 Belgien	64	67	6	3	46	41	48	56	0,5	0,7	0,2
105 Großbritannien	65	65	3	2	46	42	51	56	0,2	0,4	0,2
106 Österreich	64	66	19	9	45	37	36	54	—0,2	0,9	0,3
107 Niederlande	62	68	9	6	43	45	48	49	1,4	1,4	0,5
108 Japan	68	68	26	12	32	39	42	49	1,7	1,1	0,7
109 Frankreich	62	66	18	8	40	39	42	53	0,7	1,0	0,6
110 Finnland	65	67	28	11	33	35	39	54	0,5	0,4	0,4
111 Deutschland, Bundesrep.	66	69	10	4	48	46	42	50	0,3	0,8	—0,1
112 Australien	62	66	10	6	38	33	52	61	2,5	1,6	1,2
113 Dänemark	65	66	14	7	37	35	49	58	0,8	0,6	0,4
114 Kanada	59	68	11	5	33	29	56	66	2,7	2,0	1,1
115 Schweden	66	65	11	5	43	34	46	61	0,7	0,4	0,4
116 Norwegen	63	64	15	7	37	37	48	56	0,6	0,7	0,6
117 Vereinigte Staaten	60	67	5	2	36	32	59	66	1,9	1,7	0,9
118 Schweiz	65	67	10	5	50	46	40	49	1,5	0,4	0,1
Osteuropäische Staatshandelsländer	**63** w	**66** w	**35** w	**17** w	**34** w	**44** w	**32** w	**39** w	**0,9** w	**1,0** w	**0,5** w
119 Ungarn	66	65	32	21	39	43	29	36	0,5	(.)	0,1
120 *Albanien*	52	59	69	61	19	25	12	14	2,4	2,6	2,4
121 *Bulgarien*	67	66	52	37	28	39	20	24	0,6	0,1	0,2
122 *Tschechoslowakei*	65	64	21	11	48	48	31	41	0,8	0,6	0,6
123 *Deutsche Dem. Rep.*	62	66	15	10	49	50	36	40	0,4	0,8	0,3
124 *Polen*	62	66	44	31	32	39	24	30	1,7	1,2	0,8
125 *Rumänien*	66	64	58	29	19	36	23	35	0,8	0,5	0,7
126 *Sowjetunion*	62	66	33	14	33	45	34	41	0,8	1,1	0,6

Tabelle 22: Verstädterung

	Stadtbevölkerung				Anteil an der gesamten Stadtbevölkerung in %				Anzahl der Städte mit über 500 000 Einwohnern	
	In % der Gesamt-bevölkerung		Durchschnittliche jährliche Zuwachsraten in %		Größte Stadt		Städte mit über 500 000 Einwohnern			
	1965[a]	1983	1965–73	1973–83	1960	1980	1960	1980	1960	1980
Länder mit niedrigem Einkommen	17 w	22 w	4,4 w	4,5 w	10 w	16 w	31 w	55 w	55 s	146 s
China und Indien	18 w	22 w	..	..	7 w	6 w	33 w	59 w	49 s	114 s
Übrige Länder	13 w	21 w	5,2 w	5,0 w	25 w	28 w	19 w	40 w	6 s	32 s
Afrika südl. der Sahara	11 w	20 w	6,2 w	6,0 w	33 w	41 w	2 w	35 w	1 s	13 s
1 Äthiopien	8	15	7,4	6,0	30	37	0	37	0	1
2 Bangladesch	6	17	6,6	7,6	20	30	20	51	1	3
3 Mali	13	19	5,4	4,4	32	24	0	0	0	0
4 Nepal	4	7	4,3	8,2	41	27	0	0	0	0
5 Zaire	19	38	5,9	6,9	14	28	14	38	1	2
6 Burkina	6	11	6,5	4,8	..	41	0	0	0	0
7 Birma	21	29	4,0	3,9	23	23	23	23	1	2
8 Malawi	5	11	8,2	7,3	..	19	0	0	0	0
9 Uganda	6	7	8,3	0,3	38	52	0	52	0	1
10 Burundi	2	2	1,4	3,2	..	..	0	0	0	0
11 Niger	7	14	7,0	7,0	..	31	0	0	0	0
12 Tansania	6	14	8,1	8,6	34	50	0	50	0	1
13 Somalia	20	33	6,4	5,5	..	34	0	0	0	0
14 Indien	18	24	4,0	4,2	7	6	26	39	11	36
15 Ruanda	3	5	6,0	6,6	..	0	0	0	0	0
16 Zentralafr. Rep.	27	44	4,4	4,6	40	36	0	0	0	0
17 Togo	11	22	6,4	6,6	..	60	0	0	0	0
18 Benin	11	16	4,5	4,7	..	63	0	63	0	1
19 China	18	21	..	..	6	6	42	45	38	78
20 Guinea	12	26	5,0	6,3	37	80	0	80	0	1
21 Haiti	18	27	3,8	4,2	42	56	0	56	0	1
22 Ghana	26	38	4,5	5,3	25	35	0	48	0	2
23 Madagaskar	12	20	5,3	5,5	44	36	0	36	0	1
24 Sierra Leone	15	23	5,0	3,3	37	47	0	0	0	0
25 Sri Lanka	20	26	3,4	2,9	28	16	0	16	0	1
26 Kenia	9	17	7,3	8,0	40	57	0	57	0	1
27 Pakistan	24	29	4,3	4,3	20	21	33	51	2	7
28 Sudan	13	20	6,3	5,5	30	31	0	31	0	1
29 Afghanistan	10	17	5,6	6,2	33	17	0	17	0	1
30 Bhutan	4	4	−2,1	4,6	0	0	0	0	0	0
31 Tschad	9	20	6,9	6,6	..	39	0	0	0	0
32 Kambodscha	11	..	3,4	..	..	..	..	..	..	..
33 Laos	8	15	4,6	5,7	69	48	0	0	0	0
34 Mosambik	5	17	8,2	10,2	75	83	0	83	0	1
35 Vietnam	16	20	5,5	2,4	32	21	32	50	1	4
Länder mit mittlerem Einkommen	36 w	48 w	4,5 w	3,9 w	28 w	29 w	35 w	48 w	54 s	127 s
Ölexporteure	30 w	41 w	4,4 w	4,4 w	27 w	30 w	32 w	48 w	15 s	42 s
Ölimporteure	41 w	54 w	4,5 w	3,6 w	28 w	28 w	36 w	48 w	39 s	85 s
Afrika südl. der Sahara	16 w	27 w	6,4 w	5,9 w	21 w	26 w	14 w	51 w	2 s	15 s
Untere Einkommenskategorie	26 w	36 w	5,1 w	4,1 w	27 w	32 w	28 w	47 w	22 s	57 s
36 Senegal	27	34	4,3	3,8	53	65	0	65	0	1
37 Lesotho	2	13	7,8	21,4	..	..	0	0	0	0
38 Liberia	23	38	5,3	6,1	..	..	0	0	0	0
39 Mauretanien	7	25	16,0	4,6	..	39	0	0	0	0
40 Bolivien	26	43	8,9	3,3	47	44	0	44	0	1
41 Jemen, Dem. VR.	30	37	3,4	3,5	61	49	0	0	0	0
42 Jemen, Arab. Rep.	6	18	9,7	8,8	..	25	0	0	0	0
43 Indonesien	16	24	4,1	4,8	20	23	34	50	3	9
44 Sambia	24	47	7,6	6,5	..	35	0	35	0	1
45 Honduras	26	38	5,4	5,8	31	33	0	0	0	0
46 Ägypten, Arab. Rep.	41	45	3,0	2,9	38	39	53	53	2	2
47 El Salvador	39	42	3,6	3,6	26	22	0	0	0	0
48 Elfenbeinküste	23	44	8,2	8,5	27	34	0	34	0	1
49 Simbabwe	14	24	6,8	6,0	40	50	0	50	0	1
50 Marokko	32	43	4,0	4,2	16	26	16	50	1	4
51 Papua-Neuguinea	5	14	14,3	5,1	..	25	0	0	0	0
52 Philippinen	32	39	4,0	3,8	27	30	27	34	1	2
53 Nigeria	15	22	4,7	5,1	13	17	22	58	2	9
54 Kamerun	16	39	7,3	8,4	26	21	0	21	0	1
55 Thailand	13	18	4,8	3,6	65	69	65	69	1	1
56 Nicaragua	43	55	4,4	5,2	41	47	0	47	0	1
57 Costa Rica	38	45	3,8	3,2	67	64	0	64	0	1
58 Peru	52	67	4,7	3,6	38	39	38	44	1	2
59 Guatemala	34	40	3,8	4,1	41	36	41	36	1	1
60 Kongo, VR	35	55	4,4	5,5	77	56	0	0	0	0
61 Türkei	31	45	4,9	3,7	18	24	32	42	3	4
62 Tunesien	40	54	4,1	3,7	40	30	40	30	1	1
63 Jamaika	36	52	4,3	2,7	77	66	0	66	0	1
64 Dominikanische Rep.	35	54	5,6	4,7	50	54	0	54	0	1

Anmerkung: Zur Vergleichbarkeit der Daten und ihrer Abgrenzung vgl. Technische Erläuterungen.

	Stadtbevölkerung				Anteil an der gesamten Stadtbevölkerung in %				Anzahl der Städte mit über 500 000 Einwohnern	
	In % der Gesamtbevölkerung		Durchschnittliche jährliche Zuwachsraten in %		Größte Stadt		Städte mit über 500 000 Einwohnern			
	1965[a]	1983	1965–73	1973–83	1960	1980	1960	1980	1960	1980
65 Paraguay	36	41	3,2	3,3	44	44	0	44	0	1
66 Ecuador	37	46	3,9	3,9	31	29	0	51	0	2
67 Kolumbien	54	66	4,4	2,9	17	26	28	51	3	4
68 *Angola*	13	23	5,9	6,0	44	64	0	64	0	1
69 *Kuba*	58	70	2,8	1,9	32	38	38	32	1	1
70 Korea, Dem. Rep.	45	62	4,9	4,2	15	12	15	19	1	2
71 Libanon	50	78	6,2	1,6	64	79	64	79	1	1
72 Mongolische VR	42	54	4,6	4,2	53	52	0	0	0	0
Obere Einkommenskategorie	49 w	64 w	4,0 w	3,8 w	28 w	29 w	38 w	51 w	32 s	70 s
73 Jordanien	47	72	4,7	4,8	31	37	0	37	0	1
74 Syrien, Arab. Rep.	40	48	4,8	4,2	35	33	35	55	1	2
75 Malaysia	26	31	3,3	3,5	19	27	0	27	0	1
76 Chile	72	82	2,8	2,4	38	44	38	44	1	1
77 Brasilien	51	71	4,5	4,1	14	15	35	52	6	14
78 Korea, Rep.	32	62	6,5	4,8	35	41	61	77	3	7
79 Argentinien	76	84	2,1	2,1	46	45	54	60	3	5
80 Panama	44	50	4,1	3,0	61	66	0	66	0	1
81 Portugal	24	30	1,2	2,5	47	44	47	44	1	1
82 Mexiko	55	69	4,8	4,1	28	32	36	48	3	7
83 Algerien	38	46	2,5	5,4	27	12	27	12	1	1
84 Südafrika	47	55	2,6	3,9	16	13	44	53	4	7
85 Uruguay	81	85	0,8	0,8	56	52	56	52	1	1
86 Jugoslawien	31	45	3,1	2,8	11	10	11	23	1	3
87 Venezuela	72	85	4,8	4,3	26	26	26	44	1	4
88 Griechenland	48	64	2,5	2,6	51	57	51	70	1	2
89 Israel	81	90	3,8	2,7	46	35	46	35	1	1
90 Hongkong	89	92	2,1	2,7	100	100	100	100	1	1
91 Singapur	100	100	1,8	1,3	100	100	100	100	1	1
92 Trinidad und Tobago	22	22	0,6	1,0	..	..	0	0	0	0
93 *Iran, Islamische Rep.*	37	53	5,4	5,1	26	28	26	47	1	6
94 *Irak*	50	69	5,7	5,3	35	55	35	70	1	3
Ölexporteure mit hohem Einkommen	37 w	68 w	8,9 w	7,9 w	29 w	28 w	0 w	34 w	0 s	3 s
95 Oman	4	25	10,8	17,6	..	..	..	..	..	..
96 Libyen	29	61	8,9	8,1	57	64	0	64	0	1
97 Saudi-Arabien	39	71	8,4	7,4	15	18	0	33	0	2
98 Kuwait	75	92	9,3	7,8	75	30	0	0	0	0
99 Vereinigte Arab. Emirate	56	79	16,7	11,2	..	..	..	..	..	..
Marktwirtschaftliche Industrieländer	71 w	77 w	1,7 w	1,0 w	18 w	18 w	48 w	55 w	104 s	152 s
100 Spanien	61	76	2,5	2,0	13	17	37	44	5	6
101 Irland	49	56	2,0	2,2	51	48	51	48	1	1
102 Italien	62	71	1,4	1,1	13	17	46	52	7	9
103 Neuseeland	79	83	1,9	0,8	25	30	0	30	0	1
104 Belgien	68	89	0,9	1,3	17	14	28	24	2	2
105 Großbritannien	87	91	0,7	0,3	24	20	61	55	15	17
106 Österreich	51	56	0,8	0,6	51	39	51	39	1	1
107 Niederlande	79	52	0,8	−1,1	9	9	27	24	3	3
108 Japan	67	76	2,4	1,3	18	22	35	42	5	9
109 Frankreich	67	80	2,0	1,2	25	23	34	34	4	6
110 Finnland	44	60	2,8	1,9	28	27	0	27	0	1
111 Deutschland, Bundesrep.	79	86	1,2	0,3	20	18	48	45	11	11
112 Australien	83	86	2,6	1,5	26	24	62	68	4	5
113 Dänemark	77	85	1,3	0,7	40	32	40	32	1	1
114 Kanada	73	75	1,9	1,2	14	18	31	62	2	9
115 Schweden	77	85	1,6	0,7	15	15	15	35	1	3
116 Norwegen	37	55	3,4	2,4	50	32	50	32	1	1
117 Vereinigte Staaten	72	74	1,6	1,2	13	12	61	77	40	65
118 Schweiz	53	59	1,9	0,7	19	22	19	22	1	1
Osteuropäische Staatshandelsländer	51 w	64 w	48 w	−2,2 w	9 w	7 w	23 w	32 w	36 s	65 s
119 Ungarn	43	55	2,2	1,4	45	37	45	37	1	1
120 Albanien	32	38	3,5	3,2	27	25	0	0	0	0
121 Bulgarien	46	67	3,2	2,1	23	18	23	18	1	1
122 *Tschechoslowakei*	51	65	1,8	1,8	17	12	17	12	1	1
123 Deutsche Dem. Rep.	73	76	0,2	0,2	9	9	14	17	2	3
124 Polen	50	59	1,5	1,9	17	15	41	47	5	8
125 Rumänien	34	51	4,2	3,1	22	17	22	17	1	1
126 Sowjetunion	52	65	5,9	−3,4	6	4	21	33	25	50

[a] Kursive Zahlen sind für andere als die angegebenen Jahre.

Tabelle 23: Kennzahlen zur Lebenserwartung

	Lebenserwartung bei der Geburt (in Jahren)				Säuglings- sterblichkeitsziffern (Alter unter 1 Jahr)		Kindersterbeziffern (Alter 1—4 Jahre)	
	Männer		Frauen					
	1965	1983	1965	1983	1965	1983	1965	1983
Länder mit niedrigem Einkommen	**49** w	**58** w	**51** w	**60** w	**122** w	**75** w	**19** w	**9** w
China und Indien	51 w	61 w	53 w	63 w	115 w	61 w	16 w	6 w
Übrige Länder	44 w	50 w	45 w	52 w	147 w	115 w	27 w	18 w
Afrika südl. der Sahara	42 w	46 w	45 w	49 w	156 w	119 w	35 w	23 w
1 Äthiopien	43	..	47	..	166	..	37	..
2 Bangladesch	45	49	44	50	153	132	24	19
3 Mali	37	43	39	47	184	148	47	31
4 Nepal	40	47	39	45	184	143	30	21
5 Zaire	43	49	46	52	142	106	30	20
6 Burkina	40	43	42	46	193	148	52	31
7 Birma	45	53	48	57	143	93	21	11
8 Malawi	37	43	40	45	201	164	55	38
9 Uganda	46	48	49	50	126	108	26	21
10 Burundi	42	45	45	48	169	123	38	25
11 Niger	40	43	42	47	181	139	46	28
12 Tansania	41	49	44	52	138	97	29	18
13 Somalia	..	43	..	46	166	142	37	30
14 Indien	46	56	44	54	151	93	23	11
15 Ruanda	47	45	51	48	159	125	35	26
16 Zentralafr. Rep.	40	46	41	49	184	142	47	29
17 Togo	40	47	43	50	158	112	36	17
18 Benin	41	46	43	50	193	148	52	31
19 China	55	65	59	69	90	38	11	2
20 Guinea	34	37	36	38	197	158	53	36
21 Haiti	46	53	47	56	160	107	37	15
22 Ghana	49	57	52	61	132	97	25	12
23 Madagaskar	41	49	44	50	99	66	18	10
24 Sierra Leone	32	37	33	38	230	198	69	54
25 Sri Lanka	63	67	64	71	63	37	6	2
26 Kenia	48	55	51	59	124	81	25	14
27 Pakistan	46	51	44	49	150	119	23	16
28 Sudan	39	47	41	49	161	117	37	19
29 *Afghanistan*	34	..	35	..	223	..	39	..
30 *Bhutan*	34	44	32	42	184	162	30	26
31 *Tschad*	39	42	41	45	184	142	47	29
32 *Kambodscha*	43	..	45	..	135	..	19	..
33 *Laos*	39	42	42	45	196	159	34	25
34 *Mosambik*	36	44	39	47	148	109	31	16
35 *Vietnam*	47	62	50	66	89	53	8	4
Länder mit mittlerem Einkommen	**51** w	**59** w	**55** w	**63** w	**112** w	**75** w	**18** w	**9** w
Ölexporteure	47 w	55 w	49 w	58 w	129 w	91 w	23 w	12 w
Ölimporteure	55 w	62 w	59 w	66 w	98 w	61 w	15 w	6 w
Afrika südl. der Sahara	41 w	48 w	44 w	51 w	150 w	112 w	32 w	17 w
Untere Einkommenskategorie	**47** w	**55** w	**50** w	**59** w	**127** w	**87** w	**22** w	**11** w
36 Senegal	40	44	42	47	172	140	42	28
37 Lesotho	47	51	50	55	138	109	20	14
38 Liberia	41	47	43	50	149	111	32	17
39 Mauretanien	39	44	41	47	171	136	41	16
40 Bolivien	42	49	46	53	161	123	37	21
41 Jemen, Dem. VR.	38	45	39	47	194	137	52	27
42 Jemen, Arab. Rep.	37	43	38	45	200	152	55	33
43 Indonesien	43	52	45	55	138	101	20	13
44 Sambia	42	49	46	52	137	100	29	19
45 Honduras	48	58	51	62	131	81	24	8
46 Ägypten, Arab. Rep.	48	56	49	59	123	102	21	14
47 El Salvador	52	62	56	66	120	70	20	6
48 Elfenbeinküste	43	50	45	53	160	121	37	20
49 Simbabwe	50	52	58	60	106	69	15	7
50 Marokko	48	51	51	54	149	98	32	12
51 Papua-Neuguinea	44	54	44	53	148	97	23	12
52 Philippinen	55	63	58	66	90	49	11	4
53 Nigeria	40	47	43	50	152	113	33	17
54 Kamerun	44	52	47	55	155	116	34	19
55 Thailand	53	61	58	65	90	50	11	4
56 Nicaragua	49	56	51	60	129	84	24	9
57 Costa Rica	63	72	66	76	74	20	8	1
58 Peru	49	57	52	60	131	98	24	12
59 Guatemala	49	58	51	62	109	67	16	5
60 Kongo, VR	52	62	56	65	116	82	19	8
61 Türkei	52	61	55	66	157	82	35	8
62 Tunesien	51	60	52	63	145	83	30	8
63 Jamaika	63	68	67	72	51	28	4	2
64 Dominikanische Rep.	52	61	56	65	103	63	14	5

Anmerkung: Zur Vergleichbarkeit der Daten und ihrer Abgrenzung vgl. Technische Erläuterungen.

| | Lebenserwartung bei der Geburt (in Jahren) | | | | Säuglings- sterblichkeitsziffern (Alter unter 1 Jahr) | | Kindersterbeziffern (Alter 1—4 Jahre) | |
| | Männer | | Frauen | | | | | |
	1965	1983	1965	1983	1965	1983	1965	1983
65 Paraguay	56	63	60	67	74	45	7	3
66 Ecuador	52	61	55	65	124	76	22	7
67 Kolumbien	53	62	59	66	80	53	8	3
68 Angola	34	42	37	44	193	148	52	31
69 Kuba	65	73	69	77	54	20	4	1
70 Korea, Dem. Rep.	55	63	58	67	64	32	6	2
71 Libanon	60	63	64	67	57	48	4	3
72 Mongolische VR	55	63	58	67	89	49	11	4
Obere Einkommenskategorie	**57** w	**63** w	**60** w	**68** w	**92** w	**59** w	**13** w	**5** w
73 Jordanien	49	63	51	65	117	62	19	5
74 Syrien, Arab. Rep.	52	66	54	69	116	56	19	4
75 Malaysia	56	65	59	69	57	29	5	2
76 Chile	56	68	62	72	103	40	14	2
77 Brasilien	55	61	59	66	104	70	14	6
78 Korea, Rep.	55	64	58	71	64	29	6	2
79 Argentinien	63	66	69	73	59	36	4	1
80 Panama	62	69	65	73	59	26	4	1
81 Portugal	61	68	67	74	65	25	6	1
82 Mexiko	58	64	61	68	82	52	9	3
83 Algerien	49	55	51	59	155	107	34	15
84 Südafrika	54	62	57	65	124	91	22	10
85 Uruguay	66	71	72	75	47	38	3	2
86 Jugoslawien	64	66	68	72	72	32	7	2
87 Venezuela	58	65	63	71	71	38	6	2
88 Griechenland	69	73	72	77	34	15	2	1
89 Israel	70	72	74	76	27	14	2	1
90 Hongkong	66	74	71	78	28	10	2	..
91 Singapur	63	70	68	75	26	11	1	..
92 Trinidad und Tobago	63	66	67	70	47	28	3	1
93 Iran, Islamische Rep.	52	60	52	60	150	100	32	13
94 Irak	50	57	53	61	121	71	21	6
Ölexporteure mit hohem Einkommen	**46** w	**57** w	**49** w	**60** w	**153** w	**90** w	**34** w	**11** w
95 Oman	40	51	42	54	175	121	43	21
96 Libyen	48	56	51	59	143	91	29	10
97 Saudi-Arabien	45	55	47	58	164	101	38	13
98 Kuwait	61	69	65	74	66	29	5	1
99 Vereinigte Arab. Emirate	57	68	61	73	104	44	14	2
Marktwirtschaftliche Industrieländer	**68** w	**72** w	**74** w	**79** w	**24** w	**10** w	**1** w	**(.)** w
100 Spanien	68	73	73	78	38	10	3	..
101 Irland	68	70	73	76	25	11	1	..
102 Italien	68	73	73	79	36	12	3	1
103 Neuseeland	68	71	74	77	20	13	1	..
104 Belgien	68	70	74	77	24	11	1	..
105 Großbritannien	68	71	74	77	20	10	1	..
106 Österreich	66	70	73	77	28	12	2	1
107 Niederlande	71	73	76	80	14	8	1	..
108 Japan	68	74	73	79	18	7	1	..
109 Frankreich	68	72	75	79	22	9	1	..
110 Finnland	66	69	73	78	17	7	1	..
111 Deutschland, Bundesrep.	67	72	73	78	24	11	2	..
112 Australien	68	73	74	79	19	10	1	..
113 Dänemark	71	72	75	78	19	8	1	..
114 Kanada	69	73	75	79	24	9	1	..
115 Schweden	72	75	76	80	13	8	1	..
116 Norwegen	71	74	76	80	17	8	1	..
117 Vereinigte Staaten	67	72	74	79	25	11	1	..
118 Schweiz	69	77	75	81	18	8	1	..
Osteuropäische Staatshandelsländer	**66** w	**66** w	**73** w	**74** w	**31** w	**30** w	**2** w	**1** w
119 Ungarn	67	66	72	74	39	19	3	1
120 Albanien	65	69	67	73	87	42	10	3
121 Bulgarien	66	67	73	73	31	17	2	1
122 Tschechoslowakei	64	66	73	74	26	16	1	1
123 Deutsche Dem. Rep.	67	68	74	74	25	11	2	..
124 Polen	66	67	72	75	42	19	3	..
125 Rumänien	66	69	70	74	44	28	3	2
126 Sowjetunion	65	65	74	74	28	..	2	..

Tabelle 24: Gesundheitsbezogene Kennzahlen

	Einwohner je				Tägliches Kalorienangebot pro Kopf	
	Arzt		Beschäftigtem in der Krankenpflege		Insgesamt	In % des Bedarfs
	1965[a]	1980[a]	1965[a]	1980[a]	1982	1982
Länder mit niedrigem Einkommen	**12.419** w	**5.556** w	**6.762** w	**4.564** w	**2.408** w	**105** w
China und Indien	..	1.858 w	..	3.279 w	2.503 w	109 w
Übrige Länder	26.097 w	17.990 w	7.296 w	8.697 w	2.118 w	93 w
Afrika südl. der Sahara	38.268 w	27.922 w	4.627 w	3.148 w	2.098 w	91 w
1 Äthiopien	70.190	69.390	5.970	5.910	2.162	93
2 Bangladesch	..	7.810	..	22.570	1.922	83
3 Mali	49.010	22.130	3.200	2.380	1.731	74
4 Nepal	46.180	30.060	..	33.420	2.018	86
5 Zaire	39.050	13.940	..	1.810	2.169	98
6 Burkina	74.110	48.510	4.170	4.950	1.879	79
7 Birma	11.660	4.680	11.410	4.770	2.483	115
8 Malawi	46.900	41.460	12.670	3.830	2.242	97
9 Uganda	11.080	26.810	3.130	4.180	1.807	78
10 Burundi	54.930	45.020	7.310	..	2.206	95
11 Niger	71.440	38.790	6.210	4.650	2.456	105
12 Tansania	21.840	17.740	2.100	3.010	2.331	101
13 Somalia	35.060	15.630	3.630	2.550	2.102	91
14 Indien	4.860	3.690	6.500	5.460	2.047	93
15 Ruanda	74.170	31.340	7.450	9.790	2.202	95
16 Zentralafr. Rep.	44.490	26.750	3.000	1.740	2.194	97
17 Togo	24.980	18.100	4.990	1.430	2.167	94
18 Benin	28.790	16.980	2.540	1.660	2.154	101
19 China	..	1.740	..	1.710	2.562	109
20 Guinea	54.610	17.110	4.750	2.570	1.987	86
21 Haiti	12.580	8.200	3.460	2.490	1.903	84
22 Ghana	12.040	7.160	3.710	770	1.573	68
23 Madagaskar	9.900	10.220	3.620	3.670	2.577	114
24 Sierra Leone	18.400	17.520	4.890	2.040	2.049	85
25 Sri Lanka	5.750	7.170	3.210	1.340	2.393	107
26 Kenia	12.840	7.890	1.780	550	2.056	88
27 Pakistan	3.160	3.480	9.900	5.820	2.277	99
28 Sudan	23.500	8.930	3.360	1.430	2.250	96
29 Afghanistan	15.770	16.730	24.450	26.000	2.285	94
30 Bhutan	3.310	18.160	..	7.960	..	..
31 Tschad	73.040	47.640	13.620	3.860	1.620	68
32 Kambodscha	22.490	..	3.670	..	1.792	81
33 Laos	26.510	..	5.320	..	1.992	90
34 Mosambik	18.700	39.140	4.720	5.610	1.844	79
35 Vietnam	..	4.190	..	2.930	2.017	93
Länder mit mittlerem Einkommen	**11.388** w	**5.995** w	**3.651** w	**1.945** w	**2.661** w	**114** w
Ölexporteure	20.016 w	8.089 w	5.436 w	2.053 w	2.612 w	113 w
Ölimporteure	4.146 w	3.870 w	2.162 w	1.840 w	2.703 w	114 w
Afrika südl. der Sahara	35.517 w	11.929 w	4.745 w	2.650 w	2.370 w	101 w
Untere Einkommenskategorie	**18.399** w	**7.555** w	**4.891** w	**2.292** w	**2.495** w	**109** w
36 Senegal	21.130	13.780	2.640	1.390	2.392	101
37 Lesotho	22.930	18.640	4.700	..	2.285	100
38 Liberia	12.450	8.550	2.300	2.940	2.267	98
39 Mauretanien	36.580	14.500	..	2.100	2.228	97
40 Bolivien	3.310	..	3.990	..	2.158	90
41 Jemen, Dem. VR.	12.870	7.120	1.850	820	2.329	97
42 Jemen, Arab. Rep.	58.240	11.670	..	4.580	2.346	97
43 Indonesien	31.820	11.530	9.500	2.300	2.393	111
44 Sambia	11.390	7.670	5.820	1.730	2.054	89
45 Honduras	5.450	3.120	1.540	700	2.156	95
46 Ägypten, Arab. Rep.	2.260	970	2.030	1.500	3.210	128
47 El Salvador	4.630	3.220	1.300	910	2.060	90
48 Elfenbeinküste	20.690	..	1.850	..	2.652	115
49 Simbabwe	5.190	5.900	990	940	2.119	89
50 Marokko	12.120	10.750	2.290	1.830	2.671	110
51 Papua-Neuguinea	12.520	13.590	620	960	2.109	79
52 Philippinen	1.310	7.970	1.130	6.000	2.393	106
53 Nigeria	44.990	12.550	5.780	3.010	2.443	104
54 Kamerun	29.720	13.990	1.970	1.950	2.102	91
55 Thailand	7.230	7.100	5.020	2.400	2.296	103
56 Nicaragua	2.490	1.800	1.390	550	2.268	101
57 Costa Rica	2.040	1.460	630	450	2.635	118
58 Peru	1.620	1.390	880	970	2.114	90
59 Guatemala	3.830	8.610	8.250	1.620	2.115	97
60 Kongo, VR	14.210	5.510	950	790	2.504	113
61 Türkei	2.860	1.630	6.340	1.130	3.077	122
62 Tunesien	8.040	3.690	1.150	890	2.656	111
63 Jamaika	1.930	2.830	340	630	2.489	111
64 Dominikanische Rep.	1.720	2.410	1.640	..	2.179	96

Anmerkung: Zur Vergleichbarkeit der Daten und ihrer Abgrenzung vgl. Technische Erläuterungen.

	Einwohner je				Tägliches Kalorienangebot pro Kopf	
	Arzt		Beschäftigtem in der Krankenpflege		Insgesamt	In % des Bedarfs
	1965[a]	1980[a]	1965[a]	1980[a]	1982	1982
65 Paraguay	1.840	*1.310*	1.550	*1.100*	2.820	122
66 Ecuador	3.020	*760*	2.320	*570*	2.072	91
67 Kolumbien	2.530	*1.710*	890	*800*	2.551	110
68 Angola	12.000	..	3.820	..	2.041	87
69 Kuba	1.150	*720*	820	*370*	2.997	130
70 Korea, Dem. Rep.	..	*430*	..	..	3.051	130
71 Libanon	1.240	*540*	2.500	*730*	3.000	121
72 Mongolische VR	710	*450*	310	*240*	2.798	115
Obere Einkommenskategorie	**2.507** w	**2.018** w	**2.076** w	**995** w	**2.880** w	**119** w
73 Jordanien	4.670	*900*	1.810	*1.990*	2.882	117
74 Syrien, Arab. Rep.	4.050	*2.240*	11.760	*1.390*	3.040	123
75 Malaysia	6.220	..	1.320	*940*	2.688	120
76 Chile	2.080	*1.930*	600	*450*	2.669	109
77 Brasilien	2.180	..	1.550	..	2.623	110
78 Korea, Rep.	2.740	*1.440*	2.990	*350*	2.936	125
79 Argentinien	640	*430*	610	..	3.363	127
80 Panama	2.170	*980*	680	*420*	2.498	108
81 Portugal	1.170	*540*	1.320	*660*	3.176	130
82 Mexiko	2.060	..	950	..	2.976	128
83 Algerien	8.400	*2.630*	11.770	*740*	2.639	110
84 Südafrika	2.140	..	530	..	2.840	116
85 Uruguay	870	*540*	590	*190*	2.754	103
86 Jugoslawien	1.190	*550*	850	*280*	3.642	143
87 Venezuela	1.270	*990*	560	*380*	2.557	104
88 Griechenland	710	*430*	790	*600*	3.554	142
89 Israel	410	*370*	300	*130*	3.059	119
90 Hongkong	2.400	*1.210*	1.220	*790*	2.774	121
91 Singapur	1.910	*1.150*	600	*320*	2.954	128
92 Trinidad und Tobago	3.820	*1.360*	560	*380*	3.083	127
93 Iran, Islamische Rep.	3.770	*6.090*	4.170	*2.520*	2.855	119
94 Irak	4.970	*1.800*	2.910	*2.160*	2.840	118
Ölexporteure mit hohem Einkommen	**8.774** w	**1.360** w	**4.582** w	**836** w	**3.271** w	..
95 Oman	23.790	*1.900*	6.380	*500*	..	..
96 Libyen	3.970	*730*	850	*400*	3.581	152
97 Saudi-Arabien	9.400	*1.670*	6.060	*1.170*	3.111	129
98 Kuwait	830	*570*	270	*180*	3.423	..
99 Vereinigte Arab. Emirate	..	*910*	..	*340*	3.591	..
Marktwirtschaftliche Industrieländer	**752** w	**554** w	**302** w	**180** w	**3.400** w	**133** w
100 Spanien	810	*450*	1.770	*330*	3.341	136
101 Irland	960	*780*	170	*120*	4.054	162
102 Italien	590	*340*	..	..	3.520	140
103 Neuseeland	820	*640*	980	*120*	3.549	134
104 Belgien	690	*400*	590	*120*	3.743	142
105 Großbritannien	860	*650*	200	*140*	3.232	128
106 Österreich	550	*400*	470	*230*	3.524	134
107 Niederlande	860	*540*	..	*130*	3.563	133
108 Japan	930	*780*	240	*240*	2.891	124
109 Frankreich	810	*580*	300	*120*	3.572	142
110 Finnland	1.280	*530*	160	*100*	3.098	114
111 Deutschland, Bundesrep.	630	*450*	350	*170*	3.382	127
112 Australien	720	*560*	110	*120*	3.189	120
113 Dänemark	740	*480*	190	*210*	4.023	150
114 Kanada	770	*550*	130	*90*	3.428	129
115 Schweden	910	*490*	90	*60*	3.224	120
116 Norwegen	790	*520*	340	*90*	3.184	119
117 Vereinigte Staaten	670	*520*	120	*140*	3.616	137
118 Schweiz	750	*410*	340	*160*	3.451	128
Osteuropäische Staatshandelsländer	**564** w	**345** w	**300** w	**130** w	**3.419** w	**133** w
119 Ungarn	630	*400*	240	*150*	3.520	134
120 Albanien	2.100	..	550	..	2.907	121
121 Bulgarien	600	*410*	410	*190*	3.711	148
122 Tschechoslowakei	540	*360*	200	*130*	3.613	146
123 Deutsche Dem. Rep.	870	*520*	..	..	3.787	145
124 Polen	800	*570*	410	*240*	3.288	126
125 Rumänien	740	*680*	400	*270*	3.348	126
126 Sowjetunion	480	*270*	280	*100*	3.400	132

[a] Kursive Zahlen sind für andere als die angegebenen Jahre. Vgl. Technische Erläuterungen.

Tabelle 25: Erziehungswesen

	Anzahl der Grundschüler in % ihrer Altersgruppe						Anzahl der Besucher weiterführender Schulen in % ihrer Altersgruppe		Anzahl der Besucher höherer Schulen und Universitäten in % der Bevölkerung im Alter von 20—24 Jahren	
	Insgesamt		Männlich		Weiblich					
	1965	1982[a]	1965	1982[a]	1965	1982[a]	1965	1982[a]	1965	1982[a]
Länder mit niedrigem Einkommen	62 w	85 w	77 w	103 w	47 w	77 w	20 w	30 w	3 w	4 w
China und Indien	..	98 w	..	111 w	..	83 w	..	33 w	..	4 w
Übrige Länder	45 w	70 w	59 w	80 w	31 w	58 w	9 w	19 w	1 w	2 w
Afrika südl. der Sahara	40 w	69 w	52 w	79 w	28 w	56 w	4 w	14 w	(.) w	1 w
1 Äthiopien	11	46	16	60	6	33	2	12	(.)	1
2 Bangladesch	49	60	67	68	31	51	13	15	1	4
3 Mali	24	27	32	35	16	20	4	9	(.)	(.)
4 Nepal	20	73	36	102	4	42	5	21	1	3
5 Zaire	70	90	95	104	45	75	5	23	(.)	1
6 Burkina	12	28	16	28	8	16	1	3	(.)	1
7 Birma	71	84	76	87	65	81	15	20	1	4
8 Malawi	44	62	55	73	32	51	2	4	(.)	(.)
9 Uganda	67	60	83	69	50	51	4	8	(.)	1
10 Burundi	26	33	36	41	15	25	1	3	(.)	1
11 Niger	11	23	15	29	7	17	1	5	(.)	(.)
12 Tansania	32	98	40	101	25	95	2	3	(.)	(.)
13 Somalia	10	30	16	38	4	21	2	11	(.)	1
14 Indien	74	79	89	93	57	64	27	30	5	9
15 Ruanda	53	70	64	72	43	67	2	2	(.)	(.)
16 Zentralafr. Rep.	56	70	84	92	28	50	2	14	..	1
17 Togo	55	106	78	129	32	84	5	27	(.)	2
18 Benin	34	65	48	87	21	42	3	21	(.)	2
19 China	..	110	..	123	..	97	..	35	..	1
20 Guinea	31	33	44	44	19	22	5	16	(.)	3
21 Haiti	50	69	56	74	44	64	5	13	(.)	1
22 Ghana	69	76	82	85	57	66	13	34	1	1
23 Madagaskar	65	100	70	..	59	..	8	14	1	3
24 Sierra Leone	29	40	37	..	21	..	5	12	(.)	1
25 Sri Lanka	93	103	98	106	86	101	35	54	2	4
26 Kenia	54	104	69	114	40	94	4	20	(.)	1
27 Pakistan	40	44	59	57	20	31	12	14	2	2
28 Sudan	29	52	37	61	21	43	4	18	1	2
29 Afghanistan	16	35	26	56	5	13	1	12	(.)	1
30 Bhutan	7	23	13	30	1	16	..	3	..	(.)
31 Tschad	34	..	56	..	13	..	1	3	..	(.)
32 Kambodscha	77	..	98	..	56	..	9	..	1	..
33 Laos	40	97	50	105	30	89	2	18	(.)	(.)
34 Mosambik	37	104	48	119	26	72	3	6	(.)	(.)
35 Vietnam	..	113	..	120	..	105	..	48	..	3
Länder mit mittlerem Einkommen	84 w	102 w	90 w	109 w	77 w	99 w	20 w	42 w	4 w	12 w
Ölexporteure	70 w	102 w	79 w	111 w	60 w	103 w	15 w	36 w	2 w	8 w
Ölimporteure	95 w	103 w	99 w	107 w	91 w	96 w	24 w	48 w	6 w	15 w
Afrika südl. der Sahara	44 w	96 w	54 w	99 w	34 w	81 w	5 w	17 w	(.) w	3 w
Untere Einkommenskategorie	74 w	103 w	82 w	109 w	65 w	98 w	16 w	35 w	4 w	10 w
36 Senegal	40	48	52	58	29	38	7	12	1	3
37 Lesotho	94	112	74	95	114	129	4	20	(.)	2
38 Liberia	41	66	59	82	23	50	5	20	1	2
39 Mauretanien	13	33	19	43	6	23	1	10	..	..
40 Bolivien	73	86	86	93	60	78	18	34	5	16
41 Jemen, Dem. VR.	23	64	35	94	10	34	11	18	..	2
42 Jemen, Arab. Rep.	9	59	16	99	1	17	..	7	..	1
43 Indonesien	72	120	79	124	65	116	12	33	1	4
44 Sambia	53	96	59	102	46	90	7	16	..	2
45 Honduras	80	99	81	100	79	98	10	32	1	10
46 Ägypten, Arab. Rep.	75	78	90	90	60	65	26	54	7	15
47 El Salvador	82	61	85	61	79	61	17	20	2	6
48 Elfenbeinküste	60	76	80	92	41	60	6	17	(.)	3
49 Simbabwe	110	130	128	134	92	125	6	23	(.)	1
50 Marokko	57	80	78	98	35	62	11	28	1	6
51 Papua-Neuguinea	44	65	53	73	35	58	4	13	..	2
52 Philippinen	113	106	115	107	111	105	41	64	19	27
53 Nigeria	32	98	39	..	24	..	5	16	(.)	3
54 Kamerun	94	107	114	117	75	97	5	19	(.)	2
55 Thailand	78	96	82	98	74	94	14	29	2	22
56 Nicaragua	69	104	68	101	69	107	14	41	2	13
57 Costa Rica	106	106	107	105	105	108	24	48	6	27
58 Peru	99	114	108	119	90	109	25	59	8	21
59 Guatemala	50	73	55	78	45	67	8	16	2	7
60 Kongo, VR	114	..	134	..	94	..	10	69	1	6
61 Türkei	101	102	118	110	83	95	16	39	4	6
62 Tunesien	91	111	116	123	65	98	16	32	2	5
63 Jamaika	109	99	112	99	106	100	51	58	3	6
64 Dominikanische Rep.	87	103	87	98	87	108	12	41	2	10

Anmerkung: Zur Vergleichbarkeit der Daten und ihrer Abgrenzung vgl. Technische Erläuterungen.

| | Anzahl der Grundschüler in % ihrer Altersgruppe | | | | | | Anzahl der Besucher weiterführender Schulen in % ihrer Altersgruppe | | Anzahl der Besucher höherer Schulen und Universitäten in % der Bevölkerung im Alter von 20—24 Jahren | |
| | Insgesamt | | Männlich | | Weiblich | | | | | |
	1965	1982[a]	1965	1982[a]	1965	1982[a]	1965	1982[a]	1965	1982[a]
65 Paraguay	102	103	109	107	96	99	13	36	4	7
66 Ecuador	91	114	94	116	88	112	17	56	3	35
67 Kolumbien	84	125	83	129	86	132	17	46	3	12
68 Angola	39	..	53	..	26	..	5	..	(.)	(.)
69 Kuba	121	109	123	112	119	105	23	72	3	19
70 Korea, Dem. Rep.	..	..	..	..	..	..	..	..	..	..
71 Libanon	106	118	118	122	93	114	26	58	14	28
72 Mongolische VR	98	106	98	105	97	108	66	89	8	26
Obere Einkommenskategorie	**96** w	**102** w	**100** w	**108** w	**92** w	**100** w	**26** w	**51** w	**5** w	**14** w
73 Jordanien	95	103	105	105	83	100	38	77	2	32
74 Syrien, Arab. Rep.	78	101	103	111	52	90	28	51	8	16
75 Malaysia	90	92	96	93	84	91	28	49	2	5
76 Chile	124	112	125	113	122	100	34	59	6	10
77 Brasilien	108	96	109	98	108	93	16	32	2	12
78 Korea, Rep.	101	100	103	102	99	99	35	89	6	24
79 Argentinien	101	119	101	120	102	119	28	59	14	25
80 Panama	102	110	104	112	99	108	34	63	7	23
81 Portugal	84	121	84	120	83	121	42	50	5	11
82 Mexiko	92	121	94	123	90	119	17	54	4	15
83 Algerien	68	93	81	105	53	81	7	36	1	5
84 Südafrika	90	..	91	..	88	..	15	..	4	..
85 Uruguay	106	122	106	124	106	120	44	63	8	20
86 Jugoslawien	106	101	108	100	103	100	65	82	13	21
87 Venezuela	94	105	93	105	94	104	27	40	7	22
88 Griechenland	110	106	111	106	109	105	49	81	10	17
89 Israel	95	95	95	96	95	96	48	74	20	30
90 Hongkong	103	105	106	107	99	103	29	67	5	11
91 Singapur	105	108	110	111	100	105	45	66	10	11
92 Trinidad und Tobago	93	99	97	98	90	99	36	61	2	5
93 Iran, Islamische Rep.	63	97	85	112	40	81	18	40	2	4
94 Irak	74	109	102	114	45	103	28	59	4	10
Ölexporteure mit hohem Einkommen	**43** w	**76** w	**60** w	**86** w	**25** w	**65** w	**10** w	**44** w	**1** w	**9** w
95 Oman	..	74	..	90	..	57	..	22	..	..
96 Libyen	78	..	111	..	44	..	14	67	1	6
97 Saudi-Arabien	24	67	36	79	11	54	4	32	1	9
98 Kuwait	116	91	129	92	103	91	52	77	..	15
99 Vereinigte Arab. Emirate	..	132	..	133	..	131	..	67	(.)	7
Marktwirtschaftliche Industrieländer	**110** w	**102** w	**107** w	**102** w	**110** w	**102** w	**71** w	**87** w	**21** w	**37** w
100 Spanien	115	110	117	110	114	109	38	88	6	24
101 Irland	108	100	107	100	108	100	51	95	12	22
102 Italien	112	101	113	101	110	101	47	74	11	25
103 Neuseeland	106	101	107	102	104	100	75	81	15	26
104 Belgien	109	98	110	97	108	98	75	94	15	28
100 Spanien	92	102	92	102	92	103	66	83	12	19
101 Irland	106	99	106	99	105	98	52	74	9	24
102 Italien	104	98	104	97	104	99	61	98	17	31
103 Neuseeland	100	100	100	100	100	100	82	92	13	30
104 Belgien	134	111	135	112	133	111	56	87	18	27
110 Finnland	92	98	95	99	89	98	76	98	11	32
111 Deutschland, Bundesrep.	..	100	..	100	..	100	..	50	9	30
112 Australien	99	108	99	109	99	108	62	90	16	26
113 Dänemark	98	98	97	98	99	98	83	105	14	28
114 Kanada	105	104	106	105	104	103	56	95	26	39
115 Schweden	95	99	94	98	96	99	62	85	13	38
116 Norwegen	97	99	97	99	98	100	64	95	11	27
117 Vereinigte Staaten	118	100	..	100	..	100	86	97	40	58
118 Schweiz	87	100	87	100	87	100	37	..	8	19
Osteuropäische Staatshandelsländer	**103** w	**104** w	**103** w	**98** w	**103** w	**98** w	**66** w	**90** w	**26** w	**20** w
119 Ungarn	101	100	102	100	100	100	..	73	13	14
120 Albanien	92	102	97	105	87	99	33	66	8	6
121 Bulgarien	103	100	104	101	102	100	54	82	17	15
122 Tschechoslowakei	99	89	100	88	97	90	29	46	14	17
123 Deutsche Dem. Rep.	109	94	107	93	111	96	60	88	19	30
124 Polen	104	100	106	101	102	100	58	75	18	18
125 Rumänien	101	100	102	101	100	99	39	71	10	11
126 Sowjetunion	103	106	103	..	103	..	72	97	30	21

[a] Kursive Zahlen sind für andere als die angegebenen Jahre. Vgl. Technische Erläuterungen.

Tabelle 27: Laufende Einnahmen der Zentralregierung

	Anteil an den laufenden Gesamteinnahmen in %													
	Steuereinnahmen										Laufende nicht-steuerliche Einnahmen		Laufende Gesamt-einnahmen (in % des BSP)	
	Steuern auf Einkommen, Gewinne u. Kapitalerträge		Sozialver-sicherungs-beiträge		Inlandssteu-ern auf Güter und Dienst-leistungen		Steuern auf Außenhandel u. internatio-nale Trans-aktionen		Sonstige Steuern[a]					
	1972	1982[b]	1972	1982[b]	1972	1982[b]	1972	1982[b]	1972	1982[b]	1972	1982[b]	1972	1982[b]
Länder mit niedrigem Einkommen	21,5w	19,5w	..	..	23,8w	36,9w	38,9w	25,3w	3,6w	1,3w	12,2w	17,0w	16,4w	13,2w
China und Indien	..	..	..	..	..	33,6w	38,9w	28,1w	3,6w	2,5w	12,2w	15,0w	16,4w	12,7w
Übrige Länder	21,5w	20,8w	..	..	23,8w	33,2w	38,9w	25,9w	3,2w	3,5w	12,2w	11,1w	17,1w	11,2w
Afrika südl. der Sahara	21,9w	26,3w	..	..	23,8w	33,2w	38,9w	25,9w	3,2w	3,5w	12,2w	11,1w	17,1w	11,2w
1 Äthiopien	23,0	..	..	..	29,8	..	30,4	..	5,6	..	11,1	..	10,5	..
2 Bangladesch	..	..	..	..	..	..	..	..	..	..	..	..	..	..
3 Mali	..	15,4	..	4,3	..	38,9	..	18,7	..	14,5	..	8,2	..	15,5
4 Nepal	4,1	7,2	..	..	26,5	38,5	36,7	31,3	19,0	7,1	13,7	15,9	5,2	8,7
5 Zaire	22,2	32,5	2,2	1,4	12,7	22,3	57,9	25,0	1,4	6,5	3,7	12,3	27,9	21,6
6 Burkina	..	15,9	..	6,5	..	17,1	..	42,4	..	6,8	..	11,3	..	14,0
7 Birma	..	3,2	..	..	..	39,5	..	19,2	..	..	..	38,2	..	16,2
8 Malawi	31,4	34,3	..	..	24,2	31,9	20,0	22,7	0,5	0,8	23,8	10,4	16,0	17,4
9 Uganda	22,1	9,7	..	..	32,8	31,5	36,3	56,0	0,3	0,1	8,5	2,7	13,7	3,1
10 Burundi	..	22,4	..	2,9	..	28,7	..	24,0	..	11,2	..	10,8	..	13,4
11 Niger	..	..	..	..	..	..	..	..	..	..	..	..	..	..
12 Tansania	29,9	31,1	..	..	29,1	50,6	21,7	10,2	0,5	0,9	18,8	7,2	15,8	19,6
13 Somalia	10,7	..	..	..	24,7	..	45,3	..	5,2	..	14,0	..	13,7	..
14 Indien	..	18,7	..	..	..	39,0	..	23,5	..	0,6	..	18,2	..	13,6
15 Ruanda	..	..	..	..	..	..	..	..	..	..	..	..	..	..
16 Zentralafr. Rep.	..	16,1	..	6,4	..	20,8	..	39,8	..	7,8	..	9,1	..	16,4
17 Togo	..	33,7	..	6,4	..	15,3	..	33,0	..	—1,0	..	12,7	..	29,1
18 Benin	..	..	..	..	..	..	..	..	..	..	..	..	..	..
19 China	..	..	..	..	..	..	..	..	..	..	..	..	..	..
20 Guinea	..	..	..	..	..	..	..	..	..	..	..	..	..	..
21 Haiti	..	17,9	..	0,3	..	19,1	..	26,2	..	27,8	..	8,7	..	13,9
22 Ghana	18,2	28,7	..	..	29,1	39,2	40,8	19,0	0,4	(.)	11,4	13,0	15,1	5,4
23 Madagaskar	12,7	15,5	7,0	13,7	29,1	41,7	35,3	22,2	5,3	3,3	10,5	3,6	18,8	13,6
24 Sierra Leone	..	24,1	..	..	..	23,5	..	49,5	..	1,1	..	1,8	..	11,6
25 Sri Lanka	..	17,4	..	..	..	34,1	..	39,8	..	1,9	..	6,8	..	17,2
26 Kenia	35,6	26,8	..	..	19,9	37,8	24,3	25,4	1,4	0,6	18,8	9,3	18,0	22,8
27 Pakistan	..	16,5	..	..	..	33,4	..	31,4	..	0,3	..	18,4	..	14,6
28 Sudan	11,8	15,8	..	..	30,4	14,1	40,5	49,7	1,5	0,7	15,7	19,7	18,0	11,8
29 Afghanistan	..	..	..	..	..	..	..	..	..	..	..	..	..	..
30 Bhutan	..	..	..	..	..	..	..	..	..	..	..	..	..	..
31 *Tschad*	16,7	..	..	..	12,3	..	45,2	..	20,5	..	5,3	..	13,1	..
32 *Kambodscha*	..	..	..	..	..	..	..	..	..	..	..	..	..	..
33 *Laos*	..	..	..	..	..	..	..	..	..	..	..	..	..	..
34 *Mosambik*	..	..	..	..	..	..	..	..	..	..	..	..	..	..
35 *Vietnam*	..	..	..	..	..	..	..	..	..	..	..	..	..	..
Länder mit mittlerem Einkommen	25,5w	28,8w	..	..	26,8w	23,8w	13,2w	11,3w	17,5w	13,7w	17,0w	22,4w	17,8w	22,2w
Ölexporteure	30,4w	35,3w	..	..	19,8w	13,1w	14,5w	16,1w	8,2w	6,2w	27,1w	29,3w	15,8w	22,9w
Ölimporteure	23,1w	24,2w	..	..	29,8w	32,0w	12,6w	8,0w	21,9w	18,1w	12,6w	17,7w	18,8w	21,8w
Afrika südl. der Sahara	41,2w	39,2w	..	..	25,3w	29,7w	18,6w	17,8w	2,3w	4,6w	12,6w	8,7w	13,3w	24,3w
Untere Einkommenskategorie	27,8w	39,5w	..	..	29,8w	22,2w	19,3w	14,7w	10,4w	8,2w	12,7w	15,4w	14,8w	19,8w
36 Senegal	17,6	22,8	..	3,5	24,5	25,8	30,9	35,0	23,8	5,3	3,2	7,4	16,8	20,1
37 Lesotho	14,3	..	..	..	2,0	..	62,9	..	9,5	..	11,3	..	11,7	..
38 Liberia	..	35,3	..	..	..	29,6	..	31,3	..	1,9	..	1,9	..	25,2
39 Mauretanien	..	..	..	..	..	..	..	..	..	..	..	..	..	..
40 Bolivien	14,5	17,3	..	..	28,4	40,8	46,0	25,3	5,3	5,7	5,7	11,0	7,8	5,6
41 Jemen, Dem. VR.	..	..	..	..	..	..	..	..	..	..	..	..	..	..
42 Jemen, Arab. Rep.	..	11,7	..	..	..	7,3	..	49,8	..	13,5	..	17,6	..	20,4
43 Indonesien	45,5	76,9	..	..	22,7	10,4	17,5	4,7	3,6	1,4	10,6	6,7	14,4	22,2
44 Sambia	49,7	32,9	..	..	20,2	48,3	14,3	8,8	0,1	3,2	15,6	6,6	24,2	24,9
45 Honduras	19,2	24,2	3,0	..	33,8	25,9	28,2	42,4	2,3	1,9	13,5	5,7	12,6	14,8
46 Ägypten, Arab. Rep.	..	17,1	..	11,5	..	10,8	..	18,7	..	6,9	..	35,0	..	37,9
47 El Salvador	15,2	20,4	..	..	25,6	35,7	36,1	25,7	17,2	6,0	6,0	12,1	11,6	12,0
48 Elfenbeinküste	..	..	..	..	..	..	..	..	..	..	..	..	..	..
49 Simbabwe	..	46,7	..	..	..	31,4	..	11,1	..	1,0	..	9,8	..	31,3
50 Marokko	16,4	15,7	5,9	5,2	45,7	32,9	13,2	20,4	6,1	7,0	12,6	18,8	18,1	26,5
51 Papua-Neuguinea	..	49,2	..	..	..	13,9	..	22,7	..	1,2	..	12,9	..	21,8
52 Philippinen	13,8	21,8	..	..	24,3	40,9	23,0	23,9	29,7	3,1	9,3	10,4	12,4	11,2
53 Nigeria	43,0	..	..	..	26,3	..	17,5	..	0,2	..	13,0	..	11,6	..
54 Kamerun	..	39,0	..	6,2	..	14,5	..	26,0	..	3,9	..	10,3	..	18,5
55 Thailand	12,1	21,4	..	..	46,3	47,7	28,7	18,9	1,8	1,9	11,2	10,1	12,9	13,9
56 Nicaragua	9,6	10,2	14,0	11,3	37,4	40,6	24,3	15,9	8,9	9,7	5,8	12,4	12,6	27,6
57 Costa Rica	17,7	17,4	13,7	23,2	38,1	25,3	18,1	29,4	1,6	0,6	11,1	4,2	15,8	20,4
58 Peru	17,5	15,1	..	..	32,2	45,9	15,7	25,7	22,1	4,3	12,4	9,0	16,0	16,8
59 Guatemala	12,7	11,8	..	11,7	36,1	33,1	26,2	15,0	15,6	13,7	9,4	14,8	8,9	10,2
60 Kongo, VR	19,3	..	..	..	40,3	..	26,5	..	6,4	..	7,4	..	18,4	..
61 Türkei	30,8	*51,7*	..	..	31,1	*19,9*	14,5	*5,3*	6,1	*6,7*	17,6	*16,4*	19,7	*22,0*
62 Tunesien	15,9	14,7	7,1	8,9	31,6	21,0	21,8	27,3	7,8	4,4	15,7	23,6	23,0	33,9
63 Jamaika	..	..	..	..	..	..	..	..	..	..	..	..	..	..
64 Dominikanische Rep.	17,9	21,8	3,9	4,8	19,0	32,6	40,3	23,9	1,8	2,5	17,0	14,4	17,9	10,7

Anmerkung: Zur Vergleichbarkeit der Daten und ihrer Abgrenzung vgl. Technische Erläuterungen.

	Anteil an den laufenden Gesamteinnahmen in %												
	Steuereinnahmen										Laufende nicht-steuerliche Einnahmen		Laufende Gesamt-einnahmen (in % des BSP)	
	Steuern auf Einkommen, Gewinne u. Kapital-erträge		Sozialver-sicherungs-beiträge		Inlandssteu-ern auf Güter und Dienst-leistungen		Steuern auf Außenhandel u. internatio-nale Trans-aktionen		Sonstige Steuern[a]					
	1972	1982[b]	1972	1982[b]	1972	1982[b]	1972	1982[b]	1972	1982[b]	1972	1982[b]	1972	1982[b]
65 Paraguay	8,8	15,4	10,4	12,9	26,2	21,4	24,8	14,6	17,0	21,9	12,8	13,9	11,5	11,7
66 Ecuador	..	55,7	..	..	..	17,0	..	21,2	..	1,0	..	5,0	..	11,9
67 Kolumbien	37,2	23,1	13,9	11,6	16,0	25,8	20,3	17,8	7,2	6,8	5,5	14,9	10,6	11,7
68 Angola	..	..	..	..	..	..	..	..	..	..	..	..	..	..
69 Kuba	..	..	..	..	..	..	..	..	..	..	..	..	..	..
70 Korea, Dem. Rep.	..	..	..	..	..	..	..	..	..	..	..	..	..	..
71 Libanon	..	..	..	..	..	..	..	..	..	..	..	..	..	..
72 Mongolische VR	..	..	..	..	..	..	..	..	..	..	..	..	..	..
Obere Einkommenskategorie	24,7 w	25,2 w	19,8 w	14,6 w	25,8 w	24,4 w	11,4 w	10,2 w	(.) w	1,0 w	18,3 w	24,6 w	19,0 w	23,3 w
73 Jordanien	..	12,4	..	..	..	8,8	..	40,9	..	10,7	..	27,3	..	25,4
74 Syrien, Arab. Rep.	6,8	12,5	..	..	10,4	6,2	17,3	14,6	12,1	6,1	53,4	60,7	24,5	22,1
75 Malaysia	25,2	36,9	0,1	0,5	24,2	15,4	27,9	28,3	1,4	1,8	21,2	17,0	21,2	29,2
76 Chile	12,9	19,6	27,1	8,7	28,6	43,8	10,0	3,6	4,3	3,8	17,1	20,5	30,2	32,0
77 Brasilien	18,3	13,3	27,4	28,8	37,6	26,2	7,0	2,6	3,7	4,6	6,0	24,6	19,0	26,1
78 Korea, Rep.	29,2	23,9	0,8	1,1	41,7	44,5	10,7	13,3	5,2	3,6	12,3	13,6	13,2	19,1
79 Argentinien	7,4	5,5	25,9	13,6	14,8	44,7	18,5	11,9	—3,7	5,7	37,0	18,5	13,1	16,5
80 Panama	..	22,5	..	21,8	..	14,8	..	10,0	..	3,5	..	27,4	..	29,7
81 Portugal	..	..	..	..	..	..	..	..	..	..	..	..	..	..
82 Mexiko	36,5	30,5	19,4	14,1	32,4	29,1	13,1	33,1	—9,9	—14,9	8,4	8,1	10,4	17,0
83 Algerien	..	..	..	..	..	..	..	..	..	..	..	..	..	..
84 Südafrika	54,8	53,3	1,2	1,2	21,5	26,1	4,6	4,5	5,0	3,0	12,9	11,9	21,3	22,3
85 Uruguay	4,7	5,8	30,0	26,2	24,5	43,2	6,1	10,3	22,0	5,8	12,6	8,7	22,7	21,6
86 Jugoslawien	..	..	52,3	24,5	68,2	19,5	30,1	..	..	3,7	1,7	20,7	8,4	
87 Venezuela	54,2	62,2	6,0	4,4	6,7	4,8	6,1	8,4	1,1	1,0	25,9	19,2	21,8	29,3
88 Griechenland	12,2	15,6	24,5	30,0	35,5	33,9	6,7	3,3	12,0	7,1	9,2	10,1	25,4	28,5
89 Israel	36,2	40,2	..	9,2	23,0	26,4	21,6	5,2	6,8	6,6	12,4	12,4	31,8	58,8
90 Hongkong	..	..	..	..	..	..	..	..	..	..	..	..	..	..
91 Singapur	24,4	37,6	..	..	17,6	14,5	11,1	5,5	15,5	15,0	31,4	27,7	21,6	28,5
92 Trinidad und Tobago	..	70,0	..	2,0	..	4,1	..	6,5	..	0,6	..	16,8	..	44,1
93 Iran, Islamische Rep.	7,9	7,3	2,7	7,3	6,4	4,0	14,6	8,0	4,9	4,1	63,6	69,4	26,2	..
94 Irak	..	..	..	..	..	..	..	..	..	..	..	..	..	..
Ölexporteure mit hohem Einkommen														
95 Oman	71,1	27,9	..	..	..	0,5	3,0	1,5	2,3	0,4	23,6	69,8	47,4	41,2
96 Libyen	..	..	..	..	..	..	..	..	..	..	..	..	..	..
97 Saudi-Arabien	..	..	..	..	..	..	..	..	..	..	..	..	..	..
98 Kuwait	68,8	2,1	..	..	19,7	0,6	1,5	2,0	0,2	0,3	9,9	95,0	55,2	57,4
99 Vereinigte Arab. Emirate	..	..	..	..	..	..	..	..	..	..	..	..	..	0,2
Marktwirtschaftliche Industrieländer	41,1 w	37,5 w	28,0 w	33,3 w	20,4 w	18,3 w	1,9 w	1,2 w	2,2 w	0,9 w	6,4 w	8,8 w	22,7 w	28,1 w
100 Spanien	15,9	20,7	38,9	47,7	23,4	18,3	10,0	5,9	0,7	—0,3	11,1	7,8	20,0	25,4
101 Irland	28,1	32,2	8,9	13,8	32,6	26,6	16,6	13,7	3,2	2,3	10,5	11,4	30,6	46,6
102 Italien	..	34,6	..	34,4	..	23,1	..	0,2	..	2,6	..	5,2	..	39,4
103 Neuseeland	..	66,5	..	..	..	19,2	..	3,4	..	1,2	..	9,7	..	36,1
104 Belgien	31,3	39,5	32,4	30,0	28,9	23,9	1,0	(.)	3,3	1,8	3,1	4,7	35,0	45,7
105 Großbritannien	39,4	38,7	15,1	16,6	27,1	28,0	1,7	(.)	5,6	5,0	11,2	11,7	33,5	38,4
106 Österreich	20,6	20,2	30,3	35,9	28,2	25,3	5,3	1,3	10,1	8,6	5,5	8,7	29,8	35,4
107 Niederlande	..	27,5	..	38,9	..	18,4	..	..	..	2,1	..	13,1	..	51,7
108 Japan	..	..	..	..	..	..	..	..	..	..	..	..	..	..
109 Frankreich	16,9	17,9	37,1	42,9	37,9	30,0	0,3	(.)	2,9	3,4	4,9	5,7	33,6	41,1
110 Finnland	30,0	29,1	7,8	9,8	47,7	48,6	3,1	1,5	5,8	3,0	5,5	8,1	27,1	28,6
111 Deutschland, Bundesrep.	19,7	17,1	46,6	55,4	28,1	21,4	0,8	(.)	0,8	0,1	4,0	6,0	25,2	29,7
112 Australien	58,3	63,6	..	..	21,9	22,0	5,2	5,2	2,1	0,2	12,5	9,1	21,4	26,2
113 Dänemark	40,0	35,4	5,1	3,6	42,0	45,7	3,1	0,8	3,0	2,3	6,8	12,2	35,5	35,9
114 Kanada	..	48,4	..	11,3	..	21,9	..	4,4	..	(.)	..	14,0	..	20,6
115 Schweden	27,0	15,6	21,6	33,9	34,0	29,6	1,5	0,6	4,7	4,6	11,3	15,8	32,5	38,4
116 Norwegen	22,5	27,4	20,5	22,5	47,9	38,1	1,6	0,6	1,0	1,1	6,6	10,4	37,0	43,8
117 Vereinigte Staaten	59,4	52,7	23,6	29,9	7,1	5,5	1,6	1,4	2,5	1,2	5,7	9,4	18,0	21,3
118 Schweiz	13,9	15,6	37,3	48,0	21,5	19,2	16,7	8,4	2,6	2,5	8,0	6,3	14,5	18,9
Osteuropäische Staatshandelsländer	..	..	..	..	..	..	..	..	..	..	..	..	..	..
119 Ungarn	..	..	..	..	..	..	..	..	..	..	..	..	..	..
120 Albanien	..	..	..	..	..	..	..	..	..	..	..	..	..	..
121 Bulgarien	..	..	..	..	..	..	..	..	..	..	..	..	..	..
122 Tschechoslowakei	..	..	..	..	..	..	..	..	..	..	..	..	..	..
123 Deutsche Dem. Rep.	..	..	..	..	..	..	..	..	..	..	..	..	..	..
124 Polen	..	..	..	..	..	..	..	..	..	..	..	..	..	..
125 Rumänien	6,3	..	7,9	16,7	..	..	..	..	..	11,6	85,8	71,7	..	..
126 Sowjetunion	..	..	..	..	..	..	..	..	..	..	..	..	..	..

[a] Vgl. Technische Erläuterungen. [b] Kursive Zahlen für 1981 und nicht für 1982.

Tabelle 26: Ausgaben der Zentralregierung

	\multicolumn{14}{c}{Anteil an den Gesamtausgaben in %}				
	Verteidigung		Erziehung		Gesundheit		Wohnung; Gemeinschaftseinricht.; Sozialversicherung u. Wohlfahrt		Wirtschaftsförderung		Sonstiges[a]		Gesamtausgaben (in % des BSP)		Gesamtüberschuß/-defizit (in % des BSP)	
	1972	1982[b]	1972	1982[b]	1972	1982[b]	1972	1982[b]	1972	1982[b]	1972	1982[b]	1972	1982[b]	1972	1982[b]
Länder mit niedrigem Einkommen	12,4w	18,5w	15,2w	5,5w	6,1w	3,0w	3,8w	5,0w	26,3w	25,2w	36,2w	42,8w	20,8w	16,3w	−4,0w	−6,1w
China und Indien	..	..	..	..	..	..	..	..	..	..	..	..	..	..	..	..
Übrige Länder	12,8w	16,2w	15,2w	10,6w	6,1w	4,0w	3,8w	6,0w	26,3w	26,6w	35,8w	36,6w	20,8w	7,3w	−4,0w	−5,4w
Afrika südl. der Sahara	12,6w	9,5w	15,5w	15,6w	6,2w	5,3w	3,9w	4,2w	25,2w	24,5w	36,6w	40,9w	21,7w	18,0w	−4,3w	−5,9w
1 Äthiopien	14,3	..	14,4	..	5,7	..	4,4	..	22,9	..	38,3	..	13,8	..	−1,4	..
2 Bangladesch	..	..	..	..	..	..	..	..	..	..	..	..	..	..	..	..
3 Mali	..	8,4	..	10,4	..	2,8	..	5,0	..	8,1	..	65,3	..	33,7	..	−9,3
4 Nepal	7,2	5,4	7,2	9,9	4,7	4,5	0,7	4,3	57,2	53,1	23,0	22,7	8,5	17,2	−1,2	−5,2
5 Zaire	..	..	..	..	..	..	..	..	..	..	..	..	38,6	35,6	−7,5	−10,6
6 Burkina	..	17,1	..	15,7	..	6,6	..	5,9	..	16,4	..	38,2	..	16,2	..	−1,6
7 Birma	..	19,0	..	11,2	..	7,0	..	9,3	..	35,2	..	18,4	..	17,1	..	0,7
8 Malawi	3,1	7,7	15,8	14,3	5,5	5,2	5,8	2,3	33,1	33,5	36,8	37,1	22,1	27,0	−6,2	−7,1
9 Uganda	23,1	19,8	15,3	14,9	5,3	5,2	7,3	6,5	12,4	11,7	36,6	42,0	21,8	5,0	−8,1	−1,5
10 Burundi	..	..	..	..	..	..	..	..	..	..	..	..	..	23,9	..	−5,6
11 Niger	..	..	..	..	..	..	..	..	..	..	..	..	..	..	..	..
12 Tansania	11,9	11,2	17,3	12,1	7,2	5,5	2,1	2,4	39,0	37,4	22,6	31,5	19,7	32,2	−5,0	..
13 Somalia	23,3	..	5,5	..	7,2	..	..	1,9	..	21,6	..	40,5	..	13,5	0,6	..
14 Indien	..	20,2	..	1,9	..	2,2	..	4,3	..	24,3	..	47,1	..	15,1	..	−6,6
15 Ruanda	..	..	..	..	..	..	..	..	..	..	..	..	..	..	..	..
16 Zentralafr. Rep.	..	9,7	..	17,6	..	5,1	..	6,3	..	19,6	..	41,7	..	21,9	..	−3,5
17 Togo	..	7,1	..	22,9	..	6,1	..	11,0	..	22,2	..	30,8	..	32,8	..	−1,8
18 Benin	..	..	..	..	..	..	..	..	..	..	..	..	..	..	..	..
19 China	..	..	..	..	..	..	..	..	..	..	..	..	..	..	..	..
20 Guinea	..	..	..	..	..	..	..	..	..	..	..	..	..	..	..	..
21 Haiti	..	..	..	..	..	..	..	..	..	..	..	..	14,5	18,5	..	−3,2
22 Ghana	8,0	6,2	20,1	18,7	6,2	5,8	4,1	6,8	15,0	19,2	46,6	43,4	19,5	10,8	−5,8	−5,5
23 Madagaskar	3,6	..	9,1	..	4,2	..	9,9	..	40,5	..	32,7	..	20,8	..	−2,5	..
24 Sierra Leone	..	..	..	..	..	..	..	..	..	..	..	..	..	22,7	..	−10,7
25 Sri Lanka	..	1,4	..	7,4	..	3,3	..	12,8	..	13,1	..	62,0	..	34,4	..	−14,4
26 Kenia	6,0	13,2	21,9	19,9	7,9	7,3	3,9	0,8	30,1	26,9	30,2	31,7	21,0	29,7	−3,9	−8,4
27 Pakistan	..	33,5	..	2,2	..	1,1	..	6,8	..	31,0	..	25,3	..	16,1	..	−4,5
28 Sudan	24,1	9,5	9,3	6,1	5,4	1,3	1,4	2,3	15,8	23,5	44,1	57,3	19,2	16,9	−0,8	−4,6
29 *Afghanistan*	..	..	..	..	..	..	..	..	..	..	..	..	..	..	..	..
30 *Bhutan*	..	..	..	..	..	..	..	..	..	..	..	..	..	..	..	..
31 *Tschad*	24,6	..	14,8	..	4,4	..	1,7	..	21,8	..	32,7	..	18,1	..	−3,2	..
32 *Kambodscha*	..	..	..	..	..	..	..	..	..	..	..	..	..	..	..	..
33 *Laos*	..	..	..	..	..	..	..	..	..	..	..	..	..	..	..	..
34 *Mosambik*	..	..	..	..	..	..	..	..	..	..	..	..	..	..	..	..
35 *Vietnam*	..	..	..	..	..	..	..	..	..	..	..	..	..	..	..	..
Länder mit mittlerem Einkommen	15,1w	12,1w	13,0w	11,6w	6,5w	4,7w	20,2w	17,7w	24,1w	21,4w	21,1w	32,5w	19,8w	25,8w	−3,0w	−6,2w
Ölexporteure	16,3w	9,0w	15,5w	12,6w	5,7w	3,6w	11,2w	10,5w	29,0w	23,5w	22,3w	40,8w	17,5w	30,4w	−2,8w	−9,5w
Ölimporteure	14,6w	15,0w	11,1w	10,4w	7,0w	6,2w	24,3w	24,1w	22,0w	19,1w	21,0w	25,2w	21,0w	23,5w	−3,2w	−4,6w
Afrika südl. der Sahara	..	12,4w	.. w	16,2w	..	5,8w	..	4,9w	..	20,7w	..	40,0w	13,3w	33,1w	−2,3w	−10,2w
Untere Einkommenskategorie	16,9w	14,2w	17,9w	13,7w	4,5w	3,7w	4,9w	6,8w	28,8w	23,5w	27,0w	38,1w	16,5w	23,7w	−2,4w	−5,2w
36 Senegal	..	9,1	..	15,8	..	3,6	..	7,0	..	20,4	..	44,1	17,4	30,9	−0,8	−9,8
37 Lesotho	..	..	19,5	..	8,0	..	6,5	..	24,5	..	41,5	..	16,6	..	−0,9	..
38 Liberia	..	13,5	..	15,3	..	7,2	..	0,7	..	29,9	..	33,4	..	39,4	..	−12,4
39 Mauretanien	..	..	..	..	..	..	..	..	..	..	..	..	..	..	..	..
40 Bolivien	16,2	7,4	30,6	13,6	8,6	2,0	2,9	1,0	12,4	6,2	29,3	69,8	9,2	25,1	−1,4	−19,6
41 *Jemen, Dem. VR.*	..	..	..	..	..	..	..	..	..	..	..	..	..	..	..	..
42 Jemen, Arab. Rep.	..	35,5	..	16,4	..	4,5	..	..	..	8,8	..	34,7	..	45,7	..	−29,1
43 Indonesien	..	13,9	..	8,4	..	2,5	..	1,1	..	31,3	..	42,8	16,2	23,5	−2,6	−2,1
44 Sambia	..	..	19,0	15,2	7,4	8,4	1,3	1,8	26,7	23,9	45,7	50,7	35,4	41,9	−14,4	−20,0
45 Honduras	12,4	..	22,3	..	10,2	..	8,7	..	28,3	..	18,1	..	15,4	..	−2,7	..
46 Ägypten, Arab. Rep.	..	12,7	..	9,2	..	2,4	..	14,2	..	6,6	..	54,8	..	48,2	..	−14,8
47 El Salvador	6,6	11,9	21,4	16,9	10,9	7,1	7,6	5,0	14,4	21,1	39,0	38,1	12,8	19,1	−1,0	−7,5
48 *Elfenbeinküste*	..	..	..	..	..	..	..	..	..	..	..	..	..	..	..	..
49 Simbabwe	..	17,3	..	21,9	..	6,4	..	6,7	..	23,3	..	24,4	..	39,0	..	−11,3
50 Marokko	12,3	16,5	19,2	16,2	4,8	2,8	8,4	6,9	25,6	30,5	29,7	27,0	22,4	38,7	−3,8	−12,0
51 Papua-Neuguinea	..	3,9	..	17,9	..	9,2	..	2,7	..	19,7	..	46,6	..	38,7	..	−6,2
52 Philippinen	10,9	13,6	16,3	16,0	3,2	5,3	4,3	4,2	17,6	53,7	47,7	7,2	13,4	12,2	−2,0	−4,3
53 Nigeria	40,2	..	4,5	..	3,6	..	0,8	..	19,6	..	31,4	..	10,2	..	−0,9	..
54 Kamerun	..	5,1	..	7,5	..	2,7	..	5,1	..	10,0	..	69,6	..	21,9	..	−3,4
55 Thailand	20,2	20,6	19,9	20,7	3,7	5,0	7,0	4,9	25,7	22,2	23,5	26,5	17,2	19,9	−4,3	−5,9
56 Nicaragua	12,3	..	16,6	..	4,0	..	16,4	..	27,1	..	23,6	..	15,5	49,2	..	−20,2
57 Costa Rica	2,8	2,9	28,3	22,6	3,8	32,8	26,7	14,1	21,8	14,9	16,7	12,6	18,9	21,6	−4,5	−1,0
58 Peru	14,8	..	22,7	..	6,2	..	2,9	..	30,3	..	23,1	..	17,1	18,0	−1,1	−1,2
59 Guatemala	11,0	..	19,4	..	9,5	..	10,4	..	23,8	..	25,8	..	9,9	14,8	−2,2	−4,8
60 *Kongo, VR*	..	..	..	..	..	..	..	..	..	..	..	..	..	..	..	..
61 Türkei	15,4	15,2	18,2	16,8	3,3	2,1	3,3	8,9	41,9	25,7	17,9	31,3	21,8	23,3	−2,1	−1,8
62 Tunesien	4,9	10,6	30,5	14,2	7,4	6,7	8,8	..	23,3	..	25,1	68,5	22,5	36,9	−0,9	−5,1
63 *Jamaika*	..	..	..	..	..	..	..	..	..	..	..	..	..	..	..	..
64 Dominikanische Rep.	..	9,8	..	15,9	..	10,7	..	14,3	..	29,9	..	19,5	18,5	14,1	−0,2	−3,2

Anmerkung: Zur Vergleichbarkeit der Daten und ihrer Abgrenzung vgl. Technische Erläuterungen.

	Anteil an den Gesamtausgaben in %												Gesamt-ausgaben (in % des BSP)		Gesamt-überschuß/ -defizit (in % des BSP)	
	Verteidi-gung		Erziehung		Gesundheit		Wohnung; Gemeinschafts-einricht.; Sozial-versicherung u. Wohlfahrt		Wirtschafts-förderung		Sonstiges[a]					
	1972	1982[b]	1972	1982[b]	1972	1982[b]	1972	1982[b]	1972	1982[b]	1972	1982[b]	1972	1982[b]	1972	1982[b]
65 Paraguay	13,8	12,5	12,1	12,0	3,5	3,7	18,3	32,2	19,6	14,0	32,7	25,7	13,1	11,8	−1,7	0,4
66 Ecuador	..	10,7	..	26,5	..	7,7	..	1,0	..	17,7	..	36,4	..	16,7	..	−4,8
67 Kolumbien	..	..	..	..	..	..	..	..	..	..	..	..	13,0	14,0	−2,5	−3,0
68 *Angola*	..	..	..	..	..	..	..	..	..	..	..	..	..	..	..	..
69 *Kuba*	..	..	..	..	..	..	..	..	..	..	..	..	..	..	..	..
70 *Korea, Dem. Rep.*	..	..	..	..	..	..	..	..	..	..	..	..	..	..	..	..
71 *Libanon*	..	..	..	..	..	..	..	..	..	..	..	..	..	..	..	..
72 *Mongolische VR*	..	..	..	..	..	..	..	..	..	..	..	..	..	..	..	..
Obere Einkommenskategorie	14,6w	11,5w	11,6w	10,9w	7,0w	5,1w	24,2w	21,0w	22,9w	20,8w	19,7w	30,7w	21,0w	26,7w	−3,3w	−6,6w
73 Jordanien	..	24,8	..	10,4	..	3,8	..	17,8	..	28,6	..	14,7	..	46,8	..	−9,5
74 Syrien, Arab. Rep.	37,2	37,7	11,3	7,1	1,4	1,1	3,6	11,4	39,9	30,9	6,7	11,8	28,1	37,8	−3,4	6,2
75 Malaysia	18,5	15,1	23,4	15,9	6,8	4,4	4,4	10,5	14,2	29,0	32,7	25,2	27,7	41,0	−9,8	−15,9
76 Chile	6,1	11,5	14,3	14,7	8,2	6,8	39,8	45,1	15,3	9,0	16,3	12,9	42,3	37,6	−13,0	−1,1
77 Brasilien	8,3	4,3	6,8	4,6	6,4	7,8	36,0	35,6	24,6	21,9	17,9	25,7	17,8	21,8	−0,4	−2,7
78 Korea, Rep.	25,8	31,3	15,9	19,5	1,2	1,4	5,8	10,5	25,6	13,3	25,7	24,0	18,1	19,5	−3,9	−3,2
79 Argentinien	8,8	11,0	8,8	6,2	2,9	1,1	23,5	29,4	14,7	17,5	41,2	34,8	16,5	21,6	−3,4	−7,5
80 Panama	..	..	..	11,0	..	13,1	..	12,2	..	13,5	..	50,2	..	39,7	..	−11,9
81 *Portugal*	..	..	..	..	..	..	..	..	..	..	..	..	..	..	..	..
82 Mexiko	4,2	1,6	16,6	13,1	5,1	1,3	24,9	12,9	34,3	24,9	15,0	46,2	12,1	31,7	−3,1	−16,3
83 Algerien	..	..	..	..	..	..	..	..	..	..	..	..	21,9	23,5	−4,2	−3,9
84 *Südafrika*	..	..	..	..	..	..	..	..	..	..	..	..	25,0	30,1	−2,5	−9,2
85 Uruguay	5,6	13,6	9,5	7,7	1,6	3,3	52,3	54,3	9,8	9,4	21,2	11,8	21,1	8,5	−0,4	−0,1
86 Jugoslawien	20,5	50,4	..	..	24,8	..	35,6	7,2	12,0	16,6	7,0	25,8	21,1	8,5	−0,4	−0,1
87 Venezuela	10,3	5,8	18,6	15,7	11,7	7,6	9,2	9,4	25,4	24,0	24,8	37,4	21,3	29,6	−0,3	−5,4
88 Griechenland	14,9	10,8	9,0	9,6	7,3	10,5	30,2	33,1	26,4	17,1	12,3	18,8	27,5	39,2	−1,7	−10,7
89 Israel	39,8	30,3	9,0	8,3	3,5	4,3	7,8	21,1	16,3	6,3	23,5	29,9	44,0	79,0	−16,3	−22,3
90 *Hongkong*	..	..	..	..	..	..	..	..	..	..	..	..	..	..	..	..
91 Singapur	35,3	22,9	15,7	19,2	7,8	6,4	3,9	8,2	9,9	14,2	27,3	29,1	16,8	22,6	1,3	2,7
92 Trinidad und Tobago	..	2,0	..	11,2	..	5,9	..	17,3	..	31,1	..	32,4	..	31,0	..	3,3
93 *Iran, Islamische Rep.*	24,1	10,2	10,4	13,6	3,6	5,5	6,1	12,3	30,6	24,3	25,2	34,2	30,8	..	−4,6	..
94 *Irak*	..	..	..	..	..	..	..	..	..	..	..	..	..	..	..	..
Ölexporteure mit hohem Einkommen	13,0w	24,8w	13,6w	8,2w	5,6w	5,5w	12,6w	9,1w	17,7w	20,9w	37,5w	31,5w	36,6w	31,1w	..	..
95 Oman	39,3	49,4	3,7	7,7	5,9	3,1	3,0	1,7	24,4	23,9	23,6	14,1	62,1	49,2	−15,3	−9,3
96 *Libyen*	..	..	..	..	..	..	..	..	..	..	..	..	..	..	..	..
97 *Saudi-Arabien*	..	..	..	..	..	..	..	..	..	..	..	..	..	..	..	..
98 Kuwait	8,4	10,9	15,0	8,8	5,5	5,4	14,2	14,3	16,6	27,2	40,1	33,5	34,4	40,7	17,4	7,6
99 Vereinigte Arab. Emirate	24,5	36,4	16,2	7,5	4,5	7,1	6,4	3,7	18,2	7,0	30,2	38,4	..	18,4	..	..
Marktwirtschaftliche Industrieländer	23,3w	13,9w	4,3w	4,8w	9,9w	11,7w	36,8w	40,4w	11,6w	9,7w	14,1w	19,5w	21,8w	30,1w	−1,0w	−4,5w
100 Spanien	6,5	3,9	8,3	7,1	0,9	0,6	49,8	62,3	17,5	11,3	17,0	14,8	19,8	29,1	−0,5	−7,1
101 Irland	..	..	..	..	..	..	..	..	..	..	..	..	33,0	61,1	−5,5	−17,3
102 Italien	..	3,6	..	8,9	..	10,6	..	33,6	..	10,4	..	32,9	..	49,8	..	−11,7
103 Neuseeland	..	5,3	..	12,7	..	13,5	..	30,4	..	15,4	..	22,7	..	41,5	..	−7,7
104 Belgien	6,7	..	15,5	..	1,5	..	41,0	..	18,9	..	16,4	..	39,2	57,4	−4,3	−12,5
105 Großbritannien	16,7	..	2,6	..	12,2	..	26,5	..	11,1	..	30,8	..	32,7	42,4	−2,7	−4,4
106 Österreich	3,2	2,9	10,2	9,6	10,1	12,2	53,7	48,7	11,2	12,2	11,5	14,4	29,7	39,6	−0,1	−4,5
107 Niederlande	..	5,4	..	11,9	..	11,6	..	40,9	..	11,0	..	19,1	..	58,0	..	−7,7
108 Japan	..	..	..	..	..	..	..	..	..	..	..	..	12,7	18,9	..	..
109 Frankreich	..	7,4	..	8,3	..	14,7	..	47,1	..	7,4	..	15,0	32,5	42,1	0,7	−2,8
110 Finnland	6,1	5,2	15,3	14,0	10,6	10,9	28,4	30,7	27,9	26,2	11,6	13,0	24,8	31,5	1,3	−2,2
111 Deutschland, Bundesrep.	12,4	9,1	1,5	0,8	17,5	19,3	46,9	50,0	11,3	7,4	10,4	13,4	24,2	31,5	0,7	−1,9
112 Australien	14,1	9,8	4,4	8,2	8,2	10,0	21,0	29,8	13,1	7,8	39,2	34,4	19,5	25,9	−0,3	−0,3
113 Dänemark	7,2	..	15,9	..	..	10,0	41,3	..	11,8	..	..	13,8	32,9	45,6	2,7	−8,5
114 Kanada	..	7,8	..	3,2	..	5,2	..	37,2	..	..	18,3	28,4	..	26,0	..	−6,0
115 Schweden	12,5	7,3	14,8	10,1	3,6	2,1	44,3	50,4	10,6	10,5	14,3	19,6	28,0	44,9	−1,2	−9,7
116 Norwegen	9,7	8,5	9,9	8,6	12,3	10,6	39,9	35,7	20,2	21,3	8,0	15,3	35,0	39,7	−1,5	0,8
117 Vereinigte Staaten	32,2	23,1	3,2	2,1	8,6	10,8	35,3	36,1	10,6	9,0	10,1	18,9	19,4	25,0	−1,6	−4,1
118 Schweiz	15,1	10,4	4,2	3,1	10,0	12,8	39,5	50,2	18,4	12,4	12,8	11,0	13,3	19,3	0,9	−0,2
Osteuropäische Staatshandelsländer	..	..	..	..	..	..	..	..	..	..	..	..	..	..	..	..
119 *Ungarn*	..	..	..	..	..	..	..	..	..	..	..	..	..	..	..	..
120 *Albanien*	..	..	..	..	..	..	..	..	..	..	..	..	..	..	..	..
121 *Bulgarien*	..	..	..	..	..	..	..	..	..	..	..	..	..	..	..	..
122 *Tschechoslowakei*	..	..	..	..	..	..	..	..	..	..	..	..	..	..	..	..
123 *Deutsche Dem. Rep.*	..	..	..	..	..	..	..	..	..	..	..	..	..	..	..	..
124 *Polen*	..	..	..	..	..	..	..	..	..	..	..	..	..	..	..	..
125 *Rumänien*	6,2	4,9	3,2	3,2	0,5	0,8	16,5	20,3	..	54,3	73,5	16,5	..	..	..	..
126 *Sowjetunion*	..	..	..	..	..	..	..	..	..	..	..	..	..	..	..	..

[a] Vgl. Technische Erläuterungen. [b] Kursive Zahlen für 1981 und nicht für 1982.

Tabelle 28: Einkommensverteilung

	Jahr	Prozentuale Anteile am Haushaltseinkommen nach prozentualen Haushaltsgruppen[a]					
		Unterste 20%-Gruppe	2. 20%-Gruppe	3. 20%-Gruppe	4. 20%-Gruppe	Höchste 20%-Gruppe	Höchste 10%-Gruppe
Länder mit niedrigem Einkommen							
China und Indien							
Übrige Länder							
Afrika südl. der Sahara							
1 Äthiopien		..	..	..	..	..	..
2 Bangladesch	1976—77	6,2	10,9	15,0	21,0	46,9	32,0
3 Mali		..	..	..	..	..	..
4 Nepal	1976—77	4,6	8,0	11,7	16,5	59,2	46,5
5 Zaire		..	..	..	..	..	..
6 Burkina		..	..	..	..	..	..
7 Birma		..	..	..	..	..	..
8 Malawi	1967—68	10,4	11,1	13,1	14,8	50,6	40,1
9 Uganda		..	..	..	..	..	..
10 Burundi		..	..	..	..	..	..
11 Niger		..	..	..	..	..	..
12 Tansania	1969	5,8	10,2	13,9	19,7	50,4	35,6
13 Somalia		..	..	..	..	..	..
14 Indien	1975—76	7,0	9,2	13,9	20,5	49,4	33,6
15 Ruanda		..	..	..	..	..	..
16 Zentralafr. Rep.		..	..	..	..	..	..
17 Togo		..	..	..	..	..	..
18 Benin		..	..	..	..	..	..
19 China		..	..	..	..	..	..
20 Guinea		..	..	..	..	..	..
21 Haiti		..	..	..	..	..	..
22 Ghana		..	..	..	..	..	..
23 Madagaskar		..	..	..	..	..	..
24 Sierra Leone	1967—69	5,6	9,5	12,8	19,6	52,5	37,8
25 Sri Lanka	1969—70	7,5	11,7	15,7	21,7	43,4	28,2
26 Kenia	1976	2,6	6,3	11,5	19,2	60,4	45,8
27 Pakistan		..	..	..	..	..	..
28 Sudan	1967—68	4,0	8,9	16,6	20,7	49,8	34,6
29 *Afghanistan*		..	..	..	..	..	..
30 *Bhutan*		..	..	..	..	..	..
31 *Tschad*		..	..	..	..	..	..
32 *Kambodscha*		..	..	..	..	..	..
33 *Laos*		..	..	..	..	..	..
34 *Mosambik*		..	..	..	..	..	..
35 *Vietnam*		..	..	..	..	..	..
Länder mit mittlerem Einkommen							
Ölexporteure							
Ölimporteure							
Afrika südl. der Sahara							
Untere Einkommenskategorie							
36 Senegal		..	..	..	..	..	..
37 Lesotho		..	..	..	..	..	..
38 Liberia		..	..	..	..	..	..
39 Mauretanien		..	..	..	..	..	..
40 Bolivien		..	..	..	..	..	..
41 Jemen, Dem. VR.		..	..	..	..	..	..
42 Jemen, Arab. Rep.		..	..	..	..	..	..
43 Indonesien	1976	6,6	7,8	12,6	23,6	49,4	34,0
44 Sambia	1976	3,4	7,4	11,2	16,9	61,1	46,3
45 Honduras		..	..	..	..	..	..
46 Ägypten, Arab. Rep.	1974	5,8	10,7	14,7	20,8	48,0	33,2
47 El Salvador	1976—77	5,5	10,0	14,8	22,4	47,3	29,5
48 Elfenbeinküste		..	..	..	..	..	..
49 Simbabwe		..	..	..	..	..	..
50 Marokko		..	..	..	..	..	..
51 Papua-Neuguinea		..	..	..	..	..	..
52 Philippinen	1970—71	5,2	9,0	12,8	19,0	54,0	38,5
53 Nigeria		..	..	..	..	..	..
54 Kamerun		..	..	..	..	..	..
55 Thailand	1975—76	5,6	9,6	13,9	21,1	49,8	34,1
56 Nicaragua		..	..	..	..	..	..
57 Costa Rica	1971	3,3	8,7	13,3	19,9	54,8	39,5
58 Peru	1972	1,9	5,1	11,0	21,0	61,0	42,9
59 Guatemala		..	..	..	..	..	..
60 Kongo, VR		..	..	..	..	..	..
61 Türkei	1973	3,5	8,0	12,5	19,5	56,5	40,7
62 Tunesien		..	..	..	..	..	..
63 Jamaika		..	..	..	..	..	..
64 Dominikanische Rep.		..	..	..	..	..	..

Anmerkung: Zur Vergleichbarkeit der Daten und ihrer Abgrenzung vgl. Technische Erläuterungen.

	Jahr	Prozentuale Anteile am Haushaltseinkommen nach prozentualen Haushaltsgruppen[a]					
		Unterste 20%-Gruppe	2. 20%-Gruppe	3. 20%-Gruppe	4. 20%-Gruppe	Höchste 20%-Gruppe	Höchste 10%-Gruppe
65 Paraguay		..	..	..	..	..	..
66 Ecuador		..	..	..	..	..	..
67 Kolumbien		..	..	..	..	..	..
68 *Angola*		..	..	..	..	..	..
69 *Kuba*		..	..	..	..	..	..
70 *Korea, Dem. Rep.*		..	..	..	..	..	..
71 *Libanon*		..	..	..	..	..	..
72 *Mongolische VR*		..	..	..	..	..	..
Obere Einkommenskategorie							
73 Jordanien		..	..	..	..	..	..
74 Syrien, Arab. Rep.		..	..	..	..	..	..
75 Malaysia	1973	3,5	7,7	12,4	20,3	56,1	39,8
76 Chile	1968	4,4	9,0	13,8	21,4	51,4	34,8
77 Brasilien	1972	2,0	5,0	9,4	17,0	66,6	50,6
78 Korea, Rep.	1976	5,7	11,2	15,4	22,4	45,3	27,5
79 Argentinien	1970	4,4	9,7	14,1	21,5	50,3	35,2
80 Panama	1970	2,0	5,2	11,0	20,0	61,8	44,2
81 Portugal	1973—74	5,2	10,0	14,4	21,3	49,1	33,4
82 Mexiko	1977	2,9	7,0	12,0	20,4	57,7	40,6
83 Algerien		..	..	..	..	..	..
84 Südafrika		..	..	..	..	..	..
85 Uruguay		..	..	..	..	..	..
86 Jugoslawien	1978	6,6	12,1	18,7	23,9	38,7	22,9
87 Venezuela	1970	3,0	7,3	12,9	22,8	54,0	35,7
88 Griechenland		..	..	..	..	..	..
89 Israel	1979—80	6,0	12,0	17,7	24,4	39,9	22,6
90 Hongkong	1980	5,4	10,8	15,2	21,6	47,0	31,3
91 Singapur		..	..	..	..	..	..
92 Trinidad und Tobago	1975—76	4,2	9,1	13,9	22,8	50,0	31,8
93 *Iran, Islamische Rep.*		..	..	..	..	..	..
94 *Irak*		..	..	..	..	..	..
Ölexporteure mit hohem Einkommen							
95 Oman		..	..	..	..	..	..
96 Libyen		..	..	..	..	..	..
97 Saudi-Arabien		..	..	..	..	..	..
98 Kuwait		..	..	..	..	..	..
99 Vereinigte Arab. Emirate		..	..	..	..	..	..
Marktwirtschaftliche Industrieländer							
100 Spanien	1980—81	6,9	12,5	17,3	23,2	40,0	24,5
101 Irland	1973	7,2	13,1	16,6	23,7	39,4	25,1
102 Italien	1977	6,2	11,3	15,9	22,7	43,9	28,1
103 Neuseeland	1981—82	5,1	10,8	16,2	23,2	44,7	28,7
104 Belgien	1978—79	7,9	13,7	18,6	23,8	36,0	21,5
105 Großbritannien	1979	7,0	11,5	17,0	24,8	39,7	23,4
106 Österreich		..	..	..	..	..	..
107 Niederlande	1981	8,3	14,1	18,2	23,2	36,2	21,5
108 Japan	1979	8,7	13,2	17,5	23,1	37,5	22,4
109 Frankreich	1975	5,3	11,1	16,0	21,8	45,8	30,5
110 Finnland	1981	6,3	12,1	18,4	25,5	37,6	21,7
111 Deutschland, Bundesrep.	1978	7,9	12,5	17,0	23,1	39,5	24,0
112 Australien	1975—76	5,4	10,0	15,0	22,5	47,1	30,5
113 Dänemark	1981	5,4	12,0	18,4	25,6	38,6	22,3
114 Kanada	1981	5,3	11,8	18,0	24,9	40,0	23,8
115 Schweden	1981	7,4	13,1	16,8	21,0	41,7	28,1
116 Norwegen	1982	6,0	12,9	18,3	24,6	38,2	22,8
117 Vereinigte Staaten	1980	5,3	11,9	17,9	25,0	39,9	23,3
118 Schweiz	1978	6,6	13,5	18,5	23,4	38,0	23,7
Osteuropäische Staatshandelsländer							
119 Ungarn	1982	6,9	13,6	19,2	24,5	35,8	20,5
120 *Albanien*		..	..	..	..	..	..
121 *Bulgarien*		..	..	..	..	..	..
122 *Tschechoslowakei*		..	..	..	..	..	..
123 *Deutsche Dem. Rep.*		..	..	..	..	..	..
124 *Polen*		..	..	..	..	..	..
125 *Rumänien*		..	..	..	..	..	..
126 *Sowjetunion*		..	..	..	..	..	..

[a] Diese Schätzwerte sollten mit Vorsicht behandelt werden. Vgl. Technische Erläuterungen.

Technische Erläuterungen

In der vorliegenden achten Ausgabe der Kennzahlen der Weltentwicklung werden wirtschaftliche und soziale Indikatoren für mehrjährige Zeitabschnitte bzw. ausgewählte Jahre auf eine Weise präsentiert, die sich für den Vergleich einzelner Volkswirtschaften und Ländergruppen eignet. Die Statistiken und Maße wurden sorgfältig ausgewählt, um ein umfassendes Bild der wirtschaftlichen Entwicklung zu vermitteln. Trotz beträchtlicher Bemühungen um Standardisierung der Daten bestehen erhebliche Unterschiede im Hinblick auf statistische Verfahren, Reichweite, Praktiken und Definitionen. Hinzu kommt, daß die Statistik in vielen Entwicklungsländern immer noch unzulänglich ist, was die Verfügbarkeit und Verläßlichkeit der Daten beeinträchtigt. Den Lesern wird deshalb dringend empfohlen, diese Einschränkungen bei der Auswertung der Kennzahlen, vor allem soweit Vergleiche zwischen den Volkswirtschaften vorgenommen werden sollen, in Rechnung zu stellen.

Alle Zuwachsraten sind in realen Größen ausgewiesen und, soweit nichts Gegenteiliges angemerkt wird, mit Hilfe der Methode der kleinsten Quadrate berechnet. Bei diesem Verfahren erhält man die Zuwachsrate r durch Anpassung eines linearen Trends an die Logarithmen der Jahreswerte der Variablen innerhalb des Untersuchungszeitraums. Genauer gesagt hat die Regressionsgleichung die Form $\log X_t = a + bt + e_t$; dies ist das Äquivalent der logarithmischen Umformung der exponentiellen Wachstumsgleichung $X_t = X_o (1 + r)^t$. In diesen Gleichungen bezeichnet X_t die Variable, t die Zeit, und $a = \log X_o$ sowie $b = \log (1 + r)$ sind die zu schätzenden Parameter; e_t ist die Fehlergröße. Wenn b^* der nach der Methode der kleinsten Quadrate geschätzte Wert von b ist, dann ergibt sich die durchschnittliche jährliche Wachstumsrate r als [antilog (b^*)]-1.

Tabelle 1: Grundlegende Kennzahlen

Die Schätzwerte für die *Bevölkerungszahlen* Mitte 1983 beruhen überwiegend auf Daten der Abteilung für Bevölkerungsfragen der VN. In vielen Fällen berücksichtigen diese Daten die Ergebnisse der letzten Volkszählungen. Flüchtlinge, die sich in dem asylgewährenden Land nicht auf Dauer niedergelassen haben, werden im allgemeinen als Teil der Bevölkerung des Herkunftslandes betrachtet. Die Angaben zur *Fläche* wurden dem Datenband für das *Jahrbuch der Produktion 1983* der FAO entnommen.

Das *Bruttosozialprodukt* (BSP) mißt die gesamte in- und ausländische Erzeugung, die den Bewohnern eines Landes zur Verfügung steht. Es schließt das Bruttoinlandsprodukt (vgl. Erläuterungen zu Tabelle 2) zuzüglich des Netto-Faktoreinkommens aus dem Ausland ein. Letzteres besteht aus dem Einkommen, das Inländer aus dem Ausland für Faktorleistungen zufließt (Arbeit, Investitionen und Zinsen) abzüglich ähnlicher Zahlungen an Ausländer, die zum Inlandsprodukt beigetragen haben. Bei der Berechnung werden Abschreibungen auf den Kapitalbestand nicht abgezogen.

Die Angaben zum *BSP pro Kopf* wurden nach dem unlängst revidierten *Weltbank Atlas*-Verfahren berechnet. Die Bank räumt ein, daß eine volle internationale Vergleichbarkeit der Schätzungen für das BSP pro Kopf nicht erreichbar ist. Neben dem klassischen, schwer zu lösenden „Indexzahlen-Problem" stehen einer angemessenen Vergleichbarkeit zwei Probleme im Weg. Eines betrifft die BSP-Zahlen selbst. Es gibt zwischen den einzelnen Ländern Unterschiede bei den Volkswirtschaftlichen Gesamtrechnungen und im Umfang und der Verläßlichkeit der zugrundeliegenden statistischen Informationen. Das andere ergibt sich aus der Umrechnung der in verschiedenen nationalen Währungen ausgedrückten BSP-Daten mittels eines gemeinsamen numeraire, üblicherweise der US-Dollar. Das Umrechnungsverfahren der Bank von BSP-Daten in US-Dollarwerte basiert im wesentlichen auf der Anwendung von Dreijahresdurchschnitten des amtlichen Wechselkurses. In einigen Ländern spiegelt jedoch der vorherrschende amtliche Wechselkurs den bei tatsächlichen Fremdwährungstransaktionen effektiv angewandten Kurs nicht voll wider; in diesen Fällen wird ein alternativer Umrechnungsfaktor benutzt.

Aus der Einsicht, daß diese Unzulänglichkeiten die Vergleichbarkeit der Schätzwerte des BSP pro Kopf beeinträchtigen, hat die Weltbank verschiedene Verbesserungen des Schätzverfahrens vorgenommen. Im Zuge der regelmäßigen Überprüfung der Volkswirtschaftlichen Gesamtrechnungen ihrer Mitgliedsländer berechnet die Weltbank systematisch BSP-Schätzwerte, wobei sie sich besonders auf die zugrundeliegende Abgrenzung und Konzeption konzentriert und erforderlichenfalls Anpassungen vornimmt, um die Vergleichbarkeit zu verbessern. Die Bank überprüft auch systematisch die Angemessenheit der Wechselkurse als Umrechnungsfaktoren. Für eine sehr kleine Zahl von Ländern wird ein alternativer Umrechnungsfaktor dann angewendet, wenn der amtliche Wechselkurs zu stark von dem Kurs abweicht, der den Auslandstransaktionen tatsächlich zugrundeliegt.

Um eine bessere Vergleichbarkeit zu erreichen, hat das Internationale Vergleichs-Projekt der VN (IVP) Meßziffern für das BIP entwickelt, denen statt Wechselkursen Kaufkraftparitäten zugrundeliegen. Bisher wird von dem Projekt nur eine begrenzte Zahl von Ländern erfaßt, und einige damit verbundene methodische Probleme sind ungelöst. Dennoch wird die Bank die zusammengefaßten Ergebnisse der vierten Phase des IVP, die sich auf einem BIP-Vergleich für das Jahr 1980 beziehen, publizieren, sobald diese Daten verfügbar sind. Die Leser werden verwiesen auf die Schrift von Irving Kravis, Alan Heston und Robert Summers *World Product and Income: International Comparisons of Real Gross Product* (Baltimore, Md.: Johns Hopkins University Press, 1982), die über die Phase drei des Projektes berichtete.

Die Schätzungen des BSP sowie des BSP pro Kopf für 1983 beruhen auf den Daten der Jahre 1981 bis 1983. Bei diesem Verfahren besteht der erste Schritt in der Ermittlung des Umrechnungsfaktors. Dabei werden das einfache arithmetische Mittel des tatsächlichen Wechselkurses im Jahr 1983 und die deflationierten Wechselkurse der Jahre 1981 und 1982 herangezogen. Um letztere zu erhalten, wird der tatsächliche Wechselkurs für 1981 mit der Relation der Inflationsraten des betreffenden Landes und der Vereinigten Staaten zwischen 1981 und 1983 multipliziert; der tatsächliche Wechselkurs für 1982 wird mit der Relation der Inflationsraten des Landes und der Vereinigten Staaten zwischen 1982 und 1983 multipliziert.

Mit Hilfe des Durchschnitts der tatsächlichen und deflationierten Wechselkurse sollen die Auswirkungen der Preis- und Wechselkursfluktuationen geglättet werden. Der zweite Schritt besteht in der Umrechnung des BSP zu Marktpreisen und in nationaler Währung des Jahres 1983 unter Anwendung des oben abgeleiteten Umrechnungsfaktors. Das so ermittelte BSP in US-Dollar von 1983 wird durch die Bevölkerungszahl von Mitte des Jahres 1983 dividiert, um das BSP pro Kopf des Jahres 1983 in laufenden US-Dollar zu erhalten. Die vorläufigen Schätzungen für das BSP pro Kopf im Jahr 1983 werden in dieser Tabelle wiedergegeben.

Die folgende Formel beschreibt das Verfahren zur Berechnung des Umrechnungsfaktors für das Jahr t:

$$(e^*_{t-2,t}) = \frac{1}{3} [e_{t-2} \left(\frac{P_t}{P_{t-2}} \middle| \frac{P^\$_t}{P^\$_{t-2}} \right) + e_{t-1} \left(\frac{P_t}{P_{t-1}} \middle| \frac{P^\$_t}{P^\$_{t-1}} \right) + e_t]$$

sowie für die Berechnung des BSP pro Kopf in US-Dollar für das Jahr t:

$$(Y^\$_t) = Y_t / N_t \div e^*_{t-2,t}$$

dabei ist:

Y_t = laufendes BSP (in heimischer Währung) im Jahr t
P_t = BSP-Deflator für das Jahr t
e_t = jahresdurchschnittlicher Wechselkurs (heimische Währung/US-Dollar) im Jahr t
N_t = Bevölkerung Mitte des Jahres t
$P^\$_t$ = BSP-Deflator der Vereinigten Staaten im Jahr t

Wegen der mit der Verfügbarkeit von Daten und mit der Bestimmung der Wechselkurse verbundenen Probleme werden für die meisten planwirtschaftlichen Länder Osteuropas keine Angaben über das BSP pro Kopf gemacht.

Die *durchschnittliche jährliche Inflationsrate* ist identisch mit der Zuwachsrate des impliziten Deflators des Bruttoinlandsprodukts (BIP), die nach der Methode der kleinsten Quadrate für die jeweils ausgewiesenen Zeitabschnitte ermittelt wurde. Bei der Berechnung des BIP-Deflators wird zunächst der Wert des BIP zu jeweiligen Marktpreisen für jedes Jahr der einzelnen Zeitabschnitte durch den Wert des BIP zu konstanten Marktpreisen dividiert, wobei die Bewertung jeweils in nationaler Währung erfolgt. Hieran anschließend wird die Zuwachsrate des BIP-Deflators für die einzelnen Zeiträume unter Verwendung der Methode der kleinsten Quadrate errechnet. Die Aussagefähigkeit dieser Kennzahl, wie jeder anderen Maßgröße der Inflation, ist begrenzt. Sie wird hier jedoch in einigen Fällen als Indikator für den Preisauftrieb verwendet, da sie — indem sie die jährlichen Preisänderungen für alle Güter und Dienstleistungen erfaßt, die in einer Volkswirtschaft produziert werden — der am breitesten fundierte Deflator ist.

Die *Lebenserwartung bei der Geburt* gibt die Anzahl der Jahre an, die ein neugeborenes Kind leben würde, wenn die Sterblichkeitsrisiken, die zum Zeitpunkt seiner Geburt bei der Gesamtbevölkerung vorherrschen, während seines Lebens gleich bleiben würden. Die Angaben stammen aus der Abteilung für Bevölkerungsfragen der VN, ergänzt um Daten der Weltbank.

Die zusammenfassenden Kennzahlen für das BSP pro Kopf und die Lebenserwartung werden in dieser Tabelle mit der Bevölkerung gewichtet. Die Kennzahlen für die jahresdurchschnittlichen Inflationsraten werden mit dem BIP-Anteil des Landes im gesamten Zeitraum in der speziellen Einkommensgruppe gewogen. Dieses Verfahren unterscheidet sich von den in früheren Ausgaben vorgenommenen Berechnungen der Durchschnittskennzahlen; zuvor sind Medianwerte berechnet worden.

Die folgende Tabelle enthält grundlegende Kennzahlen für 35 Länder mit einer Bevölkerungszahl von weniger als einer Million, die Mitglieder der Vereinten Nationen und/oder der Weltbank sind.

Tabellen 2 und 3: Wachstum und Struktur der Produktion

Die verwendeten Definitionen sind überwiegend identisch mit den Definitionen in der *Systematik für Volkswirtschaftliche Gesamtrechnungen* der VN.

Das *Bruttoinlandsprodukt* (BIP) mißt die gesamte Enderzeugung von Gütern und Dienstleistungen, die von der Wirtschaft eines Landes erstellt wird; d. h., alle Leistungen innerhalb der Landesgrenzen sowohl von Gebietsansässigen als auch von Ausländern werden erfaßt, ohne Rücksicht darauf, ob das Verfügungsrecht über diese Leistungen Inländern oder Ausländern zusteht. Bei der Berechnung des BIP werden keine Abzüge für Abschreibungen vorgenommen. Für die meisten Länder wird der Beitrag der Industrie zum BIP zu Faktorkosten bewertet; für einige Länder ohne vollständige Volkswirtschaftliche Gesamtrechnung zu Faktorkosten wurden hingegen Zeitreihen zu Marktpreisen verwendet. Das BIP zu Faktorkosten entspricht dem BIP zu Marktpreisen, abzüglich indirekter Steuern und ohne Subventionen. Die BIP-Angaben sind Dollar-Werte, die mit Hilfe amtlicher Wechselkurse eines einzelnen Jahres aus heimischer Währung umgerechnet wurden. Für einige Länder, bei denen der amtliche Wechselkurs die bei den Fremdwährungstransaktionen tatsächlich angewandten Kurse nicht voll widerspiegelt, wird ein alternativer Umrechnungsfaktor benutzt. Es sei angemerkt, daß bei diesem Verfahren nicht die Dreijahres-Durchschnittsberechnung angewandt wird, wie sie bei der Ermittlung des BSP pro Kopf in Tabelle 1 benutzt wurde.

Der *landwirtschaftliche Sektor* umfaßt Land- und Forstwirtschaft, Jagd und Fischfang. In Entwicklungsländern mit ausgeprägter Subsistenzwirtschaft im Agrarsektor wird ein Großteil der landwirtschaftlichen Erzeugung weder getauscht noch gegen Geld gehandelt. Dies erhöht die Schwierigkeit, den Beitrag der Landwirtschaft zum BIP zu messen. Zum *Industriesektor* gehören Bergbau, *Verarbeitendes Gewerbe*, Bauwirtschaft, Strom-, Wasser- und Gasversorgung. Alle übrigen Wirtschaftszweige werden dem *Dienstleistungssektor* zugeordnet.

Die in diesen Tabellen ausgewiesenen Kennzahlen wurden unter Zuhilfenahme von Zeitreihen in nationaler Währung aus den nationalen Volkswirtschaftlichen Gesamtrechnungen ermittelt. Die Zuwachsraten in Tabelle 2 wurden auf der Basis von Angaben zu konstanten Preisen berechnet, während den sektoralen Anteilen am BIP in Tabelle 3 Angaben zu jeweiligen Preisen zugrunde liegen.

Für jede Kennzahl werden konstante US-Dollarwerte zuerst für die angegebenen Zeiträume berechnet. Für jedes Jahr innerhalb des Zeitraums werden dann die Werte aggregiert. Sodann wird eine Trendschätzung nach der Methode der kleinsten Quadrate vorgenommen, um die zusammenfassenden Kennzahlen zu errechnen. Man beachte, daß dieses Verfahren von dem früherer Ausgaben abweicht, in denen die Gewichte einzelner Jahre verwendet wurden. Die durchschnittlichen sektoralen Anteile in Tabelle 3 wurden mit dem BIP der jeweiligen Jahre gewichtet.

Tabellen 4 und 5: Zunahme von Verbrauch und Investition; Struktur der Nachfrage

Das BIP wird in den Erläuterungen zu Tabelle 2 definiert.

Der *öffentliche Verbrauch* (oder allgemeine Staatsverbrauch) erfaßt alle laufenden Ausgaben auf allen öffentlichen Verwaltungsebenen für den Erwerb von Gütern und Dienstleistungen. Auch Investitionsausgaben für nationale Verteidigung und Sicherheit werden als Verbrauchsausgabe behandelt.

Der *private Verbrauch* setzt sich zusammen aus dem Marktwert aller Güter und Dienstleistungen, die von privaten Haushalten und gemeinnützigen Institutionen gekauft oder als Einkommensersatz bezogen werden. Er schließt die kalkulatorische Eigenmiete für Wohnraum ein, der vom Eigentümer genutzt wird.

Die *Bruttoinlandsinvestition* umfaßt alle Ausgaben für die Aufstockung des Anlagevermögens in

Grundlegende Kennzahlen für Mitgliedsländer der VN/Weltbank mit einer Bevölkerung von unter einer Million

VN/Weltbank-Mitglieder	Bevölkerung (in Tsd) Mitte 1983	Fläche (in Tsd. Quadrat-kilometer)	BSP pro Kopf[a]		Durchschnittliche jährliche Inflationsrate in %		Lebens-erwartung bei der Geburt (in Jahren) 1983
			In $ von 1983	Durch-schnittliches jährliches Wachstum in % 1965—83[b]	1965—73	1973—83[c]	
Guinea-Bissau	863	36	180	..	..	6,9	38
Gambia	697	11	290	1,4	3,0	10,4	36
São Tomé und Principe	103	1	310	—1,3	..	8,8	65
Cap Verde	315	4	320	..	..	11,9	64
Guyana	802	215	520	0,5	4,3	7,7	69
Salomonen	254	28	640	..	4,8	10,4	57
Grenada	92	(.)	840	0,9	..	..	69
St. Vincent und die Grenadinen	102	(.)	860	1,8	6,1	11,6	69
Swasiland	705	17	870	2,6	4,3	14,1	55
Botsuana	998	600	920	8,5	4,4	9,8	61
St. Christopher und Nevis	46	(.)	950	2,4	6,4	10,0	63
Dominica	81	1	980	—0,4	6,1	15,1	..
St. Lucia	125	1	1.060	3,1	5,5	*10,5*	69
Belize	153	23	1.140	3,6	..	8,1	66
Mauritius	993	2	1.160	2,8	5,6	13,1	67
Antigua und Barbuda	78	(.)	1.710	—0,4	6,6	9,1	..
Fiji	670	18	1.790	3,4	5,6	9,2	68
Seschellen	65	(.)	2.400	3,4	..	..	..
Surinam	374	163	3.420	4,5	..	10,1	65
Malta	360	(.)	3.490	8,7	2,4	5,8	73
Zypern	655	9	3.680	5,5	1,6	10,8	75
Gabun	695	268	3.950	3,2	5,8	18,5	50
Barbados	253	(.)	4.050	3,8	6,5	12,9	72
Bahamas	222	14	4.060	—1,8	..	..	69
Island	237	103	10,260	2,6	15,1	45,2	77
Bahrain	391	1	10.510	..	..	..	69
Luxemburg	365	3	14.650	3,9	5,0	6,6	73
Brunei	209	6	21.140	..	..	..	..
Katar	281	11	21.210	—7,0	..	..	72
Komoren	368	2	..	—0,6	..	..	48
Dschibuti	399	22	..	—3,6	..	..	50
Äquatorial-Guinea	359	28	..	..	3,6	..	44
Malediven	168	(.)	..	..	..	..	47
Vanuatu	127	15	..	..	..	..	55
Westsamoa	161	3	..	..	..	..	65

Anmerkung: Für kursiv gedruckte Länder kann kein BSP pro Kopf errechnet werden.
a. Vgl. Technische Erläuterungen. b. Da für den gesamten Zeitraum Daten nicht immer verfügbar sind, beziehen sich die kursiven Zahlen auf andere als die angegebenen Zeitabschnitte. c. Kursive Zahlen für 1973 bis 1982 und nicht für 1973 bis 1983.

der Volkswirtschaft, zuzüglich des Nettowertes von Lagerbestandsveränderungen.

Die *Bruttoinlandsersparnis* wird errechnet durch Subtraktion des gesamten Verbrauchs vom Bruttoinlandsprodukt.

Die *Ausfuhr von Waren und Dienstleistungen* (ohne Faktoreinkommen) erfaßt den Wert aller Waren- und Dienstleistungsexporte in die übrige Welt; hierzu gehören Waren, Fracht, Versicherung, Reisen und sonstige Dienstleistungen. Der Wert von Faktoreinkommen wie Investitionserträge, Zinsen und Arbeitseinkommen ist in dieser Summe nicht enthalten.

Der *Ressourcensaldo* ist die Differenz zwischen der Ausfuhr und Einfuhr von Waren und Dienstleistungen ohne Faktoreinkommen.

Zur Berechnung der Kennzahlen in diesen Tabellen wurden Zeitreihen aus den nationalen Volkswirtschaftlichen Gesamtrechnungen verwendet. Die Wachstumsraten in Tabelle 4 basieren auf Angaben in konstanten Preisen, die BIP-Anteile in Tabelle 5 auf Angaben in jeweiligen Preisen.

Die durchschnittlichen jährlichen Wachstumsraten für die zusammenfassenden Kennzahlen in Tabelle 4 sind mit dem BIP gewogen. Das neue Wägungsschema von Tabelle 2 wurde hier ebenfalls angewandt. Die durchschnittlichen Ausgabenanteile in Tabelle 5 wurden für die betreffenden Jahre mit dem BIP gewichtet.

Tabelle 6: Landwirtschaft und Nahrungsmittel

Die Ausgangsdaten zur *Wertschöpfung in der Landwirtschaft* stammen aus Zeitreihen der Weltbank über nationale Volkswirtschaftliche Gesamtrechnungen in nationalen Währungen. Dabei wird die Wertschöpfung von 1980 in jeweiligen Preisen und nationaler Währung unter Anwendung des in den technischen Erläuterungen für Tabelle 2 und 3 beschriebenen Umrechnungsverfahren in US-Dollar umgerechnet. Zur Berechnung der Werte von 1970 und 1983 in US-Dollar von 1980 werden die Zuwachsraten der Werte zu konstanten nationalen Preisen auf die Wertschöpfung von 1980 in US-Dollar bezogen.

Die *Getreideeinfuhr und Nahrungsmittelhilfe in Form von Getreide* sind in Getreideeinheiten ausgedrückt und so definiert, daß sie alle Getreidesorten in den Gruppen 041—046 des Internationalen Warenverzeichnisses für den Außenhandel (SITC — Standard International Trade Classification, Revision 1) umfassen. Die Angaben sind nicht ohne weiteres vergleichbar, da die Getreideimporte auf Kalenderjahren und auf Angaben der Empfängerländer beruhen, während sich die Nahrungsmittelhilfe in Getreide auf Erntejahre und Informationen der Geberländer stützt.

Der *Düngemittelverbrauch* ist auf die vorhandenen Anbauflächen bezogen, die definitionsgemäß ackerfähiges Land und Dauerkulturen umfassen. Hierzu zählen Flächen mit wechselnden Kulturen (Böden mit Mehrfachernten werden nur einmal gezählt) sowie zeitweilig angelegte Wiesen zum Mähen oder Weiden, der Gartenanbau für den Markt oder Eigenbedarf und vorübergehend brachliegendes oder ungenutztes Land sowie Dauerkulturen.

Die Nahrungsmittel- und Düngemittelangaben stammen von der Organisation für Ernährung und Landwirtschaft (FAO). In einigen Fällen beziehen sich die Angaben auf das Jahr 1974, da keine früheren Daten vorliegen.

Der *Index der Nahrungsmittelproduktion pro Kopf* mißt die durchschnittliche jährliche Nahrungsmittelmenge pro Kopf, die in den Jahren 1981 bis 1983 erzeugt wurde, bezogen auf die durchschnittliche Jahresproduktion im Zeitraum 1974 bis 1976. Die Schätzwerte wurden aus Angaben der FAO abgeleitet, die durch Division der Indizes der mengenmäßigen Nahrungsmittelerzeugung durch Bevölkerungsindizes ermittelt sind. Der Begriff Nahrungsmittel umfaßt Getreide, stärkehaltige Wurzeln und Knollen, Zuckerrohr und -rüben, Hülsenfrüchte, Pflanzen zur Erzeugung von Speiseöl, Nüsse, Früchte, Gemüse, Viehbestand und Tierprodukte. Unberücksichtigt bleiben Viehfutter, Saatgut für die Verwendung in der Landwirtschaft sowie Verluste bei Verarbeitung und Vertrieb.

Tabelle 7: Industrie

Die prozentuale *Verteilung der Wertschöpfung* zwischen den Wirtschaftszweigen des Verarbeitenden Gewerbes wurde auf der Grundlage von Daten der Organisation für Industrielle Entwicklung der Vereinten Nationen (UNIDO) berechnet; die Ausgangswerte sind in Dollar von 1975 ausgedrückt.

Die Untergliederung des Verarbeitenden Gewerbes stimmt mit dem Internationalen Verzeichnis der Wirtschaftszweige der Vereinten Nationen für alle wirtschaftlichen Aktivitäten (ISIC — International Standard Industrial Classification) überein. *Nahrungsmittel und Landwirtschaft* umfassen die Hauptgruppen 311, 313 und 314 der ISIC; *Textilien und*

Bekleidung die Hauptgruppen 321 bis 324, *Maschinen, Elektronik und Fahrzeuge* die Hauptgruppen 382 bis 384 und *chemische Erzeugnisse* die ISIC-Hauptgruppen 351 und 352. Das *übrige Verarbeitende Gewerbe* umfaßt im allgemeinen die ISIC-Hauptabteilung 3, abzüglich der vorstehend genannten Gruppen; im Falle einiger Volkswirtschaften, für die keine vollständigen Daten vorliegen, sind jedoch auch andere Gütergruppen einbezogen.

Die Ausgangsdaten für die *Wertschöpfung im Verarbeitenden Gewerbe* stammen aus den Zeitreihen über Volkswirtschaftliche Gesamtrechnungen der Weltbank in nationalen Währungen. Dabei wird die Wertschöpfung von 1975 in jeweiligen Preisen und nationaler Währung unter Anwendung des in den technischen Erläuterungen für Tabelle 2 und 3 beschriebenen Verfahrens in US-Dollar umgerechnet. Zur Berechnung der Werte für 1970 und 1981 in US-Dollar von 1975 werden die Zuwachsraten der Werte zu konstanten nationalen Preisen auf die Wertschöpfung von 1975 in US-Dollar bezogen.

Tabelle 8: Kommerzielle Energie

Die Angaben zur *Energie* stammen überwiegend aus Quellen der Vereinten Nationen. Sie umfassen die handelsüblichen primären Energieformen Erdöl, Erdgas und verflüssigtes Erdgas, feste Brennstoffe (Stein- und Braunkohle u. a.) sowie Primärstrom (mit Wasser- und Kernkraft sowie geothermisch erzeugte Elektrizität), jeweils umgerechnet in Erdöleinheiten. Die Angaben zum Verbrauch flüssiger Brennstoffe schließen Erdölerzeugnisse ein, die nicht als Energieträger verbraucht wurden. Bei der Umrechnung von Primärstrom in Erdöleinheiten wurde ein fiktiver thermischer Wirkungsgrad von 34 Prozent unterstellt. Die Verwendung von Brennholz und anderen herkömmlichen Brennstoffen wurde, obwohl sie in einigen Entwicklungsländern von erheblicher Bedeutung ist, nicht berücksichtigt, da hierüber keine verläßlichen und umfassenden Angaben vorliegen.

Die zusammenfassenden Kennzahlen der *Energieproduktion* und des *-verbrauchs* sind durch Aggregation der jeweiligen Mengen für jedes Jahr im betreffenden Zeitraum und durch Anwendung einer Trendschätzung nach der Methode der kleinsten Quadrate ermittelt worden. Für den *Energieverbrauch pro Kopf* wurden Bevölkerungsgewichte benutzt, um Kennzahlen für spezifische Jahre zu errechnen.

Die *Energieeinfuhr* bezieht sich auf den Dollar-Wert der Energieimporte gemäß Abschnitt 3 der revidierten SITC, ausgedrückt als Prozentsatz der Warenausfuhrerlöse. Die zusammenfassenden Kennzahlen sind mit der Warenausfuhr in laufenden Dollar gewogen.

Die verfügbaren Daten zur Energieeinfuhr ermöglichen keine Unterscheidung zwischen Rohöleinfuhren für den Brennstoffverbrauch und für den Einsatz in der Petrochemie. Dementsprechend könnten diese Prozentzahlen die Abhängigkeit von der Energieeinfuhr überbewerten.

Tabelle 9: Wachstum des Warenhandels

Die statistischen Angaben zum Warenhandel in den Tabellen 9 bis 13 stammen aus VN-Veröffentlichungen und der Handelsdatensammlung der VN. Sie werden ergänzt um statistische Daten der Konferenz für Handel und Entwicklung der VN (UNCTAD), des Internationalen Währungsfonds (IWF) sowie in einigen wenigen Fällen um Daten aus der Länderdokumentation der Weltbank. Die Wertangaben in diesen Tabellen sind in jeweiligen US-Dollar, umgerechnet zu amtlichen Wechselkursen.

Die *Warenausfuhr und -einfuhr* umfaßt mit wenigen Ausnahmen alle Transaktionen, die einen internationalen Wechsel des Eigentums an Waren nach sich ziehen und die Zollgrenzen überschreiten. Die Exporte werden, soweit die vorgenannten Quellen nichts anderes besagen, auf fob-(free on board-)Basis und die Importe auf cif-(cost, insurance and freight-)Basis bewertet und in Dollar ausgedrückt. Man beachte, daß grenzüberschreitende Dienstleistungen in diesen Werten nicht enthalten sind.

Die *Zuwachsraten der Warenausfuhr und -einfuhr* werden in realen Größen angegeben und basieren auf Mengen-(Volumen-)Indizes der Ausfuhr und der Einfuhr. Diese Indizes sind Verhältniszahlen aus dem wertmäßigen Ausfuhr- oder Einfuhrindex und dem entsprechenden Index der Durchschnittswerte.

Für die meisten Entwicklungsländer wurden diese Indizes dem *Statistischen Handbuch für Außenhandel und Entwicklung der* UNCTAD sowie ergänzenden Angaben entnommen. Für die Industrieländer kommen diese Indizes aus dem *Statistischen Jahrbuch des Außenhandels* und dem *Statistischen Monatsheft* der VN. Die zusammenfassenden Kennzahlen sind ermittelt durch Aggregation der Einzelwerte auf Grundlage konstanter Dollarpreise von

1980 für jedes Jahr und durch die Anwendung einer Trendschätzung nach der Methode der kleinsten Quadrate für die angegebenen Zeiträume. Auch hier ist wieder zu beachten, daß grenzüberschreitende Dienstleistungen in diesen Werten nicht enthalten sind.

Die *Terms of Trade* oder Nettoaustauschverhältnisse im Außenhandel messen die relative Höhe der Ausfuhrpreise gegenüber den Einfuhrpreisen. Diese Kennzahl wird als Verhältnis der Durchschnittswerte der Ausfuhr eines Landes zu den Durchschnittswerten seiner Einfuhr berechnet und bringt damit Veränderungen des Exportpreisniveaus als Prozentsatz der Importpreise gegenüber einem Basisjahr zum Ausdruck. Die Terms of Trade-Indexwerte werden auf der Basis 1980 = 100 für die Jahre 1981 und 1983 ausgewiesen. Die Indizes der Durchschnittswerte stammen aus den gleichen Quellen, die bereits für die Zuwachsraten der Ausfuhr und Einfuhr zitiert wurden.

Tabelle 10 und 11: Struktur des Warenhandels

Die Anteile in diesen Tabellen wurden aus den in laufenden Dollar ausgedrückten Handelswerten abgeleitet, die auf VN-Magnetbändern mit Handelsdaten gespeichert und im *Jahrbuch für Außenhandelsstatistik* der VN enthalten sind; ergänzend wurden auch andere regelmäßige statistische Veröffentlichungen der VN und des IWF herangezogen.

Der Begriff der *Warenausfuhr und -einfuhr* wird in den Erläuterungen zu Tabelle 9 definiert.

Die Untergliederung der Ausfuhren und Einfuhren entspricht dem Revidierten Internationalen Warenverzeichnis für den Außenhandel (SITC).

In Tabelle 10 bezieht sich die Gruppe *Brennstoffe, Mineralien und Metalle* auf die Güter in Abschnitt 3, Teile 27 und 28 der SITC (mineralische Brennstoffe, Mineralien, Rohdünger und eisenhaltige Erze), sowie auf Teil 68 (NE-Metalle). Die Gruppe *Sonstige Rohstoffe* umfaßt die Abschnitte 0, 1, 2 und 4 der SITC (Nahrungsmittel und lebende Tiere, Getränke und Tabak, unverzehrbare Rohmaterialien, Öle, Fette und Wachse), abzüglich der SITC-Teile 27 und 28. *Textilien und Bekleidung* bezieht sich auf die SITC-Teile 65 und 84 (Textilien, Garne, Gewebe und Bekleidung). *Maschinen, Elektrotechnik und Fahrzeuge* schließt die in Abschnitt 7 der SITC aufgeführten Güter ein. Das *übrige Verarbeitende Gewerbe*, als Restposten ermittelt aus dem Gesamtwert der Exporte des Verarbeitenden Gewerbes, bezieht sich auf die Abschnitte 5 bis 9, ohne Abschnitt 7 sowie die Teile 65, 68 und 84 der SITC.

In Tabelle 11 umfaßt die Gruppe *Nahrungsmittel* die SITC-Abschnitte 0, 1 und 4 sowie Teil 22 (Nahrungsmittel und lebende Tiere, Getränke und Tabak, Öle und Fette, Ölsaaten und Nüsse). Die Gruppe *Brennstoffe* bezieht sich auf die Güter in Abschnitt 3 der SITC (mineralische Brennstoffe, Schmiermittel und verwandte Produkte). *Sonstige Rohstoffe* umfassen SITC-Abschnitt 2 (Rohmaterialien ohne Brennstoffe), abzüglich Teil 22 (Ölsaaten und Nüsse), zuzüglich Teil 68 der SITC (NE-Metalle). *Maschinen, Elektrotechnik und Fahrzeuge* entsprechen den in Abschnitt 7 der SITC aufgeführten Gütern. Das *übrige Verarbeitende Gewerbe*, als Restposten des Gesamtwerts der Importe des Verarbeitenden Gewerbes ermittelt, bezieht sich auf die SITC-Abschnitte 5 bis 9 ohne Abschnitt 7 und Teil 68.

Die zusammenfassenden Kennzahlen in Tabelle 10 sind mit der Warenausfuhr und die in Tabelle 11 und der Wareneinfuhr jeweils in laufenden Dollar gewogen. (Vgl. Anmerkung in Tabelle 9.)

Tabelle 12: Regionale Struktur der Warenausfuhr

Die *Warenausfuhr* wird in den Erläuterungen zu Tabelle 9 definiert. Die Handelsanteile in Tabelle 12 basieren auf VN- und IWF-Statistiken über den wertmäßigen Außenhandel in laufenden Dollar. Die *marktwirtschaftlichen Industrieländer* schließen auch Gibraltar, Island und Luxemburg und die *ölexportierenden Länder mit hohem Einkommen* auch Bahrain, Brunei und Katar ein. Die zusammenfassenden Kennzahlen sind mit den Werten der Warenausfuhr in laufenden Dollar gewogen.

Tabelle 13: Regionale Exportstruktur für verarbeitete Erzeugnisse

Die in dieser Tabelle ausgewiesenen Daten stammen von den Vereinten Nationen; sie werden u. a. auch für die Aufstellung der Spezialübersicht B im *Jahrbuch für Außenhandelsstatistik* der VN verwendet. Industrieprodukte umfassen die Güter in den Teilen 5 bis 9 der SITC, Revision 1 (chemische Erzeugnisse; industrielle Grundstoffe und bearbeitete Waren; Maschinenbauerzeugnisse, elektrotechnische Erzeugnisse und Fahrzeuge; sonstige bearbeitete Waren und anderweitig nicht erfaßte Waren) ohne Abschnitt 68 (NE-Metalle).

Die Einteilung in Ländergruppen ist mit der in Tabelle 12 identisch. Die zusammenfassenden Kennzahlen sind mit der Ausfuhr des Verarbeitenden Gewerbes in laufenden Dollar gewogen.

Tabelle 14: Zahlungsbilanzen und Reserven

Die Wertangaben in dieser Tabelle lauten auf jeweilige US-Dollar, umgerechnet zu amtlichen Wechselkursen.

Der *Leistungsbilanzsaldo (auch Bilanz der laufenden Posten)* mißt die Differenz zwischen (1) den Exporten von Gütern und Dienstleistungen, einschließlich des Zustroms unentgeltlicher öffentlicher und privater Übertragungen, und (2) den Importen von Gütern und Dienstleistungen, einschließlich unentgeltlicher Übertragungen an die übrige Welt. Die Schätzwerte für die Leistungsbilanzen stammen aus der Datensammlung des IWF.

Gastarbeiterüberweisungen beinhalten Einkommenstransfers von Wanderarbeitern, die tatsächlich oder voraussichtlich länger als ein Jahr in ihrer neuen wirtschaftlichen Umgebung beschäftigt sind, in der sie als Gebietsansässige gelten.

Die *private Nettodirektinvestition* ist der Nettobetrag, der von Gebietsfremden eines Landes in Unternehmen investiert oder reinvestiert wird, deren Geschäftspolitik sie oder andere Gebietsfremde in signifikanter Weise beeinflussen. Diese Nettogröße, die Eigenkapital, die Wiederanlage von Erträgen und sonstige Finanzierungsmittel einschließt, berücksichtigt auch den Wert der Direktinvestitionen, die von Gebietsansässigen des berichtenden Landes im Ausland getätigt werden. Zur Berechnung dieser Schätzwerte wurde in erster Linie die Datensammlung des IWF herangezogen.

Die *Bruttowährungsreserven* setzen sich zusammen aus Goldbeständen, Sonderziehungsrechten (SZR), Reservepositionen von IWF-Mitgliedsländern und Beständen an Devisenreserven, über die die Währungsbehörden verfügen. Die Angaben zu den Beständen an Währungsreserven stammen aus der Datensammlung des IWF. Die Goldkomponente dieser Reserven ist durchweg zum Londoner Goldpreis am Jahresende bewertet. Dies entspricht 37,37 Dollar je Unze für 1970 und 381,50 Dollar je Unze für 1983. Die für die Jahre 1970 und 1983 angegebenen Reservebestände beziehen sich jeweils auf das Jahresende und sind in laufenden Dollar zu den jeweils vorherrschenden Wechselkursen ausgedrückt. Aufgrund von Abweichungen bei der Bewertung der Währungsreserven und der Goldkomponente sowie unterschiedlicher Praktiken bei der Reserveverwaltung sind die in nationalen Quellen veröffentlichten Reservebestände nur bedingt vergleichbar. Für die Reservebestände von Ende 1983 wird auch angegeben, wie viele Monatsimporte von Gütern und Dienstleistungen mit ihnen bezahlt werden könnten, wobei Durchschnittsimportwerte für die Jahre 1982 oder 1983 verwendet wurden. Die zusammenfassenden Kennzahlen sind mit der Einfuhr von Waren und Dienstleistungen in laufenden Dollar gewogen.

Tabelle 15: Zufluß von öffentlichem und öffentlich garantiertem Auslandskapital

Die Angaben zur Verschuldung in dieser Tabelle und in den nachfolgenden Übersichten stammen aus dem Schuldenberichtssystem der Weltbank. Dieses Berichtssystem befaßt sich ausschließlich mit Entwicklungsländern und sammelt für andere Ländergruppen keine Angaben über die Auslandverschuldung. Für letztere sind auch aus anderen Quellen keine umfassenden und vergleichbaren Daten verfügbar. Die Dollarzahlen über die Schulden in den Tabellen 15 bis 17 beziehen sich auf US-Dollar, umgerechnet zu amtlichen Wechselkursen.

Die Daten für den *Bruttozufluß* und die *Tilgung (Amortisation)* beziehen sich auf öffentliche und öffentlich garantierte mittel- und langfristige Kredite. Der *Nettozufluß* erfaßt die um die Tilgung verringerten Bruttozuflüsse.

Öffentliche Kredite sind Verbindlichkeiten staatlicher Schuldner, einschließlich nationaler Regierungen, ihrer Behörden und autonomer öffentlicher Stellen. Öffentlich garantierte Kredite sind Auslandsverbindlichkeiten privater Schuldner, wobei die Rückzahlung dieser Verbindlichkeiten durch eine staatliche Stelle garantiert ist.

Die Angaben in dieser und in folgenden Tabellen lassen die nicht garantierte private Verschuldung, die für einige Schuldnerländer beträchtlich ist, außer acht, da hierüber keine umfassenden Daten länderweise zur Verfügung stehen. Auch die Kreditaufnahme für Käufe militärischer Ausrüstungen bleibt unberücksichtigt, da einige Länder darüber nicht berichten.

Tabelle 16: Öffentliche Auslandsschulden und Schuldendienstrelationen

Die *ausstehende und ausgezahlte öffentliche Auslandsschuld* erfaßt den Betrag der öffentlichen und öffentlich garantierten Kredite, der tatsächlich ausgezahlt wurde, abzüglich Tilgungen und Abschreibungen am Jahresende. Bei der Ermittlung des prozentualen Anteils der öffentlichen Auslandsschulden am BSP wurden die Angaben über die nicht auf Dollar lautenden Schulden mit amtlichen Wechselkursen vom Jahresende in Dollar umgerechnet. Das BSP wurde jedoch von nationalen Währungen in US-Dollar durch Anwendung des Verfahrens umgerechnet, das in den technischen Erläuterungen zu den Tabellen 2 und 3 beschrieben wird. Die zusammenfassenden Kennzahlen sind mit dem BSP in laufenden Dollar gewogen.

Zinszahlungen beziehen sich auf ausgezahlte und ausstehende öffentliche und öffentlich garantierte Verbindlichkeiten, die auf Devisen, Güter oder Dienstleistungen lauten; sie umfassen Bereitstellungsgebühren auf noch nicht ausgezahlte Kredite, soweit entsprechende Informationen vorlagen.

Der *Schuldendienst* ist die Summe aus Zinszahlungen und Tilgung auf die öffentlichen und öffentlich garantierten Auslandsschulden. Das Verhältnis der Schuldendienste zur Ausfuhr von Gütern und Dienstleistungen ist einer von mehreren herkömmlichen Maßstäben zur Beurteilung der Schuldendienstkapazität. Die durchschnittlichen Verhältniszahlen aus Schuldendienst und BSP für die Ländergruppen sind mit dem BSP der Länder in laufenden Dollar gewogen. (Vgl. die obenerwähnte Umrechnung des BSP.) Die Durchschnittsquoten aus Schuldendienst und Ausfuhr von Waren und Dienstleistungen sind mit der Ausfuhr von Waren und Dienstleistungen in laufenden Dollar gewichtet.

Tabelle 17: Konditionen der öffentlichen Kreditaufnahme

Die *Zusagen* beziehen sich auf öffentliche und öffentlich garantierte Kredite, für die im jeweils angegebenen Jahr Darlehensverträge unterzeichnet wurden. Sie werden in Tilgungswährungen gemeldet und zu jahresdurchschnittlichen amtlichen Wechselkursen in US-Dollar umgerechnet.

Die Angaben über *Zinssätze, Laufzeiten und tilgungsfreie Zeiträume* sind Durchschnittswerte, die mit den Kreditbeträgen gewogen sind. Der Zins ist die größte Kreditkostenkomponente und wird gewöhnlich auf der Grundlage der bereits beanspruchten und noch ausstehenden Kreditbeträge berechnet. Die Kreditlaufzeit entspricht dem Intervall zwischen dem Zeitpunkt, zu dem ein Darlehensvertrag unterzeichnet oder eine Anleihe begeben wird, und dem Zeitpunkt der letzten Tilgungszahlung. Der tilgungsfreie Zeitraum ist identisch mit dem Intervall zwischen Kreditabschluß und erster Tilgungsrate.

Die zusammenfassenden Kennzahlen in dieser Tabelle sind mit den Kreditbeträgen gewogen.

Tabelle 18: Öffentliche Entwicklungshilfe der OECD- und OPEC-Mitgliedsländer

Die *öffentliche Entwicklungshilfe* (ÖEH) setzt sich zusammen aus Nettoauszahlungen in Form von Zuschüssen und Krediten zu konzessionären finanziellen Bedingungen, die seitens öffentlicher Stellen der Mitglieder des Entwicklungshilfeausschusses (DAC) der Organisation für Wirtschaftliche Zusammenarbeit und Entwicklung (OECD) sowie der Mitgliedsländer der Organisation ölexportierender Staaten (OPEC) mit dem Ziel gewährt werden, die wirtschaftliche Entwicklung und den Wohlstand zu fördern. Sie schließt den Wert der technischen Zusammenarbeit und technischen Hilfe ein. Alle wiedergegebenen Daten stammen von der OECD, und sämtliche US-Dollar-Werte sind mit amtlichen Wechselkursen umgerechnet worden.

Die ausgewiesenen *Beträge* sind Nettoauszahlungen an Entwicklungsländer und multilaterale Institutionen. Die Auszahlungen an multilaterale Institutionen werden inzwischen einheitlich für alle DAC-Mitglieder zum Stichtag der Begebung von Schuldscheinen erfaßt; bislang berichteten einige DAC-Mitglieder zum Stichtag des Zahlungstransfers. Die *bilateralen Nettozuflüsse in Länder mit niedrigem Einkommen* vernachlässigen unaufgeschlüsselte bilaterale Transfers und alle Auszahlungen an multilaterale Institutionen.

Die Nominalwerte der öffentlichen Entwicklungshilfe, die in der Zusammenfassung für die OECD-Ländergruppe ausgewiesen werden, wurden mit Hilfe des Dollar-BSP-Deflators in Preise von 1980 umgerechnet. Dieser Deflator basiert auf dem Preisanstieg in den OECD-Ländern (ohne Griechenland, Portugal und Türkei), jeweils gemessen in Dollar. Er berücksichtigt Paritätsänderungen zwischen dem Dollar und anderen nationalen Währungen. Wertet zum Beispiel der Dollar ab, so sind die in nationalen Währungen gemessenen Preissteigerungsraten um den Betrag der Dollar-Abwertung nach oben zu korrigieren, um den Preisanstieg, ausgedrückt in Dollar, zu erhalten.

Außer den Summenangaben für die OPEC enthält die Tabelle zusammenfassende Angaben für die

Organisation arabischer ölexportierender Länder (OAPEC). Zu den Geberländern der OAPEC gehören Algerien, Irak, Katar, Kuwait, Libyen, Saudi-Arabien und die Vereinigten Arabischen Emirate. Die Angaben zur Entwicklungshilfe der OPEC und OAPEC stammen ebenfalls von der OECD.

Tabelle 19: Bevölkerungswachstum und -projektionen sowie Bevölkerungseigendynamik

Die *Wachstumsraten für die Bevölkerung* sind Periodendurchschnitte, die auf der Grundlage der Bevölkerungsstände zur jeweiligen Jahresmitte berechnet wurden. Die zusammenfassenden Kennzahlen sind mit den Bevölkerungszahlen von 1970 gewogen.

Die Schätzwerte für die *Bevölkerungszahlen* Mitte 1983 beruhen überwiegend auf Daten der Abteilung für Bevölkerungsfragen der VN und der Weltbank. In vielen Fällen berücksichtigen diese Daten die Ergebnisse der letzten Volkszählungen. Man beachte abermals, daß Flüchtlinge, die sich in dem asylgewährenden Land nicht auf Dauer niedergelassen haben, im allgemeinen als Teil der Bevölkerung des Herkunftslandes betrachtet werden.

Die *Bevölkerungsprojektionen* für die Jahre 1990 und 2000 sowie das Jahr, in dem die Bevölkerung schließlich stationär wird, wurden für jedes Land gesondert durchgeführt. Ausgehend von Informationen über die Gesamtbevölkerung hinsichtlich Alter und Geschlecht, Fruchtbarkeits- und Sterbeziffern sowie des Anteils internationaler Wanderungsbewegungen im Basisjahr 1980, wurden diese Parameter unter verallgemeinernden Annahmen in Fünfjahresintervallen in die Zukunft projiziert, bis die stationäre Bevölkerung erreicht war. Die Schätzungen für das Basisjahr stammen aus aktualisierten Computer-Ausdrucken der VN-Veröffentlichung *World Population Prospects as Assessed in 1982*, aus den letzten Ausgaben der VN-Reihen *Population and Vital Statistics Report* und *International Migration: Levels and Trends*, außerdem von der Weltbank, vom Rat für Bevölkerungsfragen (Population Council) sowie aus dem US Bureau of the Census, *Demographic Statistics* (Eurostat 1984) sowie aus nationalen Volkszählungen.

Die *Nettoreproduktionsziffer* (NRR — Net Reproduction Rate) gibt die Anzahl von Töchtern an, die ein neugeborenes Mädchen im Verlauf seines Lebens gebären wird, wenn feste altersspezifische Fruchtbarkeitsziffern und eine gegebene Struktur von Sterbeziffern unterstellt werden. Die NRR mißt dementsprechend das Ausmaß, in dem sich eine neugeborene Gruppe von Mädchen bei gegebener Fruchtbarkeit und Sterblichkeit selbst reproduziert. Eine Nettoreproduktionsziffer von 1 gibt an, daß sich die Fruchtbarkeit auf dem Reproduktionsniveau befindet. Bei dieser Ziffer bringen gebärende Frauen im Durchschnitt nur so viele Töchter zur Welt, um sich selbst innerhalb der Bevölkerung zu reproduzieren.

Eine *stationäre Bevölkerung* ist eine Bevölkerung, deren alters- und geschlechtsspezifische Sterbeziffern über einen langen Zeitraum hinweg unverändert geblieben sind, während gleichzeitig die altersspezifischen Geburtenziffern auf dem Reproduktionsniveau (NRR = 1) verharrten. In einer solchen Bevölkerung ist die Geburtenziffer konstant und identisch mit der Sterbeziffer; auch der Altersaufbau verändert sich nicht, und die Zuwachsrate ist Null.

Die *Bevölkerungseigendynamik* mißt die Tendenz einer Bevölkerung, auch dann noch weiterzuwachsen, wenn die Fruchtbarkeit das Reproduktionsniveau, d. h. NRR den Wert von 1 erreicht hat. Die Bevölkerungseigendynamik im Jahr t wird als Verhältnis der endgültigen stationären Bevölkerung zur Bevölkerung im Jahr t unter der Annahme gemessen, daß die Fruchtbarkeit ab dem Jahr t auf dem Reproduktionsniveau verharrt. So beträgt etwa die Bevölkerung Indiens im Jahre 1985 765 Millionen, für seine endgültige stationäre Bevölkerung errechnet sich unter der Annahme von NRR = 1 ab 1985 eine Zahl von 1349 Millionen, was eine Bevölkerungseigendynamik von 1,76 ergibt.

Eine Bevölkerung wird in der Regel auch dann noch weiterwachsen, nachdem die Fruchtbarkeit auf das Reproduktionsniveau gesunken ist, da die hohen Geburtenziffern aus der Vergangenheit zu einem Altersaufbau mit einem relativ hohen Anteil von Frauen geführt haben, die sich im reproduktionsfähigen Alter befinden oder in dieses noch hineinwachsen. Dementsprechend wird die Geburtenziffer auch weiterhin über der Sterbeziffer liegen, so daß die Wachstumsrate noch mehrere Jahrzehnte lang positiv bleibt. Je nach Ausgangslage benötigt eine Bevölkerung 50 bis 75 Jahre, bis sich ihre Altersverteilung vollständig an die geänderten Geburtenziffern angepaßt hat.

Die Projektionen beruhen auf Annahmen über die künftigen Sterbeziffern, die aus der weiblichen Lebenserwartung bei der Geburt abgeleitet wurden (d. h. aus der Anzahl der Jahre, die ein neugeborenes Mädchen leben würde, wenn es den Sterblichkeitsrisiken ausgesetzt wäre, die zum Zeitpunkt seiner Geburt im Querschnitt der Bevölkerung vorherrschen). Die Volkswirtschaften wurden zunächst danach unterteilt, ob ihre weibliche Einschulungsquote für Grundschulen über oder unter 70 Prozent liegt. Für die so ermittelten Ländergruppen wurden jeweils in Abhängigkeit von der weiblichen Lebenserwartung im Zeitraum 1980 bis 1985 feste jährliche Zuwächse für die weibliche Lebenserwartung angenommen. Ausgehend von einer gegebenen Lebenserwartung bei der Geburt sind diese jährlichen Zuwächse innerhalb des Prognosezeitraumes in Volkswirtschaften mit einer höheren Einschulungsquote für Grundschulen und einer Lebenserwartung von bis zu 62,5 Jahren ebenfalls höher. Bei noch höherer Lebenserwartung wurden die gleichen jährlichen Zuwächse unterstellt.

Bei der Projektion der Geburtenziffern bestand der erste Schritt darin, das Jahr zu schätzen, in dem die Fruchtbarkeit das Reproduktionsniveau erreicht. Diese Schätzungen sind spekulativ und beruhen auf Informationen über trendmäßige Entwicklungen der unbereinigten Geburtenziffern (wie in den Erläuterungen zu Tabelle 20 definiert), der zusammengefaßten Geburtenziffern (ebenfalls definiert in den Anmerkungen zu Tabelle 20), der weiblichen Lebenserwartung bei der Geburt und auf Ergebnissen von Familienplanungsprogrammen. Für die meisten Volkswirtschaften wurde angenommen, daß die zusammengefaßten Geburtenziffern zwischen 1980 und dem Jahr, in dem eine Nettoreproduktionsziffer von 1 erreicht wird, zurückgeht und die Fruchtbarkeit danach auf dem Reproduktionsniveau verharrt. Für die meisten Länder Afrikas südlich der Sahara und einige Länder Asiens und des Nahen Ostens wurden jedoch einige Zeit lang unveränderte zusammengefaßte Geburtenziffern und ein anschließender Rückgang auf das Reproduktionsniveau unterstellt; für einige wenige Länder gehen die Annahmen davon aus, daß diese Ziffern bis 1990—95 steigen, um danach zurückzugehen.

In einigen Ländern liegt die Fruchtbarkeit bereits heute unter dem Reproduktionsniveau oder sie wird in den nächsten 5 bis 10 Jahren darunter sinken. Da eine Bevölkerung nicht stationär bleiben wird, sofern ihre Reproduktionsziffer von 1 abweicht, wurde unterstellt, daß die Fruchtbarkeit in diesen Volkswirtschaften erneut auf das Reproduktionsniveau ansteigen wird, um für sie Schätzungen über den hypothetischen stationären Bevölkerungsstand ableiten zu können. Um die Konsistenz mit den übrigen Schätzungen zu wahren, wurde für die Industrieländer angenommen, daß ihre zusammengefaßten Geburtenziffern bis 1985—90 konstant bleiben und dann bis zum Jahre 2010 auf das Reproduktionsniveau steigen.

Die internationalen Wanderungsquoten beruhen auf vergangenen und aktuellen Entwicklungstrends der Wanderungsbewegungen. Die Schätzwerte für die künftige Nettozu- und -abwanderung sind spekulativ. Für die meisten Volkswirtschaften wurde unterstellt, daß diese Nettobewegungen bis zum Jahre 2000 und in einigen wenigen Fällen erst bis 2025 auf Null zurückgehen.

Die Schätzwerte für den hypothetischen Umfang der stationären Bevölkerung und für das Jahr, in dem die bestandsneutrale Fruchtbarkeit erreicht wird, sind spekulativ. Sie sollten nicht als Voraussagen aufgefaßt werden. Sie wurden mit dem Ziel aufgenommen, unter stark vereinfachenden Annahmen allgemeine Anhaltspunkte für die langfristigen Implikationen jüngerer Fruchtbarkeits- und Sterblichkeitstrends zu vermitteln. Eine ausführlichere Beschreibung des Verfahrens und der Annahmen, die den Schätzungen zugrunde liegen, kann der Weltbank-Veröffentlichung *World Population Projections 1984 — Short-and Long-term Estimates by Age and Sex with Related Demographic Statistics* entnommen werden.

Tabelle 20: Demographische und fruchtbarkeitsbezogene Kennzahlen

Die *unbereinigten Geburten- und Sterbeziffern* geben die Zahl der Lebendgeburten bzw. Sterbefälle je tausend Einwohner und Jahr an. Sie stammen aus den gleichen Quellen, die in den Erläuterungen zu Tabelle 19 erwähnt wurden. Die prozentualen Veränderungen wurden aus ungerundeten Daten berechnet.

Die *zusammengefaßte Geburtenziffer* mißt die Zahl der Kinder, die eine Frau bekommen würde, falls sie bis zum Ende ihres gebärfähigen Alters lebte und in jeder Altersstufe in Übereinstimmung mit den vorherrschenden altersspezifischen Fruchtbarkeitsziffern Kinder zur Welt bringen würde. Die angegebenen Ziffern stammen aus den gleichen Quellen, die in den Erläuterungen zu Tabelle 19 genannt werden.

Die *Quote der verheirateten Frauen im gebärfähigen Alter, die empfängnisverhütende Mittel verwenden*, bezieht sich auf die Frauen, die — oder deren Ehemänner — irgendeine Form der Empfängnisverhütung praktizieren. Hierzu gehören Sterilisierung von Männern und Frauen, Intrauterinpessare, Kondome, zu injizierende und orale Verhütungsmittel,

Spermizide, Pessare, unfruchtbare Tage der Frau, Coitus interruptus und Enthaltsamkeit. Frauen im gebärfähigen Alter sind in der Regel Frauen von 15 bis 49 Jahren, obgleich in einigen Ländern die Verhütungspraxis für andere Altersgruppen erfaßt wird.

Die Daten stammen vorwiegend aus dem World Fertility Survey, dem Contraceptive Prevalence Survey, von der Weltbank sowie aus dem VN-Bericht *Recent Levels and Trends of Contraceptive Use as Assessed in 1983*. Soweit diese Berichte für einige Länder keine Daten enthalten, wurden Programmstatistiken verwendet; zu diesen Ländern zählen Indien, Bangladesch, Indonesien und einige afrikanische Länder. Die Programmstatistiken könnten allerdings die Verbreitung der Empfängnisverhütung zu niedrig ausweisen, da die Anwendung von Verfahren wie Ausnutzung der unfruchtbaren Tage, Coitus interruptus oder Enthaltsamkeit ebensowenig erfaßt werden wie Empfängnisverhütungsmittel, die nicht über das offizielle Familienplanungsprogramm zu beziehen sind. Die Daten gelten für verschiedene Jahre, die jedoch in der Regel um nicht mehr als zwei Jahre von den angegebenen abweichen.

Alle zusammenfassenden Kennzahlen sind mit den Bevölkerungszahlen gewogen.

Tabelle 21: Erwerbspersonen

Die *Bevölkerung im arbeitsfähigen Alter* ist die Gesamtbevölkerung im Alter von 15 bis 64 Jahren. Die Schätzwerte basieren auf den Bevölkerungsschätzungen der Weltbank für 1983 und frühere Jahre. Die zusammenfassenden Kennzahlen sind mit den Bevölkerungszahlen gewogen.

Die *Erwerbspersonen* (im Text auch als „Arbeitskräfte" oder „Arbeitskräftepotential" bezeichnet) umfassen alle Personen im Alter von zehn und mehr Jahren, die wirtschaftlich tätig sind, einschließlich der Streitkräfte und Arbeitslosen, jedoch ohne Hausfrauen, Schüler und Studenten sowie andere wirtschaftlich inaktive Gruppen. *Landwirtschaft, Industrie und Dienstleistungssektor* sind in den Erläuterungen zu Tabelle 2 definiert. Die Schätzwerte für die sektorale Verteilung der Erwerbspersonen stammen vom Internationalen Arbeitsamt (ILO) *Labour Force Estimates and Projections, 1950—2000*, und von der Weltbank. Die zusammenfassenden Kennzahlen sind mit den Erwerbspersonenzahlen gewogen.

Die *Zuwachsraten für die Erwerbspersonen* wurden aus den Bevölkerungsprojektionen der Bank und aus ILO-Unterlagen über altersspezifische Erwerbsquoten aus der voranstehend zitierten Quelle abgeleitet. Die zusammenfassenden Kennzahlen für 1965 bis 1973 und 1973 bis 1983 sind mit den Erwerbspersonenzahlen im Jahre 1973 und die für 1980 bis 2000 mit den Schätzwerten für die Anzahl der Erwerbspersonen im Jahre 1980 gewogen.

Für einige Länder, in denen bedeutende Veränderungen der Arbeitslosigkeit und Unterbeschäftigung und/oder der Binnen- und Außenwanderung eingetreten sind, könnte die Anwendung der ILO-Daten über die wirtschaftlich aktive Bevölkerung auf die jüngsten Bevölkerungsprojektionen der Bank unzweckmäßig sein. Die Schätzwerte für die Erwerbspersonenzahlen im Zeitraum 1980 bis 2000 sollten deshalb mit Vorsicht behandelt werden.

Tabelle 22: Verstädterung

Die Angaben zum *prozentualen Anteil der Stadtbevölkerung an der Gesamtbevölkerung* stammen aus der VN-Publikation *Estimates and Projections of Urban, Rural and City Populations 1950—2025: The 1982 Assessment*, 1985, ergänzt um Informationen der Weltbank, des Statistischen Bundesamtes der USA und Daten in verschiedenen Ausgaben des *Demographischen Jahrbuchs* der VN.

Die *Zuwachsraten für die Stadtbevölkerung* wurden aus den Bevölkerungsschätzungen der Weltbank und die Schätzwerte für die Anteile der Stadtbevölkerung aus den vorstehend genannten Quellen abgeleitet. Die Angaben zur städtischen Agglomeration stammen aus der VN-Veröffentlichung *Patterns of Urban and Rural Population Growth, 1980*.

Da die Schätzwerte in dieser Tabelle auf unterschiedlichen nationalen Definitionen des Begriffs „städtisch" beruhen, sollten Länderquervergleiche mit Vorsicht interpretiert werden.

Die zusammenfassenden Kennzahlen für den prozentualen Anteil der Stadtbevölkerung an der Gesamtbevölkerung sind mit den Bevölkerungszahlen und die übrigen Kennzahlen dieser Tabelle mit den städtischen Einwohnerzahlen gewogen.

Tabelle 23: Kennzahlen zur Lebenserwartung

Die *Lebenserwartung bei der Geburt* ist in den Erläuterungen zu Tabelle 1 definiert.

Die *Säuglingssterbeziffer* mißt die Anzahl der Säuglinge, die je tausend Lebendgeburten pro Jahr vor Vollendung des ersten Lebensjahres sterben. Die Daten stammen aus den verschiedensten Quellen, einschließlich unterschiedlicher Ausgaben des *Demographischen Jahrbuchs* und des *Population and Vital Statistics Report* der VN sowie der VN-Veröffentlichung „Infant Mortality: World Estimates and Projections, 1950—2025", *Population Bulletin of the United Nations*, 1983, sowie von der Weltbank.

Die *Kindersterbeziffer* mißt für ein gegebenes Jahr die Anzahl der Sterbefälle bei Kindern im Alter von ein bis vier Jahren je 1 000 Kinder der gleichen Altersgruppe. Die ausgewiesenen Schätzwerte beruhen auf den Angaben für die Säuglingssterblichkeit und der Kindersterbeziffer, die sich aus den jeweils entsprechenden Coale-Demeny Sterbetafeln ableitet. (Vgl. hierzu Ansley J. Coale und Paul Demeny, *Regional Model Life Tables and Stable Populations*, Princeton University Press, Princeton, N.J., 1966.)

Die zusammenfassenden Kennzahlen dieser Tabelle sind mit den Bevölkerungszahlen gewogen.

Tabelle 24: Gesundheitsbezogene Kennzahlen

Die Schätzungen über die *Einwohner je Arzt* und *je Beschäftigtem in der Krankenpflege* stammen aus Unterlagen der Weltgesundheitsorganisation (WHO); sie wurden teilweise revidiert, um neue Informationen zu berücksichtigen. Sie tragen auch aktualisierten Bevölkerungsschätzungen Rechnung. Die in der Krankenpflege Beschäftigten umfassen graduierte Mitarbeiter sowie das praktische, Assistenz- und Hilfspersonal; die Einbeziehung des Hilfspersonals ermöglicht eine bessere Einschätzung des Umfangs der vorhandenen Krankenpflege. Die Angaben für die beiden Kennzahlen sind strenggenommen nicht zwischen den Ländern vergleichbar, da die Definition der in der Krankenpflege Beschäftigten von Land zu Land abweicht und da sich die Daten auf die verschiedensten Jahre beziehen, die allerdings im allgemeinen nicht um mehr als zwei Jahre von den angegebenen abweichen.

Das *tägliche Kalorienangebot pro Kopf* wurde durch Division des Kaloriengegenwertes des Nahrungsmittelangebots in einem Land durch seine Bevölkerungszahl ermittelt. Zum Nahrungsmittelangebot gehören Inlandsproduktion, Einfuhr abzüglich Ausfuhr sowie Bestandsveränderungen. Nicht berücksichtigt werden Tierfutter, landwirtschaftliches Saatgut und die Nahrungsmittelmengen, die bei Verarbeitung und Vertrieb verlorengehen. Der *tägliche Kalorienbedarf pro Kopf* mißt die Kalorien, die erforderlich sind, um in der Bevölkerung ein normales Maß an Betätigung und Gesundheit aufrechtzuerhalten, wobei ihrem Alters- und Geschlechtsaufbau, dem durchschnittlichen Körpergewicht und der Lufttemperatur Rechnung getragen wird. Die Schätzwerte für beide Kennzahlen stammen von der Organisation für Ernährung und Landwirtschaft (FAO).

Die zusammenfassenden Kennzahlen dieser Tabelle sind mit den Bevölkerungszahlen gewogen.

Tabelle 25: Erziehungswesen

Die in dieser Tabelle ausgewiesenen Daten beziehen sich auf mehrere Jahre, die jedoch im allgemeinen um nicht mehr als zwei Jahre von den angegebenen abweichen; sie wurden überwiegend von der UNESCO übernommen.

Die Angaben zur *Zahl der Grundschüler* beziehen sich auf Schätzungen über die Gesamtzahl aller Grundschüler sowie über die Anzahl der weiblichen und männlichen Grundschüler aller Altersstufen; sie sind als Prozentsätze der gesamten sowie der männlichen und weiblichen Bevölkerung im Grundschulalter ausgedrückt, um Bruttorelationen für den Grundschulbesuch auszuweisen. Zwar sehen viele Länder das Alter von sechs bis elf Jahren als grundschulfähiges Alter an, doch ist dies keine allgemeine Praxis. Die zwischen den Ländern bestehenden Unterschiede hinsichtlich des Schulalters und der Dauer der Ausbildung schlagen sich in den angegebenen Relationen nieder. In einigen Ländern mit einer umfassenden Grundschulerziehung können die Bruttorelationen für den Schulbesuch den Wert 100 übersteigen, sofern das amtliche Grundschulalter von einigen Schülern unter- oder überschritten wird.

Die Angaben zum *Besuch weiterführender Schulen* sind entsprechend aufgebaut, wobei ein Alter von zwölf bis siebzehn Jahren als typisches Schulalter angenommen wird.

Die Daten über den *Besuch höherer Schulen und Universitäten* stammen von der UNESCO.

Die zusammenfassenden Kennzahlen dieser Tabelle sind mit den Bevölkerungszahlen gewogen.

Tabelle 26: Ausgaben der Zentralregierung

Die Angaben zur Finanzierung der Zentralregierung in den Tabellen 26 und 27 stammen aus dem

Government Finance Statistics Yearbook des IWF, aus dessen Datensammlung und der Länderdokumentation der Weltbank. Die Haushaltspositionen werden für jedes Land unter Verwendung der Systematik gebräuchlicher Definitionen und Untergliederungen ausgewiesen, die das *Draft Manual on Government Finance Statistics* des IWF enthält. Bedingt durch die uneinheitliche Abgrenzung der verfügbaren Daten sind die einzelnen Bestandteile der Ausgaben und laufenden Einnahmen der Zentralregierungen, die in diesen Tabellen ausgewiesen werden, nicht ohne weiteres zwischen allen Volkswirtschaften vergleichbar. Die Anteile der verschiedenen Positionen an den Gesamtausgaben und -einnahmen wurden auf der Grundlage nationaler Währungen berechnet.

Die Begrenzung der Angaben auf die Ausgaben der Zentralregierungen wurde durch die unzulängliche statistische Erfassung der Behörden auf Landes-, Kreis- und Gemeindeebene erzwungen. Das statistische Bild über die Verteilung der finanziellen Mittel auf verschiedene Bereiche kann hierdurch vor allem in großen Ländern, in denen die nachgeordneten Behörden weitgehend autonom und für eine Vielzahl sozialer Leistungen zuständig sind, stark verzerrt werden.

Hervorzuheben ist, daß die angegebenen Daten vor allem für Gesundheit und Erziehung aus mehreren Gründen zwischen den einzelnen Ländern nicht vergleichbar sind: Viele Länder verfügen im Gesundheits- und Erziehungswesen über ein beträchtliches Angebot an privaten Leistungen. In anderen Ländern hingegen sind die öffentlichen Leistungen zwar die wichtigste Ausgabenkomponente; sie werden jedoch u. U. von nachgeordneten Verwaltungsebenen finanziert. Aus diesen Gründen sollten die Angaben nur mit großer Vorsicht für Länderquervergleiche verwendet werden.

Die *Ausgaben der Zentralregierung* umfassen die Ausgaben aller Ministerien, Ämter, staatlichen Einrichtungen und sonstigen Stellen, die ausführende Organe oder Instrumente der zentralen Verwaltungsbehörde eines Landes sind. Sie schließen sowohl laufende als auch Investitions-(Entwicklungs-)Ausgaben ein.

Verteidigungsausgaben sind, unabhängig davon, ob sie durch die Verteidigungsministerien oder andere Ämter erfolgen, alle Ausgaben für die Streitkräfte, einschließlich der Ausgaben für militärische Versorgung und Ausrüstung, Bauten, Rekrutierung und Ausbildung. Hierzu zählen außerdem Ausgaben für verbesserte öffentliche Vorkehrungen zur Bewältigung kriegsbedingter Notlagen sowie Ausgaben für die Ausbildung ziviler Verteidigungskräfte, für militärische Auslandshilfe und Beiträge an militärische Organisationen und Bündnisse.

Die Ausgaben für *Erziehung* umfassen Ausgaben der Zentralregierung für die Bereitstellung, Leitung, Überwachung und Unterhaltung von Vor-, Grund- und weiterführenden Schulen, Universitäten und Hochschulen sowie von berufsbezogenen, technischen und sonstigen Ausbildungseinrichtungen. Erfaßt werden außerdem Ausgaben für die allgemeine Administration und Lenkung des Erziehungswesens, für Forschung über dessen Ziele, Organisation, Verwaltung und Konzeption sowie Ausgaben für ergänzende Leistungen wie Transport und Schulspeisung wie auch für allgemein- und zahnmedizinische Behandlung an den Schulen.

Die Ausgaben für *Gesundheit* erfassen die öffentlichen Ausgaben für Krankenhäuser, allgemein- und zahnmedizinische Behandlungszentren, für Kliniken, soweit die Versorgung mit medizinischen Leistungen wesentlicher Bestandteil ihrer Tätigkeit ist, sowie Ausgaben für nationale gesundheitspolitische Maßnahmen und öffentliche Krankenversicherungen und schließlich auch für Familienplanung und medizinische Vorsorgeleistungen. Erfaßt werden darüber hinaus Ausgaben für die allgemeine Administration und Lenkung von zuständigen Behörden, Krankenhäusern und Kliniken, von Gesundheit und Hygiene sowie nationalen gesundheitspolitischen Programmen und Krankenversicherungen.

Wohnungswesen und Gemeindeeinrichtungen, Sozialversicherung und Wohlfahrt umfassen (1) öffentliche Ausgaben für den Wohnungsbau, wie etwa einkommensabhängige Förderung, außerdem Ausgaben für Wohnraumbeschaffung, Mietzuschüsse und Sanierung von Elendsvierteln, für Gemeindeentwicklung und sanitäre Leistungen sowie (2) öffentliche Ausgaben für Beihilfen an Kranke und vorübergehend Arbeitsunfähige zum Ausgleich von Einkommenseinbußen, für Beihilfen an Alte, dauernd Arbeitsunfähige und Arbeitslose sowie für Familien-, Mutterschafts- und Kindergeld. Zur zweiten Kategorie zählen außerdem die Aufwendungen für Wohlfahrtsleistungen wie Alten- und Invalidenpflege, Versorgung von Kindern, außerdem die Aufwendungen für allgemeine Verwaltung, Lenkung und Forschung, die mit den Leistungen der Sozialversicherung und Wohlfahrt zusammenhängen.

Die *Wirtschaftsförderung* umfaßt die öffentlichen Ausgaben, die mit der Lenkung, Unterstützung und Leistungsverbesserung der Wirtschaft in Verbindung stehen, außerdem Ausgaben für die wirtschaftliche Entwicklung, den Ausgleich regionaler Ungleichgewichte sowie für Arbeitsplatzbeschaffungsmaßnahmen. Zu den berücksichtigten Aktivitäten gehören Forschung, Handelsförderung, geologische Erhebungen sowie die Überwachung und Steuerung bestimmter Wirtschaftszweige. Die fünf wichtigsten Teilbereiche der Wirtschaftsförderung sind Brennstoffe und Energie, Landwirtschaft, Industrie, Verkehrs- und Nachrichtenwesen sowie sonstige Wirtschaftsangelegenheiten und -leistungen.

Die Position *Sonstiges* umfaßt die Ausgaben für die allgemeine staatliche Verwaltung, soweit sie nicht bereits unter anderen Positionen berücksichtigt sind; im Falle einiger Volkswirtschaften gehören hierzu auch Beträge, die anderen Positionen nicht zugerechnet werden konnten.

Die Position *Gesamtüberschuß/Defizit* ist definiert als laufende Einnahmen und Investitionserträge, zuzüglich empfangener unentgeltlicher Leistungen, abzüglich Gesamtausgaben, vermindert um Kreditgewährung minus Kreditrückzahlung.

Die zusammenfassenden Kennzahlen für die einzelnen Ausgabenkomponenten der Zentralregierung sind mit den Ausgaben der Zentralregierung in laufenden Dollar gewogen und die für die Gesamtausgaben als Prozentsatz des BSP wie auch die für den gesamten Überschuß/Fehlbetrag als Prozentsatz des BSP mit dem BSP in laufenden Dollar gewichtet.

Tabelle 27: Laufende Einnahmen der Zentralregierung

Herkunft und Vergleichbarkeit der verwendeten Daten werden in den Anmerkungen zu Tabelle 26 beschrieben. Die laufenden Einnahmen aus den einzelnen Quellen sind als Prozentsatz der gesamten laufenden Einnahmen ausgedrückt, die sich aus dem Steueraufkommen und den laufenden Einnahmen ohne Steuern zusammensetzen; die Berechnung erfolgte auf der Grundlage nationaler Währungen.

Die *Steuereinnahmen* umfassen definitionsgemäß alle Regierungseinnahmen aus obligatorischen, unentgeltlichen und nicht rückzahlbaren Zahlungen für öffentliche Aufgaben, einschließlich Zinseinnahmen auf rückständige Steuern sowie eingenommene Strafgebühren auf nicht oder zu spät entrichtete Steuern.

Die Steuereinnahmen werden abzüglich Rückerstattungen und bereinigt um andere korrigierende Transaktionen ausgewiesen. *Steuern auf Einkommen, Gewinne und Kapitalerträge* sind Steuern, die auf das tatsächliche oder mutmaßliche Nettoeinkommen von Einzelpersonen, auf Unternehmensgewinne sowie auf Kapitalerträge erhoben werden, im letzten Fall unabhängig davon, ob sie aus Grundstücksverkäufen, Wertpapieren oder anderen Vermögenswerten realisiert wurden. *Beiträge zur Sozialversicherung* umfassen die Sozialversicherungsbeiträge von Arbeitgebern und Arbeitnehmern wie auch der Selbständigen und Arbeitslosen. *Inländische Steuern auf Güter und Dienstleistungen* umfassen allgemeine Verkaufs-, Umsatz- oder Mehrwertsteuern, selektive Abgaben auf Güter, selektive Steuern auf Dienstleistungen, Steuern auf die Nutzung von Gütern oder Eigentum sowie die Gewinne staatlicher Monopole. Zu den *Steuern auf Außenhandel und internationale Transaktionen* gehören Einfuhr- und Ausfuhrzölle, die Gewinne von Ausfuhr- oder Einfuhrvermarktungsstellen, Übertragungen an die Regierung, Wechselkursgewinne und Devisensteuern. Die *sonstigen Steuern* umfassen die Lohn- oder Beschäftigtensteuern der Arbeitgeber, Vermögensteuern sowie andere Steuern, die sich den übrigen Positionen nicht zurechnen lassen.

Zu den *laufenden nicht steuerlichen Einnahmen* gehören alle staatlichen Einnahmen ohne die obligatorischen nicht rückzahlbaren Leistungen für öffentliche Zwecke. Nicht eingeschlossen sind Zahlungseingänge aus Übertragungen und Kreditaufnahmen, finanzielle Mittel, die aus der Rückzahlung früher gewährter Regierungskredite zurückfließen, das Eingehen von Verbindlichkeiten sowie Einnahmen aus dem Verkauf von Investitionsgütern.

Die zusammenfassenden Kennzahlen für die Bestandteile der laufenden Einnahmen sind mit den gesamten laufenden Einnahmen in jeweiligen Dollar und die für die laufenden Einnahmen als Prozentsatz des BSP mit dem BSP in jeweiligen Dollar gewogen.

Tabelle 28: Einkommensverteilung

Die Angaben in dieser Tabelle betreffen die Verteilung des verfügbaren Gesamteinkommens aller Haushalte auf prozentuale Haushaltsgruppen, die nach ihrem gesamten Haushaltseinkommen geordnet sind. Die Verteilungen umfassen ländliche und städtische Gebiete und beziehen sich auf verschiedene Jahre zwischen 1967 und 1982.

Die Angaben für die Einkommensverteilung stammen aus verschiedenen Quellen, darunter die Wirtschafts- und Sozialkommission für Asien und den Pazifik (ESCAP), die Wirtschaftskommission für Lateinamerika und die Karibik (ECLAC), das Internationale Arbeitsamt (ILO), die Organisation für Wirtschaftliche Zusammenarbeit und Entwicklung (OECD), die Weltbank, nationale Quellen sowie die VN-Veröffentlichung *Survey of National Sources of Income Distribution Statistics,* 1981, und neuere Daten der VN.

Da die Erhebung von Daten über die Einkommensverteilung in vielen Ländern nicht systematisch organisiert und auch nicht in das amtliche statistische Erfassungswesen integriert ist, wurden die Schätzungen in der Regel aus Untersuchungen mit einer anderen Aufgabenstellung abgeleitet — in den meisten Fällen aus Erhebungen über Verbraucherausgaben —, die jedoch auch Informationen über die Einkommen erfassen. Diese Untersuchungen verwenden die unterschiedlichsten Einkommensbegriffe und Stichprobenabgrenzungen. Darüber hinaus ist der Repräsentationsgrad dieser Erhebungen in vielen Fällen für den Zweck, verläßliche landesweite Schätzungen über die Einkommensverteilung zu gewinnen, zu begrenzt. Wenn auch davon auszugehen ist, daß die ausgewiesenen Daten die besten verfügbaren Schätzwerte sind, so schließen sie diese Probleme nicht völlig aus; sie sollten deshalb mit außerordentlicher Vorsicht interpretiert werden.

Die Aussagekraft der Kennzahlen ist ähnlich begrenzt. Da sich die Haushalte in ihrer Größe unterscheiden, ist eine Verteilung, die die Haushalte nach dem Haushaltseinkommen pro Kopf untergliedert, für viele Zwecke besser geeignet als eine Verteilung nach deren Gesamteinkommen. Diese Unterscheidung ist von Bedeutung, da Haushalte mit niedrigem Pro-Kopf-Einkommen häufig große Haushalte sind, deren Gesamteinkommen relativ hoch sein kann. Angaben über die Verteilung der Haushaltseinkommen pro Kopf stehen allerdings nur für wenige Länder zur Verfügung. Im Rahmen eines Forschungsvorhabens zur Messung des Lebensstandards (Living Standards Measurement Study) versucht die Weltbank, Verfahren und Anleitungen zu entwickeln, mit deren Hilfe die Länder die Erhebung und Auswertung von Daten über die Einkommensverteilung verbessern können.

Verzeichnis der Datenquellen

Volkswirtschaftliche Gesamtrechnung und wirtschaftliche Kennzahlen	Internationaler Währungsfonds, *Draft Manual on Government Finance Statistics, 1974*, Washington, D.C. _____, *Government Finance Statistics Yearbook*, 1983, Bd. VII, Washington, D.C. Sawyer, Malcolm, 1976, *Income Distribution in OECD Countries*, OECD Occasional Studies, Paris. UN Department of International Economic and Social Affairs, *Statistical Yearbook*, verschiedene Jahre, New York. _____, *A System of National Accounts*, 1968, New York. _____, *A Survey of National Sources of Income Distribution Statistics*, Statistical Papers, Reihe M, Nr. 72, New York, 1981. Datensammlungen von FAO, IWF und UNIDO. Nationale Quellen. Länderdokumentation der Weltbank. Datensammlung der Weltbank.
Energie	UN Department of International Economic and Social Affairs, *World Energy Supplies*, Statistical Papers, Reihe J, verschiedene Jahre, New York. Datensammlung der Weltbank.
Handel	Internationaler Währungsfonds, *Direction of Trade*, verschiedene Jahre, Washington, D.C. _____, *International Financial Statistics*, verschiedene Jahre, Washington, D.C. Konferenz der VN für Handel und Entwicklung, *Handbook of International Trade and Development Statistics*, verschiedene Jahre, Genf. UN Department of International Economic and Social Affairs, *Monthly Bulletin of Statistics*, verschiedene Jahre, New York. _____, *Yearbook of International Trade Statistics*, verschiedene Jahre, New York. Handelsdatenbänder der Vereinten Nationen. Länderdokumentation der Weltbank.
Zahlungsbilanzen, Kapitalbewegungen und Verschuldung	Internationaler Währungsfonds, *Balance of Payments Manual*, 1977, 4. Auflage, Washington, D.C. Organisation für Wirtschaftliche Zusammenarbeit und Entwicklung, *Development Co-operation*, verschiedene Jahre, Paris. Zahlungsbilanzdatensammlung des IWF. Schuldenberichtssystem der Weltbank.
Erwerbspersonen	Internationales Arbeitsamt, *Labour Force Estimates and Projections, 1950—2000*, 2. Auflage, 1977, Genf. Datenbänder des Internationalen Arbeitsamtes. Datensammlung der Weltbank.
Bevölkerung	Statistisches Amt der Europäischen Gemeinschaften (Eurostat), 1984, *Demographic Statistics*, Luxemburg. UN Department of International Economic and Social Affairs, *Demographic Yearbook*, verschiedene Jahre, New York. _____, *Population and Vital Statistics Report*, verschiedene Jahre, New York. _____, *Patterns of Urban and Rural Population Growth*, 1980, New York. _____, "Infant Mortality: World Estimates and Projections, 1950—2025", *Population Bulletin of the United Nations*, 1982, Nr. 14, New York. _____, *World Population Prospects as Assessed in 1982*, aktualisierte Version, New York. _____, *World Population Trends and Policies: 1983 Monitoring Report*, 1983, New York. _____, *Recent Levels and Trends of Contraceptive Use as Assessed in 1983*, 1984, New York. _____, *Estimates and Projection of Urban, Rural and City Populations, 1950—2025; The 1982 Assessment*, 1985, New York. Statistisches Bundesamt der USA, 1983, *World Population: 1983*, Washington, D.C. Datensammlung der Weltbank.
Soziale Kennzahlen	Organisation für Ernährung und Landwirtschaft, *Food Aid Bulletin*, Oktober 1980, Oktober 1984, Rom. _____, *Fertilizer Yearbook*, 1983, Rom. _____, *Production Yearbook*, 1983. „Standard"-Datenband. _____, *Trade Yearbook*, 1983. „Standard"-Datenband. UN Department of International Economic and Social Affairs, *Demographic Yearbook*, verschiedene Jahre, New York. _____, *Statistical Yearbook*, verschiedene Jahre, New York. UNESCO, *Statistical Yearbook*, verschiedene Jahre, Paris. Weltgesundheitsorganisation, *World Health Statistics Annual*, verschiedene Jahre, Genf. _____, *World Health Statistics Report*, 1976, Bd. 29, Nr. 10, Genf. Datensammlung der Weltbank.